MANUAL DE
PROCESSO
COLETIVO

MANUAL DE PROCESSO COLETIVO

Humberto Dalla Bernardina de Pinho
José Roberto Mello Porto

2ª edição

- Os autores deste livro e a editora empenharam seus melhores esforços para assegurar que as informações e os procedimentos apresentados no texto estejam em acordo com os padrões aceitos à época da publicação, *e todos os dados foram atualizados até a data de fechamento do livro*. Entretanto, tendo em conta a evolução das ciências, as atualizações legislativas, as mudanças regulamentares governamentais e o constante fluxo de novas informações sobre os temas que constam do livro, recomendamos enfaticamente que os leitores consultem sempre outras fontes fidedignas, de modo a se certificarem de que as informações contidas no texto estão corretas e de que não houve alterações nas recomendações ou na legislação regulamentadora.

- Data do fechamento do livro: 31/01/2025

- Os autores e a editora se empenharam para citar adequadamente e dar o devido crédito a todos os detentores de direitos autorais de qualquer material utilizado neste livro, dispondo-se a possíveis acertos posteriores caso, inadvertida e involuntariamente, a identificação de algum deles tenha sido omitida.

- Direitos exclusivos para a língua portuguesa
  Copyright ©2025 by
  Saraiva Jur, um selo da SRV Editora Ltda.
  Uma editora integrante do GEN | Grupo Editorial Nacional
  Travessa do Ouvidor, 11
  Rio de Janeiro – RJ – 20040-040

- **Atendimento ao cliente: https://www.editoradodireito.com.br/contato**

- Reservados todos os direitos. É proibida a duplicação ou reprodução deste volume, no todo ou em parte, em quaisquer formas ou por quaisquer meios (eletrônico, mecânico, gravação, fotocópia, distribuição pela Internet ou outros), sem permissão, por escrito, da **SRV Editora Ltda.**

- Capa: Lais Soriano
  Diagramação: Desígnios Editoriais

- **DADOS INTERNACIONAIS DE CATALOGAÇÃO NA PUBLICAÇÃO (CIP)
  ODILIO HILARIO MOREIRA JUNIOR – CRB-8/9949**

P654m   Pinho, Humberto Dalla Bernardina de
Manual de processo coletivo / Humberto Dalla Bernardina de Pinho, José Roberto
    Mello Porto. - 2. ed. - São Paulo : Saraiva Jur, 2025.
480 p.

Inclui bibliografia.
ISBN: 978-85-5362-408-9 (Impresso)

1. Direito. 2. Direito civil. 3. Processo coletivo. I. Porto, José Roberto Mello. II. Título.

                      CDD 347
2025-383   CDU 347

Índices para catálogo sistemático:
1. Direito civil   347
2. Direito civil   347

Há muito tempo eu queria escrever um manual de processo coletivo. Eu tenho trabalhado com a temática desde a tese de Doutorado. Aliás, originalmente, tratei dela em um dos capítulos do antigo *Curso*, no volume 2. Com a unificação da obra em um volume único, resgatei o texto e iniciei a preparação para este *Manual*. Foi uma imensa alegria quando conversei com José Roberto e decidimos escrever a quatro mãos. Na verdade, este é o terceiro irmão que veio para compor a família já integrada pelo *Manual de Processo Civil* e pelo *Manual de Mediação e Arbitragem*. Dedico este livro ao Ministério Público Brasileiro, instituição à qual pertenci, por mais de 25 anos, antes de ingressar no Tribunal de Justiça do Estado do Rio de Janeiro, pelo Quinto Constitucional.

Humberto Dalla Bernardina de Pinho

Dedico, com amor, este livro, no qual pus todo meu empenho, às pessoas que permitiram que isso fosse possível. Nunca havia entendido a dificuldade em se escrever um (bom) manual – até escrever um. Noites e mais noites, manhãs e mais manhãs, renúncia e mais renúncia ao (pouco) tempo que restaria à família. Seria inimaginável acabar esta obra sem a generosidade, primeiramente, da minha esposa, Maria Carolina – que eu, sinceramente, não sei como consegue ficar a cada dia mais companheira, mais carinhosa, mais paciente e, sobretudo, mais linda –, e, depois, da minha mãe, Lorena, e da minha avó, Assunção, que seguraram as pontas com os crescentes (em tamanho e em número) Josés – e Marias.

José Roberto Mello Porto

Nota dos autores à 2ª edição

Na primeira edição, lançada ainda na pandemia, o conteúdo desta obra era mais abrangente, pois tratamos da ação de improbidade administrativa, do *habeas corpus* coletivo e, ainda, da tutela coletiva pela via incidental, alcançando os incidentes fixadores de tese (IAC, IRDR, Recurso especial repetitivo e Recurso extraordinário com repercussão geral). Agora, optamos por uma abordagem mais focada na tutela coletiva pela via principal no processo civil.

Desse modo, os capítulos dedicados aos precedentes e aos incidentes foram removidos e se tornarão, em breve, uma nova publicação. Da mesma forma, foram mantidas apenas as disposições da lei de improbidade que têm repercussão na tutela coletiva, nos exatos termos das modificações operadas pela Lei n. 14.230/2021 na Lei n. 8.429/92. A temática do *habeas corpus* coletivo demandaria maiores considerações na seara penal, o que acabaria por desviar nosso principal intuito de focar questões cíveis. A matéria deve retornar, em breve, em livro dedicado às ações constitucionais, local mais apropriado para cuidarmos dos muitos assuntos complexos que circundam o tema.

Por outro lado, inserimos um capítulo para tratar dos processos estruturantes, tema antes comentado de passagem, inclusive com comentários sobre o Projeto de Lei apresentado ao Congresso sobre o assunto. Também trouxemos ao leitor os novos Projetos que pretendem alterar a legislação da ação civil pública.

Além disso, atualizamos o conteúdo, inserimos os principais julgados no âmbito do STF e do STJ sobre as ações coletivas, tanto na fase cognitiva, como na liquidação e execução, bem como acrescentamos os novos Enunciados editados sobre o tema (ENFAM, CJF e FPPC).

Com esses ajustes, pensamos que nosso Manual está apto a oferecer aos leitores, alunos de graduação e pós-graduação, concursandos e profissionais, o material ideal para que possam endereçar as principais questões sobre a matéria.

Sumário

Nota dos autores à 2ª edição	VII
Prefácio	XV
Apresentação	XVII

Capítulo 1
CONCEITOS ESSENCIAIS

1. Jurisdição e instrumentos para a solução coletiva de conflitos	1
1.1. Feição clássica da jurisdição e a tutela individual	1
1.2. Feição moderna da jurisdição e a tutela coletiva	2
2. Tutela coletiva	3
3. Espécies de tutela coletiva	4
3.1. Tutela coletiva pela via principal	4
3.1.1. Conflitos coletivos em concreto ou materiais (tutela metaindividual ou transindividual)	4
3.1.1.1. Resolução extrajudicial de conflitos coletivos	4
3.1.1.2. Resolução judicial de conflitos coletivos (processo coletivo comum)	5
3.1.1.2.1. A nova sistemática da ação de improbidade administrativa e sua exclusão do universo das tutelas coletivas	5
3.1.1.2.2. Conceito de processo coletivo	6
3.1.1.2.3. Situações limítrofes	6
3.1.2. Conflitos coletivos em abstrato ou normativos (processo coletivo especial): controle concentrado de constitucionalidade	7
3.2. Tutela coletiva pela via incidental, pluri-individual ou de questões comuns	8
3.2.1. Tutela preventiva: incidente de assunção de competência	9
3.2.2. Tutela repressiva: incidentes de resolução de casos repetitivos	9
3.2.3. Tutela de constitucionalidade: incidente de arguição de inconstitucionalidade	10
3.3. Comparação entre as técnicas	10
3.3.1. Teoria prioritária, exclusivista ou unitária	12
3.3.2. Teoria complementadora ou dualista	13

Capítulo 2
HISTÓRICO

1. Evolução histórica global	15
1.1. Origem remota	15
1.1.1. *Civil law*	15
1.1.2. *Common law*	16
1.2. Origem próxima	16
1.2.1. Dimensões de direitos fundamentais	16
1.2.2. Ondas renovatórias do acesso à justiça	17
1.2.3. Massificação das relações e proliferação das demandas judiciais	18

2. Evolução legislativa brasileira 20
    2.1. Legislação de tutela transindividual: microssistema de processo coletivo 20
        2.1.1. Ação popular nas Ordenações Filipinas e nas Constituições Federais............ 20
        2.1.2. Leis n. 1.134/50, n. 2.480/55 e n. 3.761/60: representação coletiva de associações de classe.. 21
        2.1.3. Lei n. 4.215/63: representação da classe dos advogados pela Ordem dos Advogados do Brasil.. 21
        2.1.4. Lei n. 4.717/65 (29-6-1965): Lei da Ação Popular – primeiro pilar do microssistema ... 21
        2.1.5. Lei n. 6.938/81: Lei da Política Nacional do Meio Ambiente 22
        2.1.6. Lei Complementar n. 40/81: Lei Orgânica dos Ministérios Públicos Estaduais (posteriormente revogada pela Lei n. 8.625/93) 22
        2.1.7. Lei n. 7.347/85 (24-7-1985): Lei da Ação Civil Pública – segundo pilar do microssistema 22
        2.1.8. Constituição Federal de 1988 – terceiro pilar do microssistema 22
        2.1.9. Lei n. 7.853/89: Apoio às pessoas portadoras de deficiência 23
        2.1.10. Lei n. 7.913/89: ação civil pública de responsabilização por danos causados aos investidores do mercado de capitais 23
        2.1.11. Lei n. 8.069/90: Estatuto da Criança e do Adolescente 24
        2.1.12. Lei n. 8.078/90: Código de Defesa do Consumidor – quarto pilar do microssistema ... 24
        2.1.13. Lei Complementar n. 75/93: Lei Orgânica do Ministério Público da União ... 25
        2.1.14. Lei n. 8.884/94: Lei Antitruste 25
        2.1.15. Lei n. 8.437/92: vedações às liminares contra o Poder Público................. 25
        2.1.16. Lei n. 9.494/97: restrição à extensão territorial da tutela coletiva............ 25
        2.1.17. Medida Provisória n. 2.180/2001: restrição ao objeto e à extensão da tutela coletiva... 25
        2.1.18. Lei n. 9.870/99: anuidades escolares 25
        2.1.19. Lei n. 10.671/2003: Estatuto do Torcedor 26
        2.1.20. Lei n. 10.741/2003: Estatuto do Idoso....................................... 26
        2.1.21. Lei n. 11.340/2006: Lei de prevenção à violência doméstica e familiar contra a mulher (Lei Maria da Penha).. 26
        2.1.22. Lei n. 11.448/2007 e Lei Complementar n. 132/2009: legitimidade da Defensoria Pública 27
        2.1.23. Lei n. 12.016/2009: Lei do Mandado de Segurança Individual e Coletivo...... 27
        2.1.24. Lei n. 12.288/2010: Estatuto da Igualdade Racial............................ 27
        2.1.25. Lei n. 12.259/2011: Lei do Sistema Brasileiro de Defesa da Concorrência..... 27
        2.1.26. Lei n. 12.846/2013: Lei Anticorrupção....................................... 27
        2.1.27. Leis n. 12.966/2014 e n. 13.004/2014: ampliação do objeto da ação civil pública ... 28
        2.1.28. Lei n. 13.146/2015: Lei de Inclusão da Pessoa com Deficiência................. 28
        2.1.29. Lei n. 13.300/2016: Lei do Mandado de Injunção 28
        2.1.30. Projetos de Código de Processo Coletivo 28

Capítulo 3
PRINCÍPIOS DA TUTELA COLETIVA
1. Princípios enquanto norma.. 31
2. Princípios fundamentadores.. 32
    2.1. Acesso à justiça 32

2.1.1. Universalidade da jurisdição 34
2.2. Isonomia 35
2.3. Segurança jurídica 36
2.4. Economia processual 38
2.5. Eficiência 40
2.6. Duração razoável do processo 41
2.7. Celeridade 42
3. Princípios informadores (devido processo legal coletivo) 43
   3.1. Primazia do mérito ou continuidade 43
      3.1.1. Disponibilidade motivada (da ação e dos recursos) 45
   3.2. Não taxatividade 46
      3.2.1. Exceções: tributos e fundos institucionais 47
   3.3. Atipicidade, máxima amplitude ou absoluta instrumentalidade ... 48
   3.4. Obrigatoriedade temperada ou mitigada (indisponibilidade) ... 49
      3.4.1. Obrigatoriedade da execução 50
      3.4.2. Discricionariedade controlada 50
   3.5. Ampla participação 50
   3.6. Publicidade 51
      3.6.1. Ampla divulgação ou adequada notificação dos membros do grupo ... 52
      3.6.2. Informação aos legitimados 53
   3.7. Máximo benefício ou regime jurídico *in utilibus* 53
      3.7.1. Reparação integral do dano 54
   3.8. Máxima efetividade, predominância dos aspectos inquisitivos ou ativismo judicial ... 54
   3.9. Cooperação 55
   3.10. Motivação 55
   3.11. Competência adequada 58
   3.12. Aplicação integrada das normas 58

Capítulo 4
MICROSSISTEMA DE TUTELA COLETIVA PELA VIA PRINCIPAL

1. Normas de regência 59
   1.1. Núcleo duro 59
   1.2. Normas subsidiárias 60
      1.2.1. Código de Processo Civil 60
         1.2.1.1. Código de Processo Civil de 2015 e processo coletivo ... 61
         1.2.1.2. Conversão da ação individual em ação coletiva (art. 333) ... 61
            1.2.1.2.1. Requisitos 62
            1.2.1.2.2. Cabimento 62
            1.2.1.2.3. Legitimidade 63
            1.2.1.2.4. Razões de veto 64
               1.2.1.2.4.1. Posição favorável 64
               1.2.1.2.4.2. Posição contrária 64
      1.2.2. Leis específicas 65
2. Conflito entre normas do microssistema 65

Capítulo 5
OBJETO

1. Classificação clássica ou legal: bens jurídicos tuteláveis 67
   1.1. Direitos ou interesses 67
      1.1.1. Interesses específicos 68
         1.1.1.1. Interesse material 69
         1.1.1.2. Interesse processual 69
         1.1.1.3. Interesse privado 69
         1.1.1.4. Interesse social 69
         1.1.1.5. Interesse geral 69
         1.1.1.6. Interesse público 69
   1.2. Critérios 70
   1.3. Direitos essencialmente coletivos (tutela de direitos coletivos) 71
      1.3.1. Direitos difusos 72
      1.3.2. Direitos coletivos 74
   1.4. Direitos acidentalmente coletivos (tutela coletiva de direitos) 76
      1.4.1. Direitos individuais homogêneos 76
         1.4.1.1. Requisitos específicos 77
            1.4.1.1.1. Origem comum 77
            1.4.1.1.2. Homogeneidade (prevalência coletiva) 77
            1.4.1.1.3. Prevalência coletiva objetiva 77
            1.4.1.1.4. Prevalência coletiva subjetiva 78
            1.4.1.1.5. Superioridade 78
         1.4.1.2. Fases da tutela 78
         1.4.1.3. Natureza jurídica 79
      1.4.2. Direitos individuais indisponíveis 82
   1.5. Críticas à classificação 83
      1.5.1. Experiência norte-americana 83
2. Classificação moderna: conflitos solucionáveis 84
   2.1. Critérios 84
   2.2. Litígios transindividuais de difusão global 85
   2.3. Litígios transindividuais de difusão local 85
   2.4. Litígios transindividuais de difusão irradiada 86

Capítulo 6
TUTELA COLETIVA EXTRAJUDICIAL

1. Justiça multiportas, prioridade da solução extrajudicial dos conflitos e princípio da adequação ... 87
2. Espécies de ferramentas extrajudiciais 88
   2.1. Procedimentos instrutórios 88
      2.1.1. Inquérito civil 89
         2.1.1.1. Conceito 89
         2.1.1.2. Fundamentos normativos 90
         2.1.1.3. Natureza jurídica 90
         2.1.1.4. Etapas 92
            2.1.1.4.1. Instauração 92
                2.1.1.4.1.1. Pressupostos para instauração 93

    2.1.1.4.1.2. Procedimento preparatório (administrativo) 94
    2.1.1.4.1.3. Não instauração do inquérito civil 94
   2.1.1.4.2. Instrução 95
   2.1.1.4.3. Conclusão 96
    2.1.1.4.3.1. Conclusão positiva: promoção de tutela coletiva 96
    2.1.1.4.3.2. Conclusão negativa: arquivamento 96
     2.1.1.4.3.2.1. Desarquivamento 98
    2.1.1.4.3.3. Recursos administrativos 98
 2.1.2. Procedimentos instrutórios defensoriais 98
 2.1.3. Demandas probatórias autônomas coletivas 103
2.2. Recomendação 104
 2.2.1. Conceito 104
 2.2.2. Legitimados e fundamentos normativos 105
 2.2.3. Espécies 105
 2.2.4. Cabimento 106
 2.2.5. Conteúdo 107
 2.2.6. Efeitos 107
 2.2.7. Princípios 108
2.3. Compromisso de ajustamento de conduta 108
 2.3.1. Conceito 108
 2.3.2. Conteúdo 109
 2.3.3. Fundamentos normativos 110
 2.3.4. Natureza jurídica 111
 2.3.5. Legitimados 114
 2.3.6. Termo de ajustamento de conduta 114
  2.3.6.1. Natureza jurídica 114
  2.3.6.2. Requisitos 115
   2.3.6.2.1. Cominações 115
  2.3.6.3. Espécies 116
   2.3.6.3.1. Quanto ao momento: incidental ou autônomo 116
   2.3.6.3.2. Quanto à extensão: total ou parcial 117
   2.3.6.3.3. Quanto à etapa: extrajudicial ou judicial 118
  2.3.6.4. Controle 118
  2.3.6.5. Execução 119
   2.3.6.5.1. Competência 119
   2.3.6.5.2. Legitimados 119
  2.3.6.6. Anulação e revisão 120
  2.3.6.7. TAC e responsabilidade penal 121
  2.3.6.8. Regras específicas definidas na Resolução n. 179/2017 do CNMP 121
2.4. Mediação 122
2.5. Arbitragem 123
2.6. Protocolos pré-processuais 124

Capítulo 7
TUTELA COLETIVA JUDICIAL
1. Terminologia 128
2. Espécies de ação coletiva 129

3. Elementos da ação... 129
   3.1. Partes 129
   3.2. Causa de pedir 129
      3.2.1. Controle de constitucionalidade... 130
   3.3. Pedido.. 131
      3.3.1. Controle de políticas públicas 131
      3.3.2. Dano moral coletivo... 133
         3.3.2.1. Posição favorável 134
            3.3.2.1.1. Dano social.. 135
         3.3.2.2. Posição contrária 135

Capítulo 8
COMPETÊNCIA

1. Conceito 136
2. Fundamentos e natureza jurídica 136
3. Concretização da competência... 137
   3.1. *Iter* de concretização 137
   3.2. Momento da concretização 138
4. Classificação e critérios de determinação 138
   4.1. Competência internacional e interna 138
5. Competência de Justiça 140
   5.1. Competência em razão da matéria 140
   5.2. Competência em razão da pessoa 140
      5.2.1. Intervenção de ente federal 141
         5.2.1.1. Intervenção anômala.. 142
         5.2.1.2. Participação do Ministério Público Federal 142
6. Competência de foro 143
   6.1. Fontes normativas.. 143
   6.2. Natureza jurídica 144
   6.3. Critérios 145
      6.3.1. Regra geral 145
         6.3.1.1. Foros concorrentes 145
         6.3.1.2. Dano local, regional e nacional 146
            6.3.1.2.1. Princípio da competência adequada 147
      6.3.2. Regras específicas 148
         6.3.2.1. Estatuto da Criança e do Adolescente 148
         6.3.2.2. Estatuto do Idoso.. 148
         6.3.2.3. Ação popular 149
         6.3.2.4. Mandado de segurança coletivo 149
7. Competência de juízo 150
   7.1. Varas da Infância e da Juventude 150
   7.2. Juizados Especiais 150

Capítulo 9
CONDIÇÕES PARA O EXERCÍCIO DO DIREITO DE AÇÃO

1. Legitimidade 152
   1.1. Noções gerais 152

1.2. Legitimidade ativa 154
　1.2.1. Natureza jurídica 154
　　1.2.1.1. Legitimidade ordinária 154
　　1.2.1.2. Legitimidade autônoma para a condução do processo 155
　　1.2.1.3. Legitimidade extraordinária... 155
　　1.2.1.4. Teorias justificadoras da legitimidade nas ações coletivas, segundo a experiência norte-americana 156
　　　1.2.1.4.1. Teoria da comunidade de interesses................................. 156
　　　1.2.1.4.2. Teoria do consentimento... 157
　　　1.2.1.4.3. Teoria substantiva 157
1.3. Legitimados 157
　1.3.1. Ação civil pública.. 157
　　1.3.1.1. Ministério Público 158
　　　1.3.1.1.1. Intervenção como *custos iuris*.................................... 161
　　1.3.1.2. Defensoria Pública 162
　　　1.3.1.2.1. Intervenção como *custos vulnerabilis* *165*
　　1.3.1.3. Administração Pública 167
　　　1.3.1.3.1. Administração Pública direta....................................... 167
　　　　1.3.1.3.1.1. Reversibilidade, intervenção móvel, legitimidade bifronte ou encampação 168
　　　1.3.1.3.2. Administração Pública indireta 169
　　　　1.3.1.3.2.1. Fundações privadas.. 169
　　1.3.1.4. Associações 169
　　　1.3.1.4.1. Pré-constituição... 170
　　　1.3.1.4.2. Pertinência temática.. 171
　　　1.3.1.4.3. Autorização expressa e limitação territorial 171
　　1.3.1.5. Partidos políticos.. 176
　　1.3.1.6. Ordem dos Advogados do Brasil (OAB).................................... 176
　　1.3.1.7. Sindicatos... 177
　　1.3.1.8. Sociedades cooperativas... 178
　　1.3.1.9. Comunidades indígenas 178
　　1.3.1.10. Indivíduo.. 178
　1.3.2. Previsões específicas 179
　1.3.3. Legitimidade extraordinária convencionada...................................... 179
　1.3.4. Representatividade adequada 180
　　1.3.4.1. Controle *ope legis* 180
　　1.3.4.2. Controle *ope iudicis*.. 180
1.4. Legitimidade passiva 181
　1.4.1. Natureza jurídica 181
　1.4.2. Ação coletiva passiva.. 182
　　1.4.2.1. Conceito... 182
　　1.4.2.2. Espécies... 182
　　　1.4.2.2.1. Ação coletiva passiva simples e ação duplamente coletiva............ 182
　　　1.4.2.2.2. Ação coletiva passiva original e derivada......................... 182
　　1.4.2.3. Requisitos 183
　　　1.4.2.3.1. Representatividade adequada 183

1.4.2.3.2. Interesse social	184
1.4.2.4. Regras específicas	184
1.4.2.5. Modalidades específicas	186
1.4.2.5.1. Ação declaratória negativa	186
1.4.2.5.2. Ação declaratória positiva	186
1.4.2.5.3. Ação contra grupo por ilícitos individuais homogêneos	187
1.4.2.5.4. Ação para efetivação da responsabilidade anônima ou coletiva	187
1.4.2.5.5. Ações possessórias multitudinárias	187
1.4.2.5.5.1. Posição contrária	188
1.4.2.5.5.2. Posição favorável	189
2. Interesse processual	190

Capítulo 10
LITISCONSÓRCIO

1. Litisconsórcio entre colegitimados	192
1.1. Litisconsórcio entre Ministérios Públicos	192
1.2. Litisconsórcio entre Defensorias Públicas	194
2. Litisconsórcio entre legitimado coletivo e indivíduo	195
2.1. Direitos transindividuais	195
2.1.1. Ação civil pública	195
2.1.2. Ação popular	195
2.2. Direitos individuais homogêneos	196
2.2.1. Efeito da intervenção	196
2.2.2. Vantagens e desvantagens	196
2.2.3. Natureza jurídica da intervenção	196
2.2.4. Natureza jurídica do pedido de intervenção	197
2.2.5. Limites e poderes	197
2.2.6. Momento da intervenção	198
2.2.6.1. Termo inicial	198
2.2.6.2. Termo final	198

Capítulo 11
INTERVENÇÃO DE TERCEIROS

1. Assistência	199
1.1. Intervenção dos substituídos	201
2. Denunciação da lide	201
2.1. Responsabilidade objetiva do Estado	202
2.2. Relações de consumo	203
3. Chamamento ao processo	203
4. *Amicus curiae*	205

Capítulo 12
RELAÇÃO ENTRE AÇÕES

1. Relação entre ações coletivas	209
1.1. Comparação entre ações	209
1.2. Identidade parcial	211

1.2.1. Conexão	211
1.2.2. Continência	213
1.2.2.1. Continência x litispendência parcial	213
1.2.3. Efeitos	213
1.2.3.1. Reunião para julgamento conjunto	214
1.2.3.1.1. Juízo prevento	215
1.2.3.2. Reunião sem julgamento conjunto	216
1.2.3.3. Suspensão por prejudicialidade externa	216
1.3. Identidade total	216
1.3.1. Coisa julgada	217
1.3.2. Litispendência	217
1.4. Cooperação judiciária e conexão probatória	218
1.4.1. Acertamento de questões e execução coletiva de títulos individuais	220
2. Relação entre ação coletiva e ações individuais	221
2.1. Identidade parcial	221
2.1.1. Conexão e continência	221
2.1.2. Suspensão do processo individual	222
2.1.2.1. Cenário legal	222
2.1.2.1.1. Regra específica: extinção do processo individual	225
2.1.2.2. Cenário jurisprudencial: suspensão obrigatória	225
2.1.3. Interrupção da prescrição para ações individuais	226
2.2. Identidade total	228
2.2.1. Litispendência	228
2.2.2. Coisa julgada	228

Capítulo 13
ASPECTOS ECONÔMICOS E ÉTICOS

1. Aspectos econômicos	229
1.1. Regramento do Código de Processo Civil	229
1.2. Peculiaridades do microssistema	230
1.2.1. Responsabilidade provisória (adiantamento)	231
1.2.2. Responsabilidade definitiva (verbas sucumbenciais)	232
1.2.2.1. Fase de execução	233
1.2.2.2. Honorários contratuais	235
2. Aspectos éticos	235
2.1. Regramento do Código de Processo Civil	235
2.2. Peculiaridades do microssistema	237

Capítulo 14
TUTELA PROVISÓRIA

1. Tutela de urgência	240
1.1. Tutela antecipada	240
1.1.1. Tutela antecipada requerida em caráter antecedente	241
1.1.1.1. Compatibilidade com a tutela coletiva	242

1.2. Tutela cautelar	242
1.2.1. Tutela cautelar requerida em caráter antecedente	242
1.2.2. Compatibilidade com a tutela coletiva: tutela cautelar e tutela inibitória	243
2. Tutela da evidência	244
2.1. Compatibilidade com a tutela coletiva	245
3. Limitações à concessão de tutela provisória	245
3.1. Restrições materiais	245
3.2. Restrições processuais	247
4. Pedido de suspensão da liminar	248

Capítulo 15
CONSENSUALIDADE

1. Negócios jurídicos materiais coletivos	250
1.1. Direitos indisponíveis transacionáveis e não transacionáveis (art. 3º, § 2º, da Lei de Mediação)	250
1.2. Legitimidade para acordo em conflitos coletivos	253
1.3. Requisitos específicos	253
1.4. Efeitos do acordo	254
2. Negócios jurídicos processuais coletivos	255

Capítulo 16
PROCEDIMENTO

1. Fase postulatória	258
1.1. Petição inicial	258
1.1.1. Qualificação das partes	258
1.2. Decisão liminar	258
1.2.1. Emenda à petição inicial	258
1.2.2. Indeferimento da petição inicial	259
1.2.3. Improcedência liminar do pedido	260
1.2.4. Determinação de citação	260
1.3. Audiência de conciliação ou de mediação	260
1.4. Respostas do réu	260
1.4.1. Contestação	260
1.4.1.1. Prazo	261
1.4.1.2. Defesas	261
1.4.1.2.1. Defesas processuais	261
1.4.1.2.2. Defesas materiais	263
1.4.2. Reconvenção	263
1.4.3. Revelia	264
2. Fase saneadora	264
2.1. Providências preliminares	265
2.2. Saneamento e organização do processo	265
3. Fase instrutória	266
3.1. Poderes probatórios do juiz	266
3.2. Ônus da prova	267
3.2.1. Sistema estático de distribuição	267

3.2.2. Sistema dinâmico de distribuição 268
3.3. Produção antecipada de provas 270
3.4. Meios de prova 270
    3.4.1. Audiência pública.. 271
4. Fase decisória 272
    4.1. Sentença coletiva... 272
        4.1.1. Direitos difusos e coletivos 272
        4.1.2. Direitos individuais homogêneos.. 273
    4.2. Classificação... 274
        4.2.1. Quanto à tutela jurisdicional 274
            4.2.1.1. Declaratória 274
            4.2.1.2. Constitutiva 275
            4.2.1.3. Condenatória 275
                4.2.1.3.1. Obrigação de pagar... 275
                      4.2.1.3.1.1. Fundos de reparação de direitos transindividuais 276
                          4.2.1.3.1.1.1. Natureza jurídica................................. 276
                          4.2.1.3.1.1.2. Espécies... 276
                          4.2.1.3.1.1.3. Gestão.. 277
                          4.2.1.3.1.1.4. Recursos.. 277
                          4.2.1.3.1.1.5. Destinação.. 278
                      4.2.1.3.1.2. Juros... 279
                4.2.1.3.2. Obrigação de fazer ou não fazer 280
            4.2.1.4. Mandamental 281
            4.2.1.5. Executiva 281
        4.2.2. Quanto à resolução do mérito 282
            4.2.2.1. Sentença terminativa 282
                4.2.2.1.1. Desistência da ação coletiva............................... 282
            4.2.2.2. Sentença definitiva 283
    4.3. Publicidade... 283
    4.4. Elementos essenciais da sentença... 284
        4.4.1. Relatório 284
        4.4.2. Fundamentação... 284
        4.4.3. Dispositivo 286

Capítulo 17
MEIOS IMPUGNATIVOS

1. Recursos 287
    1.1. Requisitos de admissibilidade 287
        1.1.1. Requisitos intrínsecos 287
            1.1.1.1. Cabimento 287
                1.1.1.1.1. Apelação... 288
                1.1.1.1.2. Agravo de instrumento....................................... 288
            1.1.1.2. Legitimidade recursal 291
            1.1.1.3. Interesse recursal... 292

1.1.1.4. Inexistência de fato impeditivo ou extintivo do direito de recorrer: desistência, renúncia e aquiescência	293
1.1.2. Requisitos extrínsecos	295
1.1.2.1. Tempestividade	295
1.1.2.1.1. Prazos recursais	295
1.1.2.1.1.1. Regras específicas do Estatuto da Criança e do Adolescente	296
1.1.2.1.1.2. Contagem dos prazos	297
1.1.2.2. Regularidade formal	298
1.1.2.3. Preparo	298
1.2. Efeito suspensivo	299
2. Remessa necessária	300
3. Suspensão da decisão	301
4. Ação rescisória	301
5. Ação anulatória	304

Capítulo 18
COISA JULGADA

1. Noções gerais	305
1.1. Coisa julgada formal e material	305
1.2. Fundamentos	305
2. Limites da coisa julgada	306
2.1. Limites objetivos	307
2.1.1. Questões prejudiciais	307
2.2. Limites subjetivos	308
2.3. Limites territoriais	309
2.4. Limites temporais	313
3. Coisa julgada *secundum eventum probationis*	313
4. Coisa julgada *secundum eventum litis in utilibus*	315

Capítulo 19
LIQUIDAÇÃO

1. Natureza jurídica e objeto	317
1.1. Direitos transindividuais	318
1.2. Direitos individuais homogêneos	318
1.2.1. Liquidação imprópria	318
1.2.2. Liquidação *in utilibus*	319
1.2.2.1. Extensão do título executivo coletivo para o plano individual	319
1.2.2.2. Extensão do título executivo penal condenatório (ação coletiva *ex delicto*)	320
2. Legitimidade	321
2.1. Direitos transindividuais	321
2.2. Direitos individuais	322
3. Competência	323
3.1. Direitos transindividuais	323
3.2. Direitos individuais	323

4. Modalidades 324
    4.1. Liquidação por arbitramento 324
    4.2. Liquidação pelo procedimento comum 325

Capítulo 20
EXECUÇÃO

1. Meios de execução 327
    1.1. Sub-rogação (execução direta) 327
        1.1.1. Desconto em folha de pagamento 328
        1.1.2. Intervenção judicial 328
    1.2. Coerção ou coação (execução indireta) 329
        1.2.1. Multa cominatória (astreintes) 329
    1.3. Execução negociada 332
2. Execução provisória e definitiva 332
3. Competência 333
4. Modalidades e legitimidade 334
    4.1. Execução coletiva 334
        4.1.1. Execução fluida (*fluid recovery*) 335
    4.2. Execução individual 337
        4.2.1. Concurso entre execução individual e coletiva 338
    4.3. Execução pseudocoletiva 338
5. Princípio da obrigatoriedade da execução 340
    5.1. Direitos transindividuais 340
    5.2. Direitos individuais 340

Capítulo 21
PRESCRIÇÃO

1. Prazos 341
    1.1. Pretensão de conhecimento 341
    1.2. Pretensão executória 342
    1.3. Pretensões imprescritíveis 344
2. Fluência 345
    2.1. Pretensão de conhecimento 345
    2.2. Pretensão executória 345

Capítulo 22
AÇÃO POPULAR

1. Definição 347
2. Requisitos 347
    2.1. Ato ilegal (viciado) 347
        2.1.1. Omissão ilegal (ação popular omissiva) 348
        2.1.2. Atos administrativos 348
        2.1.3. Atos judiciais 349
        2.1.4. Atos legislativos 349
    2.2. Ato lesivo 350

3. Espécies 351
4. Histórico 351
5. Direitos tuteláveis 353
   5.1. Patrimônio público 353
   5.2. Patrimônio histórico e cultural 354
   5.3. Moralidade administrativa 354
   5.4. Meio ambiente 354
6. Legitimidade 355
   6.1. Legitimidade ativa 355
      6.1.1. Natureza jurídica 355
      6.1.2. Cidadão 356
         6.1.2.1. Capacidade de ser parte 356
         6.1.2.2. Capacidade de estar em juízo 356
         6.1.2.3. Capacidade postulatória 357
      6.1.3. Pessoas jurídicas e Ministério Público 357
         6.1.3.1.1. Participação do Ministério Público 357
            6.1.3.1.1.1. Legitimidade 357
               6.1.3.1.1.1.1. Originária 357
               6.1.3.1.1.1.2. Superveniente 358
            6.1.3.1.1.2. Fiscal do ordenamento jurídico 358
      6.1.4. Litisconsórcio 360
   6.2. Legitimidade passiva 360
      6.2.1. Legitimidade bifronte (intervenção móvel) 360
7. Competência 361
   7.1. Competência de justiça 361
   7.2. Competência de instância 361
   7.3. Competência territorial 362
      7.3.1. Prevenção 362
8. Custas 362
9. Procedimento 363
   9.1. Petição inicial 363
      9.1.1. Desistência 363
   9.2. Decisão liminar 363
      9.2.1. Citação 364
   9.3. Respostas dos réus 365
   9.4. Sentença 365
10. Meios impugnativos 366
   10.1. Recursos 366
   10.2. Remessa necessária às avessas 366
   10.3. Suspensão da liminar e da sentença 367
11. Coisa julgada 367
12. Execução 368
13. Relação com outras ações coletivas 369
   13.1. Ação popular e mandado de segurança 369

13.2. Ação popular e ação civil pública 369
14. Prescrição 370

Capítulo 23
MANDADO DE SEGURANÇA COLETIVO

1. Definição 371
2. Requisitos.. 371
   2.1. Direito líquido e certo 371
   2.2. Ato ilegal ou abusivo de autoridade pública ou agente de pessoa jurídica no exercício de atribuições públicas 373
   2.3. Objeto: direitos coletivos ou individuais homogêneos............................ 376
3. Legitimidade 378
   3.1. Legitimidade ativa 378
      3.1.1. Associações, entidades de classe e sindicatos 378
      3.1.2. Partidos políticos.. 380
      3.1.3. Ministério Público e Defensoria Pública 383
      3.1.4. Ordem dos Advogados do Brasil (OAB) 385
   3.2. Legitimidade passiva e identificação da autoridade coatora................... 385
4. Competência 388
5. Prazo para impetração 389
6. Procedimento 390
   6.1. Petição inicial 390
      6.1.1. Desistência da impetração 391
   6.2. Decisão liminar... 391
      6.2.1. Pedido de suspensão da liminar.. 393
   6.3. Sustentação oral 393
   6.4. Sentença 394
7. Meios impugnativos... 394
   7.1. Recursos... 394
      7.1.1. Apelação... 395
      7.1.2. Agravo de instrumento.. 395
      7.1.3. Agravo interno.. 395
      7.1.4. Recurso ordinário... 395
         7.1.4.1. Teoria da causa madura 396
      7.1.5. Recursos extraordinário e especial.. 396
      7.1.6. Embargos infringentes e técnica de julgamento ampliado 397
   7.2. Remessa necessária 397
   7.3. Suspensão da liminar e da segurança 398
8. Coisa julgada 400
9. Relação entre mandado de segurança coletivo e mandado de segurança individual............. 402
10. Execução 403
11. Participação do Ministério Público 404
12. Prioridade de tramitação 404

Capítulo 24
MANDADO DE INJUNÇÃO COLETIVO
1. Definição e requisitos 405
2. Legitimidade 406
    2.1. Legitimidade ativa 406
    2.2. Legitimidade passiva 407
3. Competência 407
4. Procedimento 407
5. Efeitos da decisão 408
    5.1. Eficácia subjetiva 409
    5.2. Eficácia temporal 410
6. Relação entre mandado de injunção coletivo e mandado de injunção individual 410
7. Coisa julgada 410
    7.1. Coisa julgada *secundum eventum probationis* 410
    7.2. Coisa julgada *rebus sic stantibus* 410

Capítulo 25
PROCESSOS ESTRUTURAIS

Bibliografia 425

Prefácio

Pobre de espírito é o homem que se considere em patamar no qual não dependa de novos conhecimentos. O aperfeiçoamento é infindável, e, quanto mais haja o aprofundamento, mais se percebe que muito se tem a avançar. O saber é – e será sempre – obra inacabada.

O *Manual de Processo Coletivo* mostrou-se um grande desafio, ante a diversidade de institutos, expressões e vocábulos. Aliaram-se, no desenvolvimento deste compêndio, consagrado professor – Humberto Dalla – e ex-aluno da Universidade do Rio de Janeiro, hoje despontando nas letras jurídicas – José Roberto Mello Porto. Com a pureza necessária ao bom entendimento, tem-se obra de fôlego. Eis panorama literário a tornar induvidosa a prevalência do coletivo diante do individual. Sim, o interesse individual, quase sempre isolado e momentâneo, cede àquele de maior envergadura, porque de toda a sociedade. Desde cedo, os eternos estudantes de Direito perceberam o alcance da jurisdição. Responsável pelo restabelecimento da paz social abalada pelo conflito de interesses, é medida civilizatória inexcedível. A atenção a ela deve estar voltada, reconhecendo-se, a cada passo na vida gregária, a valia que lhe é própria. Surge o papel dos artífices do conhecimento, dos doutrinadores, dos comprometidos com a busca incessante de patamar viabilizador da boa convivência. Abrem caminho ao êxito da Advocacia, pública e privada, da Defensoria, do Ministério Público, do Estado-juiz, atuando este último de forma coercitiva. A missão é sublime. Substitui a vontade das partes envolvidas na relação jurídica, no que não lograram o desejável entendimento. Daí a importância da boa formação humanista e técnica, a ser acionada com alma. Se é certo que a justiça é obra do homem, passível de falha, não menos correto é dizer-se que escusável é o erro judicante, jamais o abandono da equidistância, tomada a coragem como síntese de todas as virtudes.

Humberto Dalla e José Roberto esmeraram-se na reunião de princípios entrelaçados. A abordagem é fértil e esgota o grande tema – a tutela coletiva. A partir de conceitos essenciais, adentraram o campo da história, da diversificação normativa, sobressaindo o cuidado com aqueles merecedores de atenção especial – os que sofrem com limitações humanas –, a criança, o adolescente, o consumidor – no que, quase sempre, trava luta desequilibrada –, o idoso, a mulher em sociedade míope – machista –, o zelo da coisa pública, que a todos, indistintamente, pertence.

Muitos são os enfoques, sem gradação sob o ângulo da importância – porque todos são importantes –, despontando o acesso ao Judiciário, a duração razoável do processo, a primazia do fundo sobre a forma, a isonomia, alfim, a segurança jurídica.

Este espaço é reservado ao alerta aos olhos dos que compreendem a importância da passagem terrena e que têm no servir aos semelhantes – e bem servir – a base da realização pessoal. Digo, a partir de razoável experiência como colega de sala de estudos e julgador: a leitura de *Manual de Processo Coletivo*, a constante consulta ao conteúdo, é caminho para o êxito maior. Convido todos a fazê-lo, parabenizando os autores deste trabalho tão profícuo.

Marco Aurélio Mello
Ministro do Supremo Tribunal Federal. Presidente do Supremo Tribunal Federal (maio de 2001 a maio de 2003) e do Tribunal Superior Eleitoral (junho de 1996 a junho de 1997, maio de 2006 a maio de 2008 e novembro de 2013 a maio de 2014). Presidente do Supremo Tribunal Federal, no exercício do cargo da Presidência da República do Brasil, de maio a setembro de 2002, em cinco períodos intercalados. Presidente do Conselho Consultivo da Academia Brasileira de Direito do Trabalho.

Apresentação

A obra é paradigmática por propor um sistema bastante amplo do processo coletivo no Brasil. Partindo de ampla análise teórica e jurisprudencial sobre o consagrado microssistema de processos coletivos, os autores constroem profundas bases, na primeira parte do livro, calcadas na evolução histórica e na principiologia geral da tutela coletiva.

Humberto Dalla Bernardina de Pinho e José Roberto Mello Porto concluem, então, serem espécies de tal gênero tanto os instrumentos extrajudiciais e as ações específicas (ação civil pública, ação popular, mandado de segurança coletivo e mandado de injunção coletivo, delineando a tutela coletiva pela via principal e a tutela coletiva pela via incidental.

Não bastasse essa visão una de ferramentas que foram sendo desenhadas ao longo de décadas (nem sempre de forma totalmente coesa), o *Manual* as esmiúça. Ingressa-se em divergências minuciosas, com farta citação doutrinária e extenso leque de decisões, destacadamente dos tribunais superiores, bem como se assume postura propositiva.

Estamos diante, portanto, de um título que muito contribui para a compreensão e evolução do acesso à justiça, tema que me tem sido caro há muito, uma vez que funciona como autêntico marco panorâmico do estágio de solução coletiva de conflitos em nosso ordenamento.

Estou feliz, orgulhoso e agradecido aos professores, ex-alunos e queridos amigos Humberto Dalla e José Roberto Mello Porto, pelo privilégio e pela honra de apresentar esta magnífica obra de elevado nível, que agora vem a lume, um verdadeiro Tratado sobre o Processo Coletivo no Brasil e não um simples manual, como nominado, modestamente, pelos seus autores.

Visconde de Mauá, abril de 2020.

Paulo Cezar Pinheiro Carneiro
Professor Titular e Emérito de Teoria Geral do Processo
da Universidade do Estado do Rio de Janeiro.

Capítulo 1
CONCEITOS ESSENCIAIS

1. JURISDIÇÃO E INSTRUMENTOS PARA A SOLUÇÃO COLETIVA DE CONFLITOS

1.1. Feição clássica da jurisdição e a tutela individual

Historicamente, a jurisdição sempre foi uma função estatal, mas ainda estamos diante de um conceito em evolução[1], porquanto se discute a possibilidade de desvinculá-la do Estado – nos sistemas jurídicos europeus, por exemplo, é possível encontrar a resolução de litígios e a tutela de interesses particulares sendo exercidas até mesmo por órgãos privados.

O direito brasileiro tem caminhado nessa direção, sobretudo após a edição do art. 3º do Código de Processo Civil de 2015, que traz a expressa menção aos institutos da conciliação, mediação e arbitragem dentro do conceito de acesso à justiça[2].

Seja como for, não se pode falar em jurisdição contemporânea no direito brasileiro sem fazer referência à obra de Luiz Guilherme Marinoni[3], para quem o processo civil constitucionalizado[4] leva à necessária revisão dos conceitos tradicionais de jurisdição.

A partir das premissas dos modernos mestres italianos, como Ferri, Comoglio, Taruffo, Trocker e Varano, entre outros[5], o processo é visto, necessariamente, sob o prisma constitucional. Se o ordenamento jurídico fosse uma árvore, o direito constitucional seria o tronco, e o processo civil seria um ramo ou galho dessa árvore.

Pela Teoria Constitucional, a jurisdição teria como objeto primário a garantia da aplicação dos princípios constitucionais àquele processo. A lei não mais seria o centro do conceito de jurisdição. A partir dessa mudança, surge a expressão do *juiz garantista* – muito usada no processo penal –, como sendo aquele que está preocupado em aplicar os princípios e garantias constitucionais[6].

Tem-se, nessa concepção[7], que, independentemente do resultado do processo, se todas as garantias tiverem sido perfeitamente observadas, pode-se afirmar que houve um processo justo[8].

---

[1] GRECO, 2015, p. 65.

[2] "Art. 3º Não se excluirá da apreciação jurisdicional ameaça ou lesão a direito. § 1º É permitida a arbitragem, na forma da lei. § 2º O Estado promoverá, sempre que possível, a solução consensual dos conflitos. § 3º A conciliação, a mediação e outros métodos de solução consensual de conflitos deverão ser estimulados por juízes, advogados, defensores públicos e membros do Ministério Público, inclusive no curso do processo judicial."

[3] MARINONI, 2005, p. 13-66.

[4] BARACHO, 2006, p. 11.

[5] TROCKER, 1974, p. 18.

[6] LEAL, 2008, p. 37.

[7] TARUFFO, 2002, p. 224.

[8] COMOGLIO, 2003, p. 159-176.

1.2. Feição moderna da jurisdição e a tutela coletiva

Com o desenvolvimento da percepção social e seus inevitáveis desdobramentos jurídicos (analisados em capítulo próprio), percebeu-se que:

(i) a jurisdição exclusivamente individualista já não era capaz de resolver todos os conflitos existentes no plano dos fatos;
(ii) a própria compreensão do que seria o direito (a ser aplicado) deixou de ser tarefa simples; e
(iii) soluções alternativas à decisão impositiva do Estado-juiz se afigurariam, por vezes, mais adequadas.

Essas três modificações estruturais levaram à necessidade de se revisitar a noção clássica da atividade jurisdicional, impulsionando a doutrina e a jurisprudência de todo o mundo a desenhar instrumentos novos, capazes de efetivamente pacificar litígios.

De maneira sintética, circundando a temática da tutela coletiva, as repercussões dessas paradigmáticas mudanças consistiram no desenvolvimento de:

(i) ações coletivas, com elementos estruturais próprios;
(ii) instrumentos de resolução de múltiplas demandas em reduzida atividade jurisdicional, notadamente os fixadores de teses jurídicas; e
(iii) meios extrajudiciais de solução de conflitos coletivos.

Coincidentemente, se está diante das três espécies a compor o gênero *solução coletiva de conflitos*[9], a serem estudadas detidamente.

Os processos coletivos desafiam a concepção tradicional da jurisdição na medida em que demandam, para que se revelem úteis e efetivos, a revisão dos limites de instituições processuais básicas, em especial da legitimidade e da coisa julgada.

Os procedimentos fixadores de tese exigem a reestruturação da atividade jurisdicional por priorizar não o caso concreto de forma imediata, mas somente de maneira mediata, enfocando o interesse processual essencialmente na decisão jurisprudencial acerca do correto entendimento de uma norma jurídica, a ser aplicada por todos os membros do Judiciário.

Essa é a essência coletiva desses procedimentos, que se desenvolvem em incidentes próprios. Se se retira a tese jurídica e seu efeito prospectivo, desaparece a real importância da sua compreensão enquanto instrumentos coletivos e objetivos, restando apenas a (recomendável) solução conjunta de vários processos, mas sempre restrita ao momento da decisão.

É dizer: podem existir várias ações sobre a mesma questão, e o ordenamento sempre ofereceu saídas para tanto, como o litisconsórcio, a conexão, a continência, a suspensão por questão prejudicial. O que torna uma técnica de solução única de várias questões coletiva é o alto grau de relevância que possuirá para uma coletividade mais ampla do que aquela envolvida nos litígios subjetivos individuais. Ou seja, existe sempre um elemento predominantemente objetivo na técnica, a residir no estabelecimento da correta interpretação da lei (em sentido amplo).

Por fim, há os meios extrajudiciais de solução do litígio, verdadeira prioridade para os aplicadores do Direito no atual ordenamento processual (como esclarece o didático art. 3º, e seus parágrafos, do CPC), que, justamente por isso, não poderia deixar de abarcar os conflitos em questão.

Se, outrora, o princípio do acesso à justiça passava pela inafastabilidade da jurisdição, ostentando natureza eminentemente negativa e substitutiva da vontade das partes (cabia ao Judiciário escolher

---

[9] MENDES; SILVA, 2016b, p. 536.

qual dos polos tinha razão e nada mais), no presente estágio de compreensão representa chave de leitura ampliativa e positiva, desenhando-se, à escolha dos envolvidos, um sistema de múltiplas portas (*multi-door system*), no qual a jurisdição estatal não necessariamente se apresenta como a melhor ou mais adequada via resolutiva.

2. TUTELA COLETIVA

Ao exercer a função jurisdicional, o Estado busca garantir proteção a determinado bem jurídico, lesado ou ameaçado. Tal proteção, fruto dessa atividade eminentemente estatal, é a tutela jurisdicional, "última manifestação do Estado acerca da contenda", na lição de Luiz Fux[10].

Alguns preferem compreender a tutela como um elemento relacionado ao direito material protegido, em contraposição ao processo, instrumento para tanto.

Embora não se discorde dessa perspectiva, nos parece mais favorável, diante do leque apresentado pelo ordenamento jurídico para a garantia dos interesses de toda a coletividade, definir (no sentido platônico do verbo, ou seja, de limitação) a tutela, decididamente, como o produto do emprego de qualquer desses meios (preferencialmente do mais adequado), assegurando o gozo dos direitos agredidos ou ameaçados. A tutela é, portanto, o oportuno cuidado com determinada situação jurídica, seja pela via judicial, seja por alternativa eficiente.

A partir daí, afirma-se que a tutela será coletiva quando o direito protegido for coletivo, por essência (direitos metaindividuais – difusos e coletivos em sentido estrito) ou por opção legislativa (direitos individuais homogêneos)[11].

Esse conceito, por sua vez, merece ser compreendido de maneira ampla, para também incluir o tratamento das questões jurídicas, em abstrato, objetivamente. Ou seja, para além da proteção efetiva de direitos materiais, de forma direta, é inegável que possui feição coletiva o debate, em abstrato, divorciado de um caso concreto, acerca da interpretação correta de uma norma ou de sua compatibilidade com a Constituição (Federal ou Estadual).

O raciocínio é de simples comprovação: quando um tribunal fixa tese jurídica, impõe vinculatividade a todos os julgadores a ele subordinados, de sorte que aquele entendimento, formado em um procedimento específico (incidentes de resolução de casos repetitivos – IRDR e recursos repetitivos – ou de assunção de competência – IAC), abarca, ao menos em tese, toda a coletividade. Todos os que tiverem uma relação jurídica que envolva a matéria devem seguir a compreensão dada pelo tribunal, nos limites de sua circunscrição territorial.

Da mesma forma, todos os que se submetem ao ordenamento jurídico brasileiro devem seguir o entendimento do Supremo Tribunal Federal firmado em controle concentrado de constitucionalidade, o qual, inclusive, invalida a norma jurídica impugnada, se concluir pela sua incompatibilidade com o texto constitucional.

A melhor maneira de conceituar tutela coletiva, portanto, passa por considerá-la uma moderna função jurisdicional que se caracteriza, principalmente, por sua especial abrangência, seja por possuir como objeto bens jurídicos propriamente transindividuais (ação coletiva que envolva direitos difusos ou coletivos), seja porque seus efeitos atingem uma coletividade, em uma discussão concreta (ação coletiva que envolva direitos individuais homogêneos) ou abstrata (incidentes de fixação de tese jurídica e controle de constitucionalidade).

---

[10] FUX, 2016, p. 59.

[11] No mesmo sentido, afirmando que a tutela coletiva é voltada à proteção de determinados direitos materiais eleitos pelo legislador: NEVES, 2016b, p. 38.

3. ESPÉCIES DE TUTELA COLETIVA

3.1. Tutela coletiva pela via principal

O primeiro grupo de instrumentos de tutela coletiva diz respeito a ações autônomas, por meio de processos judiciais que possuam como objeto principal a resolução de conflitos coletivos, em concreto (materiais) ou em abstrato (normativos).

Nesses instrumentos, o direito de ação é exercido já com vistas à tutela coletiva, de maneira inaugural. O desfecho ordinário da provocação jurisdicional será a proteção, acaso acolhido o pedido, de bens jurídicos coletivos ou coletivamente considerados (hipótese dos direitos individuais homogêneos e indisponíveis).

3.1.1. Conflitos coletivos em concreto ou materiais (tutela metaindividual ou transindividual)

Dentro da tutela coletiva pela via principal, o primeiro objeto são os conflitos coletivos em concreto. Neles, há um problema de abrangência coletiva a demandar solução, que pode ser consensual (extrajudicial) ou impositiva (judicial).

Semelhantemente ao que sucede em um processo individual, o Estado-juiz é chamado a exercer jurisdição e resolver, em definitivo, a lide existente, que possui natureza coletiva.

Tal natureza, no ensinamento de José Carlos Barbosa Moreira[12], pode decorrer tanto da efetiva essência coletiva dos direitos tutelados (direitos difusos ou coletivos em sentido estrito), essencialmente coletivos, ou de uma opção de política legislativa, que autoriza a tutela coletiva de direitos autenticamente individuais (direitos individuais homogêneos ou individuais indisponíveis), acidentalmente coletivos.

Didática é também a lição de Teori Zavascki[13], ao divorciar a tutela de direitos coletivos – primeira espécie explicitada – da tutela coletiva de direitos – segundo tipo mencionado.

Fundamental para distinguir essa primeira via de tutela coletiva é compreender que, aqui, existe um direito material ameaçado ou lesionado, a demandar proteção jurisdicional, semelhantemente ao que ocorre na atuação ordinária e clássica da jurisdição. A diferença é, justamente, o fato de tal direito possuir natureza coletiva ou, embora sejam individuais, existir autorização estratégica do ordenamento para que haja solução una e econômica de todos.

A esse respeito, é cabível uma pequena observação terminológica: comumente, refere-se ao processo coletivo (e aos instrumentos extrajudiciais que o substituem) como tutela metaindividual ou transindividual.

Trata-se de uma espécie do gênero tutela coletiva pela via principal. Embora a nomenclatura permita um *link* direto com alguns tipos de direitos (difusos e coletivos em sentido estrito), que ostentam natureza transindividual, a adotamos também para abarcar o tratamento dos direitos individuais homogêneos, já que, embora tenham natureza individual, quando agrupados, se revestem de relevância coletiva, sendo o produto da jurisdição, em casos tais, também metaindividual.

3.1.1.1. Resolução extrajudicial de conflitos coletivos

Tais conflitos e direitos não necessitam, no entanto, ser levados a juízo, obrigatoriamente. Seguindo a linha eleita pelo legislador de 2015, a consensualidade deve ser a via preferencial, inclusive por conta da celeridade que lhe é própria.

---

[12] A distinção entre direitos essencialmente coletivos e acidentalmente coletivos, de José Carlos Barbosa Moreira (BARBOSA MOREIRA, 1991, p. 187-189), será esmiuçada em capítulo próprio.
[13] ZAVASCKI, 2017b, p. 31.

A porta jurisdicional está sempre aberta, pelo princípio da inafastabilidade estampado no art. 5º, XXXV, da Constituição Federal e no art. 3º do Código de Processo Civil. Contudo, não é mais a única, tampouco a mais adequada, para todos os casos.

Existem, então, diversos instrumentos extrajudiciais aptos, em tese, a resolver o problema que se apresenta. Um primeiro leque diz respeito aos procedimentos instrutórios, que se prestam, diretamente, a recolher elementos que elucidem a questão e possam, até mesmo, fundamentar a futura ação coletiva.

Por outro lado, outras ferramentas se voltam à imediata solução do conflito, apresentando proposta concreta que, se acolhida pelo potencial réu, esvaziam a utilidade da via judicial. Dentre elas, destacam-se a recomendação e o compromisso de ajustamento de conduta.

A terceira hipótese diz respeito a métodos alternativos à jurisdição, como a mediação e a arbitragem, as quais podem envolver direitos coletivos em sentido amplo.

3.1.1.2. Resolução judicial de conflitos coletivos (processo coletivo comum)

Caso os mecanismos extrajudiciais não se mostrem aptos a, efetivamente, solucionar o conflito, saída outra não haverá que não o ajuizamento da ação coletiva, por meio do processo coletivo, em uma de suas diversas espécies ou procedimentos (ação civil pública, ação popular, mandado de segurança coletivo, mandado de injunção coletivo).

No dizer de Gregório Assagra de Almeida[14], trata-se do processo coletivo comum, no qual o conflito objeto da relação jurídica processual é concreto, envolvendo direitos materiais.

3.1.1.2.1 A nova sistemática da ação de improbidade administrativa e sua exclusão do universo das tutelas coletivas

Até 2021, a doutrina de forma geral (e nós mesmos na primeira edição desta obra) sustentava que a Lei n. 8.429/92 integrava o chamado microssistema da tutela coletiva brasileira.

Ocorre que a Lei n. 14.230, de 25 de outubro de 2021, excluiu expressamente a ação de improbidade administrativa do âmbito das demandas coletivas.

A Lei agora prevê, no art. 17, *caput*, a aplicação subsidiária das normas do Código de Processo Civil e não menciona mais a legislação da tutela coletiva como fonte suplementar (embora ainda refira a figura do inquérito civil no art. 22).

Ademais, caso verificada a inexistência do ato de improbidade, o juiz deverá julgar a demanda improcedente, nos exatos termos do § 11 desse art. 17.

Por outro lado, o § 16 autoriza a conversão da ação de improbidade em ação civil pública, devendo, a partir daí, ser observada a Lei n. 7.347/85, caso seja configurada a lesão a algum direito difuso, coletivo ou individual homogêneo. Tal decisão, contudo, poderá ser impugnada por agravo de instrumento (§ 17).

Já o art. 1°, § 4°, determina a aplicação dos princípios constitucionais do direito administrativo sancionador[15] ao sistema da improbidade e o art. 17-D, parágrafo único, prevê que o controle de legalidade de políticas públicas e a responsabilidade de agentes públicos por lesões a direitos transindividuais devem ser apurados nos termos da Lei da Ação Civil Pública.

---

[14] ALMEIDA, 2003, p. 26.

[15] Aliás, a jurisprudência do STJ já vinha nessa linha, mesmo antes da nova Lei. Confira-se a respeito: AgInt em REsp 798.081-RJ, Rel. Min. Napoleão Nunes Maia Filho, j. 1º-12-2020; AgInt em REsp, Rel Min. Assusete Magalhães, j. 16-8-2021; EREsp 1.496.347/ES, Rel. p/ acórdão Benedito Gonçalves, *DJe* de 28-4-2021; AgInt nos EDcl no REsp 1910104/DF, Rel. Min. Benedito Gonçalves, j. 6-9-2021; AgInt nos EDiv em REsp 1761937/SP, Rel. Min. Mauro Campbell, j. 19-10-2021; REsp 1.941.236/ES, Rel. Min. Herman Benjamin, j. 24-8-2021.

3.1.1.2.2. Conceito de processo coletivo

Existe alguma disparidade entre os autores quanto à conceituação do processo coletivo.

Uma primeira linha, seguida por Aluisio Gonçalves de Castro Mendes e Antonio Gidi[16], adota um conceito a partir de elementos fundamentais, que o diferem do processo individual: legitimidade, objeto e coisa julgada.

A legitimidade, com efeito, é, como regra, extraordinária, uma vez que, quanto aos direitos transindividuais, a legitimidade ordinária funciona como um impeditivo para o acesso à justiça (já que a coletividade titular do direito jamais estaria em juízo), e, quanto aos direitos individuais homogêneos tutelados em conjunto, a lógica da economia processual e a isonomia requerem a condução por ente adequado.

Pontualmente, porém, aponta-se a ação coletiva movida pela comunidade indígena como um excepcionalíssimo caso de legitimidade ordinária, em que o Ministério Público funcionará como assistente (art. 37 da Lei n. 6.001/73[17]).

O segundo elemento diferenciador é o objeto do processo coletivo, o seu pedido mediato, que deve ser um direito coletivo ou coletivamente considerado.

Por fim, o terceiro elemento peculiar consiste na especial feição da coisa julgada alcançada no processo coletivo, em que a imutabilidade do comando da sentença atinge toda a coletividade ou um grupo, categoria ou classe em especial, indo além da mera eficácia subjetiva *inter partes*, que seria insuficiente para a tutela dos interesses em questão.

Outros autores, como Rodolfo Mancuso[18] e Sérgio Shimura[19], ainda conceituando processo coletivo por meio de seus elementos essenciais, elegem um critério finalístico, afastam a legitimidade da definição, já que o crucial seria a finalidade de tutelar interesses metaindividuais, alcançando certa faixa do universo coletivo, mediante a coisa julgada, pouco importando se o polo ativo é assumido pelo Ministério Público ou outro legitimado.

A segunda linha conceitual, seguida por Fredie Didier e Hermes Zaneti[20], denomina processo coletivo a relação jurídica processual que verse sobre relação jurídica material litigiosa coletiva, o que demanda um grupo como sujeito ativo ou passivo e o envolvimento de uma situação jurídica coletiva (direito, dever ou estado de sujeição de um grupo). Como se percebe, esses autores focam no objeto do processo para considerá-lo coletivo ou não.

Independentemente da linha adotada, existe certo consenso no sentido de que ação coletiva[21] é o exercício de direito que dá origem à demanda veiculada por um processo coletivo[22].

3.1.1.2.3. Situações limítrofes

Em casos outros, a própria natureza coletiva da demanda não se mostrava evidente. Certas ações ocupam autêntica zona cinzenta entre o processo individual (ainda que com uma pluralidade de sujeitos) e o coletivo.

---

[16] GIDI, 1995, p. 16.
[17] "Art. 37. Os grupos tribais ou comunidades indígenas são partes legítimas para a defesa dos seus direitos em juízo, cabendo-lhes, no caso, a assistência do Ministério Público Federal ou do órgão de proteção ao índio."
[18] MANCUSO, 2008b, p. 63.
[19] SHIMURA, 2004, p. 49.
[20] DIDIER JR.; ZANETI JR., 2016b, p. 30.
[21] MENDES, 2014, p. 32.
[22] DIDIER JR.; ZANETI JR., 2016b, p. 32.

É o caso das ações pseudocoletivas[23], nas quais prepondera o interesse individual dos sujeitos de direito, tornando-se, no mínimo, improdutivo o manejo da ação coletiva[24]. Desse modo, ao cabo de um tormentoso processo judicial coletivo – portanto, de instrução normalmente complexa e de ampla participação –, a sentença genérica teria de passar por uma execução individual tão ou quase tão delicada quanto o procedimento de conhecimento.

Outra hipótese é a das ações individuais com alcance coletivo, nas quais o autor é titular de um direito subjetivo que, reconhecido pelo Judiciário, gerará inevitáveis reflexos em terceiros e na coletividade. São casos realmente limítrofes, capazes de deixar uma interrogação, como quando um sujeito quer exercer um direito que possui (não fechamento da rua em que mora, por exemplo), e que atinge a esfera jurídica dos demais.

Em terceiro lugar, aponta Kazuo Watanabe as ações pseudoindividuais, em que, do ponto de vista prático, não existiria empecilho para o ajuizamento individual, porém a relação de direito material, globalmente considerada, recomenda a solução coletiva[25]. Uma tarifa abusiva inserida em contrato de adesão por empresa concessionária de serviço público, por mais que possa ser afastada caso a caso, apenas permite a pacificação a seu respeito quando tutelada em definitivo, globalmente[26].

3.1.2. Conflitos coletivos em abstrato ou normativos (processo coletivo especial): controle concentrado de constitucionalidade

Em acréscimo, existe outra espécie de tutela coletiva pela via principal, ou seja, por meio de ação autônoma: os processos (objetivos) de controle de constitucionalidade[27].

A feição coletiva da tutela decorre não tanto da natureza coletiva do direito material, já que sequer há direito material subjetivo discutido, mas do alcance coletivo da decisão, a atingir todos os que se submetem ao ordenamento jurídico.

É imperioso reconhecer que as ações de controle concentrado são instrumento de tutela coletiva, inclusive possuindo reflexo em direitos subjetivos individuais[28], que, no entanto, não se confunde com os outros dois modelos (processo coletivo e fixação de teses jurídicas).

Igualmente ao processo coletivo comum, inaugura-se relação jurídica processual para a tutela de questão com alcance coletivo. A diferença é que, no processo coletivo especial[29], o conflito é abstrato, teórico, em tese, consistindo na análise de compatibilidade entre um ato normativo e o texto constitucional. Afinal, existe um interesse coletivo objetivo legítimo em um sistema constitucional coeso.

Também há semelhança com a tutela pluri-individual, já que ambas possuem dupla função: a tutela direta da ordem jurídica e a tutela indireta de direitos subjetivos. Por outro lado, se diferenciam pelo objeto (compatibilidade da norma com a Constituição *versus* interpretação definitiva da norma) e pelo interesse de agir (que, no controle de constitucionalidade, geralmente depende da vigência da norma, enquanto, nos casos repetitivos, a faceta de gestão processual pode exigir o prosseguimento da técnica mesmo que já revogada a norma cujo sentido se controverte).

---

[23] ARAÚJO FILHO, 2000, p. 200.

[24] GRINOVER, 2014, p. 1.434.

[25] Para o autor, o empecilho lógico levaria à conclusão da impossibilidade de ajuizamento de ações individuais (WATANABE, 2014, p. 237).

[26] Quanto a essa última espécie, soa instigante a proposta doutrinária. O atual Código, tímido quanto à tutela coletiva, previa, em seu art. 333, o instrumento da conversão da ação individual em coletiva, o qual acabou por ser vetado.

[27] O estudo do controle concentrado de constitucionalidade, pelos limites deste manual, será objeto de outra obra, a abarcar as ações constitucionais em detalhe.

[28] ZAVASCKI, 2017b, p. 249.

[29] ALMEIDA, 2003, p. 26.

Cabe, ainda, uma última observação: pode haver tutela da constitucionalidade pela via incidental, no controle difuso. Em primeira instância, não se reveste de qualquer natureza coletiva, apenas servindo de fundamentação para a solução de um caso concreto. Já no âmbito de um tribunal, por conta da exigência constitucional da cláusula de reserva de plenário ou órgão especial (art. 97 da CF), existe procedimento próprio, incidental: o incidente de arguição de inconstitucionalidade (arts. 948 a 950 do CPC).

3.2. Tutela coletiva pela via incidental, pluri-individual ou de questões comuns

O segundo grande grupo de instrumentos de tutela coletiva no ordenamento jurídico brasileiro é composto por incidentes, que dependem da prévia existência de ações, individuais e coletivas, que versem sobre determinada matéria[30].

A partir delas, os tribunais podem, de ofício ou mediante provocação, iniciar procedimento voltado à resolução de uma questão jurídica, pacificando um tema teórico, firmando tese jurídica a ser adotada por todos os órgãos julgadores subordinados à corte que julgou o incidente.

A dinâmica, portanto, é a seguinte: a técnica está dividida em duas partes. Na primeira, instaura-se incidente de julgamento da questão controvertida, em um procedimento objetivado, sem partes, semelhante ao que sucede no controle concentrado de constitucionalidade. A exemplo deste, não se despreza o quadro fático, embora também não sejam consideradas eventuais minúcias de situações subjetivas específicas.

Uma vez fixada a tese, que, aliás, costuma ser sintetizada em texto conciso (a lembrar os enunciados de súmula), o órgão colegiado passa a julgar os casos afetados, aplicando-a. Trata-se de um momento diverso do primeiro, e dele dependente, sendo fundamental para o aperfeiçoamento da dinâmica, uma vez que os órgãos que posteriormente aplicarão o entendimento terão um parâmetro de incidência da fundamentação ao caso concreto. Deve o tribunal, portanto, elaborar acórdão didático, bastante analítico[31].

Por fim, havendo tese jurídica estatuída, e já fora da tutela pluri-individual propriamente dita, mas como um reflexo fundamental de sua eficácia que escancara sua natureza coletiva, os julgadores dos casos concretos posteriormente ajuizados e que versem sobre a mesma questão jurídica terão um leque de instrumentos para abreviar o curso do processo (eficácia prospectiva ou atemporal da fixação de teses).

A polêmica que motivará a instauração do incidente de tutela coletiva deve ter como objeto uma questão jurídica. Trata-se de opção feita pelo legislador brasileiro, que excluiu da técnica as questões fáticas, as quais, muitas vezes, poderiam ser coletivamente solucionadas. Nos parece que a escolha foi certeira, já que o ordenamento deixa outras saídas para a administração mais gerencial desses processos repetitivos: uma prova pode ser produzida em um deles e ser emprestada a outros, por exemplo.

Além disso, em uma classificação a respeito do tema, pode versar o procedimento incidental sobre a compatibilidade entre uma norma e a Constituição, no controle difuso realizado pelo plenário ou órgão especial do tribunal.

A divergência quanto a essa questão, que deverá ser sempre uma questão de direito, pode já estar presente em uma pluralidade de processos, quando a pacificação terá natureza repressiva, ou não, e a tutela se operará preventivamente.

Não se ignora que esses mecanismos foram motivados, na origem, por sua função gerencial, otimizando o tempo do Judiciário, que, ao decidir certa questão após debate plural, enquanto os

---

[30] O estudo desses incidentes já foi realizado em detalhes em MELLO PORTO, 2018, e MENDES; MELLO PORTO, 2020.
[31] A título de parâmetro, veja-se o julgamento do REsp 1.389.750, 1ª Seção, Rel. Min. Herman Benjamin, *DJe* 17-4-2017, em que se destacam a resolução da tese e a resolução do caso, em momentos distintos.

processos ficam, total ou parcialmente, suspensos, pode analisar outros litígios em nada repetitivos. No entanto, sob a ótica da função estatal de formação do direito judicado, muito mais importante é a segurança jurídica resultante da tese fixada.

Essa finalidade, ainda que não permitisse a automática aplicação atual e futura, já justificaria a imprescindibilidade[32] da técnica, revelando-se tutela abstrata e, portanto, coletiva do direito, por mais que baseada em um quadro fático típico (uma situação de fato que seja relativamente comum a todos os envolvidos na questão jurídica).

Nesses instrumentos, o direito de ação não é exercido com vistas à tutela coletiva, de maneira inaugural, mas exsurge de um processo o interesse processual na inauguração de um procedimento autônomo, que discutirá a questão jurídica. O desfecho ordinário da provocação jurisdicional não é a tutela coletiva, necessariamente. Contudo, ao ser deflagrado o incidente, inicia-se procedimento cuja finalidade primordial é a fixação de tese jurídica, pacificando a questão.

Destacamos quatro espécies de eficácia da tese fixada: a eficácia atual (processos em curso), a prospectiva (futuros processos sobre o tema), a territorial (nos limites da competência do tribunal que a fixou) e a normativa (complementando o sentido da norma, o que se desdobra para fora do Judiciário).

3.2.1. Tutela preventiva: incidente de assunção de competência

Se a questão jurídica controvertida não estiver repetida em uma pluralidade de processos judiciais, ainda assim poderá (deverá) ser uniformizada pelo tribunal. Trata-se de incidente de tutela coletiva com natureza preventiva, pois evita que se estenda, pela sociedade, a indesejada insegurança jurídica gerada pelas várias interpretações da norma.

O Código de Processo desenhou, pela primeira vez, um instrumento para tanto: o incidente de assunção de competência (art. 947). O regramento, contudo, é curto, apenas trazendo alguns elementos pontuais, sendo certo que todo o restante deverá seguir o tratamento dado aos incidentes repressivos, salvo quando não houver compatibilidade.

De acordo com o diploma processual, o incidente preventivo será cabível quando existir uma relevante questão de direito, a qual desperta uma das seguintes situações:

    a)   grande repercussão social;
    b)   divergência entre órgãos fracionários do tribunal;
    c)   conveniência na prevenção de decisões conflitantes.

Perceba-se que, na primeira hipótese, sequer se preocupa com a efetiva possibilidade de haver ações judiciais repetidas sobre a questão, focando-se na sua relevância extrajudicial. Certos temas, realmente, podem apenas raramente ser levados a juízo, mas demandar, pelos efeitos sociais, uma pronta pacificação, pela jurisprudência.

Por outro lado, o incidente também pode ser motivado por aspectos judiciários, prevenindo a divergência interna do tribunal, real (item b) ou potencial (item c).

3.2.2. Tutela repressiva: incidentes de resolução de casos repetitivos

Pode ser – e é bem comum no atual cenário do Judiciário brasileiro – que uma mesma questão jurídica se repita em diversos processos (ainda que com diferentes títulos: por vezes, questão principal, por vezes prejudicial etc.). Diante disso, o tribunal pode (deve) instaurar incidente próprio para pacificar a discussão e evitar divergência, definindo a correta interpretação daquela norma.

---

[32] MANCUSO, 2014, p. 315.

Se estará diante dos incidentes de tutela coletiva repressivos, os chamados incidentes de resolução de casos repetitivos. O Código deixa claro que se trata de um gênero que possui duas espécies (art. 928[33]):

a) incidente de resolução de demandas repetitivas (arts. 976 a 987);
b) julgamento de recursos repetitivos (arts. 1.036 a 1.041).

A tutela, aqui, é repressiva, porque já existe efetiva repetição de processos sobre a questão a ser debatida e definida. Para além de se formar precedente judicial vinculativo, a exemplo do que ocorre no incidente preventivo, existe forte feição de gestão processual macroscópica (gestão de estoque[34]), fazendo incidir regras específicas, próprias ao microssistema dos casos repetitivos (art. 928).

3.2.3. Tutela de constitucionalidade: incidente de arguição de inconstitucionalidade

Um terceiro incidente possível diz respeito ao debate sobre a constitucionalidade de determinada norma, em controle difuso.

No ordenamento brasileiro, qualquer juiz, em razão da supremacia constitucional, pode verificar se uma lei ou ato normativo é compatível com a Constituição Federal ou Estadual, o que será analisado na fundamentação da sentença, atingindo apenas as partes do caso concreto, a princípio. Esse é o controle difuso de constitucionalidade.

Contudo, o art. 97 da Carta Maior[35] exige que, quando tal verificação tiver de ser feita no âmbito de um tribunal, seja ao julgar recurso ou remessa necessária, seja em processos de sua competência originária, deverá haver um fracionamento da cognição: o caso concreto será decidido pelo órgão fracionário (câmara ou turma do tribunal), mas a discussão sobre a constitucionalidade da norma será remetida ao plenário (órgão que reúne todos os desembargadores ou ministros da corte) ou ao órgão especial (órgão com onze a vinte e cinco julgadores que recebe funções delegadas pelo Pleno, em tribunais que possuam mais de vinte e cinco membros[36]).

O que for decidido pelo plenário ou órgão especial deverá ser, obrigatoriamente, seguido pelos órgãos fracionários do tribunal. Assim, é inegável que a decisão possui natureza de tutela coletiva, por vincular juízos futuros, sempre que houver alegação de inconstitucionalidade daquela mesma norma, muito semelhantemente ao que sucede nos demais incidentes mencionados.

3.3. Comparação entre as técnicas

A doutrina tem comparado os instrumentos de julgamento de questão controvertida com as ações coletivas. Nessa dinâmica, costuma-se apontar um conjunto de debilidades do processo coletivo pátrio, às quais não está subordinada a tutela pluri-individual.

Um primeiro grupo de limitações decorre de opções legislativas. É o que sucede em **razão da restrição das ações coletivas a certas matérias** (notadamente, as constantes do parágrafo único do art. 1º da

---

[33] "Art. 928. Para os fins deste Código, considera-se julgamento de casos repetitivos a decisão proferida em: I – incidente de resolução de demandas repetitivas; II – recursos especial e extraordinário repetitivos. Parágrafo único. O julgamento de casos repetitivos tem por objeto questão de direito material ou processual."

[34] LEMOS, 2018, p. 31.

[35] "Art. 97. Somente pelo voto da maioria absoluta de seus membros ou dos membros do respectivo órgão especial poderão os tribunais declarar a inconstitucionalidade de lei ou ato normativo do Poder Público."

[36] CF: "Art. 93. Lei complementar, de iniciativa do Supremo Tribunal Federal, disporá sobre o Estatuto da Magistratura, observados os seguintes princípios: (...) XI – nos tribunais com número superior a vinte e cinco julgadores, poderá ser constituído órgão especial, com o mínimo de onze e o máximo de vinte e cinco membros, para o exercício das atribuições administrativas e jurisdicionais delegadas da competência do tribunal pleno, provendo-se metade das vagas por antiguidade e a outra metade por eleição pelo tribunal pleno".

Lei da Ação Civil Pública[37], inserido pela Medida Provisória n. 2.180-35/2001) e do sistema de formação da coisa julgada, supostamente a impedir a solução definitiva da matéria, além de se subordinar, ao menos pela lei[38], à abrangência territorial (art. 16 da Lei n. 7.437/85 e art. 2º-A da Lei n. 9.494/97).

Segunda espécie de empecilhos nasceu da prática. Aqui se insere, entre outros, o problema da insuficiente quantidade de ações coletivas propostas por associações[39], constando no polo ativo da maior parte dos processos o Ministério Público e a Defensoria Pública — o que, por vezes, impede a representação mais próxima e autêntica dos interesses em disputa.

De todo modo, as ações coletivas, desde sua criação, representam forte mecanismo de acesso à justiça, economia processual e judicial, preservação da igualdade e da isonomia, equilíbrio entre as partes e cumprimento do direito material[40].

Por outro lado, na tutela coletiva incidental tem-se uma oportunidade qualificada de fixação de entendimento por especial colegiado do tribunal competente. Em seguida, aplica-se a tese jurídica, a ser replicada, potencialmente aos milhares, pelos órgãos subordinados à corte. Por essa razão, antes de representar tutela de direitos materialmente transindividuais, trata de uma pluralidade de direitos individuais, dispersos por todas as relações processuais subjetivas postas à análise daquela parcela do Judiciário.

Existe, portanto, nesta espécie, uma primordial tutela do direito objetivo, foco primário dos incidentes em que se elege a tese pretensamente definitiva, bem como do direito subjetivo, no passo seguinte, por via reflexa. Há, então, inegável atividade jurisdicional em ambas as etapas, da qual resultará tutela jurisdicional.

Crucial é perceber que, na tutela coletiva pela via principal, o foco é na tutela do direito material coletivo em sentido amplo (difuso, coletivo em sentido estrito ou individual homogêneo): existe uma ilicitude a ser desfeita pelo Judiciário. Decidida a questão, haverá comando para que se declare, constitua ou execute algo, satisfazendo a pretensão resistida.

A ação coletiva, então, replica o padrão do processo individual, alterando, na essência, o direito objeto do litígio (e daí, evidentemente, aspectos processuais, por conseguinte).

No outro meio de resolução coletiva, os incidentes de tutela coletiva, a eficácia difusa da decisão decorre do procedimento objetivo instaurado a partir de uma pluralidade de litígios subjetivos, sejam individuais ou coletivos. O incidente não tem vida própria, *ab initio*, capaz de, por si só, justificar o abandono da inércia jurisdicional[41].

Outro aspecto comparativo interessante reside no sistema de inclusão/exclusão. Enquanto, nas ações coletivas, o mecanismo de interação entre a demanda do indivíduo e o processo coletivo é de *opt out*, por expressa previsão legal (art. 104 do CDC[42] e art. 22, § 1º, da LMS[43]), nos casos repetitivos

---

[37] "Art. 1º (...) Parágrafo único. Não será cabível ação civil pública para veicular pretensões que envolvam tributos, contribuições previdenciárias, o Fundo de Garantia do Tempo de Serviço — FGTS ou outros fundos de natureza institucional cujos beneficiários podem ser individualmente determinados."

[38] A Corte Especial do Superior Tribunal de Justiça ultrapassou a limitação territorial do art. 16 da Lei da Ação Civil Pública, no julgamento do EREsp 1.134.957/SP, Rel. Min. Laurita Vaz, j. 24-10-2016.

[39] Também a jurisprudência restringiu, pontualmente, a eficácia da ação coletiva proposta por associação, exigindo autorização expressa do indivíduo para que se beneficie (STF, RE 573.232, Pleno, Rel. Min. Ricardo Lewandowski, Rel. p/ acórdão Min. Marco Aurélio, j. 14-5-2014).

[40] MENDES; SILVA, 2016a, p. 548.

[41] MANCUSO, 2016, p. 43.

[42] "Art. 104. As ações coletivas, previstas nos incisos I e II e do parágrafo único do art. 81, não induzem litispendência para as ações individuais, mas os efeitos da coisa julgada *erga omnes* ou *ultra partes* a que aludem os incisos II e III do artigo anterior não beneficiarão os autores das ações individuais, se não for requerida sua suspensão no prazo de trinta dias, a contar da ciência nos autos do ajuizamento da ação coletiva."

[43] "Art. 22. (...) § 1º O mandado de segurança coletivo não induz litispendência para as ações individuais, mas os efeitos da coisa julgada não beneficiarão o impetrante a título individual se não requerer a desistência de seu mandado de segurança no prazo de

diz-se que seria de *opt in*, havendo necessidade de postura ativa do sujeito para que se obrigasse ao entendimento fixado, consistente na provocação do Judiciário, isto é, no ajuizamento de ação[44].

Último ponto diferenciador entre as duas técnicas é a maneira de individualização da decisão. Na ação coletiva de tutela de direitos individuais homogêneos[45], se dá na fase de execução, em que serão contempladas as peculiaridades de cada indivíduo, ao passo que, na tutela pluri-individual, tais particularidades serão tomadas, se realmente existirem, apenas para fins de distinção ou, se fixada a tese sob circunstâncias já modificadas, de superação desta.

Em suma, é correto afirmar que a tutela coletiva pela via principal:

a) é baseada em direito subjetivo coletivo[46];
b) possui sempre matéria coletiva;
c) interage com os litígios coletivos por meio de mecanismo de *opt out*;
d) traz individualização para os direitos individuais homogêneos na fase de liquidação e execução.

Por sua vez, a tutela coletiva pela via incidental:

a) é centrada no direito objetivo e, portanto, coletivo;
b) pode versar sobre matéria coletiva ou não;
c) funciona em sistema de *opt in*;
d) traz individualização relevante apenas em caso de distinção ou superação da tese.

As duas técnicas, portanto, convivem perfeitamente, cada qual com espaço bem delineado. Cabe, no entanto, uma indagação: deve ser priorizada alguma delas? A doutrina tem debatido a respeito, surgindo duas correntes.

3.3.1. Teoria prioritária, exclusivista ou unitária

Para uma primeira linha de pensamento, os instrumentos de julgamento por agregação de causas repetitivas não são capazes de resolver o conflito de maneira tão satisfatória quanto as ações coletivas.

Fernando Gajardoni, por exemplo, aponta como um problema central da técnica de casos repetitivos a necessidade do ajuizamento de um processo individual para que se resolva a questão[47].

Hermes Zaneti Jr., por sua vez, elege uma série de vantagens das ações coletivas, como a coisa julgada *secundum eventum probationis* e *secundum eventum litis*, o controle da representatividade adequada *ope legis* e, para o autor, também *ope iudicis*, além da intervenção do Ministério Público também na fase pré-processual, no inquérito civil.

Já Marcelo Abelha traça interessante distinção entre as técnicas individuais de repercussão coletiva (em nosso entender, os incidentes de fixação de tese jurídica) e as técnicas coletivas de

---

30 (trinta) dias a contar da ciência comprovada da impetração da segurança coletiva."

[44] ZANETI JR., 2016, p. 1.344.

[45] Quando o objeto for direito difuso ou coletivo em sentido estrito, sequer se coloca a questão, uma vez que a execução será coletiva, independendo de qualquer individualização.

[46] Para Hermes Zaneti Jr. e Fredie Didier Jr., a ação coletiva tutela, mais do que direitos subjetivos coletivos, situações jurídicas coletivas, inserindo a possibilidade da ação coletiva passiva: "Assim, processo coletivo é aquele em que se postula um direito coletivo *lato sensu* (situação jurídica coletiva ativa) ou se afirme a existência de uma situação jurídica coletiva passiva (deveres individuais homogêneos, p. ex.) de titularidade de um grupo de pessoas" (DIDIER JR.; ZANETI JR., 2016b, p. 30).

[47] GAJARDONI, 2016, p. 156.

repercussão individual (as ações coletivas que tutelam direitos individuais homogêneos)[48]: enquanto as primeiras tratam de situações coletivas, garantindo tratamento coletivo de direitos subjetivos, as segundas estão inseridas na dinâmica da solução de demandas repetitivas.

Naquelas, há o requisito da legitimidade adequada, a coisa julgada se dá *secundum eventum litis in utilibus* e as demandas individuais, ao menos *ex lege*, não ficam suspensas, enquanto, nestas, os legitimados nem sempre seriam os mais aptos (a princípio, qualquer autor poderia ver sua ação afetada ao julgamento-amostra), o contraditório restaria prejudicado (tantos outros autores não poderiam participar da fixação da tese em abstrato, restando-lhes o posterior *distinguishing*) e o sobrestamento se dá por força da lei. Diante desse quadro comparativo, conclui pela preferência pelas técnicas coletivas de repercussão individual, as ações coletivas.

Gustavo Osna, por sua vez, analisando o *Multidistrict* norte-americano enquanto técnica de coletivização parcial – em contraste com as técnicas de coletivização total (as *class actions*) –, conclui que, embora inicialmente fosse voltado à coletivização da atividade probatória, atualmente funciona como uma *quasi-class action*, técnica de resolução coletiva de questões individuais, no bojo da qual, aliás, são entabulados acordos em enorme escala.

A técnica, contudo, não seria prioritária, na medida em que o ganho à isonomia, ao acesso à justiça e à administração judiciária é relativo, dependendo da provocação dos envolvidos[49]. A lógica e a comparação se aplicam, em grande medida, à tutela coletiva pela via incidental brasileira.

3.3.2. Teoria complementadora ou dualista

A segunda maneira de enxergar a questão, mais acertada, consiste em compreender a complementariedade entre as duas técnicas, de modo que a estratégia processual do legitimado, à qual se chega após estudar o melhor meio de efetivar o direito material, poderá variar[50].

Algumas vantagens são apontadas pela doutrina em favor da instauração do incidente de julgamento de casos repetitivos, em comparação com as ações coletivas. Paulo Cezar Pinheiro Carneiro alerta que os incidentes objetivados de fixação de teses podem ser mais convenientes que uma ação civil pública, pela rapidez e pela abrangência que lhes caracteriza[51].

Além disso, apontam-se outros benefícios no tratamento pela via incidental[52]:

1) a sistemática das custas, que acaba por onerar em demasia os réus nos litígios transindividuais[53], enquanto, nos processos sobre matéria replicada, se dá no âmbito de cada relação processual subjetiva (pelas regras gerais do art. 82 e seguintes do CPC);
2) a simplicidade na vinculação à decisão; o afastamento do "ente exponencial" a decorrer da legitimidade extraordinária; a orientação de acordo com a estrutura jurisdicional (sem concentrar a formação apenas no Supremo Tribunal Federal, como no caso da edição de súmula vinculante).

Em alguns casos, no entanto, a dupla via não estará aberta. Pode ser hipótese de carecer legitimidade para a deflagração de incidente para julgamento de questão repetitiva: uma associação, por

---

[48] RODRIGUES, 2015, p. 623-639.
[49] OSNA, 2019, p. 260.
[50] DIDIER JR.; ZANETI JR., 2016b, p. 214.
[51] CARNEIRO, 2014, p. 486.
[52] CABRAL, 2016, p. 1.435-1.436.
[53] É o regramento do microssistema constante na Lei da Ação Civil Pública: "Art. 18. Nas ações de que trata esta lei, não haverá adiantamento de custas, emolumentos, honorários periciais e quaisquer outras despesas, nem condenação da associação autora, salvo comprovada má-fé, em honorários de advogado, custas e despesas processuais".

exemplo, se não for parte em processo versando sobre a matéria, não poderá requerer a instauração de incidente de resolução de demandas repetitivas.

O contrário também é verdade: um particular pode requerer a instauração do incidente, mas não é capaz de ajuizar demanda coletiva. A propósito, conquanto tenha sido cogitado coincidir os legitimados para ambas as técnicas[54], a redação final do Código preferiu róis distintos.

Portanto, a possibilidade de escolha entre as duas técnicas complementares[55] constitui um sistema pluralista de soluções por meio da tutela coletiva[56], havendo, como regra, faculdade de seleção, por estratégia processual ou conveniência, e, pontualmente, existência de algum impedimento para uma das vias. Não se pode ignorar, de resto, que ambas se intercomunicam, sendo recomendável eleger como causa piloto uma ação coletiva[57].

Fica clara, portanto, a não coincidência do processo coletivo com o IRDR ou qualquer outro instituto de fixação de teses, os quais, de resto, possuem como objetivo precípuo a diminuição do número de processos, embora não dispensem o ajuizamento de uma nova demanda para que se aplique o precedente criado. Pode até vir a existir uma interseção entre os dois gêneros, bastando imaginar uma tese fixada tendo como base uma ação coletiva, mas essa será uma possibilidade pontual, jamais essencial.

Neste livro, por questões metodológicas e didáticas, vamos tratar apenas da tutela coletiva pela via principal, aí abrangidas as ferramentas extrajudiciais, como o inquérito civil, compromisso de ajustamento de conduta e demais ferramentas conciliatórias e recomendação, e as ferramentas judiciais, tais como a ação civil pública, ação popular, mandado de segurança coletivo e demais ações constitucionais cíveis coletivas.

---

[54] Há quem faça interpretação à luz do processo legislativo, visando a restringir a legitimidade da Defensoria Pública e do Ministério Público com base na necessidade de pertinência temática, com o que não se pode concordar, como será visto em tópico próprio (NEVES, 2015, p. 525-526).
[55] ROQUE, 2016, p. 180.
[56] MENDES; SILVA, 2016a, p. 566.
[57] ZANETI JR., 2016, p. 1.345; CABRAL, 2016, p. 1.457.

Capítulo 2
HISTÓRICO

1. EVOLUÇÃO HISTÓRICA GLOBAL

1.1. Origem remota

No estudo dos institutos jurídicos, muito contribui a compreensão histórica do tema. Iniciamos por relembrar os mais distantes métodos de tratamento de direitos correspondentes aos atuais interesses coletivos em sentido amplo. Nesse particular, sugestiva é a separação entre a tradição do *civil law* e a do *common law*.

1.1.1. Civil law

Na família romano-germânica, o antecedente mais remoto das ações coletivas é a *ação popular* do direito romano, que consistia na tutela, pelo cidadão, da coisa pública (*res publica*), à época vista como direito próprio seu, embora o resultado do processo vinculasse todos os membros da coletividade. Protegia-se, portanto, direito difuso.

Num primeiro momento, o objeto da ação tinha contornos penais, com pedidos inibitórios e sancionatórios. Porém, posteriormente passou-se a admitir a tutela de logradouros públicos e de bens de uso comum do povo. Inserem-se aí as ações *pro libertate* (defesa da liberdade), *pro tutela* (defesa do tutelado, o pupilo), *sepulcro violato* (defesa de túmulos e lugares sacros), *ex lege hostilia* (proteção dos bens do ausente vítima de furto), entre outras, a demonstrar preocupação de toda a coletividade com o fiel cumprimento do ordenamento[1]. Encarava-se a legitimidade do autor como ordinária, já que o *ius civis*, coincidente com o interesse público, era de todo o povo (*populus*)[2], o que se explica, em grande parte, pelo fato de a noção de Estado, como ente autônomo, não estar sedimentada à época[3].

Esse crucial instrumento sob a ótica da cidadania permaneceu em ordenamentos de diversos Estados filiados à tradição romana, até um significativo desaparecimento[4] com a queda do Império Romano, como é natural. No século XIX, reaparecem na Lei Comunal belga (1836) e na francesa (1837), base para a ação popular eleitoral italiana (1859)[5].

No contexto brasileiro, como se verá no histórico legislativo, a ação popular foi recepcionada pelas ordenações Filipinas de 1603 e permanece até os dias presentes[6]. Durante todo esse tempo, a regulamentação pela Lei n. 4.717/65 alargou o conceito de patrimônio público e as pessoas tuteladas por essa específica via.

Dois elementos das ações populares romanas chamam atenção, como percebeu Andre Roque[7]:

  a) a previsão de que, caso decidida uma matéria por essa via, não poderia ser novamente discutida (prelúdio da coisa julgada em matéria coletiva);

---

[1] NEVES, 2016b, p. 33-34.
[2] TUCCI; AZEVEDO, 2013, p. 67-68.
[3] ROQUE, 2013, p. 27-28.
[4] Que não foi completo, como explicado em ROQUE, 2013, p. 31.
[5] NEVES, 2016b, p. 34.
[6] MENDES, 2014, p. 200.
[7] ROQUE, 2013, p. 34.

b) a preferência, caso dois indivíduos movessem ação popular para os mesmos fins, para aquele que apresentasse melhores condições – idoneidade e interesse pessoal no litígio (precursor da representatividade adequada, a qual, a rigor, se desenvolveu na herança anglo-saxã).

1.1.2. Common law

Por sua vez, a tradição anglo-saxã encontra os mais antigos ascendentes das ações coletivas na Inglaterra medieval (século XII), onde os interesses coletivos de certos grupos passaram a ser representados, em juízo, por seus líderes.

Em outra etapa, as *courts of legacy* e as *courts of changery* britânicas perceberam o inconveniente de se exigir a presença de todos os interessados na relação processual para que fossem atingidos pela coisa julgada (*compulsory joinder rule/necessary parties rule*).

Por isso, foi criada a *bill of peace* inglesa (século XVII): nos autos da ação individual, se requeria autorização para que fosse processada coletivamente[8], evitando multiplicação de processos – embrião da *representative action* (origem mais remota da tutela conjunta dos interesses individuais homogêneos), precedente da *class action* americana.

Como requisito, tinha-se um litisconsórcio que tornasse impossível ou impraticável a reunião dos interessados, revelando-se preocupação com o acesso à justiça efetivo desses direitos.

1.2. Origem próxima

De maneira mais contemporânea, alguns elementos foram decisivos para o desenvolvimento do processo de criação de ferramentas aptas a (bem) tutelar os interesses coletivos em sentido amplo.

1.2.1. Dimensões de direitos fundamentais

A primeira relevante luz para o processo coletivo foi a compreensão dada pelas gerações ou dimensões de direitos fundamentais.

Em verdade, como bem observa Teori Albino Zavascki[9], já no século XVIII, começava a tomar corpo a ideia dos "direitos fundamentais" que se tornaram universais com a Declaração dos Direitos do Homem, durante a Revolução Francesa, cujo lema trazia os postulados básicos do novo pensamento: liberdade, igualdade e fraternidade.

Dessa forma, o século XIX foi marcado pelo ideal de liberdade, que se constituiu no direito de "primeira geração", a demandar uma abstenção por parte do Estado, a respeitar os espaços particulares. Na lição de Wolkmer[10], "são direitos inerentes à individualidade, tidos como atributos naturais, inalienáveis e imprescritíveis, que por serem de defesa e serem estabelecidos contra o Estado, têm especificidade de direitos negativos".

São exemplos de direitos fundamentais desse primeiro grupo a liberdade de crença, de consciência, de culto, de expressão, o respeito à intimidade e à vida privada e a inviolabilidade domiciliar.

Ao fim desse século, com a crise do Estado Liberal, a doutrina focou seus estudos na igualdade, como direito de "segunda geração", consubstanciada nos direitos econômicos e sociais – estes a exigir uma prestação positiva, um fazer estatal. Surge, assim, o Estado do (bem-estar) Social, no qual o

---

[8] Interessante paralelo pode-se fazer com o instituto da conversão da ação individual em ação coletiva, aprovado no art. 333 do CPC/2015, mas, como já referido anteriormente, vetado pela Presidência da República.

[9] ZAVASCKI, 1998, p. 228.

[10] WOLKMER; LEITE, 2003, p. 7.

particular passa a poder exigir garantias mínimas (mínimo existencial) referentes a direitos básicos, como saúde, educação e segurança.

Direitos de segunda dimensão são fundados no princípio da igualdade. Têm alcance social, econômico e cultural – são "positivos". Na precisa lição de Celso Lafer[11], são "direitos de crédito do indivíduo em relação à coletividade".

No século XX, com a crise dos direitos sociais ocasionada por sua falta de efetividade, passa-se a dar especial atenção à fraternidade e à solidariedade, consolidando, assim, os direitos de "terceira geração", intergeracionais. De terceira dimensão são os direitos coletivos e difusos, oriundos da solidariedade. Há, aqui, uma divergência em sede doutrinária quanto à extensão do rol de direitos aí incluídos, como assinala Wolkmer[12].

Essa é a sistematização clássica. Contudo, na visão de autores como Ingo Sarlet[13] e Paulo Bonavides[14], é mais adequado falar em *dimensões*, em vez de gerações, uma vez que uma dimensão não substitui a outra, não a apaga ou destrói, apenas a complementa. Por outro lado, os autores pátrios hoje vêm classificando em cinco, e não mais em apenas três, as dimensões desses novos direitos.

Os direitos coletivos em sentido lato têm tido posição de destaque no ordenamento dos diversos países[15]. É cada vez maior a preocupação com as demandas coletivas, o que exige do jurista preparo para lidar com essas questões, utilizando desde a doutrina constitucional clássica até os mais modernos postulados do direito processual.

Por fim, direitos de quarta dimensão são aqueles referentes a biotecnologia, bioética e regulação da engenharia genérica. E direitos de quinta dimensão são aqueles advindos das tecnologias de informação, internet, ciberespaço e realidade virtual em geral.

1.2.2. Ondas renovatórias do acesso à justiça

Evento também paradigmático foi o estudo empreendido, na década de 1950, por Mauro Cappelletti e Bryant Garth[16], intitulado Projeto Florença de Acesso à Justiça. Após uma análise empírica e dogmática do panorama processual de diversos países, foram identificados três grandes grupos de barreiras a serem ultrapassadas para que se atingisse um real e efetivo acesso à justiça, por meio de três correspondentes ondas renovatórias.

A primeira onda se refere ao empecilho dos custos do processo, um obstáculo decisivo para o hipossuficiente econômico. Dois problemas se colocam aqui: o montante a ser destinado a pagar o serviço público judiciário e os valores voltados ao profissional que representará, tecnicamente, a parte em juízo, ostentando capacidade postulatória.

As soluções são diversas para cada frente. Quanto aos custos processuais em si, surge a preocupação em se garantir o acesso gratuito ao processo. No ordenamento brasileiro, o tema vem suficientemente tratado desde a Lei n. 1.060/50, quase integralmente revogada[17] pelo Código de Processo Civil de 15, que consagra, em tratamento esmiuçado, as possibilidades de gozo do direito subjetivo à gratuidade de justiça.

---

[11] LAFER, 1998, p. 125.
[12] WOLKMER; LEITE, 2003, p. 9.
[13] SARLET, 2011.
[14] BONAVIDES, 2001.
[15] CAPPELLETTI, 1977; GIDI, 2003b, p. 313, notas 1 e 2.
[16] CAPPELLETTI; GARTH, 2002.
[17] SILVA, 2016b.

Nesse particular, o diploma processual importou os entendimentos jurisprudenciais sobre o tema, como a adoção da teoria presumicionista para a pessoa física e da teoria comprovacionista para pessoas jurídicas e formais (art. 99, § 3º).

O segundo pilar do acesso do hipossuficiente ao processo é a existência garantida de um serviço de prestação de assistência jurídica gratuita, preferencialmente integral. Novamente, a normativa nacional tem saída ideal, atribuindo à Defensoria Pública, com exclusividade, tal incumbência, direito fundamental do cidadão e dos estrangeiros (art. 5º, LXXVIII, da CF).

A segunda onda desenhada por Cappelletti e Garth diz respeito à tutela dos direitos transindividuais em juízo. De fato, a concepção tradicional e individualista do processo civil não conseguia atender, com perfeição, as pretensões referentes a direitos metaindividuais e indivisíveis. Elementos centrais, como a legitimidade e a coisa julgada, precisavam ser repensados e receber nova roupagem.

Por fim, a terceira onda apresentada no estudo diz respeito ao aperfeiçoamento da forma do processo, ideia a envolver os procedimentos previstos pela legislação, os custos em geral (também os custos sociais do litígio) e o tempo exigido para que houvesse satisfação do direito material. Estão aí insertos os mecanismos de solução alternativa e adequada dos conflitos, capazes de alcançar a pacificação social esperada em período mais breve.

Nessa linha, percebe-se que o vigente Código de Processo Civil se preocupou, decididamente, em dar respostas específicas a tais barreiras, inclusive estampando normas fundamentais a elas referentes, como os princípios da duração razoável, da primazia do mérito (arts. 4º e 6º[18]) e da prioritária solução consensual dos litígios (art. 3º, §§ 2º e 3º).

Mais modernamente, outras duas ondas de acesso à justiça foram traçadas, em sede doutrinária.

Kim Economides[19] menciona uma *quarta onda*, calcada na dimensão ética e política do direito, com o efetivo acesso dos advogados ao processo e o desenvolvimento das instituições. O foco, porém, é retirado do acesso à justiça propriamente dito para a justiça (Judiciário) em si, alternando a metodologia tradicional adotada em Florença.

Franklyn Roger e Diogo Esteves[20], com acerto, falam em uma *quinta onda*, consistente na internacionalização dos direitos humanos – arena jurídica não totalmente fundada (veja-se que o Tribunal Africano dos Direitos Humanos e do Povo é recente[21] e que o continente asiático não possui órgão julgador dessa espécie até hoje). Além disso, a efetivação das sentenças proferidas pelas cortes e o próprio acesso dos indivíduos às cortes[22] são temáticas insuficientemente resolvidas.

1.2.3. Massificação das relações e proliferação das demandas judiciais

O cenário social influencia, de forma decisiva, no panorama jurídico. Diversos fatores extrajurídicos contribuíram para a propagação de processos mais do que similares – por vezes, idênticos[23] – à corrente realidade da massificação de demandas, que se busca racionalizar por meio da tutela coletiva e dos casos repetitivos.

---

[18] "Art. 4º As partes têm o direito de obter em prazo razoável a solução integral do mérito, incluída a atividade satisfativa. (...) Art. 6º Todos os sujeitos do processo devem cooperar entre si para que se obtenha, em tempo razoável, decisão de mérito justa e efetiva."

[19] ECONOMIDES, 2015, p. 62.

[20] ESTEVES; SILVA, 2017, p. 42-45.

[21] Disponível em: <http://pt.african-court.org/index.php/about-us/establishment>. Acesso em: 20 jan. 2020.

[22] Nesse particular, a solução europeia é aplaudida, uma vez que a própria vítima passou a poder peticionar à Corte, em 2010, ante a modificação operada pelo Protocolo n. 14.

[23] TALAMINI, 2015.

O primeiro deles é a *massificação das relações*. Ao comentar a Constituição Federal recém-promulgada, em 1991, José Carlos Barbosa Moreira já averiguava a ocorrência de fenômenos de massa (produção de massa, distribuição de massa, cultura de massa), os quais desaguariam, inevitavelmente, em um processo de massa[24]. À época, comemorou-se o advento das ações coletivas como meio para a resolução de tais demandas replicadas – uma esperança que não se confirmou totalmente.

Outro aspecto de relevo foi a *redemocratização*, ao cabo da década de 1980[25]. A passagem para o Estado Democrático de Direito implica, necessariamente, a abertura das portas do Judiciário, como garantia do cidadão que se veja em situação de injusta violação de direitos. A operação, evidentemente, é sempre uma soma, gerando o aumento de processos submetidos à análise dos magistrados.

A *evolução tecnológica* também é elemento de peso a ser considerado. Não se desconhece a maneira como a internet possibilita o amplo acesso aos mais diversos produtos, o que se traduz, aos montes, em relações jurídicas. Alinhando-se essa realidade ao amplo acesso ao crédito e ao advento, querido pelo constituinte, da protetiva *legislação consumerista*, é vislumbrável o aumento de reclamações judiciais oriundas dos entraves cotidianos do mercado.

Não se pode ignorar, outrossim, o *amplo acesso à informação e à educação*, notadamente a jurídica, e aos serviços públicos (prestados, comumente, de maneira privada[26]). A população, também ela crescente, passa a conhecer seus direitos e a exigi-los, efetivando-os. A consequência é, como notado por Eduardo Talamini, que, "no mundo, sempre existiu muita gente. Mas só recentemente – e essa é uma conquista fundamental – toda essa gente passou a ser verdadeiro sujeito de direito e a ter alguma consciência disso"[27].

Aspectos culturais também contribuem para a multiplicidade de ações[28]. A experiência demonstra que se deposita, ainda hoje, a esperança no magistrado de maneira, às vezes, irracional (basta imaginar a clássica audiência em ações de família, em que o juiz acena em que sentido julgará, se inexistir acordo, e, mesmo assim, uma das partes prefere submeter a questão à sentença, embora saiba que a solução consensual lhe seria mais favorável, em seu conteúdo).

A preocupação com a efetividade da novel sistemática processual, quando confrontada com o traço cultural do litigante pátrio, é de se considerar. O desestímulo à litigância e aos recursos, finalidades mediatas dos casos repetitivos, dependerá da maneira como a comunidade jurídica brasileira irá se portar.

O *acesso à justiça*, conquista irrevogável, pode acarretar, como ônus (se é que se pode considerá-lo assim), o assoberbamento do Poder Judiciário. Efetivamente, a cultura do demandismo exacerbado, motivada pela produção legislativa aguda e aliada a uma visão restrita do acesso à justiça como acesso ao Judiciário, desencadeou o aumento do número de processos em patamar asfixiante. A sedutora saída-fácil é um autêntico "*fast-track* processual"[29], em que metas de julgamento são delineadas tão somente com base em números, relegando a qualidade prestacional a um patamar de indesejada coadjuvante.

Um traço marcante, frequentemente perceptível, nas questões que merecem pacificação é a sua sazonalidade. Diante de alterações legislativas e de regulamentações governamentais, exsurge a necessidade de orientação jurisprudencial acerca de sua correta definição, já que a dispersão jurisprudencial

---

[24] BARBOSA MOREIRA, 1991.
[25] MENDES, 2014, p. 41.
[26] WATANABE, 2007, p. 158.
[27] TALAMINI, 2015.
[28] FUX, 2011b, p. 8.
[29] MANCUSO, 2016, p. 13-14.

se afigura bastante negativa. Sob essa ótica, a aceleração da solução seria bem-vinda (pode-se falar em um benéfico *fast-track*, nesse sentido)[30].

Verifica-se, portanto, um panorama "de visível incompatibilidade entre litigiosidade e a capacidade do Poder Judiciário em absorver tal demanda"[31], por todas as causas até aqui expostas (sociais, econômicas, jurídicas, culturais). A crítica situação, não podendo se manter, demandava solução urgente, motivada, ainda, pela insuficiência de ferramentas jurídicas aptas ao ideal tratamento das demandas repetitivas.

2. EVOLUÇÃO LEGISLATIVA BRASILEIRA

2.1. Legislação de tutela transindividual: microssistema de processo coletivo

O direito processual brasileiro, originalmente filiado às tradições dos ordenamentos de linha romano-germânica, foi concebido em bases eminentemente individualistas, refletindo a mentalidade e as necessidades da sociedade daquela época.

A massificação das relações interpessoais e sua influência no ordenamento processual brasileiro, inspirada nos sopros renovadores provenientes do direito norte-americano, somente puderam ser percebidas no início dos anos 1980, quando surge a efetiva e concreta preocupação com a proteção dos interesses coletivos *lato sensu*.

No entanto, é inegável que certos elementos da tutela coletiva já se encontravam em nosso ordenamento de maneira esparsa, o que merece atenção.

Daniel Assumpção Neves[32] elege quatro dentre todos os diplomas já editados como marcos legislativos do processo coletivo no Brasil (observada a ordem cronológica de edição):

a) a Lei da Ação Popular;
b) a Lei da Ação Civil Pública;
c) a Constituição Federal; e
d) o Código de Defesa do Consumidor.

Estamos de acordo com a didática luz apontada – preferimos apenas referir a tais normas como pilares do microssistema, tendo em vista que a terminologia "marcos", sobretudo quando atrelada à legislação da ação popular, pode dar a entender que nada antes havia no ordenamento, o que prontamente se mostrará equivocado.

2.1.1. Ação popular nas Ordenações Filipinas e nas Constituições Federais

No contexto brasileiro, a ação popular foi recepcionada pelas Ordenações Filipinas de 1603, que vigeram no Brasil por meio do Decreto de 20 de outubro de 1823, mesmo após a independência[33], com uma relevante continuidade normativa – embora se costume apontar seu desaparecimento com o Código Civil de 1916, cujo art. 76 dava contornos restritivos à legitimidade para agir, mencionando apenas a tutela de interesse próprio ou da família do autor.

No plano constitucional pátrio, a menção ao instrumento remonta à Constituição Federal de 1934, que enquadrava a nulidade ou a anulação de atos lesivos ao patrimônio público como direito

---

[30] BENETI, 2009.
[31] TEIXEIRA, 2015, p. 213.
[32] NEVES, 2016b, p. 48.
[33] ANDRADE; MASSON; ANDRADE, 2017, p. 12.

fundamental (art. 113, n. 38). Na Carta Magna seguinte, de 1937, desaparece a referência, que, no entanto, retorna em 1946 (art. 141, § 38) e permanece até os dias presentes[34].

Durante todo esse tempo, a regulamentação pela Lei n. 4.717/65 alargou o conceito de patrimônio público e as pessoas tuteladas por essa específica via.

2.1.2. Leis n. 1.134/50, n. 2.480/55 e n. 3.761/60: representação coletiva de associações de classe

De acordo com a Lei n. 1.134/50, as associações de classe de funcionários industriais da União, dos Estados e dos Municípios, bem como de suas autarquias, podiam representar coletiva ou individualmente seus membros perante a justiça ordinária ou autoridades administrativas. Há, portanto, assumida possibilidade de representação associativa – até hoje, elemento relevante em nosso sistema de tutela coletiva.

Posteriormente, estendeu-se a prerrogativa para outras associações classistas, como a União Postal Telegráfica do Ceará (Lei n. 2.480/55) e a Sociedade Protetora Postal Piauiense (Lei n. 3.761/60).

2.1.3. Lei n. 4.215/63: representação da classe dos advogados pela Ordem dos Advogados do Brasil

A Lei n. 4.215/63 previa que cabia à Ordem dos Advogados do Brasil a representação dos interesses gerais da classe dos advogados e os direitos individuais relacionados à profissão, tanto em juízo como administrativamente. Mais uma vez, se está diante de normativa precursora de componente atual (a legitimidade da OAB).

2.1.4. Lei n. 4.717/65 (29-6-1965): Lei da Ação Popular – primeiro pilar do microssistema

Embora existente, como apontado, mesmo em sede constitucional, é inegável a relevância dada à ação popular pela regulamentação legal específica, em 1965.

A norma previa, originariamente, a tutela do patrimônio público, assim entendido como os bens e direitos de valor econômico, artístico, estético ou histórico. Posteriormente, a Lei n. 6.513/77 agregou os bens públicos de valor turístico a esse conceito legal (art. 1º e § 1º). Com o advento da Constituição Federal de 1988, a ação popular passou a ter como objetos também a moralidade administrativa, o meio ambiente e o patrimônio histórico e cultural (art. 5º, LXXIII, da CF[35]).

Para além do estruturado delineio do *objeto* da ação, a legislação trouxe, pela primeira vez, institutos fundamentais do atual microssistema:

   a) *legitimidade* ativa extraordinária do cidadão (art. 1º e § 3º);
   b) legitimidade bifronte da pessoa jurídica de direito público (art. 6º, § 3º);
   c) *coisa julgada* material *secundum eventum probationis* (art. 18);
   d) *execução obrigatória* da sentença condenatória (art. 16);
   e) *reexame necessário* da sentença terminativa ou de improcedência (art. 19);
   f) *prazo prescricional* (art. 21).

---

[34] MENDES, 2014, p. 200.
[35] "Art. 5º (...) LXXIII – qualquer cidadão é parte legítima para propor ação popular que vise a anular ato lesivo ao patrimônio público ou de entidade de que o Estado participe, *à moralidade administrativa, ao meio ambiente e ao patrimônio histórico e cultural*, ficando o autor, salvo comprovada má-fé, isento de custas judiciais e do ônus da sucumbência" (grifos nossos).

2.1.5. Lei n. 6.938/81: Lei da Política Nacional do Meio Ambiente

A normativa ambiental trouxe a legitimidade do Ministério Público para a ação de responsabilidade civil por danos causados ao meio ambiente, que é, essencialmente, direito difuso. Para parte da doutrina[36], é o nascimento da ação civil pública.

Note-se que, pela Lei n. 7.797/89, foi criado o Fundo Nacional do Meio Ambiente, instrumento relevante para a execução de sentenças coletivas em temática ambiental.

2.1.6. Lei Complementar n. 40/81: Lei Orgânica dos Ministérios Públicos Estaduais (posteriormente revogada pela Lei n. 8.625/93)

A lei orgânica com disposições gerais para os Ministérios Públicos estaduais previu, em seu art. 3º, III, que é sua função institucional promover a ação civil pública, nos termos de lei específica.

Dois anteprojetos disputaram, desde então, o encargo de regulamentar essa atuação: o da Associação Paulista de Magistrados (PL n. 3.034/84) e o do Ministério Público de São Paulo, que acabou por originar a Lei n. 7.347/85.

2.1.7. Lei n. 7.347/85 (24-7-1985): Lei da Ação Civil Pública – segundo pilar do microssistema

Das principais normas do ordenamento brasileiro acerca da tutela coletiva, a Lei da Ação Civil Pública trouxe elementos essenciais, pela vez primeira:

a) rol de direitos tuteláveis (art. 1º): originalmente de natureza taxativa, uma vez que vetada a menção a "qualquer interesse difuso", a pretexto de evitar insegurança jurídica e para prestigiar o interesse público;
b) rol de legitimados ativos, concorrentes (art. 5º);
c) previsão do inquérito civil (arts. 8º e 9º);
d) Ministério Público como fiscal da lei (art. 5º, § 1º);
e) assunção da ação pelo Ministério Público, em caso de abandono (art. 5º, § 3º).

Trata-se, então, de diploma predominantemente processual, ressalvadas pontuais disposições de natureza penal (art. 10), cuja finalidade é fazer valer as requisições ministeriais instrutórias, e material (art. 13), ao criar o fundo para receber as condenações em dinheiro relativas a direitos difusos e coletivos.

2.1.8. Constituição Federal de 1988 – terceiro pilar do microssistema

O extenso e analítico texto constitucional de 1988 não deixou de contemplar a temática dos direitos coletivos, para além de influenciá-lo decididamente, ante o neoconstitucionalismo extraído.

Sob a ótica material, destacamos:

a) a inserção de direitos coletivos no rol de direitos fundamentais, notadamente no título do Capítulo I do Título II, que passa a mencionar direitos e deveres individuais e coletivos;
b) a ampliação da cláusula de acesso ao Judiciário, que não mais menciona apenas lesão a direito individual, sendo certo que a retirada dessa especificação diz muito[37].

Sob a perspectiva processual, deve-se apontar:

---

[36] ANDRADE; MASSON; ANDRADE, 2017, p. 13.
[37] ANDRADE; MASSON; ANDRADE, 2017, p. 13.

a) a outorga de legitimidade às associações, consagrando o direito de representação associativa (art. 5º, XXI);
b) a previsão da legitimidade dos sindicatos para direitos coletivos e individuais da categoria, em questões judiciais ou administrativas (art. 8º, III);
c) a ampliação do objeto da ação popular (art. 5º, LXXIII);
d) a incorporação da ação civil pública ao âmbito constitucional, com ampliação de seu objeto (art. 129, III);
e) a criação do mandado de segurança coletivo (art. 5º, LXX);
f) o mandamento de elaboração de um Código de Defesa do Consumidor, em 120 dias (art. 48 do ADCT).

2.1.9. Lei n. 7.853/89: Apoio às pessoas portadoras de deficiência

Em 1989, advém mais uma lei sobre tema específico que aborda a tutela dos direitos difusos e coletivos correspondentes. A normativa sobre as pessoas portadoras de deficiência se revela bastante analítica quanto às disposições processuais, cabendo destacar:

a) legitimidade do Ministério Público, dos entes públicos e das associações para o ajuizamento (art. 3º);
b) coisa julgada *secundum eventum probationis* (art. 4º), sem qualquer limitação territorial como a do art. 16 da Lei da Ação Civil Pública;
c) reexame necessário (art. 4º, § 1º), análogo ao da Lei da Ação Popular;
d) legitimidade recursal (art. 4º, § 2º), comando que inexiste no núcleo duro do microssistema, mas que repete a previsão do Código de Processo Civil, afigurando-se esclarecedor da possibilidade de qualquer legitimado coletivo recorrer[38].

2.1.10. Lei n. 7.913/89: ação civil pública de responsabilização por danos causados aos investidores do mercado de capitais

Bastante importante é a normativa criada especificamente para evitar prejuízos (tutela preventiva) ou garantir a reparação coletiva (tutela reparatória), pela via da ação civil pública, dos danos gerados aos investidores do mercado de capitais, que ostentam natureza de direitos individuais homogêneos.

O art. 1º do Diploma outorga legitimidade ao Ministério Público para o ajuizamento da ação, de ofício ou mediante solicitação da Comissão de Valores Mobiliários. Naturalmente, trata-se mais propriamente de uma informação dada pela Comissão de Valores Mobiliários do que qualquer tipo de ordem ou requerimento específico. Além disso, os outros legitimados coletivos, mormente a Defensoria Pública (há hipossuficiência organizacional), também podem ajuizar a ação coletiva em questão.

A natureza dos direitos protegidos fica particularmente clara na peculiar previsão acerca da execução, que se dá em favor do indivíduo lesado (art. 2º). No entanto, como a lei informa que as importâncias obtidas na execução devem ficar em conta remunerada até a habilitação dos investidores, após comunicação por edital (art. 2º, § 1º), tudo indica que se tratará de execução pseudocoletiva, isto é, aquela movida pelo legitimado coletivo em favor dos indivíduos lesados.

Contudo, se, dois anos após a publicação do edital informativo da condenação (que, atualmente, pode perfeitamente ser substituído por meios de comunicação mais hábeis, como *e-mails* ou mensagens publicadas em redes sociais ou *sites* específicos), não se habilita o interessado, decai desse direito,

---

[38] NEVES, 2016b, p. 54-55.

razão pela qual o valor correspondente à sua cota individual se reverterá ao fundo fluido do art. 13 da Lei da Ação Civil Pública (art. 2º, § 2º). Curiosamente, a execução passa a ser essencialmente coletiva nesses casos, que, espera-se, devem ser excepcionais.

2.1.11. Lei n. 8.069/90: Estatuto da Criança e do Adolescente

O Estatuto da Criança e do Adolescente se insere entre os diplomas vocacionados a proteger grupo especialmente vulnerável. Por isso, destaca capítulo próprio para a proteção judicial dos interesses individuais, difusos e coletivos desses sujeitos de direito (arts. 208 a 224).

O tratamento, em geral, é semelhante ao do núcleo duro do microssistema, especialmente a Lei n. 7.347/85, que, aliás, é aplicada subsidiariamente[39]. Surgem, porém, como regras especiais:

a) competência territorial absoluta do local onde ocorreu ou devia ocorrer a ação ou omissão impugnadas (art. 209), enquanto a Lei da Ação Civil Pública prevê a competência do local do dano (o que pode coincidir, mas não necessariamente);

b) legitimidade das associações, desde que haja autorização expressa, bastando para tanto a autorização estatutária (art. 210, III), enquanto a jurisprudência, para a ação civil pública, não se satisfaz com a previsão no estatuto, exigindo autorização individual ou em assembleia específica;

c) exigibilidade da multa condenatória após a sentença, embora devida desde o descumprimento (art. 213, § 3º), enquanto a Lei da Ação Civil Pública a considera exigível apenas depois do trânsito em julgado;

d) destinação desse valor a fundo municipal específico, gerido pelo Conselho dos Direitos da Criança e do Adolescente (art. 214), enquanto a Lei da Ação Civil Pública prevê um fundo genérico;

e) condenação em honorários quando a pretensão for manifestamente infundada (art. 218), enquanto a Lei da Ação Civil Pública a prevê quando existir má-fé;

f) tutela de direitos individuais indisponíveis de crianças e adolescentes pela ação civil pública (art. 201, V).

2.1.12. Lei n. 8.078/90: Código de Defesa do Consumidor – quarto pilar do microssistema

Última norma considerada pilar do microssistema, e segunda, ao lado da Lei da Ação Civil Pública, a integrar o núcleo duro, o Código de Defesa do Consumidor foi publicado em 11 de setembro de 1990, satisfazendo, com atraso, o preceito constitucional do Ato das Disposições Constitucionais Transitórias.

A norma tem tamanha relevância para a tutela coletiva pela via principal que parte da doutrina chega a chamar seu Título III de Código Brasileiro de Processos Coletivos[40] ou modelo estrutural para as ações coletivas[41].

Destacam-se os seguintes elementos inaugurados pelo diploma consumerista na seara do processo coletivo:

a) alteração da Lei n. 7.347/85, inserindo a possibilidade de se firmar termo de ajustamento de conduta às exigências legais (art. 5º, § 6º) e de litisconsórcio entre Ministérios Públicos (art. 5º, § 5º);

---

[39] "Art. 224. Aplicam-se subsidiariamente, no que couber, as disposições da Lei n. 7.347, de 24 de julho de 1985."
[40] DIDIER JR.; ZANETI JR., 2016b, p. 51.
[41] MENDES, 2014, p. 205.

b) conceituação das espécies de direitos tutelados, com expressa menção aos direitos individuais homogêneos (art. 81, parágrafo único);
c) complementação das regras de competência, inserindo o critério da extensão do dano (art. 93);
d) previsão da extensão subjetiva da coisa julgada (art. 103);
e) regra da ausência de litispendência entre as ações coletivas e as ações individuais e o mecanismo de interação entre elas (art. 104).

2.1.13. Lei Complementar n. 75/93: Lei Orgânica do Ministério Público da União

A normativa organizadora do Ministério Público da União sublinha a função institucional de tutela dos direitos coletivos em sentido amplo, incumbindo o Ministério Público da União e do Trabalho de ajuizar ação civil pública e instaurar inquéritos civis (arts. 6º, VII e XII, e 83, III).

2.1.14. Lei n. 8.884/94: Lei Antitruste

Posteriormente, foi editada a Lei n. 8.884/94, focada no combate às infrações contra a ordem econômica. Não à toa, foi inserido o inciso V no art. 1º da Lei n. 7.347/85, autorizando a tutela da ordem econômica pela via da ação civil pública – o que, já à época, se afigurava mais como um recurso retórico do que propriamente como inovação, uma vez que o inciso IV, inserido pelo Código de Defesa do Consumidor, torna o rol exemplificativo.

2.1.15. Lei n. 8.437/92: vedações às liminares contra o Poder Público

Em mais uma medida restritiva da tutela coletiva, editou-se a Lei n. 8.437/92, que restringe as hipóteses de liminares em face da Fazenda Pública, bem como exige a prévia oitiva da Procuradoria, em 72 horas, para tutelas provisórias no mandado de segurança coletivo e na ação civil pública (art. 2º).

2.1.16. Lei n. 9.494/97: restrição à extensão territorial da tutela coletiva

Esta norma inseriu o art. 16 da Lei n. 7.347/85, que, ao menos em sua literalidade, restringe os efeitos da sentença coletiva aos titulares de direitos que residam nos limites da competência territorial do órgão julgador – dispositivo que, como se verá, é absolutamente criticado pela doutrina, tendo sido abandonado pela jurisprudência do Superior Tribunal de Justiça.

2.1.17. Medida Provisória n. 2.180/2001: restrição ao objeto e à extensão da tutela coletiva

A medida provisória em questão impôs severas restrições à tutela coletiva, tanto restringindo o objeto da ação civil pública, ao inserir o parágrafo único no art. 1º da Lei n. 7.347/85, como ao limitar os benefícios da tutela aos associados residentes na circunscrição territorial do órgão julgador (art. 2º-A da Lei n. 9.494/97).

Tal norma é de constitucionalidade muito questionável, por versar sobre direito processual e por inexistir qualquer urgência que justifique a edição de medida provisória[42].

2.1.18. Lei n. 9.870/99: anuidades escolares

A normativa que traz critérios para a fixação de anuidades escolares previu a possibilidade de ajuizamento de ação civil pública por associação de alunos e pais e responsáveis de alunos, desde que ao menos 20% apoiem a demanda. Em caso de ensino superior, os alunos devem anuir pessoalmente (art. 7º).

---

[42] MENDES, 2014, p. 206.

2.1.19. Lei n. 10.671/2003: Estatuto do Torcedor

O regramento protetivo do torcedor, que, segundo o Superior Tribunal de Justiça[43], é consumidor, remete expressamente ao Código de Defesa do Consumidor quanto à tutela de seus interesses em juízo (art. 40).

Combinando-se o diploma com a Lei Pelé (Lei n. 9.615/98, art. 4º, § 2º), tem-se que o futebol integra o patrimônio cultural, o que garante a via da proteção judicial por meio de ação popular ou de ação civil pública.

A normativa chama atenção ao prever a responsabilidade das torcidas organizadas, o que motiva parcela da doutrina a enxergar uma hipótese de ação coletiva passiva (arts. 39-B e 39-C).

2.1.20. Lei n. 10.741/2003: Estatuto do Idoso

Em 1º de outubro de 2003, foi editada a Lei n. 10.741, conhecida como Estatuto do Idoso, criando normas protetivas às pessoas maiores de 60 anos e regulamentando o uso da ação civil pública para a defesa de seus interesses[44].

Existem normas específicas para a tutela coletiva (arts. 78 a 92), dentre as quais merecem destaque:

a) competência fixada em razão do domicílio do idoso (art. 80), o que deve ser compreendido como o presumido local do dano;

b) tutela de direitos individuais indisponíveis (art. 81);

c) dever de assunção do polo ativo pelos legitimados coletivos (art. 81, § 2º), o qual, de acordo com a doutrina[45], deve ser lido em consonância com a Lei da Ação Civil Pública, tratando-se de faculdade, apenas havendo prosseguimento do processo se subsistirem fundamentos para tanto;

d) multa cominatória revertida em favor do Fundo do Idoso e, enquanto não criado, do Fundo Municipal de Assistência Social (art. 84), devendo haver execução desse valor pelo Ministério Público e, subsidiariamente, pelos demais legitimados, se não promovida nos trinta dias seguintes ao trânsito em julgado;

e) ausência de verbas sucumbenciais em desfavor do Ministério Público, destacadamente (art. 88, parágrafo único).

2.1.21. Lei n. 11.340/2006: Lei de prevenção à violência doméstica e familiar contra a mulher (Lei Maria da Penha)

A Lei Maria da Penha – Lei n. 11.340/2006 –, que visa a coibir a violência doméstica, também contemplou a tutela coletiva nos art. 26, II, e 37, legitimando o Ministério Público e as associações da área de maneira especial, dispensando-se a pré-constituição quando não houver outra entidade com representatividade adequada, em regra específica em relação ao trazido pelo art. 82 do Código de Defesa do Consumidor.

---

[43] REsp 1.413.192/RJ, 3ª Turma, Rel. Min. Nancy Andrighi, j. 19-11-2013.

[44] Importante ressaltar que a Lei n. 13.466, de 12 de julho de 2017, alterou dispositivos do Estatuto do Idoso (Lei n. 10.741/2003) para estabelecer a "prioridade especial" para as pessoas maiores de oitenta anos. Com isso, passamos a ter a prioridade genérica (maiores de sessenta anos) e a específica (maiores de oitenta anos), como expressamente estatuído pelo § 5º agora inserido ao art. 71 do Estatuto.

[45] NEVES, 2016b, p. 67.

2.1.22. Lei n. 11.448/2007 e Lei Complementar n. 132/2009: legitimidade da Defensoria Pública

A Lei n. 11.448/2007, por meio de seu art. 2º, conferiu nova redação ao art. 5º da Lei n. 7.347/85 – Lei da Ação Civil Pública –, inscrevendo a Defensoria Pública entre os legitimados para a propositura de tais demandas.

A legitimidade da Defensoria Pública veio a ser regulamentada pela LC n. 132/2009, que modificou a LC n. 80/94 – Lei Orgânica Nacional da Defensoria Pública –, mencionando, em diversos dispositivos, a função de tutela coletiva da instituição.

2.1.23. Lei n. 12.016/2009: Lei do Mandado de Segurança Individual e Coletivo

Em 2009, é publicada a Lei n. 12.016, que disciplina o mandado de segurança individual e coletivo, regulamentando, em apenas dois artigos, a previsão constitucional do art. 5º, LXIX e LXX.

O novo estatuto dispôs, em termos de mandado de segurança coletivo, apenas sobre legitimação, objeto e linhas gerais em termos de coisa julgada, litispendência e necessidade de audiência prévia do representante judicial da pessoa jurídica de direito público antes da concessão de liminar, e o legislador ordinário limitou o objeto de proteção pelo mandado de segurança coletivo apenas aos direitos coletivos em sentido estrito e aos individuais homogêneos, sem que houvesse tal previsão no texto constitucional.

2.1.24. Lei n. 12.288/2010: Estatuto da Igualdade Racial

Mais uma norma voltada à proteção de grupo vulnerável, o Estatuto da Igualdade Racial prevê a ação civil pública como instrumento de acesso à justiça para tal parcela da população (art. 55).

2.1.25. Lei n. 12.259/2011: Lei do Sistema Brasileiro de Defesa da Concorrência

Esse específico diploma preocupado com a defesa da concorrência e, por conseguinte, da ordem econômica tangencia o processo coletivo em diversos momentos, esclarecendo que a titularidade dos bens jurídicos protegidos pela norma é da coletividade (art. 1º, parágrafo único).

Tratando do direito de ação, o art. 47 menciona que os prejudicados, por si ou pelos legitimados coletivos previstos no Código de Defesa do Consumidor (o que deve ser lido em conjunto com o art. 5º da LACP), poderão ingressar em juízo buscando uma tutela inibitória (cessação de práticas infracionais) ou reparatória (recebimento de indenização).

Existe alguma confusão no comando, que coloca em pé de igualdade o lesado por ato ofensivo à ordem econômica e concorrencial e os legitimados coletivos. Para parcela da doutrina, os legitimados extraordinários só poderiam ajuizar a ação quando o direito tutelado for coletivo, em sentido amplo[46].

Ainda sobre normas processuais, o art. 93 menciona a formação de título executivo pelo plenário do CADE, consistente na condenação ao pagamento de multa ou à obrigação de fazer ou não fazer. Advoga-se, doutrinariamente, que, por se tratar de bem jurídico coletivo, a legitimidade para a execução deveria alcançar os legitimados do microssistema.

2.1.26. Lei n. 12.846/2013: Lei Anticorrupção

A responsabilidade por atos de corrupção pode ser averiguada e reconhecida por diversos meios, entre os quais está a ação de responsabilização judicial, que adota o rito da Lei da Ação Civil Pública, assumidamente (art. 21). Não se trata de uma ação civil pública, mas o empréstimo do rito gera consequências processuais, aplicando-se, no que couber, o microssistema.

---

[46] NEVES, 2016b, p. 70.

A legitimidade ativa é do Ministério Público e dos entes políticos. Por outro lado, os réus serão sempre pessoas jurídicas (art. 1º), não se falando em pessoas naturais, cuja responsabilização se dará em outras vias (administrativa e criminal).

A ação de anticorrupção possui pedidos específicos, que podem ser cumulados (art. 19, § 3º), dentre os quais o mais grave é a dissolução da sociedade que tenha sua finalidade maculada, de maneira habitual (art. 19, § 1º).

2.1.27. Leis n. 12.966/2014 e n. 13.004/2014: ampliação do objeto da ação civil pública

Em abril de 2014, foi sancionada a Lei n. 12.966, que alterou dispositivos da Lei n. 7.347/85, a fim de incluir como bens tutelados pela ação civil pública a proteção à honra e à dignidade de grupos raciais, étnicos ou religiosos, por meio da inserção do inciso VII ao art. 1º desse diploma.

Logo em seguida, em junho, a Lei n. 13.004 inseriu a proteção do patrimônio público e social entre os objetos da ação civil pública.

Ambas as leis são, contudo, inúteis, ante o caráter exemplificativo do rol.

2.1.28. Lei n. 13.146/2015: Lei de Inclusão da Pessoa com Deficiência

Em julho de 2015, por força da Lei n. 13.146/2015, também denominada Lei Brasileira de Inclusão da Pessoa com Deficiência, foi alterado o art. 3º da Lei n. 7.853/89, a fim de assegurar maior efetividade à proteção dos direitos dessas pessoas.

2.1.29. Lei n. 13.300/2016: Lei do Mandado de Injunção

Finalmente regulamentando a ação constitucional do mandado de injunção, tem-se a Lei n. 13.300, que disciplinou duas modalidades: a impetração individual e a coletiva, já admitida pela jurisprudência *de lege ferenda*. Naturalmente, a segunda é espécie de tutela coletiva.

2.1.30. Projetos de Código de Processo Coletivo

Intenção antiga e sempre nova é a elaboração de um Código de Processo Coletivo no Brasil[47].

Ainda em 2009, mais precisamente em abril, é publicado o II Pacto Republicano. O ato trata de uma medida celebrada entre os três poderes – Legislativo, Executivo e Judiciário – para a adoção de medidas que tornem o Poder Judiciário mais célere e efetivo. Seus três eixos são a proteção dos direitos humanos e fundamentais, a agilidade e efetividade da prestação jurisdicional e o acesso universal à Justiça.

O Primeiro Pacto Republicano ocorreu em 2004 e o Segundo Pacto foi instituído em abril de 2009, tendo, como uma de suas metas, a revisão da Lei da Ação Civil Pública, de forma a instituir um Sistema Único Coletivo que priorize e discipline a ação coletiva para tutela de interesses direitos difusos, coletivos e individuais homogêneos, objetivando a racionalização do processo e o julgamento dos conflitos de massa[48].

Com esse fim, há o Projeto de Lei n. 5.139/2009, que pretende substituir a Lei n. 7.347/85, trazendo todas as disposições a serem aplicadas à ação civil pública.

Inicialmente, pretendia-se criar um Código Brasileiro de Processos Coletivos, que traria grandes avanços à tutela coletiva no Brasil, conectados com as descobertas científicas e com a massificação das relações sociais, porém tal ideia não vingou. O Projeto de Lei n. 5.139/2009 teve alterações em seu texto original, formuladas pela Comissão de Juristas do Ministério da Justiça e, posteriormente, foram

---

[47] Sobre os projetos de Código de Processo Coletivo, resumidamente, ver: ROQUE, 2016, p. 173-178.

[48] Disponível em: <http://www.mj.gov.br/data/Pages/MJ8E452D90ITEMID87257F2711D 34 EE1930A4DC33A8DF216P-TBRIE.htm>.

realizadas mudanças pela Casa Civil da Presidência da República, seguindo o texto para exame do Congresso Nacional e apresentação de sugestões por instituições que se demonstrarem interessadas.

Em novembro de 2009, foi apresentado substitutivo ao projeto de lei da ação civil pública, incorporando 17 alterações, que resultaram dos debates travados no âmbito da Subcomissão Especial instituída para apreciar a matéria. Em linhas gerais, a versão apresentada, entre outras modificações:

a) reduz substancialmente o ativismo judicial, resgatando a prevalência da iniciativa das partes;

b) adota o princípio da carga probatória dinâmica, atribuindo a produção da prova a quem esteja em melhores condições de realizá-la; e

c) preserva o inquérito civil inteiramente no âmbito do Ministério Público, inclusive quanto aos respectivos mecanismos de controle.

Após inúmeros debates na Subcomissão Especial, constituída para analisar o projeto, este provocou discussões na Câmara dos Deputados, e, em 4 de março de 2010, adveio uma nova versão do Projeto n. 5.139/2009, acolhendo algumas emendas propostas e trazendo ao texto modificações, como o fim da previsão de submissão da sentença de improcedência ao reexame necessário e a previsão de crime para o retardamento ou omissão injustificados de dados técnicos essenciais à propositura de uma ação civil pública.

Em 2011, foram apresentados projetos de alteração do Código de Defesa do Consumidor. Um deles, o Projeto n. 282, trata justamente da tutela coletiva, hoje regulada pelos arts. 81 a 104 do texto em vigor. No próximo item, apresentamos o texto do projeto. Como pode ser visto com alguma facilidade, alguns dispositivos do Projeto de Lei n. 5.139/2009 foram reaproveitados nessa nova iniciativa.

Não obstante a excelência do texto, ele não teve melhor sorte que o Projeto de Lei n. 5.139 e acabou sendo excluído do Relatório final apresentado no dia 26 de março de 2014, no Senado Federal, sob o argumento de que a matéria demanda maior amadurecimento.

Na sequência, outras iniciativas foram registradas como os PLs n. 4.441/2020 e 4.778/2020.

Em 2021 foi apresentado o PL n. 1.641, com o objetivo de consolidar as principais ideias consubstanciadas nos Projetos anteriores.

Trata-se, na verdade, de iniciativa destinada a homenagear Ada Pellegrini Grinover, grande figura do direito processual brasileiro e que tanto contribuiu para o sistema brasileiro de tutela coletiva.

A Exposição de Motivos indica, de forma sistemática, os principais pontos da iniciativa legislativa, aqui reproduzidos de forma sintética.

I) inclusão de dispositivo específico sobre os princípios que regem a tutela coletiva, criando ambiente axiológico propício para a sua compreensão e aplicação;

II) oferta de tratamento mais extenso para os direitos individuais homogêneos;

III) correlação entre ações coletivas e casos repetitivos, prevendo-se a escolha de ação coletiva (quando houver) como caso piloto;

IV) ampliação da legitimidade para garantir o ajuizamento da ação coletiva também aos partidos políticos, aos sindicatos e à OAB;

V) elaboração de nova disciplina para fixação da competência jurisdicional para as ações coletivas, estabelecendo-se como competente o foro do local onde ocorreu ou deva ocorrer a ação, a omissão, o dano ou o ilícito;

VI) possibilidade da liquidação dos danos individuais homogêneos por estimativa, em valor mínimo – facultando-se ao indivíduo que entender que o dano é inferior ao que lhe corresponde divergir por meio de demanda própria de liquidação no prazo de 1 (um) ano;
VII) aprimoramento das regras sobre a execução e o cumprimento de decisão, ampliando a sua descentralização com delegação de atividades para fundos ou entidades específicas e permitindo tutelas estruturais para sua adequação aos parâmetros legais ou constitucionais;
VIII) adoção do regime da formação da coisa julgada independentemente do resultado do processo, bem como o reconhecimento de que a coisa julgada tem eficácia *erga omnes* ou *ultra partes* em todo o território nacional;
IX) aprimoramento da autocomposição coletiva, consolidando o gênero como comum aos direitos difusos, coletivos e individuais homogêneos;
X) inclusão da proposta da conversão de ações individuais em ações coletivas;
XI) suspensão dos demais litígios individuais pendentes sobre o mesmo conjunto de fatos;
XII) normatização das ações por representação previstas no art. 5º, XXI, da Constituição da República, de maneira a diferenciá-las claramente das ações civis públicas por substituição processual; e
XIII) criação, ao lado da ação civil pública para tutela coletiva das comunidades indígenas, quilombolas e povos tradicionais, de ação por representação na qual esses grupos podem proteger autonomamente seus interesses.

Capítulo 3
PRINCÍPIOS DA TUTELA COLETIVA

1. PRINCÍPIOS ENQUANTO NORMA

Os princípios jurídicos[1], fontes do direito, orientam todos os seus ramos e, portanto, também o processo civil. Atualmente, a constatação da constitucionalização do processo civil (teoria do direito processual constitucional) impede a compreensão da ciência de maneira divorciada dos mandamentos constitucionais, em especial as garantias fundamentais largamente estampadas.

O legislador de 2015, tomado pelo atual estado principiológico do direito, foi didático ao enunciar, na proa da nova lei adjetiva, extenso rol (exemplificativo) de valores a serem perquiridos no desenrolar da relação processual. O diálogo com a Lei Maior traz, no ensinamento de Paulo Cezar Pinheiro Carneiro[2], duas consequências centrais:

(i) a de garantia contra qualquer dispositivo ou atitude processual que viole a Constituição; e
(ii) a de fator de interpretação do Código de Processo Civil.

A esse respeito, observa-se uma preocupação da Comissão de Juristas em distinguir princípios de valores que vem sendo acompanhada pela doutrina processual.

Portanto, ao dizer que o Código será disciplinado de acordo com os valores e princípios, o legislador está adotando, expressamente, a teoria do direito processual constitucional. Grandes expoentes do direito processual[3] já sedimentaram a teoria segundo a qual o direito constitucional é o tronco da árvore e o direito processual é um de seus ramos. Ou seja, não é possível conceber uma única regra processual que não tenha sido inspirada na atmosfera constitucional.

Nesse passo, é importante refletir sobre a necessidade da renovação do direito processual.

Como afirma Luís Roberto Barroso[4], somos um país de democracia tardia. A nova Constituição, e, sobretudo, a defesa intransigente das liberdades públicas (direitos de primeira dimensão), bem como a implementação dos direitos sociais (segunda dimensão) fizeram com que nos encontrássemos na desagradável situação de ter um pé na modernidade e outro na pós-modernidade.

A edição de novos Códigos é um sinal de ruptura com a modernidade, reduzindo o abismo antes existente entre o direito constitucional (e a interpretação ativa que vem sendo feita de suas normas) e o direito infraconstitucional.

Significa, ainda, o esforço do legislador infraconstitucional para "densificar o direito de ação como direito a um processo justo e, muito especialmente, como um direito à tutela jurisdicional adequada, efetiva e tempestiva dos direitos", nas precisas palavras de Marinoni e Mitidiero[5].

---

[1] NERY JR., 2016.
[2] CARNEIRO, 2015a.
[3] Merecem destaque, entre tantos doutrinadores, os seguintes: TROCKER, 1974; CAPPELLETTI; TALLON, 1973; COMOGLIO; FERRI; TARUFFO, 1998; MORELLO, 1998.
[4] BARROSO, 2005.
[5] MARINONI; MITIDIERO, 2010, p. 16.

O art. 8º do Código de Processo Civil[6] indica que o processo civil será interpretado conforme a Constituição. É o fim da hermenêutica tradicional, baseada no silogismo: a norma é a premissa maior e o fato, a menor. Nessa concepção, caberia ao juiz fazer o exame deste, em acordo com aquela. Para tanto, seriam usados métodos como a interpretação literal, sistêmica, teleológica e comparativa.

Agora, a hermenêutica passa a ser neoconstitucional, pressupondo que as normas podem assumir a feição de regras ou princípios. As regras devem ser interpretadas de acordo com os Princípios. Havendo colisão de regras, usa-se a hermenêutica tradicional. Havendo uma contraposição de princípios, é preciso recorrer à técnica da ponderação, buscando ou uma composição destes ou a solução que seja mais adequada ao espírito constitucional (art. 489, § 2º, do CPC/2015).

É, sem dúvida, o sinal de uma nova era, que mereceu, portanto, um novo Código.

Se todo regramento deverá ser analisado à luz da teoria constitucional do processo civil, faz-se necessário identificar como a tutela coletiva se identifica com essas linhas gerais, e em que medida as homenageia.

Evidentemente, existem valores especialmente prestigiados e que estimularam o desenvolvimento da dogmática instrumental coletiva, especialmente a isonomia, a segurança jurídica e a duração razoável dos processos[7]. No entanto, parece ser possível estender consideravelmente a lista, encontrando relação entre a tutela coletiva, pela via principal e pela incidental, e um maior número de garantias processuais.

É interessante perceber que os princípios elencados adiante cumprem dupla função no sistema coletivo e nos microssistemas que o formam: o fundamentam, motivando e justificando a criação dessas técnicas (princípios fundamentadores), e o iluminam, servindo de chave de leitura (princípios informadores).

Nesse segundo aspecto, deve-se admitir que vários dos princípios mencionados pela doutrina funcionam, na prática e na essência, como regras, apontando a saída adequada esperada pelo ordenamento.

2. PRINCÍPIOS FUNDAMENTADORES

2.1. Acesso à justiça

Essa primeira e fundamental garantia, extraída do art. 5º, XXXV, da Constituição Federal, assegura a possibilidade de provocação da tutela jurisdicional em havendo qualquer lesão ou ameaça de lesão ao patrimônio jurídico do cidadão.

Nos estudos de Cappelleti e Garth, a segunda onda renovatória do acesso à justiça se referia, justamente, à necessidade de desenvolvimento de instrumentos capazes de levar a juízo, adequadamente, direitos transindividuais – espaço ocupado pela tutela coletiva pela via principal (processos coletivos).

Complementarmente, a autorização legal para a tutela coletivizada de direitos individuais, porque homogêneos, prestigia o acesso à justiça, na medida em que faz surgir interesse processual, sob o plano global (danos agregados), quando, individualmente, pela irrelevância dos danos isolados, não existiria.

---

[6] "Art. 8º Ao aplicar o ordenamento jurídico, o juiz atenderá aos fins sociais e às exigências do bem comum, resguardando e promovendo a dignidade da pessoa humana e observando a proporcionalidade, a razoabilidade, a legalidade, a publicidade e a eficiência."

[7] PINHO, 2017a, p. 966. Na mesma linha, destacando a isonomia, a segurança jurídica e a duração razoável do processo como a tríade principiológica do IRDR: TEMER, 2016, p. 39.

Atualmente, a rigor, há tendencial ressignificação do conteúdo dessa garantia basilar, diante da compreensão de que nem sempre a saída ideal é o processo judicial[8], já que há robusto leque de opções alternativas estimuladas pelo próprio legislador.

A resolução consensual do conflito, a propósito, pode ocorrer distante da barreira judiciária, mediante acordo referendado por membro do Ministério Público, defensor público, advogado público, por advogados de ambas as partes ou por conciliador ou mediador credenciado por tribunal (art. 784, IV). Nos processos em geral, aliás, a fase conciliatória concentrada em audiência própria (art. 334), com conciliador ou mediador, dispensa a presença do juiz.

É dizer: o próprio sistema legal não considera inegociável o acesso ao juiz, relevando eventuais déficits de conhecimento técnico de auxiliares do juízo (conciliador, mediador) para que se pacifique a relação jurídica motivadora da disputa e, nesse assunto, tampouco a doutrina externa proporcional preocupação.

Quando lógica menos drástica se apresenta nos casos repetitivos, alega-se vilipêndio de diversas garantias, supostamente porque os litigantes dos casos sobrestados ou ainda não ajuizados não participam do procedimento de fixação da tese[9]. Desse modo, chega-se a alegar a ilegitimidade constitucional dos mecanismos estudados[10].

A situação real, no entanto, é outra: nos instrumentos chamados de "casos repetitivos", o que sucede é um julgamento de debate qualificado no qual, mediante ampla participação (mas não irrestrita, sob pena de este se tornar inviável), se elege uma interpretação correta da norma legal, elucidando, com pretensa definitividade, seu real conteúdo. Nos diversos processos individuais em que se discutiria a mesma questão jurídica, sem a segurança de se saber qual é a visão do tribunal respectivo a seu respeito, simplesmente se assume, como premissa indiscutível, o que a corte previamente decidiu. Todo o restante continuará a ser debatido à exaustão.

Para se evitar, contudo, o desrespeito às garantias processuais constitucionais, basta que se as observe em dois momentos:

(i) no bojo do próprio procedimento de fixação da tese jurídica; e
(ii) nos processos nos quais a referida tese venha a ser aplicada.

O debate sobre a flexibilização da participação das partes dos processos subjetivos no julgamento objetivo soa algo exagerado, acaso lhes seja dada possibilidade de manifestação sobre eventual distinção. Pretender nova discussão jurídica da questão em todos os casos individuais é ferir de morte a sistemática delineada pelo legislador.

Na realidade, o alargado debate, ventilando argumentos múltiplos, e a posterior divulgação da tese fixada permitem efeitos exoprocessuais e exojudiciários, viabilizando efetiva segurança jurídica nas relações e mesmo a redução da judicialização desses conflitos. Os precedentes, nessa linha, antes fortalecem do que fragilizam o acesso à justiça[11].

Bem observado o quadro se, em um sistema de precedentes "puro", a demandar repetidas decisões futuras a utilizar a *ratio decidendi* do caso para que o julgado seja alçado ao patamar de precedente, assim ocorre, com maior razão quando existe procedimento específico para a construção do posicionamento jurisprudencial, prontamente colocado para a comunidade jurídica como parâmetro.

---

[8] PINHO; STANCATI, 2016.
[9] GRECO, 2008.
[10] MARINONI, 2015b.
[11] MARINONI, 2016c, p. 153.

A bem da verdade, para que haja acesso à justiça, deve haver compreensão do que é a justiça, o que não prescinde do devido entendimento do que seria o direito e, então, de quem tem ou não razão para exigi-lo em juízo – resposta, até então, dada pela jurisprudência em processo demorado, que se prolongava no tempo até se assentar um posicionamento, mas que, com a decisão das questões repetitivas, se dá de forma abreviada e mais clara.

Nesse ponto, é fundamental trazer a paradigmática obra de Paulo Cezar Pinheiro Carneiro como marco teórico, a fim de verificar eventual diálogo dos princípios elencados com os instrumentos em estudo.

O princípio da acessibilidade[12], primeiro esmiuçado pelo insigne professor, pressupõe três elementos:

(i) o direito à informação;
(ii) a legitimidade adequada; e
(iii) os custos condizentes.

Percebe-se que todos estão presentes nos julgamentos de questões repetitivas, que, além de ostentarem participação de diversos sujeitos e entes e de dispensarem pagamento de despesas processuais, surgem como pedagógicos instrumentos informativos de direitos, ao fixarem, publicamente, o entendimento do tribunal. Nessa dinâmica, funcionam como "ponto de partida" também para a reclamação de direitos.

No segundo princípio destacado, o da operosidade, a ligação com as teses fixadas está tanto no quesito da atuação ética – atualmente, cooperativa e articulada –, na qual os agentes processuais devem elucidar, reciprocamente, a existência de um posicionamento estabilizado, quanto na utilização das técnicas processuais adequadas. Em tal aspecto, o próprio Código ramificou os reflexos endoprocessuais das teses, sendo inegável, de resto, a implicação exoprocessual por via da conciliação.

O terceiro princípio é o da utilidade, calcado na constatação de que "a jurisdição ideal seria aquela que pudesse, no momento mesmo da violação, conceder, a quem tem razão, o direito material"[13]. Revelando-se equação complexa entre a segurança e a celeridade, tal valor se coaduna com as eficácias atual e prospectiva do julgamento objetivo da questão jurídica.

Quanto ao último dos princípios apontados pelo autor, o da proporcionalidade, há que se reconhecer que a legislação não o deixou de lado ao elaborar o longo tratamento dos "casos repetitivos", a ser verificado mais à frente.

Por fim, é de se perceber que a pseudobarreira que uma causa possa encontrar quando versar sobre matéria repetitiva previamente pacificada, antes de consistir em impeditivo de acesso à justiça, o favorece, permitindo que diversos outros processos, versando sobre temas não repetitivos, sejam analisados mais brevemente, de modo a se evitar a intervenção jurisdicional banalizada[14].

2.1.1. Universalidade da jurisdição

Decorre do acesso à justiça a ideia da ampliação dos sujeitos atingidos pela atividade jurisdicional. Na tutela coletiva, a coletividade cujos direitos são tutelados pode ser formada por todos os sujeitos, ou ao menos os envolvidos em determinada situação.

Essa circunstância representa autêntica vantagem para o exercício da jurisdição, em razão dos princípios fundamentadores da tutela coletiva, resolvendo-se conflitos que envolvem, não raro,

---

[12] CARNEIRO, 1999, p. 57.
[13] CARNEIRO, 1999, p. 79.
[14] MANCUSO, 2016, p. 206.

massas de pessoas¹⁵. O acesso à justiça no direito processual coletivo deve ser garantido a um número cada vez maior de pessoas, englobando cada vez mais causas¹⁶.

2.2. Isonomia

Princípio dos mais destacados pela Carta Constitucional é o da igualdade. O *caput* do art. 5º abre o segundo título da Constituição ("Dos Direitos e das Garantias Fundamentais") estatuindo que "todos são iguais perante a lei, sem distinção de qualquer natureza", para, em seu primeiro inciso, recordar que "homens e mulheres são iguais em direitos e obrigações".

Especificamente na quadra processual, o princípio da igualdade ostenta dois papéis primordiais. O primeiro diz respeito ao *equilíbrio* da relação processual, devendo ser analisado em seu próprio interior (igualdade endoprocessual ou no processo).

A obrigação primordial onera o magistrado do caso sob julgamento, que deverá atentar para eventuais fatores de justa discriminação, assegurando "às partes igualdade de tratamento" (art. 139, I, do CPC). Esse encargo não é inédito, tendo sido expressamente previsto pelo art. 125, I, do Código de Processo Civil de 1973, de forma genérica, e em diversos dispositivos específicos, gerando facilidades processuais das mais diversas, como benefícios de prazo estendidos (arts. 180, 183, 186 e 229 do CPC), a remessa necessária (art. 496), as prerrogativas institucionais (por exemplo, intimação pessoal e manifestação por cota dos membros da Defensoria Pública – art. 128 da LC n. 80/94) e regras de competência (*v.g.*, art. 53, II).

As ações coletivas (tutela coletiva pela via principal) prestigiaram consideravelmente a isonomia endoprocessual, funcionando como mecanismo de reequilíbrio¹⁷. Afinal, em geral o que ocorre é a disputa de um litigante acidental¹⁸ contra um *repeat player*¹⁹, habituado ao litígio, gozando de uma visão macro do problema, capaz de vislumbrar os reais custos do processo, para além de maior formação jurídica, por vezes.

Noutras vezes, como notou Barbosa Moreira, a cumulação subjetiva torna-se um empecilho administrativo para a evolução do processo, de modo que as ações coletivas, em razão da técnica da legitimação extraordinária, "limpam" o caminho judicial e a "praga" da multiplicidade de feitos²⁰.

Embora o procedimento para a fixação de teses (e a posterior resolução de casos repetitivos) não esteja tão intimamente relacionado com esse primeiro aspecto da igualdade processual, é inegável que também o homenageia²¹. Isso porque, no bojo da discussão dessubjetivada da questão jurídica comum, o contraditório ganha feições peculiares, sendo estimulada a ampla participação por meio de audiências públicas e da intervenção de interessados na controvérsia.

O segundo papel do princípio da igualdade, no aspecto processual, é enfocar a *justa resposta jurisdicional*, que se pressupõe idêntica para casos que ostentam o mesmo direito material (aspecto exoprocessual). É incoerente que dois usuários do serviço de justiça recebam soluções díspares do mesmo Judiciário (que é uno), quando o provoquem em razão de lides iguais.

Por vezes, a dispersão jurisprudencial é aceitável. Causas análogas podem não ser idênticas, e elementos diferenciadores são capazes de, legítima e pontualmente, justificar soluções díspares.

---

[15] ANDRADE; MASSON; ANDRADE, 2017, p. 41.

[16] GRINOVER, 2019, p. 840.

[17] MENDES, 2014, p. 42.

[18] BARBOSA MOREIRA, 1991.

[19] Marc Galanter se refere aos *repeat players* (litigantes repetitivos) e aos *one-shotters* (litigantes ocasionais), para designar aqueles que recorrem reiterada ou ocasionalmente ao sistema de justiça (GALANTER, 1974, p. 95).

[20] BARBOSA MOREIRA, 1991.

[21] MENDES; SILVA, 2016a, p. 548.

A igualdade de todos perante a lei não mais se resume à sua enunciação formal e abstrata, consistindo na precisa interpretação que lhe é dada, caso a caso. A liberdade do magistrado para decidir não é uma autorização genérica para a atuação divorciada do sistema organicamente enxergado. Mesmo no *civil law*, a igualdade real pressupõe ser vista também de acordo com a norma judicada[22]. Portanto, em definitivo, decidir não é escolher[23].

O procedimento da tutela coletiva pela via incidental, sendo duplo, homenageia a segurança jurídica e a igualdade. A fixação, em abstrato, de uma tese, sepultando polêmicas interpretativas, por si só já é capaz de diminuir a insegurança jurídica. A isonomia, no entanto, é efetivada quando o entendimento, dotado de eficácia vinculativa, é aplicado nos casos pendentes.

A função isonômica ora analisada, portanto, afasta a máxima segundo a qual "cada juiz, uma sentença". Aquelas questões jurídicas sobre as quais se pacificou o posicionamento jurisprudencial devem ser tratadas de maneira idêntica pelos órgãos judiciais inferiores, bem como pelos demais órgãos estatais. Trata-se, no dizer de Luiz Fux, de reflexo da função popular da jurisdição[24].

Essa é, aliás, a chave para que a igualdade não seja afetada pela objetivação da tutela pelas técnicas de julgamento de questões comuns. Não pode haver prejuízo ao litigante individual quando o que resulta é a mera uniformização interpretativa de certa questão jurídica (as fáticas, em nosso sistema, conquanto sejam levadas em conta, o são apenas como base sobre a qual se discutirá o direito), isto é, a certeza de que todos os julgadores submetidos à tese fixada a adotarão, ainda que dela discordem.

Uma brecha, no entanto, deve ser sempre deixada, sob pena de a bandeira da isonomia ganhar traços paradoxais. Diante do elevadíssimo número de processos que venham a ser suspensos pela admissão do julgamento da causa piloto, não é inviável que algum reste paralisado sem justa causa, ou seja, mesmo que não esteja versando sobre questão idêntica ao paradigma. Necessário será alertar o Judiciário dessa distinção (*distinguishing*), permitindo seu regular trâmite, sem o injusto prejuízo inerente à equivocada suspensão.

2.3. Segurança jurídica

Intrinsecamente ligada à isonomia no aspecto exoprocessual está a segurança jurídica[25]. De fato, sabendo qual é a interpretação definitiva do tribunal acerca do direito, pode-se garantir tratamento igual a todos, obedecendo a esse entendimento fixado. Por outro lado, a aplicação coerente da norma permite que os sujeitos se considerem seguros.

Elementos intrínsecos a essa garantia são a previsibilidade e a estabilidade.

A primeira face do princípio da segurança diz respeito à possibilidade de se prever as consequências de um determinado fato ou ato jurídico, isto é, de um comportamento (calculabilidade).

O Direito existe, aliás, primordialmente para tanto. A pacificação social começa muito antes do final do processo, o qual, a propósito, é indesejável e dispensável — a rigor, cumpridas as prescrições legais e costumeiras, não sucederia ofensa a direito material qualquer, e, por isso, sequer se falaria em jurisdição. O perfeito respeito às normas, então, garantiria o estado de paz social, prévio e anterior à pacificação que se busca uma vez instaurado um conflito.

Para que possa haver essa paz, porém, é condição *sine qua non* que haja clareza a respeito das normas. Eis um ponto-chave: a pretensão dos países de sistema do *civil law*, oriunda da Revolução Francesa,

---

[22] MARINONI, 2016c.
[23] CAMBI; FOGAÇA, 2015, p. 339.
[24] FUX, 2008.
[25] ÁVILA, 2012, p. 231.

de que a lei bastaria para responder a todas as indagações sociais (o que "escravizou os juízes ao Parlamento"), mostrou-se completamente utópica[26]. A própria atividade legiferante atual se volta para técnicas abertas (cláusulas gerais, conceitos jurídicos indeterminados), de forma a não se anacronizar.

A nova feição dos textos oriundos do Legislativo dificulta, então, o processo de extração da norma por parte do intérprete. Esse pequeno drama ocorre, no momento inicial, fora do Judiciário, no dia a dia corrente, nos diversos contratos (massificados, em sua maioria) praticados. A incerteza em relação à certeira interpretação tem como herdeira a aceitação de qualquer visão.

Passo seguinte, nem sempre necessário, é o do conflito, em que a pretensão (interpretativa) de uma parte será resistida por outra parte. A interrogação, diante do princípio da inafastabilidade de jurisdição, deverá ser desfeita pelo Judiciário, em um processo que, não produzindo interpretação autêntica, oferece, ao menos, a interpretação definitiva.

Portanto, com a adoção da teoria lógico-argumentativa da interpretação, o Judiciário passa a escolher entre vários significados possíveis[27]. A conclusão inevitável é que a nomofilaquia interpretativa, isto é, unidade do Direito por meio da adequada interpretação, não é um evento acidental para as cortes, mas sua própria razão de ser[28].

Desfaz-se, igualmente, outro lugar comum: o pensamento de que a proliferação de leis, mais própria do *civil law*, é a maior causa para a insegurança jurídica.

De fato, certamente não facilita a ampla compreensão do panorama legal, sobretudo pelo cidadão comum, leigo, mas também não justifica a indefinição por si só. Se, por um lado, a abundância legislativa, ao ultrapassar limites razoáveis, reveste-se de inutilidade, a escassez pode conduzir ao mesmo cenário de indefinição. A conclusão é, analisando nossa tradição, que o foco deve estar na homogeneização da interpretação dada aos textos (muitos ou poucos) exarados pelo legislativo – na verdade, existem inúmeros precedentes interpretativos em países de *common law*, conferindo estabilidade.

Outra hipótese que ocorre de maneira cada vez mais frequente é a das decisões integrativas ou aditivas, em que o Judiciário é chamado para, diante da falta de regulamentação específica, decidir – o que acabará por ocorrer com base em princípios ou garantias amplamente estatuídas na Constituição.

Em suma: o dogma da autossuficiência da lei, que advogava que o mero texto seria suficientemente claro para gerar segurança, mostrou-se utópico, estando bastante assentada, hoje, a diferença entre texto e norma[29]. Realizar esse percurso (da norma legislada à norma judicada) é função precípua das cortes – não apenas as supremas, também os tribunais de segunda instância, com o advento do IRDR e do IAC.

O segundo aspecto da segurança jurídica reside na estabilidade do posicionamento jurisprudencial. Verdadeiramente, pouco importa que haja externalização do entendimento de um tribunal específico se ele não vem a ser confirmado. Nessa linha, pode-se afirmar que a decisão definidora de tese se aproxima do típico conceito de precedente do *common law*.

Apenas a repetição de decisões – o que demanda tempo – é capaz de consolidar um padrão de conduta por parte da corte. E somente esse fortalecimento pragmático de seu entendimento tranquiliza efetivamente a comunidade jurídica, que pode, também ela, seguir o padrão definido, gerando *confiança* nos particulares.

---

[26] MARINONI, 2016c, p. 51.
[27] TARUFFO, 1991, p. 88.
[28] MITIDIERO, 2015, p. 70.
[29] "Norma seria a interpretação conferida a um texto (enunciado), parte de um texto ou combinação de um texto. Não existe norma antes da interpretação ou independentemente dela. Interpretar é produzir uma norma. A norma é produto do intérprete" (NERY JR., 2016).

Nesse ciclo, tem-se notado que a uniformização da jurisprudência (da qual as teses são um pilar) alcança efeitos exoprocessuais. Hipótese exemplar é o próprio estímulo à solução consensual, seja fora do Judiciário, seja no princípio do processo (na audiência de conciliação ou mediação, art. 334), que a maior previsibilidade da decisão a ser proferida (o pretenso perdedor adota postura mais favorável ao acordo) e a estabilidade da interpretação estimulam, em nexo causal diretíssimo[30].

Bem notou Paulo Cezar Pinheiro Carneiro, ao comentar o incidente de resolução de demandas repetitivas, que a fixação do entendimento com ares de definitividade favorece não apenas o cidadão, mas também os litigantes habituais[31]. A alta probabilidade de sucumbir pode ser o melhor remédio dissuasivo.

O mote desse segundo aspecto da segurança processual é, então, a necessidade de respeito à coisa julgada, na tutela coletiva pela via principal, e aos entendimentos fixados em teses pelo Judiciário, na tutela coletiva pela via incidental.

Essa concepção, bastante basilar, de que o posicionamento das cortes não pode mudar de maneira banal, motivou a criação da doutrina do *stare decisis*, nos países de tradição anglo-saxã. Na verdade, o *common law*, cuja essência foi o uso dos costumes como fonte primeira do direito, precisou encontrar uma saída para a instabilidade que lhe poderia ser inerente[32], optando por não culpar a falta de leis escritas que ostentassem conceitos gerais.

Parece evidente que os institutos de fixação de teses jurídicas (IAC e julgamento de casos repetitivos) se inserem precisamente nessa função, restringindo a discricionariedade, trazendo-a a patamares aceitáveis, ao sepultar a pluralidade de possibilidades interpretativas (a multiplicidade de opções é condição essencial para a discricionariedade) e selecionar a interpretação correta, do ponto de vista da racionalização do sistema do Judiciário[33].

Se, para os órgãos competentes para o julgamento dessubjetivado em sua primeira etapa, interpretar é uma atividade discricionária, para o restante do Judiciário, ao aplicar a tese – seja como questão meritória ou prejudicial do processo posto à sua análise –, torna-se atividade vinculada, quanto ao aspecto jurídico previamente pacificado.

A intepretação autêntica do Código de Processo Civil, identificável em sua exposição de motivos, reconhece a equivocada, porque abusiva, visão da liberdade do juiz. De fato, soa curioso (ou melhor, absurdo) que o magistrado, agente pertencente ao corpo judiciário, atuasse, na prática corrente, de maneira a não só não prestigiar as cortes a que está hierarquicamente submetido, mas contrariando seus posicionamentos. Percebendo esse cenário, a novel legislação processual pretende uma virada completa, de modo que o Judiciário – sob uma ótica global – seja o primeiro a desenvolver a cultura de respeito aos (seus próprios) precedentes.

2.4. Economia processual

Outro forte valor que dialoga com os anteriores é o da economia processual. Trata-se de princípio que pode ser visto sob quatro enfoques.

O primeiro deles é o da economia processual macroscópica (economia judicial[34] ou exoprocessual). Essa vertente diz respeito ao panorama global do Judiciário, reduzindo o número de

---

[30] MAZZOLA, 2016.
[31] CARNEIRO, 2014, p. 487.
[32] MARINONI, 2016c, p. 53.
[33] "*A uniformização faz chegar à única solução correta*. A necessidade de uniformização é ínsita à ideia de sistema jurídico, imprescindível à criação de *previsibilidade*, de *segurança jurídica* e ao *tratamento isonômico* dos indivíduos. Evidentemente, mais uma vez, frise-se que não se estará, necessariamente, diante da decisão ontologicamente correta" (WAMBIER; DANTAS, 2016, p. 175).
[34] As terminologias economia judicial e economia processual foram empregadas por MENDES; SILVA, 2016a, p. 546.

processos. Longe de possuir mero caráter quantitativo, a pretensão somente será admitida, no Estado de Direito, se decorrer de uma visão racional da função jurisdicional, concretizando o princípio da racionalização do Judiciário.

A tutela coletiva pela via principal que tem por objeto direitos individuais homogêneos é um perfeito exemplo de economia global: em um único processo, forma-se título executivo que satisfaz número elevado de sujeitos, que, em outra hipótese, teriam que ajuizar múltiplas ações individuais.

Do mesmo modo, é esse viés fortemente homenageado pelos institutos definidores de teses, por facilitar aos potenciais litigantes e ao julgador conhecerem o entendimento adotado pelos tribunais aos quais está hierarquicamente submetido. O correto sentido do texto passa a ser, do ponto de vista do sistema jurídico como um todo, aquele atribuído pelo tribunal competente, ainda que, ontologicamente, não o seja[35] – de modo que soará absolutamente improdutiva a insistência em fundamentos decisórios a ele contrários.

Outrossim, verifica-se efetivação desse subprincípio quando ocorre a suspensão dos processos com matérias repetitivas, em todo o território abrangido pelo tribunal, evitando-se gasto de atividade jurisdicional de maneira improdutiva, permitindo aos julgadores dos casos subjetivos se debruçarem sobre outras questões, até que o colegiado eleito pelo Código decida a interpretação definitiva da norma.

Complementarmente, há economia global quando demandas frívolas, calcadas na esperança de um provimento isolado e incongruente em relação ao sistema (jurisprudência lotérica), são desestimuladas, a partir do momento em que, ao chegar ao Judiciário, são prontamente extintas, com resolução do mérito.

No entanto, há que se reconhecer a possibilidade de, uma vez construída a tese em um incidente de resolução de demandas repetitivas ou no julgamento de recursos repetitivos, em vez de se reduzir o número de processos, haver estímulo a novas judicializações.

A rigor, parece crível que, sob a ótica da economia processual macroscópica, sucedam as duas coisas: o desestímulo a demandas frívolas e, por outro lado, maior acesso à justiça por parte de sujeitos de direitos violados que, antes, prefeririam suportar os prejuízos pessoalmente. Esse último aspecto, aliás, se assemelha ao que sucede nas ações coletivas a tutelar direitos individuais homogêneos.

O segundo substrato do princípio é o da economia processual microscópica (economia processual em sentido estrito ou endoprocessual). Este se refere à diminuição da quantidade de atos no próprio processo, objetivo possibilitado pela menor extensão das demandas que versem sobre questões repetitivas previamente solucionadas.

Homenageiam esse viés principiológico o julgamento liminar de improcedência, quando o pedido autoral contrariar tese fixada em julgamento de casos repetitivos (art. 332, III), e a tutela de evidência concedida com base em tais entendimentos (art. 311, II), ambos desde que suficientes as provas documentais acostadas para comprovação das alegações fáticas.

Naquele, o processo é encurtado de tal modo que o réu pode ser apenas intimado do trânsito em julgado a seu favor; neste, a tutela jurisdicional satisfaz os anseios da parte, muito antes do esgotamento dos instrumentos processuais existentes.

O terceiro e o quarto aspecto da economia processual possuem caráter complementar[36]. A economia processual subjetiva (sob o ponto de vista subjetivo) funciona como linha orientadora a ser observada pelo legislador (ao elaborar a norma) e pelo aplicador do direito. As teses fixadas devem orientar ambos, tomando como premissa a interpretação conferida pelo Judiciário à norma, ainda que para afastá-la, em reação legislativa.

---

[35] WAMBIER; DANTAS, 2016, p. 175.
[36] MENDES, 2014, p. 38.

Por outro lado, a economia processual objetiva (sob o ponto de vista objetivo) se refere ao dever de escolha da opção mais célere e menos dispendiosa, dentre os variados caminhos que se abrem no desenrolar da relação jurídica processual. Os incidentes objetos de estudo exigem, em atividade econômica, postura proativa dos membros do Judiciário, do Ministério Público e da Defensoria Pública, instaurando-os tão brevemente quanto possível.

2.5. Eficiência

O princípio da eficiência, importado da ciência da Administração e da Economia, passou a ser conceito jurídico inicialmente no direito administrativo, com o advento da EC n. 45/2004, que o inseriu no *caput* do art. 37 da Constituição Federal, não se confundindo com a eficácia nem com a efetividade.

Para a Administração Pública, a eficiência funciona como orientação e como fator de interpretação. Ademais, para além de princípio constitucional, o referido valor tem natureza de direito fundamental. No primeiro momento, foi reconhecido o direito fundamental à boa administração, que, quando desdobrado para a seara processual, passa a ser compreendido como direito fundamental à boa jurisdição[37], isto é, a uma prestação jurisdicional eficiente – como exigido pelo art. 8º do Código vigente.

Esse último conceito, longe de ser meramente retórico, merece contornos palpáveis. Em matéria processual, a eficiência deve ser perseguida em duas frentes:

(i) na administração judiciária, manifestação de direito administrativo no bojo do Poder Judiciário (portanto, fora do mérito da relação jurídica processual); e

(ii) nos processos judiciais (quanto aos atos processuais propriamente ditos).

Em ambas, o princípio demanda compreensão completa. Explica-se: conquanto, comumente, se pense somente no aspecto quantitativo da eficiência (obter mais resultados com menos custos), existe um segundo pilar igualmente crucial, o elemento qualitativo. Além da economicidade e da produtividade, é elemento da eficiência a qualidade[38].

O primeiro, aliás, é associado, por parcela da doutrina, ao princípio da economia processual e ao da duração razoável do processo[39]. Para concretizá-lo, o legislador delineou instrumentos que reduzem custos, demandando menos recursos (*in casu*, atos processuais), com mais eficácia (geração de efeitos).

Dentre eles, excelente exemplo está no tratamento das questões repetitivas: com a redução do debate nos múltiplos processos suspensos, concentrando-o no procedimento dessubjetivado, existe diminuição de esforços, acompanhado do aumento de efeitos, ante a ampla eficácia posteriormente verificada.

No entanto, a compreensão da eficiência meramente pelo prisma quantitativo empobrece, sobremaneira, seu sentido. É possível, inclusive, que o distorça, comprometendo garantias fundamentais inegociáveis do cidadão, usuário do serviço público exercido pelo Judiciário, mas, também, sujeito processual a legitimar o processo pela participação.

Por essa razão, as decisões definidoras de teses em questões repetitivas, embora *de per si* prestigiem a eficiência quantitativa, apenas serão plenamente eficientes, sob o ponto de vista do sistema, se respeitarem os padrões de qualidade exigidos (especificamente, a amplitude dos argumentos,

---

[37] RODRIGUES; MELLO PORTO, 2018.
[38] RODRIGUES, 2012, p. 91-106.
[39] CUNHA, 2014, p. 71.

da participação social e dos fundamentos decisórios). Uma decisão, qualquer que seja, para ser eficiente, deve ser adequada, justa, correta e motivada – quanto mais quando ostentar tamanho potencial de alcance.

Não é difícil notar, portanto, o *link* da eficiência com a celeridade, um de seus componentes, e com a duração razoável do processo, relacionada ao andamento intraprocessual, ao passo que a eficiência transborda os limites dos autos, exigindo leitura à luz do Poder Judiciário como um todo.

Bem compreendidos os conceitos, há quem sustente que o principal objetivo dos julgamentos fixadores de teses seja a racionalidade do sistema e sua eficiência, mais do que a mera celeridade dos processos e a efetividade jurisdicional.

Por fim, merece destaque uma evidência da eficiência propriamente administrativa decorrente dos casos repetitivos: a aplicação da tese às concessionárias de serviços públicos e às agências reguladoras (arts. 985, § 2º, e 1.040, IV), reveladora de uma visão unificada da aplicação do direito pelo Estado.

2.6. Duração razoável do processo

Valor dos mais perseguidos pelo sistema judiciário é o da duração razoável dos processos. A dicotomia efetividade *versus* tempo, inevitável, já foi solucionada de maneira a tender para ambos os lados, a depender do período[40] e do sistema jurídico de cada país.

O tempo do processo está ligado à necessidade de segurança jurídica, consubstanciada, na dinâmica relação jurídica processual, em fenômenos como o da preclusão.

O processo, embora seja uma marcha para a frente, deve manter ritmo seguro para as partes, que, acompanhando seu desenrolar, devem poder se manifestar paulatinamente – exigência referente, ainda, à garantia do contraditório. Por outro lado, outro postulado está em jogo: a instrumentalidade do processo, cujas exigências formais não podem mascarar sua real função, a de efetivar direitos materiais[41].

O processo coletivo que proteja direitos individuais homogêneos, por ser econômico, sempre valoriza a duração razoável. É comum que dure mais uma ação coletiva que uma demanda individual – porém, a amplitude da solução, na equação global, se revela aceleradora.

É possível, igualmente, apontar o benefício à duração razoável do processo por parte das decisões definidoras de teses jurídicas sob dois enfoques.

O primeiro diz respeito à própria relação jurídica processual em que a tese é aplicada – seja após ter ficado suspensa, seja tendo se iniciado após o julgamento dessubjetivado. Em casos tais, o abreviamento da discussão jurídica endoprocessual implica a prática de menos atos e menor debate e, em consequência dessa economia processual, invariavelmente encurta o caminho até a resposta jurisdicional. Afinal, a resolução de qualquer questão jurídica demanda tempo e dedicação, ainda que simples.

Por outro lado, em uma perspectiva global do sistema judiciário, a discussão qualificada da questão jurídica controvertida no julgamento fixador da tese permite que os órgãos julgadores ordinários se debrucem, mais demoradamente, sobre casos importantes e complexos, utilizando, para tanto, aquele tempo que seria, quase que inutilmente, utilizado para afastar argumentos já esgotados quanto àquelas matérias jurídicas repetitivas.

Quando previamente assentada tese a seu respeito, pode o juiz meramente replicar o entendimento e demonstrar – se suscitado pela parte tendencialmente prejudicada – a ausência de distinção

---

[40] CARNEIRO, 1999, p. 79-80.
[41] TUCCI, 1992.

para o processo *sub judice*. Em outras palavras, os demais processos, não repetitivos, sobretudo os de elevada complexidade (*hard cases*) e os peculiares (*cases of first impression*), receberão otimizada análise por parte do Judiciário[42].

2.7. Celeridade

Tecnicamente, a garantia constitucional da duração razoável dos processos não se confunde com o princípio da celeridade. A primeira se refere a uma espécie de proibição da demora jurisdicional para além do tolerável para o caso. Ostenta, pois, caráter subjetivo, cabendo averiguar qual é o grau de complexidade da relação jurídica de direito material e da conseguinte relação processual.

Portanto, a duração razoável de um processo judicial variará. É razoável, por exemplo, que uma demanda subjetivamente complexa (envolvendo litisconsórcio, cumulação subjetiva, intervenção de terceiros ou legitimidade extraordinária) leve mais tempo para ser julgada, bem como um processo objetivamente complexo (a envolver questões jurídicas variadas ou dotadas de especial especificidade). A rigor, em casos tais, não seria razoável, e até mesmo imprudente, que a solução de mérito surgisse rapidamente.

No sentido diametralmente oposto, encontra-se a injustificável demora na apreciação do processo tão somente pela necessidade de decisões repetitivas acerca da mesma questão[43]. Tampouco o princípio do contraditório agasalharia a insistência na discussão já pacificada. Em hipóteses tais, seria ilógico exigir novo debate sobre tema já decidido.

Por sua vez, a celeridade possui caráter objetivo, independendo das particularidades do processo. Trata-se do desejo de aceleração do seu trâmite, o que se dá, *grosso modo*, em duas frentes:

(i) nas atividades administrativas do Judiciário – em que o aumento da velocidade é sempre desejável; e
(ii) na condução processual pelo magistrado e na atuação dos outros sujeitos processuais.

Nessa segunda esfera, a celeridade dialoga com o acesso à justiça, especialmente seu subprincípio da operosidade, supramencionado. De fato, podendo as partes se manifestar breve e prontamente, não se justifica que tardem em fazê-lo. Do mesmo modo, o juiz, ao decidir – razão pela qual, aliás, o legislador insiste em manter parâmetros de prazo para o magistrado, por mais que ostentem natureza imprópria.

Evidentemente, a ponderação terá a última palavra quanto à oportunidade de acelerar a atividade de todos os participantes em juízo. Se despachos burocráticos podem ser exarados rapidamente, atos decisórios mais complexos demandam mais lapso de tempo. O que o princípio da celeridade pretende é abreviar, sempre dentro do aceitável (por isso, o inevitável diálogo com o valor da duração razoável), esse curso.

Seguindo essa linha, ensinava Barbosa Moreira que a aceleração do processo não pode se dar a qualquer custo, bem como que a efetividade, vetor que ampara a celeridade, é conciliável com a boa técnica. Além disso, o autor aponta que a deficiência dessa última é causa da sobrecarga de trabalho por duas espécies de carência técnica: na formulação da norma e na aplicação da norma[44].

---

[42] BARBOSA MOREIRA, 1997, p. 24.

[43] "Demandas repetitivas constituem uma anomalia no sistema processual. De fato, nada justifica que uma mesma questão deva ser examinada várias vezes pelo Judiciário, apenas porque se refere a pessoas diferentes" (MARINONI; ARENHART; MITIDIERO, 2015, p. 564).

[44] BARBOSA MOREIRA, 1997, p. 23-24.

Não é difícil constatar que, em ambas, a fixação de teses desempenha papel fundamental. Quanto ao desacerto na elaboração normativa pelo Legislativo, tem o Judiciário instrumento qualificado e de pronto acesso para desfazer interpretações deficitárias, externando seu entendimento sem margem para indagações. Antes da existência dos instrumentos em estudo, a pacificação hermenêutica demandava consolidação da jurisprudência, exigindo largo período de tempo até que se atingisse patamares mínimos de segurança jurídica.

Já no que se refere à deficiência técnica na aplicação da norma, uma vez fixada a tese, será possível abreviar, total ou parcialmente, demandas que versem sobre idêntica questão jurídica, por meio do julgamento liminar de improcedência, por exemplo (art. 332, II e III). Preenchidos seus requisitos, o prolongamento do processo seria atécnico, bem como sua extinção fora dos casos legais ou em havendo elemento de distinção para o caso concreto.

3. PRINCÍPIOS INFORMADORES (DEVIDO PROCESSO LEGAL COLETIVO)

Para além dos princípios que fundamentam a criação e o aperfeiçoamento da sistemática da tutela coletiva, surgem diversas normas fundamentais que, de forma mais concreta e objetiva, orientam a conduta dos sujeitos processuais nela envolvidos. Tal conjunto representa o devido processo legal coletivo, princípio mencionado modernamente pela doutrina[45] e que se aproxima da noção de devido processo social, voltada à redução da burocracia e ao incremento da efetividade[46].

Esse supraprincípio reúne diversos outros. A propósito, inexiste sintonia doutrinária a respeito de quais seriam os princípios próprios do direito processual coletivo, tampouco quais deles estariam incluídos no devido processo legal coletivo.

Entendemos que nem todas as normas mencionadas como princípios realmente o sejam, havendo várias que, na essência, funcionam como regras, por indicarem solução concreta e específica. Além disso, o devido processo legal coletivo envolve, a nosso sentir, não apenas os princípios ventilados, mas também o conjunto de regras trazidas pelo ordenamento para o alcance da mais adequada solução do conflito coletivo.

3.1. Primazia do mérito ou continuidade

Um dos valores mais prestigiados pelo Código de Processo Civil de 2015 foi o da primazia do mérito. Retomando a concepção de que o direito processual é meio para efetivação do direito material[47], o legislador trouxe um leque de ferramentas de modo a permitir a ultrapassagem de vícios formais, para que se chegue à real solução do litígio – respondendo, inclusive, à dita "jurisprudência defensiva" dos tribunais.

Dentre esses comandos, pode-se citar, brevemente, para além do princípio da cooperação (dever de as partes contribuírem para a solução de mérito em tempo razoável, como está claro no art. 6º), o sistema da *translatio iudicii* (arts. 64, 240 e 968, §§ 5º e 6º), o dever geral de o juiz determinar a correção de vícios de capacidade processual (art. 76), pressupostos processuais ou outros (art. 139, IX), a viabilidade de ultrapassar defeitos que aproveitem à parte vencedora quanto ao mérito (art. 282, § 2º), a abertura de prazo para correção de vício antes da extinção processual terminativa (art.

---

[45] VITORELLI, 2016; DIDIER JR.; ZANETI JR., 2016b, p. 96.
[46] VENTURI, 2007, p. 151; DIDIER JR.; ZANETI JR., 2016b, p. 96.
[47] Nessa linha, lição do Min. Luis Felipe Salomão no julgamento do REsp 1.432.579: "Mostra-se mais razoável e consentâneo com os ditames atuais o entendimento que busca privilegiar a solução do direito material em litígio, afastando o formalismo interpretativo para conferir efetividade aos princípios constitucionais responsáveis pelos valores mais caros à sociedade". O ministro verificou, ainda, uma "onda renovatória" de entendimentos, apta a ultrapassar formalismos em prol da justiça social.

317), o direito à emenda da inicial (art. 321), ainda que após a contestação[48], o novo efeito regressivo da apelação contra sentenças que não julguem o mérito (art. 485, § 7º) – as quais, aliás, devem ser a última opção (art. 488) –, o dever do relator de abrir prazo para correção de vício formal de recurso (art. 932, parágrafo único), especificado para os recursos extraordinários (art. 1.029, § 3º, similar ao art. 896, § 11, da CLT).

Há toda uma lógica, portanto, de se prestigiar, com todos os esforços, a real resolução do caso, o que deve ser estendido à tutela coletiva, tanto pela via incidental como pela via principal. Se, no litígio comum, subjetivo, o legislador quis tirar o foco de formalismos injustificados, com maior razão quando o impacto da decisão for ampliado.

O evoluir da ciência processual alcançou, contemporaneamente, a concepção de que o processo é instrumento para a adequada tutela do direito tutelado, de sorte que, na tutela coletiva, identifica-se um princípio do (máximo) interesse jurisdicional no conhecimento do mérito[49], potencializado em relação aos processos individuais.

Tudo isso indica a existência de um autêntico princípio da continuidade na tutela coletiva, processual ou incidental. Em sendo possível, deverá o procedimento prosseguir, com a correção e relativização de vícios que comprometam a análise do seu objeto.

Especificamente quanto à tutela incidental, uma vez instaurado e admitido o incidente, caberá ao órgão julgador envidar todos os esforços para que, efetivamente, analise a matéria jurídica de fundo e fixe a tese.

O microssistema concretiza esse princípio de maneira direta, ao determinar a continuidade dos incidentes ainda que o caso afetado seja alvo de desistência ou abandono pela parte interessada (art. 976, § 1º).

Tampouco o recurso prejudicado, de acordo com o Supremo Tribunal Federal[50], impede a apreciação da questão jurídica – o que evidencia a natureza indisponível do interesse na determinação do entendimento pretensamente definitivo do tribunal.

A lógica é toda aplicável ao incidente de assunção de competência, o qual, pela lei, depende de um processo concreto, julgado pelo colegiado que fixa a tese. Contudo, havendo desistência ou abandono, deve-se prosseguir seu processamento, como reconhece o regimento interno do Superior Tribunal de Justiça[51].

Outro elemento que prestigia a primazia do mérito é o princípio da fungibilidade, que independe de previsão específica na legislação federal, estadual ou em regimentos internos para ser aplicado[52], permitindo que o órgão colegiado admita um incidente como se outro fosse.

No tocante aos processos coletivos, a solução do mérito se torna especialmente prestigiada, inclusive havendo formação de coisa julgada condicionada à apreciação de provas suficientes, nos julgamentos de improcedência – a consubstanciar o interesse no melhor julgamento de mérito possível[53].

---

[48] DIDIER JR.; PEIXOTO, 2017. Nesse sentido: STJ, REsp 1.279.586/PR, 4ª Turma, Rel. Min. Luis Felipe Salomão, j. 3-10-2017.
[49] ANDRADE; MASSON; ANDRADE, 2017, p. 42; ALMEIDA, 2003, p. 571.
[50] STF, ARE 1.054.490, Rel. Min. Luís Roberto Barroso, j. 16-10-2017.
[51] "Art. 271-B. O relator ou o Presidente proporá, de ofício ou a requerimento da parte, do Ministério Público ou da Defensoria Pública, na forma preconizada pelo Capítulo II-B do Título IX da Parte I do Regimento Interno, mediante decisão irrecorrível, a assunção de competência de julgamento de recurso, de remessa necessária ou de processo de competência originária que envolver relevante questão de direito, com grande repercussão social, sem repetição em múltiplos processos."
[52] LEMOS, 2018, p. 131-132.
[53] NEVES, 2016b, p. 135.

Também se aponta a existência de certa fungibilidade entre ações coletivas que tenham objeto comum, como a ação civil pública e a ação popular. Em tais casos, a doutrina advoga que incompatibilidades processuais, como a ilegitimidade do autor para uma das demais, não comprometam sua adaptação para que prossiga por meio da via adequada.

Além disso, existe especial enfoque na sucessão processual, por meio do princípio da disponibilidade motivada.

3.1.1. Disponibilidade motivada (da ação e dos recursos)

Especial manifestação do princípio da primazia do mérito nos processos coletivos é o regramento da desistência (expressa ou tácita – abandono) por parte do legitimado ativo, considerado como princípio autônomo por alguns autores[54], inclusive sob a alcunha de princípio da continuidade da ação coletiva.

O microssistema estatui diretamente que, no caso de desistência infundada ou de abandono por parte das associações autoras, o Ministério Público ou outros legitimados assumirão a titularidade da demanda (art. 5º, § 3º, da Lei n. 7.347/85 e art. 9º da Lei n. 4.717/65).

No correto entendimento do Superior Tribunal de Justiça, o Ministério Público pode (deve) assumir ação coletiva em que é reconhecida a ilegitimidade da associação autora, inclusive quando a associação for extinta por decisão judicial, em alguma outra ação com tal pedido[55].

A norma da Lei da Ação Popular menciona a publicação de editais e o prazo de 90 dias para a promoção do prosseguimento da ação, por parte dos cidadãos ou pelo Ministério Público. Parece-nos que, nessa situação, o prazo indica a prioridade de assunção por outro cidadão e, subsidiariamente, pelo *Parquet*.

A melhor leitura do mosaico legal, atualmente, é no sentido da cientificação por outros meios, mais efetivos, como publicação em *sites* e notificação processual dos demais legitimados conhecidos (Defensoria Pública, Ministério Público e Fazenda Pública).

O prazo também pode ser flexibilizado pelo magistrado, adequando-o às circunstâncias do caso concreto (art. 139, VI, do CPC), mesmo que para o abreviar.

De todo modo, não existe uma rígida e inegociável obrigação de tutela processual do conflito coletivo. Todos os legitimados podem, ao longo do processo, concluir pela inviabilidade da demanda, pela não confirmação da causa de pedir fática (ou mesmo sua alteração superveniente) ou jurídica (com o advento de precedente em sentido contrário, por exemplo) – o que não se confunde com a inviável disposição do próprio direito material.

Diante disso, a desistência pode estar devidamente fundamentada – o que, pelo ônus argumentativo, mais se adequa à desistência expressa do que ao abandono. Inexiste indisponibilidade absoluta, podendo, como reconhece o Superior Tribunal de Justiça, se demonstrar a manifesta improcedência da pretensão ou que a lide seja temerária[56]. Nessa hipótese, a extinção sem resolução do mérito será a resposta adequada para a demanda.

Surge, nesse particular, a discussão acerca do controle judicial sobre a desistência dos legitimados, especialmente do Ministério Público, uma vez que caberia à instituição assumir a ação quando todos os demais legitimados não demonstrassem interesse.

---

[54] ANDRADE; MASSON; ANDRADE, 2017, p. 43.
[55] AgInt no REsp n. 1.582.243/SP, Rel. Min. Maria Isabel Gallotti, 4ª Turma, j. 14-2-2023.
[56] REsp 200.289/SP, 3ª Turma, Rel. Min. Vasco Della Giustina (Desembargador convocado do TJRS), j. 2-9-2010.

Um primeiro grupo de autores considera impossível a desistência pelo *Parquet*, semelhantemente à ação penal pública, ante a indisponibilidade dos bens tutelados[57].

O segundo grupo reúne aqueles que admitem a disponibilidade processual superveniente por todos os legitimados, inclusive o Ministério Público.

Nessa linha, enquanto alguns autores entendem que o magistrado deveria remeter informações ao Conselho Superior do Ministério Público, para sua deliberação, por analogia ao arquivamento do inquérito civil (art. 9º, § 3º, da Lei n. 7.347/85)[58] – havendo decisão do Superior Tribunal de Justiça[59], nesse sentido –, outros defendem que a revisão caberia ao chefe institucional[60], em analogia com o art. 28 do Código de Processo Penal[61].

Há, por fim, os que compreendem que seria desnecessária qualquer ratificação, cabendo a pronta extinção do processo sem resolução do mérito, o que não compromete a tutela dos direitos em ulterior ação[62].

Esse regramento merece ser ampliado, por analogia, para as demais causas de extinção terminativa em razão de vício processual atinente à parte autora processual, buscando o salvamento do processo sempre que possível e desejado.

No art. 9º da Lei n. 4.717/65 existe previsão de publicação de editais e intimação do Ministério Público, para que o *Parquet* ou outro cidadão se habilite no caso de desistência e extinção terminativa do processo (leitura atual da terminologia "absolvição de instância", atinente ao CPC/1939). Na doutrina, advoga-se a interpretação prospectiva da previsão, restringindo a segunda hipótese à desistência e ao abandono, em correlação com o art. 5º, § 3º, da Lei n. 7.347/85[63].

Percebe-se existir, assim, um princípio da continuidade da ação coletiva, permitindo-se a sucessão processual sempre que possível e recomendada para a adequada tutela do direito coletivo colocado em juízo.

3.2. Não taxatividade

O princípio da não taxatividade revela a abertura do sistema de tutela coletiva, seja pela via principal, seja pela incidental. *A priori*, qualquer direito pode ser tutelado no processo coletivo e qualquer questão pode ser pacificada nos incidentes fixadores de tese jurídica.

Sob o aspecto material, a tutela coletiva pela via principal é, a princípio, ilimitada. Embora nas ações específicas possa haver restrições a determinadas matérias e pedidos, como na ação popular e no mandado de segurança coletivo[64], o cenário geral, trazido pela ação civil pública, é amplo.

---

[57] CARVALHO FILHO, 2009.

[58] ANDRADE; MASSON; ANDRADE, 2017, p. 43; MAZZILLI, 2019, p. 484. Este autor, inclusive, sugere uma prévia oitiva do membro ao Conselho Superior, antes de requerer a desistência.

[59] REsp 1.372.593/SP, 2ª Turma, Rel. Min. Humberto Martins, j. 7-5-2013.

[60] RODRIGUES, 2009a; ALMEIDA, 2003; LEONEL, 2011; NEVES, 2016b, p. 142. O último autor argumenta que, já havendo processo em curso, a revisão pelo Conselho Superior do Ministério Público se revelaria ato jurisdicional, incompatível com suas funções.

[61] Importante atentar para a alteração implementada pela Lei n. 13.964/2019 na redação do art. 28 do Código de Processo Penal. O sistema anterior, mediante o qual o controle era feito pelo magistrado, cede lugar ao sistema de controle *interna corporis*, a exemplo do que já ocorre com o arquivamento do inquérito civil, nos termos do art. 9º da Lei n. 7.347/85. De toda sorte, a decisão final permanece sempre nas mãos da Chefia Institucional, como já havia sinalizado o STF (MS 34,730/DF, Rel. Min. Luiz Fux, j. 10-12-2019 – *Informativo* n. 963 do STF). Não obstante, a nova redação desse dispositivo teve a sua eficácia suspensa por decisão liminar proferida pelo Min. Luiz Fux, no exercício da Presidência do STF, nos autos da ADIn 6.299/DF. A íntegra da decisão pode ser consultada em: <https://portal.stf.jus.br/processos/detalhe.asp?incidente=5840373>.

[62] SOUZA, 2005.

[63] NEVES, 2016b, p. 138.

[64] A esse respeito, ver a discussão, em capítulo próprio, sobre a (in)viabilidade de tutela.

Na redação originária, o art. 1º da Lei n. 7.347/85 não trazia uma cláusula de abertura, uma vez que foi vetada pelo Executivo. Porém, o Código de Defesa do Consumidor, em boa hora, acrescentou o atual inciso IV[65], que faz menção a qualquer interesse difuso ou coletivo, o que torna o rol exemplificativo – bem como desnecessárias as várias modificações aditivas promovidas.

Apesar da aparente limitação a direitos difusos e coletivos, não há dúvidas de que a melhor leitura do comando passa pela inserção de todos os direitos individuais homogêneos no objeto da ação civil pública[66].

A regra, portanto, é que, na ação coletiva, o pedido será juridicamente possível – instituto que, no atual diploma processual, passa a ser analisado dentro do mérito da demanda[67].

3.2.1. Exceções: tributos e fundos institucionais

No entanto, o ordenamento, após essa etapa de abertura, acabou por admitir restrições no objeto da ação civil pública. A Medida Provisória n. 2.180/2001 inseriu o parágrafo único no art. 1º da Lei n. 7.347/85[68], vedando que a demanda tenha como objeto:

a) tributos e contribuições previdenciárias;
b) FGTS e outros fundos de natureza institucional cujos beneficiários sejam individualmente determinados.

A finalidade da norma passa, naturalmente, por enfraquecer o processo coletivo e a resolução global de conflitos em desfavor do Poder Público – o que é largamente criticado pela doutrina, por ofender a inafastabilidade da jurisdição[69].

Os tribunais superiores acabam por chancelar essa intenção, na medida em que admitem ação coletiva a envolver matéria tributária, quando o resultado puder beneficiar o erário (quando se pleiteia a anulação de acordo tributário ou de concessão ilegal de isenções e benefícios em geral, por exemplo)[70-71]. Nesse sentido, o Supremo Tribunal Federal entende que é inviável, em ação civil pública, pretender questionar a constitucionalidade ou a legalidade de tributo[72].

A leitura feita pela jurisprudência, no tocante aos tributos, vai no sentido de que apenas é vedado o ajuizamento acerca de matéria tributária individualizável, mas não a anulação de ato administrativo com efeitos tributários[73]. Igualmente, autoriza-se a demanda que busca a discriminação da contribuição de iluminação pública nas contas de energia elétrica, pois não há prejuízo aos cofres públicos.

---

[65] "Art. 1º Regem-se pelas disposições desta Lei, sem prejuízo da ação popular, as ações de responsabilidade por danos morais e patrimoniais causados: (...) IV – a qualquer outro interesse difuso ou coletivo."

[66] NEVES, 2016b, p. 145.

[67] REsp 1.757.123/SP, 3ª Turma, Rel. Min. Nancy Andrighi, j. 13-8-2019.

[68] "Art. 1º (...) Parágrafo único. Não será cabível ação civil pública para veicular pretensões que envolvam tributos, contribuições previdenciárias, o Fundo de Garantia do Tempo de Serviço – FGTS ou outros fundos de natureza institucional cujos beneficiários podem ser individualmente determinados."

[69] NEVES, 2016b, p. 145.

[70] RE 576.155, Tribunal Pleno, Rel. Min. Ricardo Lewandowski, j. 12-8-2010, Repercussão Geral – Mérito.

[71] REsp 871.473/DF, 2ª Turma, Rel. Min. Eliana Calmon, j. 20-8-2013.

[72] "O Ministério Público não possui legitimidade ativa *ad causam* para, em ação civil pública, deduzir em juízo pretensão de natureza tributária em defesa dos contribuintes, que vise questionar a constitucionalidade/legalidade de tributo» (ARE 694294 RG, Rel. Min. Luiz Fux, j. 25-4-2013, Repercussão Geral). A pretensão de fazer cessar a cobrança de tributo, mesmo que já anteriormente declarado inconstitucional, contém natureza tributária, ensejando a ilegitimidade ativa do Ministério Público para a ação (STJ. AgInt no REsp n. 1.641.326/RJ, Rel. Min. Afrânio Vilela, 2ª Turma, j. 11-3-2024.)

[73] EDcl no REsp 903.189/DF, 1ª Turma, Rel. Min. Napoleão Nunes Maia Filho, j. 21-8-2018.

Deve-se atentar para o fato de que a lei nada diz a respeito de tarifas que remuneram serviços públicos concedidos, o que não se confunde com tributos (impostos e taxas), de sorte que é possível o ajuizamento de ação coletiva cujo pedido esteja relacionado a essa espécie remuneratória da atividade[74].

Uma questão bastante importante acerca da vedação prevista em lei é sua referência ao pedido da ação. Como reconhece o Superior Tribunal de Justiça, não há empecilho para a abordagem de questões tributárias ou relativas aos fundos na causa de pedir, como na ação que busca condenar atos de improbidade consistentes em ilegalidades em matéria tributária. Por outro lado, pedidos de repetição de indébito e desconstituição de crédito não podem ser feitos pela via coletiva[75].

Quanto à matéria previdenciária, é importante compreender os limites da proibição legal. Nessa linha, uma vez que não diz respeito, diretamente, a contribuições previdenciárias, o Supremo Tribunal Federal já admitiu ação coletiva pleiteando o acesso à informação junto ao INSS[76] e o Superior Tribunal de Justiça autorizou o ajuizamento buscando a revisão de benefício previdenciário[77].

Por sua vez, o pedido envolvendo os fundos institucionais com beneficiários individualizáveis, destacadamente o FGTS, também sofre interpretação crítica.

No Supremo Tribunal Federal, existem decisões concluindo pela viabilidade da ação civil pública que discuta expurgos inflacionários em contas vinculadas ao fundo[78].

Inclusive, a corte fixou tese jurídica em julgamento com repercussão geral, no sentido da possibilidade de tutela de direitos sociais relativos ao FGTS[79].

No caso concreto, o tribunal local conferiu interpretação conforme a Constituição ao art. 1º, parágrafo único, da Lei n. 7.347/85, autorizando o ajuizamento de ação que discutia a sistemática de organização do FGTS, pleiteando a liberação do saldo de todas as contas do titular, e não apenas da relativa ao último vínculo trabalhista.

Percebe-se que o pedido, formulado contra a Caixa Econômica Federal, efetivamente tratava do fundo, porém sob uma ótica global, enquanto direito fundamental social, o que, no entender do acórdão recorrido, não ofende a *ratio* do dispositivo, que apenas buscou evitar a vulgarização da ação coletiva para fins de movimentação ou discussão de saques, reunindo pretensões diluídas. O recurso extraordinário interposto foi desprovido pela Suprema Corte.

3.3. Atipicidade, máxima amplitude[80] ou absoluta instrumentalidade[81]

Sob o aspecto processual, um dos princípios mais importantes para a tutela coletiva é o da atipicidade, que decorre do princípio constitucional do acesso à justiça (art. 5º, XXXV, da CF) e, especificamente no núcleo duro, do art. 83 do Código de Defesa do Consumidor, aplicável também para matérias não consumeristas (art. 21 da Lei da Ação Civil Pública), e do art. 3º da Lei da Ação Civil Pública.

Esse princípio indica que todas as medidas judiciais são cabíveis para a tutela do direito coletivo em sentido amplo, sempre que necessárias e adequadas.

---

[74] AgRg no Ag 1.249.559/RJ, 1ª Turma, Rel. Min. Arnaldo Esteves Lima, j. 15-12-2011.
[75] REsp 1.387.960/SP, 2ª Turma, Rel. Min. Og Fernandes, j. 22-5-2014.
[76] RE 472.489-AgR, 2ª Turma, Rel. Min. Celso de Mello, j. 29-4-2008.
[77] AgRg no REsp 1.174.005/RS, 6ª Turma, Rel. Min. Maria Thereza de Assis Moura, j. 18-12-2012.
[78] RE 476.206, Rel. Min. Ellen Gracie, j. 15-12-2010.
[79] RE 643.978, Tribunal Pleno, Rel. Min. Alexandre de Moraes, j. 9-10-2019.
[80] MAZZILLI, 2019; LEONEL, 2011.
[81] A terminologia "princípio da absoluta instrumentalidade" é de VENTURI, 2000, p. 76. Há doutrina que insere a noção abordada nesse tópico dentro do princípio da não taxatividade (NEVES, 2016b, p. 147).

Primeiramente, extrai-se dessa norma a noção de que é possível pleitear qualquer espécie de tutela jurisdicional nas demandas coletivas: declaratória, (des)constitutiva, condenatória e, para os que admitem, executiva e mandamental[82]. Não existe vedação apriorística a qualquer pretensão ou ao correlato provimento jurisdicional.

Nessa linha, o Superior Tribunal de Justiça já realizou a melhor interpretação do art. 83 do Código de Defesa do Consumidor[83], lendo a conjunção alternativa como aditiva[84].

Não raro, aliás, a efetividade da jurisdição depende da simultaneidade entre a tutela preventiva e a repressiva, como sói ocorrer em danos ambientais[85].

Interessante notar, nesse aspecto, que a expressão "todas as espécies de ações" tem forte carga civilista, compreensível por se tratar, o Código de Defesa do Consumidor, de diploma misto[86].

Em segundo lugar, decorre desse princípio que a legitimidade definida pelo microssistema não deve ser limitada a determinada espécie de ação.

Assim, embora a Defensoria Público e o Ministério Público não sejam legitimados, expressa e especificamente, ao ajuizamento de ação popular ou à impetração de mandado de segurança coletivo, a atipicidade recomenda que, se tais ações forem as mais aptas à solução do conflito coletivo, se admita sua promoção. Trata-se, a propósito, da figura da legitimidade conglobante.

Portanto, como um desdobramento da máxima efetividade da tutela coletiva e da inafastabilidade da jurisdição, tem-se, no princípio em tela, a consagração da abertura da proteção sob a ótica processual – em contraponto ao princípio da não taxatividade, referente ao direito material –, garantindo a leitura da legitimidade para ferramentas específicas à luz da instrumentalidade.

3.4. Obrigatoriedade temperada ou mitigada (indisponibilidade)

A tutela coletiva é, em grande parte dos casos, voltada a interesses públicos, especialmente os primários, que ostentam natureza indisponível. Por conta disso, tradicionalmente, atribuem-se traços de obrigatoriedade à proteção desses bens jurídicos, reconhecendo-se um princípio da indisponibilidade[87].

No entanto, embora exista a incumbência constitucional, notadamente do Ministério Público, mas também da Defensoria Pública, quanto aos necessitados, de proteger tais direitos, acertadamente soa mais correto mencionar o princípio da obrigatoriedade temperada ou mitigada.

Primeiramente, a obrigatoriedade se refere à tutela coletiva, não ao ajuizamento de ação coletiva. Os instrumentos extrajudiciais merecem prioritária atenção por parte dos legitimados, por apresentar resposta imediata.

A esse respeito, cabe mencionar que há entendimento no sentido da existência de dever funcional de agir por parte do Ministério Público, mediante o ajuizamento de ação coletiva, o que ficaria evidenciado por meio do regime previsto para o arquivamento e a indisponibilidade dos direitos tutelados[88].

Além disso, no curso do processo, o legitimado pode perceber que a pretensão se enfraqueceu, afigurando-se temerário o prosseguimento da demanda. Em casos tais, desaparece a obrigatoriedade,

---

[82] ANDRADE; MASSON; ANDRADE, 2017, p. 45.

[83] "Art. 83. Para a defesa dos direitos e interesses protegidos por este código são admissíveis todas as espécies de ações capazes de propiciar sua adequada e efetiva tutela."

[84] REsp 625.249/PR, 1ª Turma, Rel. Min. Luiz Fux, j. 15-8-2006.

[85] ZAVASCKI, 2017b.

[86] LEONEL, 2011, p. 215.

[87] BASTOS, 2018, p. 179.

[88] Posição mencionada, embora não adotada, por BASTOS, 2018, p. 187.

desde que a desistência da ação se mostre fundada – o que será verificado nos moldes do que orienta o princípio (regra) da disponibilidade motivada.

Desse modo, a indisponibilidade, atualmente, dá vez à obrigatoriedade temperada, seja quanto ao ajuizamento, seja quanto ao prosseguimento da ação.

3.4.1. Obrigatoriedade da execução

Contudo, uma vez formado o título executivo, existe sistemática voltada à sua satisfação de forma obrigatória, por meio do princípio da obrigatoriedade da execução[89]. O microssistema menciona a existência de dever funcional do Ministério Público e faculdade dos demais legitimados.

Nesse tocante, chega-se a apontar a existência de um subprincípio, quando há concorrência entre execuções individuais e coletivas: o da prevalência da execução dos prejuízos individuais, estampado no art. 99 do Código de Defesa do Consumidor e que em nada relativiza o princípio da obrigatoriedade executiva, mas tão somente prioriza a satisfação dos sujeitos lesados quando inexistir verba para o pleno cumprimento da obrigação contida no título executivo[90].

3.4.2. Discricionariedade controlada

Outra norma alçada ao patamar de princípio que dialoga com a noção da obrigatoriedade é a discricionariedade controlada.

Aponta a doutrina que o Ministério Público, pela independência funcional de seus membros e pela autonomia institucional, decide quando intervém em uma ação coletiva, identificando interesse público, ou não – hipótese em que funcionará um sistema de controle próprio[91]. A lógica é aplicável à intervenção institucional da Defensoria Pública enquanto *custos vulnerabilis*.

3.5. Ampla participação

O aumento da participação de sujeitos no processo dialoga com o viés democrático do processo. E, quanto maior o aspecto coletivo da tutela, a gerar efeitos para além de uma relação jurídica pontual, maior deve ser o cuidado de se assegurar o debate que legitima o processo, por meio de um contraditório particularmente valorizado.

Verifica-se, no direito processual coletivo, prestigiar-se o elemento da participação pelo processo, na linha da universalidade da jurisdição e do máximo benefício, mas reduzir-se a participação no processo, exercendo-se o contraditório de forma indireta, por meio do representante adequado[92].

Na tutela coletiva, o aumento da participação é desejável, nos limites previstos no ordenamento, o que se dá em duas frentes: em relação à sociedade (convocação externa) e em relação ao próprio tribunal (convocação interna).

Quanto à primeira, Hermes Zaneti Jr. e Fredie Didier Jr. mencionam, ao analisar a tutela coletiva genericamente, o modelo experimentalista de reparação[93], na *public law litigation*, no qual o juiz perde a centralidade, convoca a ampla participação processual e social – por meio de intervenção de terceiros (e *amicus curiae*) e de audiências públicas, respectivamente –, e, em diálogo plural, constrói-se um programa de resolução de conflitos. Desse modo, permite-se um controle democrático das decisões (*democratic accountability*).

---

[89] Ver tópico próprio dentro do capítulo referente à execução.
[90] DIDIER JR.; ZANETI JR., 2016b. Em sentido contrário, entendendo que a obrigatoriedade não existe na execução de título a respeito de direitos individuais homogêneos: LEITE, 2004, p. 148.
[91] MAZZILLI, 2019, p. 101-103.
[92] GRINOVER, 2019, p. 841; NEVES, 2016b, p. 113.
[93] DIDIER JR.; ZANETI JR., 2016b, p. 34-36.

A lógica é por demais aplicável ao julgamento de casos repetitivos. A rigor, a própria lei processual esclarece a conveniência da participação, tanto para o microssistema de precedentes (art. 927, § 2º), como para o de gestão de questões repetitivas (arts. 983, § 1º, e 1.038, II), para além da autorização genérica para a intervenção de *amici curiae* em todos os processos (art. 138). Com os argumentos, inclusive os técnicos, trazidos, pode a corte responsável assentar entendimento aperfeiçoado e, sobretudo, consentâneo com a realidade dos muitos sujeitos a serem impactados.

Trata-se de uma saída para a inerente deficiência de contraditório associada à tutela coletiva, especialmente a pluri-individual, associada ao alto grau de responsabilidade do tribunal ao fixar tese de grande eficácia transbordante[94].

Nessa linha, o Superior Tribunal de Justiça entendeu que, se as partes autoras dos processos selecionados não os abandonaram ou deles desistiram – pelo contrário, tentaram ser ouvidas por diversas vezes, sem sucesso –, sua efetiva participação é imposição do princípio do contraditório[95].

Sob o outro aspecto, o da convocação interna, está a preocupação do legislador de garantir debate mais plural e heterogêneo[96] entre os membros julgadores da corte. Por essa razão, exige-se decisão colegiada desde a admissibilidade dos incidentes de julgamento de casos repetitivos (art. 981). Ademais, a própria competência para o IRDR, relegada para especificação dos regimentos internos, tem sido atribuída a órgãos especialistas das matérias a serem pacificadas.

3.6. Publicidade

A própria natureza expansiva da tutela coletiva impõe certos ônus para a legitimar. Um deles, muito valorizado atualmente, diz respeito à informação suficiente acerca dos atos processuais, especialmente o início (ajuizamento do processo coletivo e instauração do incidente formador de precedente) e o julgamento.

Esse pilar, ao lado da ampliação de participação, exerce função primordial no diálogo com a sociedade civil, não tanto ao trazê-la para o processo (como ocorre com audiências públicas e intervenção de terceiros), mas ao levar o processo até ela, complementando o princípio anterior.

Quanto à tutela coletiva pela via incidental, a preocupação está externada de maneira didática no art. 979, que prevê que, desde a instauração (portanto, antes mesmo da decisão de admissibilidade), os incidentes serão sucedidos "da mais ampla e específica divulgação e publicidade, por meio de registro eletrônico no Conselho Nacional de Justiça". Vê-se que o princípio da publicidade, ora analisado, engloba divulgação ampla e específica, quando diante de casos repetitivos, para além do ordinário acesso do público aos processos judiciais (cláusula geral do art. 11).

Esse específico alerta à comunidade se concretiza de duas maneiras: (i) por meio de cadastro eletrônico no CNJ e (ii) de "banco eletrônico de dados atualizados com informações específicas sobre questões de direito submetidas ao incidente", no âmbito do tribunal competente (art. 979, § 1º).

Muito válida, nesse aspecto, é a experiência dos tribunais de cúpula, que possuem lista acessível e simples de todos os recursos repetitivos (afetados e já julgados), com o tema e a tese fixada.

---

[94] DINAMARCO; LOPES, 2017, p. 216.

[95] A participação das vítimas dos danos em massa – autores das ações repetitivas – constitui o núcleo duro do princípio do contraditório no julgamento do IRDR. É o mínimo que se deve exigir para garantir a observância ao devido processo legal, sem prejuízo da participação de outros atores relevantes, como o Ministério Público e a Defensoria Pública (REsp n. 1.916.976/MG, Rel. Min. Herman Benjamin, 2ª Turma, j. 21-5-2024, *DJe* de 23-8-2024).

[96] "Assim, apreciado por dez (Seção) ou quinze (Corte Especial) ministros, garante-se – ao menos em tese – um debate mais plural e heterogêneo, a partir da formação e histórico de cada julgador, firmadas de acordo com suas trajetórias de vida e experiências profissionais" (DELLORE; MARTINS, 2016, p. 1.119).

Também os tribunais locais vêm seguindo a experiência, garantindo o conhecimento por parte da coletividade, especialmente dos operadores do direito[97].

Isso é fundamental, porque, assim, pode haver orientação quanto à oportunidade do não ajuizamento imediato de uma ação versando sobre tema afetado, evitando sua suspensão e, eventualmente, a vinculação à tese contrária ao interesse individual do potencial litigante. Com efeito, não restaria completa a *ratio* do sistema se apenas sucedesse a suspensão dos processos já existentes, sem se permitir esse discernimento aos particulares, de buscar soluções outras, imediatas, como a via extrajudicial.

Bruno Dantas analisa a importância da publicidade, relacionando-a com outros valores já analisados, como a segurança para o jurisdicionado, mas também para os que exercem a jurisdição – isto é, os julgadores subordinados ao tribunal que fixará a tese[98].

Reside aqui, aliás, outra grande importância do comando, de que se devem extrair soluções práticas de comunicação da instauração do incidente e, depois, de seu julgamento para os magistrados em geral. Nessa linha, será de grande utilidade, além da expedição de ofícios para os juízos individuais, avisos eletrônicos, via *e-mail* ou até por mensagens individualizadas pela via telefônica – o meio é o que menos importa, crucial é garantir a ciência dos julgadores e a efetividade da técnica. Desse modo, garantem-se o amplo alcance em tempo razoável e a isonomia.

O não atendimento da exigência de dar publicidade ao julgamento implica enorme risco de fragilizar sua legitimação democrática, deixando de intervir setores da sociedade que agregariam ao debate (ofensa ao princípio da ampla participação) e gerando incongruências internas do próprio Judiciário (sentenças por magistrados sobre a questão suspensa). Por ofenderem límpida orientação legal, maculam de nulidade o procedimento voltado para a fixação da tese jurídica – cuja sanabilidade será aferida *in concreto*.

Note-se que a lógica da publicidade extraprocessual se aplica a todos os incidentes fixadores de tese jurídica, inclusive o de assunção de competência[99]. O próprio Código, ao determinar que os tribunais deem ampla publicidade aos seus precedentes, destacou tal importância (art. 927, § 5º).

Por sua vez, a tutela coletiva pela via principal traz preocupações próprias acerca da publicidade, que chegam a ser tratadas como princípios próprios por parte da doutrina[100]: a ampla divulgação ou notificação do ajuizamento e a informação aos legitimados.

Como forma de reforçar essa publicidade, a Portaria n. 187/2023, da Presidência do CNJ, regulamenta o Cadastro Nacional de Ações Coletivas – CACOL, na forma da Resolução CNJ n. 339/2020.

3.6.1. Ampla divulgação ou adequada notificação dos membros do grupo

Um valor considerado como princípio específico por parte da doutrina[101], mas seguramente inserido dentro do princípio da publicidade analisado, é a cientificação dos membros da coletividade tutelada acerca do ajuizamento da ação coletiva.

Essa preocupação especial com o anúncio do ajuizamento da ação está externada no art. 94 do Código de Defesa do Consumidor, aplicável às ações coletivas em geral. Os instrumentos eleitos são a publicação de editais e a ampla divulgação nos meios de comunicação.

---

[97] Sobre o conteúdo dos cadastros, tema não tratado em lei, ver: FARIA, 2017, p. 173-188.
[98] DANTAS, 2015b.
[99] LEMOS, 2018, p. 188-191.
[100] ANDRADE; MASSON; ANDRADE, 2017, p. 45-46.
[101] DIDIER JR.; ZANETI JR., 2016b, p. 100.

Atualmente, é natural que a divulgação se dê por meios mais efetivos, permitidos pela evolução tecnológica. A depender do conflito, pode-se obrigar que o próprio réu comunique o ajuizamento por meio de mensagens de texto ou *e-mails* das vítimas que constem em seus bancos de dados, em manifestação do princípio da cooperação.

A finalidade do princípio – que, a rigor, funciona como regra – é permitir o acompanhamento do desfecho processual por parte das vítimas, potenciais beneficiários da tutela coletiva. Desse modo, inclusive, os autores individuais podem comunicar nos autos de seus processos o ajuizamento da demanda metaindividual, permitindo o funcionamento do sistema de *opt out* inerente à relação entre demandas já existentes e evitando a propositura de novas ações individuais.

3.6.2. Informação aos legitimados

Tendo em vista a natureza de relevância pública dos direitos tutelados no processo coletivo, preocupou-se o legislador em estimular a cientificação dos legitimados acerca de fatos aptos a ensejar o ajuizamento de tais demandas.

A Lei da Ação Civil Pública (art. 6º) permite que qualquer pessoa e exige que qualquer servidor público, tomando conhecimento de violação atual ou potencial de direitos coletivos em sentido amplo, comunique o Ministério Público. Do mesmo modo em relação a elementos de convicção e provas de que disponham.

Por sua vez, os magistrados devem remeter cópias de peças ao *Parquet* para as providências cabíveis (art. 7º da Lei n. 7.347/85, repetido no art. 221 do ECA e no art. 90 do Estatuto do Idoso). Tal dever é reforçado pelo Código de Processo Civil, ampliando o rol de destinatários do ofício para incluir a Defensoria Pública e, na medida do possível, os demais legitimados (art. 139, IX), havendo estímulo ao exercício do direito de ação[102].

O Código, embora pudesse ter silenciado a respeito – sem que da omissão surgisse qualquer impedimento para o atuar do magistrado –, preferiu robustecer o dever de colaboração do julgador com a tutela efetiva do direito material, retomando o princípio da primazia do mérito (art. 6º) e o da máxima efetividade e utilidade da tutela coletiva.

Não se trata, enfim, de mera benesse do juiz[103], mas de real dever de atuar de maneira proativa[104]. Nesse aspecto, acertou o legislador ao retirar a discricionariedade do juiz, pois a lei fala que lhe incumbe oficiar. E nem poderia ser de outro modo: pretender que o magistrado realizasse, desde já, qualquer juízo de conveniência é o mesmo que sepultar a inércia da jurisdição.

3.7. Máximo benefício ou regime jurídico *in utilibus*

Em decorrência da primazia dada à proteção dos direitos coletivos em sentido amplo e da economia processual macroscópica, aponta-se a existência de um princípio referente aos efeitos da solução judicial. A ideia é que a resposta jurisdicional dada no processo coletivo produza o máximo de resultados favoráveis à coletividade, nos direitos transindividuais, ou aos indivíduos lesados, na hipótese dos direitos individuais homogêneos.

Concretamente, o microssistema traz mecanismos para esclarecer essa norma fundamental. Nessa linha, destacam-se a relação entre as ações coletivas e as individuais, permitindo a conversão

---

[102] GRINOVER, 2019, p. 841.

[103] Pelo fato de a iniciativa, no primeiro momento, partir do juízo, Rodolfo Mancuso empregou a expressão *iussu iudicis* (MANCUSO, 2016, p. 154).

[104] Nessa linha, enunciado 38 do FPPC, disponível em: <https://www.academia.edu/11303299/Carta_de_BH-Enunciados_Consolidados_do_FPPC_-_atualizados_com_redacao_final_do_NCPC>. Acesso em: 20 out. 2019.

da demanda em liquidação da sentença coletiva sobrevinda, e a extensão da coisa julgada coletiva para o plano individual (extensão *in utilibus*). Justamente por isso, há autores que mencionam a existência de um princípio do transporte (ou do regime jurídico) *in utilibus* das ações coletivas[105].

3.7.1. Reparação integral do dano

Em razão da titularidade dos direitos colocados em juízo, deve a resposta no processo coletivo ser a mais completa possível, reparando todos os danos. Trata-se de reflexo do máximo benefício esperado de uma ação coletiva.

A Lei da Ação Popular[106] possui comando específico que corrobora esse entendimento, indicando que o juiz condenará, na sentença de procedência que anula o ato lesivo, o réu a reparar os danos gerados. Para alguns autores, tal provimento independeria de pedido expresso[107].

3.8. Máxima efetividade, predominância dos aspectos inquisitivos ou ativismo judicial

O direito processual de determinado ordenamento pode, tradicionalmente, seguir dois modelos: o publicista ou inquisitorial, que confere protagonismo ao magistrado, ou o privatista ou dispositivo, no qual as partes possuem maior margem para flexibilizar o procedimento estatuído em lei. Naturalmente, é utópica a existência de um sistema puro, considerando-se, para a classificação, as características preponderantes da normativa.

Modernamente, considera-se haver um terceiro modelo de processo, o cooperativo, em que todos esses sujeitos processuais formam uma comunidade colaborativa, em pé de igualdade, buscando a melhor decisão de mérito.

A doutrina apontava, na vigência do Código anterior, e continua a sublinhar, no atual sistema processual, que, na tutela coletiva, principalmente pela via dos processos coletivos, predominam os aspectos inquisitoriais, como forma de equilibrar a relação entre a participação efetiva das partes e a atividade oficiosa do magistrado, que deve primar pela efetividade[108] da jurisdição coletiva.

Nessa linha, o direito tutelado deve influenciar na postura adotada pelo julgador: se os direitos forem patrimoniais e disponíveis, a participação deve ser menor; se indisponíveis, maior. Da mesma forma, levam-se em conta outros fatores, como a complexidade do litígio, o grau de disponibilidade do bem jurídico e a vulnerabilidade de seus titulares[109].

Concretamente, percebe-se que o legislador espera uma maior atuação do juiz, que deve oficiar os legitimados (art. 7º da Lei n. 7.347/85 e art. 139, IX, do CPC), controlar a representatividade adequada e a condução do processo pelo autor, atrair a sociedade para a discussão de políticas públicas, fixar valor devido na execução por *fluid recovery* e prorrogar prazos de resposta (art. 7º, IV, da Lei n. 4.717/65 e art. 139, VI, do CPC).

Por fim, uma questão de nomenclatura: parte da doutrina se refere a esse princípio como do ativismo judicial[110]. Apesar de ser inegável que a norma passe justamente a noção de que o magistrado age mais, guardando atuação mais proativa, existe confusão com o polêmico tema do ativismo.

---

[105] BASTOS, 2018, p. 177.

[106] "Art. 11. A sentença que, julgando procedente a ação popular, decretar a invalidade do ato impugnado, condenará ao pagamento de perdas e danos os responsáveis pela sua prática e os beneficiários dele, ressalvada a ação regressiva contra os funcionários causadores de dano, quando incorrerem em culpa."

[107] DIDIER JR.; ZANETI JR., 2016b, p. 111.

[108] Dinamarco define a efetividade da jurisdição como o "cumprir integralmente toda a sua função sociopolítico-jurídica, atingindo em toda a plenitude todos os seus escopos institucionais" (DINAMARCO, 2002, p. 330).

[109] DIDIER JR.; ZANETI JR., 2016b, p. 116.

[110] NEVES, 2016b, p. 113. Discordando da nomenclatura: DIDIER JR.; ZANETI JR., 2016b, p. 115.

Ao contrário da judicialização da política – e da vida, como um todo –, na qual o Judiciário garante direitos previstos na Constituição Federal e na legislação, efetivando garantias fundamentais, no ativismo judicial a jurisdição extrapola seus limites de atuação e invade campos onde deve preponderar a discricionariedade política. Por conta disso, preferimos evitar reputar a existência de uma linha mestra, no processo coletivo, relativa ao ativismo.

3.9. Cooperação

O princípio da cooperação ganhou protagonismo recente. O modelo cooperativo de processo, inaugurado pelo Código de Processo Civil de 2015, desafia os sujeitos processuais a rever o foco da prestação jurisdicional, chamando as partes para, conjuntamente com o magistrado, construir a solução adequada.

Tratando-se de norma geral do ordenamento processual, por força do art. 6º, o dever de cooperar, fundamentador da comunidade coparticipativa pretendida pelo legislador[111], deve ser verificado, com maior razão, nos julgamentos dessubjetivados para construções de teses jurídicas, por meio de uma definição argumentada, dialogada e racional[112]. Contudo, para que não se torne vetor meramente retórico, deve-se indagar em quais situações concretas incidirá.

Marcelo Mazzola, em obra instigante sobre a colaboração no processo civil, aponta algumas hipóteses de diálogo cooperativo relacionado aos julgamentos pluri-individuais. Por exemplo, reprova, com acerto, que as partes revolvam teses jurídicas já definidas em julgamento de casos repetitivos, sem realizar o *distinguishing*.

Parece inadmissível, também, para citar outro exemplo de relação entre o atuar comparticipativo e as decisões fixadoras de teses, que, após pacificação de uma matéria, se continue a litigar contrariando o definido pela corte responsável ou, ainda pior, apontando decisões do tribunal contrárias, porque pretéritas, ao entendimento adotado.

3.10. Motivação

Ante a relevância sistêmica da tutela coletiva, seu julgamento atrai especialíssimo controle. E o controle principal da atividade jurisdicional é possibilitado pelo dever de motivação que lhe é inerente, o qual, na lição de Michele Taruffo[113], ostenta três funções: controle endoprocessual, controle exoprocessual e controle do sistema de precedentes.

O controle endoprocessual está voltado às partes (decidir se há interesse recursal) e aos julgadores do recurso, possuindo como objeto o controle de fato (valoração e seleção das provas) e o controle de direito (escolha e interpretação das normas aplicadas). Trata-se da função racionalizante da motivação, inexistente nos sistemas em que vige a íntima convicção.

De outra parte, está o controle extraprocessual, relacionado à própria Administração da Justiça, para assegurar a todas as pessoas, em nome de quem a justiça é administrada e prestada, e não apenas às partes, a oportunidade de conhecer e comprovar o fundamento das decisões judiciais, de modo a evitar arbitrariedades no exercício do poder. Seu objeto, assim, é o controle fático e jurídico das decisões, em especial no que se refere ao respeito pelas garantias fundamentais.

A terceira função da motivação está relacionada ao sistema de precedentes, uma vez que é ínsito ao sistema do *stare decisis* o conhecimento da *ratio decidendi* dos casos preteritamente julgados e que,

---

[111] É tamanha a importância do valor cooperativo, associado ao contraditório real, que Alexandre Câmara o insere como um dos elementos do conceito de processo (CÂMARA, 2016, p. 25-27).

[112] THEODORO JR., 2010, p. 9.

[113] TARUFFO, 2016.

com o decorrer do tempo, passam a gozar do *status* de precedente. Para conhecer *qual* precedente se aplicará nos casos posteriores e *o que* efetivamente constitui precedente, dentro de cada decisão, é que não se negocia a importância da motivação das decisões.

A tutela coletiva garante protagonismo ao ônus de fundamentação atribuído aos julgadores, paralelamente às três frentes de controle *supra*.

Quanto ao controle endoprocessual, há que se considerar dois pontos específicos da tutela pela via incidental. O primeiro diz respeito ao dever expressamente previsto na norma processual para os órgãos colegiados que julgarão o incidente de resolução de demandas repetitivas ou os recursos repetitivos (extensível para o julgamento do IAC), que terão de esgotar a análise dos argumentos postos.

No inovador tratamento legal comum do tema, o art. 489, § 1º, IV, aponta a necessidade de qualquer sentença ou acórdão se manifestar sobre "todos os argumentos deduzidos no processo capazes de, em tese, infirmar a conclusão adotada", generalizando de maneira clara a fundamentação suficiente.

Quando, no entanto, diante de um julgamento do qual se pretende extrair tese de eficácia reforçada, a exigência é trazida para um novo patamar: o da fundamentação exauriente. O art. 984, § 2º, é o mais didático possível: "o conteúdo do acórdão abrangerá a análise de todos os fundamentos suscitados concernentes à tese jurídica discutida, sejam favoráveis ou contrários".

A diferença, extraível de uma simples leitura, é que, na regra geral, a decisão deve afastar os argumentos capazes de contrariar a conclusão contida no dispositivo (reflexo da fundamentação, por óbvio), enquanto, nos casos repetitivos, tanto as alegações a favor da tese quanto as contrárias devem ser mencionadas, posicionando-se a corte a respeito de cada uma delas.

Além disso, mesmo os argumentos coincidentes com a conclusão adotada devem ser *todos* analisados. Em síntese, tudo que for levado ao conhecimento do órgão colegiado julgador será considerado, de forma expressa, no acórdão prolatado.

Não se trata, evidentemente, de mero luxo legislativo, sem consequências práticas. Como sabido, os julgamentos de casos repetitivos (bem como o do incidente de assunção de competência), ao gerar decisão com forte eficácia prospectiva, merecem revestimento especial quanto à sua aptidão à pacificação social – da qual um dos elementos centrais é a motivação.

Tanto maior será a exigência quanto ao poder de convencimento de uma decisão quanto for sua capacidade de gerar efeitos e invadir esferas jurídicas dos sujeitos envolvidos – daí, a dicotomia fundamentação suficiente *versus* fundamentação exauriente.

O regramento dos recursos repetitivos ostentava, no texto originário do Código, redação idêntica, no art. 1.038, § 3º ("O conteúdo do acórdão abrangerá a análise de todos os fundamentos da tese jurídica discutida, favoráveis ou contrários"). A Lei n. 13.256/2016, no entanto, modificou o texto, restringindo significativamente o comando, passando a esperar do acórdão apenas a "análise dos fundamentos relevantes da tese jurídica discutida".

Dois problemas cardeais exsurgem da sutil alteração – nenhum deles capaz de romper com a unidade do microssistema.

Inicialmente, o que se entende por "fundamentos relevantes"? Sem dúvidas, estamos diante de um conceito jurídico indeterminado, intencionalmente inserido no Código, em decorrência de uma circunstância fática que não se pode ignorar: o descomunal volume de processos que deságuam nos tribunais de cúpula, invariavelmente comprometendo a qualidade ou a celeridade da prestação jurisdicional derradeira.

Ocorre, porém, que, ao contrário do que comumente se percebe mesmo em votos ministeriais, o Direito não pode estar submetido a questões fáticas de forma definitiva. Soa como uma inversão de valores completa o abrandamento das exigências qualitativas do serviço judicial tão somente porque este está asfixiado. Não se quer ser mais real que o rei ou viver (apenas) no mundo do dever-ser, é claro, mas em certas matérias o refino é inegociável: e o poder de convencimento esperado de um acórdão fixador de tese é, seguramente, uma delas.

É bastante questionável, a propósito, que o emagrecimento da fundamentação, em casos tais, se revele, de fato, vantajoso do ponto de vista da carga de trabalho. Uma tese construída brevemente, passando superficialmente pelos argumentos colecionados, é capaz de ser desconstruída de igual maneira.

Uma visão de médio prazo basta para perceber que se está diante de um autêntico "tiro no pé": a questão jurídica, precocemente devolvida aos julgadores dos casos concretos, surtirá efeito bumerangue, voltando rapidamente sob a roupagem de um *distinguishing* ou um *overrulling* evitável desde o primeiro momento. É a ideia do lema "julgar bem, desde a primeira vez, para que se evitem rejulgamentos de casos idênticos em face da omissão na análise de argumentos"[114].

Por essas razões, perfunctoriamente perceptíveis, é de se entender que a modificação textual nada mudou: "fundamentos relevantes", em julgamento de questão comum, são todos os trazidos e mais os ventilados pelo órgão julgador ou pelos participantes em geral. Só assim haverá grau de perfeição proporcional ao da eficácia do *decisum*.

O segundo problema se refere à constitucionalidade do comando: o art. 93, IX, da Carta Constitucional, delineando o princípio da motivação das decisões judiciais, está mais bem consubstanciado na redação originária do Código de Processo Civil que na vigente. Reitere-se: o dever de fundamentar, enxergado sob a ótica do devido processo legal substancial (viés da proporcionalidade), cresce na exata medida em que o faz a relevância da decisão.

Por isso, existir um idêntico tratamento para os casos em geral (art. 489, § 1º, IV) e para julgados qualificados, com reflexos imediatos e futuros sobre milhares de processos subjetivos, em todo o território nacional, é claramente desproporcional e nada razoável.

Afinal, o que se convencionou chamar de "por amostragem" foi o julgamento, e não a escolha dos fundamentos. Caso contrário, levando-se a sério o abrandamento verificado, o vilipêndio das garantias constitucionais se verificará em todos os feitos em que se aplicar a tese (mal) fixada, engessando os litigantes sem a contraprestação de sua definição por meio de um procedimento qualificado e plural, não apenas do ponto de vista dos sujeitos intervenientes (pluralidade subjetiva), mas, sobretudo, da argumentação (pluralidade objetiva).

Com efeito, o art. 1.038, § 3º, merece ser lido à luz do art. 489, § 1º, que estatui a necessidade de enfrentamento de todos os fundamentos capazes de infirmar a tese adotada pelo juízo como razão de decidir[115]. Só assim resta satisfeito o dever de consideração imposto ao órgão julgador.

O outro aspecto do controle endoprocessual pela motivação, específico da tutela incidental, diz respeito à necessária possibilidade de diferenciar a relação jurídica processual subjetiva do padrão decisório paradigmático a ser julgado pelos instrumentos em estudo. É o que a doutrina norte-americana batizou de *distinguishing*, por nós chamado de distinção.

O instrumento fora positivado pelo legislador, que falou em distinção em diversas passagens do Código, dentre as quais se pode destacar, pela relevância geral, o art. 489, § 1º, VI, que comina de nulidade a decisão que "deixar de seguir enunciado de súmula, jurisprudência ou precedente invocado pela parte, sem demonstrar a existência de distinção no caso em julgamento".

---

[114] NUNES, 2015.
[115] RODRIGUES, 2017a, p. 275.

Evidentemente, na tutela coletiva pela via principal (ações coletivas), a importância da motivação é robustecida, na medida em que será a decisão judicial a definir a coletividade envolvida no litígio, parte material da demanda e que, por isso, será atingida pela coisa julgada, evitando, inclusive, ulteriores discussões na fase de execução do título formado.

3.11. Competência adequada

Parte da doutrina sustenta a existência de princípio específico voltado à fixação da competência, notadamente a territorial, nas ações coletivas[116].

Na verdade, o seguimento literal das normas do microssistema pode gerar a concretização da competência em foro distante do dano ou da prova a ser produzida. Em razão disso, advoga-se uma visão finalística dos dispositivos, especialmente o art. 93, II, do Código de Defesa do Consumidor, para atrair o processo para local que aumente a efetividade e a racionalidade da prestação jurisdicional.

A real preocupação decorre da existência de foros concorrentes, a permitir um autêntico *forum shopping*, à escolha do autor. Defendem, assim, tais autores que prevaleça o *forum non conveniens*, cabendo ao juiz verificar se a produção da prova, a defesa do réu, a publicidade e a notificação dos envolvidos ficam facilitadas ou não se o julgamento ocorrer no foro de sua competência[117].

Até o momento, a jurisprudência se revela tímida, seguindo, no geral, a literalidade dos comandos legais. Essa questão será mais bem explorada em capítulo próprio, adiante.

3.12. Aplicação integrada das normas

Aponta-se, a título de princípio[118] ou de postulado hermenêutico[119] da tutela coletiva, a aplicação integrada de diversos diplomas, o diálogo das fontes inerente aos microssistemas.

Todo o estudo do direito processual coletivo, de fato, passa pela interpretação conjunta – supletiva e subsidiária – dos dispositivos que ordenam o processo coletivo pela via principal e pela via incidental.

---

[116] DIDIER JR.; ZANETI JR., 2016b, p. 101; NEVES, 2016b, p. 143.
[117] DIDIER JR.; ZANETI JR., 2016b, p. 103.
[118] ANDRADE; MASSON; ANDRADE, 2017, p. 47.
[119] DIDIER JR.; ZANETI JR., 2016b, p. 109.

Capítulo 4
MICROSSISTEMA DE TUTELA COLETIVA PELA VIA PRINCIPAL

O primeiro instrumento trazido pelo ordenamento como medida para acesso à justiça é a tutela judicial pela via da ação. Nessa técnica, o objeto do processo são direitos coletivos (difusos ou coletivos em sentido estrito) ou coletivizados (direitos individuais homogêneos). A proteção desses direitos também pode se dar por meio de ferramentas extrajudiciais, nas quais a consensualidade é crucial.

1. NORMAS DE REGÊNCIA

Ao longo da evolução da disciplina do direito processual coletivo brasileiro, essencialmente moderna como visto, as normas de regência foram surgindo pontualmente. É dizer: não existe um código de processo coletivo em nosso País.

Isso não se dá em razão da falta de esforço doutrinário: vários são os projetos propostos, com soluções adotadas, por vezes, pelo próprio Judiciário, *de lege ferenda*. De todo modo, no estudo da matéria, sob a ótica do direito positivo, é fundamental conhecer os diplomas principais de regência.

Não obstante a inexistência de uma única lei com todos os regramentos, há consenso na doutrina acerca da existência de um microssistema de tutela coletiva, microssistema coletivo, minissistema coletivo[1], sistema único coletivo[2] ou sistema integrado de tutela coletiva.

A noção de microssistema, que não é exclusiva da tutela coletiva, consiste, basicamente, em um conjunto de normas que, pela semelhança de suas finalidades, se intercomunicam, demandando interpretação coerente e aplicabilidade recíproca, respeitadas, excepcionalmente, as peculiaridades de cada diploma específico.

A real utilidade teórica e prática dessa concepção é suprir as lacunas eventualmente existentes, sejam elas normativas (falta comando legal a respeito na lei específica, mas há outro no microssistema), axiológica (existe comando legal a respeito, mas sua aplicação restaria injusta ou dissonante da finalidade do microssistema) ou ontológica (existe comando legal a respeito, porém antigo, incompatível, supervenientemente, com os valores sociais, culturais, políticos ou econômicos).

No caso da tutela coletiva, tem-se, em geral, a identificação de um núcleo duro (diplomas legais aplicáveis a todas as espécies de ações) e de outras normas, aplicáveis complementarmente.

1.1. Núcleo duro

O núcleo duro ou central do microssistema se limita a duas normas: a Lei da Ação Civil Pública e o Código de Defesa do Consumidor, em seu Título III.

Com efeito, a junção desses dois regramentos permite, praticamente, esgotar as peculiaridades do microssistema, em relação ao processo civil individual. Temas centrais como legitimidade, competência e coisa julgada, grandes especificidades da tutela coletiva, estão tratados em tais leis.

---

[1] GRINOVER, 2019, p. 846.
[2] GOMES JUNIOR; FAVRETO, 2011.

Por isso, a doutrina chega a mencionar um princípio da integração entre as duas normas[3].

A importância é tamanha que parte da doutrina chega a chamar o Título III do Código de Defesa do Consumidor de Código Brasileiro de Processos Coletivos[4] – o que, embora se afigure pretensioso, tendo em vista a existência de várias outras normas sobre o tema, sublinha a relevância das previsões ali contidas.

Questionamento interessante, em relação ao núcleo central, é se existe prioridade de aplicação entre essas duas leis. Conflitando a Lei da Ação Civil Pública e o Código de Defesa do Consumidor, o que deve prevalecer?

Para um primeiro entendimento[5], deve falar mais alto a Lei n. 7.347/85, que, em seu art. 21, remete ao Código de Defesa do Consumidor, "no que for cabível"[6].

Outros autores asseveram justamente o contrário, sobretudo quando o objeto da ação tiver relação com direitos dos consumidores, advogando a prevalência do diploma protetivo. Outro argumento favorável é o art. 90 da Lei n. 8.078/90[7], que remete à Lei da Ação Civil Pública "quando não contrariar suas disposições".

Independentemente da discussão, concordamos com a posição doutrinária que desmerece a controvérsia, já que existe inegável complementariedade entre os diplomas, em geral sem choque em suas previsões. A propósito, os artigos mencionados (art. 21 da LACP e art. 90 do CDC) esclarecem não qualquer prevalência entre as normas, e sim sua intercomunicação. A chave de leitura deve ser sempre aquela que melhor potencializa a principiologia da tutela coletiva.

1.2. Normas subsidiárias

Para além das duas principais leis do microssistema, existem outras que o compõem. Podemos dividi-las em dois grupos.

1.2.1. Código de Processo Civil

O primeiro é o Código de Processo Civil, fonte subsidiária de todos os sistemas processuais especiais, no dizer de Luiz Fux. Tal norma processual geral teve sua importância enciclopédica realçada, com a inauguração do neoprocessualismo (teoria constitucional do processo) consagrado no CPC/2015.

Essa afirmação fica particularmente clara no art. 15, que expressamente consigna a aplicação subsidiária e supletiva do diploma a outros ramos jurídicos, notadamente o processo do trabalho, o eleitoral e o administrativo. A doutrina estende a inteligência do comando, de forma a abranger também o processo criminal[8].

Cabe, nesse ponto, um breve parêntese acerca do que o legislador quis dizer com a referida aplicação subsidiária e supletiva. Um primeiro grupo de autores, no qual se encontra Teresa Arruda Alvim, compreende que a subsidiariedade se dê independentemente de omissão, como uma maneira de enriquecer a leitura dos dispositivos, extraindo "um sentido diferente, iluminado pelos princípios

---

[3] ANDRADE; MASSON; ANDRADE, 2017, p. 47.
[4] DIDIER JR.; ZANETI JR., 2016b.
[5] DIDIER JR.; ZANETI JR., 2016b; CARVALHO FILHO, 2009.
[6] "Art. 21. Aplicam-se à defesa dos direitos e interesses difusos, coletivos e individuais, no que for cabível, os dispositivos do Título III da lei que instituiu o Código de Defesa do Consumidor."
[7] "Art. 90. Aplicam-se às ações previstas neste título as normas do Código de Processo Civil e da Lei n. 7.347, de 24 de julho de 1985, inclusive no que respeita ao inquérito civil, naquilo que não contrariar suas disposições."
[8] É o que traduz o enunciado 3 da I Jornada do Direito Processual Civil do CJF, de autoria de Anderson de Paiva Gabriel.

fundamentais do processo civil"[9], enquanto a supletividade estaria relacionada à ausência de norma no regramento específico. Na mesma linha, as lições de Paulo Cezar Pinheiro Carneiro[10].

Outra leitura é a de Bruno Freire, que, revisando a interpretação autêntica do Código, acena no sentido oposto: "na supletividade, pois, não há omissão da lei especial, mas um tratamento insuficiente que, consequentemente, autoriza a complementação com os institutos do direito processual comum"[11]. Concordam todos os autores, no entanto, em reconhecer que, diferente do que tradicionalmente ocorria na hermenêutica processualista, a novel disposição geral permeia todo o ordenamento, sobretudo no tocante à principiologia.

Tal lógica, expressamente prevista para o diálogo entre ramos da ciência processual, deve se replicar para a relação entre norma geral (CPC) e normas específicas (legislação extravagante), entre sistema e microssistemas, e, ainda, intramicrossistema.

Diante disso, parece-nos que o Código de Processo Civil se aplique não apenas quando não houver norma específica no microssistema, como opina parcela da doutrina[12], mas também supletivamente, isto é, quando a melhor solução interpretativa seja a complementação (aí incluída a evolução do dispositivo específico do microssistema) à luz do Código Fux, homenageando a maior efetividade da tutela transindividual.

Sob o ponto de vista do microssistema positivado, o art. 90 do Código de Defesa do Consumidor[13] igualmente remete ao Código de Processo Civil, quando este não contrariar aquele, em evidente demonstração da interlocução normativa sustentada.

1.2.1.1. Código de Processo Civil de 2015 e processo coletivo

O tratamento das ações coletivas não foi objeto de reforma direta e significativa pelo Código de Processo Civil de 2015[14], que se mostra, primordialmente, como um código de processo individual[15]. O atual diploma, contudo, tangenciava, no texto aprovado pelo Legislativo, o minissistema[16] coletivo em dois pontos: no ofício aos legitimados (art. 139, X) e na conversão da ação individual em coletiva (art. 333), interessante instituto que merece atenção.

1.2.1.2. Conversão da ação individual em ação coletiva (art. 333)

O outro instrumento, esse, sim, inédito e de grande impacto prático, era a conversão da ação individual em coletiva, uma vez satisfeitos os requisitos legais. A funcionalidade da técnica, prevista no art. 333 da redação final do Código de Processo Civil, era voltada para hipóteses limítrofes entre a tutela individual e a de direitos transindividuais (havia restrição para os direitos individuais homogêneos) – como nas ações individuais com efeitos coletivos ou nas pseudoindividuais[17]. O dispositivo, porém, restou vetado pela Presidência da República.

---

[9] WAMBIER; CONCEIÇÃO; RIBEIRO; MELLO, 2015, p. 75.
[10] CARNEIRO, 2015b.
[11] SILVA, 2016a, p. 94.
[12] NEVES, 2016b, p. 45; GOMES JUNIOR; FAVRETO, 2011, p. 531.
[13] "Art. 90. Aplicam-se às ações previstas neste título as normas do Código de Processo Civil e da Lei n. 7.347, de 24 de julho de 1985, inclusive no que respeita ao inquérito civil, naquilo que não contrariar suas disposições."
[14] GRINOVER, 2014, p. 1.431.
[15] TEIXEIRA, 2015, p. 217.
[16] GRINOVER, 2019, p. 846.
[17] GRINOVER, 2014, p. 1.434.

1.2.1.2.1. Requisitos

O afastado art. 333 estabelecia dois requisitos em seu *caput*. A primeira exigência era a da relevância social, uma antiga conhecida.

Tratava-se, pois, de mais um conceito jurídico indeterminado eleito pelo Código de 2015, cujo delineio não seria inédito. Afinal, como se sabe, a jurisprudência superior consolidou, após alguma celeuma, que, para o Ministério Público ajuizar ação coletiva para tutelar direito individual homogêneo disponível, haveria a necessidade de restar comprovada a relevância social da matéria, a ser avaliada de acordo com a natureza do objeto ou da repercussão da decisão, quantitativa ou qualitativa[18]. Seria a mesma *ratio* para a questão em tela, não gerando complexidades inéditas.

Por outro lado, o segundo pressuposto dizia respeito à dificuldade de formação do litisconsórcio. A motivação parece ter sido eminentemente prática, buscando a lei que um empecilho factual não impedisse a obtenção do bem da vida mediatamente desejado. A previsão é símile à das *class actions*, em que a impraticável incorporação de todos os membros da numerosa classe à relação jurídico processual justifica que um dos membros a represente[19]. Não falta, contudo, quem critique a importação, entendendo presumível o obstáculo, haja vista a pluralidade de interessados, por se tratar de direitos metaindividuais[20].

1.2.1.2.2. Cabimento

O dispositivo conjugava às condições *supra*, para a possibilidade da conversão, a incidência em uma das duas hipóteses de cabimento previstas nos seus incisos.

O primeiro caso dizia respeito ao alcance coletivo do pedido, que trataria de bem jurídico difuso ou coletivo *stricto sensu*, na forma do art. 81, I e II, do Código de Defesa do Consumidor. Em uma primeira leitura, cabe questionar, aqui, como seria possível a tutela desses interesses em ação individual. É o caso das ações individuais com alcance coletivo, em que o sujeito pode acessar a justiça isoladamente, mas o efeito da tutela jurisdicional atingirá a comunidade.

A interpretação, capaz de justificar a redação desse primeiro inciso, passaria por entender que o direito buscado na ação singular não seria propriamente difuso ou coletivo, porque os direitos difusos ou coletivos têm essencialmente, e sobretudo de acordo com o conceito do diploma consumerista que o próprio legislador adotou no art. 333, titularidade supraindividual. *De lege ferenda*, o dispositivo vetado queria ampliar a efetividade da tutela, que, embora buscada por indivíduo, poderia beneficiar outros.

Pensemos, por exemplo, no cadeirante que demanda o Estado para que construa uma rampa de acesso na universidade pública, garantindo seu direito de acessibilidade. Não resta dúvida de que é titular desse direito, considerado de maneira isolada, como também não se pode questionar a faceta difusa do mesmo interesse. A conversão, *in casu*, garantiria amplitude maior à solução da lide, beneficiando sujeitos exoprocessuais.

O segundo cenário autorizador é bastante interessante. Exigia-se que o pedido da primeira ação objetivasse solucionar conflito relativo a uma mesma relação jurídica plurilateral que merecesse solução uniforme, seja por força da lei ou por força da natureza do bem jurídico.

---

[18] É nessa linha que a Súmula 470 do STJ negava legitimidade ao *Parquet* para pleitear indenização decorrente do DPVAT em sede coletiva, sendo posteriormente cancelada ante a superação do entendimento em sede de repercussão geral (RE 631.111/GO, Rel. Min. Teori Zavascki, j. 6 e 7-8-2014 – Repercussão Geral).

[19] A *Federal Rule of Civil Procedure* é clara: "Rule 23. Class Actions (a) Prerequisites. One or more members of a class may sue or be sued as representative parties on behalf of all members only if: (1) the class is so numerous that joinder of all members is impracticable".

[20] COSTA, 2015, p. 421-438.

Num primeiro olhar, é possível recordar o conceito de litisconsórcio unitário, o qual perpassa justamente por uma exigência legal ou real de idêntica resposta jurisdicional a todos os sujeitos – conceito, aliás, que o atual Código de Processo Civil corrigiu (art. 116), desfazendo a confusão que o finado art. 47 do Código de Processo Civil de 1973 fazia com o litisconsórcio necessário. Indo adiante, todavia, há que se perceber o *plus* desenhado ao cabo do inciso II, que termina falando em assegurar tratamento isonômico para todos os membros do grupo.

Na verdade, uma correta compreensão das hipóteses de cabimento acima perpassa, necessariamente, por verificar que entre as categorias "direito individual" e "direito coletivo" existem outras, intermediárias, cuja classificação nem sempre se dá *prima facie*. É nesse intervalo que estão as ações individuais com efeitos coletivos e as ações pseudoindividuais.

As ações individuais com efeitos coletivos são aquelas em que, embora a eficácia do *decisum* seja, tecnicamente, *inter partes*, no plano fático ela transborda esse limite. É o caso do cadeirante, que buscamos posicionar no inciso I, bem como o de um morador de uma rua, cujo acesso foi fechado por uma guarita colocada por um vizinho, porque a retirada do obstáculo beneficiará todos os demais habitantes.

Por outro lado, os interesses pseudoindividuais dizem respeito a casos nos quais o autor aparentemente tem direito individual, mas o critério da isonomia leva à necessidade do tratamento coletivo, justamente o que buscou o inciso II. Como exemplo, o caso de um sujeito que busca, de maneira isolada, o reconhecimento de nulidade de determinada tarifa telefônica, que, seguramente, também deveria ser írrita para os demais consumidores.

Ante essa visão mais ampla dos direitos tratáveis em âmbito coletivo, o veto torna-se ainda mais lamentável, porque afastou um instrumento inédito que apenas aperfeiçoava o sistema único coletivo.

1.2.1.2.3. Legitimidade

Deve-se ter em mente que o instituto da conversão não é uma invenção do legislador pátrio, mas uma importação do direito norte-americano, em que uma demanda singular pode ser certificada, pelo magistrado, como ação coletiva.

Tal proceder, se alhures dá-se *ex officio*, aqui, na forma prevista no art. 333, somente autorizaria o magistrado a converter em coletiva a ação individual. A certificação, a rigor, não passou pela alfândega: no sistema pátrio, seria necessário o requerimento do Ministério Público ou da Defensoria Pública (eventualmente, de outro legitimado, segundo o § 1º)[21]. Mais uma vez, o legislador coloca as duas instituições lado a lado, sem quaisquer condicionantes, reconhecendo a importância de ambas na experiência da tutela coletiva.

Interessante notar que o dispositivo, embora não tenha desenhado qualquer ordem preferencial, garante proeminência à Defensoria e ao Ministério Público, que aparecem destacados dos "demais legitimados". Trata-se da chamada legitimidade primária daquelas instituições, em contrapartida com a legitimidade secundária destes.

Apenas pecou a lei quanto ao § 10, que condiciona a conversão à oitiva prévia do Ministério Público, quando não for o requerente. Caberia colocar aí também a Defensoria, permitindo uma revisão do entendimento ministerial e uma mais perfeita decisão do juízo.

---

[21] Existe posição que interpreta o verbo "poderá" como "deverá", em homenagem à segurança jurídica e à isonomia (SOUZA, 2014, p. 205).

1.2.1.2.4. Razões de veto

1.2.1.2.4.1. Posição favorável

Um primeiro grupo de autores[22] considerou acertada a opção pelo veto do instituto.

Iniciam-se os argumentos pela preocupação com o interesse das partes (da ação originária), que poderia ser contrariado com a conversão. Nesse ponto, José Rogério Cruz e Tucci sustentou[23] a correção do veto, porque a conversão ofenderia o acesso à justiça do autor individual, afastando o *nemo iudex sine actore*, cabendo a celeridade servir às partes e não ao Estado. Argumentou, ainda, que o julgamento piloto, experiência similar ao art. 333 no âmbito da Corte Europeia dos Direitos do Homem, acaba por prejudicar os interesses do demandante originário, em prol de decisões genéricas.

Algumas indefinições também contribuem para o afastamento da conversão. Em vez de resolver um problema, vários outros poderiam ser criados, complicando-se, desnecessariamente, o processo.

E mais, se já há a possibilidade de ajuizamento de demandas coletivas, em regime de legitimidade autônoma e disjuntiva, por todas as entidades elencadas no art. 5º da Lei n. 7.347/85 e no art. 82 do Código de Defesa do Consumidor, por que motivo criar um instituto que vai trazer celeuma a uma ação individual em tramitação?

E por que, dentre outros problemas, atentar contra o princípio constitucional do acesso à justiça, consubstanciado no art. 5º, XXXV, da Carta de 1988, na medida em que um jurisdicionado será impedido de prosseguir com sua demanda, da forma como concebeu, sendo forçado a vê-la convertida a uma demanda coletiva?

E, como se isso não bastasse, quem iria compensar o autor original pelas despesas já desembolsadas, incluindo custas e honorários pagos a seu advogado, na hipótese de ele não querer prosseguir na "nova demanda" na condição de litisconsorte? Ele ficará isento do pagamento de custas se resolver desistir dessa ação, ou se simplesmente abandoná-la e intentar nova demanda?

Para essa linha, melhor seria continuar a trabalhar por uma Lei Geral de Tutela Coletiva que se adequasse às novas ferramentas trazidas pelo Código de Processo Civil projetado.

1.2.1.2.4.2. Posição contrária

Não obstante o instrumento tenha representado real avanço no processo coletivo brasileiro, sendo corretamente construído pelo legislador, acabou por representar o mais duro veto à Lei n. 13.105/2015. E as razões do veto são o melhor argumento contra ele próprio, para um segundo grupo de autores[24].

Em primeiro lugar, diz-se que, "da forma como foi redigido, o dispositivo poderia levar à conversão (...) de maneira pouco criteriosa". Uma simples frase que ofende três instituições fundamentais à democracia: o legislador, que não andou mal (na verdade, anteviu vários problemas e foi minucioso no tratamento, traçando o papel do autor originário, por exemplo); os legitimados, notadamente a Defensoria Pública e o Ministério Público (que, muito pelo contrário, são bastante criteriosos ao ajuizar ação coletiva, em regra); e o Judiciário, a quem caberia, em última análise, frear demandas temerárias, e não ao Executivo, em um juízo abstrato prévio.

Especificamente quanto ao clamoroso engano do veto em relação à Defensoria Pública, é perfeita a observação de Franklyn Roger e Diogo Esteves:

---

[22] PINHO, 2014.
[23] TUCCI, 2015.
[24] MELLO PORTO, 2016b.

(...) um dos grandes facilitadores na utilização deste instrumento processual advém do fato de que a Defensoria Pública dispõe de um verdadeiro termômetro de litigância, proveniente de sua atuação individual em favor dos hipossuficientes, permitindo que se identifique, mediante o sucessivo ajuizamento de ações individuais, a possibilidade do trato da questão de modo coletivo[25].

É possível discordar, portanto, da primeira corrente doutrinária, crítica do instituto da conversão. Inicialmente, porque o instrumento contava com previsões aptas a resguardar os interesses do autor originário, afastando sua responsabilidade pelo pagamento de quaisquer despesas processuais e garantindo-lhe o papel de litisconsorte unitário do legitimado para condução do processo coletivo (§§ 6º e 7º), para além de poder agravar por instrumento da decisão de conversão (art. 1.015, XII, igualmente vetado).

Depois, porque a perspectiva individualista do processo civil deve dar vez a um coletivismo, sempre respeitando as garantias processuais, por óbvio. Estas, porém, acabam mitigadas em certas situações, sem que, com isso, se incorra em qualquer absurdo inconstitucional.

Em outras palavras, chegou a hora de prestigiar mais as florestas que as árvores, o que não quer dizer que se defenda o desmatamento[26]. Priorizar a efetividade a um egoístico acesso à justiça (sob a perspectiva de *continuar* no processo, e não a basilar garantia de *inaugurar* a relação processual) não me soa tão negativo, até porque há que se questionar: não seria essa a ampliação do rol de legitimados à ação coletiva, com uma legitimidade indireta do autor individual (leia-se: segunda onda do acesso à justiça)?

Como argumento de reforço, previu o § 2º a vedação à conversão no caso de direitos individuais homogêneos, o que, do ponto de vista pragmático, revela-se bastante prudente.

Terceiro aspecto do veto condenável é o fato de o Código supostamente já conter mecanismos para tratar de demandas repetitivas. Quanto a isso, não se discute, porém as técnicas, como já visto, não se confundem. Antes, deveriam somar e conviver.

1.2.2. Leis específicas

O segundo grupo de normas a integrar o microssistema, mas não o núcleo duro, são as legislações específicas de certas matérias que contenham dispositivos relativos ao seu tratamento processual coletivo.

De fato, diversas leis temáticas possuem regras acerca da tutela coletiva daquela matéria – em geral, no mesmo sentido do núcleo central do microssistema. Pontualmente, no entanto, existe disparidade normativa, teoricamente justificada por alguma peculiaridade do bem jurídico tratado.

Hipótese destacada dentro das leis específicas mencionadas é a Lei da Ação Popular, que orbita em torno do núcleo duro, sem deixar de se tratar de normativa atinente a particular via processual. Tal diploma traz vários comandos específicos que acabam por ganhar ares gerais no microssistema, pela via jurisprudencial.

2. CONFLITO ENTRE NORMAS DO MICROSSISTEMA

Questão relevante diz respeito à potencial antinomia entre a disposição do núcleo duro e a da norma subsidiária. Uma primeira corrente[27] sustenta que a prioridade, nesse caso, deve ser a

---

[25] SILVA; ESTEVES, 2015, p. 313-344.
[26] Essa lógica vem orientando o Superior Tribunal de Justiça que, além de suspender ações individuais em curso quando do ajuizamento de uma ação coletiva, decidiu pela indisponibilidade do recurso paradigma no julgamento dos recursos repetitivos, a exemplo do que fez a Suprema Corte nos recursos com repercussão geral, o que culminou com o advento do novel art. 998, parágrafo único.
[27] DIDIER JR.; ZANETI JR., 2016b.

aplicação da regra prevista no núcleo duro, permitindo tratamento mais uniforme de todas as ações coletivas.

Por sua vez, outros autores[28] preferem prestigiar a lei específica da matéria jurídica, já que o conflito sugere, justamente, o desejo do legislador em excepcionar o regramento geral do microssistema. A posição afigura-se mais razoável, valorizando o princípio da especialidade, o qual, no caso concreto, merece, correntemente, imperar.

Na realidade, quase a totalidade das leis específicas que tratam da tutela coletiva, como tema central ou como instrumento de proteção dos direitos materiais por elas resguardados, remete à Lei n. 7.347/85 e à Lei n. 8.078/90, ressalvando suas aplicações subsidiárias. É o que ocorre na Lei n. 7.913/89[29] e no Estatuto da Criança e do Adolescente, por exemplo[30], de sorte que exige uma vontade legislativa clara a respeito da relação entre o núcleo duro e a normativa temática.

Dizemos que essa será a saída habitual porque não se pode deixar de concordar, também, com a ponderação de uma terceira corrente[31], que prefere a aplicação da lei mais benéfica para a tutela coletiva. É dizer: mais uma vez, a efetividade do tratamento do conflito plural é a buçala hermenêutica, em especial quando a legislação específica destoar do núcleo duro sem razoabilidade, vetor destacado do devido processo legal substancial.

O perigo em se admitir o emprego dessa terceira posição, indiscriminadamente, consiste na assunção do risco de geração de insegurança jurídica. O Superior Tribunal de Justiça, por exemplo, ainda não se posicionou de forma clara em relação à aplicação da Lei da Ação Popular para outras espécies de ações coletivas, por vezes tratando-a com a relevância de norma integrante do núcleo duro (veja-se o instituto da remessa necessária e o prazo prescricional), garantindo-lhe traços de especialidade normativa.

---

[28] ALMEIDA, 2003.

[29] "Art. 3º À ação de que trata esta Lei aplica-se, no que couber, o disposto na Lei n. 7.347, de 24 de julho de 1985."

[30] "Art. 224. Aplicam-se subsidiariamente, no que couber, as disposições da Lei n. 7.347, de 24 de julho de 1985."

[31] NEVES, 2016b; GAJARDONI, 2012.

Capítulo 5
OBJETO

A tutela coletiva pela via principal possui como objetos determinados bens jurídicos, que se desdobram em conflitos coletivos. Existem, portanto, modernamente, duas maneiras de analisar o objeto do processo coletivo:

a) quanto aos bens jurídicos materiais envolvidos (classificação clássica ou legal);
b) quanto aos conflitos coletivos a serem solucionados (classificação moderna).

1. CLASSIFICAÇÃO CLÁSSICA OU LEGAL: BENS JURÍDICOS TUTELÁVEIS

Embora anteriormente já fossem tratados, nem sempre de forma clara[1], doutrinaria e jurisprudencialmente, apenas com o Código de Defesa do Consumidor passou a existir, no ordenamento brasileiro, uma conceituação legal dos bens que autorizam a tutela pelo processo coletivo.

O art. 81, parágrafo único[2], do Diploma elenca três modalidades de direitos que podem ser protegidos pela jurisdição coletiva, espécies do gênero direitos coletivos em sentido amplo:

a) direitos difusos;
b) direitos coletivos em sentido estrito;
c) direitos individuais homogêneos.

1.1. Direitos ou interesses

Antes, porém, de adentrar a classificação e definição de cada um deles, é interessante abordar questão teórica bastante controvertida, atinente à nomenclatura. Discute-se se tais bens jurídicos representam direitos ou interesses.

Pode-se conceituar interesse como o vínculo subjetivo que liga determinado sujeito a um bem ou valor que deseja[3], em geral para satisfazer uma necessidade[4] (aspecto relacional[5]). Etimologicamente, o termo significa "estar entre ou no meio (*quod inter est*)"[6].

Por sua vez, o direito subjetivo diz respeito à possibilidade, dada pelo ordenamento, que um sujeito tem de exigir algo como próprio[7].

---

[1] BARBOSA MOREIRA, 1993.
[2] "Art. 81. (...) Parágrafo único. A defesa coletiva será exercida quando se tratar de: I – interesses ou direitos difusos, assim entendidos, para efeitos deste código, os transindividuais, de natureza indivisível, de que sejam titulares pessoas indeterminadas e ligadas por circunstâncias de fato; II – interesses ou direitos coletivos, assim entendidos, para efeitos deste código, os transindividuais, de natureza indivisível de que seja titular grupo, categoria ou classe de pessoas ligadas entre si ou com a parte contrária por uma relação jurídica base; III – interesses ou direitos individuais homogêneos, assim entendidos os decorrentes de origem comum."
[3] LEONEL, 2011, p. 82.
[4] ANDRADE; MASSON; ANDRADE, 2017, p. 14.
[5] CARNELUTTI, 1986.
[6] MENDES, 2014.
[7] REALE, 2002, p. 260.

Nem todo interesse, portanto, representa um direito[8]. Nos interesses simples ou de fato, a relevância do bem fica adstrita aos limites psicológicos do sujeito, não despertando proteção alguma. Ficam no plano primário da existência-utilidade, sem alcançar o plano definido pelo legislador[9].

Uma corrente doutrinária[10], diante dessas linhas, entende que os objetos da tutela coletiva não se enquadram na conceituação de direito subjetivo, porque transbordam o elemento da subjetividade, pertencendo a uma coletividade (especialmente, os difusos e os coletivos), estando em posição intermediária entre o interesse privado e o interesse público. Quando os limites não forem perfeitamente individualizáveis, não se poderia falar em direitos subjetivos.

Em determinados países, a proteção de interesses ou de direitos se dá por órgãos estatais diversos, como na Itália, em que aqueles se resolvem pelo contencioso administrativo, quando opostos em face da Administração Pública, e estes, pelo contencioso civil, na justiça ordinária[11].

Apesar dessa diferenciação teórica, parcela da doutrina considera que a categoria dos interesses abarca a dos direitos subjetivos. Assim, existe o interesse material, como utilidade de determinado bem que pode satisfazer um anseio, na qual estariam inseridos os direitos subjetivos e os interesses jurídicos protegidos.

Além disso, a concepção de direito subjetivo incompatível com a tutela coletiva é herança do individualismo liberal, ultrapassado, não havendo interesse legítimo (jurídico) que não possa ser tratado e alcançar os mesmos efeitos que um direito.

Em outras palavras, seria irrelevante a diferença, na prática, razão pela qual vários autores usam indistintamente os termos "direitos"[12] e "interesses"[13] como sinônimos[14], uma vez que ambos são tuteláveis. É bastante razoável o entendimento, que, de resto, prestigia a efetividade da jurisdição e sua instrumentalidade[15]. Existem decisões do Supremo Tribunal Federal justamente nessa linha[16].

Por fim, é correto afirmar que o constituinte e o legislador seguiram normalmente essa lógica, mencionando, conjunta e indistintamente, os direitos e interesses, o que autoriza tanto a conclusão de que são institutos sinônimos como a de que, embora os distinga, compreende ambos inseridos na tutela coletiva. Também a jurisprudência do STJ costuma utilizar os termos livremente[17].

1.1.1. Interesses específicos

Dentro dessa temática, é válido trazer o conceito de certos interesses, usualmente abordados pela doutrina. Nesse particular, destacam-se alguns, cuja diferenciação nem sempre é clara.

---

[8] Há quem mencione a categoria dos interesses legítimos, que autorizam um amparo instrumental, mas não chegam a representar direitos subjetivos (PRADE, 1987, p. 24).

[9] LEONEL, 2011, p. 83.

[10] MAZZILLI, 2019, p. 52. O autor, porém, em outro momento anuncia que ambas as expressões são viáveis, significando interesse a pretensão e o direito a pretensão amparada pelo ordenamento (p. 57).

[11] LEONEL, 2011, p. 77; NEVES, 2016b, p. 152.

[12] Preferindo o termo direitos, por não enxergar utilidade na diferenciação e por sustentar que basta a ampliação do conceito de direitos para que se ultrapasse a concepção individualista: DIDIER JR.; ZANETI JR., 2016b, p. 63; GIDI, 1995, p. 17; CARVALHO FILHO, 2009, p. 28.

[13] Preferindo o termo interesses, embora reconheça a sinonímia: VIGLIAR, 1998, p. 59.

[14] LEONEL, 2011, p. 82; NEVES, 2016b, p. 152; LEAL, 2014; WATANABE, 2019, p. 882; ANDRADE; MASSON; ANDRADE, 2017, p. 15.

[15] BARBOSA MOREIRA, 1982.

[16] MS 21.291 AgR-QO, Tribunal Pleno, Rel. Min. Celso de Mello, j. 12-4-1991.

[17] REsp 1.302.596/SP, 2ª Seção, Rel. Min. Paulo de Tarso Sanseverino, Rel. p/ acórdão Min. Ricardo Villas Bôas Cueva, j. 9-12-2015.

1.1.1.1. Interesse material

Uma acepção bastante comum do termo interesse é sua compreensão no plano material, como a utilidade apresentada por um bem, que pode ou não ser reconhecida pelo ordenamento, para satisfazer uma necessidade, permitindo a realização do bem-estar[18].

1.1.1.2. Interesse processual

Sob a ótica processual, instrumental, o interesse (de agir) diz respeito à necessidade, à adequação e à utilidade que revestem a pretensão exercida em juízo por algum sujeito. Em outras palavras, o anseio de se obter um bem, no caso a tutela jurisdicional, depende da demonstração de tais requisitos[19].

1.1.1.3. Interesse privado

Em uma distinção basilar, interesse privado seria aquele marcado pelo regime jurídico de direito privado, ao contrário do interesse público, decorrente do direito público.

Um interesse privado, nessa linha, se caracteriza pela disponibilidade e pela equivalência com outros interesses privados, ante a igualdade das partes da relação jurídica e a autonomia da vontade vigente em tais vínculos[20].

1.1.1.4. Interesse social

Interesse social é termo equívoco, que pode traduzir tanto o interesse de toda a sociedade como o interesse de determinada pessoa jurídica. Apesar de aparentemente antagônicos, os significados podem coincidir, quando o lucro perseguido por uma sociedade empresária for perseguido por meio de atividade socialmente relevante.

Naturalmente, sob a ótica da tutela coletiva, interesse social deve ser entendido no primeiro sentido, especificamente como aquele desejo da maioria da sociedade civil[21] ou, mais modernamente, de determinada comunidade com traços sociais. É a ideia do bem comum.

O ordenamento menciona expressamente o interesse social, como na desapropriação por interesse social, quando a propriedade rural não desempenha função social (art. 186 da CF) e no delineio de funções institucionais do Ministério Público (art. 127 da CF).

1.1.1.5. Interesse geral

Em determinados ordenamentos, como o francês, já se contrapôs o interesse social de determinado grupo – interesse coletivo – com o interesse geral, de toda a coletividade.

Essa diferenciação entre o interesse social e o interesse geral, que faz deduzir a maior largueza do segundo, acaba por ser relativizada pela doutrina pátria, ante a similitude de acepções derivadas[22].

1.1.1.6. Interesse público

Para alguns autores, ao contrário das duas concepções anteriores, a noção de interesse público passa, marcadamente, pela de Estado. Outros autores o aproximam da própria ideia de interesse da coletividade, considerada em seu todo[23].

---

[18] LEONEL, 2011, p. 84.

[19] Especificamente sobre o interesse de agir na tutela coletiva, ver capítulo atinente às condições para o regular exercício do direito de ação.

[20] LEONEL, 2011, p. 85.

[21] MANCUSO, 2013, p. 34.

[22] MANCUSO, 2013, p. 36.

[23] MAZZILLI, 2019, p. 49.

Por um lado, é comum a apresentação da dicotomia interesse público primário, entendido como o bem geral, e interesse público secundário, modo como a Administração enxerga o bem geral[24]. Em outras palavras, menciona-se que aquele diria respeito ao bem comum e este, aos interesses da Administração enquanto pessoa jurídica, sem distinção em relação aos demais sujeitos jurídicos[25].

Além disso, fala-se em interesses públicos (no plural), que se contrapõem aos individuais, e interesse público (no singular), instrumento processual para a consecução daqueles[26].

De outra volta, levanta-se a diferença entre a concepção política do interesse público, arbitragem entre os diversos interesses particulares em âmbito quantitativo (prevalência do desejo da maioria) e qualitativo (certos bens prevaleceriam em relação a outros), e a acepção jurídica, que diz respeito à competência para tais escolhas. Nessa linha, o interesse público jamais se poderia confundir com uma soma de interesses particulares.

Por fim, uma nota conclusiva: toda essa diferenciação terminológica, especialmente quanto aos interesses social, geral e público, vem sendo mitigada, em sede doutrinária. Percebe-se que o delineio conceitual escrupuloso, além de duvidoso, não traz utilidade prática[27].

1.2. Critérios

Essa primeira forma de classificar o objeto, focada nos bens jurídicos protegidos, utiliza três critérios, que o legislador, de maneira mais ou menos direta, deixa entrever no art. 81, parágrafo único, do Código de Defesa do Consumidor:

a) critério subjetivo: transindividualidade do direito (transindividual ou individual) e determinabilidade dos titulares;
b) critério objetivo: divisibilidade do direito (indivisível ou divisível);
c) critério da origem (fator de agregação[28] ou organicidade[29])[30]: prévia existência de relação jurídica ou união em razão de situação de fato.

Embora tais elementos bastem para a caracterização, é muito válida a indicação doutrinária no sentido de que se torna mais fácil o discernimento acerca do bem tutelado no processo a partir da análise dos pedidos formulados[31].

Também é importante ter em mente que a mesma ação coletiva pode proteger direitos de diferentes espécies (ação de tutela híbrida[32] ou mista). Embora, no plano sociológico, o conflito diga respeito a vários tipos de direitos ou interesses, no plano jurídico importará o objeto do processo ("lide processualizada"[33]) levado a juízo pelo legitimado coletivo.

---

[24] MAZZILLI, 2019, p. 51.
[25] LEONEL, 2011, p. 85.
[26] MANCUSO, 2013, p. 37.
[27] MANCUSO, 2013, p. 41.
[28] ANDRADE; MASSON; ANDRADE, 2017, p. 20.
[29] LEONEL, 2011, p. 94.
[30] Inserindo como um elemento subjetivo: WATANABE, 2019, p. 883.
[31] LEONEL, 2011, p. 91-92; MENDES, 2014. Em sentido contrário, entendendo inviável que se obtenha o conceito a partir dos seus efeitos, sustentando que "é o tipo de direito que determina a espécie de tutela": BEDAQUE, 1995, p. 34.
[32] REsp 1.293.606/MG, 4ª Turma, Rel. Min. Luis Felipe Salomão, j. 2-9-2014.
[33] WATANABE, 2019, p. 893.

1.3. Direitos essencialmente coletivos (tutela de direitos coletivos)

O primeiro grupo de direitos tuteláveis em um processo coletivo é composto por direitos essencialmente coletivos, que são, por sua natureza, transindividuais e indivisíveis. São, assim, insuscetíveis de apropriação exclusiva[34], ostentando indivisibilidade material, sendo impossível seu fracionamento para gozo exclusivo e destacado de um ou alguns dos membros da coletividade.

Por essa razão, Barbosa Moreira[35] os reputou direitos essencialmente coletivos e Teori Zavascki[36] enxerga, no processo que os tenha como objeto, uma tutela de direitos coletivos. As já consagradas lições desses dois expoentes do direito processual são, ao mesmo tempo, didáticas e completas.

Estão contidos nesse conjunto os direitos difusos e os coletivos em sentido estrito, que compõem os denominados direitos transindividuais ou metaindividuais.

No tocante ao critério subjetivo, embora o diploma legal mencione que os direitos difusos e coletivos seriam titularizados, respectivamente, por sujeitos indeterminados e determináveis, pode-se estar diante de uma imprecisão conceitual.

Uma primeira compreensão doutrinária vai na linha de que, a rigor, o direito não pertence (portanto, não é titularizado) por certos sujeitos, ainda que não se os possa determinar. Diz-se que o titular desses direitos é toda a coletividade, nos difusos, ou uma coletividade consistente em um grupo, uma categoria ou uma classe, nos coletivos (posição coletivista[37]). Nenhum dos beneficiários da tutela o é por possuir o direito destacadamente, mas apenas enquanto membro de uma coletividade[38].

Outros autores[39], no entanto, mencionam que a titularidade seria dos membros que compõem a coletividade – a sociedade, o grupo, a categoria ou a classe (posição individualista).

Em uma terceira posição conceitual, aparentemente conciliadora das duas anteriores, estão doutrinadores que reputam que tais direitos são de todos e de ninguém, ao mesmo tempo[40], ou que não existe um titular individual, mas sim vários ao mesmo tempo[41].

Há, também, quem considere que os interesses difusos e coletivos em sentido estrito não são titularizados por qualquer pessoa, servindo o processo coletivo, em tais hipóteses, para a tutela do direito objetivo[42].

Por fim, uma última e moderna posição crítica sustenta que, em abstrato, fora do litígio, é inviável aferir a titularidade de tais direitos, sendo ultrapassadas as concepções anteriores, as quais, na realidade prática, se mostram falhas e insuficientes[43].

A definição que deveria ser basilar, como se vê, é muitíssimo controvertida. O fundamental, na realidade, é compreender que, embora os direitos difusos ou coletivos possam até ser considerados

---

[34] LEONEL, 2011, p. 91.

[35] A distinção entre direitos essencialmente coletivos e acidentalmente coletivos, de José Carlos Barbosa Moreira (1991, p. 187-189), será esmiuçada em capítulo próprio.

[36] ZAVASCKI, 2017b, p. 42.

[37] Terminologia ("posição coletivista" e "posição individualista") adotada por VITORELLI, 2016, p. 56-58.

[38] DIDIER JR.; ZANETI JR., 2016b, p. 79; NEVES, 2016b, p. 154; GIDI, 1995, p. 22; ZAVASCKI, 2017b, p. 43. Mencionando a titularidade da "coletividade como sujeito do direito, tratada como um ente despersonalizado": BARRETO, 2016, p. 293. Em sentido próximo, falando em "necessidades que são da coletividade como um todo": LEONEL, 2011, p. 91.

[39] PRADE, 1987; RODRIGUES, 2009a; ANDRADE; MASSON; ANDRADE, 2017, p. 23.

[40] OLIVEIRA JÚNIOR, 1984, p. 13; RODRIGUES, 2009a.

[41] ZAVASCKI, 2017b, p. 41. O autor, porém, em outro momento segue a primeira corrente (p. 43).

[42] TSHEINER, 2009.

[43] VITORELLI, 2016, p. 57-58.

titularizados por uma coletividade mais ou menos determinável, sempre serão interessados determinados sujeitos, individuais.

Esses, que por alguns são tidos como os reais titulares e por outros como meros membros da comunidade realmente titular, ocupam a central posição de beneficiários da tutela, indubitavelmente. O crucial, para diferenciar esse primeiro grupo do segundo (direitos individuais homogêneos), é enxergar que o processo e a tutela individual, quanto aos interesses essencialmente coletivos, não permitiriam o real e efetivo acesso à justiça.

Ambas as espécies de direitos essencialmente coletivos têm em comum a indivisibilidade, que impõe um tratamento unitário (unitariedade): será impossível que os danos neles gerados e a proteção jurisdicional advinda do processo que deles tratar atinjam apenas determinados membros da coletividade. Também é impossível que se realize uma divisão desses direitos, em partes ideais.

Nesse aspecto, é importante perceber que, embora, por vezes, se compreenda amplamente a noção de indivisibilidade, como sinônimo de decisão comum a todos, tal elemento não deve bastar, já que diz respeito a fenômeno que pode decorrer até mesmo de um litisconsórcio, que nada tem de coletivo[44].

A ideia do legislador é que a solução dada ao conflito seja molecularizada, global, como deixa clara a coisa julgada formada (sobretudo nos direitos difusos, em que se dá *erga omnes*), sendo incompatível com o espírito do microssistema a fragmentação dessa coletividade em parcelas (como os moradores de um ou outro município), o que implicaria, possivelmente, em contradições práticas incompatíveis com a natureza desses direitos ou interesses[45].

Por fim, um alerta: como se verá, e apesar da tentativa do legislador e da doutrina, nem sempre a diferenciação entre direitos difusos e coletivos é clara ou até mesmo possível, razão pela qual, inclusive pela similitude do seu tratamento processual, é recomendável a compreensão conjunta dessas duas espécies, como direitos transindividuais[46].

1.3.1. Direitos difusos

Diz-se, a partir do art. 81, parágrafo único, I, do Código de Defesa do Consumidor, que os direitos difusos são:

a) quanto ao critério subjetivo, transindividuais, pertencentes à coletividade formada por sujeitos indeterminados e indetermináveis;

b) quanto ao critério objetivo, indivisíveis;

c) quanto ao critério da origem, decorrem de situação de fato.

Tais direitos, assim, pertencem à coletividade como um todo, sendo esse agrupamento formado por sujeitos indeterminados (ou seja, é dispensada a especificação dos beneficiados pela tutela na inicial, pelo legitimado) e, ademais, indetermináveis, de sorte que, nem que muito se quisesse, seria possível apontar, com precisão, todos aqueles que compõem o grupo, sendo certo, por fim, que tais membros não possuem relação jurídica anterior, decorrendo o vínculo de um fato ocorrido.

Exemplo clássico é o direito ao meio ambiente saudável, em todas as suas acepções, protegido quando se pretende cessar a poluição gerada por uma fábrica, já que o ar prejudicado será partilhado por toda a coletividade.

---

[44] MENDES, 2014, p. 226-228.
[45] WATANABE, 2019, p. 885.
[46] ZAVASCKI, 2017b, p. 43.

Há que se notar, porém, que a indeterminabilidade dos sujeitos que formam o agrupamento pode ser relativa. É dizer: basta que a determinação dos componentes se revele extremamente difícil e trabalhosa para que esteja atendido o requisito⁴⁷, como no caso de se aferir os membros de uma pequena cidade, diante de problema ambiental local.

É precisamente o que ocorre em outro típico exemplo de ofensa a direito difuso: a publicidade enganosa. De fato, o comercial veiculado no intervalo da final de um campeonato atinge, a princípio, só os telespectadores. Contudo, os métodos para se aferir quantos assistiam, realmente, à transmissão não são totalmente precisos. Da mesma forma, a colocação de um produto com alto grau de nocividade à saúde ou à segurança no mercado de consumo é ofensiva a um número indeterminado de sujeitos⁴⁸.

Os direitos difusos são marcados, por essa sua amplitude coletiva, por intensa conflituosidade (litigiosidade) interna⁴⁹, assim entendida a divergência entre os membros da coletividade (entrechoque de massas de interesses). Comumente, sucede que o direito difuso, ao ser violado, contrapõe interesses díspares de subgrupos, o que torna, inegavelmente, mais complexa a solução do litígio⁵⁰.

Essa característica evidencia que os direitos difusos não são subespécie do interesse público, embora sua tutela não raras vezes com ele coincida. Pode haver choque entre o desejo de certos grupos e o de outros, como na construção de um aeroporto em determinada área da cidade ou de uma hidrelétrica em determinado rio, contrapondo as comunidades locais e ribeirinhas com os interesses turísticos e econômicos de outra parcela da população.

Por fim, quanto ao critério da origem, o vínculo entre os sujeitos que formam a coletividade decorre de uma situação de fato, inexistindo necessária relação jurídica anterior (entre eles ou com o causador do dano). Por isso, a pertinência subjetiva do direito difuso com o indivíduo beneficiado pela tutela decorre de sua condição momentânea (de consumidor, de cidadão, de investidor, de fruidor do meio ambiente)⁵¹. Essa situação fática homogênea⁵² enfrentada por todos os sujeitos beneficiários da tutela caracteriza o direito difuso.

Essa ligação fática contribui para compreender outras características dos direitos difusos, como sua transição ou mutação no tempo e no espaço, visto que surgem e desaparecem muitas vezes de situações repentinas e imprevisíveis, e a irreparabilidade da lesão, em termos substanciais, porque esses valores, com considerável grau de abstração, não permitem uma clara e matemática definição do valor devido a título de ressarcimento pecuniário⁵³.

Apesar disso, pode suceder, e quase sempre assim ocorre, que haja algum vínculo jurídico entre os sujeitos que compõem a coletividade indeterminada e indeterminável, nem que seja, por exemplo, um vínculo largo como o da nacionalidade (uma publicidade enganosa divulgada no Brasil atingirá um

---

⁴⁷ NEVES, 2016b, p. 134; BARBOSA MOREIRA, 1982; MENDES, 2014, p. 229. É importante consignar que Teori Zavascki menciona que, nos direitos difusos, a indeterminação seria absoluta, mas não no sentido aqui abordado, e sim no de que inexiste relação jurídica base, como nos coletivos, em que a indeterminação é relativa. Assim, para o autor, indeterminação absoluta parece ser o que o Código quer dizer com "indeterminados e indetermináveis" e indeterminação relativa seria o correspondente a indeterminados, porém determináveis (ZAVASCKI, 2017b, p. 41).
⁴⁸ WATANABE, 2019, p. 884.
⁴⁹ MANCUSO, 2013, p. 105; LENZA, 2008.
⁵⁰ Segundo Vladimir Passos de Freitas, "ao juiz não restará outra saída senão a de avaliar os interesses postos em questão e optar pelo que melhor atinja a finalidade pública. A missão é espinhosa, envolvendo larga dose de discricionariedade" (FREITAS, 1990, p. 35).
⁵¹ LEONEL, 2011, p. 91.
⁵² ANDRADE; MASSON; ANDRADE, 2017, p. 22.
⁵³ MANCUSO, 2013, p. 110-111.

grupo amplo de brasileiros, naturalmente). Ocorre que a diferenciação para com os direitos coletivos é justamente o fato de que essa relação jurídica anterior é (i) acidental, ou seja, opcional e (ii) não está relacionada com o direito posto em juízo – o interesse tutelando dela não deriva[54].

Enfim, é importante levar em conta que, na tutela de direitos difusos, quase sempre vai haver tutela de direitos de grupos, categorias ou classes, o que não quer dizer que se esteja diante da proteção de direitos coletivos. Os critérios diferenciadores das duas espécies, embora nem sempre claros e perceptíveis, são

(i) a determinabilidade das pessoas beneficiadas; e
(ii) a preexistência de vínculo entre elas. No fundo, o direito difuso será definido por exclusão, quando ausentes esses dois elementos[55].

1.3.2. Direitos coletivos

Diz-se, a partir do art. 81, parágrafo único, II, do Código de Defesa do Consumidor, que os direitos coletivos (em sentido estrito) são:

a) quanto ao critério subjetivo, transindividuais, pertencentes à coletividade (grupo, categoria ou classe) formada por sujeitos indeterminados, porém determináveis;
b) quanto ao critério objetivo, indivisíveis;
c) quanto ao critério da origem, existe relação jurídica base anterior.

Tais direitos, assim, pertencem a uma específica coletividade – grupo, categoria ou classe –, sendo esse agrupamento formado por sujeitos indeterminados (ou seja, é dispensada a especificação dos beneficiados pela tutela na inicial, pelo legitimado), mas determináveis, de sorte que é possível apontar, com precisão, todos aqueles que o compõem, sendo certo, por fim, que tais membros possuem relação jurídica anterior, entre si ou isoladamente com a parte contrária do litígio.

São dois, portanto, os fatores que diferenciam a segunda espécie de direito essencialmente coletivo da primeira: a determinabilidade dos membros (determinidade[56]) e a existência de vínculo jurídico anterior, relacionado, de maneira próxima, ao conflito. Ambos acabam por estar intimamente relacionados, já que a possibilidade de determinação dos sujeitos beneficiários decorre justamente da relação preexistente, havendo um dado organizativo nesse grupo que o limita, em comparação com um direito de natureza difusa[57].

Tal relação jurídica base não se confunde com a relação jurídica controvertida (lesão ou ameaça de lesão ao direito coletivo)[58]. Didática, a respeito, é a analogia de Barbosa Moreira, que lecionava que ocorre, com essa coletividade, semelhantemente ao que sucede com um condomínio: existe uma relação jurídica anterior entre os membros, que não é a mesma levada a juízo, ainda que dela decorra[59].

Como deixa claro o legislador, o vínculo jurídico em questão pode ser de duas espécies: dos sujeitos membros da coletividade entre si ou desses membros, isoladamente, com a parte contrária.

---

[54] WATANABE, 2019, p. 886.
[55] MENDES, 2014, p. 229.
[56] DELGADO, 1999, p.21.
[57] LEONEL, 2011, p. 96.
[58] WATANABE, 2019, p. 885; NEVES, 2016b, p. 156.
[59] BARBOSA MOREIRA, 1982.

Essa dicotomia evidencia, para a maior parte da doutrina[60], inclusive, que o elemento da organização do grupo, da categoria ou da classe não é essencial para a conceituação de um direito como difuso, já que apenas estará presente no primeiro caso[61].

O que importa é que se forme uma unidade, pelo fato de os direitos serem indivisíveis, tornando imperiosa a solução molecularizada, independentemente de harmonização formal anterior (em torno de uma associação, por exemplo).

É por isso que a coisa julgada se forma *ultra partes*, beneficiando mesmo pessoas que não sejam membros do sindicato ou da associação legitimados[62] – embora a jurisprudência dos tribunais de cúpula tenha relativizado esse último caso.

Não se pode confundir o direito coletivo com a reunião de interesses individuais (feixe de interesses individuais agrupados[63]). A chave de leitura correta é a da indivisibilidade da relação material, que extrapola a mera recomendação de solução global, pretendida também nos direitos individuais.

Mesmo a partir dela, existem vários autores que apontam certos exemplos de direitos coletivos que, a bem da verdade, são direitos individuais[64]. Veja-se o caso dos alunos que, guardando cada um deles relação jurídica prévia com a escola ou faculdade, ingressam em juízo para evitar o aumento da mensalidade. Nada impede que cada um deles ajuíze sua ação individual, resolvendo sua relação destacadamente com a parte contrária[65].

Em última análise, quanto à primeira espécie de direito coletivo (grupo, categoria ou classe cujos membros guardam relação jurídica entre si anterior ao conflito), afigura-se mais simples verificar o caráter transindividual do interesse debatido, haja vista que o grau de organização daí decorrente permite uma distinção de determinabilidade dos membros em relação ao direito difuso ("projeção corporativa"[66]). O direito coletivo, aqui, funciona como um "direito difuso qualificado", pois atinente apenas a determinada coletividade, passível de determinação. Os bons exemplos são vários: pedido da classe da advocacia para manutenção do quinto constitucional[67].

Por outro lado, a segunda modalidade (grupo, categoria ou classe cujos membros não guardam relação jurídica entre si anterior, mas apenas em relação à parte contrária) aproxima-se mais dos direitos individuais homogêneos – ocorrendo, como visto, não raras confusões.

Para que o direito seja realmente coletivo, deverá estar presente uma relação de direito material entre todos os sujeitos e o potencial réu, incapaz de ser solucionada isoladamente por cada um deles, como sucede nos direitos individuais homogêneos, em que, embora não seja desejável, cada pessoa pode discutir o direito sozinho, pela tradicional via da tutela individual.

Assim, embora o exemplo da associação de alunos que debata o aumento das mensalidades diga respeito a direitos individuais, o pedido da associação atinente à adequação da grade curricular aos novos parâmetros do Ministério da Educação para a validade e o credenciamento do curso possui natureza coletiva, porque a relação material é apenas uma, não sendo possível existir uma base curricular para um aluno e outra para os demais.

---

[60] WATANABE, 2019, p. 887.

[61] A dificuldade delimitativa é tal que parte a doutrina prefere combinar as duas espécies, exigindo que sempre haja um mínimo de organização do grupo para que se possa falar em direito coletivo: MANCUSO, 2013; LEONEL, 2011, p. 97.

[62] WATANABE, 2019, p. 887-888.

[63] LEONEL, 2011, p. 97.

[64] WATANABE, 2019, p. 888.

[65] MENDES, 2014, p. 225.

[66] MANCUSO, 2013, p. 90.

[67] ANDRADE; MASSON; ANDRADE, 2017, p. 25.

O mesmo ocorre com o meio ambiente do trabalho: a tutela da segurança ou da salubridade de determinado local em que se exercem atividades laborativas é indivisível e se restringe à categoria ou classe determinada.

Outro caso corretamente citado é o pedido de impedimento do fechamento de um hospital universitário: existe uma coletividade determinável (os pacientes) que será igualmente atingida, cujos membros apenas possuem relação com a parte contrária.

O exemplo da proibição da retirada de autos em cartório por advogados também é apontado pela doutrina[68], pois possui contornos indivisíveis e atinge categoria profissional específica, cujos membros guardam vínculo jurídico anterior, uns com os outros por meio da OAB. De todo modo, é questionável se cada advogado não poderia tutelar seu direito de acesso aos autos individualmente.

Ainda na linha exemplificativa, a jurisprudência do Superior Tribunal de Justiça já reconheceu que o direito de determinado grupo de ser contemplado com vagas reservadas em concurso público se afigura como coletivo em sentido estrito[69].

1.4. Direitos acidentalmente coletivos (tutela coletiva de direitos)

O segundo grupo de direitos tuteláveis em um processo coletivo é composto por direitos acidentalmente coletivos, que são, por sua natureza, individuais e divisíveis. São, assim, suscetíveis de apropriação exclusiva, ostentando divisibilidade material, sendo possível seu fracionamento para gozo exclusivo e destacado de um ou alguns dos membros da coletividade.

A bem da verdade, se está diante de direitos individuais, que poderiam ser tutelados de maneira isolada por cada um de seus titulares, determinados.

Por essa razão, Barbosa Moreira[70] os reputou direitos acidentalmente coletivos e Teori Zavascki[71] enxerga, no processo que os tenha como objeto, uma tutela coletiva de direitos coletivos.

Outros autores preferem considerar que os direitos individuais objeto do processo coletivo vão além, tratando-se de direitos coletivizados pelo ordenamento para possibilitar uma tutela jurisdicional constitucionalmente adequada e integral[72].

Dessa maneira, são mais amplos que a mera proteção conjunta de direitos individuais somados, como deixaria evidenciar o modelo de reparação fluida e sua função educativa, e o nascimento do interesse processual no tratamento coletivo quando individualmente os danos sofridos seriam desprezíveis. Os direitos individuais homogêneos, assim, constituiriam conceito interativo tanto de direito processual como de direito material.

Estão contidos nesse conjunto os direitos individuais homogêneos, em que se segue o critério quantitativo dos beneficiários, e os direitos individuais indisponíveis, em que opera o critério qualitativo dos beneficiários.

1.4.1. Direitos individuais homogêneos

Diz-se, a partir do art. 81, parágrafo único, III, do Código de Defesa do Consumidor, que os direitos individuais homogêneos são:

a) quanto ao critério subjetivo, individuais, pertencentes a sujeitos determinados ou, ao menos, determináveis;

---

[68] DIDIER JR.; ZANETI JR., 2016b, p. 436.
[69] CC 109.435/PR, 3ª Seção, Rel. Min. Napoleão Nunes Maia Filho, j. 22-9-2010.
[70] BARBOSA MOREIRA, 1991, p. 187-189.
[71] ZAVASCKI, 2017b.
[72] DIDIER JR.; ZANETI JR., 2016b, p. 76.

b) quanto ao critério objetivo, divisíveis;
c) quanto ao critério da origem, decorrentes de uma origem comum.

Existem, aqui, perfeitos direitos individuais que, embora pudessem ser levados a juízo por cada um dos seus titulares, também podem sê-lo pela via coletiva.

Trata-se de autêntica opção de política legislativa, baseada em três pilares: a economia processual, resolvendo-se em um processo conflitos que poderiam estar espalhados por milhares; a isonomia, por garantir a mesma resposta jurisdicional a todos os sujeitos substituídos pelo legitimado; e o acesso à justiça, por despertar interesse processual para a solução coletiva, mesmo quando o dano, individual e isoladamente, for irrisório (microlesões), permitindo que a conduta prejudicial sob a ótica coletiva (danos agregados ou danos somados) não reste benéfica para seu causador. Além disso, permite-se a adequada tutela dos fenômenos de massa, típicos da sociedade moderna[73].

1.4.1.1. Requisitos específicos

Apesar do enxuto conceito legal, a doutrina costuma apontar dois requisitos específicos para o tratamento coletivo dos direitos individuais: a origem comum e a homogeneidade.

1.4.1.1.1. Origem comum

A origem comum diz respeito à identidade da gênese da conduta da parte contrária, e pode ser fática ou jurídica, não havendo necessidade sequer de identidade temporal ou factual. Uma publicidade enganosa, por exemplo, pode atingir consumidores em momentos diversos, mas, ainda assim, o evento causador do dano será o mesmo[74].

Essa origem comum pode ser próxima, imediata, ou remota, mediata. A primeira ocorre quando a causa dos danos é diretamente comum (queda de um mesmo avião, cancelamento de um mesmo evento), havendo pouca variação quanto a aspectos peculiares dos beneficiários da tutela. Já na segunda, a origem comum está mais afastada do fato ensejador do dano (produto nocivo à saúde, que pode ter prejudicado diversos consumidores por razões outras, próximas, como condições pessoais e uso inadequado)[75].

1.4.1.1.2. Homogeneidade (prevalência coletiva)

Nesse ponto, fica evidente o vínculo com o segundo requisito específico: a homogeneidade. Não basta a existência de direitos individuais, ainda que decorrentes do mesmo evento fático ou jurídico, se não possuírem aspectos comuns. Os direitos individuais devem ser, como classifica o legislador, homogêneos, tendo mais em comum uns com os outros do que questões particulares.

Esse filtro também é chamado de prevalência da dimensão coletiva sobre a individual[76]. Tal prevalência coletiva deve se dar tanto sob o ponto de vista objetivo como pelo subjetivo[77].

1.4.1.1.3. Prevalência coletiva objetiva

A predominância coletiva objetiva consiste na similitude dos direitos, nos moldes da homogeneidade mencionada.

---

[73] MENDES, 2014, p. 231.
[74] NEVES, 2016b, p. 157; WATANABE, 2019, p. 888.
[75] WATANABE, 2019, p. 888; GRINOVER, 2019, p. 949.
[76] GRINOVER, 2019, p. 949.
[77] NEVES, 2016b, p. 159.

Trata-se da verificação da verdadeira oportunidade de se tutelar coletivamente direitos individuais, analisando se a sentença genérica, coletiva, que será prolatada, verdadeiramente se mostrará útil, ou se, no momento da liquidação individual pelos beneficiados, a atividade cognitiva se mostrará tão complexa quanto teriam sido as ações individuais de conhecimento, o que caracteriza a chamada ação pseudocoletiva (mostra-se coletiva, mas, no fundo, ao chegar à fase de liquidação, o trabalho judicial será correspondente às várias ações individuais cujo ajuizamento se buscou evitar).

1.4.1.1.4. Prevalência coletiva subjetiva

Por outro lado, igualmente deve estar presente a prevalência coletiva subjetiva. Para que seja viável a tutela coletiva, deve haver uma prevalência coletiva também no aspecto subjetivo, com número razoável de sujeitos beneficiados, como reconhecido pelo Superior Tribunal de Justiça[78-79].

O conceito, portanto, deve vir sempre no plural (direitos individuais homogêneos)[80], porque não se pode, por óbvio, falar em homogeneidade se não há parâmetro de comparação. Um direito isolado é sempre homogêneo, é sempre igual a si próprio.

1.4.1.1.5. Superioridade

Para além desses dois requisitos (origem comum e homogeneidade), há quem sustente, com inspiração nas *class actions for damages* do direito norte-americano (Rule 23, b-3, das Federal Rules de 1966), um terceiro: a superioridade da tutela coletiva, no que diz respeito à justiça e à eficácia da decisão[81]. Assim, apenas haveria interesse de agir em um processo coletivo capaz de gerar solução efetiva, com utilidade prática, nos moldes, inclusive, da norma fundamental estatuída pelo art. 4º do Código de Processo Civil[82].

1.4.1.2. Fases da tutela

O funcionamento da tutela coletiva dos direitos individuais homogêneos se divide em fases.

No dizer de Teori Zavascki[83], se está diante de um modelo bifásico: aferição, no processo de conhecimento, do núcleo de homogeneidade (se se deve, o que se deve e quem deve: *an debeatur*, *quid debeatur* e *quis debeatur*) e, em um segundo momento, na fase de liquidação, da margem de heterogeneidade (para quem se deve e o quanto se deve: *cui debeatur* e *quantum debeatur*).

Fredie Didier e Hermes Zaneti[84] preferem um modelo trifásico, acrescentando uma terceira etapa: a reparação fluida (*fluid recovery*), no caso da insuficiência da execução pelos indivíduos do título executivo formado. Nesse momento, volta a interessar o núcleo de homogeneidade, a feição coletiva da tutela, em atenção ao macrobem, mas apenas o *quantum debeatur* será aferido, uma vez que o valor será revertido ao fundo próprio (art. 100 do CDC[85]).

Por conta disso, como reconhecido pelo Superior Tribunal de Justiça[86], na ação coletiva de conhecimento não há necessidade de que o legitimado esmiúce, em descrição pormenorizada, as situações individuais de todos os envolvidos, bastando que descreva o que há de comum.

---

[78] REsp 823.063/PR, 4ª Turma, Rel. Min. Raul Araújo, j. 14-2-2012.

[79] AgRg no REsp 710.337/SP, 3ª Turma, Rel. Min. Sidnei Beneti, j. 15-12-2009.

[80] Nesse sentido: MENDES, 2014. Por outro lado, mencionando "direito individual homogêneo": NEVES, 2016b, p. 160.

[81] GRINOVER, 2019, p. 952; MENDES, 2014, p. 231.

[82] "Art. 4º As partes têm o direito de obter em prazo razoável a solução integral do mérito, incluída a atividade satisfativa."

[83] RE 631.111, Tribunal Pleno, Rel. Min. Teori Zavascki, j. 7-8-2014.

[84] DIDIER JR.; ZANETI JR., 2016b, p. 78.

[85] "Art. 100. Decorrido o prazo de um ano sem habilitação de interessados em número compatível com a gravidade do dano, poderão os legitimados do art. 82 promover a liquidação e execução da indenização devida. Parágrafo único. O produto da indenização devida reverterá para o fundo criado pela Lei n. 7.347, de 24 de julho de 1985."

[86] REsp 1.395.875/PE, 2ª Turma, Rel. Min. Herman Benjamin, j. 20-2-2014.

1.4.1.3. Natureza jurídica

Muito também se discute quanto à natureza individual ou coletiva dos direitos individuais homogêneos.

Alcides A. Munhoz da Cunha[87], assumindo posição minoritária, entende que os direitos ou interesses individuais homogêneos "são interesses metaindividuais, enquanto pressupõem interesses coordenados e justapostos que visam à obtenção de um mesmo bem, de uma mesma utilidade indivisível". Atualmente, é a posição defendida por Fredie Didier e Hermes Zaneti, que enxergam tais direitos como espécies de direitos coletivos[88].

Em sentido contrário, seguindo o entendimento majoritário, Rodolfo de Camargo Mancuso preleciona que não se trata de interesses coletivos, mas individuais uniformes e coesos, o que permite sua tutela conjunta[89]. Nessa mesma esteira, Pedro da Silva Dinamarco[90] e Teori Zavascki[91] afirmam ser eles interesses verdadeiramente individuais, tratados de forma coletiva.

A questão é de fato complexa, principalmente em razão da precária definição do art. 81, parágrafo único, III, do Código de Defesa do Consumidor.

Na verdade, o Código se preocupa mais em definir o direito difuso e o coletivo, dando a entender que os individuais homogêneos serviriam para abarcar qualquer interesse juridicamente protegido que não se enquadrasse em uma das duas definições anteriores[92-93].

Obviamente, essa definição é extremamente defeituosa, o que nos leva, por meio de uma combinação de raciocínios indutivo e dedutivo, a buscar uma conceituação mais apropriada.

Entretanto, antes de conceituar esse direito, é preciso determinar sua natureza jurídica. Em outras palavras, há que se definir, dentro da teoria geral do direito civil, qual o melhor instituto que retrata as peculiaridades dessa figura.

É nosso sentir que os direitos individuais homogêneos são espécie do gênero direito subjetivo.

Mais precisamente, trata-se de direitos subjetivos individuais complexos.

São direitos individuais, porque dizem respeito às necessidades, aos anseios de uma única pessoa; ao mesmo tempo são complexos, porque essas necessidades são as mesmas de todo um grupo de pessoas, fazendo nascer, destarte, a relevância social da questão.

Distingue-se ele, desse modo, do direito subjetivo individual simples, que se refere apenas a uma pessoa, considerada em perspectiva individual e isolada, sem pontos comuns a outras.

Observe-se, *ad cautelam*, não existir qualquer ponto de toque entre a defesa em juízo de direitos individuais homogêneos, por meio da ação coletiva, e a figura processual do litisconsórcio, já que este último consubstancia a soma de dois ou mais direitos individuais simples, de forma que em nenhum momento exsurge a relevância social, e sim o interesse privado de um grupo de pessoas.

A ação coletiva, ao contrário, previne um possível litisconsórcio multitudinário, permitindo, assim, uma tutela social por intermédio de uma única demanda.

Difere também o direito subjetivo individual complexo do direito subjetivo coletivo, que, a seu turno, ocorre nas hipóteses de direito coletivo *stricto sensu* e difuso, uma vez que já nascem voltados para um grupamento social, não podendo ser, *ab initio*, individualizados.

---

[87] CUNHA, 1995, p. 233.
[88] DIDIER JR.; ZANETI JR., 2016b, p. 77.
[89] MANCUSO, 1995, p. 438-450.
[90] DINAMARCO, 2001, p. 60.
[91] ZAVASCKI, 2017b, p. 43.
[92] GIDI, 1995, p. 23.
[93] TEPEDINO, 1999, p. 302.

Não há que se falar, contudo, em ser esse direito público ou privado; primeiro, em razão da superação da *summa divisio*, como já exposto, e, segundo, porque o instrumento processual por meio do qual se tutela tal direito pode ter em seu polo passivo o Estado ou um particular, dependendo da situação fática individualizada.

Por outro lado, cotejando-se os direitos individuais homogêneos com os demais institutos da teoria geral do direito civil, salta aos olhos a incongruência daquele com qualquer modalidade destes.

Destarte, parece claro ser impossível cogitar-se de sua classificação como mera faculdade jurídica.

Na verdade, o que se dá é exatamente o oposto, já que o titular desse direito tem algumas faculdades, que a princípio não se mostram muito claras, mas que exsurgem a toda evidência no curso da ação coletiva, como a faculdade de promover a execução individual da decisão transitada em julgado, ou até promover somente parte da execução.

Tal conduta não irá influir na existência do direito, que, aliás, a essa altura, já estará não só declarado judicialmente, como também coberto pelo manto da imutabilidade oriundo da *res judicata* material, salvo, quanto a esta última afirmação, se o feito estiver transcorrendo em regime de execução provisória.

Quanto ao interesse, já salientamos que representa este o estado anterior à formação do direito, de modo que os direitos individuais homogêneos nascem como interesse individual homogêneo.

Acerca da pretensão, maiores considerações são desnecessárias, em razão da ênfase processual dada ao termo[94].

Também não se poderia afirmar que os direitos individuais homogêneos são espécie do gênero direito potestativo, porque não existe estado de sujeição ao titular do direito, não havendo, portanto, tecnicamente, vinculação.

Outrossim, nem sempre há relação jurídica pretérita entre os sujeitos ativo e passivo do direito individual que se configura como homogêneo na ótica coletiva.

Realmente, o único instituto que se afina consigo é o direito subjetivo.

Não vemos necessidade de propor a criação de uma categoria autônoma de direito. É certo que, na teoria geral do direito civil, todos os conceitos foram formulados numa perspectiva individual e patrimonial.

É igualmente certo que nos dias atuais a ênfase se dá muito mais no "ser" do que no "ter" e que a questão se coloca no plano coletivo e não no individual.

Contudo, é de se lembrar que os direitos individuais homogêneos são, por natureza, individuais e, na maioria dos casos, patrimoniais.

Na sua gênese, enquanto observado a partir do fato que o originou, sob o referencial de seu sujeito ativo, não há que se falar em direito coletivo.

Essa afirmação só passa a se justificar num segundo momento, quando se constata que o direito daquele indivíduo é semelhante ao de vários outros, sendo certo, ainda, que todos têm uma origem comum[95], entendida esta como a circunstância apta a estabelecer o ponto de contato entre os indivíduos que integram aquele grupamento social.

---

[94] LIEBMAN, 1984.
[95] O legislador, no art. 81, parágrafo único, III, do CDC, faz questão de enfatizar a expressão "origem comum", sem, no entanto, afirmar tratar-se de direitos iguais. A causa que origina o interesse juridicamente protegido é a mesma, mas a importância que tal interesse irá assumir na esfera pessoal de cada sujeito ativo é diversa, assim como é diverso o valor a ser obtido a título de indenização ou compensação, quando do julgamento de procedência do pedido na ação coletiva.

A partir dessa origem comum, surge a extensão social do direito, pois, se diversas pessoas se encontram na mesma situação jurídica, aquela situação passa a, automaticamente, produzir efeitos numa coletividade, obrigando o ordenamento jurídico a tutelar o direito como coletivo *lato sensu*.

Sendo um direito coletivamente tutelado, passa a ser indisponível em razão dessa mesma extensão social, embora possa admitir transação quanto aos seus aspectos patrimoniais.

Em outras palavras, aquele direito que, se fosse concebido individualmente, seria disponível, é alçado a uma condição superior, em razão de haver todo um grupamento social interessado no deslinde daquela controvérsia.

Nessa linha de raciocínio, chega-se à conclusão de que, em sede de direitos individuais homogêneos, existe uma questão coletiva comum a todos os membros da classe e que se sobrepõe a eventuais questões individuais.

Eis aí a pedra de toque, ou seja, a dita homogeneidade advém dessa questão comum prevalente, que se torna, então, uma questão social e, por conseguinte, indisponível.

Caso não se faça presente tal questão comum (coletiva), não estaremos diante de um direito individual homogêneo, mas sim heterogêneo, como bem assevera Ada Pellegrini Grinover[96].

O direito individual (que coletivamente pode ser considerado como) homogêneo é, portanto, um direito subjetivo, na medida em que pode ser invocado e tutelado, por meio da dedução em juízo de uma pretensão.

Por outro lado, é um direito relativo porque não é oponível *erga omnes*, mas somente diante do causador do dano.

Podem ser patrimoniais ou extrapatrimoniais, de acordo com o objeto sobre o qual recaiam. É verdade que, na grande maioria dos casos, serão patrimoniais, já que introduzidos pelo Código de Defesa do Consumidor, em que predomina essa modalidade, caso consideremos a hipótese sob o prisma exclusivamente individual.

Deve ser ressaltado que a própria patrimonialidade é um conceito jurídico indeterminado, sendo possível até que determinado direito seja, ao mesmo tempo, patrimonial e extrapatrimonial, dependendo do referencial que se utilize para examinar. Como é o tão famoso caso dos alimentos, uma vez que o alimentante não depende daquela quantia para sua subsistência, podendo até empregá-la de qualquer outra forma, ao contrário do alimentando.

Entretanto, pode ocorrer uma situação que não comporte aferição econômica, tal como um dano à cidadania ou mesmo à moralidade pública, ainda que examinado individualmente.

Nesse diapasão, o direito, a partir do momento em que passa a ostentar relevância social, deixando de importar apenas a um único indivíduo, mas interessa a toda a coletividade, atinge um *status* de extrapatrimonialidade, pois valores constitucionais, como o bem comum, podem estar em perigo.

São, por fim, direitos divisíveis.

A propósito, vale lembrar que o parágrafo único do art. 81 do Código de Defesa do Consumidor, ao definir os direitos difusos e coletivos, faz questão de qualificá-los como indivisíveis. Contudo, isso é omitido no inciso III, em que são regulados os direitos individuais homogêneos[97], o que acaba por gerar dificuldade na interpretação do referido dispositivo.

Essa divisibilidade não está em contradição com a propagada origem comum, eis que cada cidadão tem o seu direito revestido de peculiaridades pertinentes à sua situação individual e pessoal,

---

[96] GRINOVER, 2001, p. 11-27.
[97] GIDI, 1995, p. 23-31.

sendo certo que a origem deste e de todos os direitos daqueles que se encontram em situação assemelhada é a mesma.

Em suma, podemos conceituar os direitos individuais homogêneos, em sede de teoria geral, como espécie do gênero direito subjetivo, qualificando-os, coletivamente, como direito subjetivo individual complexo (dotado de relevância social obtida a partir de uma origem comum), relativo, divisível e imbuído de reflexo patrimonial, na esfera individual de cada lesado.

Tanto pode advir de uma relação jurídica ou de uma situação de fato; pode relacionar um número determinado ou indeterminado de pessoas, sendo que, neste último caso, o número deverá ser, ao menos, determinável no momento do início do procedimento executivo.

Infelizmente, trata-se de um instituto simples, em sua gênese, mas que se tornou complexo em razão do lacônico tratamento legislativo[98] e da utilização de conceitos jurídicos abertos, o que contribuiu de forma preponderante para a geração das inúmeras discussões processuais acerca do tema, como já observamos em obra específica[99].

1.4.2. Direitos individuais indisponíveis

Por vezes, porém, o ordenamento garante que certos direitos, ainda que individuais, possam vir a ser tutelados por instrumentos coletivos em razão de sua importância e indisponibilidade. Apesar de os direitos individuais homogêneos também poderem ser indisponíveis, em certos casos se permite que bens jurídicos pertencentes a uma ou algumas poucas pessoas sejam objeto de uma ação coletiva.

O Estatuto da Criança e do Adolescente (art. 201, V[100]) e o Estatuto do Idoso (art. 74, I[101]) mencionam os direitos individuais como objeto de inquérito civil e de ação civil pública, ao elencar as atribuições do Ministério Público.

Parte da doutrina entende as menções como taxativas[102], mas, a nosso ver, o rol é ainda mais amplo.

Afinal, a doutrina e a jurisprudência vêm identificando a categoria dos sujeitos hipervulneráveis como aquele subgrupo dos vulneráveis em que as pessoas se encontram em situação de especial necessidade.

Tal circunstância autoriza o ajuizamento de ação civil pública para a tutela de seus direitos, mesmo que beneficie um único sujeito[103]. Isso porque, a rigor, o maior beneficiado é a sociedade (critério *qualitativo* dos beneficiários diretos), como o STJ entendeu quanto às pessoas com deficiência física, mental ou sensorial, por exemplo[104].

A *ratio* pode ser estendida para as crianças, em especial aquelas na primeira infância[105], já que não possuem condições de tutelarem seus direitos autonomamente, a exemplo do que entendeu o

---

[98] GRINOVER, 2000, p. 14.

[99] PINHO, 2001.

[100] "Art. 201. Compete ao Ministério Público: (...) V – promover o inquérito civil e a ação civil pública para a proteção dos interesses individuais, difusos ou coletivos relativos à infância e à adolescência, inclusive os definidos no art. 220, § 3º inciso II, da Constituição Federal."

[101] "Art. 74. Compete ao Ministério Público: I – instaurar o inquérito civil e a ação civil pública para a proteção dos direitos e interesses difusos ou coletivos, individuais indisponíveis e individuais homogêneos do idoso."

[102] De acordo com Daniel Assumpção Neves, até só poderia admitir a legitimidade do Ministério Público, mas apenas para processo individual (NEVES, 2016b, p. 161-162).

[103] REsp 605.295/MG, 5ª Turma, Rel. Min. Laurita Vaz, j. 20-10-2009.

[104] STJ, REsp 931.513/RS, 1ª Seção, Rel. Min. Carlos Fernando Mathias (Juiz Federal convocado do TRF 1ª Região), Rel. p/ acórdão Min. Herman Benjamin, j. 25-11-2009.

[105] MELLO PORTO, 2017.

STJ para os idosos[106] (de especial maneira, no âmbito do mercado de consumo, afigurando-se como consumidores hipervulneráveis) e os índios[107].

1.5. Críticas à classificação

A opção do legislador, contudo, vem se mostrando profundamente insuficiente.

Os direitos transindividuais não são estáticos e não admitem uma classificação definitiva. São direitos dinâmicos, na medida em que refletem a pretensão de uma coletividade que está em constante mutação.

Embora seja algo desejável, do ponto de vista teórico e sistemático, na prática, a classificação proposta pelo Código de Defesa do Consumidor tem se mostrado catastrófica. Vários problemas têm surgido a partir da dificuldade de adaptação desses conceitos herméticos às situações concretas.

Apenas para citar um exemplo, podemos referir a discussão acerca da legitimidade do Ministério Público no caso do reajuste das mensalidades escolares[108].

Desde o ajuizamento da demanda, mais de cinco anos se passaram até que o Supremo Tribunal Federal resolvesse, por maioria, que o *Parquet* estava legitimado para tanto. Cinco anos para se atestar a presença de uma condição para o regular exercício do direito de ação.

A partir daí, os autos do processo retornaram ao juízo de primeira instância, para que este proferisse o despacho liminar positivo e desse seguimento à fase postulatória, com a citação do réu.

Como se percebe facilmente, após o decurso de tanto tempo, todos os pais de alunos que estavam em dificuldades financeiras para pagar a mensalidade de seus filhos tiveram que encontrar outra solução, pois, quando o STF finalmente se manifestou, aqueles alunos já haviam concluído o curso secundário.

O legislador, em 1990, trabalhou com conceitos jurídicos indeterminados, com normas em aberto e, com isso, criou toda essa confusão.

Realmente, não faz muito sentido a opção de avocar a responsabilidade de definir e classificar um instituto e não apresentar uma delimitação objetiva clara sobre ele.

O problema é potencializado, na medida em que os tribunais demonstraram, por muito tempo, extrema dificuldade em trabalhar com os novos conceitos. Ademais, não há ainda uma estrutura que permita a aplicação de regras próprias à jurisdição coletiva.

1.5.1. Experiência norte-americana

Relevante mencionar, nesse ponto, a experiência norte-americana.

Na tentativa de se chegar a uma base teórica para as ações coletivas, James W. Moore, um dos redatores do *Federal Rules of Civil Procedure*, concebeu um conceitualismo confuso, consignado na *Rule 23* do referido diploma legal, em que se dividiam as ações coletivas em *true*, *hybrid* e *spurious*.

Depreende-se da leitura da antiga *Rule 23* que as ações eram classificadas com base no critério da natureza do direito (*character of the right*).

Uma *true class action* seria, portanto, aquela que versasse sobre interesses comuns e internos dos membros de uma mesma pessoa jurídica, como as associações. Já uma *hybrid class action* (tornada obsoleta pela superveniência de uma legislação de falências) consubstanciaria a hipótese dos concursos de credores. Por fim, as *spurious class actions* seriam meros convites aos litisconsortes a fim de que estes ingressassem naquela relação jurídico-processual[109].

---

[106] STJ, EREsp 1.192.577/RS, Corte Especial, Rel. Min. Laurita Vaz, j. 21-10-2015.
[107] STJ, REsp 1.064.009/SC, 2ª Turma, Rel. Min. Herman Benjamin, j. 4-8-2009.
[108] STF, RE 163.231/SP, Rel. Min. Maurício Corrêa (*Informativo STF* n. 234). Disponível em: <http://www.stf.jus.br>.
[109] TUCCI, 1990, p. 26.

Durante os vinte e oito anos de vigência da classificação (1938-1966), consignada na *Rule 23* do *Federal Rules of Civil Procedure*, não se conseguiu implementar de forma eficiente o sistema, altamente criticado pela doutrina e mal compreendido na jurisprudência.

A partir de 1966, com a reformulação da *Rule 23*, extinguiram-se as antigas categorias e instalou-se um regime de *opt out* para as ações coletivas (tutelares de direitos individuais homogêneos) e de dispensa de notificação para as ações populares (tutelares de direitos difusos). Essas alterações foram acompanhadas nas legislações estaduais, porém com considerável redução de requisitos para sua propositura, na maioria das vezes.

Nessa linha de raciocínio, e retornando ao problema brasileiro, talvez fosse o caso de o legislador abandonar a classificação no plano material (do direito civil) e adotar classificação no plano processual, de modo a conceber apenas duas espécies de ação, de acordo com divisibilidade ou não do direito e, em consequência, de acordo com o destinatário do valor a ser percebido a título de indenização (o fundo, no primeiro caso, e os lesados, no segundo).

2. CLASSIFICAÇÃO MODERNA: CONFLITOS SOLUCIONÁVEIS

Diante das dificuldades colocadas a partir da classificação eleita pelo legislador, que teve o mérito de (tentar) conceituar e esclarecer os direitos tuteláveis pelo processo coletivo, a doutrina propôs, em geral de maneira tímida e pontual, uma releitura, capaz de garantir efetividade a tal instrumento.

Nesse sentido, o trabalho de Edilson Vitorelli foi paradigmático, propondo o enfoque não nos direitos, mas nos conflitos (litígios)[110]. Com razão, percebe o autor que a noção de titularidade, em abstrato, pouco ou nada facilita a tutela jurisdicional, importando, na realidade, a maneira por meio da qual o dano coletivo atinge aquela coletividade. Partindo de diversas concepções sociológicas, evidencia-se que a relação sociedade-Estado é falha e incompleta.

O que importa, no fim, é a parcela de sujeitos atingida por aquela conduta do réu, efetivamente e de maneira destacada. Embora a titularidade transindividual (e esse é o foco da classificação, já que, nos direitos individuais homogêneos, a problemática é de mais fácil e satisfatória resolução pelos meios e critérios típicos do ordenamento) sempre seja, teoricamente, de uma coletividade, no plano concreto, advindo do conflito real existente no mundo dos fatos, é que pode ser definida (conceito performativo de sociedade).

Assim, o ponto de partida para a solução do litígio será a situação litigiosa, não o direito íntegro. Em outras palavras: o derramamento de óleo na Baía de Guanabara, em tese, por ofender direito difuso (meio ambiente), a todos atinge. Contudo, essa lesão ofenderá, em especial, grupos específicos, como os pescadores da região, em escala tão superior a outras parcelas sociais (empresários urbanos e moradores de outras regiões, por exemplo), que praticamente deve afastar estas do conflito.

2.1. Critérios

Essa classificação, portanto, parte da premissa de que a titularidade do direito deve ser aferida a partir do conflito e dividirá os litígios a partir de dois critérios[111]:

- a) critério endógeno (conflituosidade): verificação da uniformidade das posições dos integrantes da sociedade em relação ao litígio;
- b) critério exógeno (complexidade): averiguação da multiplicidade de soluções para o conflito, isto é, de tutela do direito.

---

[110] VITORELLI, 2016, p. 71-94.
[111] VITORELLI, 2016, p. 74-75.

Portanto, o litígio será mais conflituoso quanto mais variadas forem as formas de atingimento dos sujeitos que compõem o grupo pelo ato da parte contrária ou as opiniões e interesses em relação ao litígio. As pessoas darão, segundo o autor, mais importância ao processo se tiverem mais a perder ou a ganhar com seu resultado.

Por sua vez, o litígio será mais complexo quanto mais variadas forem as formas de solução apresentadas, podendo haver muitas saídas autorizadas pelo ordenamento, juridicamente, apesar de uma ou algumas delas se revelarem preferíveis, faticamente.

Em geral, os dois critérios estarão relacionados, apesar de não serem dependentes. Há uma tendência ao seu aumento, quando as lesões forem mais graves e atingirem mais gravemente a população. Contudo, é viável que conflitos complexos, como os ambientais (despoluição de um rio), não sejam, de todo, conflituosos, existindo uma unidade no grupo atingido.

A partir desses parâmetros, litígios (ou direitos) serão divididos de acordo com sua difusão: global, local ou irradiada.

2.2. Litígios transindividuais de difusão global

O primeiro grupo de litígios não atinge, de maneira destacada, qualquer parcela da coletividade, sendo desnecessário inquirir uma relação especial de titularidade em concreto. Não existe interesses de qualquer pessoa especialmente comprometidos pela lesão, de sorte que essa categoria se aproxima das concepções clássicas de sociedade na doutrina (sociedade como estrutura), especialmente dos que a veem como um ente supracoletivo que titulariza os direitos transindividuais.

A conflituosidade, nesses litígios, é muito baixa, decorrendo a proteção ao bem jurídico do interesse genérico que todos têm nele, não na lesão especificamente causada a qualquer parcela.

Também a complexidade será baixa, no geral, embora, pontualmente, a solução ideal (para todos, já que não se ostenta grande conflituosidade) possa se dificultar, por conta de divergências técnicas e científicas.

São exemplos de direitos transindividuais globais o derramamento de óleo em quantidade pequena e a perfuração profunda no meio do oceano.

É interessante perceber que, por conta da noção realmente difusa da titularidade desses direitos, por não atingirem qualquer cidadão especificamente, o conflito interessa igualmente a um brasileiro ou a um chinês (semelhantemente à ideia de patrimônio da humanidade utilizada pela Unesco), de maneira que tão somente por conta da ausência de um sistema transnacional de proteção é que os sistemas nacionais acabam por atuar. Ofendendo toda a sociedade, entendida como o conjunto de habitantes do planeta estruturados no interior de um Estado nacional, caberá ao aparato jurídico desse Estado a responsabilidade de processar sua violação.

2.3. Litígios transindividuais de difusão local

O segundo grupo de litígios já atinge, de maneira destacada, uma parcela da coletividade (uma comunidade), sendo necessário inquirir uma relação especial de titularidade em concreto (sociedade como solidariedade). Esse grupo ofendido possui grande consciência de identidade própria e senso de lealdade entre seus membros, caracterizando-se como um conjunto com alto grau de consenso interno.

Os efeitos causados a esses sujeitos, que formam o grupo, são tão mais sérios e relevantes que os gerados sobre o restante da sociedade que se afigura razoável considerar apenas a sua titularidade.

A conflituosidade, nesses litígios, é igualmente baixa ou, se muito, média, decorrendo a proteção ao bem jurídico do interesse específico que a comunidade possui.

Por sua vez, a complexidade será média, pois, ainda que haja uniformidade no grupo atingido, pode haver divergências internas e opiniões diferentes, que, no entanto, não implicam um aumento considerável da conflituosidade, porque a comunidade mantém sua capacidade de agregação e coerência interna.

São exemplos de direitos transindividuais locais os titularizados por comunidades indígenas ou quilombolas.

Acrescenta-se, ainda, a essa espécie um segundo círculo de direitos ou conflitos, a englobar outros grupos que compartilham perspectivas sociais próprias, ainda que com vínculo subjetivo mais tênue que as comunidades, como as minorias (discussões sobre igualdade de gênero, por exemplo, tendem a interessar mais às mulheres que aos homens) ou trabalhadores de um mesmo ramo (que possuirão reinvindicações e compreensões próprias), o que permite a eles atribuir a titularidade dos direitos, inclusive para fins de transações.

2.4. Litígios transindividuais de difusão irradiada

O terceiro grupo de litígios atinge diversas parcelas da coletividade, sendo perceptível a existência de variadas relações especiais de titularidade em concreto (sociedade como criação, conceito fluido, elástico e descentralizado, não estático). Aqui, a parte autora material da ação não apenas enfrenta o réu, mas também divergências internas, caracterizando megaconflitos ou litígios mutáveis[112].

A conflituosidade é alta, uma vez que o todo atingido não possui coerência interna, sendo composto por variadas parcelas de sujeitos, cada qual com compreensões próprias de mundo e preferências específicas. Além disso, cada parcela, por sua vez, pode estar envolvida e ser ofendida em graus diversos (conflitos multipolares).

Igualmente, a complexidade será alta, pois cada um dos agrupamentos atingidos sugerirá uma saída específica, que melhor atenda aos seus anseios próprios, ainda que várias autorizadas pelo ordenamento, em abstrato, desde discussões entre o desfazimento do ato e a reparação pecuniária até o delineio de soluções específicas técnicas.

Cada grupo será atingido pela lesão de forma específica, maior ou menor, como as ondas de uma pedra atirada ao lago, irradiadas a partir do centro. As pessoas que estão no centro do conflito serão mais envolvidas (lesões centrípetas), enquanto aquelas na periferia do litígio serão atingidas de forma mais uniforme (lesões centrífugas). A partir daí, caso a maioria dos membros da sociedade esteja próxima ao centro da lesão, se estará diante de uma sociedade nucleada; caso contrário, será não nucleada.

São exemplos de direitos transindividuais irradiados a construção de uma hidrelétrica em determinado rio, que opõe as preferências da população ribeirinha, da população da cidade próxima, da sociedade empresária responsável e da população que receberá a energia produzida, ou de uma casa de eventos noturnos em determinada localidade (caso do sambódromo, no Rio de Janeiro[113]), os problemas fundiários multitudinários, a desocupação de favelas e a transposição das águas do Rio São Francisco.

Consequência da apreciação de um conflito como irradiado é a necessidade de garantir amplo contraditório, processual e social, ultrapassando a cega relação indivisibilidade-transindividualidade, que acaba por tratar os litígios irradiados como globais, deixando à margem do debate os indivíduos que, embora em menor medida, são também atingidos.

---

[112] MANCUSO, 2013, p. 113.
[113] MANCUSO, 2013, p. 107.

Capítulo 6
TUTELA COLETIVA EXTRAJUDICIAL

1. JUSTIÇA MULTIPORTAS, PRIORIDADE DA SOLUÇÃO EXTRAJUDICIAL DOS CONFLITOS E PRINCÍPIO DA ADEQUAÇÃO

Além de toda atividade realizada em juízo, a tutela coletiva pode ser exercida também por meio de ferramentas extrajudiciais. Na verdade, o quanto antes se resolver o conflito, melhor será para a sociedade.

Neste capítulo veremos as modalidades de ferramentas extrajudiciais previstas no ordenamento brasileiro. Essas ferramentas não estão previstas numa única fonte normativa. Ao contrário, estão dispersas por inúmeras leis e atos normativos que serão vistos a seguir.

É bom que se esclareça que, na verdade, o capítulo versará sobre a *fase pré-processual* de tutela coletiva. Nessa etapa, existem ferramentas voltadas à solução imediata do litígio coletivo e procedimentos instrutórios que preparam a prova a ser utilizada em futuro instrumento capaz de formar título executivo coletivo.

Em qualquer das hipóteses, há que se ter presente que a atual concepção da garantia constitucional basilar do acesso à justiça exige uma leitura ampliativa, desfocada da solução eminentemente judicial do litígio.

O Código de Processo Civil de 2015 trouxe, em seu art. 3º, o comando de que "não se excluirá da apreciação jurisdicional ameaça ou lesão a direito", enquanto o texto constitucional, em seu art. 5º, XXXV, entende que "a lei não excluirá da apreciação do Poder Judiciário lesão ou ameaça a direito".

Embora haja similitude entre as duas redações, uma leitura mais atenta revela que o comando infraconstitucional busca oferecer uma garantia mais ampla, extrapolando os limites do Poder Judiciário, a quem incumbe prestar a jurisdição, mas não como um monopólio[1].

A função jurisdicional representa o dever estatal de dirimir conflitos, abarcando as modalidades chiovendiana, de atividade substitutiva[2], e carneluttiana, de resolução de conflitos[3].

Contudo, na construção clássica, o Judiciário apenas atua na forma negativa, ou seja, dirimindo conflitos com a imposição de vontade do juiz, determinando um vencedor e um vencido[4].

Por isso, o art. 3º do Código de Processo Civil, ao se referir à apreciação jurisdicional, vai além do Poder Judiciário e da resolução de controvérsias pela substitutividade. O dispositivo passa a permitir outras formas positivas de composição, pautadas no dever de cooperação das partes e envolvendo outros atores.

Desse modo, a jurisdição, outrora exclusiva do Poder Judiciário, pode ser exercida por serventias extrajudiciais ou por câmaras comunitárias, centros ou mesmo conciliadores e mediadores extrajudiciais.

---

[1] LIMA, 1999, p. 5.
[2] CHIOVENDA, 2002, p. 8.
[3] CARNELUTTI, 2004, p. 63.
[4] ALCALÁ-ZAMORA, 1992, p. 127.

Como já temos falado em diversas oportunidades[5], a via judicial deve estar sempre aberta, mas isso não significa que ela precise ser a primeira ou única solução. O sistema deve ser usado subsidiariamente, até para evitar sua sobrecarga, que impede a efetividade e a celeridade da prestação jurisdicional.

Não é compatível com as modernas teorias sobre o Estado Democrático de Direito a ideia de que o processo em juízo seja a forma preferencial de solução de controvérsias, nada obstante essa visão, quer seja pela tradição, quer seja pelo receio da perda de uma parcela de poder, mantenha-se em alguns seguimentos[6].

Nesse contexto, cabe ao juiz assumir seu novo papel de gerenciador do conflito, de modo a orientar as partes, mostrando-lhes o mecanismo mais adequado para tratar aquela lide específica. É preciso assentar a ideia de um Estado-juiz minimalista igualmente no que tange à tutela coletiva, onde, aliás, a dimensão dos danos causados exige a mais pronta e imediata solução possível.

A chave de leitura, portanto, é o *princípio da adequação*, que instruirá o legitimado coletivo a buscar a melhor solução para o direito material essencialmente coletivo ou de repercussões coletivas, lançando mão de uma das técnicas a seguir delineadas.

Enfim, a incorporação dos meios consensuais pelo sistema jurisdicional brasileiro reserva inúmeras implicações que merecerão dedicada pesquisa e acompanhamento. Entretanto, o modo de implementação da lei no Brasil e a postura dos operadores do direito indicam a inclinação pelo sistema multiportas.

Três grandes desafios deverão ser enfrentados nesse novo contexto.

Em primeiro lugar, o Estado deverá empreender sério trabalho voltado à compreensão popular sobre o instrumento que estará à disposição de todos, bem como ao aprimoramento dos profissionais do direito acerca do método.

Ademais, a mediação precisa ser adaptada à feição processual, sem que isso fulmine suas características principiológicas, compatibilizando-a com os demais princípios constitucionais, processuais e com a garantia da realização de um processo justo.

Finalmente, é necessário desenhar e construir um sistema célere, efetivo e garantista de obtenção de consenso prévio ao ajuizamento da ação, de forma a evitar processos desnecessários e a viabilizar um tratamento mais adequado a cada tipo de litígio.

Nesse viés, a mediação, imbuída da função social que se exige dos institutos jurídicos, impregnou o movimento contemporâneo de acesso à justiça e vem ocupando um lugar de destaque nos ordenamentos jurídicos.

Há uma real preocupação com a efetiva pacificação do conflito, a ponto de essa finalidade ter se tornado elemento essencial do próprio conceito da jurisdição contemporânea[7].

2. ESPÉCIES DE FERRAMENTAS EXTRAJUDICIAIS

2.1. Procedimentos instrutórios

É comum, em qualquer questão com implicações jurídicas, a preocupação com os elementos probatórios, sobretudo com vistas à posterior persuasão do magistrado que virá a conhecer o caso. Na tutela coletiva não é diferente: na realidade, torna-se, pela complexidade dos litígios, especialmente relevante a fase instrutória no processo judicial, mas também na etapa pré-processual.

---

[5] PINHO; STANCATI, 2016.

[6] PINHO; PAUMGARTTEN, 2013.

[7] PINHO, 2017b, p. 373.

A vantagem da reunião de indícios pretéritos ao ajuizamento da demanda se dá em duas linhas, possibilitando:

1) robustecer a prova documental acostada à futura inicial, bem como a probabilidade de um julgamento de procedência na ação coletiva;
2) abrir um leque de opções para os legitimados coletivos, que, conhecendo os contornos do conflito, irão perquirir a via mais adequada para sua resolução, inclusive usando as ferramentas extrajudiciais estudadas.

Tradicionalmente, a doutrina destaca o inquérito civil público como o procedimento instrutório por excelência, já que nominalmente destacado pela Constituição Federal (art. 129, III) e pelo microssistema. Sua titularidade é, segundo entendimento assente, exclusiva do Ministério Público.

No entanto, atualmente, com a ampliação do rol de legitimados coletivos, notadamente com a inclusão da Defensoria Pública, igualmente instituição constitucional permanente, é insuficiente abordar apenas o inquérito civil, cabendo analisar os procedimentos próprios defensoriais, que, já se adianta, em muito pouco se diferem do inquérito ministerial.

Ademais, outros legitimados podem, dentro das prerrogativas a eles outorgadas pelo ordenamento, buscar a reunião de indícios a servir de base para uma futura ação ou para a pronta resolução extrajudicial do conflito.

O Código de Processo Civil serve de argumento de reforço para tanto, abrindo, ainda, uma terceira via: a das demandas probatórias autônomas. O Código Fux, em seu art. 381[8], divorcia o conceito legal de produção antecipada de prova do requisito da urgência, autorizando a provocação jurisdicional para que se produza uma prova capaz de permitir a solução autocompositiva do litígio, o estímulo ou a dissuasão para uma futura ação.

Tratando-se de instituto da teoria geral das provas, é absolutamente aplicável à tutela coletiva, seara na qual restará necessariamente potencializado, sem qualquer limitação referente ao legitimado, para além da averiguação da existência de pertinência temática.

São, portanto, três as espécies de procedimentos instrutórios coletivos autônomos (ou prévios à ação coletiva):

1) inquérito civil público;
2) procedimento instrutório (ou inquérito) defensorial;
3) demandas probatórias autônomas.

2.1.1. Inquérito civil

2.1.1.1. Conceito

A ação civil pública pode ser (e normalmente é) precedida de inquérito civil, cuja instauração é, ao menos pela literalidade dos dispositivos que o abordam, ato privativo do Ministério Público.

---

[8] "Art. 381. A produção antecipada da prova será admitida nos casos em que: I – haja fundado receio de que venha a tornar-se impossível ou muito difícil a verificação de certos fatos na pendência da ação; II – a prova a ser produzida seja suscetível de viabilizar a autocomposição ou outro meio adequado de solução de conflito; III – o prévio conhecimento dos fatos possa justificar ou evitar o ajuizamento de ação."

Portanto, o inquérito civil é procedimento prévio que tem por objetivo coletar os elementos necessários à propositura da ação civil pública ou à resolução extrajudicial do conflito coletivo[9] (*natureza unilateral*), a suceder internamente no Ministério Público.

Além disso, sua instauração não é obrigatória (*natureza facultativa*), podendo a ação ser proposta independentemente de sua existência[10], caso já exista "justa causa" para tanto – isto é, suficiente conjunto probatório, a ser robustecido na fase instrutória da ação. Não se trata, como elucida a resolução, de necessária condição de procedibilidade da ação coletiva adequada.

Traço marcante do inquérito é, ainda, sua informalidade, inexistindo rígido rito específico a ser seguido, mas apenas linhas a respeito de sua instauração, instrução e conclusão[11].

2.1.1.2. Fundamentos normativos

No plano constitucional, a menção ao procedimento é feita no elenco de funções do Ministério Público (art. 129, III, da CF[12]). Mesmo antes da Constituição, porém, a Lei da Ação Civil Pública já mencionava o instrumento (arts. 8º e 9º da Lei n. 7.347/85). Outros diplomas específicos também o referem, como o Código de Defesa do Consumidor (que remete à LACP no art. 90), o Estatuto da Criança e do Adolescente (art. 223), a Lei n. 7.853/89 (art. 6º) e a Lei Orgânica Nacional do Ministério Público (art. 25, IV).

Completando o mosaico normativo, o procedimento de instauração, instrução e arquivamento do inquérito civil é extensamente regulamentado pela Resolução n. 23/2007 do Conselho Nacional do Ministério Público[13].

2.1.1.3. Natureza jurídica

Há certo dissenso[14] quanto à natureza jurídica do inquérito civil e, por via de consequência, dos direitos do investigado durante o trâmite. De todo modo, atualmente existe uma tendência[15] em se afirmar, inclusive no âmbito do Superior Tribunal de Justiça, que o procedimento tem natureza inquisitorial, não sendo um processo administrativo, mas mero *procedimento administrativo* – o que torna o contraditório um elemento acidental, não obrigatório.

A exceção, de acordo com o STJ[16], fica por conta dos casos em que haja possível repercussão direta no patrimônio jurídico do investigado, com restrições de direitos e aplicação de sanções – o

---

[9] Existe divergência doutrinária a respeito da extensão do objeto do inquérito civil, havendo quem sustente que tal procedimento sirva também para reunir elementos de convicção em hipóteses divorciadas da tutela coletiva (MAZZILLI, 2005b). Contudo, parece-nos mais correto seguir a orientação da Res. CNMP n. 174, relegando os demais objetos aos procedimentos administrativos (art. 8º, IV).

[10] "O inquérito civil que pode ou não anteceder a ação civil é informal e unilateral, porque se destina a recolher provas, tão somente. 4. Recurso ordinário improvido" (RMS 11.537/MA, 2ª Turma, Rel. Min. Eliana Calmon, j. 6-2-2001).

[11] LEONEL, 2011, p. 340.

[12] "Art. 129. São funções institucionais do Ministério Público: (...) III – promover o inquérito civil e a ação civil pública, para a proteção do patrimônio público e social, do meio ambiente e de outros interesses difusos e coletivos."

[13] O art. 1º é bastante conceitual: "Art. 1º O inquérito civil, de natureza unilateral e facultativa, será instaurado para apurar fato que possa autorizar a tutela dos interesses ou direitos a cargo do Ministério Público nos termos da legislação aplicável, servindo como preparação para o exercício das atribuições inerentes às suas funções institucionais. Parágrafo único. O inquérito civil não é condição de procedibilidade para o ajuizamento das ações a cargo do Ministério Público, nem para a realização das demais medidas de sua atribuição própria".

[14] Considerando inválida a demanda fundada em inquérito civil, pela ausência de contraditório: TUCCI, 1997, p. 83.

[15] CARVALHO FILHO, 2009, p. 254; LEONEL, 2011, p. 346.

[16] RMS 21.038/MG, 1ª Turma, Rel. Min. Luiz Fux, j. 7-5-2009.

que não é natural no referido procedimento instrutório, razão pela qual o STF[17] já repudiou o *habeas corpus* como meio para o trancamento do inquérito civil.

Pode-se afirmar que, no inquérito, o contraditório existe, mas se encontra mitigado (direito à informação e direito à participação em certos atos) em comparação com aquele exercido no processo (direito de influência e reação plena)[18].

Nada impede, porém, que haja efetiva participação de todos os envolvidos[19], o que aumenta a carga de convencimento da prova produzida no inquérito. O Superior Tribunal de Justiça tem decisões que outorgam eficácia probatória relativa aos elementos colhidos no inquérito[20] e outras que as prestigiam, a menos que surja contraprova de hierarquia superior[21].

Mesmo assim, diversas garantias devem ser respeitadas. O STJ[22] já resolveu, nessa linha, que deve ser assegurado ao investigado acesso às informações que lhe digam respeito, observada a Súmula Vinculante 14 do STF[23]. Essa noção se aplica mesmo aos procedimentos sigilosos, salvo quanto aos atos cujo sigilo tenha sido decretado que não digam respeito ao investigado[24].

Além disso, o investigado pode requerer a realização de determinadas diligências, mas o atendimento ao pleito se insere no âmbito de discricionariedade da autoridade presidente[25]. Por se tratar de procedimento instrutório, porém, é válido distinguir o inquérito civil do inquérito policial quanto à lógica finalística, sendo de se aplaudir a maior participação naquele, produzindo-se, desde já, elementos de convicção úteis à elucidação da lesão coletiva[26].

De todo modo, merece menção a posição que sustenta que o inquérito deve respeitar o contraditório, salvo se o membro do Ministério Público o excepcionar, fundamentadamente (exemplo: necessidade de sigilo em investigação sobre ato de improbidade[27]).

A propósito do valor probatório desses elementos, o Superior Tribunal de Justiça entende que todo o colhido é válido e eficaz para convencer o magistrado, desde que não colida com provas de valor superior – assim entendidas aquelas colhidas sob o crivo do contraditório, como no processo coletivo que o seguir[28].

Note-se, por fim, que o inquérito civil se distancia do inquérito penal por alguns elementos:

1) a matéria (o inquérito policial ou ministerial penal apenas apura crimes e contravenções – tal aspecto, aliás, é que justifica a adjetivação da nomenclatura do instituto, que é público em ambas as hipóteses);

---

[17] HC 90.378, 1ª Turma, Rel. Min. Marco Aurélio, j. 13-10-2009.

[18] DIDIER JR.; ZANETI JR., 2016b, p. 246-247.

[19] Nesse caso, inclusive, considera-se mais relevante a prova produzida no inquérito civil que em um procedimento probatório autônomo sem o contraditório (NEVES, 2016b, p. 513).

[20] REsp 1.280.321/MG, 2ª Turma, Rel. Min. Mauro Campbell Marques, j. 6-3-2012.

[21] AgRg no AREsp 572.859/RJ, 2ª Turma, Rel. Min. Humberto Martins, j. 18-12-2014.

[22] RMS 31.747/SP, 1ª Turma, Rel. Min. Teori Albino Zavascki, j. 11-10-2011.

[23] Súmula Vinculante 14: "É direito do defensor, no interesse do representado, ter acesso amplo aos elementos de prova que, já documentados em procedimento investigatório realizado por órgão com competência de polícia judiciária, digam respeito ao exercício do direito de defesa".

[24] LEONEL, 2011, p. 348.

[25] CARVALHO FILHO, 2009, p. 254; LEONEL, 2011, p. 348.

[26] DIDIER JR.; ZANETI JR., 2016b, p. 248.

[27] CAVACO, 2015.

[28] O que no inquérito civil se apurar, quando regularmente realizado, terá validade e eficácia em juízo, podendo o magistrado valer-se dele para formar ou reforçar sua convicção, desde que não colida com provas de hierarquia superior, como aquelas colhidas sob as garantias do contraditório. No caso, verificou-se a ausência de contraprova que afastasse a presunção relativa das provas produzidas no inquérito civil (AREsp n. 1.417.207/MG, Rel. Min. Francisco Falcão, 2ª Turma, j. 17-9-2024).

2) a autoridade presidente (o inquérito penal pode ser policial, presidido pelo delegado, ou ministerial, enquanto o inquérito civil apenas pode ser presidido por um membro do Ministério Público);

3) o controle do arquivamento (o arquivamento do inquérito penal policial segue a regra do art. 28 do CPP[29], cumulando análise do órgão ministerial e do juiz);

4) o diploma de regência (o inquérito policial é tratado, principalmente, pelo Código de Processo Penal).

Nada impede, portanto, que tramitem, simultaneamente, inquéritos civis e inquéritos criminais, ante a distinção de esferas de atuação, decorrentes da tríplice responsabilidade oriunda de um mesmo ato ilícito (criminal, civil e administrativa), como também não há impedimento ao recurso a provas emprestadas[30], na fase pré-processual. Como reconhece o STJ, o princípio da obrigatoriedade do ajuizamento da ação penal pública indica, até mesmo, que o Ministério Público deva denunciar o envolvido em ato potencialmente criminoso com base em elementos colhidos no inquérito civil[31].

2.1.1.4. Etapas

O procedimento do inquérito civil possui três fases: a instauração, a colheita de elementos probatórios (instrutória) e a conclusão.

2.1.1.4.1. Instauração

O art. 2º da Resolução n. 23 apresenta as três hipóteses que podem levar à instauração do inquérito civil:

1) de ofício (art. 2º, I);
2) a requerimento ou representação (art. 2º, II), espécie de notícia de fato[32];
3) por designação do Procurador-Geral de Justiça, do Conselho Superior do Ministério Público, de Câmaras de Coordenação e Revisão ou de demais órgãos superiores da Instituição, nos casos cabíveis (art. 2º, III).

A instauração de ofício se dá quando o membro do Ministério Público tomar conhecimento de fatos que, teoricamente, constituam ofensa aos direitos coletivos em sentido amplo (art. 2º, § 1º).

Por outro lado, a instauração a requerimento de qualquer pessoa ou representação de autoridade ou outro órgão ministerial depende de informações reduzidas a termo (ainda que, no primeiro momento, tenham sido verbalmente prestadas – art. 2º, § 2º).

A formalidade, definitivamente, não é elemento decisivo nesse momento, sendo absolutamente possível a instauração calcada em denúncia anônima, como admitido pelo Superior Tribunal de Justiça[33] (art. 2º, § 3º).

---

[29] A redação do dispositivo foi alterada pela Lei n. 13.964/2019; contudo, a nova regra teve a sua eficácia suspensa por decisão liminar proferida pelo Min. Luiz Fux, no exercício da Presidência do STF, nos autos da ADIn 6.299/DF. A íntegra da decisão pode ser consultada em: <https://portal.stf.jus.br/processos/detalhe.asp?incidente=5840373>.

[30] Relacionando a prova colhida no inquérito civil e a ação judicial, Daniel Neves sustenta que a melhor saída, para afastar a aplicação do art. 372 do CPC, é considerá-la prova aproveitada e não emprestada (NEVES, 2016b, p. 514).

[31] REsp 681.612/GO, 5ª Turma, Rel. Min. Arnaldo Esteves Lima, j. 17-9-2009.

[32] A esse respeito, ver Resolução CNMP n. 174/2017, arts. 1º a 7º.

[33] RMS 37.166/SP, 1ª Turma, Rel. Min. Benedito Gonçalves, *DJe* 15-4-2013; RMS 30.510/RJ, 2ª Turma, Rel. Min. Eliana Calmon, *DJe* 10-2-2010; MS 13.348/DF, 3ª Seção, Rel. Min. Laurita Vaz, *DJe* 16-9-2009; RMS 38.010/RJ, 2ª Turma, Rel. Min. Herman Benjamin, j. 2-5-2013.

Havendo elementos suficientes, em qualquer uma das hipóteses de instauração, o ato administrativo que inicia o inquérito civil é uma portaria e a atribuição será do órgão do Ministério Público que tenha atribuição para propor a ação civil pública (art. 3º).

A portaria possui, como elementos fundamentais (art. 4º):

a) o fundamento legal que autoriza a ação do Ministério Público e a descrição do fato objeto do inquérito civil;
b) o nome e a qualificação possível da pessoa jurídica e/ou física a quem o fato é atribuído;
c) o nome e a qualificação possível do autor da representação, se for o caso;
d) a data e o local da instauração e a determinação de diligências iniciais;
e) a designação do secretário, mediante termo de compromisso, quando couber;
f) a determinação de afixação da portaria no local de costume, bem como a de remessa de cópia para publicação.

A instauração pode ou não ser desafiada por recurso específico, a depender da normativa própria de cada Ministério Público[34]. De todo modo, a autotutela pode ser exercida livremente, em razão do regramento geral do direito administrativo.

Uma vez instaurado o inquérito, verificam-se três efeitos principais:

1) utilizar os diversos instrumentos outorgados ao Ministério Público para a instrução e colheita de elementos (o que, a rigor, dispensa a instauração de procedimento formal, uma vez que decorrem, várias delas, do próprio cargo, revelando-se prerrogativas funcionais);
2) obstar a decadência do direito de reclamar acerca dos vícios do produto ou do serviço, em matéria consumerista (art. 26, § 2º, III, do CDC) – comando legal de natureza jurídica polêmica, por vezes encarado como interrupção do prazo decadencial, por vezes referido como causa suspensiva, mas que não se confunde com qualquer interrupção do prazo prescricional para ações outras[35];
3) fazer surgir a responsabilidade estatal pela instauração de inquérito civil temerário e prejudicial ao investigado[36].

2.1.1.4.1.1. Pressupostos para instauração

O inquérito civil, para ser instaurado, depende de uma análise do legitimado acerca de dois requisitos ou pressupostos[37]:

1) Pressuposto material ou substancial: justa causa para a investigação, consistente na notícia de um fato determinado, teoricamente apto a ensejar a propositura de ação coletiva (por exemplo, uma suposta condição de trabalho perigosa ou poluição de um rio[38]). Sua ausência pode levar ao trancamento do inquérito, pela via do mandado de segurança, conforme entendeu o STJ[39].

---

[34] Veja-se a autorização do MP/SP (LOMP/SP, art. 108) e do MP/BA (LOMP/BA, art. 79). A LOMP/RJ é, por exemplo, silente.
[35] AgRg no REsp 1.333.609/PB, 2ª Turma, Rel. Min. Humberto Martins, DJe 30-10-2012; AgRg no REsp 1.248.981/RN, 2ª Turma, Rel. Min Mauro Campbell Marques, DJe 14-9-2012; AgRg no AgRg no Ag 1.362.677/PR, 1ª Turma, Rel. Min. Benedito Gonçalves, DJe 7-12-2011; AgRg no REsp 1.384.087/RS, 2ª Turma, Rel. Min. Mauro Campbell Marques, j. 19-3-2015.
[36] DIDIER JR.; ZANETI JR., 2016b, p. 242.
[37] LEONEL, 2011, p. 340.
[38] FERRARESI, 2010, p. 6.
[39] RMS 27.004/RS, 1ª Turma, Rel. Min. Arnaldo Esteves Lima, j. 28-9-2010.

2) Pressuposto formal: manifestação do legitimado (ministerial) identificando o fato e apontando, sumariamente, fundamentos jurídicos da investigação, providências e diligências a serem adotadas.

2.1.1.4.1.2. Procedimento preparatório (administrativo)

Caso as informações apresentadas ao Ministério Público sejam imprecisas, é possível a instauração de *procedimento preparatório* (*procedimento administrativo*)[40], que buscará complementá-las antes da instauração, ante a carência subjetiva (elementos relativos à identificação dos investigados) ou objetiva (indefinição referente aos direitos tutelados), no prazo de noventa dias, prorrogável uma única vez, motivadamente, para que sejam praticados outros atos.

A doutrina aponta, ainda, uma terceira motivação para o procedimento preparatório: haver dúvida acerca da atribuição do órgão ministerial[41]. A Resolução n. 23, contudo, parece prever solução outra, suscitando-se conflito de atribuição nos próprios autos (art. 3º, parágrafo único). Por sua vez, após a instauração do procedimento administrativo ou do inquérito, o membro deve submeter sua decisão de não atribuição ao órgão de revisão competente, em três dias (art. 9º-A).

A Resolução n. 174/2017 do CNMP abordou e padronizou o referido procedimento, esclarecendo que procedimento administrativo é gênero que reúne como espécies a sucessão de atos que se prestem a:

a) acompanhar o cumprimento de termos de ajustamento de conduta;
b) acompanhar e fiscalizar políticas públicas e instituições;
c) apurar fatos que demandem tutela de direitos individuais indisponíveis;
d) embasar outras atividades não sujeitas a inquérito civil (ou seja, sendo possível a instauração de inquérito, essa é a prioridade – o procedimento preparatório é essencialmente acessório e dispensável).

O arquivamento do procedimento administrativo pode, como regra, ser promovido no próprio órgão de execução, com comunicação ao Conselho Superior ou à Câmara de Coordenação e Revisão respectiva, sem necessidade de homologação. No entanto, caso o objeto se refira à tutela de direitos individuais indisponíveis, o noticiante deverá ser cientificado da decisão, cabendo recurso ao órgão colegiado.

2.1.1.4.1.3. Não instauração do inquérito civil

O membro do Ministério Público pode não instaurar o inquérito em algumas hipóteses, para além do caso de já considerar haver elementos suficientes para o pronto ajuizamento da ação cabível.

A primeira, prevista na Resolução n. 23/2007, destacadamente é o *indeferimento do requerimento de instauração*.

Tal hipótese pode ocorrer diante da ausência de elementos aptos a levar à instauração, tendo em vista que os fatos narrados:

(i) não configurem lesão a direitos coletivos, ou mesmo que,
(ii) constituindo objeto teoricamente possível,
    (ii.1) já haja ação coletiva proposta, investigação em curso ou
    (ii.2) se encontrem solucionados.

---

[40] A Resolução CNMP n. 174/2017 padronizou o tratamento no âmbito do Ministério Público, denominando de procedimento administrativo o referido procedimento. Mesmo antes, no MPF, a nomenclatura utilizada já era procedimento administrativo.
[41] ANDRADE; MASSON; ANDRADE, 2017, p. 169.

Assim, o membro do Ministério Público indeferirá o pedido, fundamentadamente, cientificando pessoalmente o representante e o representado (art. 5º). Dessa decisão administrativa cabe recurso[42], no prazo de dez dias, que será contrarrazoado, e, se não interposto, os autos serão arquivados.

A segunda é a *remessa ao órgão com atribuição*, caso o membro verifique, ao receber o requerimento ou a representação, que a matéria não é afeta às suas funções, o que pode ocorrer até mesmo após a instauração do procedimento preparatório ou do inquérito, hipótese em que se exigirá o referendo do órgão competente.

A terceira se refere ao *arquivamento das peças informativas*, mencionado pelo art. 9º da Lei n. 7.347/85 (LACP), ao qual confere o mesmo tratamento que o destacado para o arquivamento do próprio inquérito civil. Discute-se se tais peças de informação seriam quaisquer elementos que cheguem ao Ministério Público, dando ciência de algum fato potencialmente motivador de atuação[43], ou se apenas diriam respeito àquelas colhidas em algum procedimento formalmente instaurado (procedimento preparatório, ao menos)[44].

2.1.1.4.2. Instrução

O inquérito civil será instruído com a juntada de peças técnicas, declarações, depoimentos e demais diligências determinadas pelo membro do Ministério Público que o presidir. Costumam ser apontados alguns instrumentos (art. 129, VI, da CF[45]).

Para alguns[46], a notificação é uma comunicação que convoca alguém para que compareça ao órgão de atuação e preste depoimento – sob pena de possível condução coercitiva e prática de crime de desobediência (salvo quando a lei específica do Ministério Público não autorizar) –, enquanto requisição seria uma ordem, normalmente voltada para o fornecimento de documentos ou informações.

A Lei Orgânica Nacional do Ministério Público reforça esse critério (art. 26, I, *a* e *b*).

Outra forma de diferenciar os instrumentos seria considerar a mera comunicação, sem caráter obrigatório (ocasionalmente ligada ao próprio mérito do conflito, fazendo as vezes de uma espécie de recomendação mais informal), e a requisição de uma efetiva ordem, cujo descumprimento enseja a configuração de crime de desobediência.

Segundo o microssistema (art. 8º, § 1º, da LACP[47]), o prazo mínimo para atendimento da requisição será de dez dias úteis[48], ao passo que, na legislação institucional, esse seria o prazo máximo (art. 8º, § 5º, da LOMPU).

Todos os ofícios requisitórios de informações ao inquérito civil e ao procedimento preparatório deverão ser fundamentados e acompanhados de cópia da portaria que instaurou o procedimento ou da indicação precisa do endereço eletrônico oficial em que tal peça esteja disponibilizada (art. 6º, § 10).

---

[42] Caso a atribuição originária seja do Procurador-Geral, cabe pedido de reconsideração, nos mesmos moldes (art. 5º, § 5º).
[43] Opção adotada pelo MP/SP (Ato Normativo 484 do Colégio de Procuradores de Justiça, art. 23, § 4º).
[44] ANDRADE; MASSON; ANDRADE, 2017, p. 177.
[45] "Art. 129. São funções institucionais do Ministério Público: (...) VI – expedir notificações nos procedimentos administrativos de sua competência, requisitando informações e documentos para instruí-los, na forma da lei complementar respectiva."
[46] ANDRADE; MASSON; ANDRADE, 2017, p. 179.
[47] "Art. 8º (...) § 1º O Ministério Público poderá instaurar, sob sua presidência, inquérito civil, ou requisitar, de qualquer organismo público ou particular, certidões, informações, exames ou perícias, no prazo que assinalar, o qual não poderá ser inferior a 10 (dez) dias úteis."
[48] O Estatuto do Idoso não menciona essa especificação: "Art. 92. O Ministério Público poderá instaurar sob sua presidência, inquérito civil, ou requisitar, de qualquer pessoa, organismo público ou particular, certidões, informações, exames ou perícias, no prazo que assinalar, o qual não poderá ser inferior a 10 (dez) dias".

O legislador reforça o caráter coercitivo das requisições ministeriais tipificando a conduta de recusar, retardar ou omitir dados técnicos como crime (art. 10 da LACP). Na Lei n. 7.853/89, existe tipo análogo, porém sem a restrição ao Ministério Público (art. 8º, VI).

A título de garantia do investigado, deve-se sublinhar que seu defensor constituído nos autos poderá lhe assistir durante a apuração de infrações, podendo, inclusive, no curso da respectiva apuração, apresentar razões e quesitos (art. 6º, § 11). O Estatuto da OAB, aliás, prevê como direito do advogado o acesso aos autos, também em procedimentos administrativos (art. 7º, XIII a XV).

Os atos, como regra, são públicos, com exceção dos casos em que haja sigilo legal ou em que a publicidade possa acarretar prejuízo às investigações, casos em que a decretação do sigilo legal deverá ser motivada (art. 7º).

Importante salientar que, como referido, a jurisprudência vem admitindo o uso do instituto da prova emprestada no inquérito civil[49], bem como a requisição direta do Ministério Público às instituições financeiras, a envolver dados cobertos pelo sigilo, notadamente quando envolver o erário[50].

Outros meios investigatórios complementam a instrução, permitindo a maior participação da sociedade: a realização de audiências públicas e a juntada de informações e elementos diretamente por qualquer pessoa[51].

O inquérito civil deverá ser concluído no prazo de um ano, que se suspende entre os dias 20 de dezembro e 20 de janeiro. Pode, porém, ser prorrogado, pelo mesmo prazo e quantas vezes forem necessárias, por decisão fundamentada de seu presidente, para conclusão das investigações – entendimento reafirmado pelo STJ[52]. Pode haver, porém, limitação a tal prazo ou às prorrogações, no âmbito da regulamentação interna de cada Ministério Público.

Por fim, importa esclarecer que nem todos os elementos precisam, contudo, ser levados à eventual ação civil pública ajuizada, como reconhece o Superior Tribunal de Justiça[53].

2.1.1.4.3. Conclusão

2.1.1.4.3.1. Conclusão positiva: promoção de tutela coletiva

O primeiro desfecho do inquérito civil é a tomada de alguma medida capaz de solucionar o conflito coletivo. Aqui, inserem-se as recomendações (que, em geral, são expedidas no curso do procedimento, admoestando o envolvido), o compromisso de ajustamento de conduta e, se infrutífera a solução consensual, o ajuizamento da ação coletiva.

2.1.1.4.3.2. Conclusão negativa: arquivamento

Por outro lado, é possível que, ao final das investigações, se conclua pela ausência de conduta ilícita. Uma vez esgotadas as possíveis diligências, o inquérito deverá ser arquivado, fundamentadamente, caso o promotor se convença da inexistência de fundamento para a propositura de ação civil pública (art. 9º da LACP; art. 223, § 1º, do ECA; art. 92, § 1º, do Estatuto do Idoso; art. 10 da Res. n. 23/2007 do CNMP). O mesmo regramento se aplica ao arquivamento das peças de informação (art. 9º da LACP).

---

[49] REsp 849.841/MG, 2ª Turma, Rel. Min. Eliana Calmon, j. 28-8-2007.
[50] RE 1.058.429-AgR, 1ª Turma, Rel. Min. Alexandre de Moraes, j. 20-2-2018.
[51] Art. 6º, § 5º, da Res. CNMP n. 23/2007.
[52] MS 10.128/DF, 3ª Seção, Rel. Min. Og Fernandes, DJe 22-2-2010; MS 13.245/DF, 3ª Seção, Rel. Min. Maria Thereza de Assis Moura, DJe 31-5-2010; RMS 29.290/MG, 5ª Turma, Rel. Min. Arnaldo Esteves Lima, DJe 15-3-2010; MS 10.128/DF, 3ª Seção, Rel. Min. Og Fernandes, DJe 22-2-2010; MS 12.895/DF, 3ª Seção, Rel. Min. Og Fernandes, DJe 18-12-2009.
[53] REsp 448.023/SP, 2ª Turma, Rel. Min. Eliana Calmon, j. 20-5-2003.

Nessa hipótese, os autos deverão ser remetidos ao Conselho Superior do Ministério Público (no caso dos Ministérios Públicos estaduais) ou da Câmara de Coordenação e Revisão (no caso do Ministério Público Federal[54]), no prazo de três dias, para fins de homologação, sob pena de cometimento de falta grave (art. 9º, § 1º).

Admite-se, nessa etapa, a juntada de razões escritas e documentos pelas associações interessadas (art. 9º, § 2º), em manifestação do direito de petição – o que indica que se estende aos demais legitimados[55]. Inclusive, de acordo com o STJ[56], deve o órgão revisor efetivamente considerar tais informações, sob pena de nulidade do ato de homologação, que, para José dos Santos Carvalho Filho, vai além de ato meramente administrativo, chegando ao patamar de ato institucional[57].

Deliberada e homologada a promoção de arquivamento, os autos seguem para o arquivo. A decisão deverá ser fundamentada e o arquivamento expresso, de acordo com o art. 9º.

A doutrina, no entanto, ventila a possibilidade de arquivamento implícito, ao qual deverá ser aplicado o regramento referente ao arquivamento explícito, quando:

1) celebrado termo de ajustamento de conduta, que teria o efeito de encerrar o inquérito[58];
2) promovida ação civil pública cujo objeto se restringe a parcela do objeto do inquérito (art. 13 da Res. n. 23/2007[59]).

Outros autores preferem rechaçar a terminologia arquivamento implícito, que daria margem à ideia de que seria desnecessária a remessa ao órgão colegiado para homologação, preferindo falar em arquivamento parcial[60], evitando qualquer ofensa ao princípio da obrigatoriedade.

Em caso de decisão não homologatória, prevê as seguintes providências a serem determinadas pelo órgão de revisão:

1) conversão do julgamento em diligência para a realização de atos imprescindíveis à sua decisão, especificando-os e remetendo os autos ao membro do Ministério Público que determinou seu arquivamento, e, no caso de recusa fundamentada, ao órgão competente para designar o membro que irá atuar (art. 10, § 4º, I, da Res. n. 23/2007);
2) deliberação pelo prosseguimento do inquérito civil, indicando os fundamentos de fato e de direito de sua decisão, adotando as providências relativas à designação, em qualquer hipótese, de outro membro do Ministério Público para atuação (art. 10, § 4º, II, da Res. n. 23/2007);
3) deliberação pelo prosseguimento da tutela, mediante ajuizamento de ação coletiva, igualmente adotando as providências relativas à designação, em qualquer hipótese, de outro membro do Ministério Público para atuação (art. 9º, § 4º, da LACP[61]).

---

[54] Eventualmente, a depender da matéria, a remessa pode ser para a Procuradoria Federal dos Direitos do Cidadão (Portaria PFDC/MPF n. 06/2007).

[55] DIDIER JR.; ZANETI JR., 2016b, p. 262-263. Na mesma linha: REsp 802.060/RS, 1ª Turma, Rel. Min. Luiz Fux, j. 17-12-2009.

[56] REsp 802.060/RS, 1ª Turma, Rel. Min. Luiz Fux, j. 17-12-2009.

[57] CARVALHO FILHO, 2009, p. 316.

[58] DIDIER JR.; ZANETI JR., 2016b, p. 264.

[59] "Art. 13. O disposto acerca de arquivamento de inquérito civil ou procedimento preparatório também se aplica à hipótese em que estiver sendo investigado mais de um fato lesivo e a ação civil pública proposta somente se relacionar a um ou a algum deles."

[60] ANDRADE; MASSON; ANDRADE, 2017, p. 187.

[61] "Art. 9º (...) § 4º Deixando o Conselho Superior de homologar a promoção de arquivamento, designará, desde logo, outro órgão do Ministério Público para o ajuizamento da ação."

Nos dois últimos casos, há uma efetiva discordância do órgão colegiado em relação ao desfecho pretendido pelo membro com atribuição para o inquérito, de sorte que, para não se ferir a independência funcional do referido membro, há que se designar outro membro para que prossiga com as investigações ou ajuíze a ação civil pública. Embora a lei atribua ao órgão colegiado tal incumbência, é, na realidade, o Procurador-Geral de Justiça o responsável, conforme legislação institucional (art. 10, IX, da Lei n. 8.625/93), mesmo que tenha sido vencido na votação[62].

Importante esclarecer que, não obstante o arquivamento do inquérito, inexiste garantia ou direito do investigado de que não será provocado a celebrar termo de ajustamento de conduta ou citado em uma ação coletiva, já que o próprio Ministério Público poderá desarquivar o procedimento e levá-lo adiante ou outro legitimado poderá entender presentes elementos suficientes para a tutela.

2.1.1.4.3.2.1. Desarquivamento

Mesmo após o arquivamento, o inquérito civil pode vir a ser desarquivado, desde que no prazo máximo de seis meses após o arquivamento surja(m) (art. 12 da Res. n. 23/2007):

1) novas provas referentes aos mesmos fatos;
2) fato novo relevante, relativo ao fato anteriormente investigado.

Se já houver transcorrido esse lapso, será instaurado novo inquérito civil, sem prejuízo das provas já colhidas.

2.1.1.4.3.3. Recursos administrativos

Tema que desperta polêmica é a possibilidade de normas estaduais ou infralegais disporem sobre recursos administrativos, no âmbito do inquérito civil.

Nessa linha, inserem-se as previsões da Res. n. 23/2007 acerca do recurso contra a decisão de indeferimento do requerimento de instauração (art. 5º, §§ 1º a 3º) e de normativas estaduais, que por vezes preveem impugnação da própria decisão de instauração (art. 107, § 1º, da LOMP/SP).

Por um lado, consideram-se inconstitucionais tais regramentos, por versarem acerca de direito processual (art. 22, I, da CF) ou, para outra linha de pensamento, sobre direito procedimental, mas em desconformidade com o tratamento geral dado pela lei federal (já que a Lei n. 7.347/85 nada fala a respeito). Além disso, o controle hierárquico ofenderia a independência funcional do agente político[63].

Por outro lado, tem-se consolidada, na prática, a abertura da via recursal, permitindo controle interno dos atos praticados pelo condutor do inquérito civil. Embora pudesse bastar um pedido de reconsideração, que autorizaria a autotutela administrativa ministerial, por vezes soa mais efetiva a possibilidade de revisão por órgão superior.

2.1.2. Procedimentos instrutórios defensoriais

Embora o regramento mais extenso e específico diga respeito ao inquérito civil, de titularidade do Ministério Público, é inegável a prerrogativa de outros legitimados de reunir elementos que embasarão as mesmas medidas (recomendações, compromissos de ajustamento de conduta e ações coletivas).

A legislação menciona, timidamente, que os demais legitimados podem requerer certidões e informações às autoridades (art. 8º da LACP e art. 91 do Estatuto do Idoso)[64]. Na realidade, as

---

[62] SOUZA, 2005, p. 118.

[63] MAZZILLI, 2005a, p. 274-280. Para um apanhado geral dos argumentos, sugere-se: LEONEL, 2011, p. 356-360.

[64] Há doutrina que restringe as possibilidades dos demais legitimados ao requerimento de certidões e informações, admitindo o manejo do mandado de segurança ou de uma ação civil pública com pedido de produção de provas por meio de exibição de documento ou coisa (ANDRADE; MASSON; ANDRADE, 2017, p. 196-197).

normas dizem pouco mais do que nada, já que qualquer pessoa pode provocar autoridades e fazer pedidos – que podem ou não ser atendidos. O tema, portanto, merece aprofundamento.

Com efeito, alguns legitimados não gozam de prerrogativas legais que garantam o atendimento dos requerimentos, dependendo da cooperação de órgãos públicos e entidades privadas que detenham informações cruciais para a instrução das medidas. É o caso das associações, dos sindicatos e, em grande medida, da Administração Pública direta e indireta (salvo, naturalmente, para elementos de responsabilidade de órgãos a ela subordinados).

Quanto à Defensoria Pública, porém, o quadro é absolutamente diverso: só se explica a dicotomia de tratamento, garantindo procedimento próprio ao Ministério Público, por razões cronológicas, uma vez que, à época da edição das leis que ocupam o núcleo duro do microssistema, a instituição se encontrava em patamares estruturais iniciais na maior parte das unidades federativas – cenário completamente divorciado do atual[65]. A própria legitimidade da Defensoria para a tutela coletiva, aliás, foi positivada apenas em 2007.

Hoje, porém, negar a existência de procedimento próprio e robusto de instrução pela instituição só se justifica pelo desconhecimento das ferramentas outorgadas pelo ordenamento à Defensoria Pública, bem como de suas funções.

A propósito, ensina Ricardo de Barros Leonel[66] que o rol de diligências previstas para o inquérito civil não é exaustivo, podendo se adotar todas as diligências necessárias para a elucidação dos fatos objeto da apuração, identificar os responsáveis, sempre respeitando os limites impostos pelo ordenamento. Isso significa, em outras palavras, que é a função final que embasa e autoriza os meios: se pode o Ministério Público ajuizar ação civil pública, pode reunir elementos para tanto, no inquérito civil.

Idêntica lógica se opera em favor da Defensoria: a Constituição Federal (art. 134) incumbe a instituição da defesa dos necessitados, em âmbito individual e coletivo. Essa cláusula geral legitimadora justifica, por si só, qualquer medida que, respeitando as garantias constitucionais, contribua com a tutela coletiva dos necessitados (amplamente considerados, como admitido pelo Supremo Tribunal Federal), dirigindo-se para a solução do conflito, judicial ou extrajudicial.

Não bastasse, o próprio ordenamento outorga instrumentos mais específicos, na legislação orgânica (LC n. 80/94). Desde a edição da LC n. 132/2009, enunciam-se como funções institucionais:

1) a promoção de todas as espécies de ações capazes de propiciar a adequada tutela de direitos coletivos em sentido amplo (art. 4º, VII);
2) a promoção da mais ampla defesa dos direitos fundamentais, coletivamente, inclusive (art. 4º, X).

A combinação dessas duas funções é esclarecedora, devendo-se compreender "todas as espécies de ações" e "a mais ampla defesa" como didáticas lições do legislador à comunidade jurídica, consagrando, para a Defensoria Pública, o princípio da atipicidade da tutela coletiva e a legitimidade conglobante. Se o ordenamento encarrega alguém de determinada função, deve garantir a esse alguém os meios para bem a cumprir.

O raciocínio é ainda mais marcante em se tratando do inquérito civil, que tem caráter assumidamente acessório e instrumental, não possuindo utilidade autônoma absoluta. É sustentável, portanto,

---

[65] Para um panorama global da expansão da Defensoria Pública para o interior, em todos os Estados da Federação, veja-se o IV Diagnóstico da Defensoria Pública no Brasil (2015), disponível em: <https://www.anadep.org.br/wtksite/downloads/iv-diagnostico-da-defensoria-publica-no-brasil.pdf>.
[66] LEONEL, 2011, p. 345.

que a Defensoria Pública pode instaurar inquérito civil, nos moldes ministeriais[67] – apesar das diversas vozes contrárias na doutrina[68].

Isso porque os instrumentos dados pelo ordenamento ao Ministério Público para garantir a utilidade do inquérito e seu profícuo andamento são igualmente conferidos aos membros da Defensoria, destacadamente:

1) A prerrogativa (poder[69]) de requisição (arts. 44, X, 89, XVI, e 128, X, da LC n. 80/94), autêntico ato estatal oficial dotado de imperatividade e autoexecutoriedade, caracterizando ordem e não mero pedido ou solicitação, voltado tanto a reunir material probatório como à imediata satisfação de direitos dos assistidos. O fundamento é a necessidade de bem tutelar necessitados: inicialmente, na assistência individual, os hipossuficientes que têm dificuldades de acesso aos documentos necessários pela via burocrática, posteriormente, na tutela coletiva, os grupos que têm seus direitos violados.
2) A prerrogativa de acesso a bancos de dados e locais públicos (art. 89, XVI).

A título de reforço argumentativo, veja-se que é relativamente tranquila na doutrina a possibilidade de a Defensoria requisitar abertura de inquérito policial, embora a Constituição apenas mencione o Ministério Público como legitimado para tanto[70].

Abordando a prerrogativa de requisição, poder-se-ia imaginar haver dissonância entre o previsto para o Ministério Público (requisição a organismos públicos e privados – art. 8º, § 1º, da LACP) e o previsto para a Defensoria Pública (requisição apenas a autoridades públicas, amplamente consideradas – art. 128, X, da LC n. 80/94). Haveria uma diferença no destinatário da ordem? Pela mera leitura dos comandos, sim.

No entanto, há que se reiterar que o disposto na Lei da Ação Civil Pública, linha mestra do microssistema, deve ser estendido à Defensoria, cuja legitimidade foi cunhada e reconhecida após o advento da norma. Ambas as instituições gozam da natureza jurídica de instituição constitucional permanente, sendo funções essenciais à justiça, em igualdade de importância para o funcionamento republicano, integrando o quarto poder, o de provedoria de justiça[71].

Naturalmente, a Defensoria possui atuação peculiar em relação ao Ministério Público, ao atuar como representante judicial de um sem-número de assistidos, em processos individuais. Embora o *parquet* seja parte, notadamente no processo penal (mas não apenas), o comum é que atue, no processo civil, enquanto instituição fiscalizadora (art. 178 do CPC). A atuação defensorial, nesse particular, estaria mais próxima à da advocacia, outra função essencial à justiça.

Esse cenário levou o Supremo Tribunal Federal[72] a considerar inconstitucional a prerrogativa dos defensores públicos do Estado do Rio de Janeiro, prevista na Constituição Estadual, de requisitar documentos de entidades particulares (art. 181, IV, *a*, da CE/RJ), assentando que a previsão criaria uma classe de "superadvogados".

---

[67] Fundamental, aqui, considerar a igualdade de tratamento (instrumental, inclusive) entre as instituições (arts. 44, XIII, 89, XIII, e 128, XIII, da LC n. 80/94).
[68] DIDIER JR.; ZANETI JR., 2016b, p. 204-205; NEVES, 2016b, p. 494-495.
[69] ESTEVES; SILVA, 2017, p. 704.
[70] ESTEVES; SILVA, 2017, p. 708-709; ALVES; PIMENTA, 2004, p. 117. Em sentido contrário: PAIVA, 2016, p. 118.
[71] MOREIRA NETO, 1995, p. 22.
[72] ADI 230, Tribunal Pleno, Rel. Min. Cármen Lúcia, j. 1-2-2010.

A fundamentação constante no acórdão, contudo, não prospera, quando confrontada com o atual estado da matéria em nosso ordenamento. Franklyn Roger e Diogo Esteves[73] destacam argumentos definitivos:

1) a Emenda Constitucional n. 80/2014 sepulta o raciocínio que equiparava os advogados particulares aos defensores públicos, inclusive topograficamente, delineando seção própria para cada carreira;
2) os fundamentos determinantes da decisão não se estendem, automaticamente, a outras normas (como as leis complementares que regem as Defensorias Públicas dos Estados do Amazonas, Ceará, Mato Grosso, Mato Grosso do Sul, Pará, Piauí e Rondônia);
3) a declaração de inconstitucionalidade de forma alguma abarca a atuação coletiva da instituição, por conta da teoria dos poderes implícitos e da igualdade de tratamento em relação aos membros do Ministério Público (arts. 44, XIII, 89, XIII, e 128, XIII, da LC n. 80/94).

É possível, portanto, afirmar que a Defensoria Pública possui legitimidade para a instauração de inquérito civil, enquanto procedimento instrutório específico voltado à tutela de direitos coletivos em sentido amplo – independentemente de modificação legislativa[74].

A prática, no entanto, vem apontando para outro sentido: a criação de procedimentos instrutórios próprios, no âmbito de cada Defensoria Pública, evitando discussões (inócuas) quanto à possibilidade de uso do inquérito.

Inicialmente, cumpre lamentar a ausência de um Conselho Nacional da Defensoria Pública[75], que teria vocação para a uniformização de regramentos extensíveis a todas as instituições, a exemplo do que ocorre no Ministério Público.

Cada instituição tem regulamentado o procedimento de uma forma distinta. Na verdade, a finalidade é coincidente, alterando aspectos procedimentais, alguns relevantes, como o prazo para o encerramento e o órgão responsável pela homologação do arquivamento, outros acessórios, como a nomenclatura adotada.

Quanto ao nome eleito, determinadas instituições optam pelo genérico procedimento de instrução[76] (batizando, adequadamente, o instituto com sua natureza jurídica), outras se decidem por opções mais extensas (processo de assistência jurídica coletiva[77], procedimento para apuração de dano coletivo[78], procedimento administrativo preparatório para atuação na tutela coletiva[79]).

Em comum, as regulamentações (resoluções ou deliberações) costumam tratar da atribuição para a instauração e para as medidas de tutela coletiva. Interessante, nesse aspecto, a deliberação da Defensoria Pública do Rio de Janeiro, que, semelhantemente ao que sucede no âmbito ministerial, esclarece ter atribuição o agente político que a teria para o ajuizamento da ação civil pública[80].

---

[73] As lições são obrigatórias a respeito da prerrogativa e dos demais temas atinentes à Defensoria Pública: ESTEVES; SILVA, 2017, p. 704-721.
[74] Nesse ponto, discordamos de Tiago Fensterseifer, que exige alteração da Lei n. 7.347/85, mencionando a Defensoria (FENSTERSEIFER, 2015, p. 166). Há previsão legal, como dito: a LC n. 80/94 esclarece a equiparação de funções.
[75] Objeto da PEC n. 525/2010. A respeito, ver: ESTEVES; SILVA, 2017, p. 914-919.
[76] Deliberação n. 125/2017 do Conselho Superior da Defensoria Pública do Estado do Rio de Janeiro.
[77] Resolução n. 127/2016 da Defensoria Pública da União.
[78] Resolução n. 8/2013 do Conselho Superior da Defensoria Pública/RS.
[79] Resolução n. 148/2015 do Conselho Superior da Defensoria Pública do Estado do Pará.
[80] Art. 14 da Del. n. 125/2017 do CSDP/RJ.

Algumas instituições se preocupam com a concentração dos esforços de seus membros em um único procedimento instrutório, o que é bastante recomendável. Na Defensoria Pública da União, enquanto há procedimento em curso, os outros defensores não podem instaurar um novo – cabendo, inclusive, verificar sua eventual existência antes de inaugurar outro[81].

Existe, também, certa unanimidade entre as regulamentações quanto à advertência sobre a dispensabilidade do procedimento (como sucede com o inquérito civil), sublinhando-se não se tratar de condição de procedibilidade[82].

Quanto ao procedimento propriamente, há algum grau de variação, embora sempre mantidas as etapas estudadas no inquérito civil (afinal, trata-se de um inquérito civil público defensorial): instauração, instrução e conclusão.

Na instauração, reproduz-se, em geral, o início do procedimento por meio de portaria, de ofício, a requerimento/requisição ou por determinação do órgão responsável pela homologação (em geral, o Conselho Superior), também se reproduzindo a possibilidade de indeferimento do requerimento de instauração.

Interessante é a expressa menção à possibilidade de aditamento da portaria, caso descoberto outro fato relativo ao primeiro ou algum elemento novo do objeto inicial do inquérito, ou de extração de cópias para que se instaure outro procedimento análogo[83].

Na etapa instrutória, remete-se, como instrumento principal, à prerrogativa de requisição estampada na Lei Complementar n. 80/94 e nas legislações estaduais. Além disso, consagrando os poderes implícitos outorgados pelo ordenamento, mencionam-se a colheita de depoimentos e declarações, oitivas de investigados, realização de audiências públicas.

Por vezes, faculta-se ao investigado a participação por meio de requerimentos, cujo atendimento demanda juízo prévio por parte de defensor que preside o procedimento, em decisão fundamentada da qual será cientificado o requerente.

Interessante perceber que as regulamentações existentes convergem quanto à necessidade de se fixar um prazo para o término do procedimento, mas variam ao eleger tal lapso temporal.

No Rio de Janeiro, por exemplo, o prazo é de um ano, prorrogável sem restrição de vezes, desde que fundamentadamente e que se dê ciência à Corregedoria[84]; no Rio Grande do Sul, é de 180 dias, prorrogável por igual período, mediante autorização do Subdefensor Público-Geral[85]; no Pará, exige-se apenas que o prazo seja razoável[86]. A questão, naturalmente, merece maior grau de uniformização, embora possa variar entre instituições, já que o panorama de algumas ainda é distante do das demais.

Também se refere à publicidade (mitigada)[87], semelhantemente ao que faz o tratamento normativo ministerial.

A ulterior etapa, de conclusão e possível arquivamento, recebe atenção nos regramentos. Apesar disso, existe variação significativa em relação ao órgão revisor/homologador: na Defensoria

---

[81] Art. 9º da Res. n. 127/2016 da DPU.
[82] Del. n. 125/2017 do CSDP/RJ (art. 13, § 2º), Del. n. 8/2013 do CSDP/RS (art. 5º, § 5º), Res. n. 148/2015 do CSDP/PA (art. 1º, parágrafo único).
[83] Del. n. 125/2017 do CSDP/RJ (art. 17, parágrafo único) e Res. n. 148/2015 do CSDP/PA (art. 5º).
[84] Del. n. 125/2007 do CSDP/RJ (art. 24).
[85] Del. n. 8/2013 do CSDP/RS (art. 5º, § 7º).
[86] Res. n. 148/2015 do CSDP/PA (art. 12).
[87] Del. n. 125/2007 do CSDP/RJ (art. 25).

Pública da União, elege-se o Defensor Nacional de Direitos Humanos[88]; na Defensoria Pública fluminense, o Conselho Superior[89] (muito semelhantemente à resolução do CNMP, destoando apenas quanto à ausência de previsão de cometimento de falta grave em caso de descumprimento do prazo de remessa); no Rio Grande do Sul[90] e no Pará[91], opta-se pelo Defensor Público-Geral.

Merece aplausos a deliberação da Defensoria Pública do Rio de Janeiro, nesse ponto (por eleger o órgão colegiado, ampliando o contraditório e, com isso, a qualidade do juízo homologatório) e em outros, como a autorização expressa de apresentação de razões pelos colegitimados, antes da decisão final (aspecto para o qual nem a Lei n. 7.347/85 atentou, falando apenas nas associações legitimadas[92]), a qual assegura que, como regra, será proferida em sessão pública[93], e o desarquivamento do procedimento (dentro de seis meses[94])[95], estatuindo regramento verdadeiramente evoluído e completo, aplicável ao caso de solução parcial do objeto do procedimento instrutório (sepultando qualquer presunção de arquivamento implícito)[96].

A marcha de evolução de atuação defensorial na tutela coletiva, sempre para a frente, passa pela dedicação das instituições à elaboração de regulamentação de suas atividades, mormente as pouco mencionadas (ou até ignoradas) pela lei. Possivelmente, o regramento ministerial, uno em razão de haver um Conselho Nacional, serve como parâmetro e ponto de partida, mas as peculiaridades institucionais demandam atenção na adequação, bem como amplo diálogo, de modo que, trocando experiências, as Defensorias Públicas de todo o país construam um tratamento uniforme e, sobretudo, efetivo.

2.1.3. Demandas probatórias autônomas coletivas

O Código de Processo Civil de 2015 ampliou as hipóteses de produção de provas em processo judicial exclusivamente voltado para tanto, indo além da mera hipótese em que há risco de perecimento da prova pelo fator tempo.

Embora a fase instrutória seja o momento procedimental de produção de provas por excelência, pode ocorrer que algum elemento concreto permita a produção antecipada de provas, um procedimento voltado apenas para a confecção de certo elemento probatório, mesmo que antes da deflagração do processo principal (art. 381).

A lei permite que assim se proceda em algumas hipóteses, quando:

1) houver fundado receio de que a prova venha a se tornar impossível ou muito difícil de ser produzida na fase instrutória da futura ação (ex.: testemunha em grave estado de saúde);
2) puder viabilizar a autocomposição ou outro meio adequado de solução do conflito (ex.: avaliação para saber o valor correto do dano decorrente de lesão a direitos individuais homogêneos de um grupo de consumidores);

---

[88] Res. n. 127/2016 da DPU (art. 13).

[89] Del. n. 125/2017 do CSDP/RJ (art. 26).

[90] Del. n. 8/2013 do CSDP/RS (art. 5º, § 8º).

[91] Res. n. 148/2015 do CSDP/PA (art. 10).

[92] "Art. 9º (...) § 2º Até que, em sessão do Conselho Superior do Ministério Público, seja homologada ou rejeitada a promoção de arquivamento, poderão as associações legitimadas apresentar razões escritas ou documentos, que serão juntados aos autos do inquérito ou anexados às peças de informação."

[93] Del. n. 125/2017 do CSDP/RJ (art. 26).

[94] O prazo é questionável, mas, seguramente, matéria de competência regulamentar da própria instituição, sem gerar prejuízo efetivo para a tutela coletiva.

[95] Del. n. 125/2017 do CSDP/RJ (art. 27).

[96] Del. n. 125/2017 do CSDP/RJ (art. 27, § 7º).

3) o prévio conhecimento dos fatos justifique ou evite o ajuizamento da ação (ex.: perícia para determinar de qual fábrica advém a poluição que se pretende afastar);
4) se pretender realizar o arrolamento de bens, sem apreensão (mera listagem de certos bens – ex.: patrimônio público lesado consistente em um acervo de biblioteca);
5) se pretender ouvir testemunha para justificação, isto é, sobre a existência de um fato, sem caráter contencioso (ex.: para fins de ajuizamento de revisão criminal ou *habeas corpus* coletivos).

Em tais demandas probatórias autônomas, a competência, pelo diploma processual geral, será do juízo do local onde deva ser produzida ou do domicílio do réu, sendo certo que não existe prevenção desse órgão para o julgamento da ação principal a ser proposta.

A polêmica quanto à aplicação[97] ou não do dispositivo ao processo coletivo acaba esvaziada por conta dessa última previsão, embora seja recomendável que tanto a produção da prova como a ação principal corram no juízo próximo ao dano, como exsurge da lógica do microssistema[98]. De todo modo, é possível que o local do dano seja um e a produção da prova diga respeito a algum elemento distante, não existindo, em tais casos, qualquer prevenção ou comprometimento das regras de competência absoluta do núcleo duro.

Diz o Código que se, na localidade, não houver vara federal, as provas produzidas contra a União, suas autarquias e empresas públicas serão de competência do juízo estadual (à luz do art. 109, §§ 3º e 4º, da CF). Assim, embora às ações coletivas não se aplique, como regra, a competência delegada, é possível que, em processo de produção de prova relativa a conflito coletivo, se amplie, pela via legal, a regra constitucional.

Nesses procedimentos, o juiz não se manifestará sobre as consequências jurídicas daqueles fatos verificados, também não havendo, segundo a lei, defesa ou recurso (salvo no caso de indeferimento total da produção da prova). A expressão, evidentemente, é infeliz, cabendo a citação do possível réu em posterior ação coletiva, quando a prova a ser produzida fizer presumir ou escancarar uma resistência de tal parte.

2.2. Recomendação

2.2.1. Conceito

A maneira menos burocrática de se buscar tutelar certa questão transindividual é a expedição de recomendação (administrativa/extrajudicial) ou notificação recomendatória[99]. Trata-se, simplesmente, de comunicação administrativa (ou seja, extrajudicial) realizada por instituição pública constitucional permanente (Ministério Público ou Defensoria Pública) dirigida ao potencial réu de uma ação coletiva, com caráter informativo e orientador da ilicitude da conduta e de suas possíveis consequências.

A ideia é que, sendo informado o cenário jurídico acerca do conflito, o autor da conduta desamparada pelo ordenamento possa retificá-la, evitando a ocorrência de algum dano concreto ou a

---

[97] É o melhor entendimento, estampado no enunciado 633 do FPPC ("Admite-se a produção antecipada de prova proposta pelos legitimados ao ajuizamento das ações coletivas, inclusive para facilitar a autocomposição ou permitir a decisão sobre o ajuizamento ou não da demanda").

[98] Ver, a esse respeito, as reflexões acerca da melhor interpretação das regras de competência territorial/funcional do microssistema (art. 2º da Lei n. 7.347/85 e art. 93 do CDC).

[99] DIDIER JR.; ZANETI JR., 2016b, p. 270.

renovação desse dano. Possui caráter, portanto, predominantemente preventivo, inibitório, admonitório[100], não repressivo.

2.2.2. Legitimados e fundamentos normativos

Importante questão diz respeito aos legitimados para a expedição, os *recomendantes*.

No âmbito do Ministério Público, há tratamento normativo próprio: os Ministérios Públicos Estaduais encontram autorização no art. 27, parágrafo único, IV, da Lei Orgânica Nacional do Ministério Público (Lei n. 8.625/93) e o Ministério Público da União, no art. 6º, XX, da Lei Orgânica do Ministério Público da União (Lei Complementar n. 75/93), enquanto instrumento de atuação, regulamentados, inicialmente, pelo art. 15 da Resolução n. 23/2007 do CNMP, revogado pela Resolução n. 164/2017.

Já quanto à atuação da Defensoria Pública, apontam-se as previsões do art. 134 da Constituição Federal e do art. 4º, VII, da Lei Complementar n. 80/94 como arcabouços normativos autorizadores da referida atuação[101], inserida que está nessas cláusulas gerais que consagram a atipicidade da atuação da tutela coletiva. Cabe a cada instituição, lançando mão de sua autonomia administrativa, regulamentar o procedimento interno e determinados critérios para a atuação[102].

Há que se reconhecer o forte elo entre as recomendações e a função de *ombudsman* ou *defensor del pueblo*, papel exercido por instituições independentes que buscam proteger os cidadãos e tutelar seus direitos[103], podendo, além de investigar, recomendar e restaurar o quadro de licitude, tanto pela via do ajuizamento como pela autocompositiva.

Por fim, uma consideração: embora se tenha dito que a legitimidade para a recomendação é das instituições constitucionais permanentes (Ministério Público e Defensoria Pública), e isso se confirme na prática, nada impede os outros legitimados coletivos de realizar comunicação com caráter preventivo e informativo. Por exemplo, poderia o ente político, um órgão público ou uma associação de defesa dos consumidores alertar tal fornecedor de que sua postura contraria entendimento sedimentado pelo Superior Tribunal de Justiça.

2.2.3. Espécies

Quanto a suas espécies, a recomendação pode emergir de um procedimento instrutório (*recomendação incidental* – exemplo: no curso[104] de um inquérito civil, percebe-se que a expedição de recomendação pode prevenir um conflito) ou de maneira autônoma, inclusive antes da instauração de procedimento preparatório de tutela coletiva[105] (*recomendação autônoma ou inaugural* – exemplo: a Defensoria emite recomendação e, em paralelo, inicia procedimento interno com vistas a apurar eventuais danos já ocorridos, a serem tutelados pela via judicial[106]).

Em relação ao cabimento ou ao aspecto temporal, a recomendação pode ser expedida antes (*recomendação preventiva*) ou após a prática do evento danoso (*recomendação corretiva*). Nesse particular, é

---

[100] DIDIER JR.; ZANETI JR., 2016b, p. 271.

[101] ESTEVES; SILVA, 2017, p. 407.

[102] Veja-se, a respeito, a expressa menção às recomendações no art. 13, § 1º, da Deliberação n. 125/2017 do CSDP/RJ.

[103] DIDIER JR.; ZANETI JR., 2016b, p. 271.

[104] Ou ao cabo do procedimento instrutório (NEVES, 2016b, p. 511-512).

[105] A Res. n. 164/2017 do CNMP exige a urgência como requisito para a expedição de recomendação sem que haja procedimento qualquer instaurado.

[106] É a linha seguida pela Del. n. 125/2017 do Conselho Superior da Defensoria Pública do Estado do Rio de Janeiro, em seu art. 25, § 3º.

válido sublinhar que parte da doutrina[107] continua a assentar apenas a natureza admonitória/preventiva da recomendação, com o que não concordamos, inclusive em razão do atual regramento infralegal.

Pode-se distinguir, quanto ao destinatário, a recomendação entre *extrajudicial* (gênero) e *administrativa*, quando especificamente dirigida à Administração Pública, amplamente considerada. Embora se utilize, por vezes, a expressão recomendação administrativa como gênero[108], soa preferível restringi-la, tomando-a como espécie – a questão, de todo modo, é puramente de nomenclatura.

2.2.4. Cabimento

Não se pode ignorar que, ante o princípio da obrigatória tutela dos direitos transindividuais, não possuem esses legitimados discricionariedade absoluta entre o ajuizamento de uma ação coletiva, a celebração de um termo de ajustamento de conduta e a expedição da recomendação: havendo dano a ser desfeito, a última via não se afigurará, como regra, adequada. Diz-se, por isso, tradicionalmente, que a recomendação é um meio acessório[109].

Na forma do art. 15 da Resolução n. 23/2007[110], o Ministério Público, nos autos do inquérito civil ou do procedimento preparatório, poderia expedir recomendações devidamente fundamentadas, visando à melhoria dos serviços públicos e de relevância pública, bem como aos demais interesses, direitos e bens cuja defesa lhe caiba promover.

Contudo, o parágrafo único do mesmo dispositivo vedava, peremptoriamente, a expedição de recomendação como medida substitutiva ao compromisso de ajustamento de conduta ou à ação civil pública.

Dessa forma, podíamos dizer que a recomendação tinha exclusiva natureza preventiva. Com efeito, é preciso reconhecer que existia um *timing* para a expedição da recomendação. Ou seja, havia um certo "prazo de validade" para ela. Queremos dizer, com isso, que a recomendação deveria ser expedida tão logo se tenha ciência e alguma comprovação do ato que viole um direito coletivo, mas antes que ela possa produzir efeitos concretos, ou pelo menos antes que esses efeitos se tornem irreversíveis.

O tratamento normativo mais recente, contudo, parece alargar o cabimento da recomendação, mencionando, em seu art. 1º[111], que é instrumento de prevenção de responsabilidade e de correção de condutas. Há margem, portanto, para seu manejo mesmo quando houver dano a ser repelido, desde que não haja ação judicial a versar sobre os mesmos objetos (art. 5º).

Igualmente, caso já firmado termo de ajustamento de conduta por outro legitimado, descabe a recomendação ministerial ou defensorial, que, por não gozar de caráter vinculante ou coercitivo[112],

---

[107] DIDIER JR.; ZANETI JR., 2016b, p. 271.

[108] ESTEVES; SILVA, 2017, p. 407.

[109] ANDRADE; MASSON; ANDRADE, 2017, p. 171.

[110] "Art. 15. O Ministério Público, nos autos do inquérito civil ou do procedimento preparatório, poderá expedir recomendações devidamente fundamentadas, visando à melhoria dos serviços públicos e de relevância pública, bem como aos demais interesses, direitos e bens cuja defesa lhe caiba promover. Parágrafo único. É vedada a expedição de recomendação como medida substitutiva ao compromisso de ajustamento de conduta ou à ação civil pública."

[111] "Art. 1º A recomendação é instrumento de atuação extrajudicial do Ministério Público por intermédio do qual este expõe, em ato formal, razões fáticas e jurídicas sobre determinada questão, com o objetivo de persuadir o destinatário a praticar ou deixar de praticar determinados atos em benefício da melhoria dos serviços públicos e de relevância pública ou do respeito aos interesses, direitos e bens defendidos pela instituição, atuando, assim, como instrumento de prevenção de responsabilidades ou correção de condutas. Parágrafo único. Por depender do convencimento decorrente de sua fundamentação para ser atendida e, assim, alcançar sua plena eficácia, a recomendação não tem caráter coercitivo."

[112] Nessa linha, o parágrafo único do art. 1º da Res. n. 164 do CNMP: "Parágrafo único. Por depender do convencimento decorrente de sua fundamentação para ser atendida e, assim, alcançar sua plena eficácia, a recomendação não tem caráter coercitivo".

restaria ineficiente. Embora o tratamento normativo do Conselho Nacional do Ministério Público não esclareça essa situação, o princípio da máxima efetividade da tutela coletiva recomenda a solução ora sustentada.

Ainda assim, admite-se, em abstrato, que alguma peculiaridade fática ou jurídica ou a própria natureza do direito tutelado permita a expedição em paralelo à ação judicial. Nesse excepcional caso, porém, há uma limitação específica: o conteúdo da comunicação não pode contrariar decisão judicial (art. 5º, parte final).

Por fim, é interessante o alinhamento entre a resolução vigente e a orientação geral do ordenamento processual no sentido da preferência pela solução extrajudicial do conflito: a recomendação deverá ser prioritariamente utilizada, em relação à ação judicial (art. 6º).

2.2.5. Conteúdo

A recomendação deve ser sempre fundamentada (art. 7º), a exemplo do que seria eventual petição a juízo para tutelar o bem em questão. Além disso, apontar-se-ão medidas para a resolução do conflito, indicando-se prazo razoável para seu cumprimento (art. 8º), o que pode abarcar a sugestão de edição de normas e alterações legislativas (art. 29, § 2º, da Deliberação CSDP n. 125/2017).

Após esse momento, cabe à instituição recomendante fiscalizar a satisfação do proposto, inclusive por meio de requisições. Em caso de descumprimento, a apuração das faltas será realizada em processo próprio (arts. 9º a 11).

A esse respeito, surge a interessante discussão acerca do cabimento de mandado de segurança contra a recomendação: enquanto alguns entendem que o remédio é sempre incabível, por não haver lesão a bem jurídico[113], é viável pensar que, em determinados casos concretos, a mera expedição já represente prejuízo ao destinatário, que terá o ônus de alegar a ocorrência de lesão ou ameaça de lesão sem amparo no ordenamento.

2.2.6. Efeitos

Mesmo a doutrina que considera a recomendação comunicação meramente informativa reconhece amplo leque de efeitos de sua expedição.

É possível apontar[114] o seguinte rol de efeitos:

1) a recomendação preventiva tem uma particular utilidade, fazendo presumir a natureza dolosa do ato posteriormente praticado causador do dano, ultrapassando "o campo da mera exortação moral", no dizer de Emerson Garcia[115];
2) torna indubitável a consciência da ilicitude do ato, para fins de responsabilização;
3) favorece o autocontrole dos atos administrativos;
4) constitui elemento probatório em futuras ações;
5) satisfaz, quando respondida a recomendação, a (questionável) exigência de prévia manifestação do ente público para a concessão de tutela provisória na ação civil pública e no mandado de segurança coletivo (art. 2º da Lei n. 8.437/92 e art. 22, § 2º, da Lei n. 12.016/2009).

---

[113] Nesse sentido: TJPR, MS 1243728-2, 4ª Câmara Cível, Rel. Des. Luiz Taro Oyama, j. 15-7-2016.

[114] MIRANDA, 2016, p. 810-814.

[115] GARCIA, 2004, p. 383.

2.2.7. Princípios

A Resolução n. 164/2017 do CNMP elenca, em seu art. 2º, alguns princípios que regem, em rol exemplificativo, a expedição de recomendações. Tais noções acabam por reiterar ideias gerais da tutela coletiva e parâmetros conceituais da própria recomendação. São eles:

1) motivação;
2) formalidade e solenidade;
3) celeridade e implementação tempestiva das medidas recomendadas;
4) publicidade, moralidade, eficiência, impessoalidade e legalidade;
5) máxima amplitude do objeto e das medidas recomendadas;
6) garantia de acesso à justiça;
7) máxima utilidade e efetividade;
8) caráter não vinculativo das medidas recomendadas;
9) caráter preventivo ou corretivo;
10) resolutividade;
11) segurança jurídica;
12) ponderação e proporcionalidade nos casos de tensão entre direitos fundamentais.

2.3. Compromisso de ajustamento de conduta

2.3.1. Conceito

Um instituto extremamente interessante é o denominado compromisso de ajustamento de conduta, que pode ser celebrado entre o réu e a parte autora, sendo esta o Ministério Público ou pessoa jurídica de direito público, antes ou durante a ação civil pública.

O nascimento desse instituto, em particular, e da tutela coletiva, em geral, advém da constatação da inadequação do modelo processual clássico à obtenção da tutela dos direitos de terceira dimensão, pensados sob o prisma da solidariedade.

Nesse contexto, voltado à proteção dos interesses coletivos *lato sensu*, cuja titularidade não pertence exclusivamente aos legitimados à propositura da ação civil pública, surge o *compromisso de ajustamento de conduta* (CAC), como uma ferramenta conciliatória relevante, viabilizadora do acesso à justiça consensual, além de apta a colaborar para a desobstrução da máquina judiciária por se evitar a propositura da ação coletiva competente.

Na realidade, a nomenclatura completa do instituto é compromisso de ajustamento de conduta às exigências legais, como expressamente prevê a legislação que a autoriza – art. 5º, § 6º, da Lei da Ação Civil Pública[116].

Com efeito, deve o causador do dano coletivo amoldar sua conduta ao padrão esperado pelo ordenamento. Por isso, modernamente, há de se entender como mais adequado o compromisso de ajuste às exigências *normativas*, do qual se inclui a normativa posta (Constituição, legislação e normas infralegais) e também a leitura, pretensamente definitiva, realizada pela jurisprudência a respeito de tais normas, em especial por meio dos precedentes[117].

---

[116] "Art. 5º (...) § 6º Os órgãos públicos legitimados poderão tomar dos interessados compromisso de ajustamento de sua conduta às exigências legais, mediante cominações, que terá eficácia de título executivo extrajudicial."

[117] No mesmo sentido, DIDIER JR.; ZANETI JR., 2016b, p. 309, que citam demonstrações do CPC/2015 a respeito, notadamente os arts. 8º, 140 e 178. A eles, incluímos o art. 966, V, que prevê o cabimento da rescisória não mais quando houver violação da lei, mas da norma jurídica.

Trata-se, na essência, da possibilidade de se firmar um compromisso entre determinados legitimados coletivos (os "órgãos públicos") e o autor da conduta ilícita (possível réu de uma ação coletiva), de modo a prontamente desfazer o cenário infracional, restabelecendo-se a normalidade quanto a determinada situação jurídica coletiva. Como não há mediadores para além dos concordantes, é hipótese de negociação direta[118].

Em didática síntese,

(...) o ajustamento de conduta pressupõe que o terceiro não esteja cumprindo as exigências legais, reconheça expressamente essa situação e, como consequência, se comprometa a fazê-lo dentro de determinado prazo, sob pena de incidência de uma cominação[119].

Fundamental, desde já, trazer um esclarecimento terminológico: o dispositivo fala na viabilidade de se tomar um compromisso de ajustamento de conduta às exigências legais. A lei, nesse ponto, fala no *conteúdo* do acerto: sob a ótica material, existe uma obrigação assumida pelo gerador do dano coletivo perante um dos legitimados para tanto (os órgãos públicos).

No entanto, esse ajustamento extrajudicial receberá uma roupagem *formal*, que será o termo de ajustamento de conduta às exigências legais (TAC). Simplesmente, consigna-se em um documento a feição da obrigação assumida, e tal documento, diz a norma, goza da eficácia de título executivo extrajudicial – podendo, portanto, ser, caso inobservado, levado diretamente à execução judicial.

Note-se que a aplicação do instituto desperta várias questões sensíveis e atuais, dentre as quais:

(i) anseio de efetivação da tutela coletiva consensual, mitigando-se certos dogmas, como o da indisponibilidade de interesses públicos e de interesses transindividuais;

(ii) aplicabilidade ou não de todas as saídas apresentadas pela autocomposição na resolução dessa espécie complexa de conflito – transação, reconhecimento jurídico do pedido do autor, desistência da ação ou do pedido[120] e renúncia à pretensão de direito material;

(iii) instituição de medidas eficientes que se encontrem harmonizadas com a maior participação possível das partes e de todos os interessados, de modo a se assegurar o controle social das decisões – ou de decisões estruturais, efetuadas por meio de medidas estruturantes[121] –, além da inafastável observância do princípio da publicidade e da moralidade administrativa.

2.3.2. Conteúdo

O mais adequado seria evitar denominar o CAC ou o TAC de acordo, para que não se imagine existir margem de discricionariedade para os legitimados. No entanto, a doutrina, de maneira praticamente uníssona, reconhece haver espaço para adequações referentes

(i) à forma (modo);
(ii) ao tempo (prazo); e
(iii) ao lugar de cumprimento da convenção – elementos não essenciais do direito material, mas que constituem sua margem de autocomposição (*disponibilidade processual* ou *formal*[122]).

---

[118] DIDIER JR.; ZANETI JR., 2016b, p. 305.
[119] Trecho do voto da Min. Nancy Andrighi no julgamento do REsp 1.630.659/DF, 3ª Turma, j. 11-9-2018.
[120] GUEDES, 2009, p. 3.
[121] Consulte-se, por todos: BAUERMANN, 2012.
[122] Falando em transação formal e transação substancial: ALMEIDA, 2003, p. 358.

Basta imaginar uma tragédia ambiental que atinja vasta área de plantações e determinado povoado rural. É indiscutível o dever de se restituir o quadro ao *status quo*, dentro das possibilidades reais. Porém, os órgãos públicos legitimados possuem espaço negocial para, por exemplo, planificar um calendário de replantio ou de reconstrução das moradias, priorizando uma ou outra atividade, sempre em prol do interesse coletivo.

Em suma: é impossível a renúncia ao direito material (*indisponibilidade material* ou *substancial*), pelo legitimado, uma vez que não o possui, mas tão somente conduz o processo ou a negociação movida por uma função institucional, e plenamente possível (quiçá recomendável) a discussão, com a parte contrária, acerca da maneira de se ajustar a conduta, ora ilícita, às exigências legais.

De resto, quanto ao conteúdo, naturalmente deverão ser respeitados os *requisitos gerais de validade* dos negócios jurídicos[123] (art. 104 do CC) para que seja válido o ajustamento:

I. capacidade do agente: no caso do compromisso, a legitimidade do tomador e a capacidade do compromissário;
II. licitude, possibilidade e determinação (ou determinabilidade) do objeto: apenas ajustes referentes ao cumprimento da obrigação, nunca dispondo do direito abalado;
III. forma prescrita em lei: redução a um termo de ajustamento de conduta (com os elementos ínsitos, a exemplo da assinatura do membro da instituição legitimada tomador do compromisso[124]).

As instituições legitimadas podem, naturalmente, regulamentar a questão, exigindo a presença de determinados elementos formais.

O compromisso pode ter como objeto *obrigações de todas as espécies*, reproduzindo a ideia de que tudo aquilo que pudesse ser pleiteado e tutelado em juízo pode ser garantido extrajudicialmente. Nesse sentido, a doutrina[125] afasta qualquer interpretação literal e restritiva que indicasse a possibilidade de compromisso apenas quanto a obrigações de fazer ou não fazer, sendo correto entender que também prestações pecuniárias e reparações em espécie possam ser assumidas pelo sujeito que se compromete ao cumprimento do CAC.

O Superior Tribunal de Justiça, a esse respeito, apenas exige que a obrigação de pagamento de qualquer espécie contenha a previsão de reversão da verba em favor do fundo próprio, sob pena de nulidade. Para a Corte da Cidadania, tanto na ação coletiva como no ajustamento alternativo a ela, qualquer indenização deve se dar (i) em dinheiro e (ii) ser paga ao fundo[126].

2.3.3. Fundamentos normativos

A primeira previsão legal para o compromisso de ajustamento de conduta, cronologicamente, é o art. 211 do Estatuto da Criança e do Adolescente (Lei n. 8.069/90)[127], inserto no capítulo destinado à proteção judicial dos interesses coletivos em sentido amplo.

O Código de Defesa do Consumidor (Lei n. 8.078/90), menos de dois meses depois, inseriu o § 6º no art. 5º da Lei da Ação Civil Pública (Lei n. 7.347/85)[128], instalando no ordenamento autêntica

---

[123] ANDRADE; MASSON; ANDRADE, 2017, p. 231.
[124] REsp 840.507/RS, 1ª Turma, Rel. Min. Denise Arruda, j. 9-12-2008.
[125] LEONEL, 2011, p. 353.
[126] STJ, REsp 802.060/RS, 1ª Turma, Rel. Min. Luiz Fux, j. 17-12-2009. No caso concreto, o TAC previa a indenização consistente em entrega de equipamentos de informática a uma agência florestal.
[127] "Art. 211. Os órgãos públicos legitimados poderão tomar dos interessados compromisso de ajustamento de sua conduta às exigências legais, o qual terá eficácia de título executivo extrajudicial."
[128] "Art. 5º (...) § 6º Os órgãos públicos legitimados poderão tomar dos interessados compromisso de ajustamento de sua conduta às exigências legais, mediante cominações, que terá eficácia de título executivo extrajudicial. (Incluído pela Lei n. 8.078, de 11-9-1990)."

autorização geral para o ajustamento, ao ultrapassar qualquer possível questionamento quanto à restrição da primeira previsão aos direitos relativos a crianças e adolescentes.

Outras normas esparsas do microssistema também mencionam a via compositiva, a exemplo da lei que estrutura o Sistema Brasileiro de Defesa da Concorrência (Lei n. 12.529/2011), cujo art. 85 estrutura o chamado compromisso de cessação (de prática sob investigação ou de seus efeitos lesivos), tomado pelo CADE em procedimentos administrativos de sua competência.

2.3.4. Natureza jurídica

Tem sido alvo de amplo debate na doutrina a natureza jurídica do compromisso de ajustamento de conduta, desde sua inserção no § 6º do art. 5º da Lei da Ação Civil Pública pelo Código de Defesa do Consumidor. Não é questão meramente teórica, sendo, ao contrário, importante para se mensurar a abrangência objetiva do CAC e, caso seja admitida a negociação em seu bojo, a possibilidade de se identificar os produtos obtidos dessa prática[129].

De toda sorte, o ajustamento tem sempre caráter facultativo: ou seja, nem o órgão público pode ser obrigado a ofertá-lo nem o investigado pode ser forçado a aceitá-lo nos termos propostos. Haverá, necessariamente, o fator voluntariedade a ser levado em conta[130].

De maneira geral, podem ser apontados três posicionamentos: o primeiro nega qualquer espaço negocial ao ajustamento, o segundo reputa ser exatamente uma transação, enquanto o terceiro considera o CAC uma transação especial[131].

Na primeira linha de autores encontramos Paulo Cezar Pinheiro Carneiro[132], que defende ter o ajuste natureza de *reconhecimento jurídico do pedido* por parte do transgressor. Esse entendimento leva à conclusão de que não há possibilidade de se transacionar, ser flexível, dispor ou negociar sobre maneiras alternativas ao cumprimento da obrigação sem que estas estejam previstas expressa e taxativamente na legislação vigente.

Dessa forma, ao proponente só será lícito oferecer o termo se ficar clara a inadequação da conduta praticada pelo comprometente à lei e desde que ainda seja possível ajustá-la.

Esse também é o raciocínio de Ricardo de Barros Leonel[133], para quem não se trata de transação, nos termos do Código Civil, já que inexistem concessões recíprocas (art. 840) e não há restrição a direitos patrimoniais (art. 841), assemelhando-se o compromisso à *submissão*, assim entendida a solução consensual na qual uma das partes se submete à outra, inteiramente.

No segundo grupo de autores está Daniel Fink[134], que atribui ao compromisso uma natureza jurídica de *transação*, contratualmente compreendida, ainda que admita as limitações já mencionadas (margem de negociação apenas quanto à forma).

Em sentido contrário, Rodolfo de Camargo Mancuso[135] entende ser admissível a transação em matéria coletiva, mas ela apenas seria viável em juízo, no curso da ação civil pública, assegurando-se a persecução do interesse público e a maior eficácia ao alcance da tutela coletiva perseguida.

---

[129] O art. 14 da Resolução n. 23/2007 determina que o "Ministério Público poderá firmar compromisso de ajustamento de conduta, nos casos previstos em lei, com o responsável pela ameaça ou lesão aos interesses ou direitos mencionados no art. 1º desta Resolução, visando à reparação do dano, à adequação da conduta às exigências legais ou normativas e, ainda, à compensação e/ou à indenização pelos danos que não possam ser recuperados".

[130] REsp 596.764/MG, 4ª Turma, Rel. Min. Antonio Carlos Ferreira, j. 17-5-2012.

[131] NERY, 2018.

[132] CARNEIRO, 2007, p. 236.

[133] LEONEL, 2011, p. 349.

[134] FINK, 2002, p. 119.

[135] MANCUSO, 2007.

O Superior Tribunal de Justiça[136], inclusive, tem decisão entendendo existir margem para excepcional transação sobre direitos difusos, quando impossível o retorno ao *status quo*.

O derradeiro conjunto de autores reúne diversos entendimentos, que rechaçam o mero enquadramento como uma típica transação, mas reconhecem existir alguma margem negocial.

Para Hugo Nigro Mazzilli, o compromisso seria um *ato administrativo negocial e unilateral*, pois somente o causador do dano poderia se comprometer. Por outro lado, o órgão público se vincularia apenas à não propositura da ação coletiva competente no que tange ao objeto do título. Já Fernando Akaoui[137] aproxima o compromisso a uma espécie de *acordo*.

José dos Santos Carvalho Filho[138] entende tratar-se de ato jurídico unilateral quanto à vontade e bilateral quanto à forma.

Interessante abordar, ainda, a pesquisa elaborada por Geisa de Assis Rodrigues[139], principalmente em relação à ampliação dos limites observados na negociação. A autora considera o CAC um *negócio jurídico bilateral*, em certa medida conciliatório, mas não se pode dizer que seja transacionável. Para ela, então, é impossível a solução negociada dos direitos transindividuais, embora utilize o rótulo "transação".

Isso porque o espectro conciliatório se manifesta quanto aos aspectos adjacentes, ou seja, circunstâncias instrumentais ou periféricas da obrigação, sempre com a observância da proporcionalidade e da razoabilidade, para não se afetar o dever principal. Exemplifica com a possibilidade de os legitimados pactuarem acordos sobre o modo, o tempo ou o lugar do cumprimento da conduta para a reparação do dano coletivo causado.

Entretanto, deve-se notar para uma tendência recente de defesa de uma nova diretriz quanto à negociabilidade dos direitos coletivos. Os posicionamentos rígidos acabam descartados, pois pautados em argumentos genéricos que vêm impedindo a efetividade do CAC no plano prático.

Dessa forma, entendemos que, atualmente, é prejudicial a manutenção do dogma onipotente sobre a indisponibilidade absoluta do direito material coletivo, afastando um mínimo de margem negocial necessário para a efetivação da avença. A superação dessa linha de pensamento, então, parece imprescindível para serem atendidos os anseios por um sistema coletivo adequado.

Portanto, a experiência demonstra que um grau maior de autonomia aos órgãos públicos para celebrar o CAC levaria a uma maior eficácia, sob a condição de serem observados certos parâmetros de controle e limitação.

Como bem refere Carlos Alberto de Salles[140], a disponibilidade do direito não está relacionada diretamente a direitos patrimoniais de caráter privado. Assim, a indisponibilidade do interesse público admite duas modalidades, a saber, a material e a normativa. A primeira indica a proibição de modificação da titularidade originária do bem jurídico. Já a segunda se refere à qualificação das normas jurídicas, relacionando-se à diferenciação entre normas cogentes e dispositivas.

Segundo Bruno Takahashi[141], a partir dessas premissas, é possível aferir que o interesse público, por si só, não é indisponível nem na primeira nem na segunda modalidade.

Nesse contexto, vem ganhando espaço a tese doutrinária que visualiza, em um juízo de ponderação, a partir do caso concreto, a possibilidade de as partes realizarem concessões recíprocas para chegar à transação.

---

[136] REsp 299.400/RJ, 2ª Turma, Rel. Min. Francisco Peçanha Martins, Red. p/ acórdão Min. Eliana Calmon, j. 1-6-2006.
[137] AKAOUI, 2008, p. 70.
[138] CARVALHO FILHO, 2001, p. 137.
[139] RODRIGUES, 2011, p. 132.
[140] SALLES, 2012, p. 294.
[141] TAKAHASHI, 2016, p. 61.

Conforme advogam Ana Luiza Nery[142], Patrícia Miranda Pizzol[143], Fredie Didier Jr. e Hermes Zaneti Jr.[144], o compromisso seria um *negócio jurídico bilateral* em sede da qual se reconhece a finalidade de contrair, modificar ou extinguir direitos. A celebração objetivaria o alcance da melhor alternativa para reparar ou evitar a lesão a um bem de natureza metaindividual.

A partir dessa ideia, então, mesmo um legitimado não podendo renunciar a um direito essencialmente coletivo, não haveria óbice à renúncia de, por exemplo, uma obrigação acessória ou até mesmo principal, se não se referir ao núcleo do dever central.

Para ilustrar, podemos apontar a situação em que o Ministério Público, encerrado o inquérito civil, chega à conclusão de que o agente responsável por determinado dano ambiental será obrigado a, além de recompor a área devastada, pagar certa quantia a título de reparação por dano moral.

Contudo, afere-se que o pagamento da quantia compromete, sobremaneira, a continuação da atividade do transgressor. Diante disso, o órgão ministerial poderia abrir mão da verba indenizatória, priorizando a recomposição imediata do ambiente degradado.

No caso narrado, há uma ponderação entre as concessões feitas para a assinatura do ajuste com os riscos assumidos e com o eventual ajuizamento de uma ação civil pública, além dos trâmites processuais lentamente enfrentados, até que se consiga discutir a respeito do direito material coletivo propriamente.

Defende-se, então, a partir dessas ideias aqui lançadas, a admissão de saídas não limitadas ao reconhecimento jurídico do pedido[145], mas que representem a pactuação de prestações sinalagmáticas, indo além dos ajustes laterais sobre a forma, o tempo e o lugar do cumprimento da obrigação.

É certo que a análise sobre a viabilidade da negociação em matéria coletiva, desde que não se renuncie ao direito material coletivo em sua substância, requer aguçada sensibilidade[146] do órgão público legitimado[147].

Deve haver a verificação, então, em concreto, do princípio da proporcionalidade em todos os seus níveis ou subníveis de aferição – necessidade, adequação e proporcionalidade em sentido estrito –, de modo a se escolher a via mais apta para a melhor efetivação possível do direito violado, com a reparação imediata da conduta ilícita.

A determinação dos limites observados na negociação que versar sobre direitos transindividuais consiste em um outro desafio a ser enfrentado, sobretudo a partir das mudanças anunciadas, conforme se confere adiante.

Quanto às vedações ao conteúdo do CAC, são proscritas determinadas cláusulas, como a impossibilidade de afastar o acesso dos lesados ao Judiciário, em razão da inevitabilidade da jurisdição, presente no art. 5º, XXXV, da Constituição Federal. Dessa forma, não se pode impedir, literalmente no compromisso, que outro colegitimado firme novo compromisso com objeto mais amplo ou com outra obrigação não inclusa no primeiro ajuste, ou, até mesmo, ajuizar ação civil pública nas respectivas hipóteses de cabimento, sempre que houver interesse de agir.

---

[142] NERY, 2018, p. 160.
[143] PIZZOL, 1998, p. 151.
[144] DIDIER JR.; ZANETI JR., 2014, p. 293-294.
[145] CARNEIRO, 1993, p. 5.
[146] STF, RE 253-885-0/MG, Rel. Min. Ellen Gracie, *DJ* 21-6-2002. Acórdão disponível na íntegra em: <http://www.stf.jus.br>. Acesso em: 12 dez. 2015.
[147] No mesmo sentido há decisão do STJ: REsp 299.400/RJ, 2ªTurma, Rel. Min. Francisco Peçanha Martins, Rel. p/ acórdão Min. Eliana Calmon, j. 1-6-2006, *DJ* 2-8-2006, p. 229.

2.3.5. Legitimados

Tanto o Estatuto da Criança e do Adolescente quanto a Lei da Ação Civil Pública enunciam que os legitimados para tomar o compromisso são os órgãos públicos legitimados (para o ajuizamento de eventual ação coletiva a respeito)[148]. Algumas ponderações são necessárias.

Primeiramente, a expressão legal não é a mais feliz. Na realidade, quase todos os legitimados para firmar um termo de ajustamento de conduta não são "órgãos" públicos. Veja-se o Ministério Público e a Defensoria Pública, principais legitimados coletivos sob a ótica quantitativa e vocacional. Ambos não são órgãos, mas *instituições (públicas)* constitucionais permanentes e autônomas, sob todas as óticas[149]. A dicção legal está em descompasso com a estruturação da Carta Maior de 1988.

Em segundo lugar, para que possa negociar diretamente com o potencial legitimado coletivo passivo, o órgão ou a instituição pública deve gozar de legitimado para a eventual ação correspondente, que se evita ao solucionar a questão pela via extrajudicial. Há que se indagar, portanto, se existe *pertinência temática* entre a atuação do tomador e o conflito em questão. Não pode um município, por exemplo, reclamar compromisso de causador de dano em outra localidade – com quem, portanto, não guarda relação.

Para além das instituições públicas permanentes, estão legitimados os entes públicos da Administração Direta e Indireta (autarquias e fundações públicas), bem como seus órgãos[150].

Contudo, discute-se a legitimidade das sociedades de economia mista e das empresas públicas, as quais, a rigor, não possuem personalidade jurídica de direito público. Para uma primeira corrente (José dos Santos Carvalho Filho[151]), a resposta é, justamente por isso, negativa. Outros autores (dentre eles, Hugo Nigro Mazzilli)[152], porém, admitem que tais pessoas jurídicas tomem o compromisso, quando se voltarem à prestação de serviço público, mas não quando tiverem como finalidade o exercício de atividades econômicas.

É interessante destacar a possibilidade de existir litisconsórcio extraprocessual, com a tomada do compromisso, em conjunto, por mais de um dos legitimados – como, aliás, evidencia a regulamentação ministerial[153].

Por fim, se sublinha a importância do estudo dos legitimados para a execução do termo de ajustamento eventualmente não cumprido, estudado em tópico próprio.

2.3.6. Termo de ajustamento de conduta

2.3.6.1. Natureza jurídica

Uma vez alinhada a postura do compromissário à pretensão do tomador, concluído estará o compromisso, que restará reduzido a um termo, documento a descrever o ajuste assumido pelo causador do dano coletivo. Trata-se do *termo de ajustamento de conduta* (TAC), instrumento que tem natureza jurídica de *título executivo extrajudicial*, por expressa previsão dos dispositivos que apresentam o CAC.

---

[148] No caso do compromisso previsto na Lei do CADE, a legitimidade é do Conselho – o tratamento é peculiar, porém, já que se volta a procedimentos administrativos.

[149] Falando não em órgãos públicos, mas entes públicos: ANDRADE; MASSON; ANDRADE, 2017, p. 229.

[150] Como é o caso do Procon, que ostenta natureza jurídica de autarquia estadual de defesa dos consumidores no Rio de Janeiro e de fundação em São Paulo.

[151] CARVALHO FILHO, 2009, p. 220.

[152] AKAOUI, 2008, p. 76; RODRIGUES, 2006, p. 163.

[153] Res. n. 179 do CNMP: "Art. 3º (...) § 6º Poderá o compromisso de ajustamento de conduta ser firmado em conjunto por órgãos de ramos diversos do Ministério Público ou por este e outros órgãos públicos legitimados, bem como contar com a participação de associação civil, entes ou grupos representativos ou terceiros interessados".

2.3.6.2. Requisitos

Pode-se dizer que o CAC é o conteúdo do TAC, sua roupagem formal. Ainda assim, por se tratar de um título executivo, há que se atentar para outros requisitos para que seja executado, além daqueles exigidos para a validade do compromisso:

I. liquidez da obrigação;
II. certeza da obrigação;
III. exigibilidade da obrigação;
IV. cominação de pena para o caso de descumprimento.

Portanto, a exemplo de qualquer título executivo, o termo só é exequível quando a obrigação for determinada (quantitativamente) e precisa (qualitativamente), não pendendo condição suspensiva para o cumprimento. Interessante, aqui, perceber que o princípio da boa-fé objetiva, ao vedar comportamentos contraditórios no plano processual, impede a execução do TAC ou a tentativa de sua superação antes que passado o lapso temporal previsto para o ajustamento da conduta.

2.3.6.2.1. Cominações

Por sua vez, as normas que tratam do termo de ajustamento mencionam "cominações" para o caso de descumprimento. Naturalmente, não se trata de prestação compensatória, mas cominatória, isto é, cuja presença, no ajuste, tenciona compelir aquele que se obriga a mudar sua conduta a efetivamente fazê-lo.

A essencialidade das cominações divide a doutrina. Em geral, considera-se que não são obrigatórias, sendo inviável viciar o compromisso por conta de sua ausência, até porque o juiz poderá, no bojo do processo de execução, fixar multa da mesma espécie (art. 814 do CPC)[154].

A vinculação não é absoluta: constando do compromisso tal mecanismo, o magistrado da execução pode reduzir seu patamar, caso o considere excessivo (art. 814, parágrafo único, do CPC). Não se trata de valor mínimo garantido, portanto.

Nessa hipótese, o Superior Tribunal de Justiça, em decisão pontual[155], entendeu, por outro lado, que o montante constante no compromisso seria o limite máximo, não havendo previsão para que o juiz o majore.

No entanto, não se sabe se o entendimento prevaleceria, atualmente, já que o Código de 2015 autoriza a fixação de multa e outras medidas pelo juiz (art. 536, § 1º), sendo razoável a autorização de aumento de ofício ou a requerimento, ante o esperado enfoque na efetividade da tutela e na primazia da solução do mérito, incluindo a atividade satisfativa.

Pondera-se, contudo, que a real utilidade do compromisso depende da presença de mecanismo apto a instigar seu cumprimento. Para Hermes Zaneti Jr., Leonardo de Medeiros Garcia[156] e Marcelo Abelha[157], a mera previsão de multa cominatória (*astreintes*) não explora toda a potencialidade da composição – justamente porque pode ser determinada pelo juiz, de ofício –, sendo aconselhável prever, adicionalmente, *cláusula penal moratória in pecúnia*, com valor complementar devido por conta do atraso.

Mesmo quanto às astreintes, embora, em geral, se pense na fixação de multa pecuniária proporcional ao tempo de descumprimento, a doutrina[158] advoga que também outras obrigações podem ser impostas, como as consistentes em um fazer ou não fazer.

---

[154] ANDRADE; MASSON; ANDRADE, 2017, p. 232; MAZZILLI, 2019, p. 637.
[155] STJ, REsp 859.857/PR, 2ª Turma, Rel. Min. Eliana Calmon, j. 10-6-2008.
[156] ZANETI JR.; GARCIA, 2017, p. 226.
[157] RODRIGUES, 2009b, p. 96-99.
[158] ANDRADE; MASSON; ANDRADE, 2017, p. 232.

Os valores previstos a título de cominação, a nosso sentir, devem seguir a destinação da parcela principal[159]. Desse modo, embora não haja previsão expressa para esse montante convencionado extrajudicialmente se destinar aos fundos legais (como o Fundo de Direitos Difusos, do art. 13 da Lei n. 7.347/85), parece que a execução de título extrajudicial deve se assemelhar à do título judicial.

Por vezes, a multa posta no termo de ajustamento acaba por funcionar com natureza compensatória, o que é condenável, inclusive porque os tomadores do compromisso não têm disponibilidade material sobre direito tutelado[160].

2.3.6.3. Espécies

2.3.6.3.1. Quanto ao momento: incidental ou autônomo

O compromisso de ajustamento e o consequente termo podem se dar em dois momentos ou duas circunstâncias.

É possível que o alinhamento suceda no bojo de um procedimento instrutório, como o inquérito civil público (se tomado pelo Ministério Público) e os procedimentos de averiguação defensoriais (se tomado pela Defensoria Pública). Assim, ao reunir elementos de convicção, o legitimado coletivo pode perceber que a solução extrajudicial se afigura viável, abordando o infrator para que adeque sua conduta ao ordenamento. Essa primeira espécie de CAC (e posterior TAC) é, por isso, classificada como *incidental* a tais procedimentos – inclusive, pode ser seu último ato.

Outra possibilidade é a celebração do negócio jurídico independentemente de um procedimento pretérito ou em curso. Basta que o legitimado coletivo possua elementos mínimos (por vezes, facilmente perceptíveis, mesmo por notícias) para a proposição do ajuste. Assim sucedendo, o CAC/TAC será *autônomo*.

Alguns questionamentos práticos surgem no tocante a tal classificação.

Existe relevante divergência doutrinária a respeito do cabimento dessa segunda espécie. Para alguns autores[161], o compromisso somente pode se dar em um procedimento investigatório (ou, ao menos, em procedimento preparatório de inquérito civil) – compreensão adotada por alguns Ministérios Públicos[162].

Um segundo entendimento[163] vai no sentido de sua viabilidade, já que a lei não faz qualquer exigência a respeito. Além disso, podemos acrescentar que o fundamental é a pronta e efetiva tutela do interesse coletivo e que, se forem os termos inadequados, resta aberta a via da celebração de novo TAC ou de sua superação por ação coletiva.

Outra indagação diz respeito ao TAC incidental (total). A mera celebração já enseja o arquivamento do procedimento ou deverá o ajuste se submeter à apreciação do órgão colegiado?

Para uma primeira corrente, o TAC apenas poderá produzir efeitos após a homologação pelo Conselho Superior, aplicando-se o art. 9º da Lei da Ação Civil Pública, por analogia[164]. Discute-se se

---

[159] Em sentido contrário, entendendo que as partes podem convencionar a destinação, para o fundo ou não: MAZZILLI, 2019, p. 637.
[160] MAZZILLI, 2019, p. 637.
[161] ANDRADE; MASSON; ANDRADE, 2017, p. 233.
[162] Ato 484 – CPJ do MP/SP (art. 83). Com o Ato n. 531/2008, exige-se, ao menos, a existência de procedimento preparatório de inquérito civil (art. 4º).
[163] LEONEL, 2011, p. 352.
[164] Entendimento adotado pelo MP/ES (Res. n. 15 do Colégio de Procuradores).

o título nasce eficaz, mas seus efeitos ficam condicionados à chancela do órgão colegiado[165], ou se a aprovação é condição para a eficácia do termo[166].

Segundo entendimento dispensa a ratificação[167], uma vez que não se trata de arquivamento, que pressuporia a ausência de medida concreta para resguardar os interesses atingidos, e, com o compromisso, existe atuação do legitimado.

Há, ainda, disposições institucionais que apenas preveem o arquivamento após o cumprimento das disposições do compromisso, opção bastante razoável e atenta à real efetividade da tutela coletiva[168].

2.3.6.3.2. Quanto à extensão: total ou parcial

O compromisso e o posterior termo podem se referir à totalidade do litígio, apresentando solução teoricamente apta a desfazer o quadro de ilicitude coletiva. Em casos tais, se estará diante de um CAC ou TAC *total*, *integral* ou *pleno*.

Vezes outras, o legitimado coletivo pode tomar compromisso levado a termo que se refira apenas a parcela do conflito. Isso pode se justificar (i) pela incompleta disposição do potencial réu da ação coletiva que se busca evitar, o qual pode apenas concordar com parte da solução apresentada pelo tomador – TAC *parcial em sentido estrito* –, ou (ii) pela incompleta compreensão do próprio legitimado acerca da plena extensão do dano – TAC *preliminar*. Ambas são espécies de ajustamento parcial (em sentido amplo).

Seja qual for a motivação para o fracionamento da resolução do conflito, caso se trate de ajuste incidental, não haverá arquivamento do procedimento investigatório[169], ao menos em relação à parcela não abordada. Tratando-se de TAC parcial em sentido estrito, deverá haver propositura da ação correspondente quanto à parcela não compreendida no título executivo; na hipótese do TAC preliminar, pode o legitimado prosseguir com a instrução pré-processual, evitando-se, com o ajuste imediato, o prolongamento de qualquer cenário de ilicitude, especialmente quando este perdure.

No termo preliminar, sustenta-se que não deve haver homologação, uma vez que inexiste arquivamento. Contudo, algumas instituições a exigem, oportunidade em que se autoriza o prosseguimento das investigações[170].

---

[165] "Acaba, entretanto, por via transversal, figurando como pressuposto para a produção de eficácia do compromisso" (LEONEL, 2011, p. 353). Para Fernando Akaoui, a não homologação é condição resolutiva da eficácia do título: o TAC nasce, portanto, eficaz, mas pode vir a perder tal atributo (AKAOUI, 2008, p. 80-82).

[166] Solução adotada pela legislação própria do MP/SP (Lei Complementar n. 734/93-SP): "Art. 112. O órgão do Ministério Público, nos inquéritos civis que tenha instaurado e desde que o fato esteja devidamente esclarecido, poderá formalizar, mediante termo nos autos, compromisso do responsável quanto ao cumprimento das obrigações necessárias à integral reparação do dano. Parágrafo único. A eficácia do compromisso ficará condicionada à homologação da promoção de arquivamento do inquérito civil pelo Conselho Superior do Ministério Público".

[167] Para alguns autores, condição de eficácia de título extrajudicial seria matéria de lei federal, versando sobre direito civil – art. 22, I, da CF. Também é a posição adotada pelo MPF (Resolução n. 87/2006 do CSMPF, art. 21, §§ 4º, 5º e 8º: "Art. 21. (...) § 3º O compromisso de ajustamento de conduta é título executivo, nos termos do art. 5º, § 6º, da Lei 7.347/85 e do art. 584, 111 do Código de Processo Civil".

[168] Veja-se a disposição do Conselho Superior da Defensoria Pública do Estado do Rio de Janeiro a respeito (Res. n. 125/2017): "Art. 25. (...) § 3º Cumpridas as disposições do compromisso de ajustamento de conduta, o órgão da Defensoria Pública responsável promoverá o arquivamento do procedimento de instrução respectivo e o remeterá ao Conselho Superior da Defensoria Pública para homologação, nos termos do art. 25 acima".

[169] ANDRADE; MASSON; ANDRADE, 2017, p. 234.

[170] Veja-se a súmula do Conselho Superior do Ministério Público de São Paulo: "Quando o compromisso de ajustamento tiver a característica de ajuste preliminar, que não dispense o prosseguimento de diligências para uma solução definitiva, salientado pelo órgão do Ministério Público que o celebrou, o Conselho Superior homologará somente o compromisso, autorizando o prosseguimento das investigações".

2.3.6.3.3. Quanto à etapa: extrajudicial ou judicial

Ordinariamente, o TAC surge antes do ajuizamento da demanda coletiva, revelando sua maior potencialidade de solução alternativa à ação judicial. Quando assim ocorre, se está diante do chamado termo de ajustamento de conduta *extrajudicial*, o qual, indubitavelmente, dispensa qualquer homologação pelo juízo e a obrigatória intervenção de outros legitimados e consubstancia título executivo extrajudicial.

Pode acontecer, contudo, que o ajuste venha a se tornar viável já no curso de uma ação coletiva. Nesse caso, existe um compromisso *judicial*, a ser homologado pelo juiz natural, que extinguirá o processo, em definitivo, formando título executivo judicial, com a intervenção obrigatória do Ministério Público.

Existe entendimento no sentido da impropriedade da terminologia TAC judicial, resguardando-se o instituto apenas para a etapa pré-processual. A preocupação, para fins didáticos, é justificável, mas não convence, de todo. Isso porque será hipótese de um compromisso de ajustamento de conduta (já que a margem de negociação dos legitimados é a mesma no plano extrajudicial e no curso da ação), o qual será reduzido a um termo, documento batizado, nos ajustes extrajudiciais, de termo de ajustamento de conduta (TAC).

Não é razoável que, somente pelo fato de o compromisso ter se dado temporalmente em etapa na qual já tenha havido o ajuizamento de uma ação coletiva, se negue que tal alinhamento de pretensões forme um termo de ajustamento. Existe o compromisso (conteúdo igual ao do CAC extrajudicial) e existe o termo (forma igual ao do TAC extrajudicial).

O Superior Tribunal de Justiça[171] reconhece essa segunda espécie, reiterando a necessidade de homologação judicial do consenso, sem o que o litígio posto em juízo não se encerra.

O tema dispensa maiores problematizações: a solução compositiva pode ocorrer também no bojo do processo judicial (art. 487, III, *a*, quanto aos aspectos materiais, e *b*, quanto aos elementos formais), restando reduzida a um termo de ajustamento. As diferenças são as seguintes:

a) o TAC extrajudicial é título executivo extrajudicial; o judicial, é forma título executivo judicial. O procedimento executivo, portanto, variará: aquele é executado por processo autônomo; este, por cumprimento de sentença;

b) a legitimação para o TAC extrajudicial é apenas de entes públicos, enquanto na composição em juízo inexiste tal restrição;

c) o ajuste extrajudicial se dá independentemente de processo judicial (existe polêmica apenas quanto à necessidade de procedimento instrutório); o judicial, aperfeiçoado, extingue o processo.

2.3.6.4. Controle

Uma vez formalizado o compromisso, cabe aos legitimados coletivos a fiscalização de seu cumprimento.

Naturalmente, especialmente vocacionado será a instituição ou o órgão público que diretamente firmou o TAC. Internamente, em geral, atribui-se ao órgão com atribuição para a tomada do compromisso o dever de fiscalização quanto ao seu efetivo cumprimento[172], embora, por se tratar de

---

[171] STJ, REsp 1.572.000/SP, 2ª Turma, Rel. Min. Herman Benjamin, j. 23-2-2016, DJe 30-5-2016. No mesmo sentido: AgRg no AREsp 248.929/RS, 2ª Turma, Rel. Min. Herman Benjamin, DJe 5-8-2015; AgRg no AREsp 247.286/PB, 2ª Turma, Rel. Min. Og Fernandes, DJe 5-12-2014.

[172] É como ocorre no MP/SP, nos termos da Súmula 21 do seu Conselho Superior: "Homologada pelo Conselho Superior a promoção de arquivamento de inquérito civil ou das peças de informação, em decorrência de compromisso de ajustamento, incum-

tema ínsito à autonomia administrativa e à independência funcional, a solução preferida possa ser outra, sem qualquer complicação.

Por conta disso, deve existir especial preocupação com a publicidade dos compromissos firmados, como vem sendo regrado por instituições legitimadas[173].

2.3.6.5. Execução

Contudo, pode ocorrer de os contornos do compromisso serem desrespeitados, em absoluto (completo descumprimento) ou de maneira relativa (desatenção relativa a aspectos acessórios, como a desobediência de um prazo estipulado). Duas vias se abrem.

A primeira e menos traumática, no caso de estarmos diante de um descumprimento parcial ou acessório, é a novação da obrigação, com celebração de novo TAC, a explicitar novo compromisso de ajustamento.

Segunda via é a pronta execução do título inicialmente formado, aplicando-se o regramento do Código de Processo Civil (art. 771 e seguintes) e as especificidades do microssistema de tutela coletiva para a execução da sentença coletiva e, no que couber, as regras para o processo de conhecimento coletivo.

Nessa toada, é necessário se atentar para algumas disposições, a exemplo da intervenção do Ministério Público como fiscal do ordenamento, em não sendo a instituição exequente (art. 5º, § 1º, da LACP).

2.3.6.5.1. Competência

A competência para a execução deverá ser do juízo que idealmente poderia decidir validamente a matéria caso fosse veiculada em uma ação coletiva, combinando-se o art. 98, § 2º, II[174] com o art. 93[175] do Código de Defesa do Consumidor.

Caso haja direitos individuais indisponíveis violados pela conduta e que sejam abarcados pelo TAC, a execução poderá ser feita pelo legitimado coletivo, nesse juízo, revertendo-se em favor dos indivíduos, ou diretamente pelos particulares, em quaisquer dos foros competentes[176].

2.3.6.5.2. Legitimados

Tema dos mais polêmicos no estudo do termo de ajustamento de conduta é o da legitimidade para sua execução. Três são as posições a respeito.

O primeiro entendimento é no sentido de que apenas o tomador do termo pode levá-lo a juízo para execução, por constar no título. A posição, porém, praticamente não possui adeptos, uma vez

---

birá ao órgão do Ministério Público que o celebrou, fiscalizar o efetivo cumprimento do compromisso, do que lançará certidão nos autos".

[173] A esse respeito, veja-se o Ato do Conselho Superior do Ministério Público do Estado do Rio de Janeiro (Deliberação CSMP n. 71, de 12 de setembro de 2019), que regulamenta a comunicação e a publicidade dos compromissos de ajustamento de conduta firmados.

[174] "Art. 98. A execução poderá ser coletiva, sendo promovida pelos legitimados de que trata o art. 82, abrangendo as vítimas cujas indenizações já tiveram sido fixadas em sentença de liquidação, sem prejuízo do ajuizamento de outras execuções. (...) § 2º É competente para a execução o juízo: I – da liquidação da sentença ou da ação condenatória, no caso de execução individual; II – da ação condenatória, quando coletiva a execução."

[175] "Art. 93. Ressalvada a competência da Justiça Federal, é competente para a causa a justiça local: I – no foro do lugar onde ocorreu ou deva ocorrer o dano, quando de âmbito local; II – no foro da Capital do Estado ou no do Distrito Federal, para os danos de âmbito nacional ou regional, aplicando-se as regras do Código de Processo Civil aos casos de competência concorrente."

[176] Soa razoável que seja possível a execução do domicílio do titular do direito, em analogia ao que ocorre na execução de título coletivo judicial.

que a atuação do legitimado se dá, como sabido, de maneira extraordinária, importando a parte material envolvida no conflito, não a parte processual.

A segunda percepção é de que apenas os legitimados para a celebração de um TAC podem executar tal espécie de título executivo. Somente, então, os entes públicos – instituições permanentes e órgãos públicos – terão a capacidade de exigir o cumprimento do compromisso perante o Judiciário. Há, nessa linha, inegável paralelismo com o momento anterior, o da negociação – já adotado como fundamentação pelo Superior Tribunal de Justiça para seguir tal entendimento[177].

Porém, fragiliza-se o princípio da efetividade da tutela coletiva, sem fundamentação suficiente para tanto, razão pela qual a terceira corrente doutrinária[178] sustenta, com acerto, que qualquer legitimado para a tutela coletiva poderia executar o título.

A autorização legal para a celebração do TAC funciona como um filtro para evitar compromissos que se afigurem verdadeiros acordos, burlando a finalidade do microssistema, que é a real e completa tutela dos interesses coletivos. A lei presume (e bem) que o Ministério Público, a Defensoria Pública e os demais legitimados públicos não possuam interesses outros, próprios, e que suas instâncias internas funcionem, no controle do que restar assentado após as tratativas.

Uma vez formalizado o título executivo, no entanto, desaparece qualquer risco de falta de zelo para com o direito material, sendo recomendável a ampliação do leque de legitimados. Se muito, poder-se-ia imaginar que um legitimado coletivo privado iniciasse a execução, evitando, inclusive, a prescrição, e, caso o juiz verificasse alguma debilidade na capacidade de conduzir o processo, lançaria mão da garantia do art. 5º, § 3º[179], da Lei da Ação Civil Pública, por analogia.

2.3.6.6. Anulação e revisão

Como visto, acaso celebrado o TAC, como regra, haverá seu cumprimento "voluntário" ou sua execução judicial. É o cenário que abarca um termo de ajustamento de conduta *apto*, faltando interesse processual, inclusive, para eventual ação coletiva quanto ao mesmo objeto, movida pelo próprio legitimado tomador do compromisso ou pelos demais.

Eventualmente, no entanto, o termo de ajustamento pode ser inapto para a adequada tutela dos direitos lesados ou ameaçados, o que se dará em dois casos.

Primeira espécie de TAC inapto é o termo de ajustamento *incompleto*, que não tutela todo o conflito coletivo. Em casos tais, é possível tanto a complementação por novo termo (novando o primeiro ou formalizando um novo, que completa aquele) como o ajuizamento de uma ação coletiva para tanto. Haverá tutela mista, nesta última hipótese: parte do direito resguardado por compromisso de ajustamento, parte solucionado pela jurisdição estatal.

O Superior Tribunal de Justiça[180] já admitiu que, mesmo havendo acordo extrajudicial, se ajuizasse uma ação civil pública para aperfeiçoar sua tutela, descobrindo-se a real extensão do dano objeto do TAC.

Segundo tipo de TAC inapto é o termo de ajustamento *insanável*, no qual (i) há vício de validade ou existência, porque desrespeitados os elementos fundamentais já estudados, ou (ii) a solução tomada se mostrou inadequada, já que havia maneira mais efetiva de proteger o direito coletivo em sentido amplo.

---

[177] STJ, REsp 1.020.009/RN, 1ª Turma, Rel. Min. Benedito Gonçalves, j. 6-3-2008.
[178] ANDRADE; MASSON; ANDRADE, 2017, p. 229.
[179] "Art. 5º (...) § 3º Em caso de desistência infundada ou abandono da ação por associação legitimada, o Ministério Público ou outro legitimado assumirá a titularidade ativa."
[180] STJ, REsp 265.300/MG, 2ª Turma, Rel. Min. Humberto Martins, j. 21-9-2006.

Novamente, as duas vias estão abertas: um novo ajustamento (aqui, apenas a novação é viável, ante a necessidade de substituir o primeiro compromisso) ou a provocação da atividade jurisdicional.

2.3.6.7. TAC e responsabilidade penal

Como vige, em nosso ordenamento, o princípio da independência entre instâncias, a assunção do compromisso, firmando o termo de ajustamento de conduta, não impede o ajuizamento de ação penal, caso a conduta seja típica.

Esse entendimento do Superior Tribunal de Justiça[181] é correto, impedindo reflexos criminais na correção do comportamento. Afinal, o direito penal, regido pela responsabilidade penal subjetiva, passa por um juízo retrospectivo, que tem como objeto a conduta efetivamente perpetrada – a qual, se típica, deverá ser apurada em processo próprio.

Importante ressaltar que a Resolução n. 179 do CNMP traz importante regra acerca da independência das instâncias. Nesse sentido, o § 3º do art. 1º do referido ato normativo preceitua que a celebração do compromisso não afasta, necessariamente, a eventual responsabilidade administrativa ou penal pelo mesmo fato.

Esse ponto tem especial relevância, pois confere maior segurança jurídica ao ajuste. Dessa forma, o compromisso pode excluir ou incluir benefícios nas áreas criminal e administrativa. Contudo, nessa hipótese, algumas cautelas devem ser adotadas, sobretudo para manter a isonomia entre os benefícios concedidos a investigados diversos, bem como para preservar o princípio do promotor natural. Aliás, nessa linha já havia se posicionado o STJ[182], mesmo antes da inovação normativa.

2.3.6.8. Regras específicas definidas na Resolução n. 179/2017 do CNMP

Trataremos, a seguir, de algumas disposições esparsas na Resolução n. 179 do CNMP aplicáveis ao procedimento de tomada do TAC.

O § 4º do art. 1º deixa ao critério discricionário do órgão do Ministério Público decidir quanto à necessidade, conveniência e oportunidade de audiências públicas com a participação dos interessados. Nesse ponto específico, parece-nos que a diligência deveria ser sempre necessária, e não apenas facultativa.

A nosso ver, é fundamental auscultar a sociedade civil organizada e os lesados diretamente pelo ato ilícito. A não realização de pelo menos uma audiência pública pode resultar num isolamento do Ministério Público e, com isso, gerar um acordo que não atenda, da melhor forma, os interesses da sociedade, ou, pior, um acordo que revele solução rápida e consensual, mas que não gere a resolução efetiva e duradoura do problema.

Ademais, o compromisso deve prever "multa diária ou outras espécies de cominação para o caso de descumprimento das obrigações nos prazos assumidos" (art. 4º), bem como "as indenizações pecuniárias devem ser destinadas a fundos federais, estaduais e municipais que tenham o mesmo escopo do fundo previsto no art. 13 da Lei n. 7.347/1985" (art. 5º).

Importante inovação vem no art. 6º da Resolução n. 179/2017, ao dispor que o "Conselho Superior disciplinará os mecanismos de fiscalização do cumprimento do compromisso de ajustamento de conduta tomado pelos órgãos de execução", salvo se for levado à homologação do Poder Judiciário (§ 1º). Isso, obviamente, sem prejuízo das diligências fiscalizatórias encetadas pelo próprio órgão que tomou o compromisso, na forma do art. 9º.

---

[181] "7. A assinatura do termo de ajustamento de conduta com o órgão ambiental estadual não impede a instauração da ação penal, pois não elide a tipicidade formal das condutas imputadas ao acusado, repercutindo, na hipótese de condenação, na dosimetria da pena" (APn 888/DF, Corte Especial, Rel. Min. Nancy Andrighi, j. 2-5-2018).

[182] STJ, HC 187.043/RS, Rel. Min. Maria Thereza de Assis Moura, j. 22-3-2011 (*Informativo* n. 211).

Nesse sentido, o STJ já decidiu que, para a configuração na natureza de título executivo extrajudicial, é preciso observar se todas as etapas e requisitos formais foram observados, incluindo eventual exigência de homologação[183].

Ademais, o Conselho deve ainda dar publicidade "ao extrato do compromisso de ajustamento de conduta em Diário Oficial próprio ou não, no site da instituição, ou por qualquer outro meio eficiente e acessível" (art. 7º).

A publicação deverá, ainda de acordo com esse dispositivo, ter os seguintes requisitos:

1) indicação do inquérito civil ou procedimento em que tomado o compromisso;
2) indicação do órgão de execução;
3) a área de tutela dos direitos ou interesses difusos, coletivos e individuais homogêneos em que foi firmado o compromisso de ajustamento de conduta e sua abrangência territorial, quando for o caso;
4) indicação das partes compromissárias, seus CPF ou CNPJ, e o endereço de domicílio ou sede;
5) objeto específico do compromisso de ajustamento de conduta;
6) indicação do endereço eletrônico em que se possa acessar o inteiro teor do compromisso de ajustamento de conduta ou local em que seja possível obter cópia impressa integral.

Além disso, o § 1º do art. 7º determina, ainda, a disponibilização do acesso ao inteiro teor do documento ou onde pode ser consultado, sem prejuízo, obviamente, da divulgação imediata (§ 2º) e do encaminhamento ao Conselho Nacional do Ministério Público para inserção no Portal de Direitos Coletivos (Resolução Conjunta CNJ/CNMP n. 2, de 21-6-2011, que institui os cadastros nacionais de informações de ações coletivas, inquéritos e termos de ajustamento de conduta).

Finalmente, os arts. 11 e 12 tratam da execução do TAC. O art. 11 prevê o prazo máximo de 60 dias para que o órgão responsável pela fiscalização do cumprimento do TAC deflagre a execução judicial das cláusulas descumpridas.

Já o art. 12 confere ao Ministério Público legitimidade para executar o TAC firmado por outro órgão público no caso de omissão ou inércia.

2.4. Mediação

Além da previsão do TAC na legislação específica e, ainda, no art. 174, III, do Código de Processo Civil c/c art. 32, III, da Lei de Mediação, é preciso atentar para a possível realização da mediação, inclusive por outros legitimados.

Referimo-nos, aqui, aos legitimados para a propositura da ação civil pública, mas que não podem, ao menos numa interpretação literal, tomar o termo de ajustamento de conduta. É o caso, por exemplo, das associações civis.

Não custa lembrar que o art. 3º, § 2º, da Lei n. 13.140/2015 permite o consenso envolvendo direitos indisponíveis transacionáveis, desde que o acordo seja levado à homologação judicial, com prévia oitiva do Ministério Público.

Nesse sentido, poderíamos estender a aplicação desse dispositivo também para os direitos transindividuais e visualizar uma hipótese de acordo em ação civil pública promovida por associação de classe (durante a audiência do art. 334, por exemplo) caso o juiz entenda que o direito é transacionável (art. 334, § 4º, II, do CPC).

---

[183] REsp 1.214.513/SC, Rel. Min. Mauro Campbell Marques, j. 23-11-2010 (*Informativo* n. 457).

Na verdade, esse acordo poderia ser alcançado mesmo antes da ação civil pública, em procedimento de mediação prévia e extrajudicial.

Caso a ação seja promovida pelas pessoas jurídicas de direito público interno, temos que lembrar que o art. 32 da Lei de Mediação permite, expressamente, não apenas a mediação (inciso II), mas também a promoção do TAC (inciso III).

Ademais, o § 3º do art. 32 preceitua que, havendo consenso entre as partes, o acordo será reduzido a termo e constituirá título executivo extrajudicial, ou seja, prescinde de homologação, o que parece conflitar com os termos do art. 3º, § 2º, suprarreferido, sobretudo em sede de direitos indisponíveis transacionáveis.

Nesse sentido, como bem salienta Luciane Moessa de Souza, em obra que examinou os dispositivos da então nova Lei de Mediação[184], existem três fundamentos constitucionais para a adoção de métodos consensuais na resolução de conflitos em que se vê envolvido o Poder Público, a saber:

a) o princípio do acesso à justiça (art. 5º, XXXV, da CF);
b) o princípio da eficiência (art. 37, *caput*); e
c) o princípio democrático (art. 1º).

Por tais razões, prossegue a autora, deve o Poder Público necessariamente disponibilizar métodos de resolução consensual de conflitos para as situações em que estiver litigando com particulares.

2.5. Arbitragem

Meio de solução de conflitos que ganhou força no cenário jurídico contemporâneo é a arbitragem. Em linhas gerais, há resolução da lide por um terceiro imparcial – a exemplo do que ocorre no Judiciário –, que, contudo, é estranho aos quadros estatais, não estando investido na jurisdição estatal (ou seja, não é magistrado).

Discute-se, por isso, quanto à natureza jurisdicional (ou não) da arbitragem, existindo tendência doutrinária no sentido afirmativo, ante a similitude da atuação do julgador, (i) havendo substituição da vontade das partes pela do árbitro e (ii) formação de título executivo (reputado judicial pelo CPC).

Por outro lado, nega-se se tratar de jurisdição, especialmente por conta da falta de autoridade sub-rogatória do árbitro, incapaz de executar suas decisões sem a cooperação do Judiciário, pela via da carta arbitral (art. 260, § 3º, do CPC).

De qualquer maneira, a arbitragem é uma realidade no atual contexto normativo e pragmático, revelando-se instrumento muitas vezes conveniente para as pretensões dos litigantes, que convencionarão sua instituição. Em havendo convenção de arbitragem, caberá à instância arbitral resolver quaisquer questões, inclusive quanto à validade do compromisso ou da cláusula arbitral[185].

De acordo com Ana Nery[186], a *class arbitration* é possível no ordenamento norte-americano, salvo quando for expressamente excluída pela convenção de arbitragem. A partir dessa premissa, a autora sustenta que o permissivo que autoriza o TAC poderia servir de base também para o cabimento da arbitragem na tutela coletiva.

---

[184] PINHO; HALE; NAVARRO, 2015, p. 211.

[185] O art. 485 do CPC é didático ao prestigiar a palavra dada pelo árbitro, em relação ao juiz estatal: "Art. 485. O juiz não resolverá o mérito quando: (...) VII – acolher a alegação de existência de convenção de arbitragem ou *quando o juízo arbitral reconhecer sua competência*".

[186] NERY, 2018, p. 312.

Já segundo André Roque[187], a *classwide arbitration* surgiu nos Estados Unidos na esfera cível como um "efeito colateral de manobras de grandes empresas para fugir da propositura de ações coletivas (*class actions*) de larga escala".

O objeto dessa arbitragem pode envolver direitos difusos, coletivos e individuais homogêneos, desde que o pedido formulado pelas partes no processo arbitral seja de natureza patrimonial e não viole a ordem pública. O problema aqui seria a determinação dos limites do que é disponível, uma vez que não há no ordenamento brasileiro dispositivo que esclareça de forma objetiva um limite para tais direitos.

A convenção poderia ser proposta por qualquer dos legitimados para a ação. Contudo, ao se admitir essa possibilidade, seria obrigatória a intervenção do Ministério Público na condição de fiscal da ordem jurídica, o que não carece de fundamento legal de acordo com as leis orgânicas que regem a instituição.

O procedimento seguirá as regras previstas na convenção, mas não poderá ser confidencial, diante do interesse público envolvido. A sentença, bem como o regime da coisa julgada, liquidação e cumprimento seguirão as mesmas regras do microssistema da tutela coletiva.

Nesse sentido, interessante observar que a Lei n. 13.488, de 13 de junho de 2017, trouxe, nos arts. 15 e 31, menção expressa à utilização da arbitragem e de outros meios de resolução de conflitos nos contratos de parceria. Temos aqui, indubitavelmente, um claro incentivo para o uso dos *Dispute Boards* no Direito brasileiro.

Essa lei estabelece diretrizes gerais para prorrogação e relicitação dos contratos de parceria definidos nos termos da Lei n. 13.334, de 13 de setembro de 2016, nos setores rodoviário, ferroviário e aeroportuário da administração pública federal, e altera a Lei n. 10.233, de 5 de junho de 2001, e a Lei n. 8.987, de 13 de fevereiro de 1995.

2.6. Protocolos pré-processuais

Para Lord Woolf[188], os protocolos pré-processuais[189], mais do que qualquer outro mecanismo, são os responsáveis pela implementação da "cultura do acordo"[190].

Nessa diretriz, trazendo a ideia para o direito brasileiro, seria possível que o tribunal fixasse certas diligências que deveriam ser satisfeitas antes da propositura da demanda.

Prosseguindo nesse raciocínio, e observados, principalmente, os arts. 3º, 139, V, e 334 do CPC, seria possível a instituição de um protocolo a fim de estabelecer que, em determinados tipos de ação, deveria haver uma fase pré-judicial de tentativa de acordo[191].

Isso se mostraria especialmente válido em demandas de massa, como ações consumeristas. E a providência seria potencializada com o uso dos meios eletrônicos para a busca do consenso, como a figura da mediação *on-line*, expressamente referida no art. 46 da Lei n. 13.140/2015 e já comentada neste trabalho.

De toda sorte, em atenção ao art. 6º do CPC, a instituição dos protocolos deve ser precedida de audiências públicas, consulta aos interessados e, sobretudo, franco e amplo diálogo com as demais instituições, particularmente a advocacia pública e privada e o Ministério Público.

Parece possível, ainda, atrelar o interesse em agir, em determinadas demandas repetitivas, à submissão ao protocolo. Nesse aspecto, tem havido grande evolução da jurisprudência dos tribunais

---

[187] ROQUE, 2014, p. 251.
[188] WOOLF, 2013.
[189] PANTOJA, 2016, p. 78.
[190] WOOLF, 2013.
[191] CUEVA, 2016, p. 313-316.

superiores. Veja-se, por exemplo, o caso das ações de revisão de benefício previdenciário sem a prévia provocação ao INSS na instância administrativa.

O STJ[192] já decidiu que, para o ajuizamento desse tipo de demanda, dispensa-se, excepcionalmente, o prévio requerimento administrativo quando houver: (i) recusa em seu recebimento por parte do INSS; ou (ii) resistência na concessão do benefício previdenciário, a qual se caracteriza: (a) pela notória oposição da autarquia previdenciária à tese jurídica adotada pelo segurado; ou (b) pela extrapolação da razoável duração do processo administrativo.

Nesse sentido, em regra, a falta de postulação administrativa de benefício previdenciário resulta em ausência de interesse processual dos que litigam diretamente no Poder Judiciário. Isso porque a pretensão, nesses casos, carece de elemento configurador de resistência pela autarquia previdenciária à pretensão. Dessa forma, se não há conflito, não existe interesse de agir nessas situações.

O tribunal deixou claro que a exigência de prévio requerimento não se confunde com o exaurimento das vias administrativas, nem deve prevalecer quando o entendimento da Administração for notório e reiteradamente contrário à postulação do segurado[193].

Além da hipótese de um protocolo que estabeleça, diretamente, o dever das partes de tentarem um acordo antes do ajuizamento da ação judicial, é também possível vislumbrar hipóteses nas quais um protocolo estimulasse indiretamente a autocomposição.

Seria o caso, por exemplo, de um protocolo que estipulasse uma fase pré-processual para troca de provas entre as partes. Tal troca permitira a ambas terem uma noção mais precisa da força dos argumentos de seu adversário e da sua capacidade de comprovar as suas alegações. Com isso, reduz-se o espaço de assimetria das informações[194] – que é um dos principais elementos que impede o sucesso das negociações – e facilita-se o diálogo paritário entre as partes. Aumentam-se, consequentemente, as chances de celebração de um acordo, evitando o ajuizamento da ação.

Um protocolo com esse escopo teria o benefício adicional de adiantar a preparação e a instrução probatória da eventual ação judicial. Assim, mesmo que o conflito tivesse que ser judicializado pela impossibilidade de alcance de um acordo, haveria uma enorme economia de tempo e de dispêndio de recursos, porque boa parte das provas e argumentos já teria sido trocada entre as partes.

Independentemente da existência ou não dos protocolos, já é possível sustentar a existência, no direito brasileiro, de vestígios do chamado *case management*.

Importante, contudo, registrar que a atribuição de poderes de *gerenciamento processual* (*case management*) ao juiz, os quais devem ser exercidos em *cooperação* e *integração* com os demais sujeitos processuais, irá viabilizar que se alcance o ponto de equilíbrio entre as concepções liberal (privatista/adversarial) e social (publicista/inquisitiva) de processo[195].

Contudo, é importante registrar que *case management* e cooperação não são compreendidos da mesma forma na Europa. Na verdade, há diferentes entendimentos do sentido prático, geralmente envolvendo o alcance e os limites dos poderes de um juiz ativo.

Especificamente no caso do *case management*, as reformas pelas quais passaram Inglaterra e Alemanha indicam que o legislador desses países chegou à conclusão de que a melhor forma de lidar com

---

[192] REsp 1.488.940/GO, Rel. Min. Herman Benjamin, j. 18-11-2014 (*Informativo* n. 552 do STJ).

[193] Esse entendimento está em consonância com a decisão proferida pelo STF em Repercussão Geral, no RE 631.240/MG (j. 3-9-2014, *DJe* 10-11-2014), e foi posteriormente ratificado pela Primeira Seção, em regime de julgamento repetitivo (REsp 1.369.834/SP).

[194] MNOOKIN, 1993, p. 235.

[195] ZUCKERMAN, 2009, p. 91.

os problemas identificados em seus sistemas de justiça civil era atribuir maiores poderes gerenciais ao juiz e exigir maior cooperação dos sujeitos na relação jurídica processual.

Nesse sentido, o bom uso da audiência de conciliação e da mediação pelo magistrado (arts. 165, 139, V, e 334) pode, sem dúvida, contribuir para uma solução rápida, especialmente nos casos mais urgentes, nos quais o próprio juiz deverá conduzir o procedimento, ou pelo menos parte dele, lembrando, ainda, que, em sede de tutela coletiva, o mecanismo da audiência de conciliação pode ser potencializado pela figura da audiência pública.

Dessa forma, podemos dizer que é absolutamente indispensável a implementação do modelo cooperativo.

Torna-se necessária uma releitura da dicotomia entre publicismo e privatismo, entre perspectivas ideológicas socializantes e liberais do fenômeno processual. Esse movimento gera uma terceira via chamada "modelo cooperativo".

A condução do processo passa a ser tarefa não só do magistrado, mas também das partes, razão pela qual posturas meramente individualistas não podem mais ser toleradas.

Ademais, exige-se um juiz participativo e garantista[196]. Não é à toa que a doutrina[197] já propaga a existência de um "Estado Constitucional Cooperativo".

Como afirma Taruffo[198], é preciso desenvolver uma ativa cooperação entre as cortes, partes e advogados, repartindo uma aspiração comum de uma justa e correta administração da justiça.

Assim, a cooperação assume sua função de "trava mestra do processo civil moderno", aprimora a jurisdição[199] e estrutura o direito fundamental ao processo justo[200].

A cooperação, como já referido ao longo deste texto, impõe deveres não apenas às partes, mas também ao magistrado. Talvez o mais importante deles, nesse momento de transição pelo qual passa o ordenamento brasileiro, seja o da prevenção.

No entanto, parece que devemos exigir mais do magistrado. Nesse sentido, a potencialização do dever de prevenção nos leva ao princípio da primazia de mérito, que compreende o poder conferido ao magistrado para sanar vícios processuais que sejam óbices ao desenvolvimento do processo, à resolução do mérito ou à atividade satisfativa do direito (art. 139, IX)[201]. Afinal, o objetivo do processo é solucionar o conflito[202], e o Código de Processo Civil de 2015 deixou isso claro em diversos dispositivos[203].

Isso nos leva à concepção de um juiz que saiba exercer seu protagonismo sem comprometer sua imparcialidade. Com efeito, não cabe mais ao juiz o papel secundário de observador inerte[204], distante e impassível do embate dialético das partes, como se fosse um "simples fiscal

---

[196] NALINI, 1994, p. 81.
[197] HÄBERLE, 2007.
[198] TARUFFO, 2002, p. 153-183.
[199] DINAMARCO, 2002, p. 71.
[200] MITIDIERO, 2015, p. 53.
[201] CÂMARA, 2016.
[202] REICHELT, 2016, p. 48.
[203] Além da possibilidade de emenda da petição inicial (ex.: arts. 303, § 6º, 321, 700, § 5º, e 968, § 5º), o CPC assegura a possibilidade de o recorrente sanar eventuais vícios, evitando que o recurso seja prematuramente fulminado. Assim, o relator deve conceder prazo de cinco dias para a parte regularizar a falha, eventual equívoco no recolhimento (evitando a deserção) ou complementar a documentação exigida, antes de declarar a inadmissibilidade do recurso (arts. 932, parágrafo único, 1.007, §§ 2º, 4º, 6º e 7º), o que é uma forma de combater a jurisprudência defensiva. Além disso, podem desconsiderar vícios formais de recurso tempestivo ou determinar sua correção, desde que não o repute grave (art. 1.029, § 3º).
[204] CAPPELLETTI, 1988, p. 77.

incumbido de vigiar o comportamento, para assegurar a observância das regras do jogo e, no fim, proclamar o vencedor"[205].

Não custa lembrar que, como bem observado por Mitidiero, "imparcialidade e neutralidade são conceitos que não se confundem. Juiz ativo é o contrário de juiz neutro; um e outro, todavia, podem ser imparciais"[206].

Se formos capazes de implementar essa "mudança de mentalidade", aplicando com sabedoria e parcimônia os instrumentos que o Código de Processo Civil nos deu expressamente, e mesmo aqueles que são permitidos mediante aplicação das normas fundamentais, poderemos encontrar respostas adequadas a cada tipo de litígio, otimizando, assim, a função jurisdicional, sobretudo na tutela pluri-individual.

---

[205] BARBOSA MOREIRA, 1998, p. 140.
[206] MITIDIERO, 2001, p. 111.

Capítulo 7
TUTELA COLETIVA JUDICIAL

1. TERMINOLOGIA

Inicialmente, é uma investigação terminológica acerca da relação entre ação civil pública e ação coletiva.

Isso se faz necessário porque diversos doutrinadores utilizam o termo ação coletiva como gênero, do qual seriam espécies a ação coletiva *stricto sensu* e a ação civil pública. Outros, por seu turno, sustentam ser a ação civil pública o gênero, do qual seriam espécies a ação civil pública propriamente dita e a ação coletiva.

E, de certa maneira, a confusão é até compreensível, na medida em que a Lei n. 8.078/90 alterou diversos dispositivos da Lei n. 7.347/85, ao mesmo tempo que elegeu este diploma como fonte subsidiária a ser aplicada às ações coletivas.

Uma compreensão histórica ajuda a elucidar a questão. Assim como o direito individual homogêneo, a ação coletiva (que é seu apropriado instrumento de tutela) foi introduzida pelo Código do Consumidor, especificamente em seu art. 91.

Com a criação da ação coletiva, resolveu-se o problema então existente acerca do cabimento ou não da ação civil pública para defesa de direito individual homogêneo.

Assim, atualmente, pode-se utilizar a ação civil pública para a tutela dos direitos difusos e coletivos (art. 81, parágrafo único, I e II, do CDC), e a ação coletiva para a defesa do direito individual homogêneo (inciso III).

Entretanto, à época da edição do Código do Consumidor, foi objetado que a ação coletiva (e, por via de consequência, o direito individual homogêneo) só se aplicaria às relações de consumo, isso porque o texto do art. 89, segundo o projeto original, foi vetado pelo Presidente da República[1]. Apesar do veto, a questão acabou sendo solucionada por meio do art. 117.

Nesse sentido, veja-se que o termo "ação civil pública" já existe em nosso ordenamento desde a edição da Lei n. 7.347/85, que a ela se referiu expressamente, sendo repetido pela Constituição Federal de 1988.

O termo veio ainda a ser utilizado no art. 129, III, da Carta de 1988, e também quando da edição da Lei n. 7.853, de 24 de outubro de 1989, e da Lei n. 7.913, de 7 de dezembro de 1989, bem como do Estatuto da Criança e do Adolescente.

Somente com a vigência do Código do Consumidor, passa-se a falar em ação coletiva para a defesa de interesses individuais homogêneos, pois tais interesses só foram normatizados em nosso ordenamento jurídico a partir da vigência desse Código.

Destarte, é possível assentar que ação coletiva é, tecnicamente, aquela utilizada para a defesa de um direito individual homogêneo.

De todo modo, para fins didáticos, utilizamos, por diversas vezes, a terminologia ação coletiva como gênero, a englobar todas as modalidades estudadas. Afinal, existem variados elementos comuns a quaisquer demandas coletivas.

---

[1] O texto vetado do art. 89 da Lei n. 8.078/90 é o seguinte: "As normas deste Título aplicam-se, no que for cabível, a outros direitos ou interesses difusos, coletivos e individuais homogêneos, tratados coletivamente".

2. ESPÉCIES DE AÇÃO COLETIVA

Com o desenvolvimento do ordenamento jurídico, foi dado tratamento legal a diversas espécies de ação coletiva. O microssistema acaba por garantir a aproximação entre elas, mas é importante compreender a relação.

A ação civil pública se afigura como a ação coletiva mais genérica e, portanto, é a partir dela que o estudo dos diferentes tipos se mostra mais aconselhável. De fato, a legitimidade, o objeto, o procedimento e outros elementos são mais amplamente tratados para a ação civil pública do que para as demais.

Na ação popular, no mandado de segurança coletivo, no mandado de injunção coletivo e em outras modalidades coletivas de impetração de remédios constitucionais, existem restrições próprias em aspectos estruturais.

Por conta disso, o estudo se dará de forma geral quanto aos temas essenciais da tutela coletiva pela via principal. Posteriormente, em capítulos destacados, serão abordadas as espécies destacadas de ações coletivas, com o que possuem de próprio.

3. ELEMENTOS DA AÇÃO

3.1. Partes

No tocante às partes do processo coletivo, atrai peculiaridade o polo ativo da demanda.

Aqui, pelo regime de substituição processual, atuará em juízo, em nome próprio, um dos legitimados coletivos ou até mesmo mais de um, na hipótese de haver litisconsórcio. O autor dessa demanda será considerado parte processual ou formal.

No entanto, o real titular do direito é a coletividade substituída, considerada, para todos os efeitos, parte material da ação. Esse aspecto é fundamental e deverá ser levado em conta na comparação entre ações coletivas. Assim, por mais que existam duas ações aparentemente diversas, porque movidas por legitimados diferentes, mas que tutelam o mesmo direito, o cotejo levará em conta os titulares do bem jurídico tutelado.

3.2. Causa de pedir

Nas ações coletivas, a causa de pedir passará pela descrição da conduta – omissiva ou comissiva – do legitimado passivo, que atingiu a coletividade substituída pelo autor, legitimado coletivo ativo.

É natural que haja um grau menor de concretude e definição nessa exposição que aquele encontrado em ações individuais. A substanciação, portanto, se torna mais tênue, recaindo sobre aspectos mais genéricos[2].

Isso se verifica especialmente na tutela de direitos individuais homogêneos, tanto que, nesses casos, a liquidação ganhará perfis próprios (liquidação imprópria).

Aponta-se que, além dos fundamentos fáticos e jurídicos, ganham relevância, na demanda coletiva, fundamentos axiológicos, políticos ou sociológicos[3]. Elementos outros passam a integrar a discussão posta em juízo, que deverá verificar, com prevalência, as consequências práticas da tutela jurisdicional pleiteada.

De todo modo, decorre da ampla defesa que o réu deva se opor à pretensão nos limites expostos na causa de pedir, cabendo ao magistrado verificar se eventual abertura está ou não inserida dentro da matéria, amplamente considerada, exposta pelo autor.

---

[2] LEONEL, 2011, p. 241.
[3] LEONEL, 2011, p. 242.

3.2.1. Controle de constitucionalidade

Por muito tempo, houve discussão quanto à viabilidade de exercício de controle de constitucionalidade em ações coletivas.

Naturalmente, deixa-se de lado o chamado processo coletivo especial[4], constituído pelas ações de controle concentrado de constitucionalidade, debatendo-se apenas o cabimento do controle difuso, aquele inserido na causa de pedir do autor e exercido na fundamentação decisória, não no dispositivo.

Apesar do sistema híbrido adotado no Brasil, que permite a qualquer juiz verificar a compatibilidade de determinada norma com a Constituição Federal ou com constituições estaduais, existe posição doutrinária contrária a tal manifestação jurisdicional em ações coletivas, em razão dos efeitos *erga omnes* gerados, sendo possível ocorrer conflito de coisas julgadas em relação à decisão em controle concentrado, e por haver ofensa, desse modo, à competência constitucional do tribunal supremo para controlar, de forma concentrada, a compatibilidade[5].

O Supremo Tribunal Federal, por outro lado, concluiu pela possibilidade de exercício de controle difuso em demandas coletivas, notando que, como cabe recurso extraordinário para a corte, em casos tais, os dois sistemas – controle difuso e controle concentrado – conviveriam[6,7].

O entendimento é acertado, porque o reconhecimento de inconstitucionalidade, no controle difuso, se dá a título de argumentação (causa de pedir) e na fundamentação da decisão, não de pedido, nem no dispositivo. Desse modo, não se forma coisa julgada *erga omnes* a respeito desse aspecto, mas somente no tocante à questão concreta enfrentada e decidida.

A esse propósito, não incide a sistemática da formação de coisa julgada sobre questão prejudicial, inaugurada pelo art. 503, § 1º, do Código de Processo Civil de 2015, uma vez que faltará o requisito da competência absoluta do juízo[8].

Um pronunciamento em ação coletiva que reconheça a inconstitucionalidade de determinada norma o faz como meio para solucionar relações jurídicas concretas, diferentemente do que sucede em controle abstrato, no qual a própria norma é retirada do ordenamento, com eficácia *ex tunc*[9].

Além disso, a inafastabilidade da jurisdição é outro elemento a reforçar a viabilidade do controle, não havendo razão para se retirar do magistrado que julgue ação coletiva tal competência.

Por fim, a economia processual que inspira a tutela coletiva é homenageada, evitando-se o ajuizamento de múltiplas ações individuais para questionar uma mesma norma, a título de causa de pedir[10]. Nesse tocante, mesmo o controle concentrado se revela insuficiente, porque as situações concretas, não raro, demandam aplicação cogente do entendimento do Supremo Tribunal Federal em juízo, quando descumprido.

---

[4] ALMEIDA, 2003.

[5] MENDES, 2003, p. 151; MARTINS, 1995.

[6] Rcl 600, Tribunal Pleno, Rel. Min. Néri da Silveira, j. 3-9-1997.

[7] Descabe confundir o controle concentrado de constitucionalidade com o difuso, podendo este último ser implementado por qualquer Juízo nos processos em geral, inclusive coletivo, como é a ação civil pública – precedentes: Recursos Extraordinários 424.993/DF, Rel. Min. Joaquim Barbosa, e 511.961/SP, Rel. Min. Gilmar Mendes, acórdãos publicados, respectivamente, no *Diário da Justiça eletrônico* de 19 de outubro de 2007 e 13 de novembro de 2009 (Rcl 8.605 AgR, Tribunal Pleno, Rel. Min. Marco Aurélio, j. 17-10-2013).

[8] DIDIER JR.; ZANETI JR., 2016b, p. 332.

[9] LEONEL, 2011, p. 447.

[10] LEONEL, 2011, p. 448.

3.3. Pedido

O pedido, nas ações coletivas, não traz uma restrição genérica. Dois princípios são importantes nesse tema: o da atipicidade e o da não taxatividade.

O primeiro indica que qualquer espécie de tutela jurisdicional é pleiteável na demanda coletiva. Pode haver pedido declaratório, constitutivo, condenatório.

Naturalmente, determinadas ações coletivas específicas acabam por estar ligadas a certo tipo de tutela, como a desconstitutiva e a condenatória, na ação popular e no mandado de segurança coletivo.

O segundo princípio referido esclarece que qualquer bem jurídico é passível de proteção em ação coletiva, especialmente na ação civil pública. Há, porém, exceções tanto nessa espécie geral de ação, por conta do parágrafo único do art. 1º da Lei n. 7.347/85, como em questões específicas, como na ação popular, voltada à tutela de determinados objetos, apenas.

3.3.1. Controle de políticas públicas

Temática relacionada à tutela coletiva pela via principal e absolutamente recorrente, na prática, é a do controle judicial de políticas públicas.

Inicialmente, cabe sublinhar que política pública pode ser entendida como a realização do Poder Público capaz de efetivar direitos previstos no ordenamento[11]. O natural, portanto, é que se posicione no campo administrativo.

Contudo, seja pelo leque de garantias insculpido pelo constituinte, pela ineficiência administrativa ou pela escassez de recursos, não raro se verifica a ausência de efetivação de direitos por parte da Administração Pública. Diante disso, a inafastabilidade da jurisdição indica que caberá ao Judiciário socorrer os particulares.

Na realidade, para que a norma voltada à política pública seja efetiva, são necessários dois passos ulteriores à edição: a implementação real da política (administrativamente, com recursos suficientes e regulamentação adequada) e a verificação de resultados (com monitoramento e metas revistas periodicamente).

Comumente, são postos dois argumentos pela Fazenda Pública contrários ao controle judicial de políticas públicas: a separação dos poderes e a reserva do possível.

Quanto ao primeiro, prevalece[12] que o Judiciário não usurpa a função do Executivo ou do Legislativo ao definir execução de políticas. Se, em um primeiro momento, entendia-se que apenas os atos vinculados seriam sindicáveis, atualmente, entende-se que os atos discricionários o são quanto ao seu mérito, quanto à forma de elaboração e concretização, mas não quanto à implementação ou não da política pública[13].

Há, aqui, uma judicialização da política, na qual o Judiciário garante direitos previstos na Constituição Federal e na legislação, efetivando garantias fundamentais. Por outro lado, o ativismo judicial tem vez quando a jurisdição extrapola seus limites de atuação, invadindo o campo da discricionariedade técnica e administrativa.

Em outras palavras: o conflito não se dá entre a autocontenção judiciária e o ativismo judicial, e sim entre a negligência e a efetivação de direitos fundamentais[14].

---

[11] "A expressão 'políticas públicas' pode designar, de forma geral, a coordenação dos meios à disposição do Estado, harmonizando as atividades estatais e privadas para a realização de objetivos socialmente relevantes e politicamente determinados" (BARCELLOS, 2019, p. 98). Em sentido próximo, colocando como objeto das políticas os princípios constitucionais: LEONEL, 2011, p. 449.

[12] ARE 639.337 AgR, 2ª Turma, Rel. Min. Celso de Mello, j. 23-8-2011.

[13] REsp 1.185.474/SC, 2ª Turma, Rel. Min. Humberto Martins, *DJe* 29-4-2010.

[14] ZANETI JR.; GARCIA, 2017.

Modernamente, em razão da consciência de que essa concepção é excessivamente rígida, e decorrente de particularidades históricas, tem-se reconhecido que a separação de poderes não pode ser compreendida como uma dicotomia inflexível entre as três funções do governo, mas nos termos de um complexo de regras e princípios que asseguram a não concentração de poder nas mãos de apenas um dos poderes do Estado[15].

Bruce Ackerman traz preciosa colaboração ao debate, indicando três ideais legitimadores da separação de poderes:

1) a democracia, pois a separação deve permitir o autogoverno do povo;
2) o profissionalismo, ou especialização, porque as leis democráticas permanecem meramente simbólicas, a menos que os tribunais e a burocracia estatal possam implementá-las de maneira imparcial;
3) a proteção dos direitos fundamentais, para impossibilitar que a democracia popular e a meritocracia da administração possam se transformar em tirania[16].

Desse modo, a clássica concepção de separação de poderes deveria ser revista, deixando de configurar apenas um aspecto formal da democracia. Na mesma linha, a doutrina observa que seria contraditório que o princípio da separação de poderes, que constitui uma garantia destinada a proteger os direitos fundamentais do arbítrio estatal, fosse evocado para negar a concretização de um direito fundamental[17].

Determinadas questões, no entanto, inseridas em limites técnicos, devem estar fora do âmbito de avaliação do Judiciário, como constatado pela doutrina *Chenery*, norte-americana, que reconhecer a falta de *expertise* da jurisdição nessas hipóteses[18]. É a ideia da reserva de consistência, evitando que magistrados, sem formação científica específica, determinem soluções em matérias estranhas ao seu conhecimento (fuzzyismo).

Em acréscimo, apresenta-se o argumento da reserva do possível, consistente na limitação orçamentária inerente a qualquer administração, que limita o atendimento indiscriminado das necessidades dos particulares, uma vez que os direitos têm um custo. Haveria, assim, escolhas trágicas realizadas pelo administrador, a serem respeitadas pelo Judiciário.

Ocorre, porém, que esse argumento não prospera, na jurisprudência, quando o pleito diz respeito a um dos direitos inerentes ao mínimo existencial, que engloba as necessidades para a sobrevivência (minimamente) digna[19], não podendo a reserva do possível legitimar condutas relapsas e ineficientes da Administração[20].

Some-se a isso o fato de a tese da reserva do possível ter surgido na Alemanha para combater pretensões irrazoáveis por parte dos particulares em relação ao Poder Público. Sucede, porém, que, na realidade brasileira, é levantada mesmo em relação a exigências essenciais.

Diante desse cenário, a doutrina aponta, sinteticamente, como requisitos para o controle de políticas públicas: o objeto da política dizer respeito ao mínimo existencial, a razoabilidade da pretensão e a disponibilidade financeira (e previsão orçamentária)[21].

---

[15] BARROSO, 2006, p. 57.
[16] ACKERMAN, 2000, p. 639-640.
[17] SARLET; FERNSTERSEIFER, 2011, p. 253.
[18] AgInt no AgInt na SLS 2.240/SP, Corte Especial, Rel. Min. Laurita Vaz, j. 7-6-2017.
[19] ARE 639.337 AgR, 2ª Turma, Rel. Min. Celso de Mello, j. 23-8-2011.
[20] REsp 1.068.731/RS, 2ª Turma, Rel. Min. Herman Benjamin, j. 17-2-2011.
[21] LEONEL, 2011, p. 450.

Sobre esse último elemento, tem sido entendido como possível – e, na jurisprudência, como uma exigência para a procedência[22] – o pedido de inclusão de previsão orçamentária, sobretudo quando a Constituição trouxer parâmetros e montantes definidos, como sucede quanto à educação e à saúde[23].

Do mesmo modo, se tem aceitado que o Judiciário determine saídas concretas, como a determinação de manutenção de estoque mínimo de determinado medicamento[24] ou o esvaziamento de unidades de cumprimento de medidas socioeducativas em desconformidade com os ditames legais[25].

O controle judicial das políticas públicas admite, enfim, três meios (desenvolvimentos, no dizer de Ana Paula de Barcellos[26]):

a) as ações individuais (controle subjetivo individual), em autêntica microjustiça;

b) as ações coletivas que postulam bens privados, assim entendidos os que, consumidos, reduzem a quantidade disponível para o restante da sociedade (como uma medicação), em macrojustiça mais efetivas que a anterior, em que o magistrado pode verificar o impacto total das suas decisões;

c) as ações coletivas de bens públicos (como a iluminação pública e as condições ambientais), mais amplos (por não sofrerem a restrição inerente ao grupo tutelado nas ações de bens privados) e de mais complexa execução. Tais demandas possuem três manifestações centrais:

i) controle de constitucionalidade de atos normativos;

ii) exigência de existência de certa política pública;

iii) determinação de prestação de serviços continuados.

A temática do controle judicial de políticas públicas, especialmente pela via coletiva, está diretamente relacionada aos processos estruturantes, visto em tópico próprio.

3.3.2. Dano moral coletivo

Especial pedido condenatório praticado nas ações coletivas é o da fixação de valor a título de reparação moral, o dano moral coletivo.

O microssistema parece amparar essa pretensão: o art. 1º da Lei da Ação Civil Pública expressamente menciona como objeto os danos morais causados aos bens mencionados e o art. 6º, VI, do Código de Defesa do Consumidor aponta a reparação de danos morais, individuais coletivos e difusos como direito dos consumidores[27].

Existe alguma divergência na doutrina acerca da possibilidade de tal pedido. De todo modo, vale recordar que o STJ admite formulação de pedido genérico diante da impossibilidade de imediata determinação do pedido ou da necessidade de prova complexa, de natureza técnica, bem como nas hipóteses de dano moral[28].

---

[22] REsp 1.389.952/MT, 2ª Turma, Rel. Min. Herman Benjamin, j. 3-6-2014.

[23] LEONEL, 2011, p. 244-245.

[24] RE 429.903, 1ª Turma, Rel. Min. Ricardo Lewandowski, j. 25-6-2014.

[25] HC 143.988 AgR, Rel. Min. Edson Fachin, j. 22-5-2019.

[26] BARCELLOS, 2019, p. 101-107.

[27] "Art. 6º São direitos básicos do consumidor: (...) VI – a efetiva prevenção e reparação de danos patrimoniais e morais, individuais, coletivos e difusos."

[28] REsp 1597833/PE, Rel. Min. Herman Benjamin, 2ª Turma, DJe 9-9-2020; REsp 1120117/AC, Rel. Min. Eliana Calmon, 2ª Turma, DJe 19-11-2009; REsp 1.534.559/SP, Rel. Min. Nancy Andrighi, 3ª Turma, DJe 21-12-2016; REsp 764.820/MG,

3.3.2.1. Posição favorável

Admite parcela da doutrina a existência de um dano transindividual, decorrente do agir lesivo do réu[29]. Assim, um desastre ambiental ensejaria efetivo dano à coletividade, enquanto ente diverso dos sujeitos que a compõem. Nessa linha, já decidiu o Superior Tribunal de Justiça[30-31].

Em certa ocasião, exigiu a Corte da Cidadania que o abalo moral coletivo transborde os limites da tolerabilidade e seja de razoável significância, produzindo verdadeiro sofrimento e intranquilidade social[32].

O tribunal, de resto, vem indicando o cabimento de condenação ao pagamento de danos morais coletivos quando houver ofensa a direitos fundamentais da coletividade[33].

Em outra oportunidade, o STJ admitiu o dano moral coletivo por abuso de direito em matéria de infância e juventude[34].

Outra parcela de autores aceita a condenação, discutindo-se em relação a quais direitos existirá a reparação moral.

Parte dos autores entende que o dano moral coletivo só pode ser fixado na tutela de direitos difusos e coletivos, já que, nos individuais, o abalo seria sempre individualizável[35]. Nesse sentido, o Superior Tribunal de Justiça fez a distinção entre danos morais coletivos, sempre transindividuais e revertidos ao fundo, com caráter sancionatório e aferíveis *in re ipsa*, e danos morais individuais homogêneos, a serem liquidados pelas vítimas[36].

De outro lado, existe entendimento no sentido de que os danos morais coletivos dizem respeito a danos morais somados ou acrescidos, referentes, então, a pessoas determinadas ou determináveis (direitos individuais homogêneos ou coletivos), que seriam os beneficiários da indenização. Quanto aos direitos difusos, a reparação se daria pelos danos sociais, revertido o montante para o fundo de direitos transindividuais[37].

Rel. Min. Luiz Fux, 1ª Turma, *DJ* 20-11-2006, p. 280; STJ, 2ª Turma, AResp 1.775.384-SE, Rel. Min. Herman Benjamim, j. 20-4-21.

[29] LEITE, 2000, p. 286.

[30] REsp 1.269.494/MG, 2ª Turma, Rel. Min. Eliana Calmon, j. 24-9-2013.

[31] REsp 1.328.753/MG, 2ª Turma, Rel. Min. Herman Benjamin, j. 28-5-2013.

[32] REsp 1.221.756/RJ, 3ª Turma, Rel. Min. Massami Uyeda, j. 2-2-2012.

[33] REsp 1.768.551/RJ, 2ª Turma, Rel. Min. Francisco Falcão, j. 1-10-2019.

[34] REsp 1.840.463/SP, 3ª Turma, Rel. Min. Marco Aurélio Bellizze, j. 19-11-2019, *DJe* 3-12-2019.

[35] WATANABE, 2019, p. 880-881.

[36] O dano moral coletivo é aferível *in re ipsa*, ou seja, sua configuração decorre da mera constatação da prática de conduta ilícita que, de maneira injusta e intolerável, viole direitos de conteúdo extrapatrimonial da coletividade, revelando-se despicienda a demonstração de prejuízos concretos ou de efetivo abalo moral. Precedentes. Independentemente do número de pessoas concretamente atingidas pela lesão em certo período, o dano moral coletivo deve ser ignóbil e significativo, afetando de forma inescusável e intolerável os valores e interesses coletivos fundamentais. O dano moral coletivo é essencialmente transindividual, de natureza coletiva típica, tendo como destinação os interesses difusos e coletivos, não se compatibilizando com a tutela de direitos individuais homogêneos. A condenação em danos morais coletivos tem natureza eminentemente sancionatória, com parcela pecuniária arbitrada em prol de um fundo criado pelo art. 13 da LACP – *fluid recovery* –, ao passo que os danos morais individuais homogêneos, em que os valores destinam-se às vítimas, buscam uma condenação genérica, seguindo para posterior liquidação prevista nos arts. 97 a 100 do CDC (REsp 1610821/RJ, Rel. Min. Luis Felipe Salomão, 4ª Turma, j. 15-12-2020).

[37] TARTUCE, 2014, p. 509.

3.3.2.1.1. Dano social

Os danos sociais dizem respeito ao rebaixamento do nível de vida da coletividade[38]. Tais danos são instrumento de exercício da função social da responsabilidade civil, que não se confundem com os danos morais coletivos[39].

Para o Superior Tribunal de Justiça, conforme tese fixada em reclamação submetida à sistemática dos recursos repetitivos, os danos sociais dependem de dois requisitos processuais: pedido expresso do autor, realizado em ação coletiva[40].

3.3.2.2. Posição contrária

Outros autores, criticando essa linha, entendem que a Constituição garante a reparação por danos morais que, naturalmente, podem decorrer de conduta coletiva. Contudo, a vítima do dano espiritual seria, sempre, um indivíduo[41], de sorte que deva ser afastada a interpretação literal do comando da Lei n. 7.347/85, compreendendo-o como uma autorização para cumular, na ação coletiva, pedidos referentes a bens transindividuais com a indenização moral, sempre relativa a bens individuais.

O Superior Tribunal de Justiça possui decisões desfavoráveis à tese[42], apesar de não se revelar como a tendência da corte.

---

[38] AZEVEDO, 2004, p. 376.
[39] Enunciado 455 da V Jornada de Direito Civil do CJF: "A expressão 'dano' no art. 944 abrange não só os danos individuais, materiais ou imateriais, mas também os danos sociais, difusos, coletivos e individuais homogêneos a serem reclamados pelos legitimados para propor ações coletivas".
[40] Rcl 12.062/GO, 2ª Seção, Rel. Min. Raul Araújo, j. 12-11-2014.
[41] ZAVASCKI, 2017b; STOCO, 2004, p. 855.
[42] "É inviável, em sede de ação civil pública, a condenação por danos morais coletivos. Agravo regimental desprovido" (AgRg no REsp 1.305.977/MG, 1ª Turma, Rel. Min. Ari Pargendler, j. 9-4-2013).

Capítulo 8
COMPETÊNCIA

1. CONCEITO

A Justiça (conceito amplo aqui utilizado para abranger não só as atividades do Poder Judiciário, mas de todos os demais atores envolvidos) deve ser vista como um serviço público. Tal concepção, não à toa, foi consagrada nas 100 Regras de Brasília[1], documento internacional assinado por representantes de todos os órgãos responsáveis por uma prestação jurisdicional justa, tempestiva e efetiva.

É dentro dessa perspectiva, visando a melhor organização do serviço, que aparecem as regras relacionadas à competência.

Sabidamente, a jurisdição é una e qualquer magistrado regularmente investido na função jurisdicional (princípio da investidura) exerce poder estatal. É o que se chama de *princípio da unidade da jurisdição*: a atividade do Estado de aplicar o direito ao caso concreto é una, não se divide.

Nem por isso, contudo, *qualquer* juiz age validamente ao prolatar *qualquer* decisão, conquanto esteja no exercício do poder jurisdicional. Exemplo: um juiz cível pode prolatar uma sentença criminal, e a decisão existirá e, embora eivada de nulidade, possivelmente produzirá efeitos até que o interessado suscite o vício.

Portanto, a competência delimita a validade da prestação jurisdicional, dividindo o seu regular exercício entre os diversos órgãos existentes no território nacional. A referência à competência como parcela da jurisdição, embora didática, acaba, por isso, se revelando imprecisa.

A competência deve ser entendida como a *medida* da jurisdição, ou, de modo ainda mais claro, como a medida *válida* do seu exercício[2].

2. FUNDAMENTOS E NATUREZA JURÍDICA

A definição clara dos limites em que a jurisdição pode ser validamente prestada, finalidade das regras de competência, é uma exigência do princípio do devido processo legal (art. 5º, LIV, da CF). Aos interessados deve ser dado conhecer, de antemão e segundo regras previamente definidas, qual órgão jurisdicional poderá validamente resolver determinado conflito[3].

O princípio do juiz natural torna ainda mais explícita essa garantia. Em uma de suas vertentes, o princípio proíbe a criação de tribunais de exceção, assim entendidos aqueles constituídos após os fatos que serão levados a julgamento (art. 5º, XXXVII, da CF), e em outra exige que a condução do processo deve se dar pela autoridade competente (art. 5º, LIII, da CF).

No Código de Processo Civil, o art. 42 aduz que "as causas cíveis serão processadas e decididas pelo juiz nos limites de sua competência, ressalvado às partes o *direito* de instituir juízo arbitral, *na forma da lei*". Há correspondência, em grande parte, com o art. 86 do Código de Processo Civil

---

[1] "Seção 1ª Finalidade (1) As presentes Regras têm como objetivo garantir as condições de acesso efetivo à justiça das pessoas em condição de vulnerabilidade, sem discriminação alguma, englobando o conjunto de políticas, medidas, facilidades e apoios que *permitam que as referidas pessoas usufruam do pleno gozo dos serviços do sistema judicial*".
[2] GRECO, 2015, p. 123.
[3] THEODORO JR., 2017, p. 98.

anterior. A novidade está por conta da ressalva relacionada à arbitragem, em harmonia com a previsão do art. 3º, § 1º, do Código de Processo Civil e com as disposições da Lei n. 9.307/96.

A competência tem natureza jurídica de pressuposto processual. A observância das regras de competência é fundamental para a validade da relação jurídica de direito processual. Como se verá, a depender do desvio, a incompetência poderá ser absoluta ou relativa, com consequências que, em um primeiro momento, poderão retardar a apreciação do mérito, produzindo reflexos sobre a validade dos atos decisórios.

3. CONCRETIZAÇÃO DA COMPETÊNCIA

3.1. *Iter* de concretização

Em matéria de competência, deve-se traçar o caminho para encontrar quem deverá efetivamente julgar o processo. Essas etapas, esse *iter*, também são chamadas de "concretização da jurisdição" – retirando-se as regras atinentes do plano abstrato.

Em linhas gerais, podemos desenvolver três etapas fundamentais: a identificação da Justiça competente, a do foro competente e a do juízo competente, sendo certo que cada uma está restrita ao que foi delineado na etapa anterior.

Outras etapas podem ser necessárias, no caso concreto, para o aperfeiçoamento da análise, como a averiguação sobre a competência originária de tribunal para julgar a lide, sempre prevista em comando constitucional (federal ou estadual), ou o foro por prerrogativa de função.

A *Justiça competente* se determina com o olhar na Constituição Federal: é a Lei Maior que decide se um processo será julgado pela Justiça Eleitoral, pela Justiça do Trabalho ou pela Justiça Comum, e, dentro desta última, se pela Justiça Federal (art. 109) ou, residualmente, se pela Justiça Estadual. Atuam, nessa etapa, os critérios de competência em razão da pessoa e da matéria.

O passo seguinte é encontrar o *foro competente*, isto é, a delimitação territorial na qual deve ter início e tramitar o processo. É aqui que se inserem as normas do Código de Processo Civil, que, geralmente, determinam competência territorial (*ratione loci*), além de regramento genérico sobre a competência (sua modificação, alegação de vícios a ela relacionados etc.).

A seguir, vislumbra-se a eleição do *juízo competente*, em que se buscará verificar órgãos jurisdicionais específicos para o julgamento da lide, por meio de varas especializadas ou comuns. Se não existir vara fazendária em certa comarca, por exemplo, é possível que a competência para o julgamento seja da vara cível ou, sendo o caso, da vara única, a depender, aqui, das normas de organização judiciária, conforme a matéria em julgamento, via de regra[4].

Como dito, é fundamental compreender que cada etapa sucede a anterior, sendo limitada pelo resultado nela alcançado. Em outras palavras: chegando-se à conclusão de que a Justiça Federal é a competente para determinado pleito coletivo, tal ação não poderá ser julgada em vara estadual se não houver vara federal naquela localidade precisa. A Justiça prevalece: dever-se-á encontrar o juízo federal com competência territorial a abarcar a localidade.

Seguindo essa correta linha, o Supremo Tribunal Federal[5] ultrapassou o entendimento contido na Súmula 183 do STJ, que, logo após, foi cancelada[6]. O enunciado indicava, erradamente, que, se

---
[4] THEODORO JR., 2017, p. 294.
[5] RE 228.955, Tribunal Pleno, Rel. Min. Ilmar Galvão, j. 10-2-2000.
[6] EDcl no CC 27.676/BA, 1ª Seção, Rel. Min. José Delgado, j. 8-11-2000, *DJ* 5-3-2001, p. 118.

não houvesse vara federal na localidade, o juízo estadual teria competência, estendendo o art. 109, § 3º, da Constituição Federal para hipótese não contemplada pelo constituinte[7].

3.2. Momento da concretização

No ajuizamento da ação, o autor, após percorrer todos os passos anteriormente descritos, deverá destinar seu pedido a um órgão jurisdicional competente, por meio do endereçamento da sua petição inicial (art. 319, I, do CPC). Pode ser, contudo, que sobrevenham elementos que, por si, seriam capazes de alterar essa escolha inicial, o que poderia causar significativa insegurança jurídica e tumulto processual.

Por essa razão, o art. 43 do Código de Processo Civil traz à baila o *Princípio da Perpetuatio Jurisdictionis*, assegurando que

> (...) determina-se a competência no momento do registro ou da distribuição da petição inicial, sendo irrelevantes as modificações do estado de fato ou de direito ocorridas posteriormente, salvo quando suprimirem órgão judiciário ou alterarem a competência absoluta.

Quanto ao momento da concretização da competência, portanto, foi escolhido pelo legislador processual, no Código de Processo Civil, o do registro (caso de vara única) ou da distribuição (hipótese de mais de um juízo abstratamente competente para a matéria, naquele foro) da petição inicial, marcos também relevantes para a definição da prevenção, na forma do art. 59 do Código de Processo Civil.

As exceções ficam por conta da extinção de órgão judiciário e da alteração da competência absoluta[8]. Vale lembrar que, como uma aparente terceira hipótese, o Superior Tribunal de Justiça estendeu o rol de exceções para abarcar o caso de criação superveniente de comarca[9].

Como última observação, é interessante notar que o que se perpetua, se estabiliza, pelo princípio em referência, não é a jurisdição, em razão da sua unidade, mas sim a competência.

4. CLASSIFICAÇÃO E CRITÉRIOS DE DETERMINAÇÃO

A necessidade de sistematização exigiu, ao longo do tempo, a divisão da competência em algumas espécies, a depender do parâmetro de análise adotado, as quais são normalmente utilizadas como critérios de determinação pelo legislador para definir a competência de cada órgão julgador.

4.1. Competência internacional e interna

Um primeiro passo é saber os casos em que a Justiça brasileira poderá atuar e julgar, isto é, os limites da jurisdição nacional, comumente chamados de competência internacional. Trata-se de questão imperiosa, sob pena de se determinar que um país tenha jurisdição para tratar de temas sobre os quais suas ordens não conseguirão ser executadas.

Quando o Poder Judiciário brasileiro puder processar e julgar os processos, sem a exclusão da Justiça de outros países, diz-se que a competência internacional será *concorrente* ou *cumulativa*. São os casos previstos nos arts. 21 e 22 do Código de Processo Civil:

---

[7] LEONEL, 2011, p. 224-225.
[8] A modificação, no atual CPC, da redação de "competência em razão da matéria ou da hierarquia" para "competência absoluta" merece aplausos, na medida em que adequa a lei à doutrina, que já sustentava que também a outra hipótese de competência absoluta, a funcional, justificaria a alteração superveniente do juízo que deveria processar e decidir o feito.
[9] Ocorreu no REsp 617.317/MT, Rel. Min. Nancy Andrighi, quando se entendeu que a criação de nova comarca, teoricamente relevante apenas para fins de competência relativa, justificaria, por razões de ordem pública, o deslocamento, excepcionando o princípio em tela. Julgado consultado no sítio <www.stj.jus.br>, em 14 de abril de 2018.

a) réu domiciliado[10] no Brasil (art. 21, I);
b) obrigação a ser cumprida no Brasil (art. 21, II);
c) fundamento em fato ocorrido ou ato praticado no Brasil (art. 21, III);
d) ação de alimentos em que o credor seja domiciliado ou residente no Brasil (art. 22, I, *a*) ou mantenha vínculos no Brasil, como posse ou propriedade de bens, recebimento de renda ou obtenção de outros benefícios econômicos (art. 22, I, *b*);
e) consumidor domiciliado ou residente no Brasil, decorrendo a ação de uma relação de consumo (art. 22, II);
f) partes tenham se submetido à jurisdição nacional, expressa ou tacitamente (art. 22, III).

Nessas hipóteses, mesmo que haja ação correndo em tribunal estrangeiro, pode ser instaurado processo no Brasil, sendo impossível a alegação de litispendência (art. 24). Ocorrendo o trânsito em julgado do processo que tramita perante tribunal estrangeiro, poderá o Superior Tribunal de Justiça homologar a decisão estrangeira, a pedido do interessado, para que ela passe a produzir efeitos em nosso País (art. 24 c/c art. 968 do CPC).

Por outro lado, há litígios que só podem ser validamente julgados pela Justiça brasileira, excluindo o legislador a possibilidade de que um tribunal estrangeiro sobre eles se pronuncie. Cuida-se da chamada competência internacional *exclusiva*, prevista para as hipóteses do art. 23 do Código de Processo Civil:

a) ações relativas a imóveis no Brasil (art. 23, I);
b) sucessão hereditária, seja em confirmação de testamento particular ou por inventário e partilha de bens situados no Brasil, mesmo que o falecido seja estrangeiro ou domiciliado fora do país (art. 23, II);
c) divórcio, separação judicial ou dissolução de união estável, em que haja partilha de bens situados no Brasil, mesmo que seu titular seja estrangeiro ou domiciliado fora do país (art. 23, III).

Na competência internacional *exclusiva* será impossível a homologação de decisões proferidas por tribunais estrangeiros (art. 964 do CPC). Daí decorre, inclusive, que não se cogita da existência de litispendência entre uma ação que esteja tramitando no Brasil sobre essas matérias e outra que, ao mesmo tempo, tramite em um tribunal estrangeiro.

Interessante notar, ainda, que a competência internacional *concorrente* não impede que as partes elejam, em contrato internacional, o foro estrangeiro para solucionar eventual problema dele decorrente, escolha que não existe nas hipóteses definidas pelo legislador como de competência internacional *exclusiva* (art. 25 e § 1º do CPC).

Também na tutela coletiva, naturalmente, deve-se seguir o regramento descrito, sendo certo que a jurisdição brasileira só será validamente exercida quando satisfizer esses parâmetros.

A doutrina[11] mais atenta aos novos conflitos, decorrentes do cenário de globalização que é uma (quase) plena realidade, nos dias correntes, antevê alguns problemas concretos na fixação da competência de ações coletivas. Isso porque a tutela, em um país, de matéria coletiva, pode refletir em direitos de titulares domiciliados em outros Estados.

---

[10] "Art. 21. (...) Parágrafo único. Para o fim do disposto no inciso I, considera-se domiciliada no Brasil a pessoa jurídica estrangeira que nele tiver agência, filial ou sucursal."
[11] DIDIER JR.; ZANETI JR., 2016b, p. 143.

Esses litígios transfronteiriços precisam ser objeto de estudo, já que não são suficientemente resolvidos pelas regras atinentes aos litígios transnacionais (dos quais são espécie), em que a principal angústia dizia respeito à identificação da jurisdição e do direito aplicável. A proteção do meio ambiente pelo Judiciário brasileiro, por exemplo, gera reflexos para além dos limites territoriais do País.

Provavelmente, nessa toada, alguns Estados acabarão por assumir o protagonismo na proteção judicial de bens coletivos, por possuírem melhores instrumentos para tanto, o que pode acarretar uma "corrida pela jurisdição" (*forum shopping*)[12].

As normas de competência interna dizem respeito à distribuição, pelo legislador, do exercício válido da jurisdição pelos diversos órgãos que integram o Poder Judiciário. Aqui, devem ser estudadas as modalidades referentes a Justiça, foro e juízo, principalmente.

5. COMPETÊNCIA DE JUSTIÇA

5.1. Competência em razão da matéria

Um primeiro critério para determinar o órgão competente para o processamento e o julgamento da causa é a *matéria* objeto da controvérsia. Esse aspecto influirá em dois momentos: na definição da Justiça competente, podendo indicar a competência de uma das chamadas Justiças Especializadas (Trabalhista, Eleitoral e Militar) e, depois, na atribuição de competência ao órgão julgador específico, dentro de cada estrutura, segundo as regras de organização judiciária.

Cuida-se de critério que busca racionalizar o exercício da função jurisdicional, permitindo a criação de órgãos de julgamento especializados.

Na chamada Justiça Comum, a competência será *ratione materiae*, atraindo a atuação da Justiça Federal, por exemplo, quando as causas envolverem (art. 109 da CF):

a) tratado ou contrato da União com Estado estrangeiro ou organismo internacional (art. 109, III);
b) grave violação de direitos humanos, quando suscitado e acolhido o incidente de deslocamento de competência (art. 109, V-A e § 5º);
c) disputa sobre direitos indígenas (art. 109, XI);
d) execução de carta rogatória após o *exequatur* e de sentença estrangeira após homologação (art. 109, X);
e) nacionalidade e naturalização (art. 109, X).

Como se percebe, vários dos incisos do art. 109 trazem temas ínsitos à tutela coletiva, como os direitos humanos, normalmente relativos a grupos específicos que foram ofendidos – em que se pode até incluir os direitos indígenas[13].

5.2. Competência em razão da pessoa

Por vezes, a presença de um sujeito na relação processual, como parte ou interveniente, refletirá na definição da competência do órgão julgador. É o que se chama de competência *ratione personae*, igualmente prevista no art. 109 da Constituição Federal, com relação à Justiça Federal, nas causas em que:

---

[12] DIDIER JR.; ZANETI JR., 2016b, p. 146.
[13] DIDIER JR.; ZANETI JR., 2016b, p. 139.

a) a União, entidade autárquica ou empresa pública federal forem interessadas, como autoras, rés, assistentes ou opoentes. Excepcionalmente, manter-se-ão na justiça estadual tais processos quando versarem sobre recuperação judicial, falência, insolvência civil e as de acidente de trabalho (art. 109, I);
b) estado estrangeiro ou organismo internacional litiguem contra município ou pessoa domiciliada ou residente no Brasil (art. 109, II);
c) autoridade federal figurar como coatora em mandado de segurança ou *habeas data* (art. 109, VIII).

5.2.1. Intervenção de ente federal

A intervenção de um órgão federal no processo em curso na Justiça Estadual acarretará, em regra, a sua remessa para a Justiça Federal. Duas observações, contudo, devem ser feitas aqui: uma sobre o tratamento do deslocamento da competência no Código de Processo Civil e outra sobre as intervenções decorrentes de interesse meramente econômico.

A dinâmica da remessa dos autos de um processo ao juízo federal, em razão da intervenção de ente federal na qualidade de parte ou de terceiro interveniente (especificamente "a União, suas empresas públicas, entidades autárquicas e fundações, ou conselho de fiscalização de atividade profissional"), está hoje regulada no art. 45 do Código de Processo Civil.

A novidade se justifica para disciplinar as hipóteses de deslocamento da competência da Justiça Estadual para a Federal, por força do art. 109, I, da Constituição Federal, evitando a prática de atos desnecessários, com prejuízo para as partes e também para a administração da Justiça.

Nota-se, contudo, que o rol constitucional menciona apenas a União, as autarquias e as empresas públicas federais, nada dizendo a respeito das fundações e dos conselhos de fiscalização de atividade profissional, como constou no Código de Processo Civil. A observação é relevante, na medida em que a competência definida pela Constituição é taxativa, não permitindo a ampliação por lei ordinária[14].

A interpretação do art. 45 do Código de Processo Civil conforme a Constituição levará a concluir que apenas haverá o deslocamento da competência quando as fundações e os conselhos de fiscalização de atividade profissional ostentarem natureza autárquica. Não à toa a jurisprudência afasta do rol as sociedades de economia mista[15].

A intervenção do ente federal na qualidade de parte ou de terceiro interveniente, prevista no Código de Processo Civil, também exige análise da sua compatibilidade com a Constituição. No texto constitucional há referência ao interesse do ente federal na qualidade de autor, réu, assistente ou opoente.

Assim, sempre que o ente federal interveniente assumir a posição de parte, seja como autor ou réu, deverá haver o deslocamento da competência. O mesmo se dá, por expressa disposição do texto constitucional, nas hipóteses em que a intervenção se der como assistente.

A intervenção de entes federais que não acarrete a assunção, por eles, de nenhuma dessas posições na relação processual, como é o caso do *amicus curiae* (hipótese nova de intervenção de terceiros regulada pelo art. 138 do CPC), não importará na remessa dos autos do processo para a Justiça Federal. A orientação consta, inclusive, da Súmula Vinculante 27[16].

---

[14] WAMBIER, 2015, p. 162.
[15] Súmula 556 do STF: "É competente a Justiça comum para julgar as causas em que é parte sociedade de economia mista".
[16] Súmula Vinculante 27: "Compete à Justiça estadual julgar causas entre consumidor e concessionária de serviço público de telefonia, quando a Anatel não seja litisconsorte passiva necessária, assistente nem opoente".

Caberá à Justiça Federal a decisão sobre a existência ou não de interesse jurídico do ente federal na intervenção, tema definido, inclusive, pela Súmula 150 do STJ[17]. É por isso que o § 3º do art. 45 do Código de Processo Civil determina ao juízo federal a restituição dos autos ao juízo estadual sem suscitar conflito de competência se o ente federal cuja presença ensejou a remessa for excluído do processo.

Havendo pedidos que devam ser decididos pela Justiça Estadual, os parágrafos do art. 45 do Código de Processo Civil impedem a remessa dos autos para a Justiça Federal, bem como que haja decisão pela Justiça Estadual sobre o pedido que envolva o interesse do ente federal interveniente, mas não esclarecem como se darão os desdobramentos.

A melhor solução, nesses casos, parece estar no desmembramento dos autos, com a extração e o envio de cópias para autuação e distribuição junto à Justiça Federal, como também ocorre com as hipóteses de litisconsórcio multitudinário (art. 113, § 1º, do CPC), para que nela tenha prosseguimento o pedido com relação ao qual exista o interesse jurídico do ente federal interveniente[18].

Pode acontecer, ainda, que a cumulação de pedidos não seja simples, havendo uma relação material de dependência entre um e outro, a exigir, nos casos em que se possa constatar a configuração de uma prejudicial externa, que o processo que contenha o pedido dependente fique suspenso, por até um ano, na forma do art. 313, V, *a*, do Código de Processo Civil, até a análise e o julgamento do pedido principal.

5.2.1.1. Intervenção anômala

Bastante peculiar é a previsão do art. 5º, parágrafo único, da Lei n. 9.549/97, que autoriza a União a intervir em processos nos quais sejam partes autarquias, fundações públicas, sociedades de economia mista e empresas públicas federais. A motivação do ingresso da União pode ser meramente econômica, o que, pela lei, não gerará alteração da competência[19].

Nessa intervenção anômala (nomenclatura adotada pelo STJ[20]),

> as pessoas jurídicas de direito público poderão, nas causas cuja decisão possa ter reflexos, ainda que indiretos, de natureza econômica, intervir, independentemente da demonstração de interesse jurídico, para esclarecer questões de fato e de direito, podendo juntar documentos e memoriais reputados úteis ao exame da matéria e, se for o caso, recorrer.

Apenas nesse último caso, isto é, a partir da interposição do recurso, é que, para fins de deslocamento de competência, os intervenientes serão considerados parte do processo, de modo que o recurso contra a sentença proferida por juiz estadual, por exemplo, deverá ser apreciado pelo Tribunal Regional Federal da respectiva região.

5.2.1.2. Participação do Ministério Público Federal

Outro ponto de questionamento é se o Ministério Público Federal, por figurar na ação coletiva, especialmente como legitimado ativo, atrairia, necessariamente, a competência da Justiça Federal.

---

[17] Súmula 150 do STJ: "Compete à justiça federal decidir sobre a existência de interesse jurídico que justifique a presença, no processo, da união, suas autarquias ou empresas públicas".
[18] CRAMER, 2016, p. 109.
[19] NEVES, 2015, p. 71.
[20] Edcl no AgRg no CC 89.783/RS, 1ª Seção, Rel. Mauro Campbell, j. 9-6-2010.

O Superior Tribunal de Justiça possui decisões, tanto da 1ª Seção[21] como de turmas que integram a 2ª Seção[22], que concluem afirmativamente, já que o Ministério Público Federal seria um órgão da União.

Por outro lado, a corte[23] também já entendeu que não seria razoável outorgar ao Ministério Público Federal a possibilidade de escolha da justiça competente. Se a matéria não atrair a competência da Justiça Federal e tampouco houver intervenção, fundada, das pessoas que atraiam o processo para uma vara federal, não é razoável que, pela mera participação do Ministério Público Federal, seja alterada a competência[24].

Assim, embora, em regra, a participação do Ministério Público Federal indique a presença de interesses constantes no art. 109 da Constituição Federal, é possível que, no caso concreto, se verifique a ausência de atribuição da instituição, afigurando-se competente a justiça estadual[25].

O Supremo Tribunal Federal segue em idêntico sentido[26].

Inclusive, o Superior Tribunal de Justiça entendeu que, nos processos vindos da justiça estadual, ainda que em trâmite na instância superior, a legitimidade permanece sendo do Ministério Público Estadual[27].

6. COMPETÊNCIA DE FORO

A grande peculiaridade da determinação do juízo competente na tutela coletiva diz respeito à escolha do foro competente – tradicionalmente, a competência territorial.

6.1. Fontes normativas

O tema é regrado pelo núcleo duro do microssistema, especificamente pelo art. 2º da Lei n. 7.347/85 e pelo art. 93 do Código de Defesa do Consumidor. É tranquilo o entendimento de que as regras do diploma consumerista são, indubitavelmente, normas gerais do microssistema, independentemente de a matéria tutelada estar relacionada com direitos dos consumidores[28].

Além disso, embora o comando do Código de Defesa do Consumidor esteja inserto no capítulo referente a ações coletivas que tutelem direitos individuais homogêneos, a regra não se restringe a tais objetos, sendo plenamente aplicável à proteção jurisdicional de direitos difusos e coletivos em sentido estrito[29].

Excepcionalmente, há outras previsões em diplomas específicos, como é o caso do Estatuto da Criança e do Adolescente (art. 209[30]) e do Estatuto do Idoso (art. 80[31]).

---

[21] AgRg no CC 107.638/SP, 1ª Seção, Rel. Min. Castro Meira, j. 28-3-2012.
[22] REsp 1.283.737/DF, 4ª Turma, Rel. Min. Luis Felipe Salomão, j. 22-10-2013, DJe 25-3-2014.
[23] REsp 589.612/RJ, 4ª Turma, Rel. Min. João Otávio de Noronha, Rel. p/ acórdão Min. Honildo Amaral de Mello Castro (Desembargador convocado do TJ/AP), j. 15-9-2009, DJe 1-3-2010.
[24] LEONEL, 2011, p. 226.
[25] RMS 56.135/SP, 2ª Turma, Rel. Min. Herman Benjamin, j. 17-9-2019.
[26] RE 596.836 AgR, 1ª Turma, Rel. Min. Cármen Lúcia, j. 10-5-2011.
[27] REsp 1.678.925-MG, Rel. Min. Maria Isabel Gallotti, 4ª Turma, por maioria, j. 14-2-2023.
[28] REsp 448.470/RS, 2ª Turma, Rel. Min. Herman Benjamin, j. 28-10-2008.
[29] MENDES, 2014, p. 241-242; GRINOVER, 2000, p. 775-776.
[30] "Art. 209. As ações previstas neste Capítulo serão propostas no foro do local onde ocorreu ou deva ocorrer a ação ou omissão, cujo juízo terá competência absoluta para processar a causa, ressalvadas a competência da Justiça Federal e a competência originária dos tribunais superiores."
[31] "Art. 80. As ações previstas neste Capítulo serão propostas no foro do domicílio do idoso, cujo juízo terá competência absoluta para processar a causa, ressalvadas as competências da Justiça Federal e a competência originária dos Tribunais Superiores."

6.2. Natureza jurídica

O art. 2º da Lei da Ação Civil Pública[32] esclarece que a natureza das regras é de competência funcional, adotando a corrente doutrinária[33] que admite a existência dessa espécie, seguindo a doutrina de Chiovenda, que mencionava tal espécie "quando uma causa é confiada ao juiz de determinado território, pelo fato de ser a ele mais fácil ou mais eficaz exercer a sua função"[34].

Cuida-se de critério que regula a atuação sucessiva de um ou mais órgãos jurisdicionais no mesmo processo, que pode se dividir em *horizontal*, em razão das fases do processo (como é o caso da fase de conhecimento e da fase de cumprimento posterior do julgado, por exemplo), e em *vertical*, também chamada de competência hierárquica ou recursal (definida em razão da interposição dos recursos)[35]. Na tutela coletiva, o caráter funcional decorreria da importância da função exercida pelo juízo competente.

Não se pode ignorar que parcela da doutrina[36] prefere considerar a hipótese como competência territorial absoluta. Para tais autores, a competência funcional pode decorrer da função exercida pelo órgão jurisdicional dentro de um determinado processo[37] (funcional-órgão) ou pela relevância daquele foro para o julgamento da matéria (funcional-territorial) – esta sem razão suficiente para justificar a criação de um novo critério, bastando a compreensão da competência territorial como absoluta.

Para essa corrente, aliás, a imprecisão cometida pelo legislador quando da elaboração da lei da Ação Civil Pública acabou sendo corrigida na elaboração do Estatuto da Criança e do Adolescente[38] e do Estatuto do Idoso[39], que falam em competência absoluta, não em funcional.

O fundamental é perceber que se trata de autêntica competência absoluta[40], com todas as consequências trazidas pelo Código, inclusive a impossibilidade de ser derrogada por acordo entre as partes[41].

De todo modo, ante as peculiaridades que caracterizam a tutela coletiva pela via processual, a incompetência absoluta deve, mais do que nunca, ser lida à luz do princípio da primazia do mérito, mantendo as ações em curso[42].

Minoritariamente, há quem defenda que existe uma dicotomia de tratamento: nas ações sobre direitos difusos e coletivos, aplica-se a Lei n. 7.437/85, da qual se extrai a competência absoluta (funcional); nos processos que protejam direitos individuais homogêneos, incidindo o Código de Defesa do Consumidor, a competência, ante o silêncio do diploma, seria territorial e, como indica a regra geral do Código de Processo Civil, relativa.

---

[32] "Art. 2º As ações previstas nesta Lei serão propostas no foro do local onde ocorrer o dano, cujo juízo terá competência funcional para processar e julgar a causa."

[33] FUX, 2008.

[34] CHIOVENDA, 1943, p. 259.

[35] GRECO, 2015, p. 132.

[36] NEVES, 2016b, p. 178-179; MENDES, 2014, p. 242; DIDIER JR.; ZANETI JR., 2016b, p. 123.

[37] A regra de competência funcional, portanto, "entra em jogo depois da propositura, no curso do processo" (BARBOSA MOREIRA, 2005, p. 247).

[38] "Art. 209. As ações previstas neste Capítulo serão propostas no foro do local onde ocorreu ou deva ocorrer a ação ou omissão, cujo juízo terá competência absoluta para processar a causa, ressalvadas a competência da Justiça Federal e a competência originária dos tribunais superiores."

[39] "Art. 80. As ações previstas neste Capítulo serão propostas no foro do domicílio do idoso, cujo juízo terá competência absoluta para processar a causa, ressalvadas as competências da Justiça Federal e a competência originária dos Tribunais Superiores."

[40] MENDES, 2014, p. 242.

[41] CC 143.698/PR, 1ª Seção, Rel. Min. Regina Helena Costa, j. 26-4-2017.

[42] DIDIER JR.; ZANETI JR., 2016b, p. 128.

6.3. Critérios

6.3.1. Regra geral

Tomando como base os dois dispositivos mencionados, tem-se a determinação da competência de foro com base na extensão do dano, nos seguintes moldes:

a) se o dano for local, o foro competente será o do local onde ocorreu (tutela repressiva) ou onde deveria ocorrer (tutela preventiva) o dano (art. 2º da LACP e art. 93, I, do CDC);
b) se o dano for regional, o foro competente será o da capital do Estado ou do Distrito Federal (art. 93, II, do CDC);
c) se o dano for nacional, o foro competente será o da capital do Estado ou do Distrito Federal (art. 93, II, do CDC).

6.3.1.1. Foros concorrentes

Tal é o cenário posto pelo legislador e aplicado pelo Superior Tribunal de Justiça[43] e pela maioria da doutrina[44]: tratando-se de danos regionais ou nacional, o autor terá diante de si foros concorrentes eletivamente[45], podendo escolher entre a capital de um estado afetado ou a capital federal.

Em sentido contrário, defende-se[46] que, até mesmo em homenagem ao acesso à justiça, o leque seria prejudicial, devendo o dano regional ser apurado em processo que corra na capital de um dos estados afetados e o dano nacional, no Distrito Federal. Ademais, tratando-se de tutela de direitos individuais homogêneos existentes em todo o país, a ação coletiva em foro distrital evitaria a proliferação de demandas. Há, também, entendimento no sentido de que o Distrito Federal somente seria foro concorrente quando também fosse atingido, tornando inútil a menção do art. 93, II[47].

Contudo, estamos de acordo com a doutrina que segue a literalidade do Código de Defesa do Consumidor, reconhecendo a alternatividade de foros competentes, até porque, acaso a intenção fosse extrair a interpretação do próprio art. 93, II, haveria um erro lógico, já que o dispositivo primeiro menciona a capital do estado e depois o Distrito Federal, bem como primeiro o âmbito nacional e, depois, o regional.

Logo, a correspondência seria equivocada, uma vez que ninguém sustenta que danos regionais devem ser apurados na capital federal e danos nacionais, em capitais estaduais[48]. Não bastasse, os estados e o Distrito Federal estão em pé de igualdade na Federação, não havendo justificativa para criar uma hierarquia de competência territorial[49].

A existência de foros concorrentes traz como consequência prática a possibilidade de ajuizamento de ações em mais de um local (por exemplo, quando o dano atingir mais de uma comarca, mas não chegar a ser considerado regional[50]). A solução será, comparando as ações, reconhecer a litispendência ou a conexão/continência, reunindo-as para julgamento no juízo prevento.

---

[43] CC 112.235/DF, 2ª Seção, Rel. Min. Maria Isabel Gallotti, j. 9-2-2011.
[44] NEVES, 2016b, p. 180-181; MENDES, 2014, p. 246-247.
[45] CHIOVENDA, 2002.
[46] GRINOVER, 2000, p. 779; ARAÚJO FILHO, 2000, p. 138; ANDRADE; MASSON; ANDRADE, 2017, p. 136-137 (estes últimos apenas em relação a danos regionais que se limitam a um único Estado). Apontando que o dano nacional deveria necessariamente ser apurado no Distrito Federal: FREIXO; ROCHA; MIGUEZ; LOPES; CABRAL, 2018, p. 278.
[47] CC 26.842/DF, 2ª Seção, Rel. Min. Waldemar Zveiter, Rel. p/ acórdão Min. Cesar Asfor Rocha, j. 10-10-2001.
[48] MENDES, 2014, p. 247.
[49] LEONEL, 2011, p. 228.
[50] NEVES, 2016b, p. 180.

6.3.1.2. Dano local, regional e nacional

O discernimento prático, contudo, se mostra bastante complicado, já que a lei nem de longe define o que considera dano local, regional ou nacional. Entendimentos diversos não faltam.

Apesar da insegurança gerada, sobretudo por se tratar de competência absoluta, existe a vantagem, nos conceitos jurídicos indeterminados, de não engessar excessivamente o aplicador do direito, diante do conflito coletivo concretamente posto para que seja solucionado.

A chave, a rigor, parece ser compreender o significado de dano regional, uma vez que, a partir desse marco, se poderia constatar o que seria dano local (aquele que não atendesse ao parâmetro caracterizador do dano regional) e nacional (aquele que extrapolasse tal critério).

Para uma primeira corrente[51], dano regional deve ter o sentido aproximado de dano estadual, não bastando simplesmente que alcance mais de uma cidade para que seja assim considerado. Segundo essa linha, se o dano atinge a maior parte ou número considerável de cidades[52-53], será regional e deverá ser apreciado por um juízo da capital do estado[54-55].

Dano nacional, por sua vez, seria aquele que envolve coletividade em grande extensão territorial, superando os limites de um único estado[56-57], mas sem caráter puramente localizado (não bastaria, por exemplo, alcançar comarcas vizinhas em dois estados diversos, se não tivesse essa relevância supraestadual). Há também quem entenda que, para que o dano seja considerado nacional, todo o território do país deveria ter sido atingido, o que, aliás, justificaria a competência de foro do Distrito Federal[58-59].

Assim, se o dano for localizado, não alcançando proporções regionais ou nacionais, deverá ser compreendido como local, ainda que atinja localidades situadas em diversos estados, e competentes serão os foros atingidos, concorrentemente.

Em sentido oposto, existe compreensão no sentido de que o dano estadual não coincide com o dano regional, devendo atrair, por analogia, a regra de competência para ações que apuram danos nacionais. O processo, de acordo com essa doutrina[60], deveria correr na capital do estado envolvido e, em sendo mais de um atingido, em qualquer uma das capitais.

Outros autores preferem estabelecer critérios rígidos[61] para a determinação do que seria um dano regional, por vezes assim considerando aquele que se estende por mais de uma comarca, por vezes como o que produz efeitos em mais de três ou quatro comarcas. Também existe posição que associa o dano regional ao que atinge uma região geográfica do país (norte, nordeste, centro-oeste, sudeste, sul).

Com efeito, chega-se, facilmente, à conclusão de que a competência para julgamento de ações coletivas merece avaliação pormenorizada e concreta por parte do legitimado, no primeiro momento, e, em seguida, do Judiciário.

---

[51] LEONEL, 2011, p. 227-229.
[52] REsp 1.101.057/MT, 3ª Turma, Rel. Min. Nancy Andrighi, j. 7-4-2011.
[53] Falando em "diversas partes de um mesmo Estado", ao contrário do dano local, que atingiria "duas ou poucas comarcas": FREIXO; ROCHA; MIGUEZ; LOPES; CABRAL, 2018, p. 278.
[54] REsp 1.672.984/PR, 2ª Turma, Rel. Min. Mauro Campbell Marques, j. 26-9-2017.
[55] CC 18.778/DF, 2ª Seção, Rel. Min. Barros Monteiro, j. 9-2-2000.
[56] AgRg no REsp 789.122/MG, 1ª Turma, Rel. Min. Francisco Falcão, j. 2-10-2008, *DJe* 13-10-2008.
[57] REsp 1.018.214/PR, 2ª Turma, Rel. Min. Mauro Campbell Marques, j. 2-6-2009.
[58] ANDRADE; MASSON; ANDRADE, 2017, p. 137.
[59] CC 26.842/DF, 2ª Seção, Rel. Min. Waldemar Zveiter, Rel. p/ acórdão Min. Cesar Asfor Rocha, j. 10-10-2001.
[60] DIDIER JR.; ZANETI JR., 2016b, p. 133-134.
[61] Criticando a rigidez: DIDIER JR.; ZANETI JR., 2016b, p. 129-130.

Em um incidente de assunção de competência (um precedente vinculativo), o STJ mencionou a competência do "local do dano de impacto restrito", mais uma vez demonstrando a preocupação de atrair o juízo mais próximo da lesão coletiva, além de permitir o ajuizamento na capital do Estado[62].

Justamente por isso, e por tal análise se basear nos elementos fáticos da demanda, entende o Superior Tribunal de Justiça[63] que os recursos extraordinários não são meios aptos a permitir a modificação da conclusão do tribunal local quanto à extensão do dano.

6.3.1.2.1. Princípio da competência adequada

Em decorrência desse cenário, verdadeira Torre de Babel doutrinária e jurisprudencial, existe uma tendência em enxergar de maneira crítica as regras dos arts. 2º da Lei da Ação Civil Pública e 93 do Código de Defesa do Consumidor. A ideia, erigida ao patamar de princípio por alguns autores, é, em uma interpretação teleológica dos dispositivos, indagar qual juízo teria melhores condições para processar e, sobretudo, instruir o conflito.

Diante disso, perdem um pouco a importância os critérios pretensamente rígidos analisados, já que, por vezes, são capazes de gerar situações absurdas. Veja-se, nessa linha, que, existindo um dano que atinja cidades de determinada região, que alcança vários estados, mas distante de suas capitais, poder-se-ia chegar à conclusão de que o dano seria regional ou nacional e, a partir daí, que o processo deveria correr em uma dessas capitais – algo que contraria a lógica do art. 2º da Lei n. 7.347/85, por fixar competência de foro no qual não ocorreu qualquer dano[64], e que em nada facilita o acesso à justiça, a economia processual e a celeridade na apuração de responsabilidades.

Assim, diversos autores propõem que, na escolha do foro competente, se perquira se existe verdadeira proximidade com o local de ocorrência do dano ou do ato ilícito[65], principalmente quando o conflito realmente for localizado, não envolvendo categorias mais amplas[66]. Ademais, a escolha entre os foros concorrentes sairia da esfera do autor, passando a ser filtrada pelo julgador, à luz do dano, evitando-se o *forum shopping*, por meio do *forum non conveniens*[67].

É por isso que, não obstante a literalidade do art. 93, II, do Código de Defesa do Consumidor, se afasta a competência do Distrito Federal quando o dano regional não atinja essa unidade federativa. Igualmente, sendo nacional o dano, apenas os juízos das capitais dos estados afetados teriam competência, e não de qualquer estado da Federação[68].

Nessa linha, o Superior Tribunal de Justiça, averiguando a competência em ação que buscava reparação de danos ambientais, reiterou a previsão legal do Código de Defesa do Consumidor, mas indicou que, pelo princípio da efetividade, o processo mereceria correr na localidade afetada[69].

---

[62] Tese A) Prevalecem sobre quaisquer outras normas locais, primárias ou secundárias, legislativas ou administrativas, as seguintes competências de foro: i) em regra, do local do dano, para ação civil pública (art. 2º da Lei n. 7.347/1985); ii) ressalvada a competência da Justiça Federal, em ações coletivas, do *local onde ocorreu ou deva ocorrer o dano de impacto restrito, ou da capital do estado*, se os danos forem regionais ou nacionais, submetendo-se ainda os casos à regra geral do CPC, em havendo competência concorrente (art. 93, I e II, do CDC) (IAC 10, REsp 1896379/MT, Rel. Min. Og Fernandes, Primeira Seção, j. 21-10-2021).

[63] REsp 1.716.100/RJ, 2ª Turma, Rel. Min. Herman Benjamin, j. 17-4-2018.

[64] NEVES, 2016b, p. 181.

[65] DIDIER JR.; ZANETI JR., 2016b, p. 129-132.

[66] VITORELLI, 2016, p. 514-515.

[67] NEVES, 2016b, p. 148.

[68] ANDRADE; MASSON; ANDRADE, 2017, p. 137; DIDIER JR.; ZANETI JR., 2016b, p. 133.

[69] CC 39.111/RJ, 1ª Seção, Rel. Min. Luiz Fux, *DJ* 28-2-2005. A respeito, ainda: AgRg no REsp 1.043.307/RN, 2ª Turma, Rel. Min. Herman Benjamin, *DJe* 20-4-2009; CC 60.643/BA, 1ª Seção, Rel. Min. Castro Meira, *DJ* 8-10-2007; CC 47.950/DF, 1ª Seção, Rel. Min. Denise Arruda, *DJ* 7-5-2007; AgRg no CC 118.023/DF, 1ª Seção, Rel. Min. Benedito Gonçalves, j. 28-3-2012.

A esse respeito, é interessante o entendimento do STJ no sentido de que a regra que atribui a competência do foro do local do dano se calca na procura por uma resposta jurisdicional célere, apurando o ocorrido no lugar onde sucedeu[70].

Em síntese, pode-se afirmar que, onde não há dano, não há foro competente.

6.3.2. Regras específicas

Existem diplomas que, ao abordarem a tutela coletiva processual, preveem regras de competência de foro próprias, o que desperta a já anunciada controvérsia acerca da prioridade em se aplicar o núcleo duro (regras gerais vistas) ou a legislação específica.

6.3.2.1. Estatuto da Criança e do Adolescente

De acordo com o art. 209 do Estatuto da Criança e do Adolescente[71], as ações coletivas que versem sobre direitos por ele protegidos devem correr no local da ação ou omissão (e não onde o dano foi produzido). Da teoria do resultado, parte-se para a teoria da atividade e a doutrina[72] tende a prestigiar o comando específico.

O Superior Tribunal de Justiça vem prestigiando a regra específica[73], mesmo quando se trata de ato praticado em transmissão simultânea de rádio ou televisão (art. 147, § 3º[74])[75].

Existe posição doutrinária no sentido de que se pode enxergar, aqui, uma regra geral do microssistema para as ações coletivas preventivas e de remoção do ilícito, uma vez que, em casos tais, não haverá dano a ser reparado[76].

Outra opção é compreender que, independentemente de existir dano, deve-se seguir a regra do núcleo duro do microssistema, determinando-se o foro competente em um juízo de abstração, indagando-se onde ocorreria, possivelmente, o dano que se pretende evitar.

6.3.2.2. Estatuto do Idoso

O diploma protetivo dos idosos também traz regra própria, estatuindo que as ações coletivas nele baseadas devem correr no foro do domicílio do idoso (art. 80[77]).

Por se tratar de regra bastante peculiar, que, em tese, é capaz de gerar uma pluralidade de foros competentes – a ser resolvida pela prevenção –, parte da doutrina advoga seu abandono, seguindo-se as regras gerais do microssistema (local do dano)[78].

A ideia do legislador parece ter sido seguir a linha do núcleo duro, porque os direitos previstos no estatuto, quase todos de natureza social, se infringidos, atingirão os idosos em seus domicílios.

---

[70] AgInt no REsp 1.796.801/PR, 2ª Turma, Rel. Min. Mauro Campbell Marques, j. 7-11-2019.

[71] "Art. 209. As ações previstas neste Capítulo serão propostas no foro do local onde ocorreu ou deva ocorrer a ação ou omissão, cujo juízo terá competência absoluta para processar a causa, ressalvadas a competência da Justiça Federal e a competência originária dos tribunais superiores."

[72] ALMEIDA, 2003, p. 461; NEVES, 2016b, p. 182.

[73] REsp 1.191.446/DF, 1ª Turma, Rel. Min. Gurgel de Faria, j. 15-8-2017.

[74] "Art. 147. (...) § 3º Em caso de infração cometida através de transmissão simultânea de rádio ou televisão, que atinja mais de uma comarca, será competente, para aplicação da penalidade, a autoridade judiciária do local da sede estadual da emissora ou rede, tendo a sentença eficácia para todas as transmissoras ou retransmissoras do respectivo estado."

[75] REsp 1.171.367/DF, 2ª Turma, Rel. Min. Herman Benjamin, j. 16-11-2010, DJe 4-2-2011.

[76] DIDIER JR.; ZANETI JR., 2016b, p. 124.

[77] "Art. 80. As ações previstas neste Capítulo serão propostas no foro do domicílio do idoso, cujo juízo terá competência absoluta para processar a causa, ressalvadas as competências da Justiça Federal e a competência originária dos Tribunais Superiores."

[78] NEVES, 2016b, p. 182.

Assim, a leitura sistemática recomenda seguir o critério do local do dano, evitando-se qualquer proliferação de ações por vários foros de domicílios – critério que só faz verdadeiro sentido na tutela individual (como esclarecido pelo art. 53, III, *e*, do CPC[79-80]).

6.3.2.3. Ação popular

A Lei n. 4.717/65 silencia a respeito da competência de foro, embora indique a competência de Justiça e de juízo. Duas posições exsurgem de tal lacuna.

A primeira advoga a aplicação das regras gerais do microssistema, garantindo-lhe unidade[81]. Desse modo, o processo deveria correr no local do dano.

Por outro lado, outras vozes doutrinárias[82] e o Superior Tribunal de Justiça[83], quando teve a oportunidade de se manifestar a respeito, optaram por enxergar a saída nas regras de competência territorial contidas na Constituição Federal e, agora, no Código de Processo Civil, para quando os entes federativos são parte processual – critério que prevalece em relação aos demais litisconsortes (afinal, os agentes públicos e os beneficiários diretos do ato podem ser domiciliados em locais outros).

Pontualmente, contudo, o tribunal realizou *distinguishing*, especialmente em ação popular em matéria ambiental, entendendo que a melhor leitura seja à luz do microssistema (local do dano) e, subsidiariamente apenas, do Código de Processo Civil[84]. O caso concreto (ação popular sobre o desastre de Brumadinho) trazia a peculiaridade de que havia outras ações coletivas e múltiplas ações individuais sobre a questão.

6.3.2.4. Mandado de segurança coletivo

No mandado de segurança coletivo, o foro competente, quando o processo iniciar no primeiro grau, será o do local onde a autoridade exerce suas atividades e, em sendo mais de um agente coator, haverá foros concorrentes, à escolha do impetrante (art. 46, § 4º, do CPC[85]). Esse entendimento é acolhido até mesmo pela doutrina, que entende que a autoridade não é ré na ação constitucional[86].

O Superior Tribunal de Justiça possui decisões no sentido de que a competência territorial, no mandado de segurança, seria absoluta, sendo impossível a emenda da inicial quando a correção da indicação da autoridade coatora implicasse mudança do foro[87].

Logicamente, se a pluralidade de agentes que praticaram o ato reunir autoridades de diferentes graus hierárquicos, a competência será determinada por aquela que é superior.

Quando existir competência funcional absoluta, a questão territorial não é um problema, decorrendo da determinação do órgão competente para julgar o mandado de segurança contra ato da autoridade quando houver previsão de julgamento originário por tribunal.

---

[79] "Art. 53. É competente o foro: (...) III – do lugar: (...) e) de residência do idoso, para a causa que verse sobre direito previsto no respectivo estatuto."

[80] LEONEL, 2011, p. 233.

[81] NEVES, 2016b, p. 183-184; DIDIER JR.; ZANETI JR., 2016b, p. 124.

[82] COSTA, 2008, p. 256.

[83] CC 107.109/RJ, 1ª Seção, Rel. Min. Castro Meira, j. 24-2-2010.

[84] CC 164.362/MG, 1ª Seção, Rel. Min. Herman Benjamin, j. 12-6-2019.

[85] "Art. 46. A ação fundada em direito pessoal ou em direito real sobre bens móveis será proposta, em regra, no foro de domicílio do réu. (...) § 4º Havendo 2 (dois) ou mais réus com diferentes domicílios, serão demandados no foro de qualquer deles, à escolha do autor."

[86] NEVES, 2016b, p. 182-183.

[87] AgInt no REsp 1.505.709/SC, 1ª Turma, Rel. Min. Gurgel de Faria, j. 23-6-2016.

7. COMPETÊNCIA DE JUÍZO

Na terceira etapa de determinação da competência, chega-se ao órgão que deverá julgar o conflito. Aqui, mais uma vez, importarão as regras de competência em razão da matéria, da pessoa (atraindo o processo para uma vara fazendária, por exemplo) e, também, do valor da causa.

Nada impede que, previamente e em abstrato, se destaque determinada vara para julgamento de ações coletivas sobre determinado tema, atuando a competência *ratione materiae*[88].

Merece ser reiterado o entendimento pacífico do Superior Tribunal de Justiça no sentido de que a competência de um juízo – de uma vara, em outras palavras – prevista em *normas infralegais* não pode violar parâmetros de competência de foro, de local, previstos na lei.

Em um caso específico, o STJ analisou uma resolução de determinado tribunal de justiça que previa a competência de uma vara específica, em determinada comarca, como competente para as ações em face da Fazenda Pública, dentre as quais se inserem, naturalmente, várias das ações coletivas. No entanto, como as normas de competência territorial tratadas pelo microssistema têm como finalidade facilitar o acesso à justiça, devem prevalecer, inclusive por possuírem natureza de competência absoluta[89].

7.1. Varas da Infância e da Juventude

Nos casos que envolvem direitos de crianças ou adolescentes em situação de risco, a ação coletiva deve tramitar na Vara da Infância e da Juventude, que ostentará competência absoluta[90]. O Superior Tribunal de Justiça possui decisões ampliando essa lógica, na tutela coletiva, sublinhando que o processo deve correr no juízo especializado também quando não houver situação de risco, mas envolver direitos coletivos desses sujeitos vulneráveis[91], o que alcança a câmara especializada do tribunal de justiça, quando existir[92]. A regra prevalece, inclusive, sobre a competência das varas fazendárias[93].

7.2. Juizados Especiais

O último critério (*ratione valoris*) normalmente remete o aplicador à disciplina dos Juizados Especiais. A Lei n. 10.259/2001 determina a competência absoluta dos Juizados Especiais Federais para as causas de competência da Justiça Federal com valor até 60 salários mínimos. Na mesma linha, a competência dos Juizados Especiais Fazendários é absoluta para as causas com valor até 60 salários mínimos, na forma da Lei n. 12.153/2009. Por outro lado, nos Juizados Especiais Cíveis, a Lei n. 9.099/95 define a competência, em alguns casos, pelo limite de 40 salários mínimos, podendo as partes, contudo, optar pelo procedimento comum.

Discute-se a possibilidade de existir ação coletiva julgada por juizado especial.

Nos juizados federais e fazendários, o legislador não deixou margem de debate, já que o art. 3º, § 1º, I, da Lei n. 10.259/2001[94] e o art. 2º, § 1º, I, da Lei n. 12.153/2009[95] expressamente excluem

---

[88] REsp 1.486.219/MG, 2ª Turma, Rel. Min. Herman Benjamin, j. 25-11-2014.

[89] IAC 10, REsp 1896379/MT, Rel. Min. Og Fernandes, Primeira Seção, j. 21-10-2021.

[90] REsp 1.684.694/MA, 2ª Turma, Rel. Min. Herman Benjamin, j. 21-11-2017. Na mesma linha: REsp 1.749.422/RJ, 2ª Turma, Rel. Min. Herman Benjamin, j. 20-9-2018.

[91] REsp 1.217.380/SE, 2ª Turma, Rel. Min. Castro Meira, j. 10-5-2011.

[92] AREsp 1840462/SP, Rel. Min. Francisco Falcão, 2ª Turma, j. 15-3-2022.

[93] AgRg no REsp 871.204/RJ, 1ª Turma, Rel. Min. Francisco Falcão, j. 27-2-2007.

[94] "Art. 3º Compete ao Juizado Especial Federal Cível processar, conciliar e julgar causas de competência da Justiça Federal até o valor de sessenta salários mínimos, bem como executar as suas sentenças. § 1º Não se incluem na competência do Juizado Especial Cível as causas: I – referidas no art. 109, incisos II, III e XI, da Constituição Federal, as ações de mandado de segurança, de desapropriação, de divisão e demarcação, populares, execuções fiscais e por improbidade administrativa e as demandas sobre direitos ou interesses difusos, coletivos ou individuais homogêneos."

[95] "Art. 2º É de competência dos Juizados Especiais da Fazenda Pública processar, conciliar e julgar causas cíveis de interesse dos Estados, do Distrito Federal, dos Territórios e dos Municípios, até o valor de 60 (sessenta) salários mínimos. § 1º Não se incluem

de sua competência processos sobre direitos difusos, coletivos ou individuais homogêneos – estes pela via coletiva[96] (não há impedimento, por óbvio, para a tutela individual nos juizados[97-98]).

Seguindo essa linha de vedação, o Superior Tribunal de Justiça entende ser impossível propor nos Juizados Especiais da Fazenda Pública a execução de título executivo formado em ação coletiva que tramitou sob o rito ordinário, assim como impor o rito sumaríssimo da Lei n. 12.153/2009 ao juízo comum da execução[99].

Por sua vez, a Lei n. 9.099/95, que cuida dos juizados especiais cíveis estaduais, silencia a respeito. Uma primeira corrente, de Luis Felipe Salomão[100], compreende que o Código de Defesa do Consumidor permitiu, implicitamente, o ajuizamento de ações coletivas nos juizados especiais, sendo de se afastar apenas a restrição do valor da causa em tais casos.

A maioria da doutrina[101], porém, assevera, a exemplo de Felippe Borring Rocha[102], a impossibilidade, ante

(i) as várias peculiaridades procedimentais que caracterizam as ações coletivas;
(ii) a ausência da natureza de causa de menor complexidade exigida pelo art. 98, I, da Constituição Federal e pelo art. 3º da Lei n. 9.099/95;
(iii) a incompatibilidade com o teto de 40 salários mínimos; e
(iv) com a lista de legitimados do art. 8º, *caput* (legitimidade passiva) e § 1º (legitimidade ativa). A restrição, aliás, é vista de maneira a abranger também as ações individuais multitudinárias[103].

Inclusive, o Superior Tribunal de Justiça entende que os juizados especiais fazendários não possuem competência para julgamento de execuções individuais de sentenças coletivas (que se enquadrassem no valor máximo de sua competência), bem como que não se pode usar o rito sumaríssimo nas varas fazendárias comuns que julgarão essas execuções. Uma vedação completa, portanto[104].

---

na competência do Juizado Especial da Fazenda Pública: I – as ações de mandado de segurança, de desapropriação, de divisão e demarcação, populares, por improbidade administrativa, execuções fiscais e as demandas sobre direitos ou interesses difusos e coletivos."

[96] Enunciado 22 do FONAJEF: "A exclusão da competência dos Juizados Especiais Federais quanto às demandas sobre direitos ou interesses difusos, coletivos ou individuais homogêneos somente se aplica quanto a ações coletivas".

[97] CC 83.676/MG, 1ª Seção, Rel. Min. Teori Albino Zavascki, j. 22-8-2007.

[98] REsp 1.409.706/MG, 1ª Turma, Rel. Min. Benedito Gonçalves, j. 7-11-2013.

[99] REsp 1.804.186-SC, Rel. Min. Herman Benjamin, Primeira Seção, por unanimidade, j. 12-8-2020, *DJe* 11-9-2020 (Tema 1.029).

[100] SALOMÃO, 1997, p. 61.

[101] ANDRADE; MASSON; ANDRADE, 2017, p. 140-141.

[102] ROCHA, 2017, p. 68-69.

[103] Enunciado 32 do FONAJE, sucedido pelo enunciado 139: "A exclusão da competência do Sistema dos Juizados Especiais quanto às demandas sobre direitos ou interesses difusos ou coletivos, dentre eles os individuais homogêneos, aplica-se tanto para as demandas individuais de natureza multitudinária quanto para as ações coletivas. Se, no exercício de suas funções, os juízes e tribunais tiverem conhecimento de fatos que possam ensejar a propositura da ação civil coletiva, remeterão peças ao Ministério Público e/ou à Defensoria Pública para as providências cabíveis".

[104] Tese fixada: "Não é possível propor nos Juizados Especiais da Fazenda Pública a execução de título executivo formado em Ação Coletiva que tramitou sob o rito ordinário, assim como impor o rito sumaríssimo da Lei 12.153/2009 ao juízo comum da execução" (REsp 1804186/SC, Rel. Min. Herman Benjamin, Primeira Seção, j. 12-8-2020 – Tema 1.029 dos Recursos Repetitivos).

Capítulo 9
CONDIÇÕES PARA O EXERCÍCIO DO DIREITO DE AÇÃO

Pode-se conceituar (o direito de) ação como um direito autônomo (independentemente da existência do direito material), de natureza abstrata e instrumental, pois visa a solucionar pretensão de direito material, sendo, portanto, conexo a uma situação jurídica concreta.

Desse modo, a expressão "condições da ação" reveste-se de certa impropriedade, tendo em vista que o direito de ação é subjetivo incondicionado[1]. Contudo, é comumente utilizada para designar os requisitos indispensáveis ao regular exercício do direito de ação, para o exercício regular do direito.

Segundo Leonardo Greco[2], a utilidade das condições da ação resulta das garantias fundamentais do Estado de Direito, que impõe o dever de assegurar a eficácia concreta dos direitos dos cidadãos. Essa eficácia estaria completamente comprometida se o titular do direito pudesse ser molestado, sem qualquer limite, no seu pleno gozo, por ações temerárias ou manifestamente infundadas contra ele propostas.

De acordo com a doutrina tradicional, eram três as condições genéricas para o regular exercício do direito de ação a serem preenchidas pelo autor a fim de obter uma decisão de mérito por meio do provimento jurisdicional. O Código de Processo Civil de 2015, seguindo a orientação mais correta, reduziu esse rol para apenas duas: a legitimidade e o interesse de agir – ambas plenamente aplicáveis ao processo coletivo, com os contornos próprios a serem explorados.

1. LEGITIMIDADE

1.1. Noções gerais

Considerada uma das condições para o regular exercício do direito de ação, ao lado do interesse de agir, a legitimidade das partes corresponde à pertinência subjetiva da lide. Desse modo, ao verificá-la, o juiz deverá examinar se os sujeitos que figuram como autor e réu, em um dado processo, são aqueles que, considerando os fatos narrados na petição inicial, deveriam realmente ocupar essas posições processuais.

Trata-se da pertinência subjetiva da lide[3], que decorre das situações jurídicas subjetivas (situações legitimantes[4]). Embora seja uma categoria processual, está ligada fortemente à situação jurídica material subjacente[5].

Difere da legitimidade *ad processum*, a capacidade processual, ou seja, a capacidade de estar em juízo, pressuposto processual subjetivo, enquanto a legitimidade para agir se refere àquele que sofreu a lesão, em geral.

Deve ser verificada, pois, em dois planos: a legitimidade ativa se refere ao autor e pode ser ordinária ou extraordinária, e a legitimidade passiva diz respeito ao demandado – o qual, normalmente, atuará em nome próprio.

---

[1] PINHO, 2019, p. 202.
[2] GRECO, 2003, p. 21.
[3] ALVIM, 2001, p. 123.
[4] BARBOSA MOREIRA, 1971, p. 58.
[5] MANCUSO, 1988.

A legitimidade pode ser ordinária ou extraordinária. A regra é a legitimidade ordinária: a equivalência entre os sujeitos da relação processual com os sujeitos da relação material deduzida em juízo. Diz-se que o legitimado ordinário atua em nome próprio (será ele a parte do processo), tutelando direito próprio – existe coincidência entre a situação legitimante e a causa posta em juízo[6].

Por outro lado, há a legitimidade extraordinária, só admitida se autorizada pelo ordenamento (art. 18 do CPC), quando se defende em nome próprio interesse alheio. A parte do processo não será, nesse caso, quem sofreu efetivamente ameaça ou violação ao seu direito, mas um sujeito que guarda presumido vínculo intenso consigo.

Um bom exemplo é a ação de investigação de paternidade proposta pelo Ministério Público em favor da criança, na forma da Lei n. 8.560/92. Nesse caso, o titular do direito material é o menor de 18 anos, que deseja saber quem é o seu pai. Entretanto, muitas vezes, quem deduz essa pretensão em juízo é o Ministério Público, na condição de legitimado extraordinário.

O mesmo ocorre na ação de alimentos movida pelo Ministério Público em favor de criança ou adolescente (Súmula 594 do STJ[7]) e no caso do sindicato que ajuíza demanda para assegurar ao trabalhador seu direito a danos morais e materiais[8].

A legitimidade extraordinária pode ser subdividida em subordinada e autônoma. Ambas diferenciariam porque, no dizer de José Carlos Barbosa Moreira[9], a primeira

> (...) não habilita o respectivo titular nem a demandar nem a ser demandado quanto à situação litigiosa, mas unicamente a deduzi-la, ativa ou passivamente, junto com o legitimado ordinário, em processo já instaurado por este ou em face deste, e no qual aquele se limita a intervir.

Por outro lado, na modalidade autônoma confere-se ao "respectivo titular a possibilidade de atuar em juízo com total independência em relação à pessoa que ordinariamente seria legitimada".

A legitimidade extraordinária autônoma pode ser classificada, ainda, em exclusiva e concorrente. Na legitimação exclusiva, existe apenas um sujeito autorizado pelo ordenamento a mover a ação – e ele não é o titular do direito ou do dever material.

Por outro lado, a legitimação será concorrente quando existir um rol de legitimados autorizados ao ajuizamento, de maneira isolada (legitimação disjuntiva ou isolada) ou cumulativa (legitimação conjunta ou complexa). Outros autores preferem considerar que somente haverá legitimidade concorrente quando também o legitimado ordinário estiver habilitado a mover a ação[10].

Pode-se classificar a legitimidade extraordinária também como primária (independente da inércia do legitimado ordinária) ou secundária (somente surgindo após o decurso de um prazo em branco para que o titular do direito agisse).

Importante, sobretudo na tutela coletiva, esclarecer o significado do instituto da substituição processual. Vários autores, e mesmo a jurisprudência, costumam tratá-la como sinônimo de

---

[6] MENDES, 2014, p. 252.
[7] Súmula 594 do STJ: "O Ministério Público tem legitimidade ativa para ajuizar ação de alimentos em proveito de crianças e adolescentes independentemente do exercício do poder familiar dos pais ou do fato de o menor se encontrar nas situações de risco descritas no art. 98 do ECA ou de quaisquer outros questionamentos acerca da existência ou eficiência da Defensoria Pública na comarca".
[8] Importante frisar que, nesse caso, a competência para julgamento da ação do trabalhador que objetive receber indenização alegando danos morais e materiais em decorrência de condução inadequada do processo pelo sindicato que atuou como seu substituto processual é da Justiça do Trabalho. Nesse sentido: STJ, CC 124.930/MG, Rel. Min. Raul Araújo, j. 10-4-2013 (*Informativo* n. 518 do STJ).
[9] BARBOSA MOREIRA, 1971, p. 60. Na mesma linha: MENDES, 2014, p. 252-253.
[10] MENDES, 2014, p. 253.

legitimidade extraordinária, apesar de existirem vozes que entendem que somente a legitimidade extraordinária autônoma exclusiva poderia ser considerada autêntica substituição processual[11], por retirar o direito de ação do substituído.

De toda forma, o que se verifica, em verdade, na tutela coletiva é uma legitimidade política-institucional. Isso porque o legislador escolhe, com base em critérios de conveniência e oportunidade, quem pode ajuizar a ação coletiva. É também institucional, pois optou-se por excluir a legitimidade do cidadão (à exceção do que ocorre na ação popular, como será visto adiante, nos termos da Lei n. 4.717/65).

Desse modo, a nosso ver, quando se fala em legitimidade extraordinária na tutela coletiva, não é possível compreender essa expressão no mesmo sentido que ela possui na tutela individual.

1.2. Legitimidade ativa

1.2.1. Natureza jurídica

Na tutela coletiva pela via principal, a própria natureza dos direitos gera um descolamento entre os seus titulares e o ente que atuará, no processo, buscando sua proteção. Seria impossível uma efetiva tutela do meio ambiente, por exemplo, nos estreitos termos da legitimidade ordinária, já que o direito intergeracional ao equilíbrio ambiental não pertence, isoladamente, a ninguém e tampouco todos os beneficiados pela proteção judicial (nesse caso, todos os habitantes do planeta) poderiam ser litisconsortes ativos.

Diante desse cenário, que, inclusive, motivou o desenvolvimento da matéria processual coletiva, a doutrina teve que buscar elementos para instrumentalizar o acesso à justiça, na perspectiva dos direitos transindividuais e dos individuais agregados. Nesse desenvolvimento, algumas compreensões foram formadas.

1.2.1.1. Legitimidade ordinária

Um primeiro grupo de autores considerou, prontamente, tratar-se de legitimidade ordinária.

Paulo Cezar Pinheiro Carneiro[12], considerando ser o Ministério Público o órgão do Estado incumbido de defender o interesse público, reputava que sua atuação se dava nos moldes ordinários.

José Afonso da Silva e Rodolfo Mancuso também consideravam suficiente a legitimidade ordinária, advogando uma leitura atualizada do art. 6º do Código de Processo Civil de 1973 (correspondente ao atual art. 18), sustentando que agiriam em nome próprio protegendo direitos próprios mesmo as associações quando defendiam, por exemplo, direito ao meio ambiente, afeto à sua finalidade institucional[13].

Por sua vez, Kazuo Watanabe, analisando a importância dada, pela Carta Constitucional de 1969, às associações civis, concluía pela sua legitimidade ordinária na tutela coletiva, pois o ordenamento fomentava sua criação e desenvolvimento, reunindo interesses dos associados. Isso porque a associação, criada com a finalidade de tutelar direitos coletivos, atuaria em juízo defendendo um interesse próprio, e não apenas de seus membros[14].

Essa visão chegou a ser encampada por Ada Pellegrini Grinover (que admitia a possibilidade de atuação por legitimação ordinária, na defesa dos interesses institucionais, ou extraordinária, na proteção de direitos de seus membros[15]) e Vincenzo Vigoriti[16].

---

[11] BARBOSA MOREIRA, 1971, p. 61-62. No mesmo sentido: MENDES, 2014, p. 254.
[12] CARNEIRO, 1988, p. 23-24.
[13] MANCUSO, 1988.
[14] WATANABE, 1984.
[15] GRINOVER, 1990, p. 98.
[16] VIGORITI, 1979, p. 150.

Decorre dessa leitura a chamada legitimidade ordinária das formações sociais, outra classificação que traduz a mesma lógica. A posição, contudo, está há muito ultrapassada[17].

1.2.1.2. Legitimidade autônoma para a condução do processo

Considerável parcela da doutrina[18] sustenta a existência, no processo coletivo, de um terceiro tipo de legitimação, que não se confunde com as duas anteriores, devendo-se abandonar a compreensão clássica e ortodoxa dessa condição da ação. É a chamada legitimidade autônoma para a condução do processo.

A categoria, desenvolvida no direito alemão, surge como uma resposta à inadequação da legitimidade ordinária, já que o legitimado coletivo não defende direito próprio, em juízo. Mesmo as associações, quando tutelam matérias relativas a seus interesses institucionais, não são exclusivas titulares desses direitos.

Segundo essa posição, também a legitimidade extraordinária seria inadequada, porque haveria, em alguma medida, defesa de direito próprio, para além do alheio. Além disso, não seria possível identificar, sempre, os titulares do direito discutido.

Dentro desse grupo de autores, há quem realize uma diferenciação: na tutela de direitos metaindividuais (difusos e coletivos), a legitimação seria autônoma para condução do processo; na dos direitos individuais homogêneos, seria extraordinária[19].

1.2.1.3. Legitimidade extraordinária

A absoluta tendência é considerar que a legitimidade ativa, no processo coletivo, seja extraordinária[20], como comumente mencionado pelos tribunais de cúpula[21-22].

A maioria da doutrina afasta os argumentos da corrente que sustenta a legitimação autônoma para a condução do processo. Primeiro, porque toda legitimidade é para a condução do processo, havendo um pleonasmo na expressão destacada ("algo como legitimação para ser legitimado"[23]). A origem alemã se justifica porque, alhures, existe uma categoria genérica de "competência para conduzir o processo", da qual são espécies a legitimidade ordinária e a extraordinária[24].

Segundo, porque a classificação pouco acrescenta, na prática, tratando-se de espécie de legitimação extraordinária. Na verdade, a origem da legitimidade autônoma, na Alemanha, decorre da necessidade, na substituição processual, de autorização do substituído, o que não ocorre na legitimidade coletiva[25].

Contudo, como referido anteriormente, o sentido dessa legitimidade não é idêntico àquele utilizado na tutela individual. Não custa lembrar que na seara coletiva essa legitimidade tem natureza político-institucional, na medida em que o legislador escolhe os entes legitimados e exclui, expressamente, o indivíduo (pessoa física) desse rol.

---

[17] Os próprios autores passaram a concordar que a legitimidade não é propriamente ordinária (WATANABE, 2003, p. 18).

[18] LEONEL, 2011, p. 152-154; NERY JR.; NERY, 2015, p. 255.

[19] LEONEL, 2011, p. 154.

[20] NEVES, 2016b, p. 189; CARVALHO FILHO, 1995, p. 78; MENDES, 2014, p. 255; ZAVASCKI, 2017b, p. 70; DIDIER JR.; ZANETI JR., 2016b, p. 177; NEVES, 2016b, p. 189.

[21] RE 208.790, Tribunal Pleno, Rel. Min. Ilmar Galvão, j. 27-9-2000.

[22] AgInt no REsp 1.560.040/SP, 1ª Turma, Rel. Min. Napoleão Nunes Maia Filho, j. 1-4-2019.

[23] DIDIER JR.; ZANETI JR., 2016b, p. 178.

[24] LEAL, 2014.

[25] LEAL, 2014; DIDIER JR.; ZANETI JR., 2016b, p. 178.

Há que se notar que a permissão dada pelo ordenamento para que o ente atue em favor da coletividade possui limitações. Como reconhecido pelo Superior Tribunal de Justiça, o legitimado não pode dispor de interesses personalíssimos, sendo impossível requerer a quebra de sigilo para instruir a ação coletiva, mesmo que em favor dos particulares[26].

1.2.1.4. Teorias justificadoras da legitimidade nas ações coletivas, segundo a experiência norte-americana

Quanto à questão da legitimidade propriamente dita, se a considerarmos sob a perspectiva política, surge a necessidade de se justificar tal opção pelo legislador. Nesse ponto, mais uma vez socorremo-nos do direito norte-americano, cuja doutrina já debate a questão há vários anos, tendo chegado, apesar dos posicionamentos divergentes, a um bom termo.

Nesse passo, na busca de um substrato jurídico-conceitual para as *class actions*, erigiram-se muitas teorias, dentre as quais destacamos três:

I. teoria da comunidade de interesses;
II. teoria do consenso; e
III. teoria substantiva das ações coletivas.

A primeira das teorias identifica-se com a produção legislativa e jurisprudencial do século XIX; a segunda, com o interregno de 1938 a 1966; e a terceira trata particularmente de questões cujo advento é posterior à reforma[27] de 1966. As duas primeiras são consideradas teorias unitárias e reputadas insatisfatórias pela moderna doutrina do direito processual norte-americano.

Embora nos voltemos ao sistema legal norte-americano, decerto da análise dessas teorias será possível depreender elementos aplicáveis universalmente às ações coletivas, em especial quanto ao ordenamento brasileiro.

1.2.1.4.1. Teoria da comunidade de interesses

A doutrina norte-americana das *class actions* partiu do pressuposto de que "a classe deve, para todas as finalidades da ação, constituir uma unidade"[28].

Já em 1837, ensinava Calvert que a *community of interests* era o elemento fundamental para a instauração da *class action*. Segundo ele, "este tipo de ação não pode ser utilizado, a menos que os interessados tenham um interesse comum em todos os objetivos da demanda"[29].

Largo dissenso, contudo, instalou-se desde cedo na doutrina estadunidense no que tange à verificação do que configuraria a unidade da classe. Bastaria a possibilidade de instauração de um mesmo *case*, em que se apreciassem *joint and several rights*, ou seria necessário compartilharem os membros da classe de um mesmo direito, bastando uma única sentença para que todos se vissem contemplados?

O fato é que a teoria da unidade de interesses concebia a classe como entidade unitária, engendrada abstrata e juridicamente a partir da natureza de unicidade e homogeneidade dos direitos envolvidos. Deriva, portanto, não de opção das partes ou discricionariedade judicante, mas da própria estrutura das relações jurídicas envolvidas.

---

[26] REsp 1.611.821/MT, 3ª Turma, Rel. Min. Marco Aurélio Bellizze, j. 13-6-2017.
[27] Maiores informações sobre as reformas na Rule 23 podem ser obtidas com a leitura das seguintes obras: CUNHA, 1995, p. 224-235; GIDI, 2003b; GRINOVER, 2001, p. 11-27; KLONOFF, 2000; LEAL, 1998; MILLER, 1979, p. 664-694; TUCCI, 1990.
[28] HARVARD UNIVERSITY, 1976, p. 1.332 – tradução dos autores.
[29] HARVARD UNIVERSITY, 1976, p. 1.333 – tradução dos autores.

1.2.1.4.2. Teoria do consentimento

Como antítese da teoria do *community of interests*, a teoria do consentimento toma por ponto de partida a individualidade dos interesses envolvidos na *class action*. A configuração da *class*, dentro dessa perspectiva, não seria corolário direto da natureza dos direitos e interesses envolvidos, mas situação fática decorrente do consenso expresso dos membros.

A teoria, embora possa ter parecido a alguns uma forma de emprestar maior legitimidade às *class actions*, foi pouco acolhida pela jurisprudência e, nas raras vezes em que foi esposada pelos tribunais, não se revelou bem-sucedida. Na verdade, propõe inverter o foco de abordagem da teoria da comunidade de interesses: enquanto esta última interpreta a *class* como ente unitário distinto de seus membros, a primeira enxerga-a como agregado de indivíduos.

Assim, cabe ao indivíduo aferir as vantagens e desvantagens envolvidas na litigância coletiva. Por um lado, diminuem os custos da ação e aumenta o poder de barganha do grupo. Por outro, contudo, estará o indivíduo, no mais das vezes, alijado do controle do litígio, embora vinculado aos efeitos da sentença, mesmo em detrimento de seus interesses.

Apesar de tudo o que se afirmou até agora, a bem da verdade, ambas as teorias se encontram em franco desuso desde a reforma de 1966.

1.2.1.4.3. Teoria substantiva

Já é hora, pois, de examinar a teoria substantiva das ações coletivas, assim definida pela doutrina da *Harvard Law School*[30]:

A *substantive theory* encara a *class action* como uma solução processual de acesso à justiça, principalmente nos casos em que a litigância individual se provaria economicamente inviável.

Dessa forma, a solução processual das *class actions*, sob o prisma da *substantive theory*, pode e deve representar uma resposta processual adequada aos desafios inerentes à tutela dos direitos transindividuais, servindo igualmente para justificar a opção política do legislador.

1.3. Legitimados

1.3.1. Ação civil pública

Os legitimados coletivos para ajuizamento da ação civil pública estão elencados em dois róis: art. 5º da Lei da Ação Civil Pública e art. 82 do Código de Defesa do Consumidor. No entanto, as listagens não esgotam a questão: o ordenamento traz outras entidades autorizadas a promover ação coletiva. De todo modo, o rol legal é taxativo – ainda que não esteja concentrado em apenas um dispositivo.

Da leitura da lista de legitimados, verifica-se a escolha, no ordenamento pátrio, pela combinação entre instituições (e órgãos) públicos e privados, o que outorga natureza mista ou heterogênea ao rol.

De acordo com Barbosa Moreira[31], o legislador acertou, inclusive porque, no Brasil, não há uma sólida cultura associativa, cenário que vem mudando, a começar pelas associações de moradores, e facilitado pela gratuidade na ação civil pública. Na Itália, critica-se o protagonismo conferido aos órgãos públicos.

Além disso, a listagem de legitimados tem natureza plúrima, porque envolve, como regra, vários potenciais autores. Como ressalta Ricardo de Barros Leonel, a ampliação reflete a concepção política

---

[30] HARVARD UNIVERSITY, 1976, p. 1.353 – tradução dos autores.
[31] BARBOSA MOREIRA, 1994, p. 166-167

do Estado, implementando a democracia participativa de maneira mais sólida, afastando-se do liberalismo que ocupou o espaço deixado pelo absolutismo[32].

A exceção a esse segundo traço marcante fica por conta da ação popular, na qual apenas o cidadão pode ser autor, de acordo com o art. 1º da Lei n. 4.717/65.

1.3.1.1. Ministério Público

A legitimidade do Ministério Público para o ajuizamento da ação civil pública está estampada no art. 129, III, da Constituição Federal[33], desde seu advento, bem como no art. 5º, I, da Lei da Ação Civil Pública e no art. 82, I, do Código de Defesa do Consumidor.

Note-se que a previsão constitucional se refere apenas aos interesses difusos e coletivos. Na esteira do entendimento dos tribunais de cúpula (STF[34] e STJ[35]), tal legitimidade é ampla, sem restrição temática qualquer imposta pelo constituinte.

Quanto aos direitos coletivos em sentido estrito, existe alguma divergência em relação à posição que entende que o *Parquet* sempre será legitimado, havendo entendimento na linha de que apenas poderia atuar quando o interesse atraísse a atuação institucional do Ministério Público, existindo efetiva conveniência social, o que dependeria de o direito possuir relevância social, haver um manifesto interesse social ou estar relacionado com a estabilidade de algum sistema social, jurídico ou econômico, para além, naturalmente, das hipóteses em que a própria lei prevê a legitimidade expressa da instituição[36].

Por outro lado, a tutela de direitos individuais homogêneos pelo Ministério Público se mostra bem mais complexa, diante do silêncio do art. 129. Várias interpretações foram extraídas, desde a mais restritiva, a impedir o ajuizamento de ação coletiva que tenha como objeto tais direitos[37], até a mais ampla, a autorizá-lo sem mitigações[38], já que tais interesses seriam relevantes por si mesmos[39].

A jurisprudência, contudo, se firmou no meio-termo, realizando a seguinte diferenciação:

a) se os direitos individuais homogêneos tutelados forem indisponíveis, o Ministério Público ostentará legitimidade irrestrita[40];
b) se os direitos individuais homogêneos tutelados forem disponíveis, o Ministério Público apenas será legitimado se tais interesses possuírem relevância social (interesse social qualificado[41] ou acentuado[42]).

---

[32] LEONEL, 2011, p. 148.
[33] "Art. 129. São funções institucionais do Ministério Público: (...) III – promover o inquérito civil e a ação civil pública, para a proteção do patrimônio público e social, do meio ambiente e de outros interesses difusos e coletivos."
[34] RE 511.961, Tribunal Pleno, Rel. Min. Gilmar Mendes, j. 17-6-2009.
[35] REsp 806.304/RS, 1ª Turma, Rel. Min. Luiz Fux, j. 2-12-2008.
[36] MAZZILLI, 2019, p. 120-121.
[37] CARVALHO FILHO, 2009, p. 133. Na jurisprudência do STJ: AgRg no AgRg no REsp 669.371/RS, 1ª Turma, Rel. Min. Francisco Falcão, j. 14-8-2007.
[38] GRINOVER, 1993, p. 215. Na jurisprudência do STJ: REsp 806.304/RS, 1ª Turma, Rel. Min. Luiz Fux, j. 2-12-2008.
[39] REsp 910.192/MG, 3ª Turma, Rel. Min. Nancy Andrighi, j. 2-2-2010.
[40] Existem julgados até mesmo entendendo que o simples fato de o interesse ser supraindividual já o torna indisponível: REsp 806.304/RS, 1ª Turma, Rel. Min. Luiz Fux, j. 2-12-2008.
[41] RE 631.111, Tribunal Pleno, Rel. Min. Teori Zavascki, j. 7-8-2014.
[42] Falando em "larga abrangência ou acentuado interesse social": MAZZILLI, 2019, p. 122.

De acordo com o Superior Tribunal de Justiça, esse relevante interesse social pode decorrer da natureza do bem jurídico ou da dimensão do dano[43]. A relevância também pode ser objetiva, decorrente da natureza dos valores protegidos, ou subjetiva, decorrente da qualidade especial dos sujeitos tutelados[44][45].

Outro parâmetro, adotado, pontualmente, pelo Superior Tribunal de Justiça é a repercussão que a tutela dos direitos individuais homogêneos tem no interesse público[46].

Evidentemente, por se tratar de conceito jurídico indeterminado, a avaliação da presença do requisito é feita caso a caso[47]. Essa análise nem sempre é simples ou óbvia, mostrando-se um verdadeiro controle *ope iudicis* da (representatividade adequada da) legitimidade.

Veja-se, por exemplo, a discussão acerca da legitimidade do Ministério Público para defender direitos de segurados do DPVAT, especialmente o pleito da indenização.

O STJ possuía entendimento sumulado no sentido negativo (Súmula 470[48]), mas o Supremo Tribunal Federal, ao julgar a questão em sede de recurso extraordinário com repercussão geral, considerou se tratar de interesses sociais qualificados[49]. Passo seguinte foi o cancelamento do enunciado sumular, pelo Superior Tribunal de Justiça.

O STJ vem, há tempos, entendendo pela legitimidade do Ministério Público em vários casos, entre os quais estão o impedimento da veiculação de vídeo que contenha cenas de crimes cometidos contra crianças, ainda que por intermédio de matéria jornalística[50], e a exclusão ou a não inclusão de dados referentes a consumidores em cadastros de inadimplentes, se o débito ainda está em fase de discussão judicial, bem como para o pedido de danos morais por inclusão indevida. Isso porque o Ministério Público tem legitimidade para defender quaisquer interesses transindividuais, ainda que não sejam referentes à relação de consumo[51].

Os direitos dos consumidores, inclusive, podem ser amplamente protegidos pelo Ministério Público[52], como sumulou o Superior Tribunal de Justiça (Súmula 601[53]), mesmo que atinentes a serviços públicos (art. 22 do CDC). Afinal, o próprio constituinte erigiu a temática à categoria de direito fundamental (art. 5º, XXXII[54]), de sorte que há um interesse social presumido, emanado da própria Constituição.

---

[43] AgRg no REsp 938.951/DF, 2ª Turma, Rel. Min. Humberto Martins, j. 23-2-2010.

[44] REsp 347.752/SP, 2ª Turma, Rel. Min. Herman Benjamin, j. 8-5-2007.

[45] Não é possível, em ação civil pública ajuizada pelo MPF, a ingerência judicial no liame entre assistidos e entidade de previdência complementar, notadamente a proibição de concessão de novos benefícios e o cancelamento de benefícios complementares indevidamente concedidos, sem que exista prova concreta de que a manutenção desses poderia violar gravemente a esfera jurídica de número indeterminado de múltiplos sujeitos de direito (AREsp 1.325.652-RJ, Rel. Min. Gurgel de Faria, 1ª Turma, por unanimidade, j. 4-10-2022).

[46] EREsp 114.908/SP, Corte Especial, Rel. Min. Eliana Calmon, j. 7-11-2001.

[47] LEONEL, 2011, p. 158.

[48] Súmula 470 do STJ: "O Ministério Público não tem legitimidade para pleitear, em ação civil pública, a indenização decorrente do DPVAT em benefício do segurado".

[49] RE 631.111, Tribunal Pleno, Rel. Min. Teori Zavascki, j. 7-8-2014.

[50] REsp 509.968/SP, Rel. Min. Ricardo Villas Bôas Cueva, j. 6-12-2012.

[51] REsp 1.148.179/MG, Rel. Min. Nancy Andrighi, j. 26-2-2013.

[52] EREsp 1.378.938/SP, Corte Especial, Rel. Min. Benedito Gonçalves, por unanimidade, j. 20-6-2018.

[53] Súmula 601: "O Ministério Público tem legitimidade ativa para atuar na defesa dos direitos difusos, coletivos e individuais homogêneos dos consumidores, ainda que decorrentes da prestação de serviços públicos".

[54] "Art. 5º (...) XXXII – o Estado promoverá, na forma da lei, a defesa do consumidor."

O Superior Tribunal de Justiça, nessa temática, julgou admissível o combate da ilegalidade de práticas por parte de instituições financeiras, inclusive pelo Ministério Público Federal, por conta dos interesses federais envolvidos, já que os órgãos federais disciplinam e normatizam suas atividades[55].

A Corte da Cidadania também reconheceu a legitimidade do *Parquet* em caso de demanda requerendo o fornecimento de cesta básica de produtos sem glúten para portadores de doença celíaca, já que a instituição deve defender direitos individuais disponíveis[56], em ação civil pública em face de concessionária de energia elétrica objetivando a não interrupção do fornecimento do serviço à pessoa carente financeiramente e acometida de doença grave, dependendo da utilização doméstica de equipamento com alto custo de energia[57].

O tribunal[58] também já decidiu que o Ministério Público tem legitimidade para propor ação civil pública cujos pedidos consistam em impedir que determinados hospitais continuem a exigir caução para atendimento médico-hospitalar emergencial e a cobrar, ou admitir que se cobre, dos pacientes conveniados a planos de saúde valor adicional por atendimentos realizados por seu corpo médico fora do horário comercial.

Ainda nessa linha, o STJ[59] definiu que o *Parquet* ostenta legitimidade para ajuizar ação civil pública com o objetivo de garantir o acesso a critérios de correção de provas de concurso público, bem como para a tutela do patrimônio público (Súmula 329[60]).

O Supremo Tribunal Federal possui entendimento sumulado acerca da legitimidade do Ministério Público para ação coletiva fundada na ilegalidade do reajuste de mensalidades escolares (Súmula 643[61]). A Corte Maior já acenou positivamente ao ajuizamento de ação civil pública que vise ao fornecimento de remédios a portadores de certa doença[62].

Em outros casos, a jurisprudência entende que não existe relevância social, como na cobrança de taxa de associação de moradores[63] ou no pleito de restituição de valores recolhidos como empréstimo compulsório[64].

Por fim, não se pode ignorar que o microssistema confere legitimidade ao Ministério Público – extensível aos demais legitimados – para a tutela de direitos individuais indisponíveis, em diplomas específicos (arts. 15, 74 e 79 do Estatuto do Idoso e arts. 11, 201, V, e 208, VI e VII, do ECA).

Parcela da doutrina[65] compreende que se trata apenas de pontual autorização para a substituição processual, como ocorre com a legitimidade do Ministério Público para o requerimento de alimentos em favor de incapaz (Súmula 594 do STJ[66]), e não de ação coletiva propriamente, existindo decisões nesse sentido[67].

---

[55] REsp 1.573.723/RS, 3ª Turma, Rel. Min. Ricardo Villas Bôas Cueva, j. 10-12-2019.
[56] AgRg no AREsp 91.114/MG, Rel. Min. Humberto Martins, j. 7-2-2013.
[57] AgRg no REsp 1.162.946/MG, Rel. Min. Sérgio Kukina, j. 4-6-2013.
[58] REsp 1.324.712/MG, Rel. Min. Luis Felipe Salomão, j. 24-9-2013.
[59] REsp 1.362.269/CE, Rel. Min. Herman Benjamin, j. 16-5-2013.
[60] Súmula 329: "O Ministério Público tem legitimidade para propor ação civil pública em defesa do patrimônio público".
[61] Súmula 643: "O Ministério Público tem legitimidade para promover ação civil pública cujo fundamento seja a ilegalidade de reajuste de mensalidades escolares".
[62] RE 605.533/MG, Rel. Min. Marco Aurélio, j. 15-8-2018.
[63] REsp 1585794/MG, Rel. Min. Antonio Carlos Ferreira, 4ª Turma, j. 28-9-2021.
[64] REsp 1.709.093-ES, Rel. Min. Benedito Gonçalves, 1ª Turma, por unanimidade, j. 29-3-2022, *DJe* 1-4-2022.
[65] NEVES, 2016b, p. 198.
[66] Súmula 594: "O Ministério Público tem legitimidade ativa para ajuizar ação de alimentos em proveito de crianças e adolescentes independentemente do exercício do poder familiar dos pais ou do fato de o menor se encontrar nas situações de risco descritas no art. 98 do ECA ou de quaisquer outros questionamentos acerca da existência ou eficiência da Defensoria Pública na comarca".
[67] REsp 620.622/RS, 2ª Turma, Rel. Min. Eliana Calmon, j. 4-9-2007.

Por outro lado, há julgados do Superior Tribunal de Justiça ampliando essa lógica para além dos direitos de crianças, adolescentes e idosos[68].

1.3.1.1.1. Intervenção como custos iuris

A atuação do Ministério Público como *custos legis*, ou seja, fiscal da lei, encontra assento constitucional nesse referido artigo que faz menção à defesa da ordem jurídica. Já a atuação do *Parquet* em todos os processos de natureza eleitoral está fundamentada na defesa do regime democrático, também contido nesse dispositivo.

Costumamos dizer que a participação do Ministério Público pode se dar de duas formas no processo: pela sua atuação ou por meio de sua intervenção. A participação seria, portanto, gênero que comportaria em si duas espécies. Fala-se em atuação quando o Ministério Público age como parte no processo promovendo a ação. A intervenção refere-se às hipóteses em que o Ministério Público funciona como fiscal da lei (ou "da ordem jurídica", na dicção do CPC/2015), em uma ação que foi proposta por outrem.

Modernamente, vem se entendendo que, pela sua natureza constitucional, mesmo nas hipóteses em que o Ministério Público participa do processo como parte, ele também o faz como fiscal da lei. A participação do Ministério Público como parte não acarreta a impossibilidade de, simultaneamente, agir o *Parquet* como fiscal da lei.

Hoje, portanto, não é mais possível considerar qualquer participação do Ministério Público apenas como parte em um processo. Na verdade, é certo que todas as vezes que o Ministério Público atuar como órgão agente, ele o fará atrelado à sua função fiscalizadora, até mesmo por obediência ao objetivo precípuo que lhe é atribuído pelo art. 127, *caput*, da Constituição Federal.

A participação do Ministério Público como órgão agente ou como órgão interveniente se dá de maneira distinta no processo civil e no processo penal. Isso porque, no processo civil, cabe ao Ministério Público participar, precipuamente, como fiscal da ordem jurídica. Nessa seara, só atuará como parte nos casos expressamente previstos e autorizados por lei. Esse artigo dispõe que incumbe ainda àquele a defesa dos interesses sociais e individuais indisponíveis.

O art. 178 trata das hipóteses de intervenção do Ministério Público como fiscal da ordem jurídica, que estavam antes previstas no art. 82 do Código de Processo Civil. São, além das que já estão previstas na lei ou na Constituição Federal, as causas que envolvam:

a) interesse público ou social;
b) interesse de incapaz;
c) litígios coletivos pela posse de terra rural ou urbana.

Modernamente, deve-se entender que será o Ministério Público a decidir em que ação intervirá, existindo margem para discernimento do agente público, com mecanismos efetivos de controle (princípio da discricionariedade controlada[69]). A análise deve ser *in concreto*.

Assim, nem sempre que a demanda envolver cobrança de valor ao erário participará o Ministério Público, devendo existir interesse público primário na relação processual.

---

[68] EREsp 1.192.577/RS, Corte Especial, Rel. Min. Laurita Vaz, j. 21-10-2015; STJ, REsp 1.064.009/SC, 2ª Turma, Rel. Min. Herman Benjamin, j. 4-8-2009.

[69] MAZZILLI, 2019, p. 101-103.

Percebe-se que todas as hipóteses podem guardar relação com demandas coletivas. Não à toa, o legislador deixa claro, no microssistema, a necessidade de atuação ministerial nos processos coletivos (art. 5º, § 1º, da Lei n. 7.347/85[70] e art. 6º, § 4º, da Lei n. 4.717/65[71]).

Desse modo, caso não seja o autor da ação, o *Parquet* dela participará a fim de fiscalizar a ordem jurídica (art. 178 do CPC) em questões que versem sobre direitos transindividuais[72].

Na verdade, temos para nós que a intervenção se dará de forma ampla, uma vez que a presença do Ministério Público fortalece o contraditório e representa segurança fiscalizatória do atuar dos demais legitimados. Até porque, a par de toda a atuação judicial, o Ministério Público dispõe de diversas ferramentas extrajudiciais[73], que podem ser manejadas antes mesmo da propositura da ação civil pública.

1.3.1.2. Defensoria Pública

Na redação originária da Lei n. 7.347/85 e do Código de Defesa do Consumidor, a Defensoria Pública não era contemplada no rol de legitimados ativos. Também a Constituição Federal e a legislação orgânica (LC n. 80/94), nos moldes iniciais, não mencionavam a função de tutela coletiva da instituição.

Nem por isso, porém, a Defensoria deixava de ajuizar ações coletivas, baseando sua legitimidade no art. 82, III, do Código de Defesa do Consumidor, autorização voltada aos órgãos da Administração Pública. Assim agia o núcleo de defesa do consumidor da DPGE/RJ, por exemplo, com anuência do Superior Tribunal de Justiça[74]. Mesmo assim, considerável doutrina era refratária à ampliação do leque de legitimados[75].

Também na doutrina, havia vozes sustentando a legitimidade da instituição, como forma de efetivação do acesso à justiça, que fica comprometido quando carece o ordenamento de instrumentos adequados para a tutela jurisdicional, tendo em vista a vocação de proteção dos necessitados, inclusive os vulneráveis organizacionais. Se o hipossuficiente é titular do direito à proteção judiciária adequada, a Defensoria poderia usar o instrumento do processo coletivo, quando se mostrasse ideal para a garantia jurídica pretendida[76].

---

[70] "Art. 5º (...) § 1º O Ministério Público, se não intervier no processo como parte, atuará obrigatoriamente como fiscal da lei."

[71] "Art. 6º (...) § 4º O Ministério Público acompanhará a ação, cabendo-lhe apressar a produção da prova e promover a responsabilidade, civil ou criminal, dos que nela incidirem, sendo-lhe vedado, em qualquer hipótese, assumir a defesa do ato impugnado ou dos seus autores."

[72] MAZZILLI, 2019, p. 105.

[73] Dentre as vias administrativas, destaca-se a promoção de audiências públicas (art. 27, *caput*, da Lei n. 8.625/93) que propiciam participação popular em importantes decisões políticas estatais (fortalecendo a democracia participativa). Igual resultado tem a canalização de reclamações e denúncias no atendimento direto e cotidiano à população ou por intermédio das ouvidorias. Também pelo acompanhamento diuturno de reuniões e a fiscalização de Conselhos Sociais e Gestores. Outros exemplos são o encaminhamento de Recomendações Administrativas (art. 27, parágrafo único, IV, da Lei n. 8.625/93) e a elaboração de Termos de Ajustamento de Conduta – TACs (art. 5º, § 6º, da Lei n. 7.347/85), com capacidade de solução célere de conflitos relacionados à seara coletiva. Não se pode olvidar dos Acordos de Leniência (incorporados à Lei n. 8.884/94 pela Lei n. 10.149/2000, depois regulados pela Lei n. 12.529/2011 e hoje pela Lei n. 12.846/2013), importados do sistema americano (em que era denominado *Leniency Program* e depois foi adaptado e renomeado para *Amnesty Program*), com a finalidade anunciada de colaboração de uma pessoa jurídica na apuração e reparação civil de um dano de interesse coletivo. BELLINETTI; BARBUGIANI, 2018, p. 389.

[74] REsp 555.111/RJ, 3ª Turma, Rel. Min. Castro Filho, j. 5-9-2006.

[75] Alegava-se, por exemplo, que a Defensoria Pública não daria conta sequer de suas funções individuais, quanto mais de novas atuações (GARCIA, 2017, p. 470). No fundo, a intenção era garantir uma reserva de mercado ao Ministério Público, que nada favorecia a proteção de direitos coletivos.

[76] SOARES, 2002, p. 96. O autor bem aponta que, em Constituições Estaduais, como a do Rio de Janeiro (art. 176), a instituição já detinha legitimidade para a tutela de direitos individuais e coletivos dos necessitados.

Esse cenário é plenamente compreensível, se levarmos em conta a estrutura e a realidade da Defensoria à época. Contudo, a evolução vertiginosa da instituição constitucional acabou por defasar o tratamento legal, incompatível com a importância ocupada dentre as funções essenciais à justiça.

Nessa linha, a edição da Lei Federal n. 11.448, de 15 de janeiro de 2007, é, a um só tempo, um marco histórico e a correção de uma injusta discriminação com uma das mais importantes e respeitadas instituições brasileiras. Seu art. 2º, ao dar nova redação ao art. 5º da Lei da Ação Civil Pública, inscreve a Defensoria Pública entre os legitimados para a propositura de tais demandas.

Em 7 de outubro de 2009, foi editada a Lei Complementar n. 132, que alterou dispositivos da Lei Complementar n. 80/94 e regulamentou diversos segmentos de atuação da Defensoria Pública. Passaram a existir diversas menções a funções coletivas, elemento que, aliás, passou a ser conceitual, no renovado art. 1º[77].

Ao abordar as funções institucionais, o art. 4º, em seus incisos VII e VIII, adota uma aparente restrição à legitimidade da Defensoria Pública, de forma a compatibilizar, segundo a exposição de motivos, a Lei n. 11.448/2007 com os termos dos arts. 5º, LXXIV, e 134, ambos da Constituição Federal.

Nesse passo, a Defensoria Pública pode manejar a ação civil pública quando:

a) o resultado da demanda puder beneficiar grupo de pessoas hipossuficientes (art. 4º, VII);
b) defender direitos individuais, difusos, coletivos e individuais homogêneos, na forma do inciso LXXIV do art. 5º da Constituição Federal (art. 4º, VIII).

Digno de nota que, em posicionamento restritivo, o STJ[78] decidiu que a Defensoria Pública não possui legitimidade extraordinária para ajuizar ação coletiva em favor de consumidores de plano de saúde particular que, em razão da mudança de faixa etária, teriam sofrido reajustes abusivos em seus contratos.

Tal decisão se fundou no fato de que o grupo protegido não se amoldaria ao requisito constitucional da insuficiência de recursos (art. 5º, LXXIV, da CF), já que demonstrara capacidade para arcar com assistência de saúde privada.

Acontece que a lei complementar orgânica da Defensoria menciona, no mesmo art. 4º, X e XI, cláusulas gerais de abertura para a atuação institucional, outorgando o dever de:

a) promover a mais ampla defesa dos direitos fundamentais dos necessitados, abrangendo seus direitos individuais, coletivos, sociais, econômicos, culturais e ambientais, sendo admissíveis todas as espécies de ações capazes de propiciar sua adequada e efetiva tutela (art. 4º, X);
b) exercer a defesa dos interesses individuais e coletivos da criança e do adolescente, do idoso, da pessoa portadora de necessidades especiais, da mulher vítima de violência doméstica e familiar e de outros grupos sociais vulneráveis que mereçam proteção especial do Estado (art. 4º, XI).

A melhor compreensão, portanto, sempre passou pela autorização de tutela coletiva, pela Defensoria Pública, de todos os necessitados, não apenas os hipossuficientes econômicos – isto é, aqueles que demonstrem insuficiência de recursos (art. 5º, LXXIV, da CF).

---

[77] "Art. 1º A Defensoria Pública é instituição permanente, essencial à função jurisdicional do Estado, incumbindo-lhe, como expressão e instrumento do regime democrático, fundamentalmente, a orientação jurídica, a promoção dos direitos humanos e a defesa, em todos os graus, judicial e extrajudicial, dos direitos individuais e *coletivos*, de forma integral e gratuita, aos necessitados, assim considerados na forma do inciso LXXIV do art. 5º da Constituição Federal."

[78] REsp 1.192.577/RS, Rel. Min. Luis Felipe Salomão, j. 15-5-2014 (*Informativo* n. 541 do STJ).

O Superior Tribunal de Justiça também seguiu essa linha em certos julgados, lendo a legitimidade da Defensoria Pública à luz da efetivação da dignidade da pessoa humana[79].

A Corte Especial do STJ, inclusive, ultrapassou o entendimento anterior, restritivo em relação à legitimidade da Defensoria para proteger direitos de usuários idosos de planos de saúde, assegurando interpretação mais ampla ao termo "necessitados", estampado no art. 134 da Constituição Federal, especialmente quando diante dos chamados hipervulneráveis, grupos a demandar especial proteção[80].

Um último passo importante no enquadramento normativo da instituição foi a Emenda Constitucional n. 80/2014, que remodelou a feição da Defensoria Pública, inscrevendo no art. 134 da Constituição Federal a atuação coletiva[81].

De forma a pacificar a questão, o STF concluiu, em maio de 2015, o julgamento da ADIn 3.943, na qual a Confederação Nacional do Ministério Público (Conamp) questionava a constitucionalidade do inciso II do art. 5º da Lei n. 7.347/85, com a redação dada pela Lei n. 11.448/2007, postulando que se declarasse a inconstitucionalidade da legitimidade, por violar a defesa exclusiva de hipossuficientes em processos individuais, e, subsidiariamente, a interpretação conforme do dispositivo, de maneira a apenas poder a Defensoria ajuizar ações coletivas para proteção de sujeitos efetivamente pobres.

O Plenário do STF, por unanimidade, reconheceu a legitimidade irrestrita da Defensoria Pública para a propositura de ação civil pública.

Em seu voto[82], a Ministra Cármen Lúcia considerou que o aumento de atribuições da Defensoria Pública amplia o acesso à justiça e é perfeitamente compatível com a LC n. 132/2009 e com as alterações promovidas pela Emenda Constitucional n. 80/2014, que estenderam as atribuições da instituição. Ressaltou, ainda, que não há qualquer vedação constitucional para a proposição desse tipo de ação pela Defensoria, nem norma que atribua ao Ministério Público prerrogativa exclusiva para tanto.

No fim de 2015, o STF, em julgamento de recurso extraordinário com repercussão geral[83], chancelou a importância da atuação da Defensoria Pública na tutela dos direitos coletivos, fixando a seguinte tese jurídica, de seguimento obrigatório:

> A Defensoria Pública tem legitimidade para a propositura da ação civil pública em ordem a promover a tutela judicial de direitos difusos e coletivos de que sejam titulares, em tese, pessoas necessitadas[84].

Três aspectos merecem atenção.

O primeiro é que a titularidade de direitos coletivamente considerados deve ser de necessitados, não de hipossuficientes. Assim, a abertura anteriormente realizada pelo STJ foi prestigiada também pela Suprema Corte, de modo a abarcar os mais diversos tipos de necessitados (organizacionais, jurídicos, técnicos, contextuais).

---

[79] REsp 1.264.116/RS, 2ª Turma, Rel. Min. Herman Benjamin, j. 18-10-2011.

[80] EREsp 1.192.577/RS, Corte Especial, Rel. Min. Laurita Vaz, j. 21-10-2015.

[81] "Art. 134. A Defensoria Pública é instituição permanente, essencial à função jurisdicional do Estado, incumbindo-lhe, como expressão e instrumento do regime democrático, fundamentalmente, a orientação jurídica, a promoção dos direitos humanos e a defesa, em todos os graus, judicial e extrajudicial, dos direitos individuais e coletivos, de forma integral e gratuita, aos necessitados, na forma do inciso LXXIV do art. 5º desta Constituição Federal."

[82] ADI 3.943, Tribunal Pleno, Rel. Min. Cármen Lúcia, j. 7-5-2015.

[83] RE 733.433/MG, Rel. Min. Dias Toffoli, 4-11-2015. Decisão publicada no *Informativo* n. 806, disponível em: <www.stf.jus.br>.

[84] RE 733.433, Tribunal Pleno, Rel. Min. Dias Toffoli, j. 4-11-2015.

O segundo é que tal titularidade apenas deve ser posta "em tese", ou seja, teoricamente. Não há qualquer obrigação de a Defensoria Pública comprovar, na inicial, que existe, efetivamente, algum necessitado no grupo beneficiado pela ação coletiva, como esclareceu o próprio STF em julgamento de embargos de declaração opostos na ADIn 3.943[85].

Por fim, o terceiro ponto importante é que, embora a tese apenas faça referência a direitos difusos e coletivos, é indubitável que os individuais homogêneos também estão abrangidos pela legitimidade da instituição, como amplamente debatido pela corte.

O único aspecto polêmico quanto aos direitos individuais é a etapa de execução individual da sentença coletiva genérica. Chegou-se a ponderar, no julgamento, que a Defensoria Pública só poderia atuar, nesse momento, em favor dos hipossuficientes econômicos – questão jurídica que só foi levantada a título de *obter dictum*, não integrando o precedente propriamente, já que não debatida suficientemente por todos os julgadores.

A melhor interpretação, seguramente, passa pela também ampla legitimidade executiva do título judicial coletivo pela Defensoria Pública, por ser desdobramento da proteção de direitos acidentalmente coletivos[86], até porque a execução pseudocoletiva, em que o legitimado coletivo exige o cumprimento da obrigação em favor dos indivíduos, é autorizada pelo art. 97 do Código de Defesa do Consumidor[87].

1.3.1.2.1. *Intervenção como* custos vulnerabilis

Tese que vem evoluindo na doutrina institucional da Defensoria Pública, recebendo menção e acolhida pela comunidade jurídica, é a de sua atuação como *custos vulnerabilis*.

Para além da atuação da Defensoria Pública como legitimada coletiva, o ordenamento autoriza sua intervenção institucional em outro papel: o de guarda ou fiscal dos vulneráveis (*custos vulnerabilis*[88]) ou fiscal dos direitos dos vulneráveis.

Trata-se de específica espécie de atuação, não na representação direta dos assistidos, mas enquanto instituição. A figura jurídica nasce, analogicamente, do papel do Ministério Público, enquanto fiscal do ordenamento jurídico (*custos legis*), permitindo a equiparação de ambas as instituições constitucionais permanentes[89].

Maurilio Maia aponta que essa forma interventiva possui uma vinculação subjetiva e outra objetiva[90]. A primeira diz respeito aos interesses dos vulneráveis; a segunda se refere aos direitos humanos, permitindo a ampliação democrática por meio do processo judicial.

---

[85] "A legitimidade da Defensoria Pública para ajuizar ação civil pública não está condicionada à comprovação prévia da hipossuficiência dos possíveis beneficiados pela prestação jurisdicional. Ausência de contradição, omissão ou obscuridade. A questão suscitada pela embargante foi solucionada no julgamento do Recurso Extraordinário n. 733.433/MG, em cuja tese da repercussão geral se determina: 'a Defensoria Pública tem legitimidade para a propositura da ação civil pública em ordem a promover a tutela judicial de direitos difusos e coletivos de que sejam titulares, em tese, pessoas necessitadas' (DJ 7-4-2016). Embargos de declaração rejeitados" (ADI 3.943-ED, Tribunal Pleno, Rel. Min. Cármen Lúcia, j. 18-5-2018).

[86] ESTEVES; SILVA, 2017, p. 401.

[87] "Art. 97. A liquidação e a execução de sentença poderão ser promovidas pela vítima e seus sucessores, assim como pelos legitimados de que trata o art. 82."

[88] A primeira menção ao termo *custos vulnerabilis* remete a MAIA, 2014, p. 56.

[89] BUENO, 2018, p. 219.

[90] "(...) 'custos vulnerabilis' representa uma forma interventiva da Defensoria Pública em nome próprio e em prol de seu interesse institucional (constitucional e legal) – atuação essa subjetivamente vinculada aos interesses dos vulneráveis e objetivamente aos direitos humanos – representando a busca democrática do progresso jurídico-social das categorias mais vulneráveis no curso processual e no cenário jurídico-político" (MAIA, 2017, p. 45).

Quanto à noção de vulneráveis, cumpre recordar a solidificada exegese conferida pelos tribunais superiores, que compreender amplamente a noção de "necessitados" estampada no art. 134 da Constituição Federal, estando o Superior Tribunal de Justiça pacificado no sentido da abrangência não apenas de hipossuficientes econômicos, mas também jurídicos[91-92]. Portanto, pode atuar a Defensoria tanto para resguardar interesses de sujeitos necessitados sob a ótica econômica e financeira quanto sob aspectos jurídicos, informacionais, conjunturais e organizacionais[93].

Desse modo, sempre que os direitos tutelados no processo justificarem a participação da Defensoria Pública no contraditório, deve ser admitida sua intervenção enquanto fiscal de tais direitos vulneráveis, o que é especialmente relevante em procedimentos formadores de precedentes[94] e em demandas coletivas, especialmente as estruturais.

Formalmente, a instituição requererá o ingresso na relação processual nos moldes da figura do *amicus curiae* (art. 138 do CPC), por via de interpretação ampliativa da noção de entidade especializada, nas demandas em geral, ou enquanto entidade com interesse na controvérsia, em se tratando de incidente fixador de tese jurídica (art. 1.038, I, e art. 983 do CPC).

Mesmo tais previsões do diploma processual geral, contudo, se revelariam desnecessárias, por decorrer a modalidade de intervenção da cláusula geral do art. 134 da Constituição Federal e do art. 4º da Lei Complementar n. 80/94, notadamente os incisos V, VIII, X e XI.

É evidente que, sendo função institucional a proteção (dos direitos) dos grupos vulneráveis, não pode o ordenamento restringir instrumentos para tanto, o que feriria o acesso à Justiça (art. 5º, XXXV, da CF), seja a Defensoria autora da ação, representante processual da parte ou interveniente.

Nessa linha, advoga-se específica feição da participação enquanto *custos*: a atuação como *amicus communitas*, amiga da(s) comunidade(s)[95]. A instituição, em razão de sua proximidade com a população, pode e deve intervir na específica defesa de determinados grupos envolvidos no litígio, havendo atuação tanto de defensores quanto de coletividades com interesses díspares e colidentes. O Código Fux, ao prever a participação da Defensoria nos conflitos possessórios multitudinários, consagra essa atuação (art. 554, § 1º).

Também já se aventou a atuação institucional como *amicus* ou *custos plebis*, em referência ao tribuno da plebe, no Direito Romano, magistrado não judicante responsável pela expressão da república romana, voltado à plebe, categoria outrora ignorada[96].

Em todas essas manifestações, exemplificativas, existe diferença essencial em relação com o atuar ministerial como *custos legis et iuris*: enquanto este é marcado por elementos objetivos, preocupado com a ordem jurídica, a Defensoria se pauta por elementos subjetivos, decorrentes dos vulneráveis envolvidos de maneira mais ou menos direta com a matéria posta em juízo[97].

---

[91] REsp 1.264.116/RS, 2ª Turma, Rel. Min. Herman Benjamin, j. 18-10-2011, *DJe* 13-4-2012; EREsp 1.192.577/RS, Corte Especial, Rel. Min. Laurita Vaz, j. 21-10-2015.

[92] AgInt nos EDcl no REsp 1.529.933/CE, 1ª Turma, Rel. Min. Benedito Gonçalves, j. 20-5-2019.

[93] A Defensoria Pública possui legitimidade ativa para propor ação civil pública com vista a impor ao Estado o cumprimento de obrigações legais na tutela de pequenos agricultores familiares, sendo prescindível a comprovação prévia e concreta da carência dos assistidos (REsp 1.847.991-RS, Rel. Min. Og Fernandes, 2ª Turma, por unanimidade, j. 16-8-2022).

[94] BUENO, 2018, p. 219.

[95] MAIA, 2016; SANTANA FILHO; MAIA; GEHARD, 2015.

[96] MAIA, 2016.

[97] ROCHA, 2018b.

Com o avanço da doutrina e da atividade institucional, a participação defensorial complementar à das partes vem sendo progressivamente admitida pela jurisprudência dos tribunais locais, desde ações coletivas e possessórias[98] até processos criminais[99].

Por sua vez, o Superior Tribunal de Justiça, levando em conta vários dos fundamentos apontados, concluiu pela possibilidade de atuação defensorial como *custos vulnerabilis*, autorizando a Defensoria Pública da União a participar em recurso especial repetitivo[100].

Portanto, a tendência é a consagração da ampliação do leque de papéis desempenhados, a abranger ações concretas e procedimentos dessubjetivados, sempre que vulneráveis, de todas as espécies, puderem ser afetados.

1.3.1.3. Administração Pública

Desde sua origem, a Lei da Ação Civil Pública (art. 5º, III e IV[101]) permite a legitimidade de ação coletiva pela Administração Pública direta (União, Estados, Municípios e Distrito Federal) ou indireta (suas autarquias, fundações, sociedades de economia mista e empresas públicas).

O Código de Defesa do Consumidor também traz a previsão, alargando-a para os órgãos da Administração Pública, mesmo sem personalidade jurídica, voltados à proteção de direitos dos consumidores (art. 82, II e III[102]).

1.3.1.3.1. Administração Pública direta

A escolha é absolutamente razoável, até porque, como reconhece o Superior Tribunal de Justiça, os entes políticos são, presumivelmente, os maiores interessados na persecução dos interesses constitucionais, mormente os coletivos. Por isso, não se exige pertinência temática da Administração Pública direta – o caso concreto versava sobre a legitimidade de município para questionar tarifa bancária abusiva[103].

A doutrina prefere realizar uma leitura que exige uma espécie de pertinência territorial, só podendo o ente agir para defesa de direitos que guardem relação com os limites do ente[104]. Um município não poderia ajuizar ação para defender munícipes alheios em questão que não tenha atingido seu território. Contudo, se o dano transborda as fronteiras de uma única cidade, todos os municípios poderiam agir.

O STJ já seguiu essa lógica[105]. Na verdade, a pertinência temática (que não é exigida) e a limitação territorial não se confundem. Por isso, outro entendimento considera que se trataria de análise atinente ao interesse de agir, e não à pertinência temática[106].

---

[98] TJSP, AgInt 2086146-83.2018.8.26.0000, 1ª Câmara de Direito Público, Rel. Rubens Rihl, j. 21-6-2018, Data de Registro: 21-6-2018; TJSP, AgInt 2007125-58.2018.8.26.0000, 11ª Câmara de Direito Público, Rel. Aroldo Viotti, j. 10-7-2018, Data de Registro: 10-7-2018; TJRJ, AgInt 0013887-22.2018.8.19.0000, 15ª Câmara Cível, Des. Ricardo Rodrigues Cardozo, j. 17-7-2018.

[99] TJAM, Revisão Criminal 4001877-26.2017.8.04.0000, Rel. Des. Ernesto Anselmo, j. 8-3-2018.

[100] EDcl no REsp 1.712.163/SP, 2ª Seção, Rel. Min. Moura Ribeiro, j. 25-9-2019.

[101] "Art. 5º Têm legitimidade para propor a ação principal e a ação cautelar: (...) III – a União, os Estados, o Distrito Federal e os Municípios; IV – a autarquia, empresa pública, fundação ou sociedade de economia mista."

[102] "Art. 82. Para os fins do art. 81, parágrafo único, são legitimados concorrentemente: (...) II – a União, os Estados, os Municípios e o Distrito Federal; III – as entidades e órgãos da Administração Pública, direta ou indireta, ainda que sem personalidade jurídica, especificamente destinadas à defesa dos interesses e direitos protegidos por este código."

[103] REsp 1.509.586/SC, 3ª Turma, Rel. Min. Nancy Andrighi, j. 15-5-2018.

[104] LEONEL, 2011, p. 159; WATANABE, 2019, p. 906.

[105] REsp 168.051/DF, 3ª Turma, Rel. Min. Antônio de Pádua Ribeiro, j. 19-5-2005.

[106] NEVES, 2016b, p. 212.

Aspectos objetivos também são apontados por alguns autores como limitadores à atuação. Um bem tombado da União, embora localizado em um determinado município, nessa linha, não poderia ser protegido, em juízo, por ente político que não o federal[107]. A posição, no entanto, é questionável, ante a recente compreensão do STJ e o caráter difuso do patrimônio histórico e cultural.

Além disso, há que se atentar para a impossibilidade de ajuizamento de ação coletiva por associação de municípios e prefeitos, como reconhecido pelo STJ, uma vez que tais entes possuem legitimidade autônoma e devem estar representados, em juízo, pelos seus procuradores ou prefeitos[108].

1.3.1.3.1.1. Reversibilidade, intervenção móvel, legitimidade bifronte ou encampação

O Poder Público, no microssistema, possui participação processual peculiar em alguns casos.

A Lei da Ação Popular (art. 6º, § 3º, da Lei n. 4.717/65) autoriza que o ente público, inicialmente no polo passivo da ação popular, em que é réu obrigatório, opte por:

a) defender o ato impugnado, permanecendo no polo passivo;
b) quedar-se inerte;
c) habilitar-se como litisconsorte da parte autora.

Essa última possibilidade, de reversão do polo em que se encontra, ostentando, portanto, legitimidade dupla (bifronte), se justifica pelo interesse público e pela mutabilidade política da Administração Pública. Afinal, é comum que se combata um ato praticado por Administração anterior, reconhecendo, o atual ocupante do mandato, que existiu ilegalidade – de sorte que não faria sentido obrigar sua defesa intransigente.

A finalidade das normas é proteger o interesse público, que deve nortear o discernimento da pessoa jurídica de direito público[109]. Como implica em tácita assunção de culpa, o STJ ponderou que a migração só deve ser admitida se o juiz, em concreto, verificar que a pessoa jurídica de direito público tomou as medidas para desfazer o ato e ressarcir os prejudicados[110].

Discute-se até que momento poderia se dar essa migração, havendo posição, calcada na literalidade do dispositivo da Lei de Ação Popular, de que apenas seria viável no prazo para contestação, sucedendo preclusão temporal após ou, se já apresentada a peça defensiva, preclusão lógica[111] – efeito que o mero peticionamento informando que utilizará a prerrogativa do prazo em dobro não possui[112].

Por outro lado, advoga-se a modificação até a sentença, por conta do interesse público envolvido e do fato de que nem sempre é simples verificar que o ato, de fato, violou a ordem jurídica[113]. Além disso, como a intimação não é obrigatória e sua ausência não gera nulidade, a descoberta do processo em momento posterior deve autorizar o ingresso[114]. Outro argumento é a possibilidade de execução da sentença pela pessoa jurídica lesada, esclarecendo a composição do polo ativo a qualquer tempo[115].

---

[107] LEONEL, 2011, p. 160.
[108] REsp 1.503.007/CE, 1ª Seção, Rel. Min. Herman Benjamin, j. 14-6-2017.
[109] LEONEL, 2011, p. 265; NEVES, 2016b, p. 243.
[110] REsp 1.391.263/SP, 2ª Turma, Rel. Min. Herman Benjamin, j. 6-5-2014.
[111] MEIRELLES; WALD; MENDES, 2010, p. 184; RODRIGUES, 2016, p. 295.
[112] AgRg no REsp 973.905/SP, 2ª Turma, Rel. Min. Humberto Martins, j. 4-6-2009.
[113] NEVES, 2016b, p. 244.
[114] REsp 1.283.253/SE, 2ª Turma, Rel. Min. Herman Benjamin, j. 9-8-2016.
[115] REsp 945.238/SP, 2ª Turma, Rel. Min. Herman Benjamin, j. 9-12-2008.

Existe entendimento a advogar a adoção da legitimidade bifronte por toda espécie de ação coletiva, mesmo além da ação popular[116], sempre que presentes elementos esclarecedores do interesse público. Naturalmente, em casos tais, a polêmica quanto à oportunidade temporal de migração se repete.

Por fim, é válido mencionar a posição doutrinária que autoriza a reversibilidade de mão dupla ou inversa, autorizando que a pessoa jurídica de direito público que tenha se posicionado ao lado do autor a, ao longo do processo, reconhecendo a licitude do ato impugnado, passar a defendê-lo[117].

Há, ainda, quem admita a aplicação da intervenção móvel às ações movidas com base na Lei Anticorrupção, ante a áurea de colaboração por ela estatuída[118].

1.3.1.3.2. Administração Pública indireta

Quanto à Administração Pública indireta, é exigida a pertinência temática entre a atuação da pessoa jurídica (finalidades institucionais[119]) e os bens jurídicos que se busca tutelar[120]. Uma autarquia de ensino público não poderia ajuizar ação coletiva em questão consumerista, a princípio, ou um órgão despersonalizado de defesa do consumidor discutir o patrimônio histórico[121].

1.3.1.3.2.1. Fundações privadas

O rol do art. 5º da Lei n. 7.347/85 menciona, no inciso IV[122], a Administração Pública, mas, aparentemente, não limita a legitimidade às fundações públicas, apenas se referindo a "fundação", sem a adjetivar.

Parte da doutrina considera implícita a referência exclusiva a fundações públicas, por conta da *ratio* dos legitimados trazidos no inciso, esclarecida pelo fato de as associações terem sido tratadas em outro item[123]. No entanto, outros autores compreendem que o legislador, não tendo feito restrição às fundações públicas nem às privadas, quis autorizar ambas a atuar em juízo em prol da coletividade[124]. O posicionamento é interessante, não contraria o texto legal e vai ao encontro da máxima efetividade da tutela coletiva, de modo que merece ser prestigiado.

1.3.1.4. Associações

A Constituição Federal, no art. 5º, XXI, traz a representação associativa como um direito fundamental. Refletindo essa possibilidade de atuação das entidades associativas[125], em prol dos associados, a Lei da Ação Civil Pública (art. 5º, V) e o Código de Defesa do Consumidor (art. 82, IV) a inserem na listagem de legitimados para a tutela coletiva.

A legislação, porém, traz requisitos específicos para que o ente associativo possa atuar validamente, a demandar especial atenção. O reconhecimento da ausência dessas exigências pode se dar de

---

[116] LEONEL, 2011, p. 264.
[117] LEONEL, 2011, p. 265.
[118] DIDIER JR.; ZANETI JR., 2016b, p. 227-228.
[119] REsp 1978138/SP, Rel. Min. Antonio Carlos Ferreira, 4ªTurma, j. 22-3-2022.
[120] REsp 879.840/SP, 1ªTurma, Rel. Min. Francisco Falcão, j. 3-6-2008, *DJe* 26-6-2008.
[121] LEONEL, 2011, p. 161.
[122] "Art. 5º Têm legitimidade para propor a ação principal e a ação cautelar: (...) IV – a autarquia, empresa pública, fundação ou sociedade de economia mista".
[123] CARVALHO FILHO, 2009.
[124] MAZZILLI, 2019, p. 409.
[125] Para Kazuo Watanabe, os sindicatos, bem como as cooperativas e demais formas associativas estão inseridas na menção a "associações" do art. 82, IV, do CDC (WATANABE, 2019, p. 907). No entanto, tendo em vista o atual entendimento do STF e do STJ, a restringir os efeitos da coisa julgada aos membros que autorizaram o ajuizamento, é melhor diferenciar as categorias.

ofício, pelo magistrado, afastando o uso abusivo e indevido da legitimação, como entende o Superior Tribunal de Justiça[126].

Por outro lado, o STJ já decidiu que uma associação pode assumir ação coletiva iniciada por outra, mesmo sem autorização expressa dos seus associados.

A questão é delicada porque esbarra em julgamento proferido pelo STF em 2015 (RE 612.043). Naquela oportunidade, o STF definiu que a legitimação para promover ação coletiva exige a autorização expressa dos associados para a defesa de seus direitos em juízo, seja individualmente, seja por deliberação em assembleia, não bastando a previsão genérica no respectivo estatuto.

Ocorre que, em 2018, o STF acolheu embargos de declaração nos autos do referido recurso extraordinário para esclarecer que o entendimento firmado alcança tão somente as ações coletivas submetidas ao rito ordinário, as quais tratam de interesses meramente individuais, sem índole coletiva.

A partir desse esclarecimento, o relator no STJ, Min. Marco Aurélio Belizze, asseverou que o Tribunal da Cidadania retomou, em seus julgados, a compreensão anteriormente adotada de que, por se tratar do regime de substituição processual, a autorização para a defesa do interesse coletivo em sentido amplo é estabelecida na definição dos objetivos institucionais, no próprio ato de criação da associação, sendo desnecessária nova autorização ou deliberação em assembleia[127].

1.3.1.4.1. Pré-constituição

O primeiro requisito é objetivo e diz respeito ao lapso temporal de um ano de constituição da associação que pleiteará a tutela jurisdicional. Isso significa que deve ter sido registrada em cartório há pelo menos esse período (art. 45 do CC e art. 119 da Lei n. 6.015/73)[128].

De acordo com o Superior Tribunal de Justiça[129], o decurso pode se dar no curso do processo, em homenagem aos princípios da economia processual e da máxima efetividade, bem como com fundamento no art. 493 do Código Fux[130]. Evita-se, assim, o ajuizamento de uma nova demanda, com fins idênticos.

A legítima intenção do microssistema é afastar as chamadas associações de ocasião, de gaveta ou *ad hoc*[131], pessoas jurídicas criadas não com base no ideal associativo e representativo, de fortalecimento essencial de determinado grupo, mas por ideais políticos ou para utilizar técnicas especiais outorgadas pelo ordenamento, como a facilitação do acesso à justiça, sem adiantamento das custas processuais, no processo coletivo.

Por isso, eventuais alterações substanciais dos atos constitutivos, inclusive modificando as finalidades institucionais, devem levar à renovação da contagem desse prazo, evitando uma burla à intenção legal.

---

[126] AgRg no REsp 901.936/RJ, 1ª Turma, Rel. Min. Luiz Fux, j. 16-10-2008, *DJe* 16-3-2009; REsp 1.213.614/RJ, 4ª Turma, Rel. Min. Luis Felipe Salomão, j. 1-10-2015.

[127] EDcl no REsp 1.405.697/MG, 3ª Turma, Rel. Min. Marco Aurélio Belizze, por unanimidade, j. 10-9-2019, *DJe* 17-9-2019 (*Informativo* n. 665 do STJ).

[128] NEVES, 2016b, p. 200.

[129] Para o ministro, no caso concreto, a substituição da Andec pela Polisdec "(...) é plenamente possível, haja vista que o microssistema de defesa dos interesses coletivos privilegia o aproveitamento do processo coletivo, possibilitando a sucessão da parte autora pelo Ministério Público ou por algum outro colegitimado, mormente em decorrência da importância dos interesses envolvidos em demandas coletivas" (REsp 705.469/MS, 3ª Turma, Rel. Min. Nancy Andrighi, j. 16-6-2005). No mesmo sentido: Por se tratar do regime de substituição processual, a autorização para a defesa do interesse coletivo em sentido amplo é estabelecida na definição dos objetivos institucionais, no próprio ato de criação da associação, não sendo necessária nova autorização ou deliberação assemblear (REsp 1325857/RS, Rel. Min. Luis Felipe Salomão, 2ª Seção, j. 30-11-2021).

[130] "Art. 493. Se, depois da propositura da ação, algum fato constitutivo, modificativo ou extintivo do direito influir no julgamento do mérito, caberá ao juiz tomá-lo em consideração, de ofício ou a requerimento da parte, no momento de proferir a decisão."

[131] WATANABE, 2019, p. 909.

O legislador, portanto, estatuiu um requisito fixo, que, por um lado, traz segurança à avaliação, mas, por outro, a enrijece. A presunção, no entanto, é relativa, podendo ser afastada a exigência de pré-constituição, nos moldes do art. 82, § 1º, do Código de Defesa do Consumidor.

Trata-se de norma geral do microssistema, aplicável, inclusive, ao mandado de segurança coletivo, de acordo com o melhor entendimento, potencializador da legitimidade constitucional[132].

São legitimadas as associações constituídas há período de tempo inferior a um ano quando existir um manifesto interesse social naquela tutela, o qual pode decorrer da:

a) dimensão do dano;
b) característica (natureza) do dano;
c) relevância do bem jurídico.

Aponta-se que a dimensão do dano seja um elemento subjetivo, que diga respeito à quantidade de sujeitos afetados. Nessa linha, toda agressão a bem difuso autorizaria a dispensa do requisito temporal para a atuação das associações.

Já a característica do dano se refere ao aspecto objetivo da lesão, em uma suposta escala de gravidade. Quanto mais agressiva for a conduta praticada, o ordenamento permite a tutela por pessoa jurídica recém-criada, focando na proteção dos direitos envolvidos.

Por fim, o bem jurídico pode guardar importância tal que leve à dispensa do prazo previsto. Essa última hipótese, que não menciona qualquer dano, tem especial aplicabilidade em tutelas coletivas inibitórias.

1.3.1.4.2. Pertinência temática

O núcleo duro prevê, em acréscimo, que as associações somente podem atuar, em juízo, para proteger bens jurídicos atinentes às suas finalidades. O que quer dizer a lei é que a entidade só pode proteger, judicialmente, aquilo que quer proteger comumente, independentemente de processo qualquer.

A doutrina[133] e a jurisprudência do Superior Tribunal de Justiça afastam duas interpretações opostas do comando: não se exige que a previsão dos atos constitutivos seja absolutamente específica[134], nem se permite que seja excessivamente genérica, o que ensejaria uma legitimidade ampla[135].

1.3.1.4.3. Autorização expressa e limitação territorial

A exigência de autorização específica, em assembleia, é afastada pelo Código de Defesa do Consumidor (art. 82, IV, parte final). Ricardo de Barros Leonel e Kazuo Watanabe aplaudem a previsão, já que a renovação seria contraproducente e a autorização seria ínsita à própria constituição da associação, que estaria autorizada, pelo seu próprio ato constitutivo, a amplamente agir em favor dos bens jurídicos referentes às suas finalidades institucionais[136]. Por isso, sustenta-se que se trataria de norma geral do microssistema, aplicável para além das demandas em matéria consumerista.

Não é essa, contudo, a tendência jurisprudencial. O Supremo Tribunal Federal, em modificação de entendimento que prevalecia até então, passou a exigir a autorização específica dos associados para o ajuizamento, de maneira individual ou em assembleia com essa finalidade.

---

[132] NEVES, 2016b, p. 202. Em sentido contrário: SHIMURA, 2006, p. 89.
[133] NEVES, 2016b, p. 202.
[134] REsp 876.931/RJ, 2ª Turma, Rel. Min. Mauro Campbell Marques, j. 10-8-2010.
[135] REsp 1.213.614/RJ, 4ª Turma, Rel. Min. Luis Felipe Salomão, j. 1-10-2015.
[136] LEONEL, 2011, p. 162; WATANABE, 2019, p. 907.

No RE 572.232, prevaleceu que a Constituição Federal é expressa ao exigir autorização para que as associações possam representar em juízo seus filiados (art. 5º, XXI), requisito específico dispensado, por exemplo, para a impetração de mandado se segurança coletivo (art. 5º, LXX, e Súmula 629 do STF)[137].

Fixou-se, então, uma dupla tese, que é o entendimento atual:

> I – A previsão estatutária genérica não é suficiente para legitimar a atuação, em Juízo, de associações na defesa de direitos dos filiados, sendo indispensável autorização expressa, ainda que deliberada em assembleia, nos termos do art. 5º, inciso XXI, da Constituição Federal[138];
>
> II – As balizas subjetivas do título judicial, formalizado em ação proposta por associação, são definidas pela representação no processo de conhecimento, limitada a execução aos associados apontados na inicial[139].

Em 2017, no RE 612.043, o STF formulou outra tese, quanto à eficácia subjetiva da sentença coletiva, restringindo-a aos associados que (i) forem domiciliados no âmbito da jurisdição (na verdade, competência) do órgão julgador, que (ii) forem filiados anteriormente ou, ao menos, até a data da propositura e que (iii) constem de uma lista juntada à inicial:

> A eficácia subjetiva da coisa julgada formada a partir de ação coletiva, de rito ordinário, ajuizada por associação civil na defesa de interesses dos associados, somente alcança os filiados, residentes no âmbito da jurisdição do órgão julgador, que o fossem em momento anterior ou até a data da propositura da demanda, constantes da relação jurídica juntada à inicial do processo de conhecimento[140].

Serviu como fundamentação o art. 2º-A da Lei n. 9.494/97, que traz expressamente a restrição territorial e, em seu parágrafo único, a exigência de acompanhamento da petição inicial por ata da assembleia com relação nominal dos associados e seus endereços, ou seja, uma individualização daqueles sujeitos que autorizam a representação pela associação, em juízo.

O comando foi considerado constitucional, no julgamento do recurso extraordinário com repercussão geral, funcionando a especificação dos sujeitos, na visão do Min. Marco Aurélio, relator, como maneira de observar o devido processo legal, sob a ótica da razoabilidade, viabilizando o direito de defesa, o contraditório e a ampla defesa. Nessa linha, a ampliação das balizas subjetivas em fase posterior ao do ajuizamento seria inadmissível.

O Min. Ricardo Lewandowski realizou, na altura, distinção entre a ação por representação, a exigir autorização dos filiados, e a ação coletiva baseada na Lei da Ação Civil Pública e no Código de Defesa do Consumidor, que a dispensaria. Consignou, ainda, que não haveria sentido em distinguir a natureza da atuação da associação a depender do tipo de ação: se ação civil pública ou se mandado de segurança.

Do ponto de vista desse julgador, o devido processo legal seria igualmente homenageado pela superação da restrição, porque o réu saberia que a coisa julgada valeria para os atuais filiados e para os que viessem a aderir à associação e porque o réu se defenderia da tese e não do número de autores.

---

[137] RE 573.232, Rel. Min. Ricardo Lewandowski, voto do Min. Teori Zavascki, j. 14-5-2014, Tema 82.

[138] RE 573.232, Tribunal Pleno, Rel. Min. Ricardo Lewandowski, Relator p/ acórdão Min. Marco Aurélio, j. 14-5-2014, repercussão geral.

[139] Tese definida no RE 573.232, Rel. Min. Ricardo Lewandowski, voto do Min. Teori Zavascki, j. 14-5-2014, Tema 82.

[140] Beneficiários do título executivo, no caso de ação proposta por associação, são aqueles que, residentes na área compreendida na jurisdição do órgão julgador, detinham, antes do ajuizamento, a condição de filiados e constaram da lista apresentada com a peça inicial (RE 612.043, Tribunal Pleno, Rel. Min. Marco Aurélio, j. 10-5-2017).

Por isso, o ministro trazia a expressa ressalva de que o entendimento não se aplicaria às ações coletivas em geral[141], por ofender o amplo acesso à justiça e a representatividade das associações.

O Min. Edson Fachin votou no sentido de a tese contemplar todos os associados, ampliando a data-limite para a associação até a formação do título exequendo, embora aplicando esse entendimento a todas as ações[142].

O Min. Luiz Fux ressaltou a intenção do constituinte, que difere a atuação dos sindicatos (substituição processual *tout court*) da das associações, que agem por representação: as partes são os associados. Também a Min. Rosa Weber concordou com essa visão, ressalvando que, nas ações coletivas comuns (e não por representação), se trataria de substituição processual.

Por sua vez, o Min. Gilmar Mendes, seguindo o relator, ressaltou que o réu deve poder antever ou prever os efetivos custos da demanda, e que a ampliação pretendida incentivaria a captação de associados após a sentença condenatória, desvirtuando as finalidades da ação coletiva. Conclui o ministro assentando que a palavra "substituídos" contida no art. 2º-A da Lei n. 9.494/97 deve ser compreendida como "representados"[143]. Igualmente, a Min. Cármen Lúcia, à época presidente, acompanhou o ministro relator, na linha da restrição.

Ponto problemático e debatido foi a questão da limitação territorial dos efeitos. Discutiu-se, a partir de provocação do Min. Alexandre de Moraes, se deveria ser compreendida tendo em vista o juízo sentenciante (restrição à comarca, em geral municipal, ou à seção judiciária federal) ou ao tribunal que julga o recurso.

De acordo com o ministro, deveria ser interpretada a previsão conforme a Constituição, no sentido de "competência territorial final da jurisdição", ou seja, Tribunal de Justiça ou Tribunal Regional Federal. Ao que parece, a maioria da corte não aderiu a tal ponderação, sendo a questão tratada apenas lateralmente. A esse respeito, o STJ, inclusive, possui decisão apontando que a limitação se refere, nos danos regionais, ao Estado, e não à comarca ou à seção judiciária do juiz sentenciante[144].

Como é natural e esperado, o Superior Tribunal de Justiça se filiou à posição do Supremo Tribunal Federal[145].

À época, a Corte da Cidadania chegou a admitir a emenda após a sentença terminativa, quando da mudança de entendimento do Supremo Tribunal Federal a respeito da legitimidade das associações, passando-se a exigir a autorização expressa e lista acostada à inicial[146].

O cenário, portanto, aproximava toda ação coletiva movida por associações de uma ação por representação, espécie deduzida por parcela da doutrina a partir do gênero legitimidade extraordinária[147], que passa a englobar:

---

[141] A proposta de tese seria a seguinte: "A eficácia subjetiva da coisa julgada formada a partir de ação coletiva, de rito ordinário, ajuizada por associação civil na defesa de interesses dos associados, somente alcança os filiados, residentes no âmbito da jurisdição do órgão julgador, que o sejam em momento anterior ou até a data da propositura da demanda, constantes de relação juntada à inicial do processo de conhecimento. A ação coletiva aqui referida como de rito ordinário não se confunde com a ação coletiva proposta de acordo com o regramento do processo coletivo brasileiro (Lei da Ação Civil Pública e Código de Defesa do Consumidor)".

[142] A proposta de tese seria a seguinte: "As balizas subjetivas do título judicial formalizado em ação coletiva proposta por associação, para fins de execução coletiva do julgado, abrange os associados à época da formação do título exequendo, respeitados os termos do art. 5º, XXI, da Constituição Federal".

[143] A proposta de tese seria a seguinte: "O momento processual adequado para exigir-se a comprovação de filiação do associado para fins de execução de sentença proferida em ação coletiva ajuizada por associação contra a Fazenda Pública é a data de formalização do processo, na petição inicial, conforme já definido no julgamento de mérito do RE 572.232/SC, em sede de repercussão geral".

[144] AgRg no AgRg no AREsp 557.995/MG, 2ª Turma, Rel. Min. Mauro Campbell Marques, j. 7-4-2015, *DJe* 14-4-2015.

[145] REsp 1.468.734/SP, 2ª Turma, Rel. Min. Humberto Martins, j. 1-3-2016.

[146] EDcl nos EDcl no REsp 1.123.833/DF, 6ª Turma, Rel. Min. Nefi Cordeiro, j. 7-2-2017.

[147] DIDIER JR.; ZANETI JR., 2016b, p. 211.

a) substituição processual: dispensa autorização específica e prévia do substituído;
b) representação processual: exige autorização específica do titular do direito material tutelado.

Para facilitar, basta entender que os legitimados em geral podem atuar sem autorização dos substituídos, mas as associações não, porque atuam apenas representando aqueles que estão de fora, dependendo de uma autorização específica, ainda que dada por uma assembleia.

Os tribunais superiores, portanto, restringiram, nesse momento, a eficácia da ação coletiva movida por associação, trazendo os seguintes requisitos:

a) autorização expressa dos associados (que pode ser dada em assembleia), devendo constar, na petição inicial, uma lista dos associados e ata da assembleia (embora só exista previsão legal para quando for a ação movida contra a Fazenda Pública, no art. 2º-A, parágrafo único, da Lei n. 9.494/97, a tese fixada pelo STF não faz tal diferenciação);
b) autorização dada até o momento da propositura da ação ou anterior (bem como a filiação à associação);
c) limitação aos domiciliados no âmbito da competência territorial do órgão julgador (art. 2º-A da Lei n. 9.494/97).

Em última análise, a presença de uma associação determinada, em juízo, significa que ela esteja representando alguns dos seus associados (com os limites anteriormente apontados). Por conta disso, é impossível a substituição do polo ativo por outra associação, uma vez que seus membros (i) são diversos e que (ii) não houve autorização anterior ao ajuizamento. Tal conclusão, adotada inicialmente pelo STJ[148-149], era uma aparente consequência lógica dessa restrição às ações coletivas.

O panorama, contudo, acabou mudando com o esclarecimento da tese pelo Supremo Tribunal Federal.

No julgamento de embargos de declaração opostos contra o acórdão do RE 612.043, afastou-se a possibilidade de modulação do entendimento e esclareceu-se que este só se aplica às ações coletivas "de rito ordinário" e não às ações civis públicas, que possuem procedimento próprio, voltada à tutela de direitos coletivos em sentido amplo[150].

O Superior Tribunal de Justiça também elucidou a matéria e adequou sua conclusão, distinguindo duas hipóteses: a ação na qual a associação representa seus membros e a ação coletiva movida por associação, nos moldes do microssistema de tutela coletiva. Naquela, a tese se aplica e a autorização prévia é exigida, pelo regime da representação processual; nesta, não, tendo em vista a substituição processual operada[151].

---

[148] REsp 1.405.697/MG, 3ª Turma, Rel. Min. Marco Aurélio Bellizze, j. 17-9-2015.

[149] O STJ também teve a oportunidade de entender que, enquanto vigorava o entendimento do STF na linha da exigência de autorização (segundo momento), ações eventualmente ajuizadas anteriormente (primeiro momento) poderiam ser regularizadas, com abertura de prazo para que a associação juntasse a lista com a autorização dos substituídos (REsp 1977830/MT, Rel. Mino Sérgio Kukina, 1ª Turma, j. 22-3-2022). Como dito, porém, essa questão não mais se coloca, hoje.

[150] "Por fim, cumpre prestar esclarecimento quanto ao alcance da tese, a qual se mostra restrita às ações coletivas de rito ordinário. O que articulado no tocante às ações civis públicas foi enfrentado quando do julgamento do extraordinário. Salientei a distinção no voto" (RE 612.043-ED, Tribunal Pleno, Rel. Min. Marco Aurélio, j. 6-6-2018).

[151] REsp 155.4821/RS, 3ª Turma, Rel. Min. Nancy Andrighi, j. 25-9-2018; AgInt no AREsp 1.304.797/RJ, 2ª Turma, Rel. Min. Mauro Campbell Marques, j. 20-9-2018, DJe 26-9-2018; AgInt no REsp 1.719.820/MG, Rel. Min. Marco Aurélio Bellizze, j. 15-4-2019.

Por conta disso, a Corte da Cidadania voltou atrás e admitiu a sucessão processual em ação coletiva quando da dissolução da associação primeira autora[152].

O STJ, inclusive, julgou recurso repetitivo, fixando tese no sentido da substituição processual e que, portanto, todos os consumidores têm legitimidade para liquidar e executar a sentença, independentemente de serem filiados à associação promovente[153]. Portanto, dispensável a juntada das autorizações individuais dos interessados[154], bastando a autorização em sentido amplo estabelecida pela definição dos objetivos institucionais, no ato de criação da associação[155].

O derradeiro posicionamento é bem-vindo. Antes da elucidação, considerável doutrina lamentou a interpretação minimalista dada pelo Supremo Tribunal Federal e pelo Superior Tribunal de Justiça, sendo corrente a tese de que a restrição só se aplica às ações coletivas por representação, como é a literalidade do art. 5º, XXI, da Constituição Federal, e não às ações coletivas em geral, com base na Constituição e no Código de Defesa do Consumidor, como pretendiam os Ministros Ricardo Lewandowski e Rosa Weber — aparentemente, acolhida pelo tribunal, de acordo com o esclarecimento feito nos embargos de declaração.

Poder-se-ia, para essa corrente, evitar abusos com a certificação, pelo juiz, da natureza da ação, sendo viável converter a ação coletiva em ação por representação[156]. Também se advogou que o entendimento é aplicável exclusivamente à tutela de direitos individuais homogêneos, mas não de difusos e coletivos, os quais, inclusive, possuem natureza indivisível[157].

No mesmo sentido, e mesmo antes da guinada jurisprudencial, o STJ[158] já havia reconhecido os efeitos *erga omnes* de sentença proferida na ação coletiva que condenou o Banco do Brasil ao pagamento de diferenças decorrentes de expurgos inflacionários sobre cadernetas de poupança ocorridos em janeiro de 1989 (Plano Verão). A corte assentou que a decisão seria aplicável, por força da coisa julgada, indistintamente, a todos os detentores de caderneta de poupança do Banco do Brasil, independentemente de sua residência ou domicílio no Distrito Federal, reconhecendo-se ao beneficiário o direito de ajuizar o cumprimento individual da sentença coletiva no juízo de seu domicílio ou no Distrito Federal.

Em 2021, no entanto, o Supremo Tribunal Federal analisou, em Recurso Extraordinário com Repercussão Geral, a constitucionalidade do art. 16 da Lei da Ação Civil Pública, que foi declarado inconstitucional pelo STF, garantindo os efeitos da sentença coletiva a todos os beneficiários, independente de seu domicílio estar nos limites da competência do órgão julgador[159].

Note-se, porém, que o Supremo Tribunal Federal afasta esse entendimento da ampla legitimidade para as chamadas associações genéricas, assim entendidas aquelas que não representam alguma

---

[152] EDcl no REsp 1.405.697/MG, 3ª Turma, Rel. Min. Marco Aurélio Bellizze, j. 10-9-2019.

[153] "Em Ação Civil Pública proposta por associação, na condição de substituta processual de consumidores, possuem legitimidade para a liquidação e execução da sentença todos os beneficiados pela procedência do pedido, independentemente de serem filiados à associação promovente" (REsp 1438263/SP, Rel. Min. Raul Araújo, 2ª Seção, j. 28-4-2021).

[154] AgInt no REsp n. 1.833.056/SP, Rel. Min. Benedito Gonçalves, 1ª Turma, j. 22-8-2022.

[155] REsp 1325857/RS, Rel. Min. Luis Felipe Salomão, 2ª Seção, j. 30-11-2021.

[156] DIDIER JR.; ZANETI JR., 2016b, p. 210-213.

[157] NEVES, 2016b, p. 208-211.

[158] REsp 1.391.198/RS, 2ª Seção, Rel. Min. Luis Felipe Salomão, j. 13-8-2014.

[159] "I – É inconstitucional a redação do art. 16 da Lei 7.347/1985, alterada pela Lei 9.494/1997, sendo repristinada sua redação original. II – Em se tratando de ação civil pública de efeitos nacionais ou regionais, a competência deve observar o art. 93, II, da Lei 8.078/1990 (Código de Defesa do Consumidor). III – Ajuizadas múltiplas ações civis públicas de âmbito nacional ou regional e fixada a competência nos termos do item II, firma-se a prevenção do juízo que primeiro conheceu de uma delas, para o julgamento de todas as demandas conexas" (RE 1101937, Rel. Min. Alexandre de Moraes, Tribunal Pleno, j. 8-4-2021 – Tema 1.075 da Repercussão Geral).

categoria econômica ou profissional específica, devendo haver, minimamente, a previsão de um objeto social[160].

De todo modo, uma segura hipótese em que o art. 2º-A da Lei n. 9.494/97 não se aplica, no entendimento do Supremo Tribunal Federal, é o mandado de segurança coletivo, no qual não incidem tais limitações[161], no que foi seguido pelo STJ[162]. O Superior Tribunal de Justiça, no tocante à restrição territorial no mandado de segurança coletivo, já teve a oportunidade de concluir que o critério não é o geográfico, mas o da atribuição da autoridade coatora[163].

No mandado de segurança coletivo, a propósito, o Supremo Tribunal Federal sempre entendeu que era hipótese de atuação como substituta processual, de sorte que a legitimidade das associações era ampla (precedente fixado em repercussão geral[164]).

Também para o caso de os sindicatos terem ajuizado a ação de conhecimento, sempre entendeu o Superior Tribunal de Justiça por distinguir a hipótese, admitindo ampla execução[165] – recentemente mitigada no caso dos sindicatos estaduais.

1.3.1.5. Partidos políticos

Como alerta Ricardo de Barros Leonel[166], também os partidos políticos possuem legitimidade para o ajuizamento de ações coletivas em geral, tendo em vista que ostentam natureza jurídica de associação, desde que preenchidos os requisitos para tanto.

Inclusive, fora da hipótese do mandado de segurança coletivo, sequer se deve discutir a respeito da limitação operada pela Lei n. 12.016/2009, afastando-se a restrição quanto à pertinência temática unicamente em relação às finalidades partidárias.

1.3.1.6. Ordem dos Advogados do Brasil (OAB)

Embora não conste no rol do art. 5º da Lei n. 7.347/85 ou no do art. 82 do Código de Defesa do Consumidor, a Ordem dos Advogados do Brasil possui legitimidade para o ajuizamento de ações coletivas. A previsão específica é encontrada no art. 54, XIV, do Estatuto da OAB (para o Conselho Federal), no art. 105, V, do Regulamento da OAB (que trata dos Conselhos Seccionais) e no art. 81, III, do Estatuto do Idoso.

É interessante perceber que a Lei n. 8.906/94 refere expressamente a ação civil pública e o mandado de segurança coletivo, ampliando o rol constitucional do art. 5º, LXX, para este remédio.

---

[160] Nesse contexto, a mera criação e o registro da associação não impõem ou autorizam, no aspecto da atuação processual, a automática e autêntica legitimidade ativa das associações, sendo necessário à regular substituição processual, que se determine, minimamente, o seu objeto social, a partir do qual definido o conjunto de seus associados (ARE 1.339.496 AgR/RJ, Rel. Min. Edson Fachin, redator do acórdão Min. André Mendonça, j. 7-2-2023).

[161] MS 23.769, Tribunal Pleno, Rel. Min. Ellen Gracie, j. 3-4-2002.

[162] "A coisa julgada formada no Mandado de Segurança Coletivo 2005.51.01.016159-0 (impetrado pela Associação de Oficiais Militares do Estado do Rio de Janeiro – AME/RJ, enquanto substituta processual) beneficia os militares e respectivos pensionistas do antigo Distrito Federal, integrantes da categoria substituída – oficiais –, independentemente de terem constado da lista apresentada no momento do ajuizamento do *mandamus* ou de serem filiados à associação impetrante" (REsp 1865563/RJ, Rel. Min. Sérgio Kukina, Rel. P/ Acórdão Min. Gurgel De Faria, Primeira Seção, j. 21-10-2021).

[163] AgRg no AgRg no AgRg no REsp 1.366.615/CE, 2ª Turma, Rel. Min. Humberto Martins, j. 23-6-2015.

[164] É desnecessária a autorização expressa dos associados, a relação nominal destes, bem como a comprovação de filiação prévia, para a cobrança de valores pretéritos de título judicial decorrente de mandado de segurança coletivo impetrado por entidade associativa de caráter civil (ARE 1293130 RG, Rel. Min. Presidente Luiz Fux, Tribunal Pleno, j. 17-12-2020).

[165] REsp 1887817/SP, Rel. Min. Mauro Campbell Marques, 2ª Turma, j. 3-11-2020.

[166] LEONEL, 2011, p. 150.

Ricardo Leonel já enxergava a legitimidade da instituição enquanto associação[167]. Também se poderia aventar a legitimidade da Ordem dos Advogados dentro da previsão do art. 82, III, do Código de Defesa do Consumidor, que menciona a Administração Pública direta e indireta. Ambas as leituras, embora tendentes a conferir a possibilidade do ajuizamento coletivo, se mostram imprecisas, ante a compreensão da OAB como um serviço público independente, segundo entendimento do Supremo Tribunal Federal[168].

De acordo com o Superior Tribunal de Justiça, a atuação da OAB no polo ativo de uma ação coletiva não se sujeita à pertinência temática, possuindo aptidão genérica para atuar em prol dos interesses supraindividuais[169]. A única mitigação, quanto aos Conselhos Seccionais, diz respeito ao território do Estado-membro ou do Distrito Federal, nos moldes do art. 45, § 2º, do Estatuto[170].

1.3.1.7. Sindicatos

Outra espécie de legitimados que não consta na listagem dos dispositivos do núcleo duro do microssistema são os sindicatos, cuja legitimação decorre da Constituição Federal (art. 8º, III[171]). A autorização é bem genérica, envolvendo a defesa de direitos coletivos em sentido amplo, seja administrativa ou judicialmente – o que abarcaria outras modalidades de ações.

Diferentemente do que sucede com as associações, a atuação dos sindicatos como autores de ações coletivas se dá em autêntica substituição processual, dispensando prévia autorização dos filiados e não havendo restrição territorial aos efeitos da decisão final, como é entendimento corrente do Supremo Tribunal Federal[172] e do Superior Tribunal de Justiça[173], ainda que exista posição em sentido contrário[174].

O STJ entende que uma hipótese de limitação dessa ampla legitimidade é a de haver, no título executivo (na decisão judicial), alguma restrição subjetiva, que limite o alcance perante a categoria. No entanto, o tribunal entende, corretamente, que tal restrição deve estar na decisão a ser executada, não bastando, para que se limite o efeito, que haja uma lista de membros da categoria na petição inicial, por si só[175].

Ademais, o Superior Tribunal de Justiça definiu precedente, em recurso repetitivo, relativo a sindicatos de âmbito estadual, no sentido da restrição dos efeitos aos integrantes com domicílio necessário na base territorial da entidade sindical e aos que estejam, provisoriamente, exercendo sua profissão em outra localidade[176].

---

[167] LEONEL, 2011, p. 151.

[168] ADI 3.026, Tribunal Pleno, Rel. Min. Eros Grau, j. 8-6-2006.

[169] REsp 1.423.825/CE, 4ª Turma, Rel. Min. Luis Felipe Salomão, j. 7-11-2017.

[170] "Art. 45. (...) § 2º Os Conselhos Seccionais, dotados de personalidade jurídica própria, têm jurisdição sobre os respectivos territórios dos Estados-membros, do Distrito Federal e dos Territórios."

[171] "Art. 8º É livre a associação profissional ou sindical, observado o seguinte: (...) III – ao sindicato cabe a defesa dos direitos e interesses coletivos ou individuais da categoria, inclusive em questões judiciais ou administrativas."

[172] RE 573.232, Rel. Min. Ricardo Lewandowski, voto do Min. Teori Zavascki, j. 14-5-2014.

[173] AgInt no REsp n. 1.956.312/RS, Rel. Min. Manoel Erhardt (Desembargador Convocado do TRF5), 1ª Turma, j. 29-11-2022).

[174] Posição do Min. Alexandre de Moraes, que, no entanto, restou vencido (AO 2.380 AgR/SE, Rel. Min. Alexandre de Moraes, Red. p/ o acórdão Min. Luís Roberto Barroso, j. 25-6-2019. MS-2380).

[175] REsp 2.030.944-RJ, Rel. Min. Paulo Sérgio Domingues, Rel. para acórdão Min. Regina Helena Costa, 1ª Turma, por maioria, j. 26-11-2024.

[176] Tese fixada: "A eficácia do título judicial resultante de ação coletiva promovida por sindicato de âmbito estadual está restrita aos integrantes da categoria profissional, filiados ou não, com domicílio necessário (art. 76, parágrafo único, do Código Civil) na base territorial da entidade sindical autora e àqueles em exercício provisório ou em missão em outra localidade" (REsp n. 1.966.058/AL, Rel. Min. Afrânio Vilela, Primeira Seção, j. 9-10-2024, DJe de 11-10-2024.)

Especificamente quanto às ações movidas na Justiça do Trabalho, o Supremo Tribunal Federal fixou entendimento de que, embora não haja a necessidade de citação de todos os empregados da categoria, tais sujeitos devem estar representados pelo sindicato[177].

1.3.1.8. Sociedades cooperativas

A legislação de regência das sociedades cooperativas passou a prever, com a modificação da Lei n. 13.806/2019, a possibilidade da atuação a título de substituição processual na tutela de direitos coletivos de seus membros (art. 88-A da Lei n. 5.764/71).

A exemplo do que sucede com as associações, e de maneira mais clara, exige-se o preenchimento de determinados requisitos:

(i) causa de pedir versando sobre atos de interesse direto dos associados e que tenham relação com as operações de mercado da cooperativa;
(ii) previsão no estatuto (art. 21, XI);
(iii) expressa autorização, individual ou por assembleia geral, para a propositura da ação.

1.3.1.9. Comunidades indígenas

A Constituição Federal também outorga legitimidade aos índios e às comunidades e organizações indígenas para a tutela judicial de seus direitos (art. 232). O texto, que não é claro quanto aos limites, é visto por parte da doutrina como autorizador da legitimidade ordinária – excepcional na tutela coletiva – da coletividade indígena[178].

Uma interpretação literal do comando constitucional poderia, inclusive, levar à conclusão de que o índio, individualmente considerado, teria legitimidade extraordinária para a tutela do grupo, excepcionando o regramento geral quanto à (falta de) legitimidade do indivíduo para a tutela coletiva. Por essa razão, consideramos que a melhor leitura seja no sentido de apenas autorizar o ajuizamento de demanda coletiva pela comunidade e por organizações – tema que desperta discussões outras, especialmente em relação àqueles que representariam o interesse desse corpo social próprio.

1.3.1.10. Indivíduo

Questão sempre colocada é a legitimidade dos indivíduos para a tutela coletiva pela via principal.

No atual ordenamento brasileiro, ressalvada a atuação do cidadão na ação popular, não existe autorização para que um sujeito promova ação coletiva sem que sua legitimidade esteja prevista em um dos dispositivos mencionados, diferentemente do que ocorre nos Estados Unidos, na Inglaterra, em Portugal, no Canadá e na Austrália.

Parcela da doutrina, tendo como exemplo Aluisio Gonçalves de Castro Mendes[179], é entusiasta dessa possibilidade, destacadamente após o veto à conversão da ação individual em coletiva (previsto no art. 333 do CPC), como uma medida de assegurar a inafastabilidade da jurisdição.

Isso porque, enquanto na tutela de direitos individuais homogêneos o manejo de ação individual será sempre uma forma de solucionar a questão, ainda que de maneira pontual, na proteção de direitos

---

[177] "Em ação civil pública proposta pelo Ministério Público do Trabalho em face de empresa estatal, com o propósito de invalidar a contratação irregular de pessoal, não é cabível o ingresso, no polo passivo da causa, de todos os empregados atingidos, mas é indispensável sua representação pelo sindicato da categoria" (RE 629647/RR, Rel. Min. Marco Aurélio, redator do acórdão Min. Alexandre de Moraes, julgamento virtual finalizado em 28-10-2022).

[178] DIDIER JR.; ZANETI JR., 2016b, p. 180.

[179] MENDES, 2014, p. 264-267; SILVA, 2013; BARRETO, 2016, p. 299-304.

essencialmente coletivos a inércia dos legitimados seria uma absurda autorização para a lesão de direitos[180]. Trata-se de um campo fértil para as chamadas ações individuais com alcance coletivo, em que o reconhecimento da pretensão do autor implica em necessária modificação que atingirá uma coletividade.

Também Teori Zavascki[181] e Luís Roberto Barroso[182], ao verificarem o alargamento dos objetos da ação popular pela Constituição de 1988, entendem que, ante a diminuta diferença procedimental entre esse procedimento e a ação civil pública, ter-se-ia consagrado a legitimidade do cidadão para a tutela coletiva, por intermédio, ao menos, dessa "peculiar ação civil pública" daqueles direitos transindividuais (meio ambiente, patrimônio público, histórico e cultural e moralidade administrativa).

Essa leitura permissiva é favorecida pela redação dada pelo legislador de 2015 ao art. 18 do CPC, que, substituindo o art. 6º do Código anterior[183], autoriza a legitimidade extraordinária com base não apenas na lei, mas também no ordenamento.

Em última análise, ainda que se entendesse pelo inevitável reconhecimento da ilegitimidade, a relação processual existe, sendo mais correta a intimação dos colegitimados que a mera sentença terminativa, inclusive como forma de privilegiar o princípio da primazia do mérito.

1.3.2. Previsões específicas

Determinadas espécies de procedimento (ou de ações) insertas no microssistema possuem regulamentação própria sobre a legitimidade, destoando, a princípio, do rol anteriormente elencado. São os casos da ação popular, do mandado de segurança coletivo e do mandado de injunção coletivo.

1.3.3. Legitimidade extraordinária convencionada

Discute-se se seria possível a criação de legitimidade extraordinária pela via consensual, ou seja, por negócio jurídico processual. O tema ganhou enfoque com o advento do Código Fux, que traz cláusula geral autorizativa de negócios processuais (art. 190).

Na tutela individual, existe divergência doutrinária, havendo interessante posicionamento no sentido da possibilidade, utilizando-se analogicamente o regramento da cessão de crédito e da assunção de débito, do direito civil material. O ordenamento, nessa visão, autorizaria o negócio jurídico ventilado, na medida em que o art. 18 do Código de Processo Civil de 2015 abandonou a exigência de previsão legal para a legitimidade extraordinária[184].

Contudo, na tutela coletiva, existe tendência em refutar, como regra, a criação negocial da legitimação extraordinária, em razão de o legitimado, previsto em lei, não ser o titular do direito material pleiteado. Criar-se-ia uma autêntica situação de fraude à lei, em que um ente que não é titular do direito posto em juízo transferiria legitimidade a outro ente, tampouco titular e sem autorização legal[185].

A única possível exceção seria a outorga da legitimação por parte da comunidade indígena, que atuaria como legitimada ordinária por mandamento constitucional específico (art. 232).

---

[180] MENDES, 2014, p. 266.
[181] ZAVASCKI, 2017b.
[182] BARROSO, 1993, p. 238.
[183] Mesmo no CPC/1973, havia quem sustentava a possibilidade, entendendo inaplicável o art. 6º à tutela coletiva: SILVA, 2013, p. 153.
[184] DIDIER JR., 2014.
[185] DIDIER JR.; ZANETI JR., 2016b, p. 180.

1.3.4. Representatividade adequada

Um dos elementos mais delicados do processo coletivo é a legitimidade, precisamente por sua natureza extraordinária. Como os titulares do direito material não os podem defender, no processo, diretamente, há que se garantir que a parte formal, o ente legitimado, seja apto a bem representar os interesses. Trata-se da exigência da representatividade adequada.

Não se trata de sinônimo da pertinência temática, que é o cotejo do perfil institucional do legitimado com o objeto do litígio coletivo[186]. Embora haja divergência, pode-se assumir que essa verificação ocorre em todos os casos, restringindo a atuação dos potenciais autores de ações coletivas a matérias que a eles digam respeito, nos moldes anteriormente expostos, ainda que, em algumas hipóteses, a amplitude da legitimidade praticamente torne desnecessário o controle da pertinência temática.

Em particular posição, Márcio Mafra sustenta que não existe representatividade adequada na tutela de direitos difusos, uma vez que não pertencem a ninguém de forma exclusiva. Assim, apenas se deveria falar em adequação, mas não em representante, uma vez que a legitimidade decorreria da lei[187]. O alerta, criterioso do ponto de vista terminológico, não é essencial, sendo válido manter a utilização da consagrada expressão.

1.3.4.1. Controle *ope legis*

O legislador brasileiro optou por uma solução intermediária, entre a legitimidade de todos os interessados, juridicamente (sistema das *class actions*), e a escolha de um legitimado exclusivo. O microssistema elege algumas entidades presumivelmente capazes de tutelar os interesses do grupo em juízo.

Essa presunção decorre da lei, o que traduz um controle *ope legis* de representatividade adequada. Isto é, a opção foi feita pelo legislador, elencando rol de legitimados e requisitos para que atuem.

1.3.4.2. Controle *ope iudicis*

Em adição, parte da doutrina sustenta a aplicação de um controle judicial da representatividade adequada (controle *in concreto*). No sistema brasileiro, essa análise não está expressa no texto legal, servindo como um segundo filtro.

Nas *class actions* americanas, a opção foi outra: é prevista a legitimidade de todos os interessados, em abstrato, mas o juiz avalia, em concreto, se aquele que levou a juízo o conflito coletivo efetivamente possui condições para bem representar a coletividade que estará fora do processo (*adequacy of representation*).

A preocupação é coerente com a eficácia *pro et contra* da coisa julgada formada: se a coletividade pode ser prejudicada com a ação coletiva, deve estar muito adequadamente representada nela, verificando as condições que o autor possui para a condução, desde seu patrono e capacidade econômica até o entrosamento ideológico com o grupo. Essa análise, aliás, não preclui, podendo ser feita a qualquer momento[188].

No Brasil, existe larga discussão sobre a existência, *de lege ferenda*, do controle de representatividade adequada pelo juiz. Alguns entendem, com base na literalidade do microssistema, que apenas se deve cogitar do controle *ope legis*[189].

---

[186] LEONEL, 2011, p. 173.
[187] LEAL, 2014.
[188] NEVES, 2016b, p. 207; GIDI, 2007, p. 102.
[189] ANDRADE; MASSON; ANDRADE, 2017, p. 65; VENTURI, 2007, p. 227; ALMEIDA, 2003, p. 519.

Outros, porém, advogam que a presunção legal é apenas relativa, cabendo uma ulterior avaliação pelo juiz, em concreto[190], evitando a ocupação do polo ativo por ente sem aptidão técnica, por exemplo.

Inclusive, como reconhecido e admitido pelo Superior Tribunal de Justiça, seria uma forma de prevenir atos contrários à dignidade da Justiça (art. 139, III, do CPC), desde que a avaliação não fira a imparcialidade da magistratura, calcando-se em elementos objetivos[191].

A Corte da Cidadania, em ocasião em que aceitou a possibilidade, sublinhou que o controle da representatividade é particularmente relevante quando a ação é movida por associações, uma vez que os demais legitimados possuem finalidades institucionais decorrentes de lei que atenuam essa preocupação[192].

Por fim, existem autores que, embora aplaudam o controle pelo juiz da representatividade adequada, reconhecem que apenas uma modificação legislativa seria apta a inserir a sistemática no ordenamento brasileiro[193].

De todo modo, caso se admita o controle judicial e ele resulte negativo, devem ser intimados os colegitimados para que assumam o polo ativo da demanda, antes da extinção terminativa, por conta do princípio da primazia do mérito[194].

Não se pode ignorar, contudo, uma segunda utilidade do controle *ope iudicis* da legitimidade adequada, voltada à ampliação do rol de legitimados, com base no ordenamento jurídico (art. 18 do CPC), em vez de sua restrição. Essa lógica permite a teoria da legitimidade conglobante, cunhada por Hermes Zaneti[195].

Assim, parcela da doutrina sustenta a legitimidade dos indivíduos para a tutela coletiva, especialmente para ações transindividuais, bem como a ampliação das medidas cabíveis por parte dos legitimados expressos. A Defensoria e o Ministério Público podem, por exemplo, impetrar mandados de segurança coletivos, uma vez que o ordenamento os incumbe da defesa de direitos coletivos, sendo lógico que os outorgue legitimidade para todas as espécies de ações indicadas, garantindo a tutela jurisdicional efetiva e célere, como orienta o princípio da atipicidade.

1.4. Legitimidade passiva

1.4.1. Natureza jurídica

O polo passivo de uma ação coletiva, em geral, é ocupado pelo sujeito violador de direitos coletivos em sentido amplo, causador dos conflitos coletivos, efetivos ou potenciais. A legitimidade, portanto, será, como regra, ordinária: em nome próprio (figurando como parte do processo), defende-se, em juízo, direito próprio – ou contradireito, tendo em vista tratar-se de réu.

Discute-se, acaloradamente, se seria possível haver legitimidade extraordinária no polo passivo de uma ação judicial, o que caracterizaria a denominada ação coletiva passiva.

---

[190] TUCCI, 2019; ZANETI JR., 2010, p. 116; LEONEL, 2011, p. 173. O último autor menciona a possibilidade de se refutar um "pseudo" conflito coletivo, em que a associação autora seja criada sob medida, buscando se utilizar do sistema de não adiantamento de custas do microssistema.

[191] REsp 1.213.614/RJ, 4ª Turma, Rel. Min. Luis Felipe Salomão, j. 1-10-2015.

[192] REsp 1.405.697/MG, 3ª Turma, Rel. Min. Marco Aurélio Bellizze, j. 17-9-2015.

[193] NEVES, 2016b, p. 207-208.

[194] LEONEL, 2011, p. 174.

[195] ZANETI JR., 2010.

1.4.2. Ação coletiva passiva

1.4.2.1. Conceito

Por ação coletiva passiva pode-se compreender a demanda judicial em que o polo passivo é ocupado, materialmente, por um agrupamento humano. Naturalmente, sob a ótica processual, a consequência natural será a presença de um legitimado extraordinário como réu, substituindo, em juízo, tal coletividade.

Outro enfoque possível, complementar inclusive, reputa que o fundamental para a conceituação seja a presença de situações jurídicas coletivas passivas[196], que podem ser deveres ou estados de sujeição coletivos[197], indivisíveis ou divisíveis (deveres individuais homogêneos).

Uma vantagem seria a garantia da isonomia, atingindo todos os praticantes de determinada conduta com a coisa julgada, permitindo a equalização do mercado de consumo. O tema é corrente no direito norte-americano, no qual existe previsão expressa de cabimento das *defendant class actions*.

De se observar que parte da doutrina[198] sustenta a inexistência dessa modalidade no direito brasileiro.

1.4.2.2. Espécies

1.4.2.2.1. Ação coletiva passiva simples e ação duplamente coletiva

Quando houver uma coletividade no polo passivo, é possível que o direito afirmado pelo autor seja individual (*ação coletiva passiva simples – unilateral defendant class actions*, nos Estados Unidos) ou coletivo (*ação duplamente coletiva – bilateral – double-edged class actions*).

Portanto, pode ser que se sustente:

a) um direito individual em face de um dever coletivo;
b) um direito coletivo em face de um dever coletivo.

Um exemplo da primeira espécie é a pretensão de um titular de patente de fazer cessar a violação por um grupo de empresas[199], enquanto, em relação ao processo duplamente coletivo, é corrente o exemplo da uma demanda entre uma categoria de trabalhadores e uma de empregadores, discutindo reajuste salarial[200], ou entre um grupo de lojistas e um grupo de fornecedores[201].

1.4.2.2.2. Ação coletiva passiva original e derivada

Divide-se, também, a ação coletiva passiva em original, quando já inaugurada a relação processual com uma coletividade no polo passivo, como réu originário, e derivada, na qual a demanda coletiva surge incidentalmente a outro processo coletivo.

São exemplos desta a ação rescisória de uma sentença coletiva[202], a ação anulatória do termo de ajustamento de conduta, os embargos de terceiro em razão de constrição judicial determinada em

---

[196] NEVES, 2016b, p. 525.
[197] DIDIER JR.; ZANETI JR., 2016b, p. 458.
[198] VITORELLI, 2018a, p. 325.
[199] GIDI, 2007, p. 390.
[200] DIDIER JR.; ZANETI JR., 2016b, p. 459.
[201] NEVES, 2016b, p. 517.
[202] Nessa linha, admitindo: AI 382.298 AgR, 2ªTurma, Rel. Min. Carlos Velloso, Rel. p/ acórdão Min. Gilmar Mendes, j. 4-5-2004.

processo coletivo e a reconvenção²⁰³, que terão como réu o legitimado coletivo que moveu a ação coletiva ativa originária ou que tomou o compromisso.

Parcela da doutrina²⁰⁴ prefere dividir essas ações derivadas em ações impugnativas, que não seriam propriamente ações coletivas passivas, e ações verdadeiramente coletivas passivas. Isso porque as ações que buscam simplesmente questionar o acerto da solução dada ao conflito coletivo (ações autônomas de impugnação, como a ação rescisória e a ação anulatória do TAC) não teriam como objeto uma situação jurídica coletiva, ao contrário do pedido reconvencional e, para os que ainda admitem sua existência, da ação declaratória incidental em processo coletivo.

De fato, mesmo a doutrina que advoga contrariamente à existência da ação coletiva passiva admite as ações impugnativas, o que esclarece a necessidade de uma compreensão diferenciada em relação a cada uma dessas subespécies. Por outro lado, a reconvenção não deveria ser admitida²⁰⁵.

1.4.2.3. Requisitos

1.4.2.3.1. Representatividade adequada

Tendo em vista a potencial submissão à coisa julgada formada no processo coletivo, deve haver uma especial preocupação com a representatividade adequada em tais ações²⁰⁶.

Buscando satisfazer esse requisito, que é ínsito a qualquer ação coletiva, Antonio Gidi sugere a propositura da ação em face do maior número possível de associações que congreguem os membros do agrupamento réu²⁰⁷, entendendo que apenas associações deveriam compor o polo passivo. Também existe sugestão doutrinária no sentido de que os não membros da associação sejam citados, para que possam se submeter à coisa julgada²⁰⁸.

Por outro lado, Fredie Didier e Hermes Zaneti preferem manter o rol de legitimados genérico para a ação civil pública ativa, admitindo o controle judicial da representatividade adequada, em concreto²⁰⁹.

Os autores, no entanto, adiantam que, embora possa acontecer nas ações coletivas passivas derivadas, o Ministério Público não será, em geral, legitimado passivo adequado. Ademais, consideram que o indivíduo poderia possuir legitimidade subsidiária, caso provasse que não existe associação apta a defender seus interesses adequadamente.

Sérgio Arenhart e Gustavo Osna, por sua vez, percebendo o claro problema da eleição do legitimado passivo, sugerem, no exemplo da ação possessória multitudinária, o abandono da literalidade do art. 554 para seguir a linha da citação dos líderes do movimento²¹⁰. Em acréscimo, reconhecem que a simples alegação da dificuldade de representar toda a coletividade em juízo, se exigida a integração individual dos membros à relação processual, não pode ser argumento para se restringir o acesso à justiça, sendo injustificado empréstimo do rol de legitimados ativos, calcado em outros fundamentos.

---

²⁰³ Falava-se, ainda, na ação cautelar incidental a uma ação coletiva (DIDIER JR.; ZANETI JR., 2016b, p. 460), mas, sob a égide do CPC/2015, o pedido ocorre na própria ação principal.
²⁰⁴ NEVES, 2016b, p. 524-525. Em sentido contrário, tratando todas como ações coletivas passivas, indistintamente: LEONEL, 2011, p. 205.
²⁰⁵ MAZZILLI, 2019, p. 454-455.
²⁰⁶ NEVES, 2016b, p. 519; ARENHART; OSNA, 2020, p. 432.
²⁰⁷ GIDI, 2007, p. 415. A proposta de Código de Processo Coletivo do autor, inclusive, restringia o polo passivo das ações coletiva a associações.
²⁰⁸ LEAL, 2014.
²⁰⁹ DIDIER JR.; ZANETI JR., 2016b, p. 460-461.
²¹⁰ ARENHART; OSNA, 2020, p. 438.

O problema, a seu ver, não seria tanto de legitimidade processual, mas de representatividade e legitimação concreta, de sorte que mesmo a exigência, por vezes adotada pelo Superior Tribunal de Justiça[211], de publicação de editais estaria mais relacionada à publicização do que à representação adequada[212].

Todas as posições, de qualquer modo, sugerem ampliar, ao máximo, a participação no processo coletivo passivo, inclusive dos membros do grupo, o que só será limitado pelo magistrado, fundamentalmente, evitando gerar tumulto processual.

1.4.2.3.2. Interesse social

Também se aponta que o cabimento das ações coletivas passivas depende da verificação de interesse social naquela demanda[213]. Assim, nem toda situação jurídica coletiva justificaria o processo judicial de legitimação extraordinária passiva.

É bastante razoável que assim seja, tendo em vista a inevitável relativização de direitos processuais fundamentais que envolve a substituição processual, em especial no polo passivo. Cabe, portanto, justificar a utilidade social da solução molecularizada do conflito, calcada nos princípios da isonomia e da economia processual.

1.4.2.4. Regras específicas

Por não haver, ainda, tratamento normativo genérico a respeito das ações coletivas passivas, a doutrina traz como linha de orientação a aplicação subsidiária do regramento das ações coletivas ativas, com flexibilizações necessárias[214].

Vários elementos da tutela coletiva pela via principal são aplicáveis, como os referentes a legitimidade, com aplicação da regra de substituição do legitimado coletivo que não se revele representante adequado ou que abandonou o processo[215], competência, tomada de compromisso de ajustamento de conduta (relação duplamente coletiva), ausência de litispendência para ações individuais, sistemática de custas (também o réu coletivo não pode ser obrigado a adiantar verbas sucumbenciais[216]).

No entanto, outros pontos merecem compreensão própria, de sorte a resguardar os direitos fundamentais envolvidos.

A revelia, por exemplo, angustia a doutrina, que por vezes defende a atribuição de um curador especial[217] e por vezes sustenta a declaração do *non liquet*[218]. Contudo, espera-se que se trate de um falso problema, ante a preocupação com a representatividade adequada do legitimado[219].

Na liquidação e posterior execução da sentença, tratando-se de direitos divisíveis (deveres individuais homogêneos), a peculiaridade dirá respeito à necessidade de identificar os agentes e o valor correspondente ao ressarcimento pelos danos individualmente praticados[220]. No dizer de Daniel Assumpção, trata-se de uma liquidação imprópria às avessas, pois caberá ao executado comprovar que não faz parte do agrupamento[221].

---

[211] REsp 362.365/SP, 4ª Turma, Rel. Min. Barros Monteiro, j. 3-2-2005.
[212] ARENHART; OSNA, 2020, p. 442-443.
[213] DIDIER JR.; ZANETI JR., 2016b, p. 460.
[214] DIDIER JR.; ZANETI JR., 2016b, p. 468.
[215] DINAMARCO, 2003, p. 138. Em sentido contrário: NEVES, 2016b, p. 521.
[216] DIDIER JR.; ZANETI JR., 2016b, p. 468; NEVES, 2016b, p. 521.
[217] MAIA, 2009, p. 151.
[218] VIGLIAR, 2006, p. 317.
[219] NEVES, 2016b, p. 522.
[220] DIDIER JR.; ZANETI JR., 2016b, p. 469; MAIA, 2009, p. 152.
[221] NEVES, 2016b, p. 522.

O sistema de vinculação à coisa julgada também desperta questionamentos. Grande parte da doutrina entende que a coisa julgada deve se operar *pro et contra* e *erga omnes*, atingindo todos aqueles membros do grupo réu, já que submeter todo o agrupamento a uma nova ação seria inadmissível.

Esse quadro não gera problemas quando a demanda tiver como objeto direitos difusos e coletivos, como a anulação de cláusula contratual inserida pelas empresas de determinado ramo, movida contra a associação que as representa, que gera um estado de sujeição difuso[222].

Por outro lado, quando o processo versar sobre direitos (deveres) individuais homogêneos, existe corrente[223] que defende a aplicação da coisa julgada *secundum eventum litis in utilibus*, ou seja, apenas para beneficiar os indivíduos, ainda que se opere *erga omnes*. Na prática, os indivíduos, saindo derrotados na demanda coletiva, poderiam mover ações próprias ou se defender na execução da sentença coletiva, afastando sua aplicação.

Nessa linha, existe posição que sustenta a aplicação do art. 103, §§ 1º e 2º, do Código de Defesa do Consumidor para a demanda coletiva passiva, assegurando que, havendo condenação a indenizar, apenas a entidade representante do grupo estará obrigada, mas não os indivíduos – salvo quando (i) participem como litisconsortes (art. 94 do CDC) ou (ii) a ré for associação com autorização estatutária para representar os interesses dos indivíduos em juízo (art. 5º, XXI, da CF). A modificação desse cenário, para tal corrente, dependeria de modificação legislativa[224].

Não faltam críticas a esse raciocínio que, bem-intencionado e inspirado pelo sistema da ação coletiva ativa, acaba por gerar incongruência indesejada, retirando toda a utilidade do processo coletivo passivo, servindo como desestímulo[225].

Também a respeito da (não) vinculação dos membros do grupo réu à decisão, é de se indagar se deve ser mantido o sistema de *opt out*, que funciona no processo coletivo por conta do art. 104 do Código de Defesa do Consumidor. Ao menos pela previsão legal, é possível que o litigante individual escolha ficar fora dos limites subjetivos da coisa julgada, após a notificação do ajuizamento da ação coletiva (*fair notice*).

Tal aviso, reflexo do princípio da cooperação, merece estar presente na ação coletiva passiva[226]. O autor comum de ambas deve informar ao réu que sobreveio processo mais amplo que verse sobre a questão, e o réu individual poderá escolher se submeter à decisão coletiva ou seguir com a discussão *inter partes*. Seu interesse dependerá do fato de a coisa julgada coletiva se operar *pro et contra* (podendo prejudicá-lo – o que levará, inclusive, a poder intervir no processo como litisconsorte, na forma do art. 94 do CDC) ou apenas *in utilibus* (para beneficiá-lo).

Por outro lado, há quem dispense a possibilidade de o litigante individual se furtar à decisão coletiva[227]. Para esse entendimento, se a coisa julgada for *erga omnes* e *pro et contra*, a intervenção poderia gerar tumulto e uma estratégica demora processual; se *in utilibus*, careceria de interesse para participar, pois a decisão jamais prejudicaria o réu individual.

Ainda sobre a interseção entre relações individuais e coletivas, sugere-se, doutrinariamente[228], a aplicação do entendimento de que há interrupção do prazo prescricional das pretensões individuais quando ocorrer citação na ação coletiva.

---

[222] DIDIER JR.; ZANETI JR., 2016b, p. 470-471. É a escolha feita pelo art. 36 do Código Modelo de Processos Coletivos para Iberoamérica.

[223] Escolha feita pelo art. 37 do Código Modelo de Processos Coletivos para Iberoamérica.

[224] LEONEL, 2011, p. 207-209.

[225] NEVES, 2016b, p. 520; DIDIER JR.; ZANETI JR., 2016b, p. 471-472; MAIA, 2009, p. 152; VIGLIAR, 2006, p. 318; ZUFELATO, 2010, p. 82-142.

[226] DIDIER JR.; ZANETI JR., 2016b, p. 469.

[227] NEVES, 2016b, p. 523-524.

[228] DIDIER JR.; ZANETI JR., 2016b, p. 469.

1.4.2.5. Modalidades específicas

A doutrina vem apontando diversos exemplos concretos, que esclarecem a utilidade no desenvolvimento do tema das ações coletivas passivas. Devemos, contudo, organizá-los em alguns grupos especiais, que despertam discussões relevantes.

1.4.2.5.1. Ação declaratória negativa

É comum mencionar um interesse processual na ação coletiva que tenha por objeto declarar a licitude de uma conduta, negando que seja ilícita. A finalidade seria, portanto, obter uma certeza jurídica preventiva, antes da instalação de qualquer lide individual.

Um exemplo ajuda a elucidar: um fornecedor, que colocou determinado produto no mercado de consumo, poderia ajuizar ação em face da coletividade de consumidores, colocando uma associação nacional de consumidores no polo passivo, para que o Judiciário declarasse que tal produto não é viciado nem defeituoso, apesar da discussão existente. Seria uma maneira de evitar posteriores demandas individuais.

Ocorre, porém, que considerável parcela da doutrina[229] reputa incabível tal pretensão, pois carecedora do interesse de agir. Bastaria esperar e, em sobrevindo alguma ação individual, o fornecedor poderia se defender.

Para outros doutrinadores, o problema, ainda mais grave, é que, para que haja ação coletiva passiva, exige-se a afirmação de um dever jurídico coletivo, o que não acontece, no caso. Sequer se poderia falar, portanto, em ação coletiva passiva – sendo desnecessário questionar a existência ou não de interesse processual[230]. Ademais, os deveres individuais homogêneos, a exemplo dos direitos, decorreriam apenas de origem comum.

Inclusive, a doutrina que não aceita a ação coletiva passiva declaratória negativa reputa-a uma ação coletiva ativa reversa[231], ao revés[232] ou às avessas[233], movida pelo potencial réu em ação coletiva que se antecipa e busca a certeza jurídica.

Por outro lado, caso se conceitue a ação coletiva passiva a partir da legitimidade, bastando que exista uma coletividade no polo passivo, pode-se considerar essa pretensão como válida e, sob uma análise da economia processual, útil.

1.4.2.5.2. Ação declaratória positiva

Objeto similar ao anterior, mas indubitavelmente possível, é a declaração da licitude de uma conduta, com efeitos positivos em outras relações jurídicas. Aqui, afirma-se a existência de um dever jurídico coletivo[234].

Pode-se exemplificar tal tipo de ação coletiva com os pedidos de declaração de regularidade do projeto ambiental apresentado por uma empresa ou da licitude de determinada cláusula contratual posta em contrato de adesão.

Existe posição, no entanto, que discute a natureza de ação coletiva desses exemplos, especialmente o da pretensão da empresa de declaração de licitude do projeto em face do órgão responsável

---

[229] DINAMARCO, 2003, p. 411.
[230] DIDIER JR.; ZANETI JR., 2016b, p. 465; NEVES, 2016b, p. 516.
[231] DIDIER JR.; ZANETI JR., 2016b, p. 465.
[232] DINAMARCO, 2003, p. 411.
[233] NEVES, 2016b, p. 516.
[234] DINAMARCO, 2003, p. 134.

pelo licenciamento, porque esse réu não seria representante adequado nem substituiria qualquer coletividade, sendo impossível formar coisa julgada material *erga omnes*[235].

1.4.2.5.3. Ação contra grupo por ilícitos individuais homogêneos

Por vezes, a pretensão judicial contra um grupo, por atos de seus membros, pode ser facilitada, quando diante de uma conduta homogênea dos indivíduos.

Citam-se, nessa espécie, as ações em face da associação de comerciantes de uma determinada localidade, quando seus associados expõem, sem autorização, mercadorias na via pública[236], bem como contra a comunidade indígena que impede a transição por certas vias, já que existe um dever difuso da tribo de assim não agir.

Nesse último caso, aliás, embora se trate de legitimidade ordinária (art. 232 da CF e art. 37 do Estatuto do Índio), se está diante de uma ação coletiva passiva por existir uma situação jurídica coletiva passiva, o que leva a doutrina que se satisfaz com esse elemento para fins de conceituação da ação coletiva passiva a assim reputá-la[237].

1.4.2.5.4. Ação para efetivação da responsabilidade anônima ou coletiva

Em outras hipóteses, o ajuizamento da ação em face de um agrupamento se revela a única solução para evitar a impunidade de determinadas condutas praticadas por membros daquele grupo.

Insere-se, aqui, a noção da responsabilidade civil total[238], que indica a necessidade de indenização à vítima, independentemente de verificação anterior do ato danoso específico, de difícil elucidação.

Quando o grupo não possui personalidade jurídica, pode-se estabelecer uma analogia com a capacidade da sociedade de fato (art. 75 do CPC e art. 82, III, do CDC), no polo passivo[239].

Podem ser citadas como ilustrações dessa tipologia as ações movidas pelo governo em face do sindicato de policiais, visando a encerrar uma greve ilegal, a pretensão do Ministério Público de impedir uma torcida organizada de comprar ingressos[240] ou mesmo sua responsabilidade por atos de seus membros (art. 39-A da Lei n. 10.671/2003), ou pelas universidades contra invasores (casos da UNB e da UERJ).

1.4.2.5.5. Ações possessórias multitudinárias

Na linha desses últimos exemplos, o Código de 2015 acrescentou, possivelmente, uma espécie de ação coletiva passiva, ao tratar dos litígios coletivos sobre a posse. No art. 554, § 1º, o legislador prevê que, tratando-se de agressão possessória praticada por uma coletividade, a citação deve se dar por oficial de justiça, que citará pessoalmente os presentes na ocasião e por edital os demais ocupantes, não individualizados.

A partir daí, havendo hipossuficientes econômicos (a previsão é muito criticada, já que a atuação defensorial transborda, e muito, a insuficiência financeira), atuará a Defensoria Pública. Caso se compreenda que se trata de uma espécie de curadoria especial, atuando a instituição como substituta processual dos ocupantes não citados pessoalmente, se poderia imaginar tratar-se de ação coletiva passiva.

---

[235] LEAL, 2014.
[236] MAIA, 2009, p. 339.
[237] DIDIER JR.; ZANETI JR., 2016b, p. 466.
[238] CAVALIERI FILHO, 2014, p. 83.
[239] MAIA, 2009, p. 130; WATANABE, 2019, p. 917-918.
[240] GRINOVER, 2002b, p. 7.

Nessa esteira, Franklyn Roger Alves Silva e Diogo Esteves[241], referências da doutrina institucional da Defensoria Pública, reputam a atuação como espécie de legitimidade extraordinária, potencializadora da ampla defesa e do contraditório, preconizados pelo art. 4º, V e X, da Lei Complementar n. 80/94. Esclarecem os autores, porém, não se tratar de exercício da função de curadoria especial, que não poderia ser prestada em favor de citados por edital, mas apenas de réus individualizados.

Kazuo Watanabe e Ada Pellegrini Grinover enxergam, na novidade do Código de 2015, previsão expressa de ação coletiva passiva, apesar de não ter o legislador se preocupado com a criação de critérios para a representatividade adequada[242].

A questão, longe de significar um purismo conceitual, foi também abordada por José Aurélio de Araújo[243], que concluiu em sentido oposto, afastando a ação coletiva passiva nesse caso: o legislador teria que ter dito mais para inaugurar instrumento processual tão rebuscado – seria fundamental prever os efeitos da coisa julgada, por exemplo. O objeto tampouco será transindividual: a composse é exercida em conjunto, por vezes até de maneira individualizável. Além disso, a mera intimação não goza de caráter citatório (repare que não se falou em citação ou notificação, mas precisamente em intimação).

É interessante perceber, nesse ponto, que a jurisprudência admitia, mesmo na vigência do Código de Processo Civil de 1973, que, em situações tais, a demanda poderia ser movida em face dos líderes da coletividade[244], o que é visto, por alguns autores, como autorização para a ação coletiva passiva[245].

1.4.2.5.5.1. Posição contrária

A ação coletiva passiva não é tradicionalmente aceita nem tratada no direito processual brasileiro. O instituto é rechaçado por vários autores[246] e o Superior Tribunal de Justiça, quando pôde se manifestar sobre a questão, entendeu pela impossibilidade da ação declaratória incidental, em uma ação coletiva, porque inauguraria ação coletiva passiva sem previsão legal específica[247], o que viola garantias fundamentais, como o contraditório, a ampla defesa e a regra geral, segundo a qual a coisa julgada se opera *inter partes* (já que não existiria previsão específica, como na ação civil pública ativa).

A legitimidade extraordinária, por exemplo, não estaria, para essa corrente, autorizada pela lei (ou pelo ordenamento, como admite o art. 18 do CPC/2015), uma vez que o art. 5º da Lei da Ação Civil Pública e o art. 82 do Código de Defesa do Consumidor apenas contemplam a legitimidade para agir, ou seja, para demandas, atuando no polo ativo: o art. 5º fala em "legitimidade para propor a ação principal e a ação cautelar" e o art. 82 confere a legitimidade para, nos termos do art. 81, parágrafo único, a "defesa coletiva" dos direitos tuteláveis.

Outra preocupação dessa posição restritiva é a possibilidade de prejuízo para a coletividade que não participou do processo, sobretudo se houver conluio entre o legitimado ativo e o passivo (uma sociedade empresária de grande poder econômico que cooptasse uma associação representativa de determinado grupo[248]).

---

[241] SILVA; ESTEVES, 2015, p. 334-335.

[242] WATANABE, 2019, p. 918; GRINOVER, 2019, p. 863.

[243] ARAÚJO, 2015, p. 527-548.

[244] Em caso de ocupação de terreno urbano por milhares de pessoas, é inviável exigir-se a qualificação e a citação de cada uma delas (REsp 154.906/MG, 4ª Turma, Rel. Min. Barros Monteiro, j. 4-5-2004).

[245] ARENHART; OSNA, 2020, p. 429. Os autores, inclusive, questionam a opção do CPC/2015 em exigir a citação pessoal dos ocupantes encontrados no local, ante uma equivocada presunção – a seu ver – de que os encontrados no momento da citação tivessem a aptidão de representar a coletividade (p. 438).

[246] MAZZILLI, 2019, p. 455. Era a posição originária de LEONEL, 2011, p. 203-205.

[247] REsp 1.051.302/DF, 3ª Turma, Rel. Min. Nancy Andrighi, j. 23-3-2010.

[248] LEONEL, 2011, p. 206.

Mesmo no caso das torcidas organizadas, entende essa corrente que a menção legal seria excessivamente genérica para autorizar o ajuizamento em face da coletividade, sendo de grande dificuldade verificar a forma de condenação e de sua posterior execução[249].

As ações coletivas passivas derivadas, contudo, especialmente aquelas voltadas à impugnação de decisões no curso de uma ação coletiva comum (como os embargos à execução, a ação rescisória, os embargos de terceiro e a ação anulatória do TAC), são aceitas mesmo por alguns autores que rechaçam a ação passiva originária[250]. Também se admite o dissídio coletivo trabalhista[251], previsto pelo art. 114, § 1º[252].

De lege ferenda, chega-se a aceitar a colocação de uma associação no polo passivo, mas tão somente em nome dos membros que autorizarem a representação, desde que participe o Ministério Público a título de fiscal do ordenamento jurídico[253].

1.4.2.5.5.2. Posição favorável

Com a evolução da matéria, contudo, existe inegável tendência doutrinária no sentido de admitir a ação coletiva passiva[254].

O argumento da ausência de autorização legal se enfraquece por duas questões, sendo a primeira o fato de, em toda pretensão autoral, existir o risco de tutela em favor do réu, no caso de julgamento de improcedência. Assim, em uma ação coletiva ativa, comum, pode haver tutela declaratória negativa, em favor do demandado, semelhantemente ao que ocorre em algumas ações coletivas passivas[255].

A segunda é que a substituição processual, no Código Fux, pode decorrer do ordenamento, não apenas de lei específica (art. 18)[256]. Assim, a falta de um comando voltado para tanto é um falso problema, sendo muito mais relevante garantir a análise da representatividade adequada *ope iudicis*, pelo juiz, a partir das características do caso concreto.

Além disso, a doutrina aponta a efetiva existência de comandos autorizadores da ação coletiva passiva. O próprio art. 82 do Código de Defesa do Consumidor, quando menciona o art. 81, parágrafo único, sublinha a legitimidade para a "defesa" dos direitos coletivos em sentido amplo, o que abrangeria o pedido de tutela jurisdicional no polo ativo ou no passivo[257].

Também o art. 83 do Código de Defesa do Consumidor, que traz previsão legal para o princípio da atipicidade, funciona como cláusula de abertura da tutela coletiva, admitindo todas as espécies de ações, desde que adequadas e efetivas para a proteção dos bens jurídicos em litígio[258]. A provocação

---

[249] MAZZILLI, 2019, p. 456.

[250] MAZZILLI, 2019, p. 455.

[251] "O dissídio coletivo confere uma competência quase legislativa ao Poder Judiciário Trabalhista. Esse poder normativo para tratar de condições de trabalho para toda a classe equivale a uma coisa julgada *erga omnes*, que vale *prospectivamente*. Não se trata, portanto, propriamente de uma ação de conhecimento de um litígio sobre fatos que se deram no passado, com produção de provas e uma reparação do Judiciário à suposta violação de norma. Aqui se cuida de uma função típica da Justiça do Trabalho, como instância gerenciadora de conflitos de classe e, para tanto, é indispensável esse poder regulamentar, além do jurisdicional" (LEAL, 2014).

[252] GAMBÔA, 1999, p. 164.

[253] MAZZILLI, 2019, p. 457.

[254] MANCUSO, 2007, p. 188; LENZA, 2008, p. 196.

[255] LEONEL, 2011, p. 208.

[256] Mesmo no CPC/1973 existia entendimento nesse sentido: NEVES, 2016b, p. 519.

[257] DIDIER JR.; ZANETI JR., 2016b, p. 474; NEVES, 2016b, p. 518.

[258] DIDIER JR.; ZANETI JR., 2016b, p. 474.

judicial contra um grupo, bem representado, pode se mostrar medida muito mais efetiva que várias pontuais soluções individuais.

Em alguma medida, a Lei n. 7.347/85 (art. 5º, § 2º) também outorga legitimidade extraordinária no polo passivo, ao autorizar o ingresso dos colegitimados (textualmente, apenas o Poder Público e as associações) como litisconsortes de qualquer das partes – portanto, também da parte ré.

Além desses, o art. 107 do Código de Defesa do Consumidor, que prevê as convenções coletivas em matéria de consumo, entre as entidades civis de consumidores e as associações de fornecedores ou sindicatos deixa entrever que, se essas entidades são representantes adequadas para firmar direitos materiais, também o seriam para o debate judicial em caso de descumprimento.

Igualmente, aponta-se o art. 39-A do Estatuto do Torcedor como previsão específica de cabimento da ação coletiva passiva, ao prever a responsabilidade das torcidas organizadas (agrupamento) por atos praticados por seus membros (tumultos, violência, invasões). É indubitável que, se perseguido o reconhecimento desse dever jurídico em juízo, em face da torcida, haverá uma coletividade no polo passivo.

Por fim, concordamos com a corrente doutrinária que, em se admitindo a ação coletiva passiva, não faz restrição à tutela de direitos metaindividuais, também aduzindo sua aplicabilidade a direitos individuais homogêneos[259].

2. INTERESSE PROCESSUAL

A segunda condição para o regular exercício do direito de ação admitida pelo Código de Processo Civil é o interesse processual ou interesse de agir. Essa condição se refere à necessidade, utilidade e proveito da tutela jurisdicional para que o autor obtenha a satisfação do direito pleiteado e justifica-se na medida em que não convém ao Estado acionar o aparato judicial sem que dessa atividade possa ser extraído algum resultado útil.

É comum a lição segundo a qual o interesse de agir deve vir representado pelo binômio necessidade-adequação do provimento judicial solicitado. Nesse sentido, a necessidade decorreria da impossibilidade de obter a satisfação do alegado direito sem a atuação do Estado (já que o ordenamento veda a autotutela), e a adequação, da relação existente entre os meios processuais escolhidos e o fim desejado.

Na tutela coletiva, a necessidade decorre da lesão ou ameaça de lesão a um dos direitos coletivos em sentido amplo, sendo aconselhável a demonstração da reticencia do réu em se comprometer ao ajustamento de conduta na esfera extrajudicial.

A adequação, a exemplo do que sucede na tutela individual, é analisada no cotejo entre o pleito – aí incluída a via processual eleita – e a melhoria pretendida no plano fático. Nesse ponto, a ação popular não será admitida se nela se externa pretensão estranha aos seus limites, bem como o mandado de segurança coletivo sobre matéria que demande instrução probatória processual.

Existe, a propósito, inegável diferença entre a perspectiva do interesse na atuação do autor e do réu, já que este, embora possa alegar que não é parte legítima, tem interesse processual em se defender[260].

A doutrina francesa aponta como elementos para a verificação do interesse de agir a certeza, a individualização da relação jurídica e a conformação aos princípios jurídicos[261]. Essa lição passa pelos elementos da certeza (interesse concreto, atual), da individualização (interesse determinado ou determinável em relação ao titular) e da juridicidade (interesse jurídico, legítimo).

---

[259] ARENHART; OSNA, 2020, p. 436-437.
[260] MANCUSO, 1988.
[261] LALIGANT, 1971.

Ocorre que, na tutela coletiva, não basta a afetação a um titular determinado, devendo a leitura dessa condição da ação ser feita amplamente, de acordo com a necessidade e a utilidade da tutela para toda a coletividade.

A mera provocação jurisdicional, ainda que se revele imperfeito ou insuficiente o pedido delineado pelo autor da demanda, tem enorme utilidade, ficando aberta a via da intimação dos colegitimados pelo magistrado, se verificar a inaptidão da parte autora formal, por analogia ao art. 5º, § 3º, da Lei n. 7.347/85.

É interessante a posição doutrinária que diferencia, na tutela coletiva, o interesse de agir, que seria presumido para o Ministério Público e as pessoas jurídicas de direito público interno (e, a nosso ver, para a Defensoria Pública), extraprocessual e decorrente da previsão legal de atuação institucional, e o interesse processual, concretamente relacionado à necessidade de provocação jurisdicional e à utilidade prática que pode decorrer do provimento[262].

Aponta-se que faltará interesse jurídico de agir às ações civis públicas que ataquem atos jurisdicionais, por não poder tal meio servir como sucedâneo recursal. Quanto aos atos judiciais administrativos (atípicos), porém, não existe restrição[263].

---

[262] MAZZILLI, 2019, p. 464-465.
[263] ANDRADE; MASSON; ANDRADE, 2017, p. 99.

Capítulo 10
LITISCONSÓRCIO

A existência de um rol legal de legitimados concorrentes enseja a possibilidade de interesse de defesa dos direitos coletivos em sentido amplo por mais de um sujeito ativo. Embora a legitimação seja disjuntiva, não se podendo cogitar de litisconsórcio ativo necessário, nada impede que a pluralidade de autores se dê, facultativamente.

São, portanto, cabíveis também o litisconsórcio ativo e o passivo, apesar do silêncio da legislação específica quanto a este último, seguindo-se o regramento do diploma processual geral.

1. LITISCONSÓRCIO ENTRE COLEGITIMADOS

A autorização legal para habilitação do Poder Público e de outras associações (além da autora) como litisconsortes das partes (art. 5º, § 2º, da Lei n. 7.347/85) deve ser entendida como exemplificativa, podendo todos os legitimados, inclusive o Ministério Público e a Defensoria Pública, ingressar no polo ativo, como esclarece o art. 3º, § 5º, da Lei n. 7.853/89, que, sendo posterior, melhor elucidou a intenção do microssistema.

Trata-se de autêntico litisconsórcio facultativo ulterior, permitido pelo ordenamento. A ideia é permitir a complementação argumentativa, unindo esforços para a proteção dos bens coletivos.

Contudo, é possível que haja divergência entre os legitimados quanto, por exemplo, à pretensão que deve ser colocada em juízo como melhor maneira de tutelar tais direitos ou até que o legitimado que está fora da relação processual repute que o outro esteja agindo de forma desidiosa, o que aumenta a importância do comando legal[1].

Noutras hipóteses, no entanto, pode ocorrer de a pluralidade de sujeitos se revelar maléfica para o desenrolar procedimental, o que autorizará o juiz a, fundamentadamente, esclarecer a impertinência da habilitação.

Outro tema importante diz respeito aos litisconsórcios de indivíduos, na fase de execução individual da sentença coletiva (sobre direitos individuais homogêneos). O STJ já entendeu que é possível que o juiz utilize a limitação do litisconsórcio multitudinário, prevista no art. 113, § 1º, do CPC, quando a presença de múltiplos litigantes comprometer a rápida solução ou o próprio cumprimento de sentença[2].

1.1. Litisconsórcio entre Ministérios Públicos

Interessante previsão é a do art. 5º, § 5º, da Lei n. 7.347/85[3], que autoriza o litisconsórcio entre Ministérios Públicos, na ação civil pública. A doutrina controverte bastante acerca da oportunidade da norma.

Uma primeira corrente entende que o litisconsórcio, embora autorizado pela legislação, seria impossível, porque não há mais que um Ministério Público, que é uno (princípio da unidade), mas

---

[1] Fredie Didier e Hermes Zaneti, que consideram se tratar de assistência litisconsorcial, enxergam, aqui, a peculiaridade de o assistente poder se comportar contrariamente ao assistido (DIDIER JR.; ZANETI JR., 2016b, p. 218).
[2] REsp 1947661/RS, Rel. Min. Og Fernandes, 2ª Turma, j. 23-9-2021.
[3] "Art. 5º (...) § 5º Admitir-se-á o litisconsórcio facultativo entre os Ministérios Públicos da União, do Distrito Federal e dos Estados na defesa dos interesses e direitos de que cuida esta lei."

apenas divisão funcional para gerar eficiência. Assim, como o Ministério Público da União atua em justiças específicas (MPF na justiça federal, MPT na justiça trabalhista) e o Ministério Público Estadual, na justiça comum, na prática, não haveria área de interseção a justificar o litisconsórcio.

Por outro lado, a pluralidade de Ministérios Públicos é admitida por outra parcela de autores, que enxergam o princípio da unidade apenas dentro de cada uma das instituições[4]. Embora haja o Ministério Público, enquanto função essencial à justiça, na realidade cada Ministério Público Estadual ou o da União possuem independência administrativa e funcional, destacada dos demais.

Há, inclusive, quem considere não se tratar, propriamente, de litisconsórcio, mas de pluralidade de órgãos de atuação de um mesmo legitimado – posição com a qual não concordamos, por enxergar autonomia de cada *parquet*.

A diferença de justiças em que cada instituição atua tampouco seria argumento contrário, em definitivo, ao litisconsórcio, porque a legislação institucional não veda a ação ministerial em searas diversas. O pacto federativo também não seria obstáculo, haja vista que os estados e municípios podem figurar como partes na justiça federal, quando houver participação da União em juízo, sem causar qualquer estranhamento.

Nessa linha, embora o art. 37, I, da Lei Complementar n. 75/93 – legislação orgânica do MPU – traga o exercício de funções do Ministério Público Federal na justiça federal, o inciso II, que trata de valores transindividuais, não esmiúça qualquer restrição, o que daria azo à atuação conjunta.

Além disso, os interesses transindividuais demandam tutela jurisdicional peculiar. Os danos, não raro, se estendem por mais de um estado, de sorte que se afigura razoável a formação do litisconsórcio, por exemplo, entre Ministérios Públicos estaduais diversos.

O Superior Tribunal de Justiça enfrentou a temática em algumas ocasiões. Embora, em julgados passados, tenha rechaçado a possibilidade[5], a posição atual é favorável, já tendo admitido, pela pluralidade de direitos envolvidos (federais, estaduais e trabalhistas), até mesmo o litisconsórcio entre MPU, MPE e MPT[6]. Embora se reconheçam as divisões institucionais, sublinha-se que não impedem trabalhos coligados[7].

Em outras decisões, o STJ exige a conjugação de interesses afetos a cada Ministério Público para que se justifique o litisconsórcio, sob pena de, sendo formado, haver ofensa justamente aos princípios homenageados pela cumulação subjetiva (economia processual, duração razoável do processo, eficiência). Assim, a tutela de matéria comum (interesses dos consumidores, por exemplo) não autoriza a participação de mais de uma instituição, haja vista a racionalização dos serviços que deve prestar à comunidade[8].

Não se pode ignorar, a respeito, a Súmula 489 do STJ, que predica a reunião de ações coletivas conexas na justiça federal, quando uma delas tramita nela e a outra, na justiça comum.

O enunciado, contudo, é corretamente criticado por parte da doutrina, que percebe uma equivocada generalização da competência da justiça federal em decorrência da presença do Ministério Público Federal no polo ativo[9]. Somente se pode admitir a remessa à justiça federal de ambos os processos se houver competência objetiva, nos moldes do art. 109 da Constituição.

---

[4] LEONEL, 2011, p. 260; DIDIER JR.; ZANETI JR., 2016b, p. 361-362.
[5] RMS 4.146/CE, 6ª Turma, Rel. Min. Vicente Leal, j. 23-10-1995.
[6] REsp 1.444.484/RN, 1ª Turma, Rel. Min. Benedito Gonçalves, j. 18-9-2014.
[7] REsp 382.659/RS, 1ª Turma, Rel. Min. Humberto Gomes de Barros, j. 2-12-2003.
[8] REsp 1.254.428/MG, 3ª Turma, Rel. Min. João Otávio de Noronha, j. 2-6-2016.
[9] DIDIER JR.; ZANETI JR., 2016b, p. 370.

1.2. Litisconsórcio entre Defensorias Públicas

O raciocínio atinente ao Ministério Público pode, em grande parte, se estender à atuação da Defensoria Pública.

Também aqui a melhor doutrina[10] aponta que existe um princípio da unidade sob o prisma funcional, estampado no art. 2º da Lei Complementar n. 80/94[11], a indicar que a Defensoria Pública é una, globalmente, a reunir todas as instituições (Defensoria Pública da União, Defensoria Pública do Distrito Federal e dos Territórios e Defensorias Públicas dos Estados). Cada uma delas, por sua vez, é autônoma em relação às demais, o que revela o princípio da unidade sob o prisma orgânico (unidade hierárquico-administrativa[12]), inexistindo qualquer vinculação ou hierarquia.

Semelhantemente à previsão da Lei Orgânica do Ministério Público, a legislação defensorial geral divide a atuação de cada instituição a partir da competência, atribuindo à Defensoria Pública da União os litígios que tramitem perante a justiça federal (art. 14[13]). A princípio, portanto, não haveria razão para se falar em litisconsórcio, uma vez que cada Defensoria atuaria na justiça respectiva (federal, distrital, estadual).

Contudo, temos que, pontualmente, possa haver pluralidade de Defensorias Públicas no polo ativo de uma ação. Isso porque as funções institucionais, elencadas no art. 4º, são, em grande parcela, comuns, devendo esse critério de distribuição do trabalho prevalecer sobre a mera repartição de competência.

Na tutela coletiva, a viabilidade é mais acentuada.

Basta pensar nos critérios de definição da própria competência, no microssistema. Danos regionais ou nacionais devem ser solucionados na capital de um dos Estados afetados ou no Distrito Federal, não obstante se estendam por várias unidades federativas. A tutela de uma publicidade enganosa veiculada em toda a região sudeste, no Rio de Janeiro, por exemplo, não deve excluir a participação da Defensoria de São Paulo, do Espírito Santo ou de Minas Gerais, já que a definição do foro acaba por se dar de maneira acidental.

Além disso, caso movida a ação para reversão de dano nacional no Distrito Federal, se acabaria por enxergar a Defensoria Pública do Distrito Federal como única legitimada ativa, o que soa absurdo, notadamente porque nem todo dano nacional atinge todo o território do País, nem o faz de maneira uniforme. Essa visão restrita, consistente na correlação direta entre Defensoria Pública atuante e competência para julgamento, gera um déficit participativo e até mesmo representativo.

O correto, portanto, é autorizar as instituições a promoverem a tutela coletiva extrajudicial e pela via principal sempre que seu objeto estiver relacionado com uma das funções institucionais, independentemente da rígida atribuição por conta da competência – o que não quer dizer que exista uma ampla e imprudente legitimidade de qualquer Defensoria para qualquer dano coletivo, uma vez que certos litígios estarão apenas no âmbito de proteção de determinada instituição ou de apenas algumas delas, ante o âmbito de abrangência territorial do dano ocorrido.

Por isso, o mero reconhecimento da incompetência territorial não impede, de todo, a atuação da instituição que originariamente promoveu a ação, se efetivamente houver pertinência temática, até porque as partes materiais do litígio são as mesmas, estejam representadas por quem for.

---

[10] ESTEVES; SILVA, 2017, p. 328.

[11] "Art. 2º A Defensoria Pública abrange: I – a Defensoria Pública da União; II – a Defensoria Pública do Distrito Federal e dos Territórios; III – as Defensorias Públicas dos Estados."

[12] As expressões unidade funcional, unidade hierárquico-administrativa e unidade normativa são de Caio Paiva (PAIVA, 2016, p. 30-33).

[13] "Art. 14. A Defensoria Pública da União atuará nos Estados, no Distrito Federal e nos Territórios, junto às Justiças Federal, do Trabalho, Eleitoral, Militar, Tribunais Superiores e instâncias administrativas da União."

Nessa linha de raciocínio, o litisconsórcio se revela não apenas possível, na maioria dos casos, mas até mesmo recomendável.

2. LITISCONSÓRCIO ENTRE LEGITIMADO COLETIVO E INDIVÍDUO

2.1. Direitos transindividuais

2.1.1. Ação civil pública

Tendo em vista o (controvertido) caráter transindividual dos direitos difusos e coletivos em sentido estrito, não se poderia falar em apropriação e divisão pelos indivíduos beneficiados pela tutela. Por conta disso, também seria inviável imaginar que um ou alguns deles pedissem para ingressar como litisconsortes do legitimado coletivo em uma ação que os tutele.

Uma hipótese, no entanto, é usualmente admitida pela doutrina: o ingresso do cidadão no polo ativo de uma ação civil pública que possua como objeto bens que também poderiam ser protegidos por ação popular. No fundo, as demandas são idênticas, podendo se falar em litispendência e coisa julgada e, para alguns autores[14], até mesmo na legitimidade do cidadão para essas ações coletivas.

Discute-se apenas se se trataria de litisconsórcio ulterior, como sustentamos, ou de assistência litisconsorcial[15], havendo, no entanto, certa sintonia doutrinária acerca da indubitável presença de interesse jurídico, desde que exista pertinência temática (o indivíduo efetivamente tenha sido prejudicado, ainda que, enquanto membro da coletividade, pelo dano – algo que pode não ocorrer na tutela do patrimônio público de ente diverso).

Embora alguns autores considerem que o indivíduo, sobrevindo desistência ou abandono do legitimado originário, não poderia assumir, sozinho, o polo ativo, parece-nos que não há vedação para tanto[16]. Evidentemente, não é a preferência do ordenamento – senão, teria outorgado legitimidade ao indivíduo nas condições normais –, mas é plausível, em sendo a única opção para a proteção dos bens, porque nenhum outro legitimado se habilitou.

2.1.2. Ação popular

Na Lei da Ação Popular (art. 6º, § 5º[17]) existe previsão expressa no sentido da possibilidade de habilitação de outros cidadãos, que não o autor, como litisconsortes ou assistentes (aqui, a própria lei admitiu, aparentemente, não saber a natureza jurídica da intervenção).

Deve sempre existir interesse jurídico para tanto: o pleiteante deve ter legitimidade para aquela ação, em abstrato. Um cidadão de uma cidade não pode, por exemplo, se habilitar em ação popular que proteja o erário de outro município.

Naturalmente, como o litisconsórcio formado é facultativo e unitário, o magistrado poderá limitá-lo, quando multitudinário (art. 113, § 1º, do CPC).

Importante sublinhar que, com acerto, sustenta parte da doutrina que a autorização se estende aos colegitimados coletivos (Ministério Público, Defensoria Pública e até associações), em uma visão ampliativa da legitimidade para a ação popular[18]. Em sentido contrário decidiu o Supremo Tribunal Federal ao negar a habilitação de Estado-membro, por conta da exclusiva legitimidade do cidadão[19].

---

[14] ZAVASCKI, 2017b; BARROSO, 1993, p. 238.

[15] DIDIER JR.; ZANETI JR., 2016b, p. 218; LEONEL, 2011, p. 256.

[16] DIDIER JR.; ZANETI JR., 2016b, p. 219.

[17] "Art. 6º (...) § 5º É facultado a qualquer cidadão habilitar-se como litisconsorte ou assistente do autor da ação popular."

[18] DIDIER JR.; ZANETI JR., 2016b, p. 223.

[19] Pet 3.388, Tribunal Pleno, Rel. Min. Carlos Britto, j. 19-3-2009.

2.2. Direitos individuais homogêneos

Apesar de o nosso legislador não prever a legitimidade do indivíduo para a propositura da ação coletiva em sentido lato (salvo na hipótese já mencionada da ação popular como instrumento para a defesa de um direito difuso), é permitido a ele algum grau de participação na demanda, na medida em que o art. 94 do Código de Defesa do Consumidor determina que, com a instauração da relação processual, deve ser publicado edital no órgão oficial, a fim de que os interessados possam intervir no processo como litisconsortes, sem prejuízo de ampla divulgação pelos meios de comunicação social por parte dos órgãos de defesa do consumidor.

2.2.1. Efeito da intervenção

A grande peculiaridade processual da intervenção diz respeito aos efeitos da coisa julgada: enquanto o indivíduo substituído que não requer sua habilitação apenas se submete ao decidido na ação coletiva se o beneficiar (coisa julgada *secundum eventum litis in utilibus*), aquele que intervém estará vinculado ao resultado do processo, mesmo se negativo (coisa julgada *pro et contra*), como previsto no art. 103, § 2º, do Código de Defesa do Consumidor.

2.2.2. Vantagens e desvantagens

É inegável que existe alguma vantagem trazida pelo ingresso do sujeito no polo ativo, permitindo a participação de um membro diretamente atingido, o que pode dar contornos mais práticos e concretos ao litígio judicial e à pretensão do legitimado coletivo, além de servir como meio de comunicação entre a coletividade e o órgão julgador, que terá mais elementos para a decisão[20].

Apesar disso, a doutrina costuma criticar a previsão, por criar margem para alguma balbúrdia processual, caso vários indivíduos decidam ingressar na relação (intervenção em massa) – hipótese que poderá ser controlada pelo juiz, com base na lógica do litisconsórcio multitudinário (art. 113, § 1º). Ademais, a abertura dessa via participativa, segundo alguns, descredencia os legitimados extraordinários e confunde a ideia da tutela individual com a tutela coletiva[21].

2.2.3. Natureza jurídica da intervenção

A natureza jurídica da intervenção é bastante controvertida.

Alguns autores[22] seguem a literalidade do comando, considerando se tratar de litisconsórcio (unitário), ainda que com a peculiaridade de não poder o indivíduo realizar novos pedidos[23].

Outros, porém, justamente por essa limitação e pelo fato de o indivíduo não ostentar legitimidade autônoma e originária para o ajuizamento, reputam-na uma forma de assistência litisconsorcial, que acabará por formar um litisconsórcio ulterior[24].

Essas duas linhas acabam por concordar que o indivíduo atuará como legitimado ordinário, na tutela de seu direito, e como legitimado extraordinário, quanto aos direitos dos demais sujeitos em idêntica condição[25].

---

[20] DIDIER JR.; ZANETI JR., 2016b, p. 221; VENTURI, 2004, p. 254.
[21] NEVES, 2016b, p. 284.
[22] VENTURI, 2007, p. 307.
[23] GRINOVER, 2019, p. 967.
[24] DIDIER JR.; ZANETI JR., 2016b, p. 219; ANDRADE; MASSON; ANDRADE, 2017, p. 149; ARAÚJO FILHO, 2000, p. 147; LEONEL, 2011, p. 258.
[25] DIDIER JR.; ZANETI JR., 2016b, p. 220.

Apesar de se reconhecer que falta interesse jurídico, por conta da coisa julgada *in utilibus* que se forma ao final do processo, que apenas é capaz de beneficiar o indivíduo substituído, existe, ainda, entendimento no sentido de se tratar de uma assistência simples peculiar (assistência simples coletiva[26]).

Há, por fim, quem considere o fenômeno como intervenção atípica, que não se enquadra nem na figura litisconsorcial, por conta da ausência de legitimidade do indivíduo para a tutela coletiva, nem na assistência qualificada, porque a falta de legitimidade não seria compatível com os poderes processuais de parte que daí decorrem[27]. De todo modo, sustenta-se que, procedimentalmente, deva-se encarar o instituto como assistência simples.

Parece-nos, contudo, que nada há de absurdo na previsão da legitimidade extraordinária subordinada dos indivíduos, apenas a título de litisconsorte superveniente. Trata-se de previsão legal, fruto de opção do legislador, que sequer é a única no microssistema, uma vez que, na ação popular, o Ministério Público pode assumir o polo ativo, embora, pela lei, não possa ajuizar a demanda de maneira inaugural.

2.2.4. Natureza jurídica do pedido de intervenção

O pedido de habilitação, como reconhecido pelo Superior Tribunal de Justiça[28], tem natureza de incidente processual.

Por isso, não cabe, nessa fase, condenação do demandado a pagar ônus sucumbenciais – o que não quer dizer que, quando do julgamento final, com base no princípio da causalidade, não possa vir a suportar esses valores.

Interessante perceber que a doutrina sustenta que o pedido não deve sempre ser acatado, cabendo ao magistrado ponderar a oportunidade, sobretudo à luz do litisconsórcio multitudinário, e verificar o real interesse específico, consistente na possibilidade de ser atingido pelos efeitos da decisão final coletiva[29].

2.2.5. Limites e poderes

Discussão interessante diz respeito aos limites da atuação do indivíduo interveniente.

Admite-se que o sujeito possa recorrer, ainda que isoladamente. Afinal, sua atuação tem contornos de legitimidade extraordinária, permitindo a revisão da decisão que afetará toda a coletividade envolvida, bem como ordinária, não sendo razoável subtrair esse ônus processual, que é o recurso de um litigante sem expressa e clara previsão legal.

Já no caso de o legitimado originário abandonar ou desistir do processo, alguns autores[30] compreendem que seria possível a assunção exclusiva do polo ativo pelo indivíduo, enquanto outros entendem que não, estendendo para esse momento a ausência de legitimidade para o ajuizamento[31].

Parece-nos que a ampla negativa à possibilidade soa exagerada. Se a lei admite que o indivíduo figure no polo ativo, apesar do debate doutrinário a respeito da natureza jurídica dessa intervenção, não se pode presumir que o legislador refute a acidental hipótese de sua permanência exclusiva, por conta da desistência, expressa ou tácita, do coautor. Antes, porém, seria recomendável a intimação

---

[26] SPADONI, 2004, p. 504.
[27] NEVES, 2016b, p. 285.
[28] REsp 1.116.897/PR, 4ª Turma, Rel. Min. Luis Felipe Salomão, j. 24-9-2013.
[29] LEONEL, 2011, p. 258.
[30] DIDIER JR.; ZANETI JR., 2016b, p. 221.
[31] ANDRADE; MASSON; ANDRADE, 2017, p. 149.

dos colegitimados, para que assumam a ação, garantindo que haja um legitimado desinteressado ao lado do sujeito individual.

2.2.6. Momento da intervenção

2.2.6.1. Termo inicial

De acordo com o art. 94 do Código de Defesa do Consumidor, uma vez proposta a ação, serão publicados editais, sendo-lhe dada ampla publicidade por outros meios de comunicação – incumbência dos órgãos de defesa do consumidor.

Desse modo, o indivíduo pode requerer sua habilitação desde que tome ciência da ação. O termo inicial para o pedido é, a rigor, a própria propositura da demanda coletiva, funcionando os editais como meios para se garantir um fictício conhecimento.

Por isso, o Superior Tribunal de Justiça já definiu que a falta de publicação do edital destinado a possibilitar a intervenção de interessados como litisconsortes não impede, por si só, a produção de efeitos *erga omnes* de sentença de procedência relativa a direitos individuais homogêneos. Inexiste nulidade, portanto[32].

2.2.6.2. Termo final

A lei não elucida, por outro lado, até qual momento seria possível o ingresso do indivíduo no polo ativo. Para os que consideram se tratar de assistência, aplicar-se-ia a falta de limitação temporal ou procedimental, nos moldes do art. 119, parágrafo único, do Código de Processo Civil[33], recebendo o processo no estado em que estiver[34].

A situação é realmente peculiar, porque, sobretudo se se considerar tratar-se de litisconsórcio, como assume o microssistema, atribui-se consequência muito relevante à intervenção, com o suporte dos efeitos normais da coisa julgada, favoráveis ou não. Assim, como em um processo individual o litisconsórcio ulterior facultativo só é admitido quando há autorização própria, fruto da ponderação legislativa, existe um vazio normativo evidente no art. 94 do Código de Defesa do Consumidor.

Na verdade, o indivíduo que opta por ingressar na ação coletiva renuncia a seu direito de ação individual, razão pela qual se mostra muito razoável que apenas se submeta à coisa julgada formada se pode efetivamente influenciar na sua formação.

Um bom parâmetro, por analogia, é a exceção do processo mal gerido, tipificada no art. 123 do diploma processual geral[35], que pode ser alegada tanto pelo indivíduo, buscando nova discussão capaz de favorecê-lo em demanda individual, como forma de se esquivar do art. 103, § 2º, do Código de Defesa do Consumidor, como pelo juiz, para indeferir a habilitação, antevendo sua inutilidade e os efeitos puramente negativos que dela adviriam.

---

[32] REsp 1.377.400/SC, 2ª Turma, Rel. Min. Og Fernandes, j. 18-2-2014.

[33] "Art. 119. (...) Parágrafo único. A assistência será admitida em qualquer procedimento e em todos os graus de jurisdição, recebendo o assistente o processo no estado em que se encontre."

[34] LEONEL, 2011, p. 258.

[35] "Art. 123. Transitada em julgado a sentença no processo em que interveio o assistente, este não poderá, em processo posterior, discutir a justiça da decisão, salvo se alegar e provar que: I – pelo estado em que recebeu o processo ou pelas declarações e pelos atos do assistido, foi impedido de produzir provas suscetíveis de influir na sentença; II – desconhecia a existência de alegações ou de provas das quais o assistido, por dolo ou culpa, não se valeu."

Capítulo 11
INTERVENÇÃO DE TERCEIROS

No processo coletivo, a intervenção de terceiros segue as regras do Código de Processo Civil, guardando algumas peculiaridades. Naturalmente, será possível a instauração do incidente de desconsideração da personalidade jurídica, se reunidos os pressupostos indicados na legislação material[1].

1. ASSISTÊNCIA

Na assistência (art. 119 e seguintes do CPC), há a intervenção de terceiro no processo com o intuito de auxiliar uma das partes, seja autor ou réu, em razão da existência de interesse jurídico na vitória da parte assistida.

A assistência é cabível em qualquer causa pendente em qualquer dos tipos de procedimento e em todos os graus de jurisdição. Cabe assistência no processo de conhecimento, sob o rito comum ou sob procedimentos especiais, assim como no procedimento cautelar. A tutela coletiva não é exceção à regra.

A assistência será considerada simples quando o direito do terceiro não estiver sendo discutido no processo, sendo, por outro lado, considerada litisconsorcial quando seu interesse também for objeto de discussão.

Nesse sentido, haverá assistência simples, quando o assistente tiver interesse jurídico[2] indireto na relação processual, e litisconsorcial, quando o interesse jurídico for direto, isto é, quando o terceiro estiver juridicamente vinculado ao adversário do assistido[3].

Existem autores que entendem pela ausência de interesse jurídico na intervenção, nos processos coletivos, já que a coisa julgada se daria *secundum eventum litis*, e que não haveria relação entre o assistente e o pretenso assistido (ao menos sob o ponto de vista do legitimado, parte processual)[4]. Assim, apenas seria viável a assistência ao réu.

Nos parece, por outro lado, que, na tutela coletiva, o conceito de interesse merece ser ampliado, tanto para abarcar a relação do assistente com o assistido (no fundo, a coletividade substituída) como para contemplar o envolvimento no conflito coletivo, global, local ou irradiado[5]. O STJ entende que não basta, porém, o mero interesse institucional[6-7] – que pode servir para o ingresso como *amicus curiae*.

---

[1] PINHO, 2019, p. 280.

[2] Não basta mero interesse de fato, ou afetivo, nem mesmo puramente econômico. Há que estar presente interesse jurídico a autorizar a assistência. Como outros requisitos podemos citar: haver demanda pendente, tratar-se de processo de conhecimento ou cautelar, ficando excluídas as hipóteses de processo de execução, exceto nos casos de processos incidentais, que são de cognição.

[3] A assistência litisconsorcial tem como seu grande exemplo a figura do devedor solidário, o qual poderá intervir devido ao seu interesse jurídico na resolução daquela relação processual.

[4] NEVES, 2016b, p. 287; GIDI, 1995, p. 55.

[5] DIDIER JR.; ZANETI JR., 2016b, p. 215. Também admitindo a assistência simples de não colegitimados: ANDRADE; MASSON; ANDRADE, 2017, p. 147.

[6] REsp 1.223.361/PE, 2ª Turma, Rel. Min. Herman Benjamin, j. 7-6-2011.

[7] REsp 1.182.123/PE, 2ª Turma, Rel. Min. Castro Meira, j. 11-5-2010.

Não se pode esquecer da previsão específica do art. 118 da Lei n. 12.529/2011, que menciona a intimação do CADE para intervir nos processos acerca de infrações à ordem econômica, em querendo, justamente a título de assistente[8], como prestigiado pelo Superior Tribunal de Justiça[9].

Em outros termos, na assistência simples, a relação jurídica material da qual o assistente é sujeito não é objeto do processo, mas sobre ela poderá produzir reflexos a sentença (por exemplo, a intervenção do sublocatário no processo de despejo em que figura como réu o locatário-sublocador).

Na assistência litisconsorcial, o assistente participa da própria relação jurídica material debatida no processo, razão por que, de modo mais evidente do que na situação anterior, será atingido pelos efeitos da sentença (como na intervenção de um condômino no processo que tem por objeto uma pretensão reivindicatória e que foi instaurado por iniciativa de outro condômino).

As consequências em relação aos dois tipos de assistência são distintas.

Assim, caso o assistido, em assistência simples, desista da ação, cessa automaticamente a assistência. Da mesma forma, caso o assistido não recorra ou desista de alguma prova, não poderá o assistente recorrer ou produzir a prova.

No entanto, o art. 121, parágrafo único, do Código de Processo Civil de 2015 traz regra interessante, no sentido de que, sendo revel ou, de qualquer outro modo, omisso o assistido, o assistente será considerado seu substituto processual. Esse regramento é absolutamente aplicável à tutela coletiva, inclusive quanto ao polo passivo, garantindo que o contraditório seja exercido.

Já na assistência litisconsorcial, têm-se consequências jurídicas diversas, na medida em que o assistente é equiparado ao litisconsorte (art. 124 do CPC[10]). Nesse sentido, a assistência litisconsorcial será uma forma de intervenção principal, na qual o interveniente exerce verdadeira ação paralelamente a uma das partes e em face da outra.

Portanto, conforme a modalidade de assistência, diversos serão os poderes processuais atribuídos ao assistente simples e ao litisconsorcial.

O assistente simples é mero coadjuvante de uma das partes da demanda, não podendo agir contra os interesses do assistido, salvo se este for revel, hipótese em que sua atuação será equiparada a um gestor de negócios que poderá, inclusive, oferecer contestação caso ingresse na relação jurídica a tempo de oferecer resposta.

Por outro lado, o assistente litisconsorcial atua como se litisconsorte fosse. Nesse sentido parece ser a *mens* do art. 124 do Código de Processo Civil.

Na assistência litisconsorcial, o assistente não é parte, mas seu direito também está em causa, tanto que a doutrina admite que seu regime jurídico é análogo ao do litisconsórcio ulterior.

Por isso, pode agir no processo e conduzir sua atividade sem se subordinar ao assistido. Pode, inclusive, ir além da atividade do assistido e até contrariar a vontade deste, porque seu agir processual se aproxima daquele de um litisconsorte.

Dessa forma, aborda-se a assistência litisconsorcial como uma assistência qualificada, pelo fato de o assistente ter vínculo não só com o assistido, em favor de quem irá intervir, mas também com o adversário do assistido.

Quanto aos efeitos subjetivos da coisa julgada (art. 123 do CPC/2015) que normalmente atingem autor e réu, não poderá o assistente, em processo posterior, discutir a justiça da decisão, salvo

---

[8] Em sentido contrário, reputando tratar-se de *amicus curiae*: NEVES, 2016b, p. 288.
[9] AgRg no REsp 1.125.981/RS, 1ª Turma, Rel. Min. Napoleão Nunes Maia Filho, j. 28-2-2012.
[10] "Art. 124. Considera-se litisconsorte da parte principal o assistente, sempre que a sentença influir na relação jurídica entre ele e o adversário do assistido."

se alegar e provar que, pelo estado em que recebera o processo ou pelas declarações ou atos do assistido, tenha sido impedido de produzir provas capazes de influir na sentença ou de que o assistido, por dolo ou culpa, não se valeu.

Trata-se, portanto, de uma presunção relativa que vincula o assistente simples e o assistido, mas que pode ceder diante das hipóteses dos incisos I e II do art. 123 do Código de Processo Civil.

Numa interpretação restritiva, o art. 123 só se aplicaria à assistência simples. Tratando-se de assistência litisconsorcial, seus efeitos sempre atingiriam o assistente, pois ele é tido como parte no processo, e não terceiro, sob pena de permitir-se uma ruptura do princípio da isonomia. Nesse sentido, a solução da controvérsia repousa justamente na discussão sobre a qualidade ou não de parte do assistente.

A esse panorama, aplicável, como é natural, à tutela coletiva, se agregam outras previsões, oriundas do microssistema ou de provocações doutrinárias.

Entendemos, porém, que as hipóteses de intervenção de colegitimados e do indivíduo no processo coletivo não configuram assistência litisconsorcial, mas litisconsórcio ulterior, razão pela qual foram tratados anteriormente.

1.1. Intervenção dos substituídos

O Código de Processo Civil, em seu art. 18, parágrafo único, prevê que o substituído pode intervir a título de assistente litisconsorcial do substituto, nas hipóteses de legitimidade extraordinária. Cabe discutir se tal comando, previsto para a tutela individual, é aplicável à tutela coletiva.

Existe certa tendência doutrinária em concluir pela impossibilidade da extensão[11], sob pena de se desnaturalizar o processo coletivo, autorizando um imaginável litisconsórcio multitudinário a ferir a economia processual e a duração razoável do processo.

De acordo com esse entendimento, praticamente uníssono, deve-se prestigiar o microssistema, que induz a aplicação meramente subsidiária do diploma processual geral (art. 19 da LACP e art. 90 do CDC) e contém comando próprio acerca da intervenção dos substituídos, no art. 94 do Código de Defesa do Consumidor.

2. DENUNCIAÇÃO DA LIDE

A denunciação da lide é uma modalidade de intervenção de terceiros em que, antecipando-se posterior ação regressiva, já se ajuíza a referida ação, permitindo que o denunciado participe do processo principal. Trata-se da única modalidade de intervenção coativa de terceiros que admite que o pedido seja feito tanto pelo autor como pelo réu.

Constitui verdadeira demanda incidental de garantia. Com ela, formula-se pretensão em face do terceiro (ou de algum dos litisconsortes da demanda principal), convocando-o a integrar o processo.

Com isso, instaura-se uma nova demanda no mesmo processo, que será, em verdade, uma ação regressiva, *in simultaneus processus*, isto é, uma ação de regresso antecipada em caso de sucumbência do denunciante.

Na denunciação da lide tem-se uma relação de prejudicialidade, já que, vencendo o denunciante na demanda principal, a segunda demanda instaurada por força da denunciação restará prejudicada.

Na tutela coletiva, a incidência do instituto se resume à segunda hipótese de cabimento, prevista no inciso II do art. 125, integrando a lide aquele que estiver obrigado, por lei ou pelo contrato, a indenizar, em ação regressiva, o prejuízo de quem for vencido no processo.

---

[11] DIDIER JR.; ZANETI JR., 2016b, p. 217; BARRETO, 2016, p. 299; ANDRADE; MASSON; ANDRADE, 2017, p. 150.

Nesse caso, não há risco de se perder o direito pela não denunciação. Assim, a parte continua tendo o direito subjetivo material ao ressarcimento, podendo, em outro processo, pleitear tal condenação, o que esclarece a facultatividade da intervenção.

Nos processos coletivos, parece-nos que, apesar da resistência de considerável parcela da doutrina[12], a denunciação é cabível, a princípio[13].

Caberá ao julgador avaliar, em concreto, se a intervenção compromete a tutela dos bens transindividuais ou se significará barreira ao acesso à justiça dos direitos individuais homogêneos, inviabilizando-a ou tornando-a excessivamente difícil[14]. Não há razão para, abstratamente, negar sempre a denunciação, que, deve ser recordado, também é mecanismo que prestigia a eficiência e a economia processuais, para além da segurança jurídica do denunciante.

O parâmetro, portanto, deve ser a jurisprudência sedimentada do Superior Tribunal de Justiça[15], na tutela individual, que refuta a denunciação quando a ampliação subjetiva e objetiva inerente implicar a instauração de lide paralela que aumente a dilação probatória. Nesse caso, com efeito, a complicação da cognição torna inconveniente a lide secundária entre denunciante e denunciado[16].

Em duas hipóteses, porém, a denunciação não será cabível:

a) quando a relação principal discutir responsabilidade objetiva e a secundária envolver responsabilidade subjetiva; e
b) quando a matéria em debate envolver responsabilidade do fornecedor.

2.1. Responsabilidade objetiva do Estado

Interessante, para a tutela coletiva, é a discussão sobre o cabimento de denunciação da lide no âmbito da responsabilidade extracontratual do Estado (art. 125, II, do CPC c/c o art. 37, § 6º, da CF).

Preliminarmente, esclarece-se que, segundo a teoria do órgão, adotada no Direito Administrativo, o funcionário público sempre age em nome do Estado. Assim, o Estado deverá responder objetivamente pelos atos de agentes públicos.

Junto a isso, o agente público causador do dano responde subjetivamente, podendo o Estado, de modo regressivo, ressarcir-se dos prejuízos sofridos em virtude de sua responsabilização.

O STJ não considera a denunciação da lide obrigatória para que o Estado obtenha o ressarcimento nos casos de responsabilidade objetiva extracontratual por ato de seus agentes públicos. Isso por entender que discutir a responsabilidade objetiva do Estado com a responsabilidade subjetiva do agente público ao mesmo tempo pode causar confusão e demora[17].

Com efeito, não havendo denunciação por parte do Estado, este não perde o direito de regresso, garantido constitucionalmente, mas apenas o direito de exercê-lo no mesmo processo.

Nesse passo, por algum tempo se admitiu a denunciação da lide na hipótese do art. 37 da Carta de 1988, na medida em que o Código de Processo Civil de 1973 (e também o CPC/2015) contém

---

[12] Existem julgados nessa linha, no STJ: REsp 232.187/SP, Rel. Min. José Delgado, DJ 8-5-2000.
[13] Nessa linha: NEVES, 2016b, p. 289; ANDRADE; MASSON; ANDRADE, 2017, p. 151; DIDIER JR.; ZANETI JR., 2016b, p. 228; GRINOVER, 2002b, p. 16.
[14] DIDIER JR.; ZANETI JR., 2016b, p. 230.
[15] AgRg no REsp 1.330.926/MA, 4ª Turma, Rel. Min. Luis Felipe Salomão, j. 12-11-2013. No mesmo sentido: EREsp 681.881/SP, Corte Especial, DJe 7-11-2011; AgRg no REsp 1.330.926/MA, 4ª Turma, DJe 21-11-2013; AgRg no Ag 1.213.458/MG, 2ª Turma, DJe 30-9-2010; REsp 1.164.229/RJ, 3ª Turma, DJe 1º-9-2010; REsp 701.868/PR, Rel. Min. Raul Araújo, j. 11-2-2014.
[16] Em sentido contrário, optando por prestigiar a economia macroscópica: NEVES, 2016b, p. 294.
[17] STJ, REsp 606.224/RJ, Rel. Min. Denise Arruda, DJ 1º-2-2006; STJ, REsp 661.696/PR, Rel. Min. Eliana Calmon, DJ 10-10-2005; STJ, REsp 537.688/DF, Rel. Min. Teori Albino Zavascki, DJ 2-5-2005.

uma autorização genérica. Assim, o fato de a possibilidade de denunciação da lide não se encontrar expressa no texto da Constituição Federal não significa que ela é vedada.

Segundo tal entendimento, a norma constitucional deve ser interpretada sempre em consonância com o interesse público, motivo pelo qual a denunciação da lide deveria ser admitida por ser o instrumento mais eficaz para a defesa do erário.

Essa concepção sofreu variadas e corretas críticas, por:

a) não ser permitido ao aplicador da lei presumir o que não foi dito pelo legislador;
b) ser incabível a aplicação de norma infraconstitucional incompatível com o texto constitucional;
c) ser a garantia estabelecida no dispositivo constitucional imprópria, na medida em que não há uma relação contratual pré-constituída.

Seguindo essa última linha, o STF[18] e o STJ[19] vêm entendendo que, na hipótese de dano causado a particular por agente público no exercício de sua função, há de se conceder ao lesado a possibilidade de ajuizar ação diretamente contra o agente, contra o Estado ou contra ambos. Trata-se da teoria da dupla garantia: protege-se o particular lesado, que virá a ser ressarcido objetivamente, sem discussão de culpa, e o agente, que poderá provar, na ulterior ação regressiva, que não atuou em conduta subjetiva reprovável.

2.2. Relações de consumo

Quando, porém, se estiver diante de ação que discuta responsabilidade por fato do produto ou serviço, inclusive em danos coletivos, há vedação expressa no Código de Defesa do Consumidor à denunciação da lide (art. 88[20]). Em sede doutrinária[21] e no Superior Tribunal de Justiça[22], amplia-se a proibição para abarcar qualquer demanda sobre a responsabilidade civil consumerista por acidentes de consumo, embora o dispositivo apenas diga respeito à responsabilidade dos comerciantes.

As razões para a escolha do legislador são o retardamento procedimental e a ampliação do debate em nova causa de pedir, ambas a impedir a mais breve satisfação da pretensão do consumidor autor[23].

Existe posição, contudo, que reputa tratar o art. 88 de chamamento ao processo, uma vez que a responsabilidade entre os fornecedores é solidária, concluindo inexistir vedação genérica à denunciação da lide, fazendo incidir o regramento geral, segundo o qual cabe ao juiz definir a oportunidade da ampliação da demanda[24].

3. CHAMAMENTO AO PROCESSO

O chamamento ao processo, previsto no art. 130 do Código de Processo Civil, é modalidade de intervenção forçada de terceiros, em que é facultado ao réu fazer citar os coobrigados, a fim de que se tornem seus litisconsortes.

---

[18] RE 327.904, 1ª Turma, Rel. Min. Carlos Britto, j. 15-8-2006.
[19] REsp 1.325.862/PR, 4ª Turma, Rel. Min. Luis Felipe Salomão, j. 5-9-2013.
[20] "Art. 88. Na hipótese do art. 13, parágrafo único deste código, a ação de regresso poderá ser ajuizada em processo autônomo, facultada a possibilidade de prosseguir-se nos mesmos autos, vedada a denunciação da lide."
[21] DIDIER JR.; ZANETI JR., 2016b, p. 232; NEVES, 2016b, p. 295.
[22] AgRg no AREsp 694.980/MS, 4ª Turma, Rel. Min. Antonio Carlos Ferreira, j. 22-9-2015.
[23] NEVES, 2016b, p. 291-293.
[24] DIDIER JR.; ZANETI JR., 2016b, p. 233.

Com isso, o terceiro, além de poder ter a sua responsabilidade fixada, fica sujeito aos efeitos da sentença que julgar procedente o pedido, e, assim, abrangido pela eficácia da coisa julgada material resultante da sentença.

Aquele que satisfizer a dívida, poderá exigi-la por inteiro do devedor principal ou de cada um dos codevedores (ou de algum deles), na proporção de sua cota-parte. Dessa forma, a finalidade do chamamento ao processo é promover a ampliação subjetiva do processo, trazendo para ele os demais coobrigados solidariamente responsáveis perante o credor.

O instituto está relacionado à situação de garantia simples[25], não se tratando de direito regressivo (o que configuraria caso de denunciação à lide).

Difere, portanto, da denunciação da lide, uma vez que, no chamamento ao processo, todos os réus estão obrigados perante um credor comum, enquanto na denunciação da lide há vínculo obrigacional entre o denunciante e o denunciado, sem que exista qualquer relação entre este e o adversário do denunciante.

Tem incidência na tutela coletiva, destacadamente, a terceira hipótese de cabimento da intervenção, para integrar ao processo os devedores solidários, quando o autor-credor exigir de um ou de alguns deles, parcial ou totalmente, a dívida comum. Ampla doutrina não apenas admite sua aplicação como a recomenda, como forma de facilitar o ressarcimento da coletividade autora[26].

O mesmo se dará em matéria prescrita no Código de Defesa do Consumidor, que determina que, na ação de responsabilidade civil do fornecedor de produtos e serviços, o réu que houver contratado seguro de responsabilidade poderá chamar ao processo o segurador (art. 101, II). A hipótese foi claramente criada para favorecer os consumidores, uma vez que, a princípio, seria hipótese de denunciação da lide, com inauguração de ação autônoma de regresso, soando muito mais protetivo que todos integrem o polo passivo.

Essa disposição normativa do Código do Consumidor excetuava a regra geral do Código de Processo Civil de 1973, que não admitia a intervenção de terceiros quando a demanda tramitasse sob o rito sumário. Tratando-se de intervenção de terceiros fundada em contrato de seguro, entretanto, seria admissível o chamamento ao processo, ainda que diante daquele rito[27]. O Código de Processo Civil de 2015 extinguiu o procedimento sumário.

O chamamento ao processo, cabível em todos os procedimentos, salvo na execução, é direito privativo do réu na relação processual e deve ser exercido na contestação, no prazo de 30 dias, sob pena de ficar sem efeito o chamamento (art. 131). O parágrafo único desse dispositivo determina que, se o chamado residir em outra comarca, seção ou subseção judiciárias, ou em lugar incerto, o prazo será de dois meses.

Citado aquele que foi chamado pelo réu para integrar o processo sem que seja apresentada qualquer resposta ao juiz, será dado prosseguimento ao processo, com a decretação da revelia dele, tal como ocorre na hipótese de denunciação da lide[28], e, portanto, caberá ao réu originário o prosseguimento da defesa.

Dessa forma, admitido o chamamento ao processo, serão condenados o réu e o chamado, se julgada procedente a pretensão do autor, por força da procedência do requerimento de chamamento, ficando os bens do chamado também sujeitos à execução forçada.

---

[25] A garantia simples ocorre naquelas hipóteses em que alguém deve prestar ao credor, perante o qual é pessoalmente obrigado, o pagamento de um débito de que é garantidor.

[26] LEONEL, 2011, p. 251; NEVES, 2016b, p. 295.

[27] Art. 280 do CPC.

[28] CPC/2015: "Art. 128. Feita a denunciação pelo réu: (...) II – se o denunciado for revel, o denunciante pode deixar de prosseguir com sua defesa, eventualmente oferecida, e abster-se de recorrer, restringindo sua atuação à ação regressiva".

Por fim, deve ser mencionado o entendimento segundo o qual o chamamento também pode ser limitado, pelo julgador, quando for causa de formação de um litisconsórcio multitudinário[29].

4. AMICUS CURIAE

A participação dos amigos da corte no processo, antes enxergada como mero colaborador do juízo, passou a ser forma típica de intervenção de terceiros no Código de 2015. Possui características peculiares, por não necessitar de interesse jurídico na solução da demanda, embora deva ostentar representatividade adequada[30] e suficiente[31].

A condição de terceiro, porém, não o torna um assistente, e tampouco um assistente *sui generis*, pois a razão pela qual intervém no processo alheio não guarda nenhuma relação com a razão motivadora da intervenção do assistente[32].

Isso porque o assistente, simples ou litisconsorcial, seria um interveniente que atua na tutela de um direito ou de um interesse seu que, de alguma forma, será afetado presente ou futuramente, pelo que vier a ser decidido pelo juízo.

Já o *amicus curiae* não atua em prol de um interesse seu, sendo sua atuação institucional, e o benefício do autor ou do réu apenas consequência de sua atuação, e não fundamento desta.

Assim, independentemente da discussão em torno da natureza jurídica dessa figura, o fato é que ele é o portador de interesses institucionais dispersos na sociedade, de forma a ultrapassar interesses unicamente particulares.

São três as atuais funções desse terceiro, no processo:

1) auxiliar técnico, elucidando o juízo acerca de questões não jurídicas;
2) agente de legitimação democrática, ampliando as visões de mundo envolvidas no litígio e contribuindo para o contraditório plural;
3) *amicus litigante*, corroborando posição sustentada por uma das partes, notadamente nos julgamentos abstratos de formação de precedentes judiciais.

Na tutela coletiva, merece destaque a função, num ambiente cooperativo e sujeito ao contraditório participativo, de pluralizar o debate, objetivando subsidiar o magistrado com o maior número possível de elementos, para que a decisão seja a mais efetiva e adequada possível ao caso concreto.

É, em suma, um dos fatores responsáveis por conferir maior grau de legitimidade democrática à decisão, em especial nos processos estruturantes.

O *amicus curiae* é um amigo da corte, e não das partes. Ele é um legítimo portador de interesse institucional, assim entendido como o interesse que ultrapassa a esfera jurídica de um indivíduo e que, por isso mesmo, é um interesse transindividual.

Ademais, a intervenção do *amicus curiae* pode se dar diretamente em juízo, sem necessidade de estar representado por advogado. No entanto, nada impede que se faça representar, sendo mesmo desejável que se faça orientar por esse profissional.

---

[29] LEONEL, 2011, p. 251.
[30] "A 'representatividade' não tem aqui o sentido de legitimação subjetiva, mas de qualificação objetiva. Permite-se um neologismo, à falta de expressão mais adequada para o exato paralelo: trata-se de uma contributividade adequada (adequada aptidão em colaborar)" (TALAMINI, 2015, p. 442).
[31] CARNEIRO; PINHO, 2015, p. 145.
[32] Eduardo Cambi considera o *amicus curiae* um terceiro extraordinário porque se distancia das figuras dos intervenientes do CPC: "a referida doutrina busca dissociar a noção de terceiro juridicamente interessado, inerente às figuras tradicionais de intervenção reguladas no CPC" (CAMBI, 2011, p. 40).

Esse interesse autoriza seu ingresso para que a decisão a ser proferida pelo magistrado leve em consideração as informações disponíveis sobre os impactos e os contornos que foram apresentados na discussão, servindo como fonte de conhecimento em assuntos inusitados, inéditos, difíceis ou controversos, ampliando a discussão antes da decisão dos juízes da corte.

Dessa forma, sua função é, basicamente, chamar a atenção da corte para fatos ou circunstâncias que poderiam não ser notados, tornando-se um portador de vozes da sociedade e do próprio Estado, aprimorando a decisão jurisdicional a ser proferida; por desempenhar todo e qualquer ato processual que seja correlato a atingir tal finalidade, sendo fator de legitimação social extraordinária; por viabilizar, em prol dos preceitos democráticos, a participação de entidades e instituições que representem de forma efetiva os interesses difusos e coletivos da sociedade e que expressem os valores essenciais e relevantes de classes e grupos.

Sua previsão no ordenamento jurídico remete ao art. 6º, § 2º, do Decreto n. 6.142/1876[33], que autorizava a participação de "jurisconsultos de melhor nota" na formação dos assentos. Mais contemporaneamente, embora não expressamente, surge no art. 31 da Lei n. 6.385/76, que veio permitir a intervenção da Comissão de Valores Mobiliários em processos individuais de caráter individual, nos quais devessem ser apreciadas questões de direito societário sujeitas, no plano administrativo, à competência fiscalizadora dessa autarquia federal.

A Comissão de Valores Mobiliários esclarece, então, o juiz a respeito de uma resolução de efeitos concretos, interpretando os fatos do mercado e fornecendo conhecimentos técnicos ao Poder Judiciário.

Nas ações de controle abstrato de constitucionalidade e de inconstitucionalidade, com embasamento constitucional e regulamentado pela Lei n. 9.868/99, não se admite a intervenção de terceiros, nos termos dos arts. 7º e 18, sendo que a razão de ser repousa na circunstância de o processo de fiscalização normativa abstrata qualificar-se como processo de caráter objetivo.

Todavia, o art. 7º, § 2º, passou a abrandar tal disposição, permitindo o ingresso de entidade dotada de representatividade, pluralizando o debate constitucional.

Também como intervenção atípica, a título de *amicus curiae*, seria o caso da intervenção das pessoas jurídicas de direito público, prevista no art. 5º da Lei n. 9.469/97, e a intervenção do Conselho Administrativo de Defesa Econômica (CADE)[34] nos processos judiciais em que seja aplicada a lei relativa às infrações contra a ordem econômica (arts. 31 e 32 da Lei n. 9.784/99).

Neste último caso, o texto da lei fala expressamente em assistência, uma vez que o CADE tem interesse em que uma das partes ganhe a ação, mas também quer evitar, assim, que a própria esfera jurídica seja afetada.

Contudo, discordamos da terminologia legal que trata o CADE como assistente, pois este, como já destacamos, visa a tutelar interesse subjetivo próprio, ainda que reflexo. O CADE é uma autarquia, pessoa jurídica que não tem nenhum tipo de interesse subjetivado, individualizado. Seu interesse é, na verdade, a aplicação do direito objetivo da concorrência, até mesmo porque não depende do Judiciário para exercer o poder de polícia que a Lei n. 8.884/94 lhe reserva[35].

---

[33] "Art. 6º Havendo indicação nos termos do art. 4º n. 1, será lida e ficará sobre a mesa para ser votada na sessão seguinte, sem discussão. (...) § 2º O Tribunal poderá tambem ouvir, quando julgue conveniente, o Instituto da Ordem dos Advogados, os Tribunaes do Commercio e Jurisconsultos de melhor nota."

[34] Com a intervenção do CADE, a competência é deslocada para a Justiça Federal, nos termos do art. 109, I, da CF e da Súmula 150 do STJ.

[35] PINHO, 2019, p. 287.

Assim, embora a maioria da doutrina, seguindo a terminologia legal, trate do caso como hipótese de assistência, acreditamos que o CADE é, na verdade, *amicus curiae*, por não defender direito seu que dependa da relação posta em juízo, mas por apenas verificar a aplicação correta do direito da concorrência[36].

O STF[37] vem incentivando o papel do "colaborador do tribunal", e justifica essa postura pela necessidade de pluralizar o debate constitucional e de afastar um indesejável déficit de legitimidade das decisões do Supremo Tribunal Federal no exercício da jurisdição constitucional.

Existem outras hipóteses[38] nas quais pode haver a intervenção do amigo da Corte:

a) Juizados Especiais Federais (art. 14, § 7º, da Lei n. 10.259/2001);
b) procedimento de edição, revisão e cancelamento de enunciado de súmula vinculante pelo STF (art. 3º, § 2º, da Lei n. 11.417/2006);
c) análise da repercussão geral pelo STF no julgamento de recurso extraordinário (art. 1.035 do CPC);
d) decisão em regime de recurso repetitivo pelo STF ou pelo STJ (art. 1.036 do CPC); e
e) no Incidente de Resolução de Demandas Repetitivas (art. 983 c/c art. 138, § 3º) e no IAC (por interpretação extensiva).

O Código de Processo Civil, na redação do art. 138, admite expressamente que a intervenção do *amicus curiae* possa se dar também em outras hipóteses, segundo o prudente arbítrio do magistrado, e desde que presentes as seguintes circunstâncias[39]:

a) relevância da matéria;
b) especificidade do objeto da demanda; ou
c) repercussão social da controvérsia.

No atual cenário processual, a intervenção pode se dar em qualquer grau de jurisdição e, a princípio, em qualquer procedimento, o que é particularmente relevante no processo coletivo. Não à toa, já havia doutrina a sustentar seu cabimento nas ações coletivas, independentemente de autorização legal expressa[40].

O magistrado pode determinar a inclusão *ex officio*, ou atendendo pleito das partes, ou mesmo daquele que pretende ingressar nos autos.

Quanto ao sujeito que pleiteia o ingresso, o art. 138 do Código de Processo Civil dispõe ainda que o *amicus curiae* pode ser:

a) pessoa natural;
b) pessoa jurídica;
c) órgão ou entidade especializada, com representação adequada.

---

[36] O Superior Tribunal de Justiça, 2ª Turma, no REsp 1.275.859, sendo relator o Min. Mauro Campbell Marques, j. 27-11-2012, DJ de 5-12-2012, admitiu a participação do CADE na condição de *amicus curiae*.
[37] ADI 5.022-MC/RO, Rel. Min. Celso de Mello (*Informativo* n. 733 do STJ).
[38] PINHO, 2019, p. 288.
[39] FUX, 2015, p. 93.
[40] LEONEL, 2011, p. 263.

No caso da repercussão geral, o STF[41] já havia enfatizado que o amigo da Corte deve ostentar o requisito da representação adequada.

O prazo de manifestação é de 15 dias, a partir de sua intimação, e não pode implicar modificação de competência. Os seus poderes são definidos pelo magistrado na decisão que leva a sua inclusão nos autos.

Como regra, o amigo da Corte não pode recorrer das decisões judiciais. Nesse sentido, a jurisprudência do Supremo Tribunal Federal, mesmo antes do Código de 2015[42].

Contudo, os §§ 1º e 3º do art. 138 permitem duas exceções:

a) oposição de embargos de declaração; e
b) recurso interposto contra a decisão que julgar o incidente de resolução de demandas repetitivas.

De acordo com o STF[43] e o STJ[44], embora o dispositivo legal preveja que a decisão que admite o ingresso é irrecorrível, tanto a admissão quanto a inadmissão são irrecorríveis, seja por agravo de instrumento, seja por agravo interno, quando proferida por relator. Isso porque o art. 8º, § 2º, da Lei n. 9.869/99 e o art. 138 do Código de Processo Civil de 2015 deixam entrever que a melhor interpretação seria a ampliação do termo irrecorrível, por não haver direito subjetivo do colaborador de ser admitido.

---

[41] RE 659.424, Rel. Min. Celso de Mello, decisão monocrática, j. 9-12-2013, DJe 13-12-2013.
[42] ADI 3.615-ED, Plenário, Rel. Min. Cármen Lúcia, j. 17-3-2008, DJe 25-4-2008.
[43] STF, RE 602.584 AgR, Plenário, Rel. p/ acórdão Min. Luiz Fux, j. 17-10-2018.
[44] QO 1.696.396/MT, Rel. Min. Nancy Andrighi. Disponível em: <www.stj.jus.br>. Acesso em: 20 nov. 2019.

Capítulo 12
RELAÇÃO ENTRE AÇÕES

Tema dos mais relevantes na tutela coletiva pela via principal é o da relação entre ações – seja entre uma ação coletiva e outra, seja entre uma ação coletiva e ações individuais em paralelo.

1. RELAÇÃO ENTRE AÇÕES COLETIVAS

A concorrência de ações coletivas semelhantes ou iguais é possível e até mesmo frequente em razão da legitimidade concorrente e disjuntiva estabelecida pelo legislador e da interseção de objetos de diferentes tipos de ações.

A partir do momento em que o ordenamento permite que qualquer um dos legitimados ajuíze a ação, sem ordem hierárquica ou subordinação, é viável que mais de um o faça – o que nem sempre é perceptível *prima facie*, já que a competência em razão do local do dano e de sua extensão (notadamente, nos danos locais e regionais, cuja definição não é nada clara) pode acarretar processos semelhantes a correr em paralelo, em foros diversos.

Também pode suceder de uma ação popular ou uma ação civil pública versarem sobre o mesmo fato e procurarem a mesma resposta jurisdicional, porque todas possuem causas de pedir comuns. Assim também em relação ao meio ambiente e ao patrimônio histórico e cultural, objetos comuns da ação civil pública e da ação popular. Ou, ainda, se há uma questão de legalidade do ato, é possível também a impetração de mandado de segurança, individual ou coletivo, tornando o cenário ainda mais complexo.

Crucial nesses casos será o cotejo entre tais ações, para verificar se realmente são idênticas ou semelhantes.

A partir daí, poder-se-á verificar a existência de conexão, continência, litispendência ou coisa julgada, institutos todos que visam a evitar conflitos[1]:

a) lógicos, que causam desprestígio e descrédito ao Judiciário, permitindo decisões diversas sobre temas análogos;
b) práticos, que geram dúvida a respeito de qual dos comandos jurisdicionais deve ser seguido.

O ordenamento não tratou especificamente da temática, no microssistema, de maneira exauriente. Deve-se, portanto, seguir o regramento do processo individual, trazido pelo Código de Processo Civil.

1.1. Comparação entre ações

Ao comparar ações, pode-se chegar à conclusão de que existe:

a) identidade parcial, existindo conexão ou continência;
b) identidade total, ocasionando litispendência ou coisa julgada.

---
[1] LEONEL, 2011, p. 265-266.

Esse cenário é idêntico ao previsto para as demandas em geral. Existem, porém, peculiaridades, no processo coletivo, quanto aos elementos da ação.

A principal é a correta compreensão do elemento subjetivo, as partes. A doutrina aponta, de maneira tranquila, que não importa a parte processual (o legitimado que figura em juízo em nome próprio), mas a parte material, os beneficiários da tutela (substituídos ou representados).

Dispensa-se a absoluta identidade física ou institucional das partes, devendo a comparação passar pela identidade da condição jurídica das partes[2], da qualidade[3] ou qualificação jurídica[4].

O Superior Tribunal de Justiça segue essa linha, enfocando apenas, para fins de verificação de semelhança ou identidade das partes dos processos, a ótica dos beneficiários[5].

Kazuo Watanabe e Ada Pellegrini Grinover chegam mesmo a sugerir um quase exclusivo olhar para o pedido e a causa de pedir ("o que o autor coletivo traz para o processo"[6]).

Assim, existindo uma ação civil pública movida pelo Ministério Público e outra pela Defensoria Pública, ambas tutelando o mesmo dano ambiental, com os mesmos pedidos, haverá litispendência ou, se uma já houver transitado em julgado, coisa julgada. Da mesma maneira se a identidade for com uma ação popular, movida por cidadão, individualmente, pois o que realmente é relevante são os sujeitos beneficiados por essas demandas.

Cabe, porém, uma observação: essa sistemática, segundo a qual se deve enxergar a parte do processo como o possível beneficiado, titular do direito material, se assemelha, mas não se confunde, com as ações individuais concorrentes. Trata-se de hipótese em que um indivíduo ajuíza ação, com base em direito próprio, que, se for julgada procedente, beneficiará outros sujeitos, em idêntica posição. É o caso do acionista que visa a anular uma assembleia[7] ou de um condômino que discute o fechamento da área comum do edifício.

Nessas situações, considera-se que careçam condições para o regular exercício do direito de ação de outro acionista ou condômino não porque as partes seriam as mesmas em ambos os processos (como ocorre na relação entre demandas coletivas), e sim porque falta interesse processual, inexistindo impedimento à propositura de nova demanda pelo indivíduo não participante da primeira.

A diferença prática é que, sendo ajuizadas ações coletivas paralelas, existirá identidade de partes e, portanto, litispendência, mas, movidas ações individuais concorrentes, será hipótese de conexão, por serem partes diversas.

Deve-se atentar, desde já, para uma premissa fundamental: a espécie de ação – ou, mais propriamente, o procedimento específico – é indiferente, para a comparação, inclusive em decorrência do princípio da atipicidade da tutela coletiva, que enfoca a adequada e efetiva proteção dos bens jurídicos por qualquer das vias[8], permitindo um "concurso de ações"[9].

Nessa linha, a doutrina[10] e o Superior Tribunal de Justiça aceitam a reunião entre:

---

[2] LEONEL, 2011, p. 265.
[3] RODRIGUES, 2009a, p. 152.
[4] VENTURI, 2007, p. 331.
[5] AgRg nos EmbExeMS 6.864/DF, 3ª Seção, Rel. Min. Regina Helena Costa, j. 14-8-2014.
[6] GRINOVER, 2019, p. 1.027.
[7] LEONEL, 2011, p. 237-238.
[8] DIDIER JR.; ZANETI JR., 2016b, p. 158-159; LEONEL, 2011, p. 270.
[9] REsp 401.964/RO, 1ª Turma, Rel. Min. Luiz Fux, j. 22-10-2002.
[10] LEONEL, 2011; NEVES, 2016b, p. 314; GAJARDONI, 2012, p. 93.

a) duas ações populares[11];
b) duas ações civis públicas e/ou ação cautelar preparatória[12];
c) ação popular e ação civil pública[13].

A discussão fica por conta da reunião entre ação civil pública e um mandado de segurança coletivo. Existem decisões acenando positivamente[14], reconhecendo a litispendência em relação a uma ação popular quando o provimento pretendido em ambas gerar a mesma consequência prática[15], e outras reticentes, especialmente quando a autoridade coatora despertar a incidência de foro por prerrogativa no remédio constitucional[16].

1.2. Identidade parcial

O art. 54, inicialmente, esclarece que apenas a competência *relativa* (e não mais "em razão do valor e do território", adequando a lei ao entendimento doutrinário corrente) poderá ser alterada por meio dos institutos da conexão e da continência.

A previsão parece sepultar a aplicação dos institutos à tutela coletiva, em que a competência de foro tem natureza absoluta. No entanto, a doutrina[17] e a jurisprudência do Superior Tribunal de Justiça[18] enxergam uma competência *sui generis* no processo coletivo: embora seja absoluta, admite a modificação por conta da conexão e da continência.

São dois os fundamentos para a modificação da competência: o primeiro, atinente às *modificações legais* (isto é, conexão e continência), relacionadas à necessidade de se afastar o risco de decisões contraditórias ou conflitantes; o segundo, voltado às *modificações convencionais* (é o caso do foro de eleição e da inércia, por exemplo), relacionadas à escolha das partes destinatárias da prestação jurisdicional. No Código de Processo Civil de 2015, bem como no anterior, encontramos as duas modalidades – e, ocorrendo ambas no mesmo processo, prevalecerá a primeira, no que forem colidentes, por razões de ordem pública, as quais justificaram a opção legal.

1.2.1. Conexão

O art. 55 do Código de Processo Civil regula a conexão genérica (*conexão por identidade*), que ocorrerá quando duas ações tiverem em comum o pedido ou a causa de pedir.

Quanto ao pedido, a coincidência (*conexidade*[19]) deve operar no pedido mediato, isto é, no bem da vida que se busca por meio do pedido imediato, a tutela jurisdicional.

No que diz respeito à causa de pedir, há quem se satisfaça com a mera semelhança da causa de pedir para que se possa considerá-la "comum"[20].

---

[11] REsp 685.398/SP, 5ª Turma, Rel. Min. Arnaldo Esteves Lima, j. 3-4-2007, *DJ* 7-5-2007, p. 358.
[12] CC 115.532/MA, 1ª Seção, Rel. Min. Hamilton Carvalhido, j. 14-3-2011, *DJe* 9-5-2011.
[13] REsp 936.205/PR, 1ª Turma, Rel. Min. Francisco Falcão, j. 7-8-2007, *DJ* 30-8-2007, p. 239.
[14] AgRg no REsp 1.505.359/PE, 2ª Turma, Rel. Min. Herman Benjamin, j. 22-11-2016.
[15] AgRg nos EDcl no MS 13.710/DF, 3ª Seção, Rel. Min. Celso Limongi (Desembargador convocado do TJSP), j. 23-9-2009, *DJe* 6-10-2009.
[16] MS 8.670/DF, 3ª Seção, Rel. Min. Felix Fischer, j. 8-11-2006.
[17] ANDRADE; MASSON; ANDRADE, 2017, p. 160; FREIXO; ROCHA; MIGUEZ; LOPES; CABRAL, 2018, p. 268.
[18] CC 126.601/MG, 1ª Seção, Rel. Min. Mauro Campbell Marques, j. 27-11-2013, *DJe* 5-12-2013.
[19] Interessante distinção faz-se entre *conexidade* e *afinidade*: enquanto aquela diz respeito aos fatos (causa de pedir remota) e bens da vida (pedido mediato), existentes em concreto (logo, no plano do ser), esta se refere não a eventos concretos, mas porque se subsumem à mesma norma jurídica material, em abstrato (OLIVEIRA, 2015, p. 220-221). Exemplo de conexidade: duas ações sobre o mesmo contrato; exemplo de afinidade: duas ações sobre abusividade similar em contratos diferentes.
[20] CRAMER, 2016, p. 115; CUNHA, 2008, p. 166.

O § 2º do art. 55 estende, claramente, a regra do *caput* para duas hipóteses. A primeira é a *conexão por prejudicialidade* (inciso I), por meio da qual uma execução de título executivo extrajudicial[21] pode ser considerada conexa a uma ação de conhecimento, relativa a esse mesmo título[22].

É o caso da execução de um termo de ajustamento de conduta, que aparentemente cumpre as formalidades legais para ser considerado título extrajudicial, mas cuja validade é questionada (por exemplo, o compromissário sustenta que anuiu incorrendo em erro). Evitam-se, assim, decisões contraditórias, cuja resolução prática restaria problemática.

A segunda possibilidade diz respeito à *duplicidade de execuções fundadas no mesmo título* (inciso II). Aqui, é lógica a justificação do dispositivo, que busca afastar um autêntico *bis in idem*, tratando-se de espécie de *conexão por oposição*, a requerer decisão comum.

Interessante notar que há entendimento no sentido de que o rol desse § 2º do art. 55 do Código de Processo Civil, que alberga as hipóteses de *conexão legal*, é exemplificativo, deixando margem para, em outros casos conflitantes, estender o cabimento da conexão[23].

Eventualmente, seria dispensável tal entendimento, uma vez que o § 3º do artigo traz para o Código a figura da *conexão*[24] *por afinidade* ou *em grau mínimo*[25], determinando a reunião dos processos para julgamento conjunto pelo simples fato de haver risco de ocorrerem decisões contraditórias ou conflitantes.

Trata-se de uma regra legal que homenageia, sobremaneira, os princípios da segurança jurídica, da isonomia e da economia processual, alinhada à própria intenção do legislador processual.

Cumpre notar que o Superior Tribunal de Justiça tinha decisão[26] nessa linha, motivado pelos mesmos princípios, dando corpo à chamada *teoria materialista da conexão*, que se satisfaz com a análise da relação jurídica de direito material. Igualmente, o Tribunal de Justiça do Estado do Rio de Janeiro possuía entendimento sumulado em sentido próximo[27].

Na tutela coletiva, já se advogava a interpretação elástica do conceito de conexão[28], agora positivado. São exemplos de ações conexas por afinidade as movidas pelo Ministério Público e por uma associação de defesa dos consumidores contra seguradoras diversas, mas com base na mesma tese de abusividade de determinada cláusula. Apesar de a causa de pedir não coincidir, a semelhança da fundamentação jurídica poderia recomendar o julgamento unificado.

Há quem insira na conexão por afinidade as causas que possuam a mesma causa de pedir próxima (fundamentos fáticos), como as decorrentes de um dano ambiental, que pode gerar responsabilidade a vários títulos[29].

---

[21] Também os títulos judiciais podem ensejar a conexão, ainda que não por força desse comando específico, mas pelo *caput* do artigo ou, se não bastasse, pelo seu novo § 3º.

[22] O STJ já tinha precedentes nessa linha, agora consagrada pelo atual CPC. Vejam-se, por exemplo, o REsp 603.311/SE e o REsp 754.941/RJ.

[23] Enunciado 237 do FPPC: "O rol do art. 55, § 2º, I e II, é exemplificativo".

[24] Interessante notar que o próprio comando dispensa que haja conexão entre as causas, assim entendida a afinidade de pedido ou causa de pedir requisitada no *caput*. Por essa razão, talvez sequer seja correto apelidar a figura em tela de "conexão por afinidade". De qualquer forma, opta-se por trazer a alcunha, para fins didáticos.

[25] LEONEL, 2011, p. 272.

[26] REsp 1.221.941/RJ, 4ª Turma, Rel. Min. Luis Felipe Salomão, j. 24-2-2015, DJe 14-4-2015.

[27] Súmula 266 do TJRJ: "O risco de decisões contraditórias impõe a reunião de ações que tramitam perante juízos com a mesma competência em razão da matéria".

[28] LEONEL, 2011, p. 268.

[29] LEONEL, 2011, p. 272.

Outros autores entendem que basta a coincidência da causa de pedir próxima ou da causa de pedir remota, qualquer que seja o conceito que se adote, para que se configure a conexão clássica, nos termos do *caput*[30]. Como os efeitos são comuns, a discussão é meramente conceitual.

1.2.2. Continência

Passando para a outra espécie de modificação legal de competência, encontramos no art. 56 do Código de Processo Civil a continência, que ocorre entre duas ações que tenham as mesmas partes e a mesma causa de pedir, quando o pedido de uma delas for mais amplo e abranger o do outro processo.

Correto é o exemplo de duas ações que decorrem do mesmo contrato abusivo, em que se pede, em uma, a anulação de todo o contrato, e em outra, apenas da cláusula ilícita[31]. O STJ já reputou haver continência entre ação coletiva que pleiteia a venda do brinde, em lanche infantil, em separado e demanda que pedia a cessação da venda do pacote (lanche mais brinde), ainda que em face de réus (fornecedores) diversos[32].

Cita-se[33], ainda, o caso no qual uma das ações coletivas pleiteie, diante de um produto viciado comercializado, a devolução do dinheiro, a redução proporcional ou o conserto, à escolha dos consumidores (tutela de direitos individuais homogêneos), e outra ação civil pública veicule pedido de abstenção de comercialização do produto (tutela de direito difuso, de todos os potenciais consumidores). Parece-nos, porém, que a hipótese seja de conexão, coincidindo apenas a causa de pedir, mas não a parte ideológica ou o pedido.

1.2.2.1. Continência x litispendência parcial

Comum, também, é confundir a continência e a litispendência parcial. Enquanto naquela um pedido é mais amplo que outro, nesta simplesmente existe cumulação de um pedido já veiculado em outra ação pendente (há litispendência, portanto) e um pedido inédito.

Alguns autores mencionam que ações nas quais, diante de mesmo dano ambiental, se pleiteia a suspensão das atividades lesivas e, em ação popular, a suspensão cumulada com a recomposição ambiental[34] seriam hipóteses de reunião pela continência.

O erro é, porém, relevante, uma vez que a litispendência impõe a extinção da ação em que houve a segunda citação válida, ao passo que a continência autoriza a reunião. Basta pensar no caso de a ação inicial já estar em fase de recurso, enquanto a suposta ação continente esteja tramitando em primeiro grau: sendo inviável a reunião, corre-se o indevido risco de se ter decisões conflitantes[35].

1.2.3. Efeitos

Especialmente na tutela coletiva, a doutrina pondera que se abre um leque de efeitos do reconhecimento da conexão ou da continência entre demandas, fugindo da exclusivista e óbvia saída consistente na reunião de ações, para que tramitem conjuntamente.

São possíveis as seguintes soluções[36]:

---

[30] NERY JR.; NERY, 2006, p. 312.
[31] ANDRADE; MASSON; ANDRADE, 2017, p. 157.
[32] CC 112.137/SP, 2ª Seção, Rel. Min. Paulo de Tarso Sanseverino, j. 24-11-2010.
[33] ANDRADE; MASSON; ANDRADE, 2017, p. 157.
[34] LEONEL, 2011.
[35] NEVES, 2016b, p. 320-322.
[36] DIDIER JR.; ZANETI JR., 2016b, p. 148-149.

a) reunião para julgamento conjunto;
b) reunião sem julgamento conjunto;
c) suspensão por prejudicialidade externa.

1.2.3.1. Reunião para julgamento conjunto

A consequência legal ordinária da conexão é a união de todos os processos conexos para julgamento conjunto (art. 55, § 1º).

O efeito da continência, pelo diploma processual geral, é o mesmo da conexão: a reunião dos processos para julgamento conjunto. No entanto, o art. 57 do Código de Processo Civil traz uma exceção, para quando a ação continente (a de pedido mais amplo) tiver sido proposta anteriormente à ação contida, devendo a última ser extinta, sem resolução de mérito, por litispendência.

O processo coletivo possui uma grande peculiaridade, no tocante ao reconhecimento da conexão e da continência, pois se autoriza a reunião de ações embora possuam competências absolutas diversas, uma vez que toda competência de foro, na tutela coletiva, ostenta essa condição, o que lhe confere uma natureza *sui generis* reconhecida pela doutrina[37] e pelo Superior Tribunal de Justiça[38].

Tanto é assim que o STJ pacificou e sumulou entendimento no sentido de, em havendo uma ação civil pública em curso na justiça federal e outra na justiça estadual, é possível sua reunião, naquela (Súmula 489[39]). Prevaleceu a posição da primeira seção[40], em detrimento da tendência seguida pela segunda seção[41], que também possuía decisões no sentido oposto[42].

A reunião das ações em que haja conexão ou continência (*simultaneus processus*), sob a égide do Código anterior, sempre foi vista como facultativa, tanto por força da lei como pelo entendimento assente no Superior Tribunal de Justiça[43]. Contudo, uma leitura atenta do § 3º do art. 55 e do art. 58 permite-nos extrair a conclusão de que a reunião das ações, no diploma atual, é, em regra, imperativa. Essa lógica, porém, não se estende às ações coletivas.

A não reunião das ações deve decorrer, no caso concreto, de razões fáticas e jurídicas que permitam demonstrar, de modo fundamentado, que o risco de decisões conflitantes não se sobrepõe aos prejuízos que a modificação da competência poderá produzir para as partes.

Excepciona-se, *de lege lata*, a reunião dos processos, no entanto, quando um dos feitos já houver sido sentenciado (Súmula 235 do STJ[44]). No processo coletivo, no entanto, a própria corte já afastou esse entendimento, autorizando a aproximação das ações[45].

O Superior Tribunal de Justiça, nas hipóteses em que aplica a limitação aos efeitos da coisa julgada aos associados domiciliados no âmbito da circunscrição territorial do órgão julgador (art. 16 da Lei n. 7.347/85 e, sobretudo, art. 2º-A da Lei n. 9.494/97), deixou de reconhecer, em alguns

---

[37] ANDRADE; MASSON; ANDRADE, 2017, p. 160; FREIXO; ROCHA; MIGUEZ; LOPES; CABRAL, 2018, p. 268.
[38] CC 126.601/MG, 1ª Seção, Rel. Min. Mauro Campbell Marques, j. 27-11-2013.
[39] Súmula 489: "Reconhecida a continência, devem ser reunidas na Justiça Federal as ações civis públicas propostas nesta e na Justiça estadual".
[40] CC 90.106/ES, 1ª Seção, Rel. Min. Teori Albino Zavascki, j. 27-2-2008.
[41] CC 53.435/RJ, 2ª Seção, Rel. Min. Castro Filho, j. 8-11-2006.
[42] CC 112.137/SP, 2ª Seção, Rel. Min. Paulo de Tarso Sanseverino, j. 24-11-2010, *DJe* 1-12-2010.
[43] Reconhecendo haver autêntico juízo de conveniência por parte do magistrado: CC 55.584/SC, 1ª Seção, Rel. Min. Luiz Fux, j. 12-8-2009.
[44] Súmula 235 do STJ: "A conexão não determina a reunião dos processos, se um deles já foi julgado".
[45] CC 126.601/MG, 1ª Seção, Rel. Min. Mauro Campbell Marques, j. 27-11-2013.

julgados, a conexão ou a continência, uma vez que não haveria risco de decisões conflitantes[46], porque o comando jurisdicional será limitado ao estado (justiça estadual) ou região (justiça federal)[47].

Para além das críticas aos próprios dispositivos, verdadeiros atentados à efetividade da tutela coletiva e à isonomia por ela pretendida, merece reprovação a saída particular dada pelo tribunal, afastando a reunião[48]. Na verdade, o risco de decisões conflituosas é absolutamente real e, por mais que se limite o atingimento subjetivo do título executivo, seria muito mais favorável que um mesmo juízo decidisse a questão, aplicando a mesma tese jurídica a todos os envolvidos no conflito.

Nessa primeira alternativa deixada pelo ordenamento ao juiz natural, além da reunião, espera-se um julgamento conjunto, de sorte que todo o discutido nas duas ou mais ações conexas ou na ação continente e nas contidas seja resolvido na mesma ocasião.

1.2.3.1.1. Juízo prevento

Cumpre, pois, questionar qual será o juízo prevento para julgar as ações reunidas, seja pela conexão, seja pela continência.

A prevenção é umas das formas de fixação de competência funcional, na qual o juízo já provocado para uma primeira medida[49] terá competência para as subsequentes – aí incluídas as modificações da competência em razão da conexão e da continência e, no processo coletivo (para os que assim admitem), pela litispendência.

No microssistema, há previsão a respeito no parágrafo único do art. 2º da Lei da Ação Civil Pública e no art. 5º, § 3º, da Lei da Ação Popular, que estatuem que a propositura da ação previne o juízo para posteriores ações. O critério merece complementação do significado com base no Código de Processo Civil, que esclarece que a propositura se dá quando a petição inicial é protocolada (art. 312)[50].

Percebe-se que existe diferença entre o que ocorre no processo coletivo (prevenção pela propositura) e no processo individual (prevenção pelo registro ou distribuição – art. 59 do CPC[51]). Na prática, sobretudo em tempos de protocolo eletrônico, a distinção desaparece, confundindo-se o protocolo com a pronta distribuição do processo a um dos juízos abstratamente competentes.

O Superior Tribunal de Justiça, naturalmente, prestigia a previsão da Lei n. 7.347/85, sublinhando o critério para a prevenção. Contudo, o tribunal já teve a oportunidade de externar que, mais do que a mera definição rígida do juízo prevento, pode ser necessária a análise de qual das ações propostas melhor tutela o conflito. Por vezes, a ação proposta cronologicamente depois se afigurará como a que prevenirá o juízo, por razões qualitativas[52].

Pode ocorrer, também, de a prevenção se basear em outros critérios, como o da legislação falimentar, que conduz à reunião das ações no juízo universal[53].

Na doutrina, há entendimento no sentido de que, ao se reunir ações conexas, deve-se verificar se existe modificação da extensão do dano, adequando, assim, o juízo competente. Seria o caso de ações correm em comarcas diversas, ao serem vistas conjuntamente, fazerem enxergar um dano

---

[46] CC 56.228/MG, 1ª Seção, Rel. Min. Eliana Calmon, j. 14-11-2007.
[47] AgRg nos EDcl no REsp 942.435/RS, 3ª Turma, Rel. Min. Paulo de Tarso Sanseverino, j. 7-6-2011.
[48] FREIXO; ROCHA; MIGUEZ; LOPES; CABRAL, 2018, p. 277.
[49] Como no caso das medidas de urgência consubstanciadas em cautelares preparatórias.
[50] "Art. 312. Considera-se proposta a ação quando a petição inicial for protocolada, todavia, a propositura da ação só produz quanto ao réu os efeitos mencionados no art. 240 depois que for validamente citado."
[51] "Art. 59. O registro ou a distribuição da petição inicial torna prevento o juízo."
[52] CC 144.922/MG, 1ª Seção, Rel. Min. Diva Malerbi (Desembargadora convocada do TRF 3ª Região), j. 22-6-2016.
[53] AgRg no REsp 1.261.198/GO, 3ª Turma, Rel. Min. Moura Ribeiro, j. 17-8-2017.

regional, estadual, remetendo o processo para a capital do Estado[54]. Entendemos, porém, que a lei não deixa margem para essa interpretação, que pode, abstratamente, ferir o juízo imediato – embora a avaliação concreta seja a mais importante.

A prevenção, em geral, encontra um limite temporal: a Súmula 235 do STJ indica que, se uma das ações já tiver sido sentenciada, não haverá reunião, porque os estágios procedimentais dos processos, sendo diversos, não permitem. Contudo, o próprio Tribunal da Cidadania já afastou a restrição, em se tratando de ação coletiva, porque a natureza absoluta da regra de competência se desdobraria para o comando que determina a prevenção no juízo da primeira propositura, autorizando a reunião, desde que não tenha havido trânsito em julgado[55].

1.2.3.2. Reunião sem julgamento conjunto

Outra via admitida, no processo coletivo, é o da reunião de processos diversos para tramitação em um mesmo juízo, mas não necessariamente a obrigar uma decisão no mesmo momento.

A vantagem dessa alternativa é evitar a existência de processos sobre o mesmo tema ou com o mesmo pedido em paralelo, permitindo que um órgão julgador possua a visão geral do conflito coletivo, sem engessar a gestão decisional de cada um deles.

1.2.3.3. Suspensão por prejudicialidade externa

Destacável, ainda, que nada impede que o magistrado opte por suspender o feito por um ano (na forma do art. 313, V, *a* e § 4º, do CPC/2015), ante a relação de prejudicialidade existente, ou até mesmo que as partes assim convencionem, lançando mão do espaço deixado pela lei para o exercício da autonomia privada no processo (art. 190).

No processo coletivo, deve ser deixada em aberto a possibilidade de o juiz escolher o caminho da suspensão, acaso se mostre mais consentâneo com as finalidades do microssistema, evitando a prolação de decisões conflitantes[56].

Discute-se se o prazo legal para a suspensão pode[57] ou não[58] ser prorrogado, havendo decisões do Superior Tribunal de Justiça em ambos os sentidos.

Aponta-se como limite para o reconhecimento da conexão por afinidade o princípio da imediação, que busca o juízo adequado, porque mais próximo do dano. Haveria aqui um critério para se optar, no caso concreto, pela reunião ou pela suspensão de um dos processos[59].

Outro fator que pode ser determinante é a existência de processos em fases diferentes (um em primeiro grau, outro em segundo, nos termos da Súmula 235 do STJ) ou de competências absolutas díspares (quando, em regra, não se admite a reunião).

1.3. Identidade total

O cotejo entre os elementos da ação pode levar à conclusão de que, havendo coincidência de todos, existirá uma mesma demanda que deu origem a vários processos[60].

---

[54] FREIXO; ROCHA; MIGUEZ; LOPES; CABRAL, 2018, p. 278.

[55] CC 126.601/MG, 1ª Seção, Rel. Min. Mauro Campbell Marques, j. 27-11-2013.

[56] NEVES, 2016b, p. 316; DIDIER JR.; ZANETI JR., 2016b, p. 148.

[57] AgRg no REsp 742.428/DF, 4ª Turma, Rel. Min. Honildo Amaral de Mello Castro (Desembargador convocado do TJAP), j. 15-12-2009, *DJe* 2-2-2010.

[58] AgRg no REsp 1.514.966/SP, 2ª Turma, Rel. Min. Mauro Campbell Marques, j. 1-3-2016, *DJe* 8-3-2016.

[59] DIDIER JR.; ZANETI JR., 2016b, p. 148.

[60] DIDIER JR.; ZANETI JR., 2016b, p. 153.

O fundamental é identificar se o conflito coletivo (situação jurídica controvertida) levado ao judiciário é idêntico – critério mais perfeito do que o da tríplice identidade, uma vez que, nos processos coletivos, a finalidade passa pela solução integral do litígio, ainda que se flexibilizem o pedido originário e o princípio da correlação, sendo preferível afastar o rigor na verificação da interseção de objetos (pedidos) entre as ações.

Não se pode ignorar que os efeitos da decisão podem influir na comparação: o STJ possui decisões no sentido de, em se aplicando a limitação territorial do art. 16 da Lei da Ação Civil Pública e do art. 2º-A da Lei n. 9.494/97, não se deve falar em identidade de ações que correm em locais diversos (estados, no caso da justiça estadual, ou seções judiciárias, na justiça federal)[61].

1.3.1. Coisa julgada

Se o primeiro processo houver atingido o trânsito em julgado, existirá coisa julgada formada, a impedir, a princípio, a rediscussão, o que acarreta a extinção da segunda relação jurídica processual sem resolução do mérito (art. 485, V, do CPC).

No entanto, a saída passará pela aplicação das regras próprias do microssistema, protegendo a coletividade por meio da formação peculiar da coisa julgada *secundum eventum litis in utilibus* (apenas para beneficiar os indivíduos, na tutela de direitos individuais homogêneos) e *secundum eventum probationis* (autorizando o reajuizamento baseado em prova nova, na tutela de direitos difusos e coletivos em sentido estrito), abrindo margem para a continuação da nova ação.

1.3.2. Litispendência

Por outro lado, acaso a coincidência de demandas se dê em paralelo, antes que uma se encerre, o fenômeno verificado será o da litispendência – termo que pode indicar tanto a pendência de uma demanda (definição literal da palavra) como o pressuposto processual objetivo negativo ora analisado.

A consequência óbvia do reconhecimento da litispendência seria, a seguir a regra do processo individual, a extinção terminativa do processo no qual, por último, se operou a citação válida (arts. 485, V, e 240 do CPC). Esse cenário se aplica ao processo coletivo quando ambos os processos possuírem a mesma parte institucional, isto é, forem movidos pelo mesmo legitimado coletivo.

A discussão, porém, ganha contornos mais delicados quando as ações são movidas por legitimados distintos – hipótese de uma ação civil pública ajuizada pelo Ministério Público e de uma outra ação coletiva proposta pela Defensoria Pública, por exemplo.

Uma primeira corrente de autores sustenta que a saída não deve ser outra que não a extinção da segunda ação, replicando a regra do diploma processual geral[62], porque seria atécnica a reunião, por carecer de previsão legal, gerando desnecessário tumulto e sobrecarga de trabalho, dispensáveis uma vez que existe um representante adequado no processo subsistente.

Por outro lado, uma segunda linha doutrinária advoga que deve existir diferença em relação ao comando voltado às demandas individuais, entendendo mais correto reunir as ações idênticas[63]. Isso porque os colegitimados podem se habilitar como assistentes litisconsorciais do autor que moveu o processo coletivo preexistente (art. 5º, § 2º, da Lei n. 7.347/85), sendo mais econômico presumir esse interesse e manter o legitimado coletivo que ajuizou a segunda ação em juízo.

---

[61] AgRg nos EDcl no REsp 942.435/RS, 3ª Turma, Rel. Min. Paulo de Tarso Sanseverino, j. 7-6-2011, *DJe* 13-6-2011.
[62] NEVES, 2016b, p. 319; LEONEL, 2011, p. 270; MENDES, 2014, p. 273; VENTURI, 2007, p. 334; GIDI, 2003b, p. 111.
[63] GAJARDONI, 2012, p. 94; DIDIER JR.; ZANETI JR., 2016b, p. 155.

Além disso, argumenta-se que a conexão e a litispendência decorrem de uma situação fática, consistente na interseção de elementos da ação, cujos efeitos são dados pela legislação, que é silente, no microssistema.

Existe, por fim, posição híbrida, que admite a excepcional reunião de ação popular com outra ação coletiva, entendendo que a extinção daquela feriria o direito de ação constitucional do cidadão estampado no art. 5º, LXXIII.

Parece-nos que a melhor saída é admitir tanto a possibilidade da reunião como a da extinção tradicional, cabendo ao juiz natural verificar a conveniência de cada uma delas diante do caso concreto. Se os legitimados possuírem representatividades complementares (um ente público e uma associação, por exemplo) ou tiverem externado fundamentos adicionais, existirá fundamento relevante para a reunião, apto a afastar as preocupações com a economia processual microscópica.

Último debate interessante diz respeito à configuração de litispendência entre uma ação coletiva que tutele direitos essencialmente coletivos e uma segunda que possua como objeto direitos individuais homogêneos.

A dúvida se coloca em razão do transporte *in utilibus* da coisa julgada formada acerca de direitos difusos e coletivos em sentido estrito, que pode ser prontamente liquidada por indivíduos que foram prejudicados pelo mesmo dano (art. 103, § 3º, do CDC).

Existem vozes que concluem pela existência de litispendência, porque haveria, sempre, uma implícita tutela de direitos individuais homogêneos no processo que veicule pretensão sobre direitos difusos e coletivos[64].

Tal posição, contudo, é corretamente rechaçada pela maioria da doutrina, que recorda que, quando muito, se poderia cogitar de uma conexão por afinidade[65]. Afinal, a sentença coletiva sobre danos individuais homogêneos tem peculiaridades próprias, estatuindo critérios para a liquidação posterior, fixando, não raro, *standards* indenizatórios e autorizando a subsidiária execução fluida (*fluid recovery*).

1.4. Cooperação judiciária e conexão probatória

O Código de Processo Civil de 2015 trouxe o princípio da cooperação ou colaboração para um patamar de protagonismo, especialmente pela menção expressa no seu art. 6º[66].

Tal valor produz efeitos em duas frentes:

a) interna ao processo, exigindo um atuar colaborativo entre os sujeitos processuais, do qual decorrem deveres específicos para as partes e, em especial, para o magistrado;
b) externa ao processo, autorizando um ambiente de trabalho entre juízos diversos, de maneira a otimizar a atividade jurisdicional.

Esse segundo elemento vem destacado sob a rubrica de cooperação nacional, entre os arts. 67 e 69 do diploma processual geral, que estatuem um dever de recíproca cooperação para a prática de qualquer ato processual, em pedido que deve ser prontamente atendido, inclusive entre órgãos de ramos diversos do Poder Judiciário.

A lei menciona alguns exemplos de atos, como auxílio direto (atribuído, em geral, a práticas não jurisdicionais), prestação de informações (específicas), reunião de processos e atos concertados entre

---

[64] VENTURI, 2007, p. 337.
[65] DIDIER JR.; ZANETI JR., 2016b, p. 160; GIDI, 1995, p. 220.
[66] "Art. 6º Todos os sujeitos do processo devem cooperar entre si para que se obtenha, em tempo razoável, decisão de mérito justa e efetiva."

juízos, que, mesmo que além das hipóteses de expedição de cartas, podem estabelecer procedimentos para realizar atos comunicativos, execução de decisões, efetivação de tutelas provisórias e, eis aqui o principal aspecto para a tutela coletiva, a centralização de processos repetitivos.

Percebe-se que o legislador deixou margem considerável para que, ao perceber as demandas do caso concreto e de processos análogos, se otimize e torne mais eficiente a atividade jurisdicional, evitando a repetição de atos desnecessários. É perfeitamente possível, então, que os julgadores de ações coletivas sobre matérias próximas optem por produzir a prova comum de maneira unificada.

Também parecem ser possíveis a reunião e o apensamento de processos mesmo sem ingressar na análise da existência de conexão, continência ou litispendência. O crucial é que, em visão cooperativa, os órgãos jurisdicionais optem por garantir solução isonômica, segura e em tempo razoável.

Trata-se, portanto, de autêntica permissão legal para a criatividade judiciária, que poderá ventilar saídas variadas para sua atividade macroeconômica de gestão de processos, especialmente os que envolvem matérias repetitivas. Naturalmente, os instrumentos de julgamento de casos repetitivos (IRDR e recursos repetitivos) cumprem esse papel, mas não integralmente: questões fáticas comuns, por exemplo, não autorizam uniformização por esses meios.

A experiência alemã que inspirou a criação do incidente de resolução de demandas repetitivas nasceu da necessidade prática de gerir milhares de ações, e a solução, criada pelo tribunal, foi validada pela suprema corte do país como constitucional.

O único limite previsível para a cooperação nacional entre juízos é o respeito às garantias fundamentais. É complexo autorizar, genericamente, a reunião de processos se isso implicar modificação de julgador, no curso da lide. O juiz natural é segurança constitucionalmente posta para que o particular tenha previsibilidade acerca de quem decidirá seu litígio, por meio de regras objetivas e anteriormente estabelecidas – algo diverso da abrupta (por mais oportuna e aconselhável que seja) modificação de competência sem critério legal específico para além da carta branca outorgada pelo art. 69.

A questão certamente ganhará novos contornos com a concomitância de procedimentos civis e criminais ante a nova figura do Juiz de Garantias, expressamente previsto na Lei n. 13.964/2019. Ainda nessa esteira, a possibilidade ou mesmo a extensão do compartilhamento de provas é outro ponto extremamente sensível.

Quanto a esse último tópico, o Tribunal enfrentou, ainda, questão mais delicada, qual seja, a possibilidade da utilização de informações obtidas em colaboração premiada no bojo de ação penal, em ação civil pública movida pelo Ministério Público em razão da prática de ato de improbidade administrativa[67].

---

[67] É constitucional a utilização da colaboração premiada, nos termos da Lei 12.850/2013, no âmbito civil, em ação civil pública por ato de improbidade administrativa movida pelo Ministério Público, observando-se as seguintes diretrizes: (1) Realizado o acordo de colaboração premiada, serão remetidos ao juiz, para análise, o respectivo termo, as declarações do colaborador e cópia da investigação, devendo o juiz ouvir sigilosamente o colaborador, acompanhado de seu defensor, oportunidade em que analisará os seguintes aspectos na homologação: regularidade, legalidade e voluntariedade da manifestação de vontade, especialmente nos casos em que o colaborador está ou esteve sob efeito de medidas cautelares, nos termos dos §§ 6º e 7º do art. 4º da referida Lei 12.850/2013; (2) As declarações do agente colaborador, desacompanhadas de outros elementos de prova, são insuficientes para o início da ação civil por ato de improbidade; (3) A obrigação de ressarcimento do dano causado ao erário pelo agente colaborador deve ser integral, não podendo ser objeto de transação ou acordo, sendo válida a negociação em torno do modo e das condições para a indenização; (4) O acordo de colaboração pode ser celebrado pelo Ministério Público, com a interveniência da pessoa jurídica interessada e devidamente homologado pela autoridade judicial; (5) Os acordos já firmados somente pelo Ministério Público ficam preservados até a data deste julgamento, desde que haja previsão de total ressarcimento do dano, tenham sido devidamente homologados em Juízo e regularmente cumpridos pelo beneficiado. ARE 1.175.650/PR, Plenário, Rel. Min. Alexandre de Moraes, j. 3-7-2023.

Não se trata, porém, de impedimento invencível, uma vez que o ordenamento pode autorizar a modificação da competência por critérios legais e por razões volitivas (as partes podem convencionar). Aqui, a mudança decorre de ato dos juízes, independente de requerimento das partes, ou até mesmo de um único juiz.

Buscando resolver esse delicado ponto, existe interessante posicionamento no sentido de que a modificação da competência, ante a reunião de processos similares e, em especial, nos casos repetitivos (art. 69, § 2º, VI), deve ser compreendida de maneira peculiar: ao contrário das mudanças em geral, em que o juízo pode ser competente em abstrato, mas não o será em concreto, desde a distribuição ou o registro, na reunião por cooperação, o juízo pode ser abstratamente incompetente e passar a ser competente, a partir do caso concreto, escolhido por ato dos cooperantes. Não se pode negar, de fato, que vários outros valores são prestigiados, como a eficiência, a isonomia e a segurança jurídica.

Eventuais discussões acerca de qual será o juízo competente para a reunião podem ser resolvidas pela via do conflito de competência, seja pelo magistrado que recebe os processos ou por aquele a quem se requisita a remessa. Pode ocorrer conflito positivo, negativo ou, especialmente, acerca do juízo no qual devem ser reunidos os feitos (art. 66[68]).

A legitimidade será de qualquer dos magistrados envolvidos, do Ministério Público e das partes. Embora exista posição no sentido de que as partes apenas possam suscitar o conflito se algum dos juízes também se insurgir[69], entendemos que inexiste tal subsidiariedade, podendo os litigantes, nos processos a serem juntados, questionar o juízo destinatário da reunião cooperativa.

A provocação do conflito, de todo modo, não se confunde com a insatisfação das partes acerca da junção de processos, cuja conveniência pode ser questionada prontamente, pelas vias próprias – inclusive, por meio de agravo de instrumento, ante a mitigação do rol legal pela urgência.

Nos processos coletivos, a conexão probatória autorizada, por meio da qual a prova é formada de maneira concertada e unificada por e para vários juízos (não se confundindo com a mera prova emprestada, que é formada em um processo e, depois, trazida para outro), se revela interessantíssima[70].

As vantagens são várias: segurança na produção da prova, evitando a variação, por exemplo, de depoimentos que naturalmente podem ocorrer se tomados repetidas vezes, racionalização de custos (economia microscópica), duração razoável dos processos, dispensando a demora da fase instrutória sobre os mesmos elementos fáticos, eficiência processual (aumento da produtividade, reduzindo gastos, mas mantendo o padrão qualitativo esperado).

Não se prejudica, de resto, o juízo imediato, de local do dano, porque, tratando-se de um dano ocorrido em várias comarcas, cada juiz competente produzirá a prova também em favor dos demais. Além disso, o julgador final das lides não se alterará.

1.4.1. Acertamento de questões e execução coletiva de títulos individuais

A respeito da possibilidade de apreciação diversa, por cada magistrado, da mesma prova – ainda que pericial, ante o livre convencimento estatuído nos arts. 371 e 479 do Código, existe interessante entendimento que advoga a ampliação do escopo legal da conexão probatória para além da produção de elementos de convicção, sustentando a possibilidade do acertamento de

---

[68] "Art. 66. Há conflito de competência quando: I – 2 (dois) ou mais juízes se declaram competentes; II – 2 (dois) ou mais juízes se consideram incompetentes, atribuindo um ao outro a competência; III – entre 2 (dois) ou mais juízes surge controvérsia acerca da reunião ou separação de processos."

[69] MEIRELLES, 2019.

[70] DIDIER JR.; ZANETI JR., 2016b, p. 152.

questões. Assim, por exemplo, a conclusão seria, inevitavelmente, a mesma para todos os casos, ao menos no tocante a tal parcela do processo[71]. Nesse particular, a extensão *in utilibus* da coisa julgada individual consagrada, do ponto de visto de parcela da doutrina, no art. 503 do Código de Processo Civil, serve de argumento de reforço.

A doutrina chega a ir além. A utilização da cooperação e dos atos concertados permitirá a coletivização parcial do processo, por exemplo, a partir da reunião de diversas execuções individuais contra o mesmo réu[72].

Aquela pretensão, reconhecida em demandas díspares, poderia ter sido constatada em ação coletiva. Contudo, não tendo sucedido assim, nada impede que haja uma espécie de execução coletiva. Em questões referentes a estruturas públicas, a utilidade é ainda maior: a condução, por juízo único, permite uma apreciação global e coesa da crise de satisfação.

A inovadora solução apresentada, no tocante tanto à apreciação una da prova quanto à execução unificada de julgados, apesar de não encontrar amparo legal imediato, seguramente prestigia os princípios fundamentadores da tutela coletiva.

2. RELAÇÃO ENTRE AÇÃO COLETIVA E AÇÕES INDIVIDUAIS

A outra face da relação entre demandas que envolve processos coletivos se dá na interação entre um pleito coletivo e ações individuais.

Essa relação pode se dar tanto entre ações coletivas que versem sobre direitos essencialmente coletivos (difusos, coletivos em sentido estrito) e ações individuais como entre processos que possuam como objeto direitos individuais homogêneos e as ações movidas pelos titulares, individualmente.

Existe, portanto, um vínculo entre um processo coletivo sobre direito transindividual e as relações processuais provocadas por indivíduos também afetados pelo mesmo fato: a coisa julgada formada coletivamente poderá favorecê-los, com a extensão objetiva *in utilibus* (para beneficiar) do art. 103, § 3º, do Código de Defesa do Consumidor. Nada impede, a princípio, que corram em paralelo, porém.

O mais delicado, não resta dúvida, reside na influência de uma ação coletiva nas ações individuais quando o tratamento se voltar a direitos individuais homogêneos.

2.1. Identidade parcial

2.1.1. Conexão e continência

A primeira possibilidade de relação entre demandas coletivas e individuais se refere à conexão ou continência.

Embora haja alguma divergência sobre a possibilidade de haver continência entre uma ação coletiva e uma individual, havendo quem entenda que as partes, a causa de pedir e o pedido são sempre diversos – quantitativamente (pela maior amplitude da demanda coletiva) e qualitativamente (pretensão de condenação individual *x* caráter abstrato e genérico da condenação coletiva)[73], existe uma tendência em se afirmar a possibilidade, analisando a parte ideológica da tutela (seus beneficiados)[74] ou relativizando o requisito de partes idênticas[75].

---

[71] ARENHART; OSNA, 2020, p. 421-423.

[72] ARENHART; OSNA, 2020, p. 423-425.

[73] LEONEL, 2011, p. 271.

[74] GRINOVER, 2019, p. 1.031.

[75] NEVES, 2016b, p. 255.

Já a conexão é aceita de maneira tranquila, seja em grau máximo (identidade de causa de pedir ou de pedido) ou mínimo (similaridade apenas parcial da causa de pedir)[76].

A discussão recai sobre os efeitos do seu reconhecimento. Existe clara mitigação do comando geral do processo individual que informa a reunião de ações.

No processo coletivo, alguns autores entendem que a reunião não é obrigatória e tampouco impossível: será indicada apenas quando houver um elemento que a justifique, como o favorecimento para o equacionamento do conflito, como o aproveitamento da prova conjuntamente. Por outro lado, se a reunião se mostrar inoportuna, gerando demora e tumulto processual na demanda coletiva, será rechaçada[77].

Uma ulterior discussão, nessa corrente, diz respeito à regra de prevenção a ser adotada, existindo entendimento no sentido de prestigiar o juízo em que tramita a ação coletiva, em razão do maior alcance da tutela jurisdicional[78].

Outra corrente doutrinária, contudo, sustenta que o efeito da conexão ou da continência entre ação coletiva e ações individuais deve ser a suspensão destas, apenas[79]. Segue-se, assim, a escolha do legislador, prestigiando o andamento da demanda transindividual e evitando decisões contraditórias.

Há quem sustente, nesse segundo grupo, que os indivíduos poderiam pleitear o prosseguimento de suas ações, quando ultrapassado prazo razoável (um parâmetro seria a suspensão nos incidentes de casos repetitivos: um ano, prorrogável)[80]. Não nos parece, porém, que essa solução, apesar de bem-intencionada, seja viável: o comprometimento do direito ao prosseguimento da ação individual se justifica pelo valor da isonomia gerado pela sentença coletiva. De todo modo, o Judiciário deve envidar todos os esforços para a mais célere solução do processo coletivo.

2.1.2. Suspensão do processo individual

2.1.2.1. Cenário legal

O microssistema de tutela coletiva possui saída específica para a questão, que deve ser prestigiada. Trata-se do art. 104 do Código de Defesa do Consumidor, em sua segunda parte[81].

Consagra-se, aqui, modalidade de interação entre ação coletiva e individual pelo sistema de *opt out*, no qual os litigantes isolados podem solicitar que o resultado da demanda coletiva não os atinja. A outra opção seria o sistema de *opt in*, em que o indivíduo apenas se beneficiará da coisa julgada coletiva quando expressamente o requerer.

O mecanismo de *opt out* funciona como uma regra nas *class actions* norte-americanas. Excepcionalmente, existem hipóteses em que não é dada opção ao indivíduo para que permaneça com sua demanda individual, fugindo do comando da sentença coletiva (*mandatory class actions* ou *no opt out class actions*).

---

[76] LEONEL, 2011, p. 272.

[77] VENTURI, 2007, p. 361.

[78] NEVES, 2016b, p. 256; VENTURI, 2007, p. 362.

[79] DIDIER JR.; ZANETI JR., 2016b, p. 167; GRINOVER, 2019, p. 1.031-1.034; LEONEL, 2011, p. 273-274; NEVES, 2016b, p. 255-256.

[80] DIDIER JR.; ZANETI JR., 2016b, p. 167.

[81] "Art. 104. As ações coletivas, previstas nos incisos I e II do parágrafo único do art. 81, não induzem litispendência para as ações individuais, mas os efeitos da coisa julgada *erga omnes* ou *ultra partes* a que aludem os incisos II e III do artigo anterior não beneficiarão os autores das ações individuais, se não for requerida sua suspensão no prazo de trinta dias, a contar da ciência nos autos do ajuizamento da ação coletiva."

Normalmente, a possibilidade de se excluir dos efeitos da demanda coletiva está associada a sistemas em que o decidido na ação transindividual atinge, invariavelmente, os indivíduos (coisa julgada *pro et contra*), razão pela qual o particular pode entender que tem melhores condições de discutir a questão, em juízo.

Isso porque inexiste renúncia à situação jurídica individual, mas apenas se decide que ela não será tutelada na via coletiva[82], correndo por sua conta e risco.

No Brasil, porém, a coisa julgada coletiva opera-se *secundum eventum litis in utilibus*, isto é, de acordo com o resultado da demanda e apenas em benefício dos substituídos. Em outras palavras: ninguém é prejudicado pelo que vem a ser decidido na demanda coletiva.

Por isso, é correta a crítica da doutrina no sentido de alguma falta de sentido na previsão do direito de exclusão no ordenamento pátrio, haja vista que, se não quiser se filiar à sentença coletiva, bastaria deixar de liquidar e executar o título formado a seu favor[83].

Por outro lado, se intentar aproveitar esse resultado, o juiz o considerará, no processo individual, como fato superveniente (art. 493 do CPC)[84], decidindo o processo de conhecimento, que se transmuda em liquidação e posterior cumprimento de sentença, como reconhecido pelo Superior Tribunal de Justiça[85].

Na posição do tribunal e de parte da doutrina[86], a conversão em liquidação deve se dar logo com a prolação da sentença favorável, já que a apelação, como regra, não terá efeito suspensivo.

Ao contrário do que ocorre em outros países, não existe hipótese de, na própria ação coletiva, o indivíduo abdicar de seus potenciais efeitos. Essa comunicação, espécie de renúncia, é ineficaz – e por isso, a reinclusão seria possível[87]. Ambas, porém, irrelevantes. O legislador brasileiro desenhou outra sistemática.

O microssistema, pelo Código de Defesa do Consumidor (art. 104), estatui que, havendo ação individual e sobrevindo ação coletiva que abarca o direito nela discutido, existirá uma comunicação, na ação individual, do ajuizamento da demanda coletiva. Fala-se em ciência inequívoca, o que exige uma notícia clara (compreensível) e concisa, nos moldes da *fair notice* das *class actions*, sendo necessário apontar os elementos identificadores da ação (partes, causa de pedir e pedido) e os dados para sua localização (número do processo e juízo competente)[88], de modo a viabilizar o cotejo com a demanda individual.

Discute-se a quem incumbiria esse dever de aviso. A doutrina, em geral, entende tratar-se de um ônus do réu comum da ação individual e da ação coletiva, que será o principal prejudicado se dele não se desincumbe, sendo demandado duas vezes. Os princípios da boa-fé e da cooperação, reforçados pelo Código Fux, também são argumentos importantes[89].

Há quem admita, em acréscimo, que o juiz determine a comunicação, de ofício[90], ou mesmo que a ciência advenha de outros meios, como o acesso a cadastros de ações coletivas no Conselho Nacional de Justiça e no Conselho Nacional do Ministério Público e até notícias divulgadas na imprensa[91].

---

[82] DIDIER JR.; ZANETI JR., 2016b, p. 167.

[83] GIDI, 2007, p. 306; DIDIER JR.; ZANETI JR., 2016b, p. 168.

[84] DIDIER JR.; ZANETI JR., 2016b, p. 164.

[85] REsp 1.189.679/RS, 2ª Seção, Rel. Min. Nancy Andrighi, j. 24-11-2010.

[86] LEONEL, 2011, p. 430.

[87] DIDIER JR.; ZANETI JR., 2016b, p. 168-169.

[88] MAZZILLI, 2019, p. 308. O autor, com razão, menciona que é desnecessário juntar certidão ou cópia integral do processo.

[89] DIDIER JR.; ZANETI JR., 2016b, p. 163. Em sentido contrário, entendendo que inexiste falta de lealdade processual do réu que não informa o ajuizamento da demanda coletiva: MAZZILLI, 2019, p. 309.

[90] NEVES, 2016b, p. 357; MAZZILLI, 2019, p. 308.

[91] MAZZILLI, 2019, p. 308.

A partir do conhecimento indiscutível, pelo litigante individual, do ajuizamento da ação coletiva, começa a correr o prazo de 30 dias para escolha entre duas possibilidades – o que esclarece que a exclusão é um direito, não uma imposição (*right to opt out*):

a) requeira a suspensão de seu processo individual, até o término do coletivo e, então, passe diretamente à liquidação da sentença coletiva, se lhe for favorável, ou, se desfavorável, retome o curso da ação individual, podendo, por argumentos ou questões outras, vencê-la;

b) requeira a continuidade de seu processo individual, não sendo beneficiado por eventual sentença coletiva favorável.

Por se tratar de ato relevantíssimo, que poderá ter reflexos no direito material do autor, exigem-se poderes especiais na procuração para que a escolha seja feita pelo advogado (art. 105 do CPC)[92].

Algumas questões se colocam, a partir do aparente cenário claro posto na lei.

A primeira diz respeito à existência ou não de um *opt out* automático, no silêncio do autor individual, após o prazo legal. Pela literalidade do art. 104, parece que o litigante deve requerer a suspensão nos 30 dias, se quiser se beneficiar da sentença coletiva, o que indica que, na sua omissão, a ação individual seguiria.

Por outro lado, existe entendimento no sentido de que o silêncio deve gerar a suspensão do processo individual, não se podendo presumir uma renúncia tácita à jurisdição coletiva, já que a manifestação se trataria de negócio jurídico processual unilateral dispositivo[93].

A segunda é que existe prazo apenas para o "pedido" de suspensão – que, na verdade, é direito potestativo do jurisdicionado –, e não para a suspensão em si[94], que deve durar até o trânsito da ação coletiva, se se desejar, realmente, prestigiar a isonomia e a segurança jurídica.

A terceira se refere à existência de um limite temporal-procedimental para a suspensão ou, em outras palavras, se o requerimento de suspensão pode ocorrer em qualquer etapa do processo individual.

Parcela da doutrina aponta a sentença como o limite máximo, de sorte que as ações individuais já sentenciadas não poderiam ser sobrestadas, salvo se pendente recurso[95].

Parece-nos, porém, que onde a lei não distinguiu não é dado ao intérprete fazê-lo, sobretudo porque essa limitação acabaria por retirar a possibilidade de se beneficiar do comando judicial coletivo, gerando incongruência entre sujeitos nas mesmas condições. Assim, é melhor autorizar a suspensão a qualquer momento, funcionando como limite o julgamento final de uma das ações (a individual ou a coletiva)[96].

A quarta é atinente à possibilidade (ou não) de o autor individual, que requerer a suspensão, dela desistir, solicitando a retomada do curso de seu processo, exercendo o direito de autoexclusão fora dos trinta dias. O interesse pode surgir, por exemplo, quando a sentença coletiva for de improcedência, afigurando-se improvável sua reversão em grau recursal e a formação de coisa julgada coletiva favorável, soando melhor para o indivíduo seguir, desde já, com sua demanda isolada.

Embora o Código de Defesa do Consumidor não responda a tal questionamento, admite-se esse postergado direito de escolha, com base em princípios como o da facilitação da defesa dos direitos

---

[92] DIDIER JR.; ZANETI JR., 2016b, p. 163.
[93] DIDIER JR.; ZANETI JR., 2016b, p. 163.
[94] GRINOVER, 2019, p. 1.030; DIDIER JR.; ZANETI JR., 2016b, p. 163; GIDI, 1995, p. 193.
[95] DIDIER JR.; ZANETI JR., 2016b, p. 164; GIDI, 1995, p. 199.
[96] MAZZILLI, 2019, p. 309.

do consumidor (art. 6º, VIII), sua condição de vulnerável (art. 4º, I) e a natureza do diploma como instrumento de proteção e defesa do consumidor (art. 1º, I)[97] – e, nas ações coletivas sobre outras matérias, pela inafastabilidade da jurisdição (art. 5º, XXXV).

Uma exigência adicional colocada por parte da doutrina seria a necessidade de informação em ambos os processos: no individual e no coletivo[98]. Parece-nos, contudo, desnecessária a manifestação da demanda transindividual, por questão de simetria, já que o requerimento de suspensão deve ser feito apenas na ação individual, portanto também assim o de prosseguimento, até porque beira a irrelevância fazê-lo também no processo mais amplo.

Por fim, existe posição que sustenta a possibilidade de suspensão de ações individuais em fase de execução, quando do ajuizamento da ação coletiva, quando neste houver alguma matéria ainda em discussão naquela, como o marco de incidência de juros de mora[99]. Nessa remota hipótese, porém, entendemos que se deva ter especial preocupação com a coisa julgada formada *inter partes*, sob pena de a demanda coletiva possuir efeitos rescisórios não admitidos pelo ordenamento.

2.1.2.1.1. Regra específica: extinção do processo individual

No tratamento do mandado de segurança coletivo (art. 22, § 1º, da Lei n. 12.016/2009) e do mandado de injunção coletivo (art. 13 da Lei n. 13.300/2016), a exigência para que o indivíduo se beneficie da tutela coletiva é mais rígida, devendo, pela lei, haver desistência (extinção) da ação individual. E, como a lei fala em "ações individuais", há quem entenda que também eventual outra modalidade estaria abarcada pela regra[100].

Apesar da clareza da lei, a doutrina a critica amplamente, propondo que se siga a regra geral do microssistema (suspensão), sobretudo por violar:

a) a natureza de garantia constitucional de ambas as ações[101];
b) a inafastabilidade da jurisdição[102], especialmente no mandado de segurança, cujo exíguo prazo decadencial para impetração (120 dias) praticamente sepulta o manejo de novo remédio individual, se improcedente a demanda coletiva.

2.1.2.2. Cenário jurisprudencial: suspensão obrigatória

Embora a lei seja clara ao prever o direito de suspensão do processo individual, mera possibilidade à escolha do litigante autor de cada uma das várias ações, o Superior Tribunal de Justiça, em sede de recursos repetitivos, firmou e reafirmou tese jurídica no sentido da obrigatoriedade da suspensão de todos os processos individuais sobre a mesma questão tratada na ação coletiva.

O primeiro julgado nessa linha foi o Recurso Especial 1.110.549 (2ª Seção, Rel. Min. Sidnei Beneti, j. 29-10-2009)[103]. Na ocasião, fez-se uma releitura do art. 104 à luz da sistemática dos recursos repetitivos, inserida no art. 543-C do Código de Processo Civil de 1973, sublinhando a obrigatória suspensão dos processos quando da afetação do tema para julgamento "por amostragem"[104], de

---

[97] GRINOVER, 2019, p. 1.030. Também admitindo: MAZZILLI, 2019, p. 310.
[98] GIDI, 1995, p. 205.
[99] MAZZILLI, 2019, p. 312.
[100] NEVES, 2016b, p. 259; REDONDO; OLIVEIRA; CRAMER, 2009, p. 114.
[101] DIDIER JR.; ZANETI JR., 2016b, p. 165.
[102] NEVES, 2016b, p. 259.
[103] REsp 1.110.549/RS, 2ª Seção, Rel. Min. Sidnei Beneti, j. 28-10-2009.
[104] REsp 1.110.549, 2ª Seção, Rel. Min. Sidnei Beneti, j. 29-10-2009.

ofício pelo julgador da ação coletiva. A visão é interessantíssima, embora *contra legem*, porque reafirma nossa posição de que ambos os mecanismos são instrumentos de tutela coletiva.

Prevaleceu o interesse público na efetividade do Judiciário, em vez do exercício ilimitado do direito de ação de cada particular. A esse respeito, nesse mesmo julgado, o STJ entendeu não haver mácula à Constituição, porque o ajuizamento da demanda individual é possível, vedando-se tão somente seu prosseguimento. Ademais, os indivíduos poderiam, em abstrato, se habilitar como *amici curiae* no incidente, se satisfizessem os requisitos (argumento que não convence, tendo em vista a restrição, por vezes necessária, ao ingresso de sujeitos como colaboradores do juízo).

De resto, ressalvou o tribunal que eventuais peculiaridades de casos concretos devem ser analisadas após o término da suspensão.

Na doutrina, a posição adotada era sustentada, mesmo antes, com base no controle de constitucionalidade, em que há medida cautelar consistente na suspensão dos processos que discutem a compatibilidade da norma com a Constituição (art. 21 da Lei n. 9.868/99)[105]. A efetividade, a adequação e a flexibilização do exercício jurisdicional são argumentos de reforço.

Inegável, ainda, que a economia processual macroscópica é homenageada, reduzindo o patamar global de ações com curso, bem como a isonomia, pois todas receberão a mesma conclusão judicial.

Por outro lado, existem autores que criticam a posição desenhada pelo Superior Tribunal de Justiça, por (i) negar a garantia do acesso à jurisdição, já que o ajuizamento, sem o prosseguimento da ação, se revela ineficaz e por (ii) utilizar mecanismos diversos, atinentes aos recursos repetitivos, que, à época, sequer autorizavam a suspensão de ações em curso em todo o País[106].

Esse precedente serviu como parâmetro decisório em diversas ocasiões, no próprio STJ, inclusive para a Corte Especial, que deixou de conhecer embargos de divergência a respeito do tema[107].

Em um segundo momento, a 1ª Seção da Corte da Cidadania também concluiu pela suspensão obrigatória, em recurso repetitivo, no REsp 1.353.801 (Rel. Min. Mauro Campbell Marques)[108].

Por fim, a 2ª Seção reiterou a posição, em novo recurso repetitivo, do REsp 1.525.327 (Rel. Min. Luis Felipe Salomão)[109], que esclareceu, ainda, o prazo da suspensão: até o trânsito em julgado do processo coletivo. Nessa ocasião, sublinhou-se a eficiência na produção de provas, coletivamente, e que o sobrestamento geral evita que apenas os primeiros indivíduos a ajuizar demanda sejam efetivamente indenizados, nos chamados danos de magnitude.

2.1.3. Interrupção da prescrição para ações individuais

Mesmo consolidada a posição segundo a qual deve haver suspensão dos processos individuais enquanto tramita ação coletiva, permanece uma preocupação: os litigantes deveriam ajuizar suas ações, que seriam prontamente sobrestadas, apenas para evitar o decurso do prazo prescricional, evitando a perda da possibilidade de provocar o Judiciário gerada pela demora para se atingir o trânsito em julgado na demanda coletiva?

A prescrição, tema de direito material, é tratada pelo Código Civil, que traz regras específicas e uma regra geral, bem como por leis especiais. No silêncio da normativa, deve ser aplicada a previsão do diploma civilista, inclusive quanto ao prazo (dez anos – art. 205).

---

[105] DIDIER JR.; ZANETI JR., 2016b, p. 171, n. 44. A posição vai ao encontro da nossa, que enxerga o controle de constitucionalidade como tutela coletiva.
[106] MAZZILLI, 2019, p. 311-312.
[107] AgRg nos EAREsp 693.242/PR, Corte Especial, Rel. Min. Laurita Vaz, j. 16-12-2015.
[108] REsp 1.353.801/RS, 1ª Seção, Rel. Min. Mauro Campbell Marques, j. 14-8-2013.
[109] REsp 1.525.327/PR, 2ª Seção, Rel. Min. Luis Felipe Salomão, j. 12-12-2018.

Por se relacionar de maneira central com a possibilidade de provocação jurisdicional, elemento basilar do acesso à justiça, entende-se, normalmente, que existe reserva legal sobre matéria prescricional. Apenas a lei pode ditar (i) prazos e (ii) causas interruptivas e suspensivas.

Eis o ponto problemático: o microssistema de tutela coletiva, embora estatua prazo prescricional para a ação popular (visto como regra geral para ações coletivas pelo Superior Tribunal de Justiça), não prevê qualquer interrupção de prazo para demandas individuais quando surge demanda coletiva.

O Superior Tribunal de Justiça, porém, em algumas ocasiões enfrentou a questão, entendendo que a citação válida na demanda coletiva que verse sobre direitos individuais homogêneos interrompe a prescrição para ações individuais[110][111], inclusive a pretensão executória[112], mesmo quando extinta a relação processual sem julgamento do mérito, por ilegitimidade, ou quando extinta a execução por prescrição intercorrente[113]. O principal fundamento consiste no desencorajamento pelo ordenamento ao ajuizamento de ações individuais, na pendência da discussão coletiva.

Parte da doutrina já apontava no sentido da interrupção[114], inclusive por razões finalísticas do microssistema, que sugere a espera dos potenciais beneficiários da ação coletiva durante seu curso, tanto para os indivíduos que se habilitarem, respondendo ao edital mencionado pelo art. 94 do Código de Defesa do Consumidor, como para todos os demais, evitando a multiplicação de ações sobre mesma matéria[115] e garantindo a estabilidade social esperada pelo próprio instituto da prescrição[116].

Para tais autores, mesmo as ações coletivas que tutelem direitos difusos e coletivos devem interromper o prazo para demandas individuais, tendo em vista o transporte *in utilibus* que pode decorrer de uma sentença de procedência[117] – posição também já acolhida pelo Superior Tribunal de Justiça[118].

Outra parcela[119], contudo, critica esse entendimento, com base em alguns argumentos:

a) os casos julgados pelo STJ diriam respeito a ações ordinárias em que um sindicato pleiteava direitos de seus membros, não alcançando efeitos para além dos indivíduos representados;

b) o direito individual homogêneo seria um direito autônomo, distinto daqueles direitos individuais tuteláveis em ações individuais, portanto as pretensões em uma e outras ações são totalmente diversas, não se interrompendo estas quando exercida aquela;

c) inexiste incentivo expresso no ordenamento a aguardar o término da ação coletiva, e sim previsão da possibilidade de *opt out*;

---

[110] REsp 1.449.964/RS, 2ª Turma, Rel. Min. Herman Benjamin, j. 5-8-2014.

[111] A citação válida na ação coletiva por danos ambientais interrompe o prazo prescricional da ação indenizatória individual se coincidentes a causa de pedir das demandas. (AgInt no AREsp n. 2.036.247/RS, Rel. Min. João Otávio de Noronha, 4ª Turma, j. 14-11-2022, *DJe* de 17-11-2022.)

[112] AgRg no REsp 1.143.254/PR, 5ª Turma, Rel. Min. Laurita Vaz, j. 2-2-2012.

[113] À luz da racionalidade do microssistema do processo coletivo, não se pode exigir do credor individual o ajuizamento do cumprimento de sentença quando pendente execução coletiva. Por isso, o Superior Tribunal de Justiça tem reiteradamente decidido que a propositura do cumprimento de sentença pelo legitimado extraordinário interrompe o prazo prescricional para a execução individual (REsp 2.079.113-PE, Rel. Min. Herman Benjamin, Primeira Seção, por unanimidade, j. 18-8-2024. Recurso Repetitivo – Tema 1.253).

[114] Falando em suspensão: NEVES, 2016b, p. 536. Sustentando a interrupção e posterior suspensão: MAZZILLI, 2019, p. 747.

[115] ZAVASCKI, 2016, p. 194-195.

[116] DIDIER JR.; ZANETI JR., 2016b, p. 298.

[117] DIDIER JR.; ZANETI JR., 2016b, p. 299.

[118] REsp 1.641.167/RS, 3ª Turma, Rel. Min. Nancy Andrighi, j. 13-3-2018.

[119] SILVA, 2017, p. 221-229.

d) a finalidade da prescrição é gerar estabilidade nas relações sociais, não punir o titular do direito, sempre demandando tratamento legal específico (violação ao princípio da legalidade).

Reconhecemos que a previsão legal seria a melhor solução – inclusive, os projetos de Código de Processo Coletivo trazem essa menção. No entanto, a jurisprudência do Supremo Tribunal Federal também já enxergou suspensão da prescrição (da pretensão punitiva, penal) *de lege ferenda*, enquanto corre incidente fixador de tese a respeito, com base em valores[120]. A solução dada pelo Superior Tribunal de Justiça, portanto, merece ser prestigiada, revelando-se consentânea com o que se pretende resguardar na tutela coletiva.

2.2. Identidade total

2.2.1. Litispendência

O microssistema é expresso ao negar a litispendência entre ação coletiva e ações individuais (art. 104 do CDC[121]). A previsão é aplaudida pela doutrina, que assenta a essencial diferença de partes, causa de pedir e pedido, uma vez que a demanda individual sempre é mais estreita que a coletiva[122].

Essa lógica é válida para processos que versem sobre direitos difusos e coletivos, expressamente mencionados pelo dispositivo, e sobre direitos individuais homogêneos, tendo assumido erro de remissão, que esqueceu de mencionar o inciso III do art. 81, bem como o inciso I do art. 103[123].

2.2.2. Coisa julgada

Também inexistiria, pela diversidade de elementos que compõem cada uma das ações, coisa julgada coletiva sobre relação individual. Contudo, como está abarcada a relação jurídica individual na causa de pedir coletiva, existe mecanismo próprio de benefício em prol do sujeito (coisa julgada *secundum eventum litis in utilibus*).

Mesmo quando a tutela for de direitos difusos e coletivos, hipótese em que não existiria qualquer coincidência entre os elementos das demandas coletiva e individual, o ordenamento prevê a facilitação da execução em autêntica expansão objetiva da coisa julgada, que, por se dar *erga omnes* ou *ultra partes*, passa a atingir os indivíduos lesados destacadamente pelo mesmo ilícito coletivo (transporte *in utilibus*).

Esses temas serão abordados detalhadamente em capítulo próprio.

---

[120] RE 966.177-RG-QO, Tribunal Pleno, Rel. Min. Luiz Fux, j. 7-6-2017.

[121] "Art. 104. As ações coletivas, previstas nos incisos I e II e do parágrafo único do art. 81, não induzem litispendência para as ações individuais, mas os efeitos da coisa julgada *erga omnes* ou *ultra partes* a que aludem os incisos II e III do artigo anterior não beneficiarão os autores das ações individuais, se não for requerida sua suspensão no prazo de trinta dias, a contar da ciência nos autos do ajuizamento da ação coletiva."

[122] DIDIER JR.; ZANETI JR., 2016b, p. 161; NEVES, 2016b, p. 249; GRINOVER, 2019, p. 1.029.

[123] GRINOVER, 2019, p. 1.029; MAZZILLI, 2019, p. 313.

Capítulo 13
ASPECTOS ECONÔMICOS E ÉTICOS

1. ASPECTOS ECONÔMICOS

Todo processo importa em um custo. O custo do processo engloba:

a) os honorários advocatícios; e
b) as despesas processuais.

As despesas processuais são cobradas de acordo com a natureza e o rito processual adotado. O art. 84 do Código de Processo Civil estabelece que as despesas abrangem:

a) as custas do processo;
b) a indenização de viagem;
c) a remuneração do assistente técnico; e
d) a diária da testemunha.

Quanto a essas despesas, existe uma responsabilidade provisória e uma responsabilidade definitiva.

Responsabilidade provisória é o ônus de antecipar o pagamento das despesas respeitantes aos atos. É imposto:

a) à parte que os requerer; ou
b) nos casos definidos em lei, ao autor que tiver mais interesse do que o réu na prática do ato, mesmo que tenha sido:
    1. determinado pelo juiz, agindo de ofício; ou
    2. requerido pelo Ministério Público, como parte ou como *custos legis*.

Responsabilidade definitiva, por sua vez, é o dever (e não simples ônus) imposto à parte derrotada de ressarcir à vencedora as despesas cujos pagamentos antecipou no curso do processo.

1.1. Regramento do Código de Processo Civil

O Código de Processo Civil regula de forma clara e sistemática as despesas processuais nos arts. 82 a 97.

O art. 82 dispõe que, ressalvada a hipótese de concessão de gratuidade, devem as partes antecipar o pagamento dos atos que requererem, tanto na fase cognitiva como no cumprimento de sentença. No entanto, o vencido deverá pagar ao vencedor as despesas que tenha antecipado.

Na hipótese de sucumbência recíproca, ou seja, sendo cada litigante vencedor e vencido, em parte, as despesas devem ser proporcionalmente distribuídas entre eles (art. 86), salvo se um deles sucumbir em parte mínima do pedido (art. 86, parágrafo único).

Havendo litisconsórcio, os vencidos respondem proporcionalmente pelas despesas e pelos honorários (art. 87).

As despesas determinadas *ex officio* pelo magistrado ou requeridas pelo Ministério Público, na qualidade de fiscal da ordem jurídica, devem ser igualmente antecipadas pelo autor (art. 82, § 1º). A regra é complementada pelo art. 91, que determina que as despesas dos atos processuais praticados a requerimento da Fazenda Pública, do Ministério Público ou da Defensoria Pública serão pagas, ao final, pelo vencido.

Na hipótese de desistência, renúncia ou reconhecimento do pedido, as despesas e os honorários serão pagos pela parte que deu causa a um desses fatos (art. 90).

Segundo o art. 93, as despesas de atos adiados ou cuja repetição for necessária ficarão a cargo da parte, do auxiliar da justiça, do órgão do Ministério Público ou da Defensoria Pública ou do juiz que, sem justo motivo, houver dado causa ao adiamento ou à repetição.

Com relação à prova pericial, dispõe o art. 95 que cada parte adiantará a remuneração do assistente técnico que houver indicado, sendo a do perito adiantada pela parte que houver requerido a perícia ou rateada quando a perícia for determinada de ofício ou requerida por ambas as partes.

Se o pagamento da perícia for de responsabilidade de beneficiário de gratuidade da justiça, ela poderá ser (art. 93, § 3º):

a) custeada com recursos alocados no orçamento do ente público e realizada por servidor do Poder Judiciário ou por órgão público conveniado; ou

b) paga com recursos alocados no orçamento da União, do Estado ou do Distrito Federal, no caso de ser realizada por particular, hipótese em que o valor será fixado conforme tabela do tribunal respectivo ou, em caso de sua omissão, do Conselho Nacional de Justiça.

Interessante previsão do Código de Processo Civil está no art. 83, que traz a figura da caução a ser prestada pelo autor brasileiro ou estrangeiro que resida fora do país ou que venha a deixar de residir durante a tramitação do processo. O objetivo de tal caução é garantir justamente o pagamento das custas e dos honorários.

Essa garantia é dispensada:

a) se deixar bens imóveis que assegurem o pagamento;
b) quando houver dispensa prevista em acordo ou tratado internacional de que o Brasil faz parte;
c) na execução fundada em título extrajudicial e no cumprimento de sentença;
d) na reconvenção.

1.2. Peculiaridades do microssistema

O núcleo duro do microssistema aborda a questão das despesas processuais no art. 18 da Lei da Ação Civil Pública e no art. 87 do Código de Defesa do Consumidor, trazendo regras específicas quanto à responsabilidade do autor pelas despesas processuais:

a) Responsabilidade provisória: não haverá adiantamento de despesas quaisquer (incluindo custas, emolumentos, honorários periciais).

b) Responsabilidade definitiva: não haverá condenação em honorários e despesas processuais. A única hipótese em que haverá condenação, ao final, é a de litigância de má-fé, quando há sanção própria prevista.

Com algumas modificações, também tratam do tema a Lei da Ação Popular (art. 13), o Estatuto da Criança e do Adolescente (art. 218) e o Estatuto do Idoso (art. 88).

Estatui-se um verdadeiro sistema de gratuidade, instrumento para a ampliação do acesso à justiça[1], ultrapassando a problemática dos custos do processo (primeira onda de Cappelletti e Garth) sob a ótica do processo coletivo (segunda onda).

1.2.1. Responsabilidade provisória (adiantamento)

Previu o legislador, no núcleo duro do microssistema, que o autor coletivo não precisa realizar o adiantamento de despesas processuais, inclusive no tocante aos honorários periciais.

Quanto a esse último ponto, o Código de Processo Civil de 2015 despertou interessante debate, ao trazer a obrigação de as perícias requeridas pela Defensoria Pública, pelo Ministério Público e pela Fazenda Pública serem realizadas por entidade pública ou, se existir previsão orçamentária, serem pagas por essas instituições (art. 91). A indagação consiste na possibilidade de se aplicar esse dispositivo, especialmente a parte final, ao processo coletivo.

Em sede doutrinária, há quem entenda que o perito deveria trabalhar sem remuneração imediata e, após a condenação do vencido nas verbas sucumbenciais (autor, se litiga de má-fé, ou réu, para quem assim admite) ou, em não existindo, pelo Estado[2].

Uma segunda corrente também entende negativamente: o comando não tem vez na tutela coletiva, porque prevalece o microssistema[3].

Caso haja entidade pública conveniada, naturalmente a perícia poderá ser feita por ela (uma universidade, por exemplo). Senão, deve o Estado ou a União, nos litígios em curso na justiça estadual ou federal, respectivamente, arcar com o pagamento do perito, profissional que não pode ser obrigado a trabalhar gratuitamente[4].

O Superior Tribunal de Justiça, inclusive, havia fixado tese em recurso repetitivo nessa linha[5], mantendo o entendimento na vigência do Código Fux[6]. O tribunal, por vezes, já admitiu até mesmo que se usassem recursos do fundo de defesa dos interesses difusos para tal fim[7].

Outro argumento, algo anacrônico, é a compreensão do Ministério Público (e da Defensoria, naturalmente) como órgão da União ou do Estado (teoria organicista[8]).

Há, ademais, quem compreenda "ente público" (art. 91, § 2º) como sinônimo de pessoas jurídicas de direito público, sustentando que o legislador teria optado por incumbir a Fazenda Pública do pagamento dos honorários periciais, na esteira do que entendeu o STJ. Fala-se que, na tutela coletiva, essa sistemática é legítima, porque o Ministério Público e a Defensoria Pública nela atuam representando toda a coletividade, cabendo ao Estado responder pelos danos daí decorrentes, na lógica do art. 37, § 6º[9].

---

[1] WATANABE, 2019, p. 936; LEONEL, 2011, p. 435.

[2] LEONEL, 2011, p. 436.

[3] DIDIER JR.; ZANETI JR., 2016b, p. 355-356; BASTOS, 2018, p. 165. Admitindo, subsidiariamente, essa tese: LEONEL, 2016, p. 438.

[4] NEVES, 2016b, p. 487.

[5] EREsp 981.949/RS, 1ª Seção, Rel. Min. Herman Benjamin, j. 24-2-2010, *DJe* 15-8-2011; REsp 1.188.803/RN, 2ª Turma, Rel. Min. Eliana Calmon, j. 11-5-2010, *DJe* 21-5-2010; AgRg no REsp 1.083.170/MA, 2ª Turma, Rel. Min. Mauro Campbell Marques, j. 13-4-2010, *DJe* 29-4-2010; REsp 928.397/SP, 2ª Turma, Rel. Min. Castro Meira, j. 11-9-2007, *DJ* 25-9-2007, p. 225; REsp 846.529/MS, 1ª Turma, Rel. Min. Teori Albino Zavascki, j. 19-4-2007, *DJ* 7-5-2007, p. 288; REsp 1.253.844/SC, 1ª Seção, Rel. Min. Mauro Campbell Marques, j. 13-3-2013.

[6] AgInt no RMS 56.423/SP, 2ª Turma, Rel. Min. Assusete Magalhães, j. 4-9-2018.

[7] AgRg no REsp 1.423.840/SP, 2ª Turma, Rel. Min. Humberto Martins, j. 8-3-2016.

[8] LEONEL, 2016, p. 432 e 438.

[9] LOPES, 2008, p. 114-115.

Por outro lado, o Supremo Tribunal Federal possui decisão compreendendo que, com o advento do Código de Processo Civil de 2015, o art. 18 da Lei da Ação Civil Pública deve ser compreendido diversamente, aplicando-se o art. 95 do diploma processual geral[10]. O Min. Ricardo Lewandowski aduziu que ajuizar ações coletivas é uma das principais funções ministeriais e que a intepretação não enfraquece o processo coletivo, podendo as perícias ser feitas por instituições públicas e universidades. Assim, eleva-se o senso de responsabilidade do *Parquet*.

Não se pode ignorar que o Superior Tribunal de Justiça decidiu, numa ocasião, pela possibilidade do uso dos recursos do Fundo de Direitos Difusos (FDD) para custeio da perícia requerida em ação coletiva pelo Ministério Público, porque seria uma atividade em prol dos interesses metaindividuais[11].

A posição, no entanto, não é melhor, por desvirtuar a finalidade do montante acumulado, que se deve destinar a melhoramentos do direito material e não na solução processual, que já foi desenhada pelo legislador, elegendo a gratuidade[12].

Entendemos que a melhor compreensão do dilema é a seguinte: como o Ministério Público e a Defensoria Pública ostentam consagrada posição de instituições constitucionais permanentes[13], não sendo, tipicamente, pessoas jurídicas de direito público (embora, a nosso sentir, estejam incluídas na expressão "ente público"), deve ser aplicado o art. 95 do Código de Processo Civil. No entanto, duas mitigações, realizadas pelo próprio legislador, são imperiosas.

Primeiramente, a prioridade deverá ser a realização da perícia por entidade pública (art. 91, § 1º). Assim, as universidades e mesmo órgãos estatais devem assumir protagonismo nessa atividade de altíssimo interesse social. Também são viáveis convênios com entidades privadas, os quais podem, até mesmo, envolver, em juízo de discricionariedade administrativa, retribuições fiscais. Idealmente, o próprio Ministério Público e a própria Defensoria Pública devem desenhar quadro próprio de peritos, garantindo celeridade e previsibilidade na produção da crucial prova.

Em segundo lugar, não havendo qualquer dessas possibilidades, deverá ser verificada a existência de previsão orçamentária, dessas instituições legitimadas, específica para o custeio dos serviços periciais. Caso exista aqui nova negativa, é de ser mantido o entendimento atual do Superior Tribunal de Justiça, como forma de, inclusive, não comprometer o cumprimento das funções típicas e atípicas que o constituinte outorgou ao Ministério Público e à Defensoria.

Por fim, é importante lembrar que o tratamento da responsabilidade provisória (dispensa de adiantamento de despesas) não se aplica às execuções individuais da sentença coletiva genérica, no entender do STJ[14], porque aí já haverá tutela de direito eminentemente privado.

1.2.2. Responsabilidade definitiva (verbas sucumbenciais)

No tocante à responsabilidade definitiva, há que se interpretar amplamente o termo "associação autora", estendendo o tratamento da gratuidade a todos os legitimados, uma vez que inexiste diferença substancial na sua atuação em juízo, sendo sempre favorável à proteção coletiva de direitos a ampliação do acesso à jurisdição[15-16].

---

[10] AgR na ACO 1560, Rel. Min. Ricardo Lewandowski, j. 13-12-2018.

[11] RMS 30.812/SP, 2ª Turma, Rel. Min. Eliana Calmon, j. 4-3-2010.

[12] LEONEL, 2011, p. 433.

[13] Falando em Instituição Constitucional ou Instituição Primária do Estado Democrático de Direito: ESTEVES; SILVA, 2017, p. 313.

[14] REsp 358.828/RS, 6ª Turma, Rel. Min. Hamilton Carvalhido, j. 26-2-2002.

[15] WATANABE, 2019, p. 936.

[16] EREsp 1.322.166/PR, Corte Especial, Rel. Min. Mauro Campbell Marques, j. 4-3-2015.

Uma outra posição prevê a gratuidade apenas para o Ministério Público e entes despersonalizados, mas não às pessoas jurídicas da Administração Pública, que atuariam em prol do interesse público presumivelmente em todas as suas atividades regulares, não havendo justificativa para o estímulo à tutela coletiva por meio do sistema de gratuidade[17].

Um segundo questionamento interessante é se o réu, na ação coletiva, pode ser condenado em verbas sucumbenciais.

Embora exista posição doutrinária[18] e decisões[19] em sentido contrário, o Superior Tribunal de Justiça sepultou qualquer divergência anteriormente havida e, em embargos de divergência julgados pela Corte Especial, assentou que, pelo princípio da simetria, o legitimado passivo não deve sofrer condenação, quando inexistir má-fé, a exemplo do que ocorre com o autor[20].

No entanto, esse entendimento foi afastado, pelo próprio Tribunal da Cidadania, para a hipótese em que a associação privada é autora, porque a não condenação em honorários da parte ré, em favor da parte autora, desestimularia o acesso à justiça[21].

Antes, se discutia se o réu, na ação coletiva, condenado em verbas sucumbenciais, pagaria honorários que se reverteriam em favor do Ministério Público. Existia posição do STJ entendendo que o Ministério Público não faria jus, tendo em vista que a instituição não exerce advocacia, como exigem o Estatuto da OAB (art. 23) e o Código de Processo Civil (art. 85, § 14), que esclarecem que as verbas honorárias sucumbenciais pertencem ao patrono[22]. A situação da Defensoria Pública, de todo modo, seria diversa, porque a instituição se caracteriza pela atividade postulatória.

É interessante relembrar que a opção pela gratuidade e pela ausência de condenação em verbas sucumbenciais, especialmente de honorários advocatícios, não é essencial à tutela coletiva. Embora no Brasil se tenha eleito essa saída, como forma de facilitar o acesso à justiça, nos Estados Unidos o mesmo é estimulado por meio do pagamento de honorários vultosos aos advogados que atuam como "fiscal da lei" nas *class actions*[23].

1.2.2.1. Fase de execução

É discutível se a lógica do não adiantamento e da não condenação se estende à fase executiva. No STJ, existem posicionamentos para ambos os lados: afastando[24]-[25] e aplicando[26] o art. 18 da Lei da Ação Civil Pública.

---

[17] LEONEL, 2011, p. 438.

[18] Falando em condenação do réu nas verbas sucumbenciais: NEVES, 2016b, p. 489-491.

[19] AgInt no AREsp 1.465.539/RJ, 2ª Turma, Rel. Min. Mauro Campbell Marques, j. 13-8-2019, *DJe* 19-8-2019.

[20] EAREsp 962.250/SP, Corte Especial, Rel. Min. Og Fernandes, j. 15-8-2018.

[21] "[N]ão seria razoável, sob o enfoque ético e político, equiparar ou tratar como simétricos grandes grupos econômicos/instituições do Estado com organizações não governamentais (de moradores, de consumidores, de pessoas com necessidades ambientais, de idosos, ambientais, entre outras)" (REsp 1974436/RJ, Rel. Min. Nancy Andrighi, 3ª Turma, j. 22-3-2022)

[22] EREsp 895.530/PR, 1ª Seção, Rel. Min. Eliana Calmon, j. 26-8-2009.

[23] ADPF 165/DF, Pleno, Rel. Min. Ricardo Lewandowski, j. 15-2-2018.

[24] AgRg no REsp 265.272/RS, 5ª Turma, Rel. Min. Gilson Dipp, j. 17-4-2001. No mesmo sentido: AgRg no REsp 1.011.073/RS, 1ª Turma, Rel. Min. Francisco Falcão, j. 15-5-2008. Ainda no sentido do pagamento: "Tratando-se de liquidação individual de sentença decorrente de ação coletiva, é devida a verba honorária, ainda que proveniente de ação mandamental, a teor do disposto na Súmula 345/STJ. Precedentes: AgInt no REsp 1.909.888/SE, rel. Min. Francisco Falcão, 2ª Turma, j. 21-6-2021, *DJe* de 25-6-2021; AgInt no AREsp 1.350.736/SP, rel. Min. Assusete Magalhães, 2ª Turma, j. 5-12-2019, *DJe* de 12-12-2019" (AgInt no AgInt no REsp n. 1.955.594/MG, rel. Min. Paulo Sérgio Domingues, 1ª Turma, j. 29-5-2023, *DJe* de 6-6-2023).

[25] Afastando a gratuidade para associação, quando prevalecia o entendimento da natureza de representação processual: REsp 1637366/SP, Rel. Min. Marco Aurélio Bellizze, 3ª Turma, j. 5-10-2021.

[26] REsp 896.679/RS, 1ª Turma, Rel. Min. Luiz Fux, j. 1-4-2008.

A doutrina advoga a extensão da regra da gratuidade para o procedimento executivo, uma vez que essa etapa também é obrigatória e deve ser estimulada, de modo a garantir a efetividade do processo coletivo[27]. Assim, apenas haveria condenação ao pagamento quando a execução fosse marcada por má-fé, existindo controle da probidade processual.

Outro tema atinente à execução interessante é o dos honorários advocatícios contra a Fazenda Pública. O tema é especialmente importante porque existe previsão geral no art. 1º-D da Lei n. 9.494/97[28] no sentido de que não são devidos os honorários pela Fazenda quando as execuções contra si não são embargadas.

Houve grande debate acerca da incidência da norma nas execuções de sentença coletiva, tendo o Superior Tribunal de Justiça, ainda sob a égide do Código de Processo Civil de 1973, sumulado o entendimento de que a norma não se aplica nas execuções individuais de título executivo coletivo, embora tenha incidência nas execuções coletivas (Súmula 345[29]).

O Código atual positivou entendimento dos tribunais superiores no sentido de que essa lógica se aplica apenas para as execuções contra a Fazenda que ensejem expedição de precatórios (art. 85, § 7º[30]), de sorte que, se o valor executado estiver nos limites para o regime de satisfação por requisição de pequeno valor, os honorários são devidos[31].

Como já sustentamos em outra ocasião, a posição do Tribunal da Cidadania não deveria se alterar com o novo dispositivo[32]. Foi essa, justamente, a conclusão do Superior Tribunal de Justiça em julgamento de recurso repetitivo[33].

Em sentido contrário, existe entendimento doutrinário no sentido da superação da súmula, concluindo que os honorários são devidos na etapa de liquidação, em que existe atividade cognitiva, mas não na execução posterior[34].

Ainda em matéria de honorários na etapa de execução, o STJ enfrentou uma questão que diz respeito à responsabilidade pelo pagamento dos honorários sucumbenciais. Concretamente, a situação era a seguinte: existe um processo coletivo, no qual, após uma tutela antecipada em favor da coletividade, é firmado um acordo entre o legitimado e o réu. Um indivíduo, se executa a decisão coletiva, deverá arcar com os honorários em favor do réu coletivo, simplesmente porque o título judicial deixou de existir por conta do acordo? O tribunal diferenciou o cenário em duas hipóteses:

a) se iniciou o cumprimento de sentença provisório antes do acordo: quem paga é o réu coletivo e executado individual (é sua a "culpa" pela posterior extinção, porque celebrou o acordo);

---

[27] DIDIER JR.; ZANETI JR., 2016b, p. 450.

[28] "Art. 1º-D. Não serão devidos honorários advocatícios pela Fazenda Pública nas execuções não embargadas."

[29] Súmula 345: "São devidos honorários advocatícios pela Fazenda Pública nas execuções individuais de sentença proferida em ações coletivas, ainda que não embargadas".

[30] "Art. 85. (...) § 7º Não serão devidos honorários no cumprimento de sentença contra a Fazenda Pública que enseje expedição de precatório, desde que não tenha sido impugnada."

[31] RE 420.816, Tribunal Pleno, Rel. Min. Carlos Velloso, Rel. p/ acórdão Min. Sepúlveda Pertence, j. 29-9-2004.

[32] MELLO PORTO; MAZZOLA, 2017. No mesmo sentido, sustentando que a alteração se dá apenas nas execuções coletivas: NEVES, 2016b, p. 401.

[33] REsp 1.650.588/RS, Corte Especial, Rel. Min. Gurgel de Faria, j. 20-6-2018. Tese firmada: "O art. 85, § 7º, do CPC/2015 não afasta a aplicação do entendimento consolidado na Súmula 345 do STJ, de modo que são devidos honorários advocatícios nos procedimentos individuais de cumprimento de sentença decorrente de ação coletiva, ainda que não impugnados e promovidos em litisconsórcio".

[34] DIDIER JR.; ZANETI JR., 2016b, p. 454.

b) se iniciou o cumprimento no dia do acordo ou após: quem paga é o indivíduo, que acabou executando o réu sem base, porque o acordo acabou substituindo a decisão judicial[35].

Por fim, o STJ entendeu, em execução individual de sentença em mandado de segurança coletivo (onde há previsão, inclusive, de gratuidade na lei), ser devida a condenação em honorários, "quando a liquidação ostentar caráter litigioso", restringindo a gratuidade à fase de conhecimento[36].

1.2.2.2. Honorários contratuais

Outro tema importante referente aos honorários advocatícios diz respeito aos honorários contratuais convencionados entre o escritório de advocacia e o ente coletivo. A discussão diz respeito à vinculação dos substituídos/beneficiários ao contrato celebrado, por exemplo, pelo sindicato que os "representa".

A questão ganha contornos mais sensíveis porque o Estatuto da OAB, pretendendo facilitar o recebimento, passou a autorizar que a entidade de classe pudesse indicar os membros que seriam responsáveis pelo pagamento, "sem a necessidade de mais formalidades"[37].

O STJ enfrentou o tema em recurso repetitivo, diferenciando entre situações anteriores à alteração legal e posteriores a ela:

a) basicamente, antes da lei, existe a necessidade de apresentar contratos individuais firmados entre os membros da classe e o escritório;
b) após, não há necessidade de apresentar o contrato (seria a leitura da expressão "de mais formalidades"), mas continua sendo necessário, para que sejam atingidos os indivíduos beneficiados, que tenham ao menos aderido ao contrato, ainda que por uma adesão coletiva. Fundamental, portanto, que haja uma autorização expressa, porque, caso contrário, alguém que não participou ou concordou com a contratação poderia ser tido como parte de um contrato[38].

2. ASPECTOS ÉTICOS

2.1. Regramento do Código de Processo Civil

O processo, como o conjunto complexo de atos em que se busca a satisfação de uma pretensão, possui uma série de regras e fundamentos que limitam tanto a atuação das partes quanto a atuação do magistrado com vistas a assegurar os princípios e fundamentos constitucionais. A esse conjunto de regras e fundamentos que rege a atuação dos personagens do processo encontram-se relacionados os aspectos éticos dele.

Para assegurar a ética no processo, o Código de Processo Civil prevê limitações da combatividade permitida, além de diversas sanções à deslealdade que vão desde a perda de uma faculdade processual até a multa aplicada pelo magistrado.

---

[35] REsp n. 2.053.653/SP, rel. Min. Ricardo Villas Bôas Cueva, 3ª Turma, j. 16-5-2023, *DJe* de 6-6-2023.
[36] AgInt na ImpExe na ExeMS 15.254/DF, relor Min. Sérgio Kukina, Primeira Seção, j. 29-3-2022, *DJe* 1º-4-2022;
[37] Estatuto da OAB: Art. 22. § 7º Os honorários convencionados com entidades de classe para atuação em substituição processual poderão prever a faculdade de indicar os beneficiários que, ao optarem por adquirir os direitos, assumirão as obrigações decorrentes do contrato originário a partir do momento em que este foi celebrado, sem a necessidade de mais formalidades (Incluído pela Lei n. 13.725, de 2018).
[38] REsp n. 1.965.394/DF, rel. Min. Gurgel de Faria, Primeira Seção, j. 13-9-2023, *DJe* de 20-9-2023. Recurso Repetitivo.

Violando a parte seus deveres éticos, isto é, de lealdade e boa-fé processual, ela é considerada litigante de má-fé por estar utilizando o processo com o objetivo de vencer a qualquer custo ou de, pelo menos, prolongar deliberadamente o seu curso normal, causando dano à parte contrária.

Nesse sentido, o Código de Processo Civil estabelece, nos arts. 77 e 78, os deveres das partes e de seus procuradores. Nos arts. 79 a 81, regulamenta a responsabilidade das partes por dano processual.

De acordo como o art. 77, cujo rol é taxativo, são deveres das partes, de seus procuradores e de todos aqueles que participem do processo:

a) expor os fatos em juízo conforme a verdade;
b) não formular pretensão ou apresentar defesa quando cientes de que são destituídas de fundamento;
c) não produzir provas e não praticar atos inúteis ou desnecessários à declaração ou à defesa do direito;
d) cumprir com exatidão as decisões jurisdicionais, de natureza provisória ou final, e não criar embaraços à sua efetivação;
e) declinar, no primeiro momento que lhes couber falar nos autos, o endereço residencial ou profissional onde receberão intimações, atualizando essa informação sempre que ocorrer qualquer modificação temporária ou definitiva;
f) não praticar inovação ilegal no estado de fato de bem ou direito litigioso.

O § 2º estabelece que a violação ao disposto nos incisos IV e VI constitui ato atentatório à dignidade da justiça, devendo o juiz, sem prejuízo das sanções criminais, civis e processuais cabíveis, aplicar ao responsável multa de até 20% do valor da causa, de acordo com a gravidade da conduta.

Trata-se do *contempt of court* configurado pela prática de ato com o dolo de desafiar e de se opor à efetividade da decisão judicial.

Caso o valor da multa não seja pago, será ele inscrito como dívida ativa da União ou do Estado após o trânsito em julgado da decisão que a fixou, e sua execução observará o procedimento da execução fiscal, revertendo-se aos fundos previstos no art. 97.

Essa multa pode ser fixada independentemente da incidência daquelas previstas nos arts. 523, § 1º, e 536, § 1º.

Dispõe o § 5º do art. 77 que, quando o valor da causa for irrisório ou inestimável, a multa poderá ser fixada em até dez vezes o valor do salário mínimo.

Se houver violação aos deveres por parte dos advogados públicos ou privados, dos membros da Defensoria Pública e do Ministério Público (§ 6º), a responsabilidade disciplinar será apurada pelo respectivo órgão de classe ou corregedoria.

O art. 78, por seu turno, dispõe ser vedado a qualquer pessoa que participe do processo empregar expressões ofensivas nos escritos apresentados.

De acordo com o art. 79, todo aquele que litigar de má-fé responde por perdas e danos.

O Código nos fornece a relação de condutas que tipificam a litigância de má-fé no art. 80. São elas:

a) deduzir pretensão ou defesa contra texto expresso de lei ou fato incontroverso;
b) alterar a verdade dos fatos;
c) usar do processo para conseguir objetivo ilegal;
d) opor resistência injustificada ao andamento do processo;
e) proceder de modo temerário em qualquer incidente ou ato do processo;
f) provocar incidente manifestamente infundado;
g) interpor recurso com intuito manifestamente protelatório.

Configurada uma das situações acima, o magistrado, *ex officio* ou a requerimento, condenará o litigante de má-fé ao pagamento:

a) de multa, que deverá ser superior a 1% e inferior a 10% do valor corrigido da causa;
b) de indenização à parte contrária pelos prejuízos que esta sofreu; e
c) dos honorários advocatícios e de todas as despesas que a parte contrária efetuou.

2.2. Peculiaridades do microssistema

O núcleo duro (art. 17 da LACP[39] e art. 87, parágrafo único, do CDC[40]) e determinadas leis esparsas que versam sobre a tutela coletiva trazem regras próprias quanto à atuação ética, em interseção com o tratamento das verbas sucumbenciais.

Como visto, não há responsabilidade provisória pelas despesas processuais e tampouco, como regra, responsabilidade definitiva. Ou seja: o autor coletivo (e o réu, na visão do STJ) não é condenado em custas e honorários, quando resta vencido.

Todavia, existe exceção: quando houver litigância de má-fé, para além da imposição das sanções gerais do Código de Processo Civil, haverá condenação ao pagamento:

a) de honorários advocatícios (sucumbenciais);
b) do décuplo das custas;
c) de indenização por perdas e danos, se for o caso.

É coerente com a finalidade de facilitar o acesso à justiça que o legislador, por um lado, garanta a gratuidade e, por outro, condene abusos. O pagamento das verbas sucumbenciais, na tutela coletiva, acaba por ter natureza não meramente ressarcitória, como sói ocorrer no processo em geral, mas também e predominantemente sancionatória.

Cabe perceber que, embora haja, a rigor, diferença topográfica entre a má-fé, que basta para autorizar a condenação em verbas sucumbenciais (art. 18 da LACP e art. 87 do CDC), e a litigância de má-fé, que justifica a condenação no décuplo das custas (art. 17 da LACP e art. 87, parágrafo único, do CDC), na prática, o segundo comando tem a função apenas de esclarecer a condenação solidária da associação autora e dos seus diretores responsáveis pela propositura da ação. É excessivo tentar traçar uma diferença entre a má-fé, em geral, e a litigância de má-fé, que se daria nos moldes do Código de Processo Civil.

A redação originária da Lei n. 7.347/85[41], antes da alteração e padronização com o Código de Defesa do Consumidor, a exemplo da atual disposição do Estatuto da Criança e do Adolescente (art. 218[42]), mencionava a condenação em verbas sucumbenciais quando a pretensão fosse meramente infundada.

---

[39] "Art. 17. Em caso de litigância de má-fé, a associação autora e os diretores responsáveis pela propositura da ação serão solidariamente condenados em honorários advocatícios e ao décuplo das custas, sem prejuízo da responsabilidade por perdas e danos."

[40] "Art. 87. (...) Parágrafo único. Em caso de litigância de má-fé, a associação autora e os diretores responsáveis pela propositura da ação serão solidariamente condenados em honorários advocatícios e ao décuplo das custas, sem prejuízo da responsabilidade por perdas e danos."

[41] "Art. 17. O juiz condenará a associação autora a pagar ao réu os honorários advocatícios arbitrados na conformidade do § 4º do art. 20 da Lei n. 5.869, de 11 de janeiro de 1973 – Código de Processo Civil, quando reconhecer que a pretensão é manifestamente infundada."

[42] "Art. 218. O juiz condenará a associação autora a pagar ao réu os honorários advocatícios arbitrados na conformidade do § 4º do art. 20 da Lei n. 5.869, de 11 de janeiro de 1973 (Código de Processo Civil), quando reconhecer que a pretensão é manifestamente infundada. Parágrafo único. Em caso de litigância de má-fé, a associação autora e os diretores responsáveis pela propositura da ação serão solidariamente condenados ao décuplo das custas, sem prejuízo de responsabilidade por perdas e danos."

Por sua vez, a imposição do décuplo das custas só teria vez quando houvesse litigância de má-fé. O sistema era duplo, portanto: a falta de fundamentos impunha a responsabilidade definitiva normal das despesas e honorários e a má-fé levava à sanção.

O Código de Defesa do Consumidor alterou a Lei da Ação Civil Pública, uniformizando o tratamento do núcleo duro, trazido por si próprio. Hoje, as duas consequências decorrem apenas da má-fé, entendida, pela maioria da doutrina[43] e pela jurisprudência[44], como uma conduta dolosa, não bastando, para sua configuração, a atuação temerária, imprudente, sem ponderação[45].

Cabe indagar se as previsões do Estatuto da Criança e do Adolescente e da Lei da Ação Popular (o art. 13[46] fala em "lide manifestamente temerária", em expressão que remete ao CPC/1939, vigente à época da edição) devem ser respeitadas, por serem normas específicas. Parece-nos, até por uma questão de unidade da tutela coletiva, independentemente da matéria tratada, e de cronologia (o CDC é posterior ao diploma infantil), que houve revogação tácita. Para todos os casos, vale o regramento do núcleo duro.

A jurisprudência do Superior Tribunal de Justiça, contudo, aplica a literalidade do art. 12 da Lei de Ação Popular[47], condenando, na sentença, às verbas sucumbenciais.

Inclusive, em um caso concreto no qual o réu cumpriu a obrigação espontaneamente, sendo extinto o processo por falta de interesse de agir superveniente (perda de objeto), o tribunal definiu que deve o réu pagar os honorários, já que deu causa à ação (princípio da causalidade)[48]. Em outro julgado, por não haver condenação pecuniária, já se adotou a fixação de honorários por equidade[49].

Por outro lado, o Estatuto do Idoso (art. 88 e seu parágrafo único[50]) afirma que não haverá adiantamento de despesas e que não se condenará o Ministério Público em verbas sucumbenciais, sem mencionar qualquer mitigação por conta de conduta ética. Parte da doutrina considera inconstitucional essa previsão, por ferir a isonomia[51].

Pode-se, contudo, salvar a norma de duas maneiras: ampliando o afastamento incondicionado da responsabilidade definitiva a todos os legitimados e combinando-a com o microssistema, admitindo a condenação no caso de má-fé, nos moldes do núcleo duro, que deve ser aplicado subsidiariamente.

De resto, é fundamental compreender que as previsões se aplicam a todos os legitimados, sendo a menção às associações meramente exemplificativa[52] – tanto que o STJ já condenou o Ministério Público nos moldes do art. 17[53].

Há posição, inclusive, que estende a possibilidade de sanção, para além dos legitimados ativos, para todos os envolvidos na relação processual, inclusive terceiros intervenientes e o Ministério Público enquanto fiscal do ordenamento[54].

---

[43] DIDIER JR.; ZANETI JR., 2016b, p. 358.
[44] REsp 28.715/SP, 1ª Turma, Rel. Min. Milton Luiz Pereira, j. 31-8-1994.
[45] Posição sustentada, por analogia à Lei de Ação Popular, por LEONEL, 2011, p. 437.
[46] "Art. 13. A sentença que, apreciando o fundamento de direito do pedido, julgar a lide manifestamente temerária, condenará o autor ao pagamento do décuplo das custas."
[47] "Art. 12. A sentença incluirá sempre, na condenação dos réus, o pagamento, ao autor, das custas e demais despesas, judiciais e extrajudiciais, diretamente relacionadas com a ação e comprovadas, bem como o dos honorários de advogado."
[48] REsp n. 2.137.086/PA, Rel. Min. Paulo Sérgio Domingues, 1ª Turma, j. 18-6-2024.
[49] REsp 1885691/RS, Rel. Min. Ricardo Villas Bôas Cueva, 3ª Turma, j. 26-10-2021.
[50] "Art. 88. (...) Parágrafo único. Não se imporá sucumbência ao Ministério Público."
[51] DIDIER JR.; ZANETI JR., 2016b, p. 357.
[52] WATANABE, 2019, p. 936; DIDIER JR.; ZANETI JR., 2016b, p. 357; NEVES, 2016b, p. 491.
[53] AgRg no Ag 1.042.206/SP, 2ª Turma, Rel. Min. Mauro Campbell Marques, j. 18-11-2008.
[54] DIDIER JR.; ZANETI JR., 2016b, p. 356.

O Superior Tribunal de Justiça já entendeu que, sendo condenado o Ministério Público, a incumbência do pagamento das despesas seria suportada pela Fazenda Pública[55] – compreensão extensível à Defensoria Pública, naturalmente. No entanto, é de se questionar se o entendimento ainda merece ser prestigiado, ante a clareza da autonomia das instituições, que guardam previsões orçamentárias próprias.

Finalmente, cabe assinalar o correto entendimento doutrinário que enxerga todas as previsões tratadas (aspectos econômicos e éticos) pelo núcleo duro como aplicáveis às ações coletivas em geral[56], inclusive procedimentos mais especiais, como os mandados de segurança e de injunção coletivos[57].

Também as tutelas de urgência requeridas em caráter antecedente devem seguir esses ditames, afastando-se a responsabilidade objetiva prevista no art. 302 do Código de Processo Civil, como regra (afastável na hipótese de má-fé)[58].

---

[55] REsp 120.290/RS, 1ª Turma, Rel. Min. Garcia Vieira, j. 22-9-1998.
[56] DIDIER JR.; ZANETI JR., 2016b, p. 355.
[57] REsp 678.969/PB, 1ª Turma, Rel. Min. Luiz Fux, j. 13-12-2005.
[58] LEONEL, 2011, p. 441.

Capítulo 14
TUTELA PROVISÓRIA

O Código de 2015 traz o que denomina tutela provisória no Livro V de sua Parte Geral, desdobrando-se o tratamento em três títulos: disposições gerais (arts. 294 a 299), tutela de urgência (arts. 300 a 310), subdividindo-se esta em capítulos sobre disposições gerais, tutela antecipada requerida em caráter antecedente e tutela cautelar requerida em caráter antecedente, e tutela da evidência (art. 311).

Trata-se de uma tutela marcada pela sumariedade de sua cognição e pela provisoriedade, sendo decorrente da necessidade de prestação jurisdicional efetiva, a qual deve, obrigatoriamente, ser oferecida pelo Estado por conta do monopólio da jurisdição, em prazo razoável.

1. TUTELA DE URGÊNCIA

O Estado detém a função de prestar a jurisdição, que, por sua vez, consiste no mecanismo do qual se valem os particulares e os órgãos públicos para buscar a aplicação de uma norma genérica e abstrata a um caso concreto.

Sob a denominação de tutelas de urgência, há que se entender aquelas medidas caracterizadas pelo risco de dano ao direito material ou ao resultado útil do processo.

Para evitar que a demora na entrega do provimento satisfativo comprometa sua efetividade, o legislador pátrio elegeu, segundo critérios de conveniência estabelecidos à luz das especificidades do direito material, duas técnicas processuais distintas, embora ambas baseadas em cognição sumária:

a) uma provisória e instrumental: a tutela sumária cautelar;
b) outra idônea a definir a relação material controvertida, satisfativa e com aptidão a se tornar imutável: a tutela sumária não cautelar.

A tutela de urgência, então, pode se manifestar nas formas antecipatória e cautelar.

A tutela antecipatória possui natureza satisfativa. Por intermédio dela, o juiz profere decisão interlocutória no curso de um processo de conhecimento, cujo teor consiste na antecipação dos efeitos que só seriam alcançados com a prolação da sentença.

Já a tutela cautelar apresenta natureza instrumental, voltando-se para um processo de conhecimento ou para um processo de execução, não possuindo cunho satisfativo, uma vez que é somente ao final do processo que o reconhecimento do direito que se busca será alcançado, e não com a tutela cautelar.

1.1. Tutela antecipada

A primeira, e possivelmente a principal, espécie de tutela provisória de urgência é, portanto, a tutela antecipada, que satisfaz, de imediato, o autor. A partir de sua concessão e efetivação, a coletividade, parte material da demanda, pode perceber os efeitos da tutela jurisdicional pretendida, mesmo no curso do processo.

O microssistema possui comandos indicativos da (óbvia) possibilidade de concessão de antecipação da tutela jurisdicional, como o art. 84, § 3º, do Código de Defesa do Consumidor[1] e o art. 4º

---

[1] "Art. 84. (...) § 3º Sendo relevante o fundamento da demanda e havendo justificado receio de ineficácia do provimento final, é lícito ao juiz conceder a tutela liminarmente ou após justificação prévia, citado o réu."

da Lei da Ação Civil Pública², que, apesar de mencionar a tutela cautelar, é lido como morada da outra espécie de tutela de urgência³.

O requerimento incidental da tutela antecipada não desperta ulteriores discussões, para além das já apontadas nas disposições gerais. Por outro lado, o pedido antecedente traz questionamentos próprios, a merecer especial análise.

1.1.1. Tutela antecipada requerida em caráter antecedente

O Código de 2015, ao tratar da tutela de urgência, esmiúça o tratamento conferido a cada uma de suas modalidades, quais sejam, tutela antecipada e tutela cautelar. Os arts. 303 e 304 do Código de Processo Civil abordam os casos da antecipatória requerida em caráter antecedente, disposições sem correspondentes no antigo Diploma Processual.

Prevê o art. 303, *caput*, que, sendo a urgência contemporânea à propositura da ação, a inicial pode se limitar a requerer a tutela antecipada e a indicar o pedido de tutela final, com a exposição da lide, do direito visado e do perigo de dano ou do risco à utilidade do processo. Se deferida, deve ser aditada no prazo de quinze dias (§ 1º); se indeferida, cabe sua emenda em cinco dias, ambas as hipóteses sob pena de extinção do processo sem resolução do mérito (§§ 2º e 6º). Fica, contudo, vedado à parte alterar o pedido.

O réu será citado e intimado para a audiência de conciliação ou de mediação, na forma do art. 334; não havendo acordo, contar-se-á o prazo para contestação segundo a regra geral do art. 335, a correr da audiência, não da citação ou da juntada.

O aditamento a que faz alusão o § 1º, I, não sofrerá incidência de novas custas processuais, salvo se, dentre as provas requeridas na complementação, incluírem-se atos do juízo que importem em custas e que não tenham sido originariamente previstos.

O art. 304, por sua vez, constitui grande inovação, ao trazer a estabilização⁴ da decisão que concede a tutela antecipada⁵ nos termos do artigo antecedente, uma vez que não tenha sido interposto recurso⁶.

Trata-se de uma nova forma de manifestação, semelhante à preclusão lógica, baseada na tácita aceitação da decisão. É exigido mais empenho do réu, para quem não basta simples pedido de reconsideração; é necessário recorrer, pagando custas, no que se presume um efetivo interesse e uma viável tese defensiva.

Se não interposto o recurso (agravo de instrumento, na forma do art. 1.015, I), extingue-se o processo (art. 304, § 1º), embora não se produza coisa julgada, de modo a não constituir óbice a eventual impugnação em ação subsequente, consoante o disposto no § 2º⁷.

A tutela antecipada conservará seus efeitos enquanto não revista, reformada ou invalidada por decisão de mérito em nova ação (§ 3º), fixando o § 5º prazo de dois anos para sua propositura.

---

² "Art. 4º Poderá ser ajuizada ação cautelar para os fins desta Lei, objetivando, inclusive, evitar dano ao patrimônio público e social, ao meio ambiente, ao consumidor, à honra e à dignidade de grupos raciais, étnicos ou religiosos, à ordem urbanística ou aos bens e direitos de valor artístico, estético, histórico, turístico e paisagístico."

³ MAZZILLI, 2019, p. 305.

⁴ Enunciado 421 do FPPC: "Não cabe estabilização de tutela antecipada em ação rescisória".

⁵ Enunciado 420 do FPPC: "Não cabe estabilização de tutela cautelar".

⁶ Enunciado 28 da ENFAM: "Admitido o recurso interposto na forma do art. 304 do CPC/2015, converte-se o rito antecedente em principal para apreciação definitiva do mérito da causa, independentemente do provimento ou não do referido recurso".

⁷ Enunciado 26 da ENFAM: "Caso a demanda destinada a rever, reformar ou invalidar a tutela antecipada estabilizada seja ajuizada tempestivamente, poderá ser deferida em caráter liminar a antecipação dos efeitos da revisão, reforma ou invalidação pretendida, na forma do art. 296, parágrafo único, do CPC/2015, desde que demonstrada a existência de outros elementos que ilidam os fundamentos da decisão anterior".

Tem-se claro, por fim, pela leitura do § 6º, que a decisão antecedente apenas transita em julgado se não impugnada em nova ação, e dentro do prazo bienal, contado da ciência da decisão[8].

Decorrido esse prazo, ela se torna imutável, desde que a tutela antecedente tenha sido antecipada com a ciência do réu, a quem tenha sido aberto o contraditório[9].

1.1.1.1. Compatibilidade com a tutela coletiva

Analisado todo o cenário legal e doutrinário a respeito do instrumento, cabe indagar se pode ser utilizado na tutela coletiva.

Parece-nos haver plena possibilidade[10]. Na verdade, o princípio da atipicidade, que garante aos legitimados a prerrogativa de utilizar qualquer instrumento que se afigure adequado e efetivo sob a ótica da proteção de bens jurídicos coletivos ou coletivamente considerados, aponta justamente nesse sentido.

Importante registrar a posição de Heitor Sica[11], que enxerga dificuldades operacionais no transplante da sistemática do Código de Processo Civil à realidade da tutela coletiva. No entanto, as vantagens e a utilidade da tutela antecipada antecedente nas ferramentas judiciais de proteção de direitos transindividuais são evidentes e a doutrina[12] vem se ocupando de apresentar bons exemplos.

Por outro lado, a cautelar do afastamento do cargo no curso da ação, regrada no parágrafo único, é viável – porém, aqui, não se trata de tutela antecipada, mas de conservativa.

1.2. Tutela cautelar

A tutela cautelar se refere à proteção de um provimento jurisdicional futuro e incerto, de um direito que não foi reconhecido de forma definitiva pelo Estado-juiz, e a legitimidade para requerê-lo é a hipotética constatação de que aqueles que compareçam em juízo na qualidade de autor e réu são os integrantes da situação conflituosa ameaçada no plano material.

Com base no art. 300, pode o juiz conceder liminarmente ou após justificação prévia a tutela cautelar sem ouvir o réu.

Nesse caso, poderá o juiz condicionar a efetivação da medida cautelar liminarmente concedida à prévia prestação de contracautela pelo requerente, isto é, de caução real ou fidejussória, a fim de assegurar a reparação dos danos que o requerido eventualmente venha a sofrer (§ 1º).

A concessão liminar se legitima sempre que, nas circunstâncias, se mostre necessária para preservar o suposto direito ameaçado, quer a ameaça parta ou não do réu, sendo ela configurável até em fato de natureza. Para a melhor doutrina[13], mesmo sob a égide do Código de Processo Civil de 1973, a medida cautelar poderia ser concedida de ofício pelo juiz, uma vez que a lei não exigia requerimento do autor.

1.2.1. Tutela cautelar requerida em caráter antecedente

A tutela cautelar requerida em caráter antecedente é uma cautelar preparatória, embora distinta daquela prevista no Código de 1973, dada a concentração do procedimento que aqui se opera. Ou seja, uma vez concedida, o pedido principal deverá ser formulado e ter curso no mesmo processo.

---

[8] Enunciado 27 da ENFAM: "Não é cabível ação rescisória contra decisão estabilizada na forma do art. 304 do CPC/2015". Enunciado 33 do FPPC: (art. 304, parágrafos) "Não cabe ação rescisória nos casos de estabilização da tutela antecipada de urgência".

[9] Enunciado 33 do FPPC: "Não cabe ação rescisória nos casos de estabilização da tutela antecipada de urgência".

[10] DIDIER JR.; ZANETI JR., 2016b, p. 350.

[11] SICA, 2015, p. 192.

[12] RUDINIKI NETO, 2018, p. 191.

[13] BARBOSA MOREIRA, 2009, p. 307.

Pelo art. 305, a petição inicial que visa a sua prestação indicará a lide e seu fundamento, a exposição sumária do direito objetivado e o perigo da demora da prestação da tutela jurisdicional. E, entendendo o juiz que o pedido, em verdade, tem natureza antecipada, observará o disposto para a tutela antecipada requerida em caráter antecedente (art. 303), em nítida fungibilidade.

Embora o legislador se refira apenas à possibilidade de substituição da tutela cautelar por antecipada, não pode haver dúvida de que a fungibilidade opera nas duas direções, sendo possível conceder tutela cautelar em lugar de antecipada. Isso porque, em direito, não há fungibilidade em uma só mão de direção. Se os bens são fungíveis, pode-se substituir um pelo outro, caracterizando o fenômeno denominado *duplo sentido vetorial*.

Em seguida, o réu é citado para, em cinco dias, contestar o pedido e indicar as provas que pretende produzir. Não sendo contestado o pedido, presumem-se aceitos os fatos alegados pelo autor, cabendo, então, ao juiz proferir decisão também em cinco dias.

Se, porém, tiver havido a contestação no prazo legal, há de se observar o procedimento comum, anotando-se que, concedida a tutela, o pedido principal deve ser apresentado em 30 dias nos mesmos autos. Só a partir de então é que se segue o procedimento comum.

1.2.2. Compatibilidade com a tutela coletiva: tutela cautelar e tutela inibitória

Diz expressamente o art. 5º da Lei da Ação Civil Pública que os legitimados elencados possuem legitimidade para propor a ação principal e a ação cautelar, esta mencionada no art. 4º[14]. Naturalmente, a leitura dessa última expressão deve ser feita na linha da compatibilização com o Código de Processo de 2015, que exclui o processo cautelar autônomo.

Na verdade, duas são as possíveis interpretações, ambas válidas.

A primeira é que os legitimados para pleitear a tutela principal podem, naturalmente, requerer provimentos cautelares, espécies de tutela provisória, de maneira incidental ou antecedente. Não causa espécie a conclusão, que tributa do princípio da atipicidade da tutela coletiva e da efetividade jurisdicional.

Além disso, os dispositivos esclarecem a abertura não só da via da tutela provisória, mas também da tutela inibitória e a de remoção do ilícito, que ostentam cognição de natureza exauriente.

Nos moldes do art. 497, parágrafo único[15], do principal diploma processual, o pedido inibitório, essencialmente preventivo, independe de dano e de verificação de dolo ou culpa. Falava-se em ação cautelar porque ocupava esse espaço, no momento histórico da edição da norma, quando possuía natureza satisfativa[16].

Outro aspecto interessante sobre a cautelar antecedente, na tutela coletiva, diz respeito ao termo inicial do prazo para ajuizamento da ação principal (art. 308 do CPC[17]), quando houver pluralidade de réus e/ou de medidas e datas diversas de efetivação de cada uma delas.

O STJ tem decisões apontando que o início do cômputo deve se dar na data da primeira efetivação[18], sob pena de gerar insegurança e permitir o alongamento indevido da medida por meses ou anos sem que haja promoção da ação central[19].

---

[14] "Art. 4º Poderá ser ajuizada ação cautelar para os fins desta Lei, objetivando, inclusive, evitar dano ao patrimônio público e social, ao meio ambiente, ao consumidor, à honra e à dignidade de grupos raciais, étnicos ou religiosos, à ordem urbanística ou aos bens e direitos de valor artístico, estético, histórico, turístico e paisagístico."

[15] "Art. 497. (...) Parágrafo único. Para a concessão da tutela específica destinada a inibir a prática, a reiteração ou a continuação de um ilícito, ou a sua remoção, é irrelevante a demonstração da ocorrência de dano ou da existência de culpa ou dolo."

[16] DIDIER JR.; ZANETI JR., 2016b, p. 351.

[17] "Art. 308. Efetivada a tutela cautelar, o pedido principal terá de ser formulado pelo autor no prazo de 30 (trinta) dias, caso em que será apresentado nos mesmos autos em que deduzido o pedido de tutela cautelar, não dependendo do adiantamento de novas custas processuais."

[18] STJ, REsp 945.439/PR, 1ª Turma, Rel. Min. Teori Albino Zavascki, j. 27-4-2010.

[19] LEONEL, 2011, p. 328.

2. TUTELA DA EVIDÊNCIA

Com o fito de dar à prestação da tutela jurisdicional maior celeridade, o atual Código traz a tutela de evidência como inovação técnica apta a proteger um direito evidente desde o início do processo, ainda que o Código anterior não abarcasse tal hipótese para permitir a antecipação da tutela final, por inexistência de urgência.

A tutela da evidência é sempre incidente, podendo ser requerida tanto na petição inicial quanto em petição avulsa.

O Código de 1973 apenas previa a tutela antecipada sem urgência para os casos de abuso de defesa, manifesto propósito protelatório do réu e um ou mais pedidos cumulados, ou parcela deles, mostrando-se incontroversos. Já o Código de 2015, em seu art. 311, vai além para albergar, também, as hipóteses em que, havendo prova documental, houver tese firmada em julgamento de casos repetitivos ou em enunciado de súmula vinculante, bem como as de pedido reipersecutório, fundado em contrato de depósito[20].

A tutela de evidência é cabível também na fase recursal[21], a exemplo do que ocorre com a tutela de urgência.

O inciso I estabelece os critérios do abuso de direito de defesa ou do manifesto propósito protelatório do réu como uma das hipóteses autorizadas para concessão da tutela antecipada, e, com isso, a medida antecipada justifica-se, não em razão do perigo de dano, mas em função do exercício de mecanismos nocivos ao regular seguimento processual.

Somado à forte probabilidade de existência do direito afirmado, entendeu o legislador agilizar o resultado do processo, a fim de evitar dano maior para o autor, com o retardamento indevido do provimento jurisdicional.

Importante observar que a concessão somente pode ocorrer após a resposta do demandado, pois pressupõe abuso de defesa ou propósito protelatório do réu. Assim, o texto legal traz consigo uma ideia de má-fé, o que obriga a investigação sobre a intenção da parte naquele ato.

Não basta, ainda, que o ato abusivo transmita a intenção de atrasar a tramitação do processo. É preciso que, efetivamente, o ato consista em empecilho à lisura e à celeridade processuais.

Para o inciso II, a lei disciplina a comprovação documental das alegações e a existência de tese firmada em julgamento de casos repetitivos ou em súmula vinculante.

Por sua redação, o artigo não a restringe ao Supremo Tribunal Federal, abrindo-se, com isso, à possibilidade eventual de previsão constitucional de edição de enunciados vinculantes também pelos Tribunais de Justiça e pelos Tribunais Regionais Federais, como pode ser visto nos arts. 332, IV, e 927, V.

Por outro lado, a expressão "tese firmada em julgamento de casos repetitivos" comporta contornos mais amplos. Vê-se que ela inclui os julgados do STF e do STJ na sistemática dos recursos repetitivos e os dos TJs e dos TRFs no âmbito de suas respectivas competências, em incidente de resolução de demandas repetitivas[22].

Pelo inciso III, a não entrega do objeto custodiado implica cominação de multa. Fica estabelecida, dessa forma, uma sanção para o pedido de depósito, aplicável aos casos de alienação fiduciária, quando, até então, o descumprimento da ordem de entrega quedava sem correspondente medida coercitiva, dada a inconstitucionalidade da prisão civil por dívidas. Embora o dispositivo não faça

---

[20] FUX, 2000, p. 19.
[21] Enunciado 423 do FPPC: (arts. 311; 995, parágrafo único; 1.012, § 4º; 1.019, I; 1.026, § 1º; 1.029, § 5º) "Cabe tutela de evidência recursal".
[22] WAMBIER et al., 2015, p. 796.

menção expressa, parece óbvio que deve ser acostada, ainda, prova da mora, requisito sempre exigível nessas hipóteses[23].

O inciso IV amplia o cabimento da tutela da evidência para todos os casos em que o autor juntar prova documental suficiente dos fatos constitutivos de seu direito, sem que o réu oponha prova capaz de gerar dúvida razoável.

Enfim, pelo parágrafo único, depreende-se que apenas nas hipóteses dos incisos II e III pode o juiz conceder a tutela de modo antecipado ao contraditório. Nos demais casos, é imprescindível a prévia intimação da parte adversa para que possa se manifestar[24].

2.1. Compatibilidade com a tutela coletiva

Na tutela coletiva, parece-nos que a tutela da evidência merece receber contornos próprios.

O primeiro reflexo potencialmente relevante seria a concessão da tutela satisfativa não urgente quando existir precedente nos moldes do art. 311, II. Está-se, aqui, diante de uma ferramenta capaz de potencializar os incidentes fixadores de teses jurídicas, já que, para a doutrina em geral, as teses formadas não vinculam, salvo após o ajuizamento da ação.

Assim, uma vez julgado incidente e fixado entendimento, o ajuizamento de uma ação coletiva, com concessão de tutela da evidência, permite a percepção global e praticamente imediata dos efeitos práticos da tese jurídica – a qual nasce apenas no plano normativo. Essa dinâmica representaria uma espécie de "monitória" normativa.

3. LIMITAÇÕES À CONCESSÃO DE TUTELA PROVISÓRIA

O ordenamento prevê determinadas restrições à concessão de tutela provisória, notadamente contra a Fazenda Pública. Tais limitações são de índole tanto material (a depender do tema) como processual (prevendo procedimentos específicos, quando admitido o deferimento).

Um debate relevante, tendo em conta as diversas espécies de tutela provisória apresentadas, diz respeito à extensão dessas limitações. Por um lado, existe entendimento doutrinário que compreende as restrições como referentes apenas à tutela de urgência[25]; de outro, existe o posicionamento fazendário no sentido de que também a tutela de evidência estaria condicionada[26].

3.1. Restrições materiais

A legislação foi, paulatinamente, criando empecilhos à concessão de medidas provisórias em determinados procedimentos, em determinadas matérias e contra determinados sujeitos. Todas se relacionam, em alguma medida, à tutela coletiva.

O primeiro grupo de obstáculos diz respeito ao do conteúdo da tutela provisória. A Lei n. 8.437/92 estatui limitações materiais quando a decisão se der contra atos do Poder Público (art. 1º), quando a medida não puder ser deferida em mandado de segurança, por vedação legal.

---

[23] Enunciado 29 da ENFAM: "Para a concessão da tutela de evidência prevista no art. 311, III, do CPC/2015, o pedido reipersecutório deve ser fundado em prova documental do contrato de depósito e também da mora".

[24] FUX, 2000, p. 24.

[25] Enunciado 35 do FPPC: "As vedações à concessão de tutela provisória contra a Fazenda Pública limitam-se às tutelas de urgência".

[26] Posição adotada pelos enunciados do Fórum Nacional do Poder Público. Enunciado 13 do FNPP: "Aplica-se a sistemática da tutela da evidência ao processo de mandado de segurança, observadas as limitações do art. 1.059 do CPC". Enunciado 14 do FNPP: "Não é cabível concessão de tutela provisória de evidência contra a Fazenda Pública nas hipóteses mencionadas no art. 1.059, CPC".

A previsão remete ao tratamento específico do mandado de segurança, em que diversas leis posteriores à Lei n. 1.533/51, que primeiro regulou o remédio constitucional, vieram proibir a concessão de liminares.

Atualmente, o art. 7º, § 2º, da Lei n. 12.016/2009 apenas consolida essas vedações, impossibilitando, em sede de liminar: a compensação de créditos tributários[27], a entrega de mercadorias ou bens provenientes do exterior, a reclassificação ou equiparação de servidores públicos e a concessão de aumento ou extensão de vantagens.

Note-se que o instrumento utilizado para se atingir esse conteúdo tornou-se desimportante, uma vez que o ordenamento o alargou:

a) a Lei n. 8.437/92 se refere a medidas liminares, procedimento cautelar e outras ações de natureza cautelar ou preventiva;
b) a Lei n. 9.494/97 e o Código de Processo Civil (art. 1.059[28]) estendem a previsão à tutela antecipada[29];
c) a Lei n. 12.016/2009, atual parâmetro para as demais, trata do mandado de segurança.

Para além destas, existe uma ulterior limitação, para quando a liminar esgotar no todo ou em parte o objeto da ação, de acordo com a Lei n. 8.437/92.

O atual cenário, portanto, veda as tutelas liminares (leia-se tutelas provisórias) que:

a) possuam como objeto (art. 7º, § 2º, da Lei n. 12.016/2009, art. 1º da Lei n. 8.437/92 e art. 1º da Lei n. 9.494/97):
   i. compensação de créditos tributários (e previdenciários[30]);
   ii. entrega de mercadorias ou bens provenientes do exterior;
   iii. reclassificação ou equiparação de servidores públicos;
   iv. concessão de aumento ou extensão de vantagens.
b) esgotem, no todo ou em parte, o objeto da ação (art. 1º, § 3º, da Lei n. 8.437/92).

Sustentava a constitucionalidade das restrições ao mandado de segurança Carlos Alberto Direito[31]. O argumento é o de que a liminar não é instituída pela Constituição, mas pela lei processual, podendo, portanto, sofrer restrições.

Considerável parte da doutrina entende inconstitucionais tais restrições porque atingem a essência da garantia constitucional do mandado de segurança, que é justamente a possibilidade de decisão rápida, *initio litis*. Além disso, o inciso XXXV do art. 5º da Constituição Federal garante a inafastabilidade da proteção jurisdicional contra *ameaça* a direito, alçando, ao *status* de garantia constitucional, a tutela preventiva[32].

---

[27] A compensação de crédito tributário é vedada apenas em sede de liminar, mas pode vir a ser declarada ou autorizada pela sentença do mandado de segurança, conforme preceitua a Súmula 213 do STJ: "O mandado de segurança constitui ação adequada para a declaração do direito à compensação tributária".

[28] "Art. 1.059. À tutela provisória requerida contra a Fazenda Pública aplica-se o disposto nos arts. 1º a 4º da Lei n. 8.437, de 30 de junho de 1992, e no art. 7º, § 2º, da Lei n. 12.016, de 7 de agosto de 2009."

[29] "Art. 1º Aplica-se à tutela antecipada prevista nos arts. 273 e 461 do Código de Processo Civil o disposto nos arts. 5º e seu parágrafo único e 7º da Lei n. 4.348, de 26 de junho de 1964, no art. 1º e seu § 4º da Lei n. 5.021, de 9 de junho de 1966, e nos arts. 1º, 3º e 4º da Lei n. 8.437, de 30 de junho de 1992."

[30] Art. 1º, § 5º, da Lei n. 8.437/92.

[31] DIREITO, 1999, p. 62.

[32] ROCHA, 1990, p. 222.

Além disso, na maioria dos casos envolvendo obrigações de fazer e não fazer, a tutela provisória, especialmente antecipada, é a única maneira de resguardar o bem jurídico, sendo inadmissível que se pretenda, quando o litígio for em face da Fazenda Pública, esvaziar a efetividade da jurisdição. Gera-se grave ofensa à isonomia, porque um particular, em igualdade de condições, poderia ter de suportar uma tutela provisória contra si[33].

Igualmente, o princípio da inafastabilidade da jurisdição é ferido, porque as previsões acabam por subtrair da apreciação do Judiciário determinadas lesões ou ameaças de lesões a direitos[34]. Em outras palavras, acaba-se por dizer que a Fazenda Pública está autorizada a ofender direitos dos particulares[35].

Por outro lado, Marco Antonio Rodrigues e Leonardo Carneiro da Cunha apontam na linha da validade dos comandos, tratando-se de efetivação da igualdade material, ao evitar que um juízo de cognição sumária gere prejuízos às políticas públicas, e do acesso à prestação jurisdicional justa, porque a prestação final é plausível, não o sendo apenas a tutela antecipada[36]. Ademais, se trataria apenas de uma hipótese em que o legislador simplesmente excluiu, porque ausente, o risco de dano de grave lesão ou de difícil reparação[37].

Julgando as restrições previstas no art. 1º da Lei n. 9.494/97[38], o Supremo Tribunal Federal[39] entendeu pela constitucionalidade do comando, ressalvando, apenas, que permanece possível a antecipação em causas previdenciárias (Súmula 729).

A análise, no entanto, diz respeito à compatibilidade em abstrato da legislação com a Constituição, sendo possível que, no caso concreto, se verifique o excesso na vedação[40].

3.2. Restrições processuais

De acordo com o art. 2º da Lei n. 8.437/92[41] e com a Lei do Mandado de Segurança (art. 22, § 2º[42]), a liminar no mandado de segurança coletivo só poderá ser deferida após a prévia oitiva da pessoa jurídica de direito público, em 72 horas.

O comando é essencialmente infeliz. Isso porque "liminar" é, a rigor, uma etapa procedimental que vai até a integração do réu no processo. Se, como exige o legislador, o réu deve ser ouvido antes de se proferir a decisão, é porque a tutela provisória não é uma liminar.

Depois, porque exige o contraditório prévio apenas para a hipótese de concessão da tutela provisória, dispensando-o no caso de o juiz ou o tribunal indeferir o pedido, o que gera situação bastante peculiar (possivelmente, o legislador se motivou pela ausência de presumido prejuízo para a Fazenda Pública, no caso da negativa).

---

[33] LEONEL, 2011, p. 325.
[34] LEONEL, 2011, p. 325.
[35] MARINONI, 1998, p. 211.
[36] RODRIGUES, 2016, p. 105.
[37] CUNHA, 2012, p. 239.
[38] "Art. 1º Aplica-se à tutela antecipada prevista nos arts. 273 e 461 do Código de Processo Civil o disposto nos arts. 5º e seu parágrafo único e 7º da Lei n. 4.348, de 26 de junho de 1964, no art. 1º e seu § 4º da Lei n. 5.021, de 9 de junho de 1966, e nos arts. 1º, 3º e 4º da Lei n. 8.437, de 30 de junho de 1992."
[39] STF, ADC 4, Tribunal Pleno, Rel. Min. Sydney Sanches, Rel. p/ acórdão Min. Celso de Mello, j. 1-10-2008.
[40] RODRIGUES, 2016, p. 106; SILVA, 1999, p. 148.
[41] "Art. 2º No mandado de segurança coletivo e na ação civil pública, a liminar será concedida, quando cabível, após a audiência do representante judicial da pessoa jurídica de direito público, que deverá se pronunciar no prazo de setenta e duas horas."
[42] "Art. 22. (...) § 2º No mandado de segurança coletivo, a liminar só poderá ser concedida após a audiência do representante judicial da pessoa jurídica de direito público, que deverá se pronunciar no prazo de 72 (setenta e duas) horas."

Por fim, e mais importante, a dicção legal coloca em último plano a efetividade jurisdicional, ignorando que o mandado de segurança é caminho mais célere que a via ordinária e, por isso, exigirá, em certos casos, a pronta resposta do Judiciário, sendo desproporcional aguardar 72 horas antes. Na verdade, esse prazo ainda será dilatado pela necessária intimação pessoal do procurador, comprometendo a tempestividade da decisão acerca da tutela provisória.

Não podem existir, no ordenamento neoprocessual e neoconstitucional, exigências processuais absolutas. O devido processo legal substancial, filtro de razoabilidade e proporcionalidade de todas as normas infraconstitucionais, impõe a leitura do comando de maneira ponderada, instrumental e efetiva, autorizando seu afastamento quando houver risco concreto de perda de eficácia da decisão pretendida[43].

Por conta disso, afigura-se clara a inconstitucionalidade do comando, por ser desproporcional, violador do devido processo legal substancial, e que, de resto, contraria o art. 9º, parágrafo único, I, do Código de Processo Civil, que autoriza, em rol pontual, o contraditório diferido, consubstanciando regra geral do ordenamento[44].

Diante desse quadro controverso, o Supremo Tribunal Federal julgou a ADIN 4296, declarando inconstitucionais os arts. 7º, § 2º, e 22, § 2º, da Lei do Mandado de Segurança, afastando a restrição quanto à tutela provisória (Rel. Min. Alexandre de Moraes, j. 9-6-2021)[45].

Outra limitação processual aparente se encontra no art. 1º, § 1º, da Lei n. 8.437/92[46], que impede, em primeiro grau, medidas cautelares inominadas ou sua liminar quando se impugna ato de autoridade que, em mandado de segurança, atrairia a competência originária de tribunal.

A previsão parece recordar o óbvio, exigindo o respeito ao "foro por prerrogativa" próprio da ação constitucional, não se aplicando à ação popular e à ação civil pública (art. 1º, § 2º[47]), em que inexiste qualquer regramento constitucional a respeito.

4. PEDIDO DE SUSPENSÃO DA LIMINAR

A liminar e até a própria sentença em ação civil pública, ação popular ou concessiva da segurança, enquanto pendente de julgamento definitivo no processo, podem ter seus efeitos suspensos para evitar grave lesão à saúde, à ordem, à segurança e à economia pública, por meio de providência que cabe ao presidente do tribunal competente para conhecer do recurso, mediante requerimento da pessoa jurídica de direito público interessada (art. 4º da Lei n. 8.437/92).

Como bem observa o STJ, ante a falta de maiores requisitos na legislação específica, o pedido pode ser feito por meio de mera petição, sem formalismos[48].

A decisão que deferir a suspensão deverá ser fundamentada e conservará seus efeitos até o trânsito em julgado da ação principal. A suspensão presidencial desafiará o agravo interno

---

[43] DIDIER JR.; ZANETI JR., 2016b, p. 353.

[44] Sustentando a inconstitucionalidade quando a previsão representar denegação de acesso efetivo à prestação jurisdicional: MAZZILLI, 2019, p. 614-615.

[45] A cautelaridade do mandado de segurança é ínsita à proteção constitucional ao direito líquido e certo e encontra assento na própria Constituição Federal. Em vista disso, não será possível a edição de lei ou ato normativo que vede a concessão de medida liminar na via mandamental, sob pena de violação à garantia de pleno acesso à jurisdição e à própria defesa do direito líquido e certo protegida pela Constituição. Proibições legais que representam óbices absolutos ao poder geral de cautela (ADI 4296, Rel. Min. Marco AurélioRel. p/ Acórdão Min. Alexandre de Moraes, Tribunal Pleno, j. 9-6-2021).

[46] "Art. 1º (...) § 1º Não será cabível, no juízo de primeiro grau, medida cautelar inominada ou a sua liminar, quando impugnado ato de autoridade sujeita, na via de mandado de segurança, à competência originária de tribunal."

[47] "Art. 1º (...) § 2º O disposto no parágrafo anterior não se aplica aos processos de ação popular e de ação civil pública."

[48] AgInt no AgInt na SLS 2.116/MG, Corte Especial, Rel. Min. Laurita Vaz, j. 7-11-2018.

para o colegiado competente, devendo ser levado a julgamento na sessão seguinte da interposição do recurso.

Se o pedido de suspensão for indeferido, poderá ser renovado ao presidente do STJ ou do STF, conforme a matéria possa ser discutida em sede de recursos extraordinário ou especial. Idêntico pedido é cabível contra decisão que nega provimento a agravo de instrumento interposto contra a "liminar" (na verdade, tutela provisória).

É interessante que uma única decisão pode suspender várias liminares que tenham o mesmo objeto, por extensão realizada pelo presidente do tribunal. Trata-se de uma das medidas precursoras do tratamento de casos repetitivos em nosso ordenamento.

Capítulo 15
CONSENSUALIDADE

1. NEGÓCIOS JURÍDICOS MATERIAIS COLETIVOS

1.1. Direitos indisponíveis transacionáveis e não transacionáveis (art. 3º, § 2º, da Lei de Mediação)

Questão que traz perplexidade aos operadores do direito é a delimitação do acordo. O Código de Processo Civil, no art. 334, § 4º, II, dispõe, genericamente, sobre os direitos que não admitem autocomposição. Contudo, o art. 3º da Lei de Mediação vai além ao prever o cabimento da mediação para direitos disponíveis e indisponíveis, criando, para estes, duas categorias: os indisponíveis transacionáveis e os não transacionáveis.

Por outro lado, é digno de nota que o legislador opte por impor apenas limites objetivos, não excluindo da mediação incapazes ou mesmo vulneráveis.

Dessa forma, nada impede que a mediação seja realizada acerca de direitos titularizados por menores ou incapazes, o que não é possível em outras ferramentas, como a arbitragem (ver art. 1º da Lei n. 9.307/96, que, neste ponto, pelo menos numa perspectiva literal, não foi alterado pela Lei n. 13.140/2015).

Ainda nessa perspectiva, as convenções processuais também não podem ser realizadas quando colocam em risco direitos daqueles que se encontram em manifesta situação de vulnerabilidade, nos exatos termos da parte final do parágrafo único do art. 190 do Código de Processo Civil.

Voltando à questão dos limites objetivos, diante da imprecisão do texto legal, remanescem as indagações: como definir, exatamente, o que é um direito disponível? Como distingui-lo de um direito indisponível? Seriam esses conceitos estáticos ou dinâmicos, ou seja, um direito rotulado como disponível sempre se comportaria dessa forma? Ou talvez um mesmo direito pudesse assumir, simultaneamente, uma e outra característica, dependendo do referencial?

Lembre-se de um exemplo frequentemente utilizado por Sergio Bermudes em suas palestras, por ocasião da Reforma Processual de 1994. Ele se referia ao direito aos alimentos como um direito dúplice, pois, para o alimentante, ele se reveste de caráter disponível, ao passo que, para o alimentando, seria indisponível.

Como se isso não bastasse, é interessante rememorar as discussões em torno dos direitos coletivos, que podem ser concomitantemente disponíveis (no plano individual) e indisponíveis (no plano coletivo). É o caso típico dos direitos individuais homogêneos. Os Tribunais Superiores enfrentaram inúmeras vezes essa questão, sobretudo quando tiveram que fixar os limites para a atuação do Ministério Público na tutela desses direitos[1].

---

[1] Apenas a título de exemplo: STJ, AgRg no REsp 280.505/MG, Rel. Min. Nancy Andrighi, j. 12-11-2001 (*Informativo* n. 116 do STJ); STJ, REsp 58.682/95/MG, 3ª Turma, Rel. Min. Carlos Alberto Menezes Direito, disponível no *site* do STJ; STJ, REsp 207.336/SP, Rel. Min. Antônio de Pádua Ribeiro, j. 5-12-2000 (*Informativo* n. 81); STF, RE 163.231/SP, *DJU* 29-6-2001, e STF, RE 213.015/DF, Rel. Min. Néri da Silveira, j. 8-4-2002 (*Informativo* n. 263 do STF); STJ, REsp 168.859/RJ, Rel. Min. Ruy Rosado, j. 6-5-1999; STJ, REsp 292.636/RJ, Rel. Min. Barros Monteiro, j. 11-6-2002 (*Informativo* n. 138 do STJ); STJ, REsp 200.827/SP, Rel. Min. Carlos Alberto Menezes Direito (*Informativo* n. 144 do STJ); STJ, REsp 298.432/SP, Rel. Min. José Arnal-

E a tormentosa discussão tende a ser reacendida diante dos lacônicos termos do art. 32, III, da Lei de Mediação, reproduzidos no art. 174, III, do Código de Processo Civil de 2015, que prevê a admissibilidade de mediação no TAC, sem, no entanto, fixar limites quanto a legitimidade, alcance ou objeto, permitindo, ainda que em tese, transação sobre o próprio direito material.

Tudo isso reforça a tese de que há a necessidade premente de se determinar o alcance de cada uma das espécies de direito contempladas no art. 3º.

Vamos nos dedicar a essa tarefa nas linhas que se seguem.

Em interpretação literal do referido dispositivo, teremos direitos disponíveis e indisponíveis. Os disponíveis são sempre transacionáveis; os indisponíveis podem ou não admitir autocomposição.

Quanto aos disponíveis, é possível realizar a mediação extrajudicial. Para facilitar a compreensão, apresentamos, a seguir, as quatro hipóteses passíveis de ocorrência nesse caso:

a) o acordo é firmado na via extrajudicial por instrumento público e, automaticamente, se converte em título executivo extrajudicial, na forma do art. 784, II, do Código de Processo Civil;

b) o acordo é firmado na via extrajudicial por instrumento particular e, se preenchidos os requisitos formais do art. 784, III, do Código de Processo Civil, converte-se em título executivo extrajudicial;

c) o acordo é firmado na via extrajudicial e não preenche os requisitos do art. 784, III, mas atende ao disposto no art. 700 do Código de Processo Civil, ensejando o ajuizamento de ação monitória, no caso de descumprimento;

d) o acordo é firmado na via extrajudicial e as partes desejam submetê-lo à homologação judicial para obter maior grau de segurança jurídica, o que pode ser feito na forma dos arts. 725, VIII c/c 515, III, mesmo que o documento já ostente os requisitos mínimos para constituir título executivo extrajudicial (art. 785).

Por outro lado, pode o acordo ser firmado na via judicial, ou seja, na pendência de uma demanda já ajuizada. Nesse caso, caberá ao magistrado homologá-lo (arts. 334, § 11, 515, II, e 487, III, *b*), ainda que venha a envolver sujeito estranho ao processo ou versar sobre relação jurídica que não tenha sido deduzida em juízo (art. 515, § 2º).

Vejamos agora os direitos indisponíveis.

Primeiramente temos os direitos indisponíveis não transacionáveis. Nesses casos, haverá ou uma expressa norma proibindo o acordo, ou, ainda, a violação a um direito fundamental, o que deverá ser apreciado pelo magistrado no caso concreto, já que tais acordos necessitam da homologação judicial, precedida da oitiva do Ministério Público, para que possam produzir seus efeitos.

Dessa forma, caso o juiz entenda que as partes se excederam, e avançaram sobre matéria que não se encontra dentro de sua esfera de disposição, deverá recusar a homologação.

---

do da Fonseca, j. 3-12-2002 (*Informativo* n. 157 do STJ); STJ, REsp 95.347/SE, Rel. Min. Edson Vidigal, *DJU* 1º-2-1999, p. 221; STJ, REsp 162.026/MG, 2ª Turma, Rel. Min. Peçanha Martins, j. 20-6-2002 (*Informativo* n. 139 do STJ); STJ, REsp 177.965/PR, Rel. Min. Ruy Rosado de Aguiar, *DJU* 23-8-1999, p. 130; STJ, REsp 286.732/RJ, Rel. Min. Nancy Andrighi, j. 9-10-2001 (*Informativo* n. 112 do STJ); STJ, REsp 220.256/SP, Rel. Min. José Delgado, *DJU* 18-10-1999, p. 215; STJ, REsp 332.331/SP, Rel. Min. Castro Filho, j. 26-11-2002 (*Informativo* n. 156 do STJ); STJ, REsp 419.187/PR, Rel. originário Min. Laurita Vaz, Rel. p/ acórdão Min. Gilson Dipp, j. 15-4-2003 (*Informativo* n. 170 do STJ); STJ, REsp 146.483/PR, Rel. Min. Hamilton Carvalhido, j. 5-2-2004 (*Informativo* n. 197 do STJ); STJ, REsp 416.298/SP, Rel. Min. Ruy Rosado, j. 27-8-2002 (*Informativo* n. 140 do STJ); STJ, REsp 240.033/CE, 1ª Turma, Rel. Min. José Delgado, j. 15-8-2000 (*Informativo* n. 66 do STJ); STJ, REsp 267.499/SC, Rel. Min. Ari Pargendler, j. 9-10-2001 (*Informativo* n. 112 do STJ).

Podemos dizer, então, que, se for feito acordo sobre direito indisponível não transacionável, tal avença será nula de pleno direito.

Como exemplos podemos citar os seguintes dispositivos legais:

a) art. 1.609 do Código Civil (o reconhecimento dos filhos havidos fora do casamento é irrevogável);
b) art. 39, § 1º, da Lei n. 8.069/90 (a adoção é medida irrevogável);
c) arts. 1º e 9º da Lei n. 9.434/97 (autorizam a disposição apenas gratuita de tecidos, órgãos e partes do corpo humano em vida para fins terapêuticos e de transplante).

Qualquer acordo de vontades que contrarie expressamente tais dispositivos legais será nulo.

De se observar, ainda, que o STJ[2] já considerou inadmissível a homologação de acordo extrajudicial de retificação de registro civil de menor em juízo sem a observância dos requisitos e procedimento legalmente instituído para essa finalidade.

Por outro lado, na hipótese dos direitos indisponíveis transacionáveis, o acordo pode ser alcançado nas vias judicial ou extrajudicial, mas, enquanto não for submetido ao crivo judicial, não poderá produzir seus efeitos. Em outras palavras, a homologação é condição de eficácia do acordo.

Como se percebe facilmente, diante da imprecisão conceitual, há o risco de que o magistrado não homologue um acordo após um longo e complexo procedimento de mediação versando sobre direitos indisponíveis. Basta que o juiz considere o direito indisponível não transacionável.

Nesse caso, ele proferirá decisão interlocutória recusando homologação (art. 334, § 11, *a contrario sensu*). O grande problema aqui é que essa hipótese não está, em princípio, prevista no art. 1.015 do Código de Processo Civil, o que nos levaria, numa primeira leitura, à conclusão de que tal ato do juiz seria irrecorrível, ao menos naquele momento. Poderiam as partes, futuramente, por ocasião da sentença, apelar e trazer essa questão nas razões ou nas contrarrazões do apelo, nos exatos termos do art. 1.009, § 1º.

Contudo, pensamos que, se na decisão o juiz recusar a homologação sob o argumento de que o direito não admite autocomposição, isso equivale a uma decisão interlocutória de mérito e, nessa hipótese, a via do agravo de instrumento se mostra cabível nos exatos termos do art. 1.015, II (decisão sobre o mérito).

Por outro lado, se a recusa da homologação se prende à ausência de um requisito formal, como a ausência de assistência de advogado, ou mesmo ausência de representação ou assistência no caso do incapaz, a decisão resta não agravável, podendo ser atacada, apenas, nos restritos limites dos embargos de declaração, na forma do art. 1.022.

Semelhantemente, o Superior Tribunal de Justiça perfilhou o entendimento de que, em havendo transação, o exame do juiz deve se limitar à sua validade e eficácia, não podendo, sem que se proceda a esse exame, ser simplesmente desconsiderada a avença, cabendo verificar:

a) se houve efetiva transação;
b) se a matéria comporta disposição;
c) se os transatores são titulares do direito do qual dispõem parcialmente;
d) se os transatores são capazes de transigir.

---

[2] REsp 1.698.717/MS, Rel. Min. Nancy Andrighi, por unanimidade, j. 5-6-2018, *DJe* 7-6-2018 (*Informativo* n. 627 do STJ).

Na mesma ocasião, o STJ esclareceu que a homologação judicial não forma coisa julgada, mas ato jurídico perfeito. Assim, deve ser respeitado futuramente pelo próprio Judiciário, mas sua relativização deve se dar por ação anulatória, não por rescisória[3].

1.2. Legitimidade para acordo em conflitos coletivos

Outra questão importante diz respeito aos legitimados para o acordo com tema coletivo. Na consensualidade extrajudicial, autoriza a Lei n. 7.347/85 que os "órgãos públicos" tomem compromisso de ajustamento de conduta. Também na seara judicial, o acordo pode e deve ser estimulado, como forma de antecipar a solução do conflito.

Partindo dessa norma autorizativa, pode-se concluir, sem dificuldades, que os entes públicos e as instituições constitucionais permanentes possam celebrar termo de ajustamento de conduta firmado em juízo (TAC judicial). Isso porque, uma vez ajuizada a ação, a fiscalização sobre a oportunidade e legalidade do "acordo" é maior, passando pela análise do magistrado e do Ministério Público, quando não for autor, e, ainda, da sociedade civil, que pode intervir no processo.

A polêmica diz respeito à viabilidade de abertura desse rol, autorizando-se todos os legitimados, inclusive pessoas jurídicas privadas, a resolverem consensualmente a lide.

Para uma primeira corrente, a ausência de permissão seria um impedimento invencível[4], inclusive por conta de uma ponderação legislativa sobre a representatividade adequada.

1.3. Requisitos específicos

O Supremo Tribunal Federal, em decisão do Min. Ricardo Lewandowski, concluiu que a previsão do art. 5º, § 6º, da Lei da Ação Civil Pública, ao mencionar apenas os órgãos públicos, não deve ser compreendida como uma proibição às avenças tomadas por associações, já que, em função do princípio da legalidade que rege a função pública, são as entidades públicas que precisam estar autorizadas por lei para agir, ao passo que os particulares podem fazê-lo livremente, exceto quando surgir proibição específica.

Além disso, o modelo que autoriza a justiciabilidade privada de direitos inclui, naturalmente, a possibilidade de resolução do conflito pela via consensual[5].

A decisão, que se deu em arguição de descumprimento de preceito fundamental, é interessantíssima para a tutela coletiva, porque enfrenta aspectos basilares (salvaguardas), sem os quais o acordo não merecerá homologação pelo juízo.

O primeiro diz respeito à necessidade de se dar ampla publicidade ao acordo proposto, em que foi aplicado o art. 94 do Código de Defesa do Consumidor por analogia, garantindo-se participação dos envolvidos, ouvindo os interessados e compreendendo objeções levantadas, inclusive por meio da admissão de *amici curiae*.

Deixou-se aberta, nesse ponto, a possibilidade de notificação individualizada do acordo. Em outros casos, pode ser que a avença contemple apenas aqueles que ajuizaram ações, sendo suficiente que os advogados tomem ciência.

O segundo se refere à representatividade adequada daquele que representa o grupo. Nesse particular, as ponderações feitas quanto à própria legitimidade das associações para o ajuizamento se aplicam. No caso concreto, as entidades envolvidas possuíam um histórico de defesa de direito dos associados e notória participação e interesse em ações coletivas sobre o tema (planos econômicos).

---

[3] AgRg no AREsp 504.022/SC, Rel. Min. Luis Felipe Salomão, 2ª Seção, j. 10-9-2014.
[4] VITORELLI, 2018b.
[5] ADPF 165/DF, Pleno, Rel. Min. Ricardo Lewandowski, j. 15-2-2018.

A eles, somam-se a participação do Ministério Público a título de fiscal da lei e a preocupação com os honorários advocatícios: caso haja previsão de patamares máximos pagos a esse título, haverá uma dupla aceitação, envolvendo a parte, quanto ao direito material, e o advogado, quanto à verba honorária.

Também se admite, nesses casos, o sistema de honorários contingentes, em que se remunera aqueles advogados especialmente envolvidos nas tratativas, mesmo que não contratados pelos sujeitos que irão aderir ao acordo.

O mesmo Supremo Tribunal Federal, ao homologar o acordo na demanda que objetivava tutelar as vítimas do desastre de Brumadinho, estabeleceu parâmetros procedimentais (ambiente qualificado, com livre manifestação das partes e amplo acesso à informação), formais (partes bem representadas e legitimadas a transigir, participação do Ministério Público e da Defensoria Pública, audiências públicas) e materiais, quanto ao conteúdo do acordo (critérios de juridicidade e razoabilidade)[6].

Cabe, aqui, abrir parêntesis. Quanto à representatividade adequada, deve haver alguma preocupação, a nosso sentir, com a real vontade dos indivíduos, quando a tutela for de direitos individuais homogêneos.

Afinal, tais sujeitos poderiam, perfeitamente, ajuizar ação para os discutir, sendo impensável que um legitimado coletivo, em substituição processual, transacione com o direito material, de fundo. Se muito, o acordo coletivo teria natureza propositiva, cabendo aos indivíduos aderir, em juízo ou após, mas jamais estarem vinculados à solução homologada, uma vez que igualmente não estariam à sentença coletiva, por força dos arts. 103 e 104 do Código de Defesa do Consumidor.

1.4. Efeitos do acordo

Um último aspecto importante diz respeito aos efeitos processuais do acordo. Quando se estiver diante de direitos transindividuais, indivisíveis, a questão não é problemática, uma vez que o acordo sempre será total, englobando a coletividade envolvida, elevando ao encerramento do processo com resolução do mérito.

Nas demandas que tutelam coletivamente direitos individuais, porém, é possível que, oferecida proposta em determinados moldes, alguns indivíduos optem por aderir a ela e outros não. Nesse caso, o processo coletivo, tecnicamente, segue, embora inegável parcela da parte autora material (titulares dos direitos) tenha sido satisfeita e, portanto, não poderá se beneficiar da decisão final jurisdicional, impositiva, se se afigurar vantajosa.

Aplica-se, aqui, o raciocínio do art. 104 do Código de Defesa do Consumidor, havendo indisfarçável sistemática de *opt out*, que, de resto, é menos traumática que o prosseguimento da ação individual, porque, na proposta de transação, ao menos há segurança e previsibilidade sobre seu objeto.

Nas outras duas espécies de tutela coletiva – pela via incidental e constitucional – os efeitos processuais da homologação merecem atenção especial.

Nos acordos em incidentes fixadores de teses jurídicas e em processos objetivos de controle concentrado de constitucionalidade, deve-se realizar a distinção entre o procedimento principal,

---

[6] A homologação judicial do acordo exige análise de sua conformidade com a Constituição e as leis, a partir da verificação do cumprimento de requisitos: procedimentais, relativos ao processo de negociação; formais, que se referem à estrutura, à representação adequada e às demais formalidades; e materiais, relacionados ao conteúdo pactuado, que deve ser lícito e respeitar a razoabilidade. Não cabe ao Judiciário revisar o mérito das cláusulas e condições, adentrando nas minúcias do ajuste para vetar soluções razoáveis ou substituí-las por outras que lhe pareçam melhores. (...) Verificada a regularidade procedimental, formal e material, cabe ao Poder Judiciário homologar o acordo, conferindo-lhe eficácia executiva e assegurando o cumprimento de suas cláusulas pelas partes (Pet. 13.157, Min. Pres. Luís Roberto Barroso, j. 6-11-2014).

dessubjetivado, que seguirá, mesmo que haja adesão total ao acordo, fixando o entendimento vinculativo, e o procedimento incidental nascido a partir dele, em que se pleiteia a homologação do acordo, que será extinto, com julgamento de mérito.

2. NEGÓCIOS JURÍDICOS PROCESSUAIS COLETIVOS

No Código de Processo Civil de 1973, a ideia de negócio jurídico processual era controvertida[7]. A doutrina entendia cabível em algumas hipóteses excepcionais, sempre quando houvesse norma expressa autorizativa, e a jurisprudência[8] caminhava no mesmo sentido. Entretanto, o assunto já era debatido desde a década de 1980[9].

Leonardo Greco[10] sistematiza as convenções em três grupos:

i. aquelas que afetam apenas direitos processuais das partes, sem interferir nas prerrogativas do órgão julgador, demonstrando-se, portanto, aptas a produzirem efeitos imediatos;

ii. aquelas que afetam os poderes do juiz, o que é autorizado por lei na hipótese de conjugação de intenção das partes, razão pela qual também produzem efeitos desde a avença;

iii. aquelas nas quais a conjugação da vontade das partes deve ser somada à concordância do juiz, que fará uma análise da *conveniência e oportunidade* para que o acordo passe a surtir efeitos, haja vista a inexistência de autorização legal para a limitação dos poderes apenas pela conjugação da vontade dos litigantes.

Ainda segundo o autor[11], as convenções processuais devem obedecer aos seguintes requisitos:

i. a possibilidade de autocomposição a respeito do próprio direito material posto em juízo ou a impossibilidade de que a convenção prejudique o direito material indisponível ou a sua tutela;

ii. a celebração por partes plenamente capazes;

iii. o respeito ao equilíbrio entre as partes e à paridade de armas, para que uma delas, em razão de atos de disposição seus ou de seu adversário, não se beneficie de sua particular posição de vantagem em relação à outra quanto ao direito de acesso aos meios de ação e de defesa; e

iv. a preservação da observância dos princípios e garantias fundamentais do processo e da ordem pública processual.

Nesse passo, questiona-se a possibilidade da realização de convenções processuais mesmo quando está em jogo direito identificado como indisponível[12]. Contudo, é importante reconhecer que, com o advento do Código de Processo Civil de 2015 (arts. 165 e 334, § 4º) e da Lei de Mediação (art. 3º, § 2º, da Lei n. 13.140/2015), não há mais dúvida quanto à possibilidade de composição em direitos indisponíveis.

---

[7] MACÊDO; PEIXOTO, 2015, p. 464.
[8] REsp 35.786/SP, 4ª Turma, *DJ* 12-12-1994, p. 34.350, *RSTJ*, v. 79, p. 238.
[9] BARBOSA MOREIRA, 1984, p. 87-88.
[10] GRECO, 2015.
[11] GRECO, 2015, p. 61-62.
[12] VENTURI, 2016, p. 392-393.

Temos sustentado que, diante dos termos adotados pelo legislador, aliados à ideia da ressignificação da indisponibilidade a partir das premissas da contemporaneidade, a abrangência do direito indisponível que não admite autocomposição deve ser reduzida às hipóteses nas quais haja vedação expressa ao acordo, ou quando a disposição violentar um direito fundamental do cidadão.

Nesse sentido, parece ser possível a realização de convenções prévias ou incidentais em quaisquer das modalidades de direitos transindividuais: difusos, coletivos e individuais homogêneos. Essas convenções, se inseridas no contrato que regula a prestação do serviço, obriga as partes contratantes em eventual propositura de demanda individual.

Além disso, não prospera o argumento apriorístico de que a convenção processual mitiga a tutela jurisdicional. A bem da verdade, notadamente na tutela coletiva, em que as peculiaridades são consideráveis, os acordos sobre as situações jurídicas processuais podem favorecer a efetividade jurisdicional. A oportunidade e a legalidade dos negócios processuais devem ser verificadas, então, diante do caso concreto, em ambiente de diálogo colaborativo.

Não à toa, aliás, a Resolução CNMP n. 118 admite a inserção de negócios processuais por parte dos membros da instituição[13].

Entendemos que a convenção do art. 190 deve ser sempre realizada de forma escrita, e poderá constar, por exemplo, do termo de ajustamento de conduta, ou mesmo ser inserida em documento próprio preparado para essa finalidade.

Dessa forma, pensamos que, a teor do art. 15 do Código de Processo Civil, o art. 190 pode ser aplicado aos procedimentos que integram o chamado microssistema de tutela coletiva.

Além desse requisito objetivo, o art. 190 faz menção a um de natureza subjetiva, ao exigir que as partes sejam plenamente capazes. A lógica da Lei é intuitiva: apenas aqueles que possuem aptidão plena para a prática dos atos da vida civil podem decidir sobre os rumos da tutela de seus direitos no processo.

O acordo pode ser prévio (realizado antes do processo, por exemplo, em uma cláusula contratual) ou incidental (quando já iniciada a relação processual).

O art. 357, § 2º, que trata da decisão de saneamento, prevê ainda que as partes podem apresentar ao juiz, para homologação, delimitação consensual das questões de fato e de direito.

E, ainda, o art. 373, § 3º, dispõe que a distribuição diversa do ônus da prova também pode ocorrer por convenção das partes, salvo quando recair sobre direito indisponível da parte ou tornar excessivamente difícil a uma parte o exercício do direito.

São expressões concretas do princípio da cooperação, genericamente disposto no art. 6º do Código de Processo Civil.

Retornando ao art. 190, seu parágrafo único determina que o magistrado, *ex officio* ou mediante provocação da parte interessada, deverá controlar a validade das convenções, sobretudo a fim de preservar os princípios constitucionais[14], observando os limites impostos pela ordem pública processual.

Ao examinar a convenção, o juiz pode homologá-la ou, excepcionalmente, recusá-la, somente nos seguintes casos:

---

[13] "Art. 15. As convenções processuais são recomendadas toda vez que o procedimento deva ser adaptado ou flexibilizado para permitir a adequada e efetiva tutela jurisdicional aos interesses materiais subjacentes, bem assim para resguardar âmbito de proteção dos direitos fundamentais processuais. Art. 16. Segundo a lei processual, poderá o membro do Ministério Público, em qualquer fase da investigação ou durante o processo, celebrar acordos visando constituir, modificar ou extinguir situações jurídicas processuais. Art. 17. As convenções processuais devem ser celebradas de maneira dialogal e colaborativa, com o objetivo de restaurar o convívio social e a efetiva pacificação dos relacionamentos por intermédio da harmonização entre os envolvidos, podendo ser documentadas como cláusulas de termo de ajustamento de conduta."

[14] BEDAQUE, 2006, p. 168.

i. configuração de nulidade;
ii. inserção abusiva em contrato de adesão; e
iii. quando uma das partes se encontre em manifesta situação de vulnerabilidade.

Para Fernanda Tartuce[15], vulnerabilidade significa suscetibilidade. É possível falar, ainda, em vulnerabilidade processual[16].

Necessário estabelecer em qual sentido o termo dever ser interpretado. Temos para nós que a vulnerabilidade, aqui, é somente a processual, devendo ser aferida pelo magistrado diante das peculiaridades do caso concreto. Diversa, portanto, da vulnerabilidade do consumidor, que será examinada a seguir.

No que se refere ao eventual cabimento das convenções em relações consumeristas, temos algumas dificuldades.

Em primeiro lugar, o art. 1º do Código de Defesa do Consumidor estabelece que as normas ali elencadas são de ordem pública. Em seguida, o art. 4º reconhece expressamente a vulnerabilidade do consumidor no mercado de consumo. Ademais, o art. 6º, que trata dos direitos básicos do consumidor, assegura:

i. a proteção contra práticas e cláusulas abusivas ou impostas no fornecimento de produtos e serviços (inciso IV);

ii. a vedação à modificação das cláusulas contratuais que estabeleçam prestações desproporcionais ou excessivamente onerosas (inciso V); e

iii. a facilitação da defesa de seus direitos, inclusive com a inversão do ônus da prova, a seu favor (inciso VIII).

Finalmente, o art. 51, VI, estabelece serem nulas de pleno direito as cláusulas contratuais relativas ao fornecimento de produtos e serviços que estabeleçam inversão do ônus da prova em prejuízo do consumidor.

Não se está dizendo, com isso, que haverá uma proibição absoluta. Contudo, é forçoso reconhecer que, diante de todas as restrições apontadas anteriormente, será bastante improvável que o Judiciário admita convenções processuais prévias ou incidentes em processos envolvendo relações de consumo.

---

[15] TARTUCE, 2016.

[16] "Vulnerabilidade processual é a suscetibilidade do litigante que o impede de praticar atos processuais em razão de uma limitação pessoal involuntária; a impossibilidade de atuar pode decorrer de fatores de saúde e/ou de ordem econômica, informacional, técnica ou organizacional de caráter permanente ou provisório" (TARTUCE, 2012, p. 184).

Capítulo 16
PROCEDIMENTO

Como evidenciado pelo microssistema, a aplicação subsidiária do Código de Processo Civil é um marco do processo coletivo, até pela escassez de normas específicas sobre temas gerais. Assim, todo o tratamento do diploma processual geral terá aplicação à tutela coletiva pela via principal, no que, evidentemente, não contrariar disciplina própria das leis que a regem.

O procedimento adotado, portanto, será o comum[1], com as técnicas processuais diferenciadas trazidas pelas normas próprias do microssistema. A Lei da Ação Popular, por exemplo, o assume expressamente[2].

Algumas das peculiaridades, contudo, merecem atenção, razão pela qual serão destacadas em tópicos específicos.

1. FASE POSTULATÓRIA

1.1. Petição inicial

Primeiro ato do processo é a petição inicial, em que a inércia jurisdicional é afastada mediante provocação do legitimado. Também no processo coletivo devem ser seguidos os requisitos do art. 319 do Código de Processo Civil.

1.1.1. Qualificação das partes

Quanto à qualificação das partes, é bem possível que o acesso à justiça especificamente prestigiado pela tutela coletiva esteja relacionado com alguma dificuldade de especificação do réu, sendo aplicáveis as permissões dos parágrafos do mesmo dispositivo na linha da facilitação do ajuizamento, bastando apresentar elementos suficientes para a citação do demandado (§ 2º) ou requerer diligências por parte do juízo (§§ 1º e 3º).

O ordinário, porém, é que a maior indefinição esteja no polo ativo, razão pela qual se prevê o regime de legitimidade extraordinária e haverá, nos direitos individuais homogêneos, uma atividade extra de conhecimento muito relevante na liquidação.

1.2. Decisão liminar

Após o protocolo e a distribuição ou registro da petição inicial, o processo será remetido ao juiz, para que profira sua primeira decisão. Embora comumente chamado de despacho liminar, é inegável o caráter decisório, que pode ser variado, desse pronunciamento judicial.

1.2.1. Emenda à petição inicial

Se os requisitos dos arts. 319 e 320 não forem preenchidos ou se a exordial apresentar defeitos ou irregularidades que possam dificultar a resolução do mérito, o juiz determinará que o autor a emende, no prazo de quinze dias (art. 321).

---

[1] Sob a égide do CPC/1973, se defendia, com acerto, que o procedimento sumário não teria vez na tutela coletiva, pela maior complexidade dos temas envolvidos e pela densidade instrutória daí decorrente: LEONEL, 2011, p. 234-235.

[2] "Art. 7º A ação obedecerá ao procedimento ordinário, previsto no Código de Processo Civil, observadas as seguintes normas modificativas: (...)."

Trata-se, na visão do STJ[3] e da doutrina[4], de direito do autor, não podendo o juiz indeferir o pleito exordial sem oportunizar a correção dos vícios.

Embora o momento procedimental específico para a emenda seja a etapa liminar (antes do ingresso do réu no processo, pela citação), inclusive do ponto de vista topográfico do Código, o Superior Tribunal de Justiça, na tutela individual, possui decisões admitindo[5] e inadmitindo[6] a correção após a contestação. Na tutela coletiva, porém, existe uma tendência do Tribunal da Cidadania em aceitá-la[7], com base na instrumentalidade do processo e na máxima efetividade jurisdicional, fundamentais em processos que abordam direitos transindividuais ou individuais coletivamente considerados.

Pontualmente, a Corte da Cidadania chegou a admitir a emenda após a sentença terminativa, quando da mudança de entendimento do Supremo Tribunal Federal a respeito da legitimidade das associações, passando-se a exigir a autorização expressa e lista acostada à inicial[8].

1.2.2. Indeferimento da petição inicial

Se estiverem presentes todos os requisitos da petição inicial ou, sendo o caso, se for regularizada após determinação do juiz, ou, ainda, caso o juiz promova o juízo de retratação, nos termos do § 3º do art. 332 do Código de Processo Civil, a petição inicial será deferida.

O art. 330, por outro lado, elenca as possibilidades de indeferimento da inicial. O indeferimento obsta o prosseguimento da ação e, por isso, só deve ocorrer em caso de vício insanável. Assim, podendo emendar o autor a inicial, deve o juiz conceder prazo para tal.

Atrai atenção, na tutela coletiva, a hipótese referente à ausência de legitimidade. Há que se ter uma especial preocupação: caso a ação seja proposta por parte ilegítima, estranha aos legitimados coletivos previstos no ordenamento, a melhor saída não será o indeferimento formal da petição inicial, como ocorreria na tutela individual.

O microssistema esclarece que a desistência ou o abandono do processo por parte de seu autor leva à assunção do papel por um dos colegitimados (art. 5º, § 3º, da Lei n. 7.347/85), o que deverá ser efetivado por meio de intimação de cada um deles, prioritariamente Ministério Público e Defensoria Pública, por parte do juízo (art. 139, X, do CPC, por analogia).

A correta leitura do comando, baseada na finalidade do legislador, indica que, também nas hipóteses de vícios processuais, incluída aí a falta de legitimidade ativa do demandante, devem ser intimados os legitimados eleitos pelo ordenamento para que prossigam com o pleito, podendo, evidentemente, aditar o pedido e acrescentar argumentos fáticos e jurídicos.

Quanto ao descumprimento dos requisitos do art. 106 (dados identificadores do advogado), na tutela coletiva, o comando só será aplicável para os legitimados que não ostentem capacidade postulatória funcional, pois a Defensoria, a Fazenda Pública e o Ministério Público se manifestam validamente por meio de seus membros com atribuição, independentemente de advogados.

---

[3] STJ, REsp 812.323/MG, 1ª Turma, Rel. Min. Luiz Fux, j. 16-9-2008.

[4] Enunciado 292 do FPPC.

[5] REsp 114.092/SP, 1ª Turma, Rel. Min. Humberto Gomes de Barros, j. 19-2-1998; REsp 1.229.296/SP, 4ª Turma, Rel. Min. Marco Buzzi, j. 10-11-2016.

[6] REsp 650.936/RJ, 2ª Turma, Rel. Min. Eliana Calmon, j. 21-3-2006; AgRg no Ag 289.840/SP, 3ª Turma, Rel. Min. Nancy Andrighi, j. 15-9-2000.

[7] REsp 1.279.586/PR, 4ª Turma, Rel. Min. Luis Felipe Salomão, j. 3-10-2017.

[8] EDcl nos EDcl no REsp 1.123.833/DF, 6ª Turma, Rel. Min. Nefi Cordeiro, j. 7-2-2017.

1.2.3. Improcedência liminar do pedido

Outra hipótese de extinção do processo sem integração do réu, mas a seu favor, é a improcedência liminar, que importa em decisão de mérito, diferentemente do indeferimento, em que a matéria de fundo não é enfrentada, representando mero encerramento formal. O regramento geral do Código Fux se estende às ações coletivas, cabendo sublinhar a possibilidade de se reconhecer a prescrição da pretensão autora, nesse momento inaugural, bem como a aplicação coletiva dos precedentes elencados.

1.2.4. Determinação de citação

Caso não haja ou não persista qualquer vício formal e não seja hipótese de indeferimento da inicial ou de improcedência liminar do pedido, o juiz deverá determinar a citação do réu da ação coletiva.

A esse respeito, inexiste previsão específica no microssistema, sendo aplicáveis as modalidades citatórias do Código de Processo Civil, inclusive a comunicação por meio eletrônico, quando o demandado possuir cadastro nos sistemas eletrônicos do tribunal competente – o que é comum, já que várias demandas coletivas enfrentam práticas combatidas em processos individuais.

1.3. Audiência de conciliação ou de mediação

A exemplo do que ocorre no procedimento comum, aplicável subsidiariamente ao processo coletivo, a citação do réu conterá a intimação para que compareça à audiência autocompositiva, que poderá utilizar a técnica de conciliação ou de mediação. Ambas são cabíveis em litígios que envolvam direitos transindividuais ou individuais homogêneos.

Nos chamados meios adequados de solução de conflito, a conciliação e a mediação ganham particular relevância. Em ambas, são as próprias partes que buscam, de forma consensual, a melhor solução para o conflito.

O terceiro, nesses casos, atua como verdadeiro intermediador imparcial, funcionando unicamente como facilitador da comunicação e, consequentemente, da composição entre as partes.

A conciliação é o método mais adequado para solução de conflitos cujas partes não detenham vínculos anteriores. Trata-se, portanto, de um conflito circunstancial.

Como terceiro imparcial, o conciliador deve incentivar as partes para que proponham soluções que lhes sejam favoráveis, notadamente em sede patrimonial e pecuniária.

A mediação, por sua vez, pressupõe relacionamento entre as partes anterior ao conflito. Para o êxito na mediação, o mediador deverá ser profundo conhecedor do conflito existente entre as partes, o que torna a mediação mais demorada do que a conciliação. O mediador, pela tarefa estabelecida, não oferece proposta ou se intromete na negociação, somente agindo para que as próprias partes amadureçam a relação conflituosa.

1.4. Respostas do réu

Caso não haja acordo na audiência própria ou não seja hipótese de seu cabimento, passa-se à etapa das respostas do réu na demanda coletiva, em que poderá se defender (apresentar contestação, sob pena de ficar revel) e/ou contra-atacar (ajuizar reconvenção), no prazo comum de quinze dias.

1.4.1. Contestação

É a peça em que o réu irá rebater os argumentos elencados pelo autor em sua petição inicial. O direito de ação, como direito subjetivo público, autônomo e abstrato, não cabe apenas ao autor, mas é também exercido pelo réu, por meio da contestação.

Os argumentos podem ser formais ou materiais. Os argumentos formais dizem respeito à ausência de alguma formalidade processual descumprida pelo autor na exordial. Os aspectos materiais relacionam-se com o mérito da causa.

1.4.1.1. Prazo

O prazo para a apresentação da contestação no procedimento comum, aplicável às ações coletivas em geral, é de quinze dias.

Na ação popular, porém, existe previsão específica diversa, estatuindo o prazo de vinte dias (art. 7º, IV, da Lei n. 4.717/65[9]), que pode ser dobrado, a requerimento dos réus, quando as provas forem complexas.

No entanto, atualmente o juiz está autorizado a prorrogá-lo também nas demais ações, por força do art. 139, VI, do Código de Processo Civil[10], que permite a dilatação dos prazos. Assim, os marcos previstos na lei são uma regra que pode ser excepcionada.

Na tutela coletiva, essa autorização ganha redobrada importância, uma vez que as provas documentais são, geralmente, várias e a extensão da lesão é de difícil delimitação, afigurando-se favorável à instrução que o juiz verifique a necessidade de aumento do período previsto em lei.

O prazo será contado em dobro se os litisconsortes tiverem procuradores diferentes, de escritórios de advocacia distintos (art. 229), salvo se se tratar de processo eletrônico (art. 229, § 2º).

A União, os Estados, o Distrito Federal, os Municípios e suas autarquias e fundações de direito público (art. 183) têm o prazo em dobro para contestar, contado da sua intimação pessoal, ressalvada a hipótese em que a lei estabelecer, de forma expressa, prazo próprio – o que inexiste, na tutela coletiva[11]. Cumpre ressaltar que essa prerrogativa será aplicada a todas as suas manifestações processuais.

É importante destacar que, segundo o art. 219, o curso dos prazos processuais se dá apenas em dias úteis, de modo que não só o termo inicial será o primeiro dia útil seguinte ao término de férias, feriados e finais de semana, mas todos os quinze dias do prazo (ou trinta dias, nos casos acima) terão esses períodos descontados na contagem. Entendemos que a regra se aplica à tutela coletiva, uma vez que não impõe relevante atraso e que inexiste norma própria no microssistema.

Apresentada a resposta ou decorrido o prazo para o oferecimento, o autor só poderá desistir da ação se tiver o consentimento do réu (art. 485, § 4º). Isso porque o réu também terá interesse no julgamento da ação. Nos processos coletivos, soma-se, ainda, a necessidade de prévia intimação dos colegitimados, para averiguarem se, de fato, não subsiste fundamentação para o prosseguimento do feito, ante seu interesse social (art. 5º, § 3º, da Lei n. 7.347/85[12]).

1.4.1.2. Defesas

A contestação é a ocasião para o réu apresentar tanto defesas processuais como de mérito.

1.4.1.2.1. Defesas processuais

Existem matérias que devem ser debatidas antes mesmo de se analisar o mérito da demanda: as preliminares processuais.

Quanto aos contornos próprios da tutela coletiva, cabe recordar que não se fala em incompetência relativa, uma vez que o caráter funcional (ou territorial absoluto) trazido pelo microssistema

---

[9] "Art. 7º (...) IV – O prazo de contestação é de 20 (vinte) dias, prorrogáveis por mais 20 (vinte), a requerimento do interessado, se particularmente difícil a produção de prova documental, e será comum a todos os interessados, correndo da entrega em cartório do mandado cumprido, ou, quando for o caso, do decurso do prazo assinado em edital."

[10] "Art. 139. (...) VI – dilatar os prazos processuais e alterar a ordem de produção dos meios de prova, adequando-os às necessidades do conflito de modo a conferir maior efetividade à tutela do direito."

[11] Entendemos que o prazo da Lei de Ação Popular não é hipótese a excepcionar o prazo em dobro, seja por ser anterior, seja por não se destinar exclusivamente à Fazenda Pública.

[12] "Art. 5º (...) § 3º Em caso de desistência infundada ou abandono da ação por associação legitimada, o Ministério Público ou outro legitimado assumirá a titularidade ativa."

excepciona a regra geral do Código de Processo Civil. De todo modo, a saída é a mesma: a remessa do processo a juízo competente (art. 64, § 3º).

Além disso, temos que a peremção merece ser relativizada, uma vez que a legitimidade extraordinária divorcia os titulares do direito material daquele que o leva a juízo. Assim, é impensável que um direito coletivo ou individual coletivamente considerado deixe de poder ser pretendido pela falta de habilidade processual do autor formal.

Na tutela coletiva, a litispendência, como sentido pelo Superior Tribunal de Justiça, pode se dar entre ações aparentemente diversas, como a ação popular e a ação civil pública, ou entre duas ações coletivas movidas por legitimados diversos, importando apenas a parte material (titulares do direito), a causa de pedir e o pedido.

Por sua vez, a coisa julgada material formada, por conta da insuficiência de material probatório, em desfavor da coletividade, na ação que trate de direitos difusos e coletivos em sentido estrito, não impede a repropositura da ação, ainda que pelo mesmo legitimado (coisa julgada *secundum eventum probationis*).

Igualmente, a conexão e a continência devem ser compreendidas à luz dos princípios próprios, como visto no capítulo referente à reunião de ações, variando a solução de acordo com a espécie de direito tutelado.

A incapacidade da parte pode representar a falta de capacidade de ser parte, a falta de capacidade de estar em juízo ou a incapacidade postulatória. Na tutela coletiva, dificilmente o autor carecerá de um desses pressupostos processuais, uma vez que a parte autora material é uma coletividade.

A falta de autorização ocorre quando o autor somente pode propor a ação com a autorização de outrem, como a outorga uxória para as ações reais imobiliárias. Na tutela coletiva, a hipótese que pode fazer incidir essa defesa processual é a da legitimidade ativa das associações que, para parte do atual cenário jurisprudencial, só pode representar em juízo aqueles membros que autorizaram expressamente o ajuizamento da demanda.

Se o réu percebe que não existe autorização (lista oriunda de permissão individual ou ata de assembleia convocada com esse fim específico) ou que a associação quer discutir bens de associados que não outorgaram permissão destacada para tanto, deve apontar o vício na contestação.

Observe-se que, de acordo com o art. 76, caso verificada a incapacidade processual ou a irregularidade da representação da parte, o juiz suspenderá o processo e designará prazo razoável para que seja sanado o vício.

Se ainda assim persistir o vício, o Código prevê três hipóteses, caso os autos estejam na instância originária:

a) o processo será extinto, se a providência couber ao autor;
b) o réu será considerado revel, se a providência lhe couber;
c) o terceiro será considerado revel ou excluído do processo, dependendo do polo em que se encontre.

Se os autos estiverem em instância recursal, o relator:

a) não conhecerá do recurso, se a providência couber ao recorrente;
b) determinará o desentranhamento das contrarrazões, se a providência couber ao recorrido.

Apesar dessa declarada intenção do legislador em aproveitar a resolução do mérito, sanando a qualquer momento a mácula processual, é questionável se na tutela coletiva essa lógica é aplicável.

Isso porque, inicialmente, os tribunais de cúpula tinham entendido que os associados que não cumpriram os requisitos oportunamente não poderão executar o título formado em juízo. A tese, contudo, foi esclarecida, em sede de embargos de declaração.

Pode o demandado apontar que a parte autora formal não ostenta legitimidade para o ajuizamento de ação coletiva ou que carece de interesse processual para tanto – elementos que guardam peculiaridades no microssistema.

Por fim, na tutela coletiva, a previsão geral do Código de Processo Civil quanto à gratuidade de justiça se esvazia, na medida em que o instituto funciona como estímulo legal para o ajuizamento, não sendo afastável a critério do magistrado.

1.4.1.2.2. Defesas materiais

A exemplo do que ocorre no processo individual, o réu em ação coletiva poderá, quanto ao mérito da pretensão, apresentar defesas diretas, que contrariam a narrativa autoral, ou indiretas, elencando fatos impeditivos, modificativos ou extintivos do direito da coletividade.

Vige, como regra, o princípio da concentração ou da eventualidade, de modo que este é o momento para o réu alegar toda a matéria de defesa, expondo as razões de fato e de direito com que impugna o pedido do autor, e especificando as provas que pretende produzir.

Na tutela coletiva, entendemos que, estando-se diante de processos estruturantes, em que os pedidos são, por natureza, abertos e amplos, consistindo na implementação de uma política pública, também o réu coletivo poderá complementar, ao longo do processo, sua defesa. Assim, se a necessidade e a pretensão da coletividade mudam, também o réu deve, em autêntica manifestação do princípio do contraditório, poder expor sua visão sobre os elementos supervenientes.

Do mesmo modo, as nulidades absolutas podem ser alegadas pelo réu mesmo após a contestação, pois o juiz pode delas conhecer de ofício.

Além disso, impõe-se igualmente ao réu que se desincumba do ônus da impugnação especificada. Significa que deve se manifestar sobre todas e cada uma das alegações de fato articuladas pelo autor, sob pena de presunção de veracidade destas.

1.4.2. Reconvenção

A reconvenção é a modalidade de resposta do réu que não representa propriamente uma defesa (art. 343), mas verdadeiro contra-ataque do réu ao autor, propondo ação diferente em que se invertem os polos da demanda.

Formalmente, a reconvenção não só deve ser proposta dentro do mesmo processo, como deve constar de capítulo próprio da contestação.

Teremos, então, duas ações: uma proposta pelo autor em face do réu, que é a demanda inicial, e outra proposta pelo réu (ora autor) em face do autor da demanda inicial (ora réu), nada impedindo que ocorra a reconvenção da reconvenção. O réu será, então, o reconvinte e o autor, ora demandado, será o reconvindo. A reconvenção será apresentada em capítulo específico para esse fim na contestação.

Na tutela coletiva, existe considerável debate quanto ao cabimento da reconvenção, por conta do regime de legitimidade extraordinária adotado pelo legislador.

A regra do art. 343, § 5º, do Código Fux[13] dá a resposta, assegurando que, quando o autor for substituto processual, a reconvenção só será cabível se dirigida ao substituído. Trata-se da regra da

---

[13] "Art. 343. (...) § 5º Se o autor for substituto processual, o reconvinte deverá afirmar ser titular de direito em face do substituído, e a reconvenção deverá ser proposta em face do autor, também na qualidade de substituto processual."

identidade bilateral, segundo a qual o autor que age em legitimidade extraordinária só poderá se tornar réu, na reconvenção, como legitimado extraordinária.

Por isso, como entendeu, corretamente, o STJ, o cidadão, autor de ação popular, não pode sofrer reconvenção, por parte do réu, pleiteando indenização pessoal, por alegar se tratar de perseguição política, porque, nesse caso, embora legitimado extraordinário na ação inicial, se tornaria réu com legitimidade ordinária na ação secundária[14].

Caso a reconvenção seja direcionada à coletividade, atuando o autor originário (réu na reconvenção) em legitimidade extraordinária, haveria uma ação coletiva passiva derivada.

Enquanto parte da doutrina aceita a possibilidade[15], outra parcela entende que, por todas as complexidades daí decorrentes, em especial o regime *in utilibus* da tutela coletiva – que apenas pode beneficiar os substituídos –, não seria cabível a reconvenção em demanda coletiva sem que haja prévio tratamento específico em lei[16].

A propósito, deve-se lembrar que nem sempre a reconvenção terá vez nos processos individuais. Não é cabível, por exemplo, durante o processo de liquidação de sentença. Isso porque não há necessidade de reconvenção, pois, de qualquer modo, o *quantum* será delimitado. Também não é cabível em sede de embargos de execução, que são utilizados apenas para discutir a execução, o título executivo ou o crédito.

Em sede de ação rescisória, a reconvenção é cabível, desde que haja um pedido de rescisão da mesma sentença ou acórdão.

O STF já sumulou a respeito da admissibilidade de reconvenção em ação declaratória, nos termos da Súmula 258 ("é admissível reconvenção em ação declaratória").

1.4.3. Revelia

De acordo com o art. 344 do Código de Processo Civil, ocorre a revelia quando o réu não contesta a ação, apesar de regularmente citado ou, ainda, quando a apresenta, mas esta é intempestiva.

Também é discutível se a revelia se aplica aos processos coletivos. Uma primeira leitura indica que não, já que os direitos são indisponíveis.

Essa visão generalista, porém, não merece prosperar. Primeiro, porque os direitos individuais homogêneos tuteláveis podem ser disponíveis.

Depois, porque a revelia é afastada em casos tais como forma de proteger o réu, e não o autor, por óbvio. E, na tutela coletiva, todas as cautelas específicas trazidas se referem à coletividade legitimada ativa, que em nada seria prejudicada com o reconhecimento da revelia e de seus efeitos.

2. FASE SANEADORA

Decorrido o prazo para a resposta do réu, inicia-se a fase de organização e saneamento, tendo ele apresentado ou não sua resposta. Nessa fase, se o processo já puder ser encerrado, o juiz deve proferir sentença ou decisão interlocutória de mérito, nas hipóteses que serão examinadas a seguir.

A fase de saneamento é marcada por atos que irão regularizar o processo, mas isso não quer dizer que apenas nessa fase haja saneamento. Assim, findo o prazo para contestação, o juiz tomará, conforme o caso, as providências preliminares (art. 347 do CPC).

---

[14] REsp 72.065/RS, 2ª Turma, Rel. Min. Castro Meira, j. 3-8-2004.

[15] Admitindo a reconvenção em ação coletiva, com reforço da nova redação do art. 343, § 5º: DIDIER JR.; ZANETI JR., 2016b, p. 340-342.

[16] Para compreender as vicissitudes da ação coletiva passiva, conferir o tema da legitimidade passiva, no capítulo referente às condições da ação.

2.1. Providências preliminares

As providências preliminares ocorrem entre a fase postulatória e a fase instrutória do processo. São aquelas que têm por objetivo acabar de formatar, de organizar o processo. Elas possuem uma "tríplice finalidade", quais sejam: completar o contraditório, promover o saneamento e preparar o julgamento conforme o estado do processo.

A primeira providência é a réplica do autor, quando o réu apresentar defesa de mérito indireta ou preliminares. Além disso, se o processo puder ser julgado desde logo, poderá o juiz decidir em parte ou na totalidade os pedidos, seja em decisão terminativa, seja em decisão definitiva.

Nas hipóteses cabíveis, não se trata de faculdade do juiz, mas sim de ato vinculado, em decorrência do princípio da economia processual (art. 139). Para ser encurtado o procedimento, o juiz deve comunicar às partes o que está prestes a realizar, em razão do princípio da cooperação. Essa precaução é importante para que as partes não sejam surpreendidas com uma decisão antes do esperado por elas, especialmente no processo coletivo, cujos efeitos são potencializados.

2.2. Saneamento e organização do processo

Segundo o art. 357, não sendo o caso de uma sentença de extinção do processo ou de antecipação do mérito, o juiz deverá proferir decisão que organiza e prepara o processo para a fase de produção de provas.

O conteúdo dessa importantíssima manifestação judicial abarca:

a) resolução de questões processuais pendentes, se houver;
b) delimitação das questões de fato sobre as quais recairá a atividade probatória, especificando os meios de prova admitidos;
c) definição da distribuição do ônus da prova;
d) delimitação das questões de direito relevantes para a decisão do mérito;
e) designação, se necessário, de audiência de instrução e julgamento.

O art. 357, § 3º, é uma grande evidência do que se pode chamar de contraditório participativo, determinando a designação de audiência para as causas complexas especialmente para oportunizar a cooperação entre o juiz e as partes. Nessa hipótese, as partes apresentarão em audiência o rol de testemunhas (§ 5º).

Ao que parece, a intenção do legislador ao estabelecer esse saneamento compartilhado foi evitar o prolongamento do processo, com a resolução de questões e incidentes processuais desvinculados do mérito, muitas vezes meramente protelatórios, bem como atitudes processuais posteriores contraditórias ao que foi acordado pelas partes, já que participarão diretamente da produção de provas.

Desse modo, o saneamento, que, em regra, se dá por decisão judicial publicada, pode ocorrer em audiência, trazendo os envolvidos para essa etapa de discernimento que definirá os limites de todo o desenrolar do processo.

Na tutela coletiva, entendemos que a prioridade será o saneamento em audiência (saneamento compartilhado). Isso porque as causas são, por essência, complexas: sempre, pelo aspecto subjetivo, por envolver direitos de múltiplos sujeitos ou de uma coletividade, e frequentemente pelo aspecto objetivo, por versar sobre temas de enorme repercussão e que demandam discernimento verticalizado do juízo – não raro, interdisciplinar.

Assim, o saneamento, em processos coletivos, deve merecer especial atenção do julgador, definindo-se as questões controvertidas em ocasião designada. O debate em audiência é sempre facilitador.

Ademais, verificamos que os objetos da decisão de saneamento também merecem leitura à luz dos princípios do processo coletivo, notadamente o da primazia do mérito, de sorte que a rígida delimitação da questão controvertida nem sempre será a melhor saída.

Em demandas estruturantes, em especial, deve-se interpretar o pedido de maneira ampla, cabendo ao juízo prolatar decisões capazes de realizar a política pública, funcionando como sugestão a especificação do legitimado ativo na inicial.

Na tutela coletiva, há doutrina que menciona um especial conteúdo da decisão de saneamento: a adequada certificação da ação coletiva. Baseando-se na experiência das *class actions* norte-americanas, busca-se, na etapa de saneamento do processo, verificar se tratar, realmente, de uma demanda coletiva, com todas as consequências decorrentes[17].

Por fim, registre-se que as questões decididas pelo magistrado na decisão de saneamento não são passíveis de impugnação por agravo de instrumento, nem mesmo aquelas que indeferem ou reduzem as provas requeridas pelas partes, nos exatos termos do art. 1.015.

Excepcionam essa regra as decisões que versarem sobre a exibição ou posse de documento ou coisa (inciso VI do art. 1.015) e a distribuição diversa do ônus da prova (inciso XI). É evidente, porém, que a tese da taxatividade mitigada abre as portas para eventuais recursos, se comprovada a urgência decorrente da inutilidade de impugnação no momento da apelação.

3. FASE INSTRUTÓRIA

A próxima fase do processo coletivo, especialmente mais complexa que a dos processos individuais, em geral, é a instrutória. Seu objeto é a produção de provas para amparar o julgamento final.

Naturalmente, existem provas que vêm aos autos em outras etapas. A prova documental, por exemplo, é produzida na petição inicial ou na contestação, como regra.

Destacaremos, nesse ponto, os elementos que atraem especial atenção na tutela coletiva, sendo certo que se aplicam as lições gerais do Processo Civil, em acréscimo.

3.1. Poderes probatórios do juiz

O juiz, no processo civil brasileiro, tem o poder de conduzir a instrução do processo e determinar as provas que devem ser produzidas. Assim determinava o art. 130 do Código de Processo Civil de 1973. De acordo com os exatos termos do art. 370 do atual Código de Processo Civil, o juiz tem poderes para determinar a produção de provas necessárias ao julgamento do mérito.

Ora, se o juiz tem o dever de esclarecer a situação fática, julgando o mais próximo possível do que possa ter ocorrido, ao produzir provas de ofício apenas assume a função que lhe é esperada. O juiz não seria mero espectador da contenda judicial, enquanto as partes teriam o ônus exclusivo de produzir a prova.

Dessa forma, ainda que sujeita a críticas, vigora no nosso ordenamento a possibilidade de produção de provas pelo juiz, desde que o faça em relação aos fatos constantes dos autos, fundamente a necessidade dessa determinada colheita de provas e as submeta ao contraditório. Caso assim não fosse, de fato colocar-se-ia o juiz na posição de mero espectador, de modo que venceria o melhor advogado e não o melhor direito.

Esse elemento é especialmente destacado pela doutrina, nos processos coletivos, em razão do princípio da primazia dos aspectos inquisitoriais. Aponta-se, como fundamento para uma maior proeminência do magistrado na condução do processo, a relevância dos direitos em jogo, por vezes indisponíveis, por vezes disponíveis, porém dotados de interesse social.

---

[17] DIDIER JR.; ZANETI JR., 2016b, p. 99.

3.2. Ônus da prova

Ônus da prova nada mais é do que o encargo, atribuído pela lei a cada uma das partes, de demonstrar a ocorrência dos fatos de seu interesse para as decisões que serão proferidas no processo.

A regra de distribuição do ônus da prova é fundamental para que o magistrado possa se desincumbir do seu mister e determinar como se dará o esclarecimento dos fatos controvertidos.

3.2.1. Sistema estático de distribuição

Uma primeira forma de distribuir o ônus da prova entre as partes é prever, em lei, a quem cabe provar quais fatos, de maneira rígida. É o que ocorre, como regra, no art. 373.

Adotando a regra da afirmação, o sistema brasileiro adota a seguinte divisão:

a) ao autor cabe provar os fatos constitutivos de seu direito;
b) ao réu, os fatos impeditivos, extintivos ou modificativos do direito do autor que venha a alegar.

O sistema da distribuição estática do ônus da prova, adotado pelo Código de Processo Civil de 1973, não levava em consideração nem as peculiaridades do caso concreto nem a posição das partes no processo. Numa primeira tentativa de aperfeiçoar o sistema, tivemos a inserção em nosso ordenamento da chamada inversão do ônus da prova, entendida como a alteração de regra sobre a distribuição desse ônus, imposta ou autorizada por lei. Na prática, isso implicou a isenção de um ônus para o consumidor ou empregado e no correlato acréscimo desse ônus ao fornecedor ou empregador[18].

A inversão do ônus da prova é classificada doutrinariamente em inversão legal, convencional ou judicial. A inversão do ônus da prova legal ou inversão *ope legis* consiste nas presunções relativas instituídas em lei (*praesumptionis legis*), tendo como fundamento legal o art. 38 do Código de Defesa do Consumidor.

A inversão judicial, também denominada inversão *ope judicis*, corresponde à alteração no disposto em regras legais responsáveis pela distribuição do ônus da prova por decisão do juiz, tendo como fundamento legal o art. 6º, VIII, do Código de Defesa do Consumidor.

A inversão convencional, por seu turno, consiste na alteração das mencionadas regras legais mediante ato concertado entre as partes, sendo autorizada no art. 373, § 3º, do Código de Processo Civil de 2015, dependendo apenas da natureza dos direitos em litígio e do efeito da inversão, que não pode acarretar extrema dificuldade para uma das partes.

Afigura-se assente em sede doutrinária que as duas hipóteses previstas no art. 6º, VIII, do Código de Defesa do Consumidor são alternativas e não cumulativas, ou seja, basta a verificação de uma das hipóteses para que seja admissível a decretação da inversão.

Conforme entendimento prevalecente em sede doutrinária[19], o objeto da prova consiste nos fatos alegados pelas partes. A doutrina sustenta que a inversão deve se voltar para fatos que se mostrem:

a) relevantes para o deslinde do litígio;
b) controvertidos;
c) específicos.

A inversão do ônus da prova, fundada no art. 6º, VIII, do Código de Defesa do Consumidor, não se opera automaticamente, dependendo de decisão judicial que a determine no caso concreto, bem

---

[18] PINHO, 2019, p. 675.
[19] PINHO, 2019, p. 676.

como essa benesse não libera o consumidor de comprovar a existência da relação jurídica nem de provar os fatos constitutivos do seu direito, naquilo que lhe seja acessível.

Ainda acerca da decisão judicial que decreta a inversão do ônus da prova, cumpre destacar a necessidade de fundamentação, em obediência ao art. 93 da Constituição Federal.

Na tutela coletiva, a jurisprudência do Superior Tribunal de Justiça tem admitido a inversão do ônus da prova[20], mesmo para além da previsão do Código de Defesa do Consumidor, abarcando danos ambientais, tanto utilizando o diploma do núcleo duro como com base no princípio da precaução[21] (Súmula 618 do STJ[22]).

3.2.2. Sistema dinâmico de distribuição

Vistas as características da inversão, analisar-se-á a carga dinâmica da prova, que com aquela não se confunde. A distribuição diversa do ônus da prova vem prevista no § 1º do art. 373 do Código de Processo Civil.

A teoria da carga dinâmica da prova rompe com a visão estática tradicional da prévia distribuição do ônus da prova entre as partes, a fim de adequar a distribuição ao caso concreto, atribuindo o ônus da prova à parte que estiver em melhor condição de fazê-lo[23].

Essa teoria abandona o prévio e abstrato estabelecimento do ônus probatório e sustenta que a atribuição do ônus da prova independe da posição que as partes ocupam no processo.

De igual sorte, será de pouco relevo a natureza do fato invocado (constitutivo, extintivo, modificativo ou impeditivo do direito).

Ao revés, assumem relevo para a aplicação do citado princípio as particularidades do caso concreto e a natureza do fato a ser provado, com o objetivo de se imputar o encargo à parte que, pelas circunstâncias concretas, possua melhores condições de fazê-lo.

É indubitável que a teoria da carga dinâmica da prova se mostra mais abrangente do que o mecanismo de inversão do ônus da prova.

Isso porque a decretação da inversão do ônus da prova, tal qual adotada em nosso ordenamento jurídico, depende da verificação da presença de requisitos ditados pela lei, como a hipossuficiência e a verossimilhança.

Com efeito, no Código de Processo Civil de 1973 a regra era a distribuição estática do ônus da prova, cabendo ao juiz afastar essa regra, em caráter excepcional, sempre atentando para as peculiaridades do caso concreto[24], como já autorizado pela jurisprudência do STJ[25].

No texto do Código de Processo Civil de 2015, a teoria da carga dinâmica da prova é parcialmente recepcionada no art. 373, de modo que a distribuição estática continua sendo a regra.

Contudo, ela pode ser mitigada:

a) por força de lei;
b) por decisão judicial.

---

[20] "1. Não há óbice a que seja invertido o ônus da prova em ação coletiva – providência que, em realidade, beneficia a coletividade consumidora –, cabendo ao magistrado a prudente análise acerca da verossimilhança das alegações do ente substituto. Precedentes" (AgRg no Ag 1.406.633/RS, 4ª Turma, Rel. Min. Luis Felipe Salomão, j. 11-2-2014).

[21] AgInt no AREsp 1.090.084/MG, 2ª Turma, Rel. Min. Assusete Magalhães, j. 21-11-2017.

[22] Súmula 618: "A inversão do ônus da prova aplica-se às ações de degradação ambiental".

[23] PINHO, 2019, p. 677.

[24] PINHO, 2019, p. 678.

[25] REsp 1.286.704/SP, 3ª Turma, Rel. Min. Nancy Andrighi, j. 22-10-2013, *DJe* 28-10-2013.

Embora o Código não estabeleça um limite temporal, é intuitivo que tal decisão deve ser anterior à sentença.

Contudo, excepcionalmente, podemos pensar na hipótese de conversão do julgamento em diligências, diante do surgimento de um novo elemento de convicção. Aí poderia o magistrado aplicar o art. 373, obviamente atentando para os requisitos positivos e negativos aqui comentados.

Ademais, para que o magistrado determine a providência, é preciso que se configure uma das seguintes situações:

a) as peculiaridades da causa, relacionadas à impossibilidade ou à excessiva dificuldade de cumprir o encargo nos termos do *caput* indiquem que uma das partes está em melhores condições de trazer aquele elemento de convicção ao juízo;

b) uma das partes tem, claramente, maior facilidade de obtenção da prova do fato contrário, do que aquela que, originalmente, teria aquele ônus (pela regra estática);

c) por convenção das partes (art. 373, § 3º), durante o processo ou mesmo antes (§ 4º) de sua instauração.

A segunda e a terceira modalidade sofrem restrições. Assim, a distribuição não pode ser feita por convenção quando:

i. recaia a discussão sobre direito indisponível;

ii. torne excessivamente difícil a uma das partes o exercício do seu direito.

Veja-se que, nessas duas hipóteses, poderá o magistrado invalidar o acordo prévio ou incidental, hipótese em que deverá ele mesmo reconfigurar a distribuição.

Note-se, ainda, que ambas as hipóteses se referem a conceitos jurídicos indeterminados, razão pela qual haverá grande discricionariedade judicial na hipótese, o que poderá levar a um quadro de reserva ao uso do instituto, por receio de gerar insegurança jurídica.

Por outro lado, a distribuição não pode ser realizada pelo magistrado:

i. caso gere situação em que a desincumbência do encargo pela parte seja impossível ou excessivamente difícil (§ 2º, parte final) – com a devida vênia, distinguir impossível de excessivamente difícil é tarefa complexa e desnecessária. O legislador poderia ter utilizado aqui apenas a segunda expressão;

ii. por decisão não fundamentada ou precariamente fundamentada (§ 1º, segunda parte). Verifica-se, aqui, a concretização do princípio da fundamentação analítica, previsto genericamente no art. 11 e explicitado no art. 489, § 1º, todos do atual Código de Processo Civil;

iii. sem que o juiz dê à parte a oportunidade de se desincumbir do ônus que lhe foi atribuído (§ 1º, parte final). Trata-se de materialização do princípio do contraditório dinâmico, que também pode ser compreendido como "não surpresa", previsto no art. 10, inserido na parte geral do atual Código.

Forçoso reconhecer, ainda, que a distribuição dinâmica do ônus da prova é providência excepcional e subsidiária à regra de distribuição estática, e só deverá ser utilizada quando existirem fundados elementos no sentido de que a adoção da regra geral possa conduzir o processo a um desfecho manifestamente injusto.

Na tutela coletiva, o tratamento flexível do ônus da prova vem ao encontro dos anseios do microssistema. Com efeito, não é simples a comprovação da conduta do réu, por haver necessidade de demonstrar o padrão de comportamento que atingiu a coletividade, especialmente nos direitos individuais homogêneos.

Ademais, o sistema de legitimidade extraordinária, embora permita o acesso à justiça, inegavelmente afasta o autor processual da sociedade ou do grupo que tem seus direitos postos em juízo, o que gera reflexos no momento da produção de elementos de convicção.

Desse modo, tanto a inversão do ônus da prova como a distribuição fluida permitem uma justa incumbência ao réu coletivo, diante da dificuldade do caso concreto[26].

Inclusive, o Superior Tribunal de Justiça aplica a inversão do ônus da prova às ações coletivas que apuram danos ambientais (Súmula 618[27]), em decorrência do princípio da precaução[28], bem como às demandas em matéria consumerista, aplicando o regramento do Código de Defesa do Consumidor tanto na defesa em juízo de direitos individuais como na de coletivos.

Ainda assim, o autor da ação coletiva deve se preocupar com a prova mínima dos fatos constitutivos. Por essa razão, o Superior Tribunal de Justiça entendeu inviável o ajuizamento de uma ação civil pública que pedia a declaração de nulidade das cláusulas contratuais sem que houvesse a juntada de qualquer documento na inicial[29].

3.3. Produção antecipada de provas

A produção antecipada de provas, no Código de Processo Civil de 1973, constituía uma medida cautelar nominada. Essa natureza cautelar era reconhecida na medida em que se objetivava a aquisição preventiva de dados probatórios que, com o tempo, seriam impossíveis de serem recolhidos.

No Código de Processo Civil de 2015, porém, é técnica de obtenção de prova, disposta nos arts. 381 a 383. As hipóteses desse meio de prova são três (art. 381):

a) o receio de que venha a se tornar impossível ou muito difícil a verificação de certos fatos na pendência da ação;

b) a prova a ser produzida seja suscetível de viabilizar a autocomposição ou outro meio adequado de solução de conflito;

c) o prévio conhecimento dos fatos possa justificar ou evitar o ajuizamento de ação.

A produção antecipada de prova é revestida de autonomia, pois não há sequer a necessidade de se propor efetivamente uma demanda[30]. Os §§ 1º e 5º determinam a aplicação dessas normas aos casos de arrolamento de bens com finalidade exclusivamente probatória e justificação.

Assim, a sua finalidade pode ser simplesmente de documentar um fato ou uma relação jurídica, sem a prática de atos de apreensão ou mesmo sem qualquer caráter contencioso. Desse modo, as demandas probatórias autônomas, ainda que desprovidas do elemento risco, se afiguram como importantes procedimentos instrutórios, na tutela coletiva.

3.4. Meios de prova

Meios de prova são os instrumentos técnicos aptos a demonstrar a veracidade de determinadas alegações controvertidas e relevantes para o julgamento da causa.

---

[26] No mesmo sentido: BASTOS, 2018, p. 206. Defendendo a distribuição dinâmica à tutela coletiva mesmo antes do CPC/1973: DIDIER JR.; ZANETI JR., 2016b, p. 342-343.

[27] Súmula 618 do STJ: "A inversão do ônus da prova aplica-se às ações de degradação ambiental".

[28] REsp 1.060.753/SP, 2ª Turma, Rel. Min. Eliana Calmon, j. 1-12-2009.

[29] REsp 1.583.430-RS, Rel. Min. Luis Felipe Salomão, 4ª Turma, por unanimidade, j. 23-8-2022.

[30] Enunciado 50 do CJF: "A eficácia da produção antecipada de provas não está condicionada a prazo para a propositura de outra ação".

O art. 369 do Código de Processo Civil autoriza a utilização de todos os meios legais ou moralmente legítimos de prova, ainda que não previstos expressamente neste, consagrando, na parte final, o princípio do contraditório participativo e consolidando, dessa forma, o efetivo direito de influenciar a decisão judicial.

São meios legais as provas típicas, previstas em lei, entre eles a confissão, o documento, o depoimento da testemunha e o laudo pericial. São meios moralmente legítimos as provas atípicas, sem previsão legal, como a inspeção realizada por oficial de justiça. Antes da vigência do atual Código de Processo Civil, falava-se, ainda, na prova emprestada e na ata notarial. Contudo, essas modalidades foram expressamente contempladas pelo legislador de 2015.

Vê-se, então, que o rol de provas no direito brasileiro não é taxativo, devendo as restrições probatórias ser vistas com cautela, apenas para que não prejudiquem um desenvolvimento ordenado do processo ou desafiem as garantias e os valores constitucionais.

Mesmo os meios de prova tradicionais do direito processual merecem atenção especial nos processos coletivos. A aura de indisponibilidade também traz precauções próprias.

Nesse sentido, na tutela coletiva, naturalmente apenas o réu, que atua em legitimidade ordinária, poderá ser ouvido, a título de depoimento pessoal, uma vez que o autor não é o titular do direito pleiteado, sendo inviável qualquer confissão.

Por sua vez, a respeito da confissão, naturalmente apenas o réu, que atua em legitimidade ordinária, poderá ser ouvido, uma vez que o autor não é o titular do direito pleiteado, sendo inviável qualquer confissão.

Na tutela coletiva, existem previsões específicas quanto à produção da prova documental, especialmente quando estejam na posse do réu ou de entidade pública, que são requisitados, na decisão liminar da ação popular (art. 7º, I, *b* e § 2º, da Lei n. 4.717/65). O comando merece aplicação nas demais ações coletivas.

Outro meio de prova típica especialmente relevante é a prova pericial. Na tutela coletiva, deve ser recordada a problemática acerca do adiantamento dos honorários periciais requeridos pelo Ministério Público e pela Defensoria Pública, havendo significativo debate quanto à aplicação do art. 91 do Código de Processo Civil às ações coletivas[31].

3.4.1. Audiência pública

Instrumento de crucial importância para toda a tutela coletiva, seja aquela pela via dos processos coletivos, seja aquela pela via incidental, seja a tutela de constitucionalidade, é a realização de audiências públicas.

Trata-se de abertura do Judiciário à sociedade civil, marcando-se reuniões para que sejam mais bem compreendidos os anseios dos grupos sociais envolvidos. Afinal, os conflitos coletivos envolvem segmentos por vezes incompatíveis da coletividade, com visões culturais e ideológicas próprias.

Também se está diante de importante instrumento de democratização da atividade e da decisão jurisdicional. A *democratic accountability* e a *colaborative learning*[32] do *common law* passam a ser marcantes também nas demandas judiciais brasileiras, nas quais o magistrado pode aprender a dimensão do objeto processual e a sociedade pode influir no destino da prestação da jurisdição.

---

[31] Veja-se o capítulo referente aos aspectos econômicos da tutela coletiva.
[32] DIDIER JR.; ZANETI JR., 2016b.

4. FASE DECISÓRIA

Encerrada a produção de provas, será o momento para que o juiz decida a demanda coletiva.

A fase decisória não é a única em que há decisão judicial, uma vez que um sem-número de decisões interlocutórias é proferido desde o momento inicial do processo, bem como é possível a prolação de sentenças em momento anterior, no caso de julgamento antecipado do mérito – hipótese em que também se pode afirmar que a fase decisória é antecipada, em discussão meramente teórica.

Para além da sentença, que possui contornos próprios, existem, nos processos coletivos, decisões interlocutórias, despachos e despachos de mero expediente, como no diploma processual geral.

4.1. Sentença coletiva

A doutrina costuma se referir à sentença proferida em demanda coletiva como sentença coletiva. O termo é didático, merecendo ser prestigiado.

Por outro lado, preferimos não considerar qualquer sentença em tutela coletiva pela via principal como genérica, mas apenas aquelas que não definam o *quantum debeatur*, a exemplo do que ocorre no processo individual. Assim, existirão sentenças coletivas genéricas (ilíquidas) e sentenças coletivas completas (líquidas).

Na verdade, a decisão final do juiz em processo coletivo não se distingue, de todo, daquela oriunda de processo individual. A princípio, todo o tratamento conferido pelo Código de Processo Civil se estende a esse pronunciamento judicial.

4.1.1. Direitos difusos e coletivos

Nos processos que possuam como objeto direitos ou interesses essencialmente coletivos – difusos ou coletivos em sentido estrito –, a lógica sentencial não ostentará grandes peculiaridades, mas algumas questões merecem atenção especial.

Nesse primeiro grupo, entendemos que a sentença coletiva apenas será genérica quando for impossível ao magistrado definir a extensão da obrigação, nos moldes do art. 491[33]. De resto, cabe ao julgador proferir decisão completa, o que significa, em havendo condenação, a prolação de sentença condenatória específica[34].

Um primeiro aspecto que deve ser levado, sempre, em conta: a tutela coletiva possui como predicado a prioridade pela prestação específica[35], uma vez que a prestação pecuniária surge como última das soluções, representando praticamente uma derrota. A coletividade, que, sozinha, é incapaz de levar a juízo sua pretensão, deseja a integralidade dos bens metaindividuais: o patrimônio público, histórico e cultural, a probidade, o meio ambiente e outros interesses que transcendem as esferas individuais valem mais que todo o valor financeiro eventualmente estabelecido pelo juiz.

Além disso, em um segundo aspecto peculiar da tutela coletiva, caberá ao magistrado definir, com a maior precisão possível, o preceito constitutivo ou condenatório. Não se pode deixar significativa margem de dúvida que impeça o cumprimento do que foi decidido.

---

[33] "Art. 491. Na ação relativa à obrigação de pagar quantia, ainda que formulado pedido genérico, a decisão definirá desde logo a extensão da obrigação, o índice de correção monetária, a taxa de juros, o termo inicial de ambos e a periodicidade da capitalização dos juros, se for o caso, salvo quando: I – não for possível determinar, de modo definitivo, o montante devido; II – a apuração do valor devido depender da produção de prova de realização demorada ou excessivamente dispendiosa, assim reconhecida na sentença. § 1º Nos casos previstos neste artigo, seguir-se-á a apuração do valor devido por liquidação. § 2º O disposto no *caput* também se aplica quando o acórdão alterar a sentença."

[34] ANDRADE; MASSON; ANDRADE, 2017, p. 243.

[35] LEONEL, 2011, p. 330; ANDRADE; MASSON; ANDRADE, 2017, p. 241.

Assim, entendemos que deve o dispositivo estar esmiuçado, preferencialmente traçando formas de cumprimento e prazos para tanto. Tratando-se de temas estruturais, não basta a mera determinação para que os réus, geralmente a Administração Pública, iniciem uma política pública, ainda que se determine prazo e se imponha multa cominatória. Escolas, hospitais, saneamento básico, energia elétrica e outras necessidades básicas não surgem magicamente a partir de um retórico dispositivo judicial.

Por isso, pode ser recomendável que o título executivo envolva outros sujeitos, para além das partes do processo. Naturalmente, não para impor-lhes obrigações, o que violaria os efeitos subjetivos da coisa julgada, mas como apoio da coletividade interessada para a consecução dos objetivos da tutela coletiva, efetivando o direito material pretendido. Sujeitos que tenham participado do processo, a título de terceiros, *amici curiae* ou em audiências públicas, podem, ao longo do desenrolar procedimental, demonstrar disposição para cooperar com o vencido ou fiscalizar o progresso das metas.

Desse modo, a formação de um colegiado (comitê ou gabinete de crise), com representantes dos grupos envolvidos, das instituições legitimadas (Defensoria e Ministério Público) e dos réus, funcionará como essencial auxílio ao juízo na fiscalização e mesmo na remodelação do cumprimento da sentença coletiva.

4.1.2. Direitos individuais homogêneos

Quando se está diante de tutela coletiva de direitos individuais, a sentença possui desafios próprios.

Ao contrário da sentença coletiva acerca de direitos transindividuais, a sentença coletiva sobre direitos individuais será quase sempre genérica. Ao juiz do conhecimento cabe fixar apenas a existência da obrigação e as partes do vínculo obrigacional. A extensão do dano sofrido por cada envolvido será definida na liquidação individual. Está-se diante, assim, de sentença condenatória genérica[36].

Contudo, o juiz sentenciante deve trazer parâmetros específicos a serem observados na posterior liquidação e no cumprimento. A isonomia e a segurança jurídica que baseiam a tutela coletiva indicam que aqueles que tenham sofridos danos homogêneos sejam satisfeitos de maneira homogênea.

Assim, a sentença coletiva deve ser, por assim dizer, a menos genérica possível, havendo fixação, por exemplo, de valores mínimos e máximos para a indenização, de acordo com o grau de afetação de cada subgrupo atingido pela conduta do executado.

A margem de heterogeneidade existente nos direitos individuais homogêneos pode estar relacionada a questões territoriais, contratuais e afins, cabendo ao juiz do conhecimento percebê-las e antever o nível de dissonância aceitável na futura etapa. Não fosse assim, critérios individuais dos diversos magistrados envolvidos na liquidação e execução individual do título executivo coletivo acabarão por ofender o pilar da igualdade que justifica o acesso à justiça pela via da ação coletiva sobre direitos individuais.

Apesar de a regra ser a sentença genérica, como predicado pelo art. 95 do Código de Defesa do Consumidor[37], a melhor leitura do comando admite sua relativização. Com efeito, em sentenças sem natureza condenatória, como a declaratória da ilegalidade de cobrança de determinado tributo ou a desconstitutiva de certa cláusula contratual abusiva, não há razão para abrandar os rigores gerais do Código de Processo Civil a respeito da precisão da sentença.

No caso de ação coletiva sobre dano aos investidores do mercado de capitais, discute-se se haveria uma exceção, porque a Lei n. 7.913/89 prevê que os valores ficarão depositados em uma conta, habilitando-se os lesados para retirada de sua fração individualizada.

---

[36] ANDRADE; MASSON; ANDRADE, 2017, p. 244.

[37] "Art. 95. Em caso de procedência do pedido, a condenação será genérica, fixando a responsabilidade do réu pelos danos causados."

O remanescente se reverte ao fundo. Assim, existe posicionamento que conclui que a sentença coletiva será determinada, específica, fixando, desde já, o *quantum* total indenizatório[38], enquanto outros concluem que a sentença genérica continuaria a ser a regra, seguindo-se o Código de Defesa do Consumidor.

4.2. Classificação

4.2.1. Quanto à tutela jurisdicional

Tradicionalmente, a doutrina costuma classificar as sentenças de acordo com a tutela jurisdicional pleiteada pelo demandante.

Quando propõe uma demanda, o autor requer que a sentença emita um juízo de declaração, crie, modifique ou extinga uma relação jurídica ou que obrigue alguém a entregar ou a fazer ou deixar de fazer algo.

Para a doutrina que adota a teoria ternária da classificação das sentenças, a tríade apresentada (declaratória, constitutiva e condenatória) esgota o conteúdo desse provimento jurisdicional. Outra parcela, contudo, levando em conta a teoria quinária, enxerga, ainda, a existência das sentenças mandamentais e executivas, as quais, para a primeira linha de pensamento, são meros desdobramentos da sentença condenatória.

Essa segunda forma de classificação é, hoje, defendida por muitos processualistas, eis que seria mais objetiva e permitiria identificar, com precisão, o tipo de provimento judicial mais adequado a cada tipo de pretensão.

Notadamente na década de 1990, inovações na providência jurisdicional impulsionaram esse acréscimo à classificação das sentenças, tendo como marco o Código de Defesa do Consumidor, que tratou de tutelar medidas de obrigação de fazer e não fazer (art. 84), servindo de base para o advento da Lei n. 8.952/94, que deu redação ao art. 461 do Código de Processo Civil de 1973. Portanto, no que tange à concessão da tutela específica da obrigação ou determinação de providências com o escopo de atingir o resultado prático equivalente, evidencia-se a tutela mandamental e executiva, sem cunho condenatório, constitutivo ou declaratório, em sentido estrito, típicos da corrente ternária.

De acordo com a classificação quinária, portanto, a sentença pode ser declaratória, constitutiva, condenatória, mandamental ou executiva.

4.2.1.1. Declaratória

O interesse, nas ações meramente declaratórias, consiste na certeza quanto à existência ou inexistência de uma relação jurídica, ou quanto à autenticidade ou falsidade de documento, o que se afigura particularmente relevante na tutela coletiva, uma vez que garante segurança jurídica e isonomia.

As sentenças declaratórias podem ter cunho positivo ou negativo e possuem eficácia *ex tunc*, ou seja, retroagem à data em que a relação jurídica se constituiu ou que a falsificação de um documento ocorreu.

O Código estabelece ser admissível a ação declaratória, ainda que tenha ocorrido a violação do direito, quando poderia ser formulado pedido condenatório (art. 20). Entendemos, porém, que, na tutela coletiva, ante o princípio da obrigatoriedade, deva ser formulado, em havendo dano, sempre o pedido condenatório ou, se ostentar a ação natureza preventiva, o inibitório, sob pena de se ferir a efetividade jurisdicional.

---

[38] ZACLIS, 2007, p. 175.

Isso porque os princípios que fundamentam e os que instruem o processo coletivo exigem que a resposta judicial seja a mais produtiva e mais efetiva possível, o que, em conjunto com a natureza indisponível da maioria dos bens jurídicos protegidos na ação coletiva e com a legitimidade extraordinária que lhe é inerente, não permite que o autor coletivo opte por pleitear apenas parcela da tutela ideal.

Assim, entendemos que o magistrado, ao julgar o pedido que se afigure meramente declaratório, pode (deve) interpretá-lo à luz do conjunto da postulação, emitindo preceito condenatório, em flexibilização (aparente) do princípio da congruência.

4.2.1.2. Constitutiva

Tal modalidade de sentença vai além da mera declaração, pois cria, modifica ou extingue uma relação jurídica. Divide-se, portanto, em constitutiva, criativa, modificativa e extintiva.

Não há um artigo específico que trate da sentença constitutiva no Código, mas deixa-se entrever sua existência em dois momentos: art. 73, § 1º, IV ("que tenha por objeto o reconhecimento, a constituição ou a extinção de ônus sobre imóveis de um ou de ambos os cônjuges"), e art. 292, II ("na ação que tiver por objeto a existência, a validade, o cumprimento, a modificação, a resolução, a resilição ou a rescisão de ato jurídico, o valor do ato ou o de sua parte controvertida").

Na tutela coletiva, é bastante comum que haja pedido constitutivo e, sobretudo, desconstitutivo, buscando que o Judiciário desfaça relação jurídica anterior. É o que ocorre, por exemplo, na ação popular, quanto ao ato praticado ilegalmente por agente público, e em ações civis públicas consumeristas, em que se pleiteia a anulação de cláusulas contratuais insertas em contratos de adesão.

4.2.1.3. Condenatória

A sentença condenatória é aquela que, tendo sempre parcela declaratória, indica sanção a ser aplicada, caso o demandado não cumpra a sentença. Caso haja o não cumprimento, está autorizado o demandante a iniciar o cumprimento da sentença (precedido da eventual liquidação, se for o caso), pois a ele é atribuído um título executivo.

Não custa lembrar que a ideia central é desencorajar o descumprimento da decisão judicial, na medida em que o não cumprimento voluntário leva à imposição de multa, além da fixação de honorários advocatícios.

Na tutela coletiva, é absolutamente comum a presença de pedidos e preceitos judiciais condenatórios, das mais diversas espécies, desde obrigações de pagar a obrigações de fazer ou não fazer.

4.2.1.3.1. Obrigação de pagar

Nas ações que tutelem direitos difusos e, a princípio, também coletivos, as condenações em pagar consistem em transferência de valores para fundos de reparação desses direitos. Por outro lado, na tutela de direitos individuais homogêneos, o condenado deve pagar diretamente a cada um dos lesados, após sua habilitação para liquidação e execução individual do julgado.

Anote-se que a escolha do legislador, no direito comparado, nem sempre é a mesma: no direito norte-americano, surgem soluções outras, como as entidades de infraestrutura específica (*claims resolution facilities*), cuja finalidade é resolver conflitos sobre a distribuição de valores vindos de uma mesma fonte, em situações complexas, funcionando como alternativa ao modelo de disputa judicial, afigurando-se mais maleáveis[39].

---

[39] A esse respeito, ver: CABRAL; ZANETI JR., 2019 e MCGOVERN, 2005.

4.2.1.3.1.1. Fundos de reparação de direitos transindividuais

Na condenação do réu da demanda coletiva que verse sobre direitos transindividuais em obrigação de pagar, o microssistema traz peculiaridade importantíssima: a quantia a ser recebida a título de indenização deve se destinar a um fundo, criado pelo art. 13 da Lei n. 7.437/85.

A única exceção admitida se refere à condenação do réu por danos ao erário. Nessa hipótese, a doutrina indica que a melhor saída seja a destinação diretamente aos cofres públicos, integrando-se ao patrimônio da Fazenda Pública atingida[40].

4.2.1.3.1.1.1. Natureza jurídica

A preocupação que ensejou a previsão da reversão das verbas a um fundo é partilhada por diversos países, relacionando-se à natureza transindividual e indivisível do dano, notadamente nos direitos difusos, o que não permite a destinação individualizada da reparação.

Em famoso caso ocorrido nos Estados Unidos, sucedeu a condenação de um dono de posto de gasolina, que havia cobrado valores superiores aos devidos por determinado período, a fornecer combustível, por certo tempo, por preço abaixo do praticado, compensando-se a vantagem passada com o prejuízo futuro[41]. A saída, embora criativa, é essencialmente falha, uma vez que a indeterminabilidade dos consumidores acaba por impossibilitar a reparação, nesses moldes.

Nas *class actions* norte-americanas, criou-se a solução da destinação do valor condenatório a um fundo fluido, utilizando-se o dinheiro em sistema de mercado, reduzindo preços ou patrocinando projetos em favor dos membros da classe lesada ou de toda a coletividade[42]. Na experiência estrangeira, o fundo tem natureza jurisdicional, ficando estritamente ligado a determinado processo, com finalidade de promover atividades compensatórias em favor da classe envolvida[43].

O ordenamento brasileiro, buscando inspiração no *fluid recovery* estadunidense, também criou a figura dos fundos. A diferença primordial é que, no sistema pátrio, tais reservas possuem natureza administrativa, e, a partir do momento em que o valor entra na conta do fundo, desvincula-se da ingerência judicial e da demanda específica que o originou[44]. A má administração do montante poderá comprometer as finalidades do instituto.

4.2.1.3.1.1.2. Espécies

A lei menciona que o montante deve ser revertido em favor de fundo gerido por Conselho Federal ou por Conselhos Estaduais. Para parte da doutrina, a previsão abre margem para a existência de fundos federais, como o Fundo de Direitos Difusos, e de fundos estaduais e até municipais (locais)[45].

Em uma primeira forma de ler a distinção, conclui-se que a destinação do valor ao fundo federal dependerá da participação da Fazenda Pública federal no processo, por envolver interesse da Administração Federal, correndo, naturalmente, na Justiça Federal. Caso contrário, o montante seria depositado em reserva estadual[46]. Outra interpretação, contudo, assinala a relação a partir da extensão

---

[40] LEONEL, 2011; NEVES, 2016b, p. 393; ANDRADE; MASSON; ANDRADE, 2017, p. 243.
[41] Caso relatado em: MAZZILLI, 2019, p. 640.
[42] SALLES, 1999, p. 310.
[43] LEONEL, 2011, p. 431; MAZZILLI, 2019, p. 642.
[44] LEONEL, 2011, p. 431.
[45] DIDIER JR.; ZANETI JR., 2016b, p. 439. Para os autores, o art. 13, § 2º, que trata especificamente de reparação por atos de discriminação étnica, ao mencionar conselhos estaduais ou locais, esclarece essa ideia.
[46] MAZZILLI, 2019, p. 642-643. De fato, no Estado de São Paulo, existe Fundo Estadual de Defesa dos Interesses Difusos (Lei n. 13.555/2009-SP e Decreto n. 27.070/87).

da lesão[47]. Em muitos dos casos, ante os critérios de definição de competência no microssistema, a solução coincidirá.

O principal fundo existente é o Fundo de Direitos Difusos, cujo tratamento legal é complementado pela Lei n. 9.008/95 e regulamentado pelo Decreto n. 1.306/94. Inexistindo previsão de fundo próprio, o valor será destinado ao FDD.

Outras leis criaram fundos específicos para os quais os valores devem ser revertidos, nas ações que versem sobre as matérias que lhes dizem respeito. É o caso do Fundo dos Direitos das Crianças e dos Adolescentes, criado pelo art. 214 do Estatuto da Criança e do Adolescente, o qual menciona um fundo gerido por conselhos municipais. Ainda assim, há doutrina a sugerir que a verba se reverta para os fundos federias ou estaduais[48].

Também o Estatuto do Idoso prevê a reversão das multas em favor do Fundo do Idoso e, na sua falta, ao Fundo Municipal de Assistência Social (art. 84). O modelo, aqui, é municipal, a exemplo do que sucede no Estatuto da Criança e do Adolescente.

4.2.1.3.1.1.3. Gestão

A Lei n. 7.347/85 deixa claro que o fundo será gerido por conselho federal ou estadual, formados por representante do Ministério Público[49] e da comunidade, para além de outros membros. Entendemos que, ante a relevância que sua feição constitucional possui, a Defensoria Pública também deve compor o colegiado gestor.

No Fundo de Direitos Difusos, a composição vem delineada pelo art. 3º do Decreto n. 1.306/94, mais atualizado que o art. 2º da Lei n. 9.008/95.

Interessante notar que o Conselho Federal Gestor do Fundo de Defesa de Direitos Difusos (CFDD) será informado da propositura de ação civil pública (entendemos que, na verdade, deva ser notificado do ajuizamento de qualquer ação coletiva), dos depósitos judiciais e do trânsito em julgado, o que permite que exerça um papel fiscalizatório relevante (art. 11 do Decreto n. 1.306/94).

4.2.1.3.1.1.4. Recursos

O valor monetário do fundo, especialmente do FDD, é produto da soma de diversas verbas, elencadas em lei (art. 1º, § 2º, da Lei n. 9.008/95 e art. 2º do Decreto n. 1.306/94).

A primeira e principal são os valores recebidos a título de condenação, nas ações coletivas, sendo expressamente mencionados os arts. 11 (cominação de multa nas obrigações de fazer ou não fazer) e 13 da Lei n. 7.347/85. Esse último é o mais importante: fala a lei em condenação em dinheiro, que deve ser revertido ao fundo para que seus recursos sejam usados na reconstituição do bem lesado.

Nota-se que o dispositivo não é, de todo, claro quanto ao tipo de verba. Aparentemente, qualquer condenação em dinheiro, em ação civil pública, seria destinada ao fundo – conclusão que não é correta, já que, nas ações que versam sobre direitos individuais homogêneos, a sistemática é outra, e apenas na hipótese da execução fluida (art. 100 do CDC) é que a verba será inserida no fundo.

A doutrina controverte acerca do preciso parâmetro que delimitará a destinação das verbas, uma vez que a lei não esmiúça a questão. De um lado, existe posição no sentido de que as condenações em dinheiro referentes a direitos indivisíveis devem ser destinadas ao fundo. O critério, para tais

---

[47] DIDIER JR.; ZANETI JR., 2016b, p. 440.
[48] MAZZILLI, 2019, p. 642.
[49] Existe divergência quanto à constitucionalidade da participação do membro do Ministério Público em tais conselhos. Para parte da doutrina, considera que se estaria diante de infração ao art. 128, § 5º, II, *d*, da Constituição, que assevera a impossibilidade de tais agentes políticos exercerem outras funções públicas (MAZZILLI, 2019, p. 643).

autores, seria o da indivisibilidade dos danos, o que abarcaria tanto direito difusos como coletivos em sentido estrito[50]. O art. 1º, § 1º, da Lei n. 9.008/95 parece corroborar essa tese, ao mencionar bens e direitos difusos e coletivos[51].

De outro lado, há quem sustente que a reversão de verbas ao fundo se restringe aos direitos difusos[52]. No caso dos direitos coletivos em sentido estrito, como existe um grupo formado por sujeitos determináveis – portanto, no momento da execução, determinados –, seria possível dividir o montante em favor daqueles realmente afetados pelo litígio.

Essa posição acaba por se revelar mais consentânea às finalidades do microssistema. Como tutela jurisdicional, o processo coletivo deve estar voltado à efetivação dos direitos materiais levados a juízo. Assim, se, nos direitos difusos, realmente a indeterminabilidade alcança patamar abstrato, afetando coletividade formada por sujeitos incertos, afigurando-se razoável a destinação a um fundo, nos direitos coletivos, o grupo, a categoria ou a classe afetados devem administrar tais verbas, no interesse de seus membros.

Entendemos, portanto, que, em se tratando de direitos difusos, a destinação do montante será sempre em favor do fundo, enquanto, nos direitos coletivos e nos individuais homogêneos, a prioridade será a reversão em favor do próprio grupo afetado e, somente subsidiariamente, em não existindo a saída ideal, a verba comporá o fundo.

Nos direitos coletivos, a impossibilidade será auferida em concreto, de forma subjetiva pelo magistrado, que deverá verificar a existência de um representante adequado, possivelmente o próprio legitimado coletivo, mas não necessariamente capaz de conduzir a individualização dos valores devidos aos membros. Por outro lado, nos direitos individuais homogêneos, a impossibilidade é auferida também em concreto, mas de forma mais objetiva, cotejando o número de habilitados à liquidação individual e o total do dano aferido, nos moldes do art. 100 do Código de Defesa do Consumidor.

Outra fonte de recursos do FDD que merece destaque são as multas decorrentes das ações coletivas, quando disser respeito a danos indivisíveis (coloca-se aqui a mesma discussão anterior)[53].

Por fim, integram o fundo outros recursos, como doações feitas por pessoas físicas ou jurídicas e os próprios rendimentos dos valores nele depositados.

4.2.1.3.1.1.5. Destinação

De acordo com a Lei da Ação Civil Pública (art. 13), os recursos do fundo serão destinados à reconstituição do bem lesado. Existe, portanto, uma intenção de que os valores sejam efetivamente revertidos em favor do bem transindividual violado e tutelado na ação de conhecimento.

A Lei n. 9.008/95, que cria o Fundo de Defesa de Direitos Difusos, amplia o leque de finalidades para os valores arrecadados (art. 1º, § 3º), mencionando, além da recuperação do bem, a educação em direitos (promoção de eventos educativos, elaboração de material informativo) e a modernização administrativa dos órgãos responsáveis pelas políticas públicas relativas aos direitos transindividuais protegidos pela ação coletiva.

---

[50] MAZZILLI, 2019, p. 641; DIDIER JR.; ZANETI JR., 2016b, p. 437; NEVES, 2016b, p. 393; BASTOS, 2018, p. 418.
[51] "Art. 1º Fica criado, no âmbito da estrutura organizacional do Ministério da Justiça, o Conselho Federal Gestor do Fundo de Defesa de Direitos Difusos (CFDD). § 1º O Fundo de Defesa de Direitos Difusos (FDD), criado pela Lei n. 7.347, de 24 de julho de 1985, tem por finalidade a reparação dos danos causados ao meio ambiente, ao consumidor, a bens e direitos de valor artístico, estético, histórico, turístico, paisagístico, por infração à ordem econômica e a outros interesses difusos e coletivos."
[52] ANDRADE; MASSON; ANDRADE, 2017, p. 243. No mesmo sentido, defendendo que os danos morais de direitos coletivos em sentido estrito se revertem às vítimas: TARTUCE, 2014, p. 509.
[53] MAZZILLI, 2019, p. 644.

Essa noção é particularmente clara em relação a lesões ao direito à não discriminação étnica, já que existe parágrafo específico na Lei n. 7.347/85 a evidenciar que as verbas decorrentes de condenações em prestações em dinheiro nas demandas judiciais que tratem da questão serão usadas em ações de promoção de igualdade étnica.

O decreto regulamentador do FDD traz as competências do fundo (art. 6º), que serão perseguidas com as verbas nele constantes. A prioridade, porém, será a reparação específica do dano causado, sempre que possível (art. 7º).

A prática, contudo, vem demonstrando que a efetividade do emprego dos recursos em projetos relevantes e, especialmente, voltados à seara afetada está longe de ser uma realidade.

Por ser um fundo contábil e não financeiro, a arrecadação fica alocada na conta única do tesouro nacional, de sorte que o uso das verbas depende de previsão orçamentária, o que leva a um uso absolutamente inferior ao montante arrecadado – enquanto bilhões são recebidos, apenas alguns milhões são empregados[54].

Além disso, acontece de o dinheiro oriundo de condenação relativa a determinado bem jurídico se destinar à reparação (em sentido amplo, como visto) de outros direitos.

Esse cenário motiva a doutrina a apontar soluções novas, capazes de atingir a intenção do legislador, desde a importação da experiência norte-americana, com sistemas de recuperação fluida (*price-rollback*), em que os valores servem para compensar cobranças abusivas anteriores por meio da redução de preços futuros, ou de redistribuição por mecanismo público ou privado, como que em um fundo sob medida para cada demanda (*organisational-distribution*), até o estímulo a sentenças com eficácia mandamental, que obriguem o próprio condenado a liquidar o valor e promover soluções imediatas.

Não se pode ignorar que o Superior Tribunal de Justiça decidiu, em uma ocasião, pela possibilidade do uso dos recursos do Fundo de Direitos Difusos para custeio da perícia requerida em ação coletiva pelo Ministério Público, porque seria uma atividade em prol dos interesses metaindividuais[55].

A posição, no entanto, não é melhor, por desvirtuar a finalidade do montante acumulado, que se deve destinar a melhoramentos do direito material e não na solução processual, que já foi desenhada pelo legislador, elegendo a gratuidade[56].

4.2.1.3.1.2. Juros

Tema interessante, e que suscitou bastante divergência[57], diz respeito ao marco inicial de incidência dos juros moratórios, nas condenações em obrigação de pagar contidas em sentenças coletivas sobre direitos individuais.

O Superior Tribunal de Justiça fixou tese, em sede de julgamento de recursos repetitivos[58], no sentido de que o termo inicial é a citação na ação coletiva. Assim, é indiferente o momento do início da liquidação individual da sentença que verse sobre direitos individuais homogêneos.

---

[54] Edilson Vitorelli dá conta de que, em 2017, dados divulgados pelo próprio Ministério da Justiça demonstraram que o FDD arrecadou, de 2010 a 2017, quase 1,9 bilhão de reais e desembolsou apenas 38,4 milhões. Para uma análise aprofundada, ver: VITORELLI, 2011.

[55] RMS 30.812/SP, 2ªTurma, Rel. Min. Eliana Calmon, j. 4-3-2010.

[56] LEONEL, 2011, p. 433.

[57] REsp 1.110.547/PE, 1ª Seção, j. 22-4-2009, *DJe* 4-5-2009; AgRg no Ag 923.545/SC, 5ªTurma, j. 17-3-2009, *DJe* 27-4-2009; AgRg no REsp 1.110.707/RJ, 2ªTurma, j. 18-8-2009, *DJe* 10-9-2009.

[58] REsp 1.361.800/SP, Corte Especial, Rel. Min. Raul Araújo, Rel. p/ acórdão Min. Sidnei Beneti, j. 21-5-2014; REsp n. 1.940.427/SP, Rel. Min. Moura Ribeiro, 3ªTurma, j. 9-8-2022.

Nessa ocasião, o tribunal bem assentou que, caso o cômputo principiasse com a habilitação dos indivíduos lesados, visando à execução do título formado, haveria um estímulo ao ajuizamento de ações individuais, em momento anterior[59].

O Superior Tribunal de Justiça possui entendimento no sentido de que, para que haja execução dos juros remuneratórios pelo indivíduo beneficiado pela sentença coletiva, deve ter havido previsão expressa na sentença[60]. Em casos peculiares, uma primeira ação civil pública é julgada, mas a decisão transita sem mencionar os juros. Posteriormente, outra ação é movida e, aí sim, existe previsão a respeito. A Corte da Cidadania entende que o indivíduo que já tinha executado o primeiro título executivo (sem os juros, portanto) poderia promover outro cumprimento de sentença, em relação ao segundo título, apenas em relação aos juros.

Ainda sobre o tema, o STJ fixou precedente[61] sobre o termo final dos juros em ações coletivas sobre expurgos inflacionários, nos seguintes termos:

(i) desde que expressamente previstos na sentença coletiva que determina a recomposição dos índices inflacionários expurgados, o termo final de incidência de juros remuneratórios sobre a parcela da conta poupança resultante da recomposição do índice expurgado é a data de encerramento da conta ou aquela em que passa a ter saldo zero, o que primeiro ocorrer;

(ii) cabe ao banco depositário a comprovação dessas datas, sob pena de se adotar como termo final a data da citação na ação civil pública que originou o cumprimento de sentença.

4.2.1.3.2. *Obrigação de fazer ou não fazer*

Não se pode esquecer que a sentença coletiva deve primar, de forma destacada, pela tutela específica, seja ela preventiva (evitando o dano) ou repressiva (restituindo o estado anterior ao dano), como se extrai do microssistema (art. 84 do CDC, art. 213 do ECA e art. 83 do EI) e do Código de Processo Civil (art. 497).

A tutela pelo resultado prático equivalente e, em um terceiro plano, a tutela pelo equivalente em dinheiro devem ser tidas como soluções residuais. Apesar de o art. 84, § 1º, do Código de Defesa do Consumidor indicar que o pedido do autor basta para a conversão em obrigação de pagar, temos que a leitura correta não traz uma faculdade alternativa, mas uma saída apenas subsidiária. Parte da doutrina chega a apontar a existência de um princípio da maior coincidência entre o direito e sua realização na tutela coletiva[62].

Por vezes, no entanto, a tutela específica pode se mostrar impossível ou a tutela pelo resultado equivalente pode se apresentar como igualmente efetiva, mas menos custosa para a esfera jurídica do réu, podendo o julgador, fundamentadamente, demonstrar essas circunstâncias, de maneira a afastar a prioridade mencionada[63].

Quanto ao resultado prático equivalente, aliás, entendemos que a flexibilização proposta ao princípio da correlação, por meio da melhor interpretação do pedido autoral, abra margem para sua

---

[59] No mesmo sentido: MAZZILLI, 2019, p. 667.
[60] REsp 1932243/RS, Rel. Min. Nancy Andrighi, 3ª Turma, j. 5-10-2021; REsp 1.934.637-SC, Rel. Min. Luis Felipe Salomão, 4ª Turma, por unanimidade, j. 8-6-2021.
[61] REsp 1.877.280-SP, Rel. Min. Raul Araújo, 2ª Seção, por maioria, j. 11-12-2024 (Tema 1.101).
[62] ANDRADE; MASSON; ANDRADE, 2017, p. 47.
[63] ANDRADE; MASSON; ANDRADE, 2017, p. 242.

prevalência. É o caso da ação em que o legitimado coletivo peça o fechamento da fábrica que emite poluentes, mas a perícia indica que a instalação de filtros determinados possa bastar para evitar os danos ambientais. Provada a idêntica eficiência, torna-se injustificado o apego à tutela específica pretendida inicialmente.

Em matéria ambiental, a propósito, o resultado equivalente jamais é exatamente idêntico, mas somente uma aproximação. A natureza da condenação ao restabelecimento do *status quo*, nessa seara, é de compensação (ambiental ou ecológica), buscando alcançar resultado semelhante.

4.2.1.4. Mandamental

A sentença mandamental se caracteriza como uma ordem de dar, fazer ou não fazer, que pode ser cumprida independentemente de fase procedimental própria.

Os mecanismos de que dispõe o magistrado são variados, desde a sujeição do destinatário à responsabilidade criminal (art. 330 do CP – crime de desobediência) até a prática de medidas atípicas (art. 139, IV, do Código Fux). A sentença mandamental atinge a vontade do executado[64].

A doutrina tradicional, contudo, considera a sentença mandamental verdadeira decisão condenatória. Leonardo Greco, por exemplo, critica tal classificação, pois o fato de não se instaurar um novo processo não é suficiente para alterar a natureza do efeito de direito material. Seria, na verdade, um modo impróprio de execução ou de cumprimento da sentença e não uma eficácia de natureza diversa[65].

Na tutela coletiva, identifica-se, especialmente no mandado de segurança coletivo, espécie de pronunciamento judicial mandamental.

Também se propõe, atualmente, como forma de agilizar a reparação dos danos, que a sentença determine ao réu, condenado, que liquide os danos sofridos por cada membro da coletividade e os repare, individualmente. São exemplos dessa recomendável prática a determinação a um banco que tenha cobrado taxas abusivas dos correntistas para liquidar os prejuízos e retornar os valores às contas em determinado prazo e a ordem à empresa de telefonia para que abata, nas faturas futuras, os valores atinentes a cláusulas ilícitas pagos pelos vários consumidores nos meses anteriores.

A esse respeito, o Min. Ricardo Lewandowski, em recente decisão sobre os limites dos acordos em processos coletivos (especiais), sublinhou o equívoco da compreensão segundo a qual os indivíduos são legitimados prioritários para a execução, destacando a importância da execução coletiva mandamental[66].

4.2.1.5. Executiva

A sentença executiva é aquela dotada de autoexecutoriedade, de forma que a implementação do seu comando concreto não demanda a instauração formal da etapa de cumprimento da sentença. Em outras palavras, a execução se perfaz com a determinação de algumas diligências.

Para Pontes de Miranda, "a sentença favorável nas ações executivas retira valor que está no patrimônio do demandado, ou dos demandados, e põe-no no patrimônio do demandante"[67].

Fux menciona as sentenças *executivas lato sensu*, que são aquelas ao mesmo tempo condenatórias e executivas. O autor dá como exemplo a sentença concessiva de despejo, pois a sua eficácia manifesta-se na própria relação de conhecimento, sem necessidade de processo próprio de execução. Outro caso é o da sentença que condena o réu a emitir declaração de vontade (art. 501).

---

[64] NEVES, 2016a, p. 747.
[65] GRECO, 2015, p. 359.
[66] ADPF 165/DF, Pleno, Rel. Min. Ricardo Lewandowski, j. 15-2-2018.
[67] PONTES DE MIRANDA, 1998, p. 242-245.

Leonardo Greco, por outro lado, entende que tanto a executividade como a mandamentalidade são modos de execução de provimento condenatório. Cita ainda Alfredo Buzaid, segundo o qual ambas são características exteriores à própria sentença, relativas ao seu modo de cumprimento, e não à sua eficácia substancial, repudiando, portanto, a classificação quinária[68].

4.2.2. Quanto à resolução do mérito

Passemos agora ao estudo da sentença que resolve e da que não resolve o mérito.

4.2.2.1. Sentença terminativa

O art. 485 do Código de Processo Civil trata das hipóteses em que o magistrado, ao proferir sentença, põe fim à fase cognitiva, e determina a extinção do processo. Como não houve resolução do mérito, essa decisão não impede que o autor renove a pretensão no futuro (art. 486, *caput*), por meio de outra ação.

O princípio da máxima efetividade (primazia do mérito) da ação coletiva impõe ao magistrado uma especial preocupação com a prioridade da solução do conflito de fundo.

4.2.2.1.1. Desistência da ação coletiva

A desistência e o abandono da ação coletiva atraem especial atenção do legislador, atento à sistemática de legitimidade extraordinária. Vige o princípio da disponibilidade motivada, segundo o qual, em caso de desistência expressa ou tácita, serão intimados os colegitimados para que assumam o polo ativo.

Naturalmente, inexiste uma indisponibilidade absoluta, podendo, como reconhece o Superior Tribunal de Justiça, se demonstrar a manifesta improcedência da pretensão ou que a lide seja temerária[69].

Caso todos os demais legitimados se abstenham de dar continuidade à ação, o aparente dever recairá sobre o Ministério Público. Nesse particular, a doutrina controverte sobre a possibilidade de controle acerca da desistência ou do abandono por parte da instituição.

Um primeiro grupo de autores considera impossível a desistência pelo *Parquet*, semelhantemente à ação penal pública, ante a indisponibilidade dos bens tutelados[70].

O segundo grupo reúne aqueles que admitem a disponibilidade processual superveniente por todos os legitimados, inclusive o Ministério Público.

Nessa linha, enquanto alguns autores entendem que o magistrado deveria remeter informações ao Conselho Superior do Ministério Público, para sua deliberação, por analogia ao arquivamento do inquérito civil (art. 9º da Lei n. 7.347/85)[71] – havendo decisão do Superior Tribunal de Justiça[72] nesse sentido –, outros defendem que a revisão caberia ao chefe institucional[73], em analogia com o art. 28 do Código de Processo Penal[74].

---

[68] GRECO, 2015, p. 361.
[69] REsp 200.289/SP, 3ª Turma, Rel. Min. Vasco Della Giustina (Desembargador convocado do TJRS), j. 2-9-2010.
[70] CARVALHO FILHO, 2009.
[71] MAZZILLI, 2019, p. 484. O autor, inclusive, sugere uma prévia oitiva do membro ao Conselho Superior, antes de requerer a desistência.
[72] REsp 1.372.593/SP, 2ª Turma, Rel. Min. Humberto Martins, j. 7-5-2013.
[73] RODRIGUES, 2009a; ALMEIDA, 2003; LEONEL, 2011; NEVES, 2016b, p. 142. O último autor argumenta que, em já havendo processo em curso, a revisão pelo CSMP se revelaria ato jurisdicional, incompatível com suas funções.
[74] Importante atentar para a alteração implementada pela Lei n. 13.964/2019 na redação do art. 28 do CPP. De toda sorte, a decisão final permanece sempre nas mãos da Chefia Institucional, como já havia sinalizado o STF (MS 34.730/DF, Rel. Min. Luiz Fux, j. 10-12-2019. *Informativo* n. 963 do STF). A nova redação do dispositivo é a seguinte: "Art. 28. Ordenado o arquivamento do

Há, por fim, os que compreendem que seria desnecessária qualquer ratificação, cabendo a pronta extinção do processo sem resolução do mérito, o que não compromete a tutela dos direitos em ulterior ação[75].

4.2.2.2. Sentença definitiva

As demais hipóteses ensejam a decisão com resolução do mérito, proferindo o juiz uma sentença definitiva. Estão elas elencadas no art. 487 do Código de Processo Civil, sendo todas aplicáveis à tutela coletiva – inclusive, como estudado em tópicos próprios, a prescrição, a decadência e a solução consensual do conflito coletivo, salvo, naturalmente, a renúncia ao direito, por parte do legitimado ativo.

4.3. Publicidade

Tema interessante na tutela coletiva diz respeito à forma de efetivar o princípio da publicidade acerca de decisões que abrangem um agrupamento de pessoas, que sequer participaram diretamente do processo.

Quando do ajuizamento da ação, o art. 94 do Código de Defesa do Consumidor estatui a necessidade de publicação de editais, inclusive como forma de garantir que, caso desejem, os indivíduos lesados se habilitem no polo ativo – em técnica bastante questionada pela doutrina[76].

No tocante à divulgação da sentença coletiva transitada em julgado, o art. 96[77] do mesmo diploma previa nova publicação de editais. O comando, porém, restou vetado, por conta da equivocada remissão feita não ao art. 94, mas ao art. 93.

Subsiste, porém, a obrigação de dar publicidade à sentença, por meio de editais, por analogia ao que foi previsto para o ajuizamento, em homenagem ao princípio da publicidade dos atos processuais (art. 5º, LX, da CF)[78].

Atualmente, sobretudo após a vigência do Código Fux, o Superior Tribunal de Justiça vem indicando que a forma ideal de notificação seja a publicação de editais, não nos jornais impressos – tarefa custosa prevista no Código de Processo Civil de 1973 –, mas na rede mundial de computadores (art. 257, II, do CPC)[79-80]. Além disso, admite-se, com acerto, que a ciência acerca da sentença coletiva, a ser liquidada por diversos indivíduos lesados que dela precisam tomar conhecimento, venha veiculada em *sites* de órgãos oficiais e no do próprio condenado[81].

---

inquérito policial ou de quaisquer elementos informativos da mesma natureza, o órgão do Ministério Público comunicará à vítima, ao investigado e à autoridade policial e encaminhará os autos para a instância de revisão ministerial para fins de homologação, na forma da lei. § 1º Se a vítima, ou seu representante legal, não concordar com o arquivamento do inquérito policial, poderá, no prazo de 30 (trinta) dias do recebimento da comunicação, submeter a matéria à revisão da instância competente do órgão ministerial, conforme dispuser a respectiva lei orgânica. § 2º Nas ações penais relativas a crimes praticados em detrimento da União, Estados e Municípios, a revisão do arquivamento do inquérito policial poderá ser provocada pela chefia do órgão a quem couber a sua representação judicial" (NR). Não obstante, a nova redação desse dispositivo teve a sua eficácia suspensa por decisão liminar proferida pelo Min. Luiz Fux, no exercício da Presidência do STF, nos autos da ADIn 6.299/DF. A íntegra da decisão pode ser consultada em: <https://portal.stf.jus.br/processos/detalhe.asp?incidente=5840373>. Acesso em: 15 fev. 2020.

[75] SOUZA, 2005.

[76] A respeito, ver capítulo sobre litisconsórcio em demandas sobre direitos individuais homogêneos.

[77] "Art. 96. Transitada em julgado a sentença condenatória, será publicado edital, observado o disposto no art. 93."

[78] GRINOVER, 2019, p. 969-970.

[79] REsp 1.821.688/RS, 3ª Turma, Rel. Min. Nancy Andrighi, j. 24-9-2019.

[80] REsp 1.285.437/MS, 3ª Turma, Rel. Min. Moura Ribeiro, j. 23-5-2017.

[81] REsp 1.570.698/MT, 3ª Turma, Rel. Min. Nancy Andrighi, j. 11-9-2018.

4.4. Elementos essenciais da sentença

De acordo com o art. 489 do Código de Processo Civil, toda sentença deve conter, obrigatoriamente: relatório, fundamentação ou motivação e dispositivo. São os elementos ou condições intrínsecas e formais. Vejamos, agora, cada um deles em detalhes.

4.4.1. Relatório

Relatório é um resumo do processo. Nele, deve o magistrado indicar os nomes das partes, a identificação do caso, com a suma do pedido e da contestação (art. 489, I), assim como expor tudo o que foi relevante, como intervenção de terceiro, parecer do Ministério Público e provas requeridas e produzidas pelas partes.

Diante da relevância do relatório – que leva parte da doutrina a chamá-lo de "pré-fundamentação"[82], o Código de Processo Civil de 2015 não repetiu a regra contida em seu antecessor (art. 165 do CPC/1973) de que a exigência desse elemento se limitava às sentenças e acórdãos.

Para parte da doutrina, a ausência de relatório enseja mera irregularidade[83]. Para outros, porém, decorre daí nulidade relativa, por conta da importância que tem para a compreensão do conflito e da posterior fundamentação[84].

4.4.2. Fundamentação

Fundamentação é a justificação da decisão, elemento da sentença em que o juiz firma as razões de seu livre convencimento, dando possibilidade às partes de compreender os motivos que o levaram a decidir a questão, viabilizando o exercício do direito do recurso e sua posterior análise pela instância superior[85].

Além de estar presente no art. 489, II, do Código de Processo Civil, encontra-se no art. 93, IX, da Constituição, tratando-se de um direito fundamental do jurisdicionado, tanto pela previsão constitucional expressa quanto por ser um desdobramento do devido processo legal e manifestação do Estado de Direito.

De acordo com o art. 504 do Código de Processo Civil, as questões aqui examinadas não são acobertadas pela coisa julgada material, podendo ser revistas em outros processos (salvo a hipótese do art. 503, § 1º).

É importante ressaltar que, na vigência do Código de Processo Civil de 1973, era admitida pelos tribunais a fundamentação sucinta, uma vez que esta difere da fundamentação deficiente ou da falta de fundamentação[86].

Assim, as cortes distinguiam a deficiência da ausência de fundamentação, afirmando que, apenas na segunda hipótese, deveria haver nulidade.

Parece-nos que os novos ares do art. 489, § 1º, levaram à superação desse entendimento. Não só a ausência de fundamentação gera a nulidade da decisão, mas também a fundamentação inútil ou deficiente, vale dizer, aquela que não justifica a decisão do magistrado. Assim, os incisos do § 1º revelam os novos parâmetros legais para a definição de uma decisão fundamentada.

A motivação *per relationem* (*aliunde* ou referencial) consiste na referência, pelo julgador, a outra decisão (por exemplo, a decisão do tribunal em relação à sentença de 1º grau, ou ao seu

---

[82] WAMBIER, 2005, p. 389.
[83] DIDIER JR., 2015, p. 312.
[84] NEVES, 2016b.
[85] CARNEIRO; GRECO; PINHO, 2016, p. 294.
[86] AgRg no REsp 473.079/RN, 6ª Turma, Rel. Min. Maria Thereza de Assis Moura, j. 18-11-2008.

próprio posicionamento em outro processo) ou à manifestação de alguma das partes ou do Ministério Público[87].

Esse tipo de motivação gera controvérsia quanto à sua aceitação.

O primeiro posicionamento vai no sentido de que acarreta nulidade por omissão. Criticando, com razão, tal prática, Leonardo Greco afirma que adotar, como razão de decidir, a fundamentação de outra decisão, ou, ainda, o parecer do Ministério Público, não é suficiente para mostrar "que o tribunal exerceu de fato cognição adequada sobre as questões por ele apreciadas"[88].

Em posição intermediária, Luiz Fux e Bruno Bodart concluem que, embora indiciária de fundamentação falha, a motivação referencial pode não ensejar nulidade, a depender da análise do caso concreto[89].

Entretanto, uma terceira corrente, destacadamente jurisprudencial[90], mantém, após o advento do novo diploma processual, o entendimento sedimentado na vigência do Código de Processo Civil de 1973, aceitando a prática[91]. Apesar de o Superior Tribunal de Justiça ter, no primeiro momento, buscado afastar a fundamentação aliunde após o Código de Processo Civil de 2015[92], a posição atual de sua Corte Especial[93] e a do Supremo Tribunal[94] indicam sua aceitação.

Quanto ao tema da fundamentação, é imperiosa a análise da Lei n. 13.655/2018, que promoveu alterações no Decreto-lei n. 4.657/42, sendo de enorme relevância para a tutela coletiva.

Nesse sentido, a Lei de Introdução às Normas do Direito Brasileiro foi acrescida, entre outros, de dispositivos que determinam a observância das consequências práticas da decisão quando esta for baseada em valores jurídicos abstratos[95].

Da mesma forma, a decisão que decreta a invalidação de ato, contrato, ajuste, processo ou norma administrativa deverá indicar de modo expresso suas consequências jurídicas e administrativas[96].

---

[87] REsp 1.194.768/PR, 2ª Turma, DJe 10-11-2011; EDcl no AgRg no AREsp 94.942/MG, Rel. Min. Mauro Campbell Marques, j. 5-2-2013.

[88] GRECO, 2015, p. 361.

[89] FUX; BODART, 2017.

[90] Contudo, a Escola Nacional de Formação e Aperfeiçoamento de Magistrados (Enfam) aprovou, em setembro de 2015, uma série de Enunciados acerca da compreensão da extensão do art. 489 do CPC/2015. Os mais relevantes são os seguintes: Enunciado 9: "É ônus da parte, para os fins do disposto no art. 489, § 1º, V e VI, do CPC/2015, identificar os fundamentos determinantes ou demonstrar a existência de distinção no caso em julgamento ou a superação do entendimento, sempre que invocar jurisprudência, precedente ou enunciado de súmula". Enunciado 10: "A fundamentação sucinta não se confunde com a ausência de fundamentação e não acarreta a nulidade da decisão se forem enfrentadas todas as questões cuja resolução, em tese, influencie a decisão da causa". Enunciado 11: "Os precedentes a que se referem os incisos V e VI, § 1º, do art. 489 do CPC/2015 são apenas os mencionados no art. 927 e no inciso IV do art. 332". Enunciado 12: "Não ofende a norma extraível do inciso IV do § 1º do art. 489 do CPC/2015 a decisão que deixar de apreciar questões cujo exame tenha ficado prejudicado em razão da análise anterior de questão subordinante". Enunciado 13: "O art. 489, § 1º, IV, do CPC/2015 não obriga o juiz a enfrentar os fundamentos jurídicos invocados pela parte, quando já tenham sido enfrentados na formação dos precedentes obrigatórios". A íntegra dos Enunciados pode ser consultada em: <http://s.conjur.com.br/dl/enunciados-enfam.pdf>.

[91] "A regra do art. 93, IX, da Constituição não permite que se declare anulável a decisão de segunda instância que confirma a da primeira, pelos seus fundamentos" (RE 179.557, Rel. Min. Ilmar Galvão, DJU 13-2-1998).

[92] REsp 1.622.386/MT, 3ª Turma, Rel. Min. Nancy Andrighi, DJe 25-10-2016.

[93] EREsp 1.021.851/SP, Corte Especial, Rel. Min. Laurita Vaz, j. 28-6-2012.

[94] RE 614.967-AgR, 1ª Turma, Rel. Min. Luiz Fux, j. 26-2-2013.

[95] "Art. 20. Nas esferas administrativa, controladora e judicial, não se decidirá com base em valores jurídicos abstratos sem que sejam consideradas as consequências práticas da decisão. Parágrafo único. A motivação demonstrará a necessidade e a adequação da medida imposta ou da invalidação de ato, contrato, ajuste, processo ou norma administrativa, inclusive em face das possíveis alternativas."

[96] Art. 21 do Decreto-lei n. 4.657/42, acrescido pela Lei n. 13.655/2018.

Finalmente, a decisão que estabelecer interpretação ou orientação nova sobre norma de conteúdo indeterminado deverá prever regime de transição "quando indispensável para que o novo dever ou condicionamento de direito seja cumprido de modo proporcional, equânime e eficiente e sem prejuízo aos interesses gerais"[97].

4.4.3. Dispositivo

Dispositivo é a conclusão em que o juiz resolve e explicita as questões submetidas pelas partes (art. 489, III). Pode haver dispositivo direto, que menciona expressamente o bem da vida pretendido, ou indireto, com remissão à petição inicial.

Caso a sentença não contenha dispositivo, não há que se falar em nulidade, mas, sim, em inexistência.

---

[97] Art. 23 do Decreto-lei n. 4.657/42, acrescido pela Lei n. 13.655/2018.

Capítulo 17
MEIOS IMPUGNATIVOS

1. RECURSOS

1.1. Requisitos de admissibilidade

O julgamento dos recursos, na tutela coletiva e na individual, se encontra dividido em duas fases. Na primeira, denominada juízo de admissibilidade, verifica-se a existência dos requisitos de admissibilidade dos recursos, isto é, as condições impostas pela lei para que o órgão possa apreciar todo o conteúdo da postulação.

Presentes tais requisitos, o recurso será admitido, passando-se, imediatamente, para a segunda fase do julgamento, denominada juízo de mérito, na qual será examinada a procedência ou não da pretensão recursal deduzida, para dar ou não provimento ao recurso.

Ausentes os requisitos de admissibilidade, o órgão responsável pelo julgamento do recurso declarará ser este inadmissível, fundamentando sua decisão nas razões pelas quais deixou de conhecer do recurso.

Nesse sentido, o juízo de admissibilidade será sempre preliminar ao juízo de mérito, pois, caso o recurso seja considerado inadmissível, não será conhecido e, consequentemente, não existirá a segunda fase do julgamento.

Destarte, interposto o recurso, dá-se início à sua apreciação por meio do juízo de admissibilidade. Nessa fase, será examinada a presença ou não dos requisitos de admissibilidade do recurso necessários à legítima apreciação de seu mérito, os quais podem ser classificados em requisitos *intrínsecos* – concernentes à existência do direito de recorrer – e *extrínsecos* – concernentes ao exercício do direito de recorrer.

1.1.1. Requisitos intrínsecos

1.1.1.1. Cabimento

Trata-se de requisito vinculado ao princípio da unirrecorribilidade ou da unicidade. Assim é que, para um recurso ser cabível, é preciso que o ato atacado seja, em tese, impugnável por meio dele.

Observe-se que o rigor desse requisito é atenuado pelo princípio da fungibilidade. Nas hipóteses em que exista maior dificuldade na determinação do provimento proferido, gerando dúvidas quanto ao recurso cabível, não sendo caso de erro grosseiro ou má-fé, permite-se a aplicação do princípio da fungibilidade dos recursos, como extensão do princípio da instrumentalidade e em homenagem ao princípio da economia processual. Nesse caso, o recurso inadequado poderá ser admitido como se adequado fosse em virtude da dúvida objetiva – decorrente de divergência doutrinária ou jurisprudencial acerca da matéria – quanto à natureza do provimento atacado, desde que interposto no prazo adequado para o recurso correto.

Por fim, registre-se que, em virtude desse requisito e por expressa determinação do Código de Processo Civil (art. 1.001), contra os despachos não cabe recurso, à exceção dos embargos de declaração.

A exemplo do que ocorre na tutela individual, nos processos coletivos também cabe, contra as sentenças, apelação, enquanto contra decisões interlocutórias o recurso adequado, para obter semelhantes finalidades, é o agravo de instrumento.

As hipóteses de cabimento previstas no Código de Processo Civil são plenamente aplicáveis às ações coletivas. No entanto, a apelação e, sobretudo, o agravo de instrumento devem despertar, quanto a esse pressuposto recursal, especial atenção.

1.1.1.1.1. Apelação

Na sistemática do Código Fux, a apelação é recurso cabível contra:

a) as sentenças (art. 1.009);
b) as decisões interlocutórias não agraváveis (art. 1.009, §§ 1º e 2º[1]).

Portanto, o legislador, ao afastar a recorribilidade imediata de qualquer decisão interlocutória, acabou por alargar o cabimento da apelação, que passou a ser a via adequada para atacar também decisões proferidas ao longo do processo que não puderam ser, de imediato, levadas ao conhecimento do tribunal. É o que se convencionou chamar de preclusão diferida, postergada ou elástica.

Também é interessante perceber que as contrarrazões, peça tradicionalmente defensiva e argumentativa, passaram a ser veículo adequado também ao manejo de recurso, quando a interlocutória que, anteriormente, não podia ser rediscutida, prejudica aquele que se saiu vencedor, quanto ao mérito. Tal sujeito não apelará, mas poderá recorrer ao apresentar suas contrarrazões – ao que sucederá a apresentação de contrarrazões às contrarrazões.

Essa lógica é, a princípio, aplicável aos processos coletivos – com as divergências expostas a seguir quanto ao cabimento do agravo de instrumento. Evidentemente, a sentença coletiva é atacável por apelação, sendo a única peculiaridade seus efeitos, uma vez que, como se analisará adiante, o microssistema afasta o efeito suspensivo do referido recurso, permitindo a eficácia imediata.

Em recursos em ações coletivas sobre matéria tratada no Estatuto da Criança e do Adolescente, há, ainda, a particularidade do efeito regressivo, estatuído no art. 198, VII[2].

Ademais, fala-se, tanto no estatuto infantil (art. 198, III[3]) como no dos idosos (art. 71[4]), em prioridade na tramitação – regra que acreditamos deva ser entendida como geral, estendendo-se para todos os processos que tratem sobre direitos transindividuais ou individuais homogêneos, ante a relevância e o impacto que a decisão judicial acarreta.

1.1.1.1.2. Agravo de instrumento

Recurso que também foi absolutamente remodelado pelo legislador de 2015 foi o agravo de instrumento. Atualmente, o Código de Processo Civil traz, no art. 1.015, um rol de cabimento que

---

[1] "Art. 1.009. Da sentença cabe apelação. § 1º As questões resolvidas na fase de conhecimento, se a decisão a seu respeito não comportar agravo de instrumento, não são cobertas pela preclusão e devem ser suscitadas em preliminar de apelação, eventualmente interposta contra a decisão final, ou nas contrarrazões. § 2º Se as questões referidas no § 1º forem suscitadas em contrarrazões, o recorrente será intimado para, em 15 (quinze) dias, manifestar-se a respeito delas."

[2] "Art. 198. (...) VII – antes de determinar a remessa dos autos à superior instância, no caso de apelação, ou do instrumento, no caso de agravo, a autoridade judiciária proferirá despacho fundamentado, mantendo ou reformando a decisão, no prazo de cinco dias."

[3] "Art. 198. (...) III – os recursos terão preferência de julgamento e dispensarão revisor."

[4] "Art. 71. É assegurada prioridade na tramitação dos processos e procedimentos e na execução dos atos e diligências judiciais em que figure como parte ou interveniente pessoa com idade igual ou superior a 60 (sessenta) anos, em qualquer instância."

foi entendido, pela maioria da doutrina, como taxativo, apesar de aberto, uma vez que remete a outras hipóteses previstas em lei (inciso XIII)[5].

De todo modo, amplamente se admitia a tese da interpretação extensiva de cada uma das hipóteses previstas no dispositivo, o que, a bem da verdade, acabava por ampliar o rol, não raro em contrariedade com a expressa intenção do legislador. Tratava-se da saída possível para algumas situações problemáticas, que exigiam a imediata revisão da decisão, sob pena de, caso recorrida apenas no momento da apelação, gerar enorme prejuízo, anulando grande parte do processo e ferindo a promessa de sua duração razoável.

Essa era a linha que acabou sendo seguida pelo Superior Tribunal de Justiça[6], no primeiro momento após a vigência do Código de 2015.

No entanto, a própria corte, em sede de recurso repetitivo[7], definiu a tese da taxatividade mitigada no rol do art. 1.015, admitindo a pronta impugnação por agravo, caso haja urgência calcada na futura inutilidade do recurso em sede de apelação ou contrarrazões (previsão textual do art. 1.009, § 1º). Como houve modulação dos efeitos da decisão, apenas as interlocutórias proferidas após a publicação do acórdão (19-12-2018) se submetem à sistemática da taxatividade mitigada.

No paradigmático julgamento[8], assentou-se que o manejo do mandado de segurança enquanto sucedâneo seria incabível, por ser uma indesejada anomalia no sistema recursal, uma vez que (i) contra a decisão denegatória cabe recurso com efeito devolutivo amplo, o recurso ordinário constitucional, (ii) o prazo é amplíssimo, enquanto meio de impugnação de decisões judiciais, (iii) admite sustentação oral e (iv) pode ser, a depender dos regimentos internos dos tribunais, julgado por órgão diverso do que julga o recurso habitual.

A tese construída pela relatora, Min. Nancy Andrighi, não coincide com a ideia doutrinária da interpretação extensiva, que gerava considerável insegurança jurídica, gerando risco de o litigante que optou por recorrer apenas no momento mencionado pelo Código enfrentar uma "preclusão surpresa"[9], nem com a proposta de entender o rol como exemplificativo, que significaria abandonar, por completo, o desejo inequívoco do legislador.

Encontrou-se um agradável, embora aparentemente contraditório, meio-termo: a parte que sentir que a impugnação apenas na apelação pode tornar inútil o recurso, por conta da urgência na decisão, pode agravar de imediato. Em tal caso, caberá ao tribunal competente avaliar a real urgência, sempre ligada à inutilidade do recurso de apelação a respeito.

Nesse ponto, podem acontecer algumas situações:

a) Se o tribunal julgar que há urgência, conhecerá do agravo e o julgará. A matéria, decidida, não poderá ser levantada novamente na apelação, porque preclusa.

b) Por outro lado, se o tribunal entender que não é caso de urgência, a questão poderá ser rediscutida em apelação, inexistindo preclusão consumativa. Também a parte que não agravou porque seguiu o rol do art. 1.015, ainda que houvesse, teoricamente, urgência, não se prejudica, não se falando em preclusão lógica ou temporal.

---

[5] Essa previsão leva parte da doutrina a considerar o rol exemplificativo, sem, contudo, discordar do cabimento apenas quando a lei admitir (RODRIGUES, 2017a).

[6] RMS 58.578/SP, 4ª Turma, Rel. Min. Raul Araújo, j. 18-10-2018.

[7] REsp 1.696.396/MT, Corte Especial, Rel. Min. Nancy Andrighi, j. 5-12-2018.

[8] REsp 1.696.396/MT, Corte Especial, Rel. Min. Nancy Andrighi, j. 5-12-2018.

[9] MAZZOLA, 2018.

Na tutela coletiva, o tema do cabimento do agravo de instrumento gera polêmica própria, em razão do art. 19, § 1º, da Lei da Ação Popular, que prevê a possibilidade de atacar qualquer decisão interlocutória pela via do agravo. Dois são os questionamentos: se a previsão se mantém ou foi tacitamente revogada pelo Código de 2015 e se se está diante de regra geral do microssistema.

Quanto à vigência do comando, uma primeira corrente sustenta que a superveniência do diploma geral em nada impacta, sob o argumento de que, na época de sua criação, a intenção do legislador havia sido diferenciar o cabimento do agravo na ação popular do sistema do Código (CPC/1939), que também trazia róis taxativos[10].

Outra corrente entende que o dispositivo não guardava qualquer particularidade, apenas reproduzindo uma regra geral do CPC/73, razão pela qual deve ser visto, atualmente, sob a ótica do Código de 2015 – isto é, na forma do rol legal, em autêntica interpretação evolutiva[11].

Temos que o argumento histórico realmente não se sustenta. Na realidade, a redação que hoje se vê no art. 19, § 1º, da Lei n. 4.717/65 não é originária, ao contrário do que sustenta o primeiro entendimento, mas fruto de adaptação da legislação ao Código de 1973, operada pela Lei n. 6.014/73. O legislador de 1965, por outro lado, remetia o cabimento às hipóteses do Código de 1939 ("os recursos previstos no Código de Processo Civil").

Com o advento do Código de Processo Civil de 1973, foi dada nova redação – a atual –, assegurando que "das decisões interlocutórias cabe agravo de instrumento", o que em nada destoava da previsão do Código vigente à época, que trazia a previsão de cabimento do agravo de instrumento contra todas as decisões que não fossem sentenças ou despachos (art. 522 originário da Lei n. 5.869/73[12]).

Fica evidente, assim, que, a bem da verdade, a redação do art. 19, § 1º, tanto a original como a modificada, jamais teve a finalidade clara de divergir da sistemática recursal do diploma processual geral.

Atualmente, muito por conta de o legislador de 2015 não ter adaptado, expressamente, a Lei da Ação Popular ao modelo recursal do agravo de instrumento, pode-se concluir que existe previsão legal para o cabimento do referido recurso, o que, pela cláusula de abertura do art. 1.015, XIII, autoriza sua interposição, em uma simples interpretação literal[13].

Felizmente, a fixação da tese, pelo Superior Tribunal de Justiça, na linha da taxatividade mitigada acaba por diminuir drasticamente o debate, importando, em síntese, que se demonstrem a urgência e a oportunidade do imediato recurso para que se afaste qualquer discussão acerca do fato de o dispositivo da Lei n. 4.717/65 criar ou não mais uma exceção ao cabimento do agravo, autorizando seu manejo contra toda e qualquer decisão interlocutória.

De todo modo, o tribunal superior entende que a previsão funciona como norma excepcional ao rol do Código de Processo Civil, inserindo-se o cabimento no inciso XIII do art. 1.015[14].

---

[10] DIDIER JR.; CUNHA, 2017, p. 261; BASTOS, 2018, p. 130.

[11] ROQUE, 2017.

[12] "Art. 522. Ressalvado o disposto nos arts. 504 e 513, de todas as decisões proferidas no processo caberá agravo de instrumento."

[13] Até porque, quando o CPC/2015 quis, revogou expressamente disposições de leis extravagantes, mantendo em vigor as demais ("Art. 1.046. (...) § 2º Permanecem em vigor as disposições especiais dos procedimentos regulados em outras leis, aos quais se aplicará supletivamente este Código"). Nesse sentido: BASTOS, 2018, p. 130.

[14] Afora isso, o cabimento do agravo de instrumento contra decisões interlocutórias proferidas em demandas coletivas também encontra amparo no próprio inciso XIII do art. 1.015 do CPC/2015, cujo dispositivo admite a interposição do recurso instrumental em "outros casos expressamente referidos em lei". Nesse mesmo sentido: AgInt no REsp 1.733.540/DF, 1ª Turma, Rel. Min. Gurgel de Faria, j. 25-11-2019, DJe 4-12-2019; REsp 1.828.295/MG, 1ª Turma, Rel. Min. Sérgio Kukina, j. 11-2-2020.

A segunda indagação diz respeito à aplicabilidade do comando da Lei da Ação Popular às demais ações coletivas, ou seja, se seria o art. 19, § 1º, uma regra geral para a tutela coletiva ou uma regra específica para a ação popular.

Uma primeira interpretação conclui pela extensão da regra, por conta do microssistema coletivo[15], enquanto outra linha doutrinária considera inviável que, caso não se agrave de imediato em ações coletivas diversas, haja preclusão, contrariando a lógica da recorribilidade em sede de apelação sem que exista previsão expressa e específica em lei para o cabimento do agravo de instrumento. É esse o posicionamento do Superior Tribunal de Justiça[16].

Parece-nos que a melhor posição é aquela que prestigia a tutela do direito coletivo, de sorte que é bem-vinda a interpretação do dispositivo como essência do microssistema, evitando discussões ulteriores.

Nesse sentido, o Superior Tribunal de Justiça já decidiu ser cabível a interposição de agravo de instrumento contra todas as decisões interlocutórias proferidas em ação civil pública, aplicando-se por analogia o art. 19 da ação popular[17].

1.1.1.2. Legitimidade recursal

A teor do art. 996, podem recorrer a parte vencida, o terceiro prejudicado e o membro do Ministério Público. Nesse ponto, deve-se diferenciar legitimidade para recorrer e interesse em recorrer.

Legitimam-se a recorrer como parte o autor primitivo ou o réu, ainda que revel. No caso de litisconsórcio, qualquer um dos litisconsortes pode interpor o recurso, não importando a espécie de litisconsórcio e o momento em que ele se constituiu, desde que seja anterior à decisão impugnada, uma vez que, se posterior, o recurso é de terceiro prejudicado.

O assistente, tanto o litisconsorcial como o simples, também pode recorrer, ainda que não o faça o assistido. O assistente litisconsorcial poderia recorrer, sem dúvida, por possuir os mesmos poderes do assistido. A discussão ficaria se o assistente simples poderia recorrer. Nas hipóteses de reconhecimento do pedido, desistência e transação, não há sentido em admitir seu recurso, mas, se estiver ele legitimado a recorrer como terceiro prejudicado, não há motivo para seu recurso não ser admitido.

No que tange à legitimação de terceiro, cumpre destacar que a sua legitimação está ligada ao prejuízo que a decisão lhe pode causar, confundindo-se com o próprio interesse em recorrer.

Diverge a doutrina, ainda, se esse prejuízo seria meramente fático ou se deve ser jurídico. O melhor entendimento, resgatando os princípios gerais da intervenção de terceiros, é o da necessária existência de interesse jurídico, bastando que sua esfera jurídica seja atingida reflexamente pela decisão[18].

Por sua vez, o Ministério Público, ao recorrer de decisão proferida em processo em que funcionava como *custos legis*, possuirá ônus e poderes iguais aos das partes, sendo dispensado apenas do preparo dos recursos[19].

---

[15] NEVES, 2016b, p. 325; BASTOS, 2018, p. 129; DIDIER JR.; CUNHA, 2017, p. 262.
[16] ROCHA, 2018a, p. 313-314.
[17] REsp 1.828.295/MG, 1ª Turma, Rel. Min. Sérgio Kukina, j. 11-2-2020.
[18] Excepciona-se, nesse caso, a Lei n. 9.469/97, em especial seu art. 5º, parágrafo único, que permite que as pessoas jurídicas de direito público intervenham se presente seu interesse econômico.
[19] Súmula 99 do STJ: "O Ministério Público tem legitimidade para recorrer no processo em que oficiou como fiscal da lei, ainda que não haja recurso da parte".

O microssistema de tutela coletiva traz aspectos interessantes no tocante à legitimidade recursal. Na Lei n. 4.717/65, está previsto que o cidadão que não é parte formal do processo pode recorrer, a exemplo do Ministério Público e do autor popular (art. 19, § 2º[20]).

Trata-se de regra que, a rigor, não é mera repetição do regramento geral do art. 996 do Código de Processo Civil, já que o cidadão dificilmente se amoldaria à noção de terceiro prejudicado, para quem se costuma exigir a existência de relação jurídica entre si e a parte contrária do processo.

Esse alargamento deve ser enxergado como uma regra geral da tutela coletiva pela via principal, permitindo que todos os colegitimados recorram das decisões proferidas no curso do processo coletivo[21], dentro dos moldes exigidos pelo limitador da pertinência temática. Nessa linha, aliás, se encontra a previsão específica do art. 4º, § 2º, da Lei n. 7.853/89[22].

Assim, o Ministério Público poderá até recorrer do processo em que não tenha sido intimado para atuar como fiscal da ordem jurídica ou a Defensoria Pública poderá fazê-lo sem que tenha sido autora ou atuado a título de fiscal dos vulneráveis.

1.1.1.3. Interesse recursal

Para que seja possível a interposição de recurso, é preciso que o recorrente possa obter, em tese, por meio de seu julgamento, situação mais vantajosa do que aquela em que se encontra em virtude da decisão impugnada e que somente mediante a via recursal seja possível alcançar esse objetivo, configurando, respectivamente, a utilidade e a necessidade do recurso. Assim, exige-se que a decisão não tenha proporcionado à parte tudo aquilo a que tinha direito.

O interesse é tratado pelo binômio utilidade e necessidade: utilidade da providência judicial pleiteada e necessidade da via que se escolhe para obter a providência, devendo-se buscar uma situação mais vantajosa, sendo o recurso essencial para se buscar tal vantagem. Assim, a necessidade decorre da sucumbência, em geral analisada sob o prisma material.

Tal requisito de admissibilidade estará presente quando a parte for vencida, isto é, quando a decisão houver lhe causado prejuízo ou a tenha posto em situação menos favorável do que ela gozava antes do processo, acolhendo a pretensão do adversário, ou até quando a decisão não houver lhe proporcionado tudo o que ela poderia esperar, sendo, portanto, o recurso necessário para que o recorrente tente atingir o resultado prático que tem em vista[23].

Na tutela coletiva, observa a doutrina que o interesse recursal recebe traços próprios, em razão da sistemática da coisa julgada. Como o julgamento de improcedência por ausência de provas autoriza o ajuizamento de nova ação (coisa julgada *secundum eventum probationis*), é viável que o réu, vencedor, possua interesse em recorrer (sucumbência material, embora não formal), buscando a improcedência plena[24].

Destaque-se que até nos casos de a sentença estar sujeita ao duplo grau obrigatório pode estar presente o interesse do recorrente, uma vez que seu recurso voluntário lhe dará a oportunidade de arrazoar, de criticar a sentença, de aduzir argumentos a favor da respectiva reforma ou invalidação.

---

[20] "Art. 19. (...) § 2º Das sentenças e decisões proferidas contra o autor da ação e suscetíveis de recurso, poderá recorrer qualquer cidadão e também o Ministério Público."

[21] NEVES, 2016b, p. 331.

[22] "Art. 4º (...) § 2º Das sentenças e decisões proferidas contra o autor da ação e suscetíveis de recurso, poderá recorrer qualquer legitimado ativo, inclusive o Ministério Público."

[23] Barbosa Moreira (2008, p. 303) exemplifica: se o pedido é julgado improcedente, mas, logo após a prolação da sentença, o réu oferece pagamento da quantia cobrada, mais os acessórios, *in totum*, não possuiria mais o autor interesse em apelar.

[24] DIDIER JR.; ZANETI JR., 2016b, p. 388.

No caso dos terceiros, deverá ser demonstrado o interesse jurídico no recurso, caracterizado pela relação jurídica, de que esse terceiro é titular, ser ou poder ser atingida por decisão proferida em processo do qual ele não faz parte.

Quanto ao Ministério Público, quando atua como parte, o interesse em recorrer estará nos eventuais prejuízos sofridos, caracterizando-se a regra da sucumbência. Já na qualidade de fiscal do ordenamento, seu interesse em recorrer fica demonstrado pela defesa de eventual disposição legal não observada.

1.1.1.4. Inexistência de fato impeditivo ou extintivo do direito de recorrer: desistência, renúncia e aquiescência

Aponta-se que, estando presentes certos fatos impeditivos ou extintivos do direito ao recurso, o julgamento de admissibilidade será negativo. É o caso da desistência, da renúncia ao recurso e da aquiescência.

A desistência do recurso é a manifestação feita pelo recorrente no sentido de que o recurso, após interposto, não seja julgado.

Diferencia-se da renúncia na medida em que na desistência se abre mão do recurso interposto, enquanto na renúncia se abre mão do direito de impugnar a decisão.

A desistência manifesta-se por simples petição dirigida ao relator ou até mesmo oralmente e poderá ocorrer a qualquer tempo, até o instante imediatamente anterior ao voto final proferido no julgamento.

A desistência não comporta nem condição nem termo e independe da oitiva do recorrido. Contudo, o desistente equipara-se ao vencido para fins das despesas do recurso.

No caso de litisconsórcio simples, a desistência independe da anuência dos demais litisconsortes. Para o desistente, sobrevirá o trânsito em julgado da decisão.

Todavia, na tutela coletiva ocorre diferentemente, já que, ao menos no polo ativo, é sempre caso de litisconsórcio unitário, ante a indivisibilidade, essencial ou acidental, dos bens tutelados. Ainda que um dos legitimados ativos desista do recurso, se outro mantiver sua insurreição, não será produzido o efeito do trânsito em julgado em relação ao desistente, sendo a solução uma para todos os litisconsortes, já que, no fundo, todos substituem a coletividade.

O dispositivo abre reserva expressa ao litisconsórcio unitário, caso no qual os atos e as omissões de um litisconsorte não prejudicarão os outros, mas os podem beneficiar.

Ainda nas hipóteses de litisconsórcio unitário, no caso de um único litisconsorte haver recorrido e, posteriormente, desistir do recurso, a decisão transitará em julgado para o desistente no momento em que houver se esgotado o prazo para o último dos colitigantes recorrer, quando se formará a coisa julgada para todos os litisconsortes.

Quanto à desistência, o art. 998 admite que o recorrente desista do recurso, a qualquer tempo e independentemente da anuência de recorrido ou litisconsorte.

Seu parágrafo único, entretanto, aduz norma inédita, ainda e mais uma vez na esteira da tendência uniformizadora do Código. Preconiza que, se a questão já tiver tido sua repercussão geral reconhecida, ou se for objeto de julgamento de recursos excepcionais repetitivos, a desistência do recurso não impedirá seu exame.

Observa-se nítido viés de objetivação dos recursos extraordinário e especial e de publicização do Direito Processual, no tocante à preocupação com a uniformização da jurisprudência. Isso porque, não obstante os interesses em conflito fossem, primeiramente, subjetivos, a lide ultrapassa os limites de autor e réu para estender sua importância à coletividade.

Assim, por mais que não se obste a desistência do recurso em si, respeitando a vontade das partes, a tese jurídica central a ele subjacente será analisada pelo STF ou pelo STJ, para fins exclusivos de padronizar um entendimento, não de resolver a controvérsia do caso concreto.

Por sua vez, a renúncia ao direito de recorrer é o ato pelo qual a parte manifesta sua vontade de não interpor recurso contra determinada decisão. A principal diferença entre renúncia e desistência consiste em que esta pressupõe o recurso já interposto, enquanto aquela é prévia à interposição, tornando inadmissível o recurso, independentemente da efetiva análise sobre sua admissibilidade.

A renúncia é fato extintivo do direito de recorrer e só poderá ocorrer quando o recurso já puder ser interposto, ou seja, após a intimação da decisão.

Não há forma especial para a renúncia, mas, em geral, é feita na forma de petição dirigida ao órgão perante o qual pende o feito, sem necessidade de lavratura de termo para homologação judicial[25].

Em consequência, torna inadmissível o recurso que porventura interponha o renunciante, transitando imediatamente em julgado a decisão.

A renúncia também não se sujeita à aceitação da parte contrária, tampouco se subordina à aceitação dos demais litisconsortes do renunciante, que também têm interesse na impugnação da decisão, se o litisconsórcio for comum.

No caso do litisconsórcio unitário, a renúncia não faz transitar em julgado a decisão, a menos que renunciem todos os litisconsortes. Exoneram-se apenas os renunciantes da parcela de custas e honorários advocatícios correspondentes à fase do processo posterior à sua manifestação, na hipótese de não ter êxito o recurso do(s) litisconsorte(s).

Na tutela coletiva, é plenamente possível que o legitimado recorrente desista do recurso interposto ou renuncie antecipadamente ao recurso. A peculiaridade que se deve levar em conta diz respeito à necessidade de intimação dos colegitimados para que prossigam no processo, a exemplo do que está previsto, no microssistema, para a desistência na ação (art. 5º, § 3º, da Lei n. 7.347/85)[26-27].

A doutrina controverte sobre a possibilidade de controle acerca da desistência ou de renúncia por parte do Ministério Público. Enquanto alguns autores se satisfazem[28] com o controle judicial, outros entendem que o magistrado deveria remeter informações ao Conselho Superior do Ministério Público[29] ou ao chefe institucional[30] para apreciação.

Por conta dessa transcendência do direito material protegido, entendemos que não cabe negócio jurídico processual de renúncia ao direito de recorrer em processo coletivo atual ou futuro, uma vez que a impugnação é desdobramento do próprio direito de ação, indisponível (salvo nos casos em que haja fundamentação idônea).

---

[25] STJ, REsp 1.044.810/SP, 3ª Turma, Rel. Min. Massami Uyeda (*Informativo* n. 468 do STJ).

[26] "Art. 5º (...) § 3º Em caso de desistência infundada ou abandono da ação por associação legitimada, o Ministério Público ou outro legitimado assumirá a titularidade ativa."

[27] NEVES, 2016b, p. 340; LEONEL, 2011, p. 399.

[28] NEVES, 2016b, p. 340. É a posição do CSMP/SP, por se entender que o controle dos atos ministeriais em juízo deve ser realizado pelo magistrado.

[29] ALMEIDA, 2003; MAZZILLI, 2019, p. 494. O último autor adverte que a renúncia deve ser excepcionalíssima, uma vez que, embora possa agilizar o cumprimento da decisão, também pode comprometer o interesse recursal notado por outro membro da instituição.

[30] Para Ricardo de Barros Leonel, o referido só sucederá quando o magistrado não se convencer dos motivos apresentados pelo Ministério Público (LEONEL, 2011, p. 400).

Por fim, a aquiescência consiste na manifestação de vontade, expressa, se dirigida a órgão judicial ou a outro litigante, ou tácita, em se conformar com a decisão, abstendo-se de se utilizar do recurso.

A aquiescência pode ser total ou parcial, se fizer referência, respectivamente, a todo o conteúdo impugnável da decisão ou a só uma parte dele.

Pode ser manifestada desde o momento em que o órgão judicial se pronuncia até o momento em que o julgado começa a produzir efeitos quanto à pessoa que se está considerando.

Sua manifestação se dá por escrito ou verbalmente, sendo tal ato praticado sem reserva alguma. Em consequência, torna inadmissível o recurso porventura interposto.

No que tange ao litisconsórcio, aplicam-se as mesmas disposições da renúncia e da desistência.

Na tutela coletiva, devem os julgadores verificar se o ato que indica a concordância, tácita ou expressa, contraria a melhor proteção dos bens jurídicos coletivos ou coletivizados. Em caso positivo, a melhor saída será a intimação dos colegitimados para que assumam o polo ativo, não se afigurando possível que determinada escolha do substituto processual comprometa o direito material posto em juízo, determinando a sucumbência da coletividade.

Até porque, em termos práticos, a concordância com a decisão implica uma espécie de renúncia ao recurso, sendo aplicável o regramento anteriormente sustentado (art. 5º, § 3º, da LACP, por analogia).

1.1.2. Requisitos extrínsecos

1.1.2.1. Tempestividade

Todo recurso deve ser interposto dentro do prazo estabelecido pela lei, sob pena de preclusão temporal e trânsito em julgado do provimento irrecorrido, uma vez que não operado o efeito obstativo.

1.1.2.1.1. Prazos recursais

Na ausência de comandos específicos no núcleo duro e nas leis esparsas do microssistema, incidem nas ações coletivas os prazos previstos no Código de Processo Civil, que, aliás, simplificou o tema, ao uniformizá-los, fixando-os em quinze dias para todos os recursos, salvo os embargos de declaração, que devem ser opostos em cinco dias.

Nas ações coletivas em geral, a prerrogativa do prazo em dobro para Ministério Público, Fazenda Pública e Defensoria Pública deve ser sempre respeitada, decorrendo da regra geral do Código Fux (arts. 180, 183 e 188). Os demais legitimados, a princípio, não gozam desse aumento – salvo, naturalmente, na hipótese de incidir outra razão para tal, como a dos litisconsortes com advogados de diferentes escritórios, em processo físico (art. 229 do CPC[31]).

Determinadas matérias, no entanto, atraem a atenção do legislador, gerando reflexos processuais, inclusive para fins de contagem do prazo. É o caso de tutela de interesses do patrimônio indígena, em que o Estatuto do Índio estende os benefícios da Fazenda Pública para os demais legitimados ativos (art. 61 da Lei n. 6.001/73[32]).

Quanto ao cômputo dos prazos, temos que se aplica aos processos coletivos o regramento que estatui a contagem apenas em dias úteis (art. 219 do CPC).

---

[31] REsp 1.309.510/AL, Rel. Min. Nancy Andrighi, j. 12-3-2013.
[32] "Art. 61. São extensivos aos interesses do Patrimônio Indígena os privilégios da Fazenda Pública, quanto à impenhorabilidade de bens, rendas e serviços, ações especiais, prazos processuais, juros e custas."

Nesse particular, é importante lembrar que, em caso de feriado local – noção que é interpretada ampliativamente para abarcar também os dias em que não houve expediente forense regular –, é dever do recorrente comprovar sua ocorrência, no ato de interposição do recurso, como preceitua o art. 1.003, § 6º, sendo inaplicável, na visão do Superior Tribunal de Justiça[33], a cláusula geral de sanabilidade recursal do art. 921, parágrafo único.

1.1.2.1.1.1. Regras específicas do Estatuto da Criança e do Adolescente

Matéria cuja tutela coletiva atrai questionamento prático é a da infância e da juventude. Isso porque o Estatuto da Criança e do Adolescente prevê que os prazos recursais seriam de dez dias e contados em dias corridos, ao passo que o microssistema de processo coletivo, silente, faz concluir pela aplicação das normas do Código de Processo Civil (prazos de quinze dias contados em dias úteis).

O Superior Tribunal de Justiça possui entendimento, reiterado e na mesma direção da doutrina[34], no sentido de que as regras específicas do estatuto não são aplicáveis às ações coletivas sobre direitos das crianças e dos adolescentes[35], concluindo que as previsões específicas mencionadas só incidem nos procedimentos específicos previstos no Estatuto da Criança e do Adolescente[36-37].

Outra questão se refere à contagem dos prazos em dias úteis (regra do CPC, aplicado subsidiariamente ao microssistema de processo coletivo) ou corridos (regra do ECA). Também aqui se deve concluir pelo afastamento do dispositivo específico do estatuto, que somente deve incidir para os processos judiciais regrados especificamente nele, não para ações coletivas sobre direitos dos sujeitos vulneráveis protegidos pelo diploma.

Por fim, uma terceira questão diz respeito à possibilidade de se dobrar os prazos recursais. Sob a égide do Código anterior, o STJ corretamente aplicava o prazo em dobro para recorrer (art. 188 do CPC/1973) para o Ministério Público e a Fazenda Pública, nos procedimentos judiciais sobre matérias do estatuto[38].

Contudo, a Lei n. 13.509/2017 modificou o tratamento, esclarecendo que não se aplica a contagem em dobro para o Ministério Público e a Fazenda. Cabe questionar se teria havido superação legislativa expressa do entendimento jurisprudencial.

Parece-nos que não. A análise detida das decisões da Corte da Cidadania esclarece que a razão de se adotar a sistemática do Código de Processo Civil é justamente restringir a aplicabilidade das regras do Estatuto da Criança e do Adolescente aos procedimentos nele previstos. Portanto, mesmo a menção expressa ao prazo simples para Ministério Público e Fazenda Pública está limitada aos procedimentos regulados pela referida lei – como, aliás, evidencia o *caput* do art. 152.

Note-se, de todo modo, que, como não há menção à Defensoria Pública no dispositivo (art. 152, § 2º, do ECA), o prazo em dobro para a referida instituição permanece, indubitavelmente, aplicável, por força das normas gerais do art. 186 do Código de Processo Civil e da Lei Complementar n. 80/94.

---

[33] AgInt no AREsp 957.821/MS, Corte Especial, Rel. Min. Raul Araújo, Rel. p/ acórdão Min. Nancy Andrighi, j. 20-11-2017.
[34] MAZZILLI, 2019, p. 627. Em sentido contrário: ANDRADE; MASSON; ANDRADE, 2017, p. 245.
[35] REsp 128.081/RS, 1ª Turma, Rel. Min. Garcia Vieira, j. 17-4-1998.
[36] REsp 1.002.571/RS, 1ª Turma, Rel. Min. José Delgado, j. 20-5-2008.
[37] REsp 610.438/SP, 2ª Turma, Rel. Min. Franciulli Netto, Rel. p/ acórdão Min. Castro Meira, j. 15-12-2005.
[38] REsp 839.709/RS, 2ª Turma, Rel. Min. Mauro Campbell Marques, j. 2-9-2010.

1.1.2.1.1.2. Contagem dos prazos

O cômputo do prazo deve ser realizado com observância das regras gerais sobre contagem de prazos processuais, previstas nos arts. 224 e 1.003, podendo haver suspensão ou interrupção do prazo de interposição do recurso nas hipóteses dos arts. 220, 221, 313, 1.004 e 1.026.

O *dies a quo* para interposição do recurso é aquele em que se realiza a intimação da decisão recorrida[39], sendo que, no caso das sentenças proferidas em audiência, reputar-se-á feita a intimação na própria audiência (art. 1.003, § 1º).

Já no caso das sentenças não proferidas em audiência, o prazo flui da intimação, mediante a inserção da sentença no órgão oficial, para os advogados, sociedade de advogados, Advocacia Pública, Defensoria Pública ou Ministério Público, na forma do art. 1.003, *caput*.

Alguns legitimados atraem especial tratamento. O STJ entende, em firme jurisprudência, que a contagem dos prazos para a interposição de recursos pelo Ministério Público ou pela Defensoria Pública começa a fluir da data do recebimento dos autos com vista no respectivo órgão, e não da ciência pelo seu membro no processo, a fim de legitimar o tratamento igualitário entre as partes[40], inclusive quando proferida a decisão em audiência.

Embora a questão tenha sido julgada pela 3ª Seção, responsável pela matéria penal e processual penal, entendemos que, pela identidade da *ratio decidendi*, deva ser aplicada ao processo civil e, naturalmente, ao processo coletivo. O Supremo Tribunal Federal, a propósito, possui o mesmo entendimento[41].

Parece-nos que a Fazenda Pública merece idêntico tratamento, uma vez que possui a prerrogativa de intimação pessoal.

Quanto às decisões interlocutórias e aos acórdãos, o prazo flui da intimação no órgão oficial, desde que não seja necessária a republicação, quando o prazo começará a fluir desta.

Na contagem será excluído o dia do começo, isto é, o dia em que é realizada a intimação, e incluir-se-á o do vencimento (art. 224), prorrogando-se para o primeiro dia útil se for dia em que o expediente forense for encerrado antes ou iniciado depois da hora normal ou houver indisponibilidade da comunicação eletrônica.

O prazo recursal, contudo, poderá ser suspenso ou interrompido, nas causas expressamente previstas na lei. Ressalte-se que o pedido de reconsideração da decisão judicial não suspende nem interrompe o prazo para recurso.

A suspensão do prazo recursal não se confunde com a suspensão do processo, havendo hipóteses em que se suspende o prazo recursal, mas se interrompe o processo, como ocorre quando do falecimento do advogado.

A suspensão do prazo recursal pode decorrer da superveniência do recesso forense, no período de 20 de dezembro a 20 de janeiro, inclusive (art. 220), de obstáculo criado em detrimento da parte (art. 221), da perda de capacidade processual de qualquer das partes (art. 313, I, c/c o art. 221) ou da arguição de impedimento ou suspeição (art. 313, III, c/c o art. 221).

---

[39] A Lei n. 11.419/2006, que trata do processo eletrônico, prevê que a publicação eletrônica substitui qualquer outro meio de publicação, sendo que se considera como dia da publicação o primeiro dia útil seguinte ao da disponibilização da informação no *Diário de Justiça eletrônico* (art. 4º, § 3º), iniciando-se a contagem do prazo recursal a partir do primeiro dia útil que se seguir ao considerado como data da publicação (art. 4º, § 4º). Contudo, no caso de o interessado realizar consulta eletrônica ao teor da intimação, certifica-se nos autos a sua realização e o prazo, nesse caso, começará a correr no momento em que se realizar a consulta (art. 5º, § 1º). O recurso pode ser interposto até as 24h do último dia do prazo (art. 10, § 1º).

[40] REsp 1.278.239/RJ, 3ª Turma, Rel. Min. Nancy Andrighi, j. 23-10-2012.

[41] STF, HC 125.270, 2ª Turma, Rel. Min. Teori Zavascki.

Já a interrupção do prazo poderá ocorrer pela morte da parte ou de seu advogado, desde que não haja outro constituído nos autos e a ocorrência de motivos de força maior.

Quanto ao momento da interrupção, o melhor entendimento é de que ele ocorrerá por força do próprio fato, não se escoando, pois, o lapso da lei para a interposição do recurso. O pronunciamento judicial terá, então, natureza meramente declaratória, fazendo certo que o prazo se interrompeu e o processo se suspendeu desde a respectiva ocorrência.

Fluído o prazo para recorrer, a consequência normal é o trânsito em julgado da decisão. Ocorre, porém, que essa consequência pode ser eliminada caso se prove que houve justa causa para a omissão em se recorrer tempestivamente, definida a justa causa pelo art. 223, § 1º.

Tal circunstância não se confunde com a hipótese de força maior prevista no art. 1.004. Isso porque a força maior tem caráter transindividual, não restrita à figura do litigante, enquanto a justa causa tem conotação particular, bastando que tenha atingido individualmente quem a invoca, sem perturbar o feito de forma geral, desde que não possa ser imputada ao advogado do próprio litigante que a invoca.

Assim, a justa causa não interrompe o prazo, mas o prejudicado terá direito à devolução do prazo para recorrer.

1.1.2.2. Regularidade formal

Os preceitos de forma a serem observados nos diferentes recursos variam de acordo com cada figura recursal. Não obstante, é preciso que em todos eles seja respeitada a forma escrita, bem como a exigência de fundamentação do recurso na petição de interposição (princípio da dialeticidade).

1.1.2.3. Preparo

Consiste no pagamento prévio das despesas referentes ao processamento do recurso a ser comprovado no ato da sua interposição[42]. À falta de preparo aplica-se a pena de deserção, salvo se o recorrente comprovar justo impedimento ou se, uma vez intimado na pessoa de seu advogado, o recorrente realizar o recolhimento em dobro, a teor do art. 1.007, § 4º[43].

A deserção opera-se de pleno direito, sendo causa puramente objetiva de inadmissibilidade e cabendo ao órgão judicial declará-la de ofício ou mediante provocação do interessado[44].

Esse requisito, em algumas situações, pode ser dispensado, em relação a determinados sujeitos ou certos recursos.

Na tutela coletiva, o legitimado ativo está dispensado do recolhimento imediato do preparo, por força da regra de gratuidade prevista para a responsabilidade provisória das custas (art. 18 da

---

[42] A Súmula 484 admite que "o preparo seja efetuado no primeiro dia útil subsequente, quando a interposição do recurso ocorrer após o encerramento do expediente bancário". A regra do preparo imediato é inaplicável no âmbito dos Juizados Especiais Cíveis; estabelece o art. 42 da Lei n. 9.099/95 que o preparo seja realizado nas 48 horas seguintes à interposição. Oportuno ainda observar que o prazo para realização do preparo do recurso de apelação na Justiça Federal é de cinco dias (art. 14, II, da Lei n. 9.289/96).

[43] Enunciado 215 do FPPC: (art. 1.007, §§ 2º e 4º) "Fica superado o enunciado 187 da súmula do STJ ('É deserto o recurso interposto para o Superior Tribunal de Justiça, quando o recorrente não recolhe, na origem, a importância das despesas de remessa e retorno dos autos')".

[44] A lei pode afastar a exigência de preparo em relação a determinados recursos com base em critérios objetivos ou subjetivos. No primeiro caso, a própria natureza do recurso justifica a dispensa do pagamento, como ocorre nos casos de embargos de declaração. Já o segundo critério leva em consideração a qualidade do recorrente, o que se verifica nos recursos interpostos pelo Ministério Público – esteja ele atuando no processo como parte ou como fiscal da lei –, União, Distrito Federal, Estados e Municípios e suas respectivas autarquias, bem como pelo recorrente amparado pela assistência judiciária. Nessas hipóteses, uma vez dispensado o preparo, não há que se falar em deserção.

LACP, art. 87 do CDC e art. 198, I, do ECA). Ao cabo do processo, saindo perdedor, deverá efetuar o recolhimento[45].

1.2. Efeito suspensivo

Nos recursos dotados de tal efeito, a decisão recorrida não produz efeitos antes do julgamento da impugnação. A suspensão, via de regra, é de toda a eficácia da decisão, e não apenas de sua eficácia como título executivo.

Esse caráter suspensivo pode decorrer tanto da lei (efeito suspensivo próprio ou *ope legis*) ou de decisão judicial posterior (efeito suspensivo impróprio ou *ope iudicis*). Na primeira hipótese, o efeito suspensivo não é, em verdade, efeito da interposição do recurso, e sim efeito da recorribilidade: cabível a insurgência à qual a lei outorga efeito suspensivo, a decisão guerreada não produzirá efeitos.

A grande peculiaridade na tutela coletiva é que os recursos não ostentam efeito suspensivo próprio (art. 14 da Lei n. 7.347/85, art. 215 do ECA e art. 85 do Estatuto do Idoso).

Esse traço característico chama especial atenção quando diante do recurso de apelação, que, na sistemática do Código de Processo Civil, possui, em regra, duplo efeito (devolutivo e suspensivo, na forma do art. 1.012). Às exceções previstas no diploma processual geral, então, se acrescenta a hipótese de apelação contra sentença coletiva.

Na Lei n. 4.717/65, no entanto, existe previsão de que a apelação contra sentença proferida em ação popular possua efeito suspensivo (art. 19). Para parte da doutrina, deve prevalecer a literalidade do comando, trazendo essa demanda coletiva específica para a regra geral do Código, uma vez que a presunção de legalidade dos atos administrativos impugnados justificaria a exigência de reanálise do julgado até que este produza efeitos[46]. A posição foi pontualmente adotada pelo Superior Tribunal de Justiça[47].

Outros autores enxergam que a melhor leitura é aquela realizada à luz do microssistema, retirando efeito suspensivo da apelação na ação popular, a exemplo da ação civil pública[48], especialmente por se revelar o comando mais protetivo aos interesses tutelados[49]. Estamos de acordo com essa posição, sendo correto entender que a Lei n. 7.347/85 se aplique a todas as ações coletivas, inclusive por força da remissão expressa de seu art. 21[50].

De todo modo, poderá o juiz outorgar efeito suspensivo à insurgência, desde que atendidos os requisitos do art. 1.012, § 4º, para a apelação, ou do art. 995, parágrafo único, para os demais recursos[51]. A diferença é que, na apelação, os requisitos são alternativos e, nos outros casos, cumulativos. Ademais, para a apelação, o risco de grave dano deve vir acompanhado da relevância da fundamentação.

O Superior Tribunal de Justiça possui decisões admitindo o mandado de segurança como via adequada para pleitear a concessão de efeito suspensivo[52].

---

[45] ANDRADE; MASSON; ANDRADE, 2017, p. 245.

[46] RODRIGUES, 2009b, p. 219. Na mesma linha: MANCUSO, 2003; SILVA, 2007, p. 245; MEIRELLES; WALD; MENDES, 2010, p. 199; DIDIER JR.; ZANETI JR., 2016b, p. 390.

[47] REsp 1.188.564/SP, 2ª Turma, Rel. Min. Mauro Campbell Marques, j. 10-8-2010.

[48] ALMEIDA, 2007, p. 389.

[49] NEVES, 2016b, p. 336.

[50] MAZZILLI, 2019, p. 627.

[51] Há, contudo, quem entenda que a regra da apelação deve ser vista como regra geral: NEVES, 2016b, p. 334.

[52] REsp 142.209/RO, 1ª Turma, Rel. Min. Garcia Vieira, j. 31-3-1998.

Também é de se sublinhar que, caso haja tutela provisória, mesmo que de evidência, concedida ou mantida pela sentença, os efeitos continuarão a se produzir imediatamente (art. 1.012, § 4º, V).

2. REMESSA NECESSÁRIA

No núcleo duro do microssistema, não existe previsão de remessa necessária. De todo modo, deve ser aplicada, aos processos coletivos, a previsão do Código de Processo Civil (art. 496)[53]. Trata-se de mecanismo de tutela dos interesses fazendários, muito comumente discutidos nas demandas transindividuais.

A natureza jurídica do instituto no Código de Processo Civil é de causa impeditiva da eficácia do provimento jurisdicional, que não gera efeitos até que seja revisto. Na lei do mandado de segurança, enquanto pender a reanálise, aplicável ao *writ* coletivo, pode haver execução, o que traduz uma natureza jurídica de causa obstativa do trânsito em julgado.

A peculiaridade da remessa necessária no microssistema está no art. 19 da Lei n. 4.717/65[54] e no art. 4º, § 1º, da Lei n. 7.853/89[55], que preveem para a ação popular e para a ação coletiva sobre direitos de portadores de deficiência o reexame do decidido na sentença, que não produzirá efeitos até a revisão, quando:

a) concluir pela carência da ação, que, em uma interpretação mais protetiva do mérito da demanda coletiva, deve ser entendida como a extinção do processo sem resolução do mérito (art. 485 do CPC), embora haja entendimento que compreende a previsão exclusivamente como a sentença terminativa por falta de interesse processual ou legitimidade (art. 485, VIII, apenas)[56], acolhido pelo STJ[57];
b) julgar improcedente o pedido (art. 487, I, do CPC).

Percebe-se que, na ação popular, o sucedâneo recursal interno não protege os interesses da Fazenda Pública, mas os da coletividade – razão pela qual é conhecida como remessa necessária às avessas ou inversa[58]. Chega-se a considerá-lo como uma garantia fundamental do sistema processual coletivo[59].

O grande questionamento consiste na aplicabilidade do comando para as demais ações coletivas, notadamente a ação civil pública.

Para o Superior Tribunal de Justiça, o regramento deve ser aplicado às ações coletivas[60]. A exceção fica por conta dos processos que tenham como objeto direitos individuais homogêneos. Isso porque, nesse caso, se está diante de situações heterogêneas e inexistem os elementos de

---

[53] MAZZILLI, 2019, p. 629.
[54] "Art. 19. A sentença que concluir pela carência ou pela improcedência da ação está sujeita ao duplo grau de jurisdição, não produzindo efeito senão depois de confirmada pelo tribunal; da que julgar a ação procedente caberá apelação, com efeito suspensivo."
[55] "Art. 4º (...) § 1º A sentença que concluir pela carência ou pela improcedência da ação fica sujeita ao duplo grau de jurisdição, não produzindo efeito senão depois de confirmada pelo tribunal."
[56] DIDIER JR.; ZANETI JR., 2016b, p. 390.
[57] AC 47/RS, 2ª Turma, Rel. Min. Herman Benjamin, j. 20-2-2018.
[58] Falando em reexame necessário inverso: NEVES, 2016b, p. 342.
[59] SOUZA; CHUERI, 2011.
[60] "1. Por aplicação analógica da primeira parte do art. 19 da Lei n. 4.717/65, as sentenças de improcedência de ação civil pública sujeitam-se indistintamente ao reexame necessário. Doutrina. 2. Recurso especial provido" (REsp 1.108.542/SC, 2ª Turma, Rel. Min. Castro Meira, j. 19-5-2009).

aproximação que permitem a analogia: a transindividualidade do bem jurídico e sua relevância para a coletividade como um todo[61].

Por fim, cabe abordar outra polêmica, sobre a incidência das hipóteses de dispensa do reexame obrigatório do Código de Processo Civil para especiais tipos de ações que já tratem do instituto, como o mandado de segurança, a ação popular e, por extensão desta, as ações coletivas em geral.

Para a primeira linha interpretativa, a dispensa da remessa, nos moldes do diploma processual geral, se aplica a processos coletivos[62].

Um segundo entendimento conclui pela impossibilidade, sob pena de uma norma geral afastar norma especial[63].

É questionável o acerto de ambas as posições, afigurando-se preferível outra saída. Com razão, a exceção referente ao proveito econômico (art. 496, § 3º) pode não merecer ser exportada.

No entanto, o diploma processual geral admite que certas decisões dos tribunais, tomadas após amplo debate jurídico e social (súmula de tribunal superior e teses fixadas em casos repetitivos ou em incidente de assunção de competência[64]), e orientações administrativas vinculantes (art. 496, § 4º) sejam razão para dispensar a remessa ao segundo grau, ante o presumido acerto normativo da decisão.

Nessa segunda possibilidade, inexiste argumento razoável para impor ao Judiciário o encargo de rediscutir matéria já pacificada.

3. SUSPENSÃO DA DECISÃO

A exemplo do que ocorre com as liminares (leia-se: tutelas provisórias), é possível o requerimento, complementar ao recurso, da suspensão dos efeitos da sentença, pela via administrativa (art. 4º, § 1º, da Lei n. 8.437/92; art. 12, § 1º, da Lei n. 7.347/85; art. 1º da Lei n. 9.494/97). O pedido é dirigido ao presidente do tribunal competente para apreciar o recurso contra a decisão, sendo aplicáveis as disposições previamente externadas acerca desse autêntico meio impugnativo.

Importante é compreender que a decisão do presidente do tribunal que suspenda a liminar não produz, na visão do Superior Tribunal de Justiça, coisa julgada material, por não impedir a discussão sobre o tema controvertido na ação principal[65], razão pela qual, aliás, não cabe ação rescisória visando desconstituir o pronunciamento presidencial.

4. AÇÃO RESCISÓRIA

A ação rescisória, prevista nos arts. 966 a 975 do Código de Processo Civil, ostenta natureza de ação autônoma de impugnação, e não de recurso, por meio da qual se pede a desconstituição da decisão transitada em julgado, com eventual rejulgamento, a seguir, do mérito.

Sua admissibilidade diz respeito apenas às decisões passíveis de rescisão, que são as decisões de mérito ou aquelas que, não sendo de mérito, impedem nova propositura da ação ou a admissibilidade de recurso (art. 966 e § 2º).

O Código Fux inovou ao prever a utilização da ação rescisória contra qualquer decisão de mérito, não apenas as sentenças. Consequentemente, pacifica-se o entendimento de que, como acórdãos,

---

[61] REsp 1.374.232/ES, 3ª Turma, Rel. Min. Nancy Andrighi, j. 26-9-2017.
[62] MAZZILLI, 2019, p. 629.
[63] RODRIGUES, 2016, p. 91.
[64] Na verdade, como já se sustentou, as teses fixadas pelo Judiciário são a última etapa de formação da norma jurídica, de observância obrigatória e geral (MELLO PORTO, 2018, p. 201-204).
[65] AR 5.857/MA, Corte Especial, Rel. Min. Mauro Campbell Marques, j. 7-8-2019.

decisões monocráticas finais de desembargadores ou ministros de tribunais superiores e decisões interlocutórias de mérito sujeitas à preclusão podem, todos, transitar em julgado, podem ser objeto de impugnação pela ação autônoma em comento.

A legitimidade para a ação rescisória é de quem é parte no processo primitivo ou de seu sucessor, estendendo a legitimidade ao terceiro juridicamente interessado, ao Ministério Público e a quem não foi ouvido em processo em que sua intervenção era obrigatória. Os legitimados podem agir em conjunto e o litisconsórcio será unitário, pois não poderá haver decisão heterogênea.

Não importa, portanto, se o legitimado figurou na relação processual desde o início ou só ingressou no curso do feito. Contudo, quem já não era mais parte à época da decisão, não possui tal legitimidade.

No tocante aos legitimados coletivos, temos que o ajuizamento do presente sucedâneo recursal externo é possível por qualquer um daqueles que ostentariam legitimidade para a propositura da ação originária, nos limites de sua representatividade adequada.

Em relação aos terceiros, estes não são alcançados pela coisa julgada, que se restringe àqueles que foram parte no processo em que se proferiu a decisão. Contudo, pode haver terceiro com interesse jurídico na decisão, e não meramente de fato. O terceiro juridicamente interessado poderá, então, intervir como assistente.

Considera-se também legitimado a propor a ação rescisória aquele que esteve ausente no processo principal, embora devesse ter participado na condição de litisconsorte necessário.

O Ministério Público tem legitimidade para a ação rescisória, seja como parte, seja como fiscal da lei, nas hipóteses em que não tenha sido ouvido como *custos legis,* embora obrigatória sua intervenção (art. 178 do CPC, além dos casos previstos em leis especiais); quando a decisão for produto de simulação ou colusão entre as partes, para fraudar a lei; ou, genericamente, em outros casos em que se imponha sua atuação.

A legitimidade passiva, de acordo com o princípio do contraditório, é de todos que foram parte na ação anterior. Se faltar um legitimado passivo que houvesse de figurar no litisconsórcio necessário, caberá ao juiz ordenar a integração ao polo passivo, desde que não tenha transcorrido o prazo decadencial em relação ao faltante, pois, caso essa seja a hipótese, é impossível a alteração, devendo se extinguir o feito sem resolução do mérito[66].

Assim, alterações no polo passivo da demanda rescisória só podem ocorrer no biênio seguinte à última decisão do processo, conforme entendimento do Superior Tribunal de Justiça[67].

O art. 968, II, determina o depósito, pelo autor, de 5% do valor da causa, salvo se o autor for União, Estado, Distrito Federal, Município, suas respectivas autarquias e fundações de Direito Público, Ministério Público, Defensoria Pública ou beneficiários da gratuidade de justiça, casos em que esse depósito não ocorrerá.

A Súmula 265 do STJ estende tal benefício ao INSS, do mesmo modo que o ordenamento o estende à Caixa Econômica Federal, quando representa em juízo os interesses do FGTS (art. 24-A da Lei n. 9.028/95, acrescentada pela Medida Provisória n. 2.180-35/2001). Do mesmo modo, o depósito é inexigível de quem faça jus ao benefício da justiça gratuita, por se entender que seria uma violação ao art. 5º, XXXV, da Constituição Federal[68].

---

[66] STJ, REsp 863.890/SC, 3ª Turma, Rel. Min. Nancy Andrighi, j. 17-2-2011.
[67] REsp 1.667.576/PR, 3ª Turma, Rel. Min. Nancy Andrighi, j. 10-9-2019.
[68] Nesse sentido, a redação do art. 968, § 1º, do atual CPC. Ver, também, STF, AR 1.376/PR, Pleno, Rel. Min. Gilmar Mendes, *DJU* 9-11-2005.

Entendemos que a isenção subjetiva deve abarcar todos os legitimados coletivos. A rigor, a tutela coletiva pela via principal se opera em favor do interesse social, de sorte que o desfazimento do título executivo, buscado em prol da coletividade, deve ser facilitado, sendo impensável que o legitimado extraordinário deva depositar montante financeiro próprio para tanto.

Em princípio, o prazo para propor ação rescisória é de dois anos, nos termos do art. 975 do Código de Processo Civil, uma vez que se objetiva alcançar a segurança das relações sociais, ainda que o julgamento seja eivado de vícios graves.

O prazo começa a correr do dia em que transitou em julgado a última decisão proferida no processo.

Só será rescindida a decisão de mérito transitada em julgado que esteja prevista nas hipóteses do art. 966 do Código de Processo Civil ou a decisão que, embora não seja de mérito, impeça a nova propositura da demanda ou a admissibilidade do recurso correspondente (§ 2º).

Tais hipóteses são taxativas e não deve haver recurso à analogia, mas se pode invocar mais de um inciso do art. 966 como causa de pedir da ação rescisória. Nesta última hipótese, haverá cumulação de ações rescisórias, conexas pelas partes e pelo pedido.

Para a procedência do *ius rescindens,* basta que se prove um dos fundamentos dentre os invocados, mas a indicação errônea de um dos fundamentos do art. 966 não vincula o julgador, que pode examinar o pedido e acolhê-lo à luz do dispositivo adequado.

Observando o rol do art. 966, pode-se verificar que a maioria das hipóteses previstas é de julgamento defeituoso, cujo defeito, em regra, seja *ex parte iudicis*, podendo resultar de vício que se atribui à máquina judiciária ou ao próprio juízo emitido pelo órgão julgador.

Contudo, o defeito apontado na decisão poderá se relacionar ao comportamento de alguma das partes, ou mais de uma, havendo desconformidade à lei na conduta do litigante e tendo tal incorreção repercutido em relação ao desfecho da causa.

A decisão pode não ter ainda nenhum defeito, mas, à luz de fato superveniente, pode se mostrar desconforme com o direito. É o caso de descobrimento subsequente de prova nova, decisiva para a reconstituição dos fatos.

Uma peculiaridade existente no processo coletivo, quanto à rescisória, diz respeito à ausência de interesse de agir para seu manejo na hipótese de superveniência de prova nova, quando a coisa julgada se formar *secundum eventum probationis* (direitos difusos e coletivos em sentido estrito)[69]. Em casos tais, o legitimado está autorizado a mover, diretamente, nova ação coletiva, demonstrando a existência de elementos de convencimento inéditos.

De resto, vale lembrar que o julgamento da ação rescisória possui três etapas:

1) a verificação da admissibilidade da ação;
2) o exame do pedido de rescisão, em que o tribunal decide rescindir ou não a sentença impugnada (*ius rescindens*); e
3) o eventual rejulgamento da matéria que for decidida (*ius rescissorium*).

Cada etapa será iniciada apenas após a anterior ter sido admitida, mas a conclusão da etapa anterior não influi sobre a seguinte, sendo possível, por exemplo, ser considerada admissível a ação, mas não se convencer o tribunal da necessidade de rescisão da sentença.

---

[69] NEVES, 2016b, p. 346.

5. AÇÃO ANULATÓRIA

O art. 966, § 4º, do Código de Processo Civil não se refere à ação rescisória, mas à ação anulatória, que possibilita a desconstituição de atos de disposição de direitos, praticados pelas partes ou por outros participantes do processo e homologados pelo juízo, como também atos homologatórios praticados no curso da execução.

Esse dispositivo, ao tratar das hipóteses de anulabilidade das decisões, mostra que o Código de 2015 revela sua opção pela coexistência das ações rescisória e anulatória. Ambas diferem entre si porque, enquanto a primeira trata das estabilidades resultantes da prestação jurisdicional cognitiva plena e exauriente, a segunda disciplina o ataque a atos de disposição praticados pelas partes e objetos de mera homologação pelo Poder Judiciário.

Os fundamentos da ação anulatória não abrangem os do art. 966 do Código de Processo Civil, uma vez que o fundamento da ação anulatória é ato da parte, eventualmente homologado por decisão, e é competente o juízo que esteja processando a causa ou que a tenha decidido.

O prazo para ingressar com a ação anulatória não é previsto no Código. Diante da omissão legislativa, é possível defender que se aplica o prazo genérico de prescrição do Código Civil, utilizado quantitativamente como prazo decadencial. Por outro lado, é ainda possível entender aplicável o prazo de dois anos (art. 179 do CC) quando a lei dispuser ser o ato anulável, sem estabelecer prazo para pleitear a anulação, como o faz nas hipóteses do art. 178, I a III, do Código Civil, cujo prazo decadencial será de quatro anos.

Finalmente, vale a pena trazer ao exame as considerações pontuais apresentadas por Fredie Didier Jr. e Leonardo Carneiro da Cunha[70] acerca das principais características da ação anulatória no Código de Processo Civil de 2015, diferenciando-a da rescisória.

Na tutela coletiva, a ação anulatória pode ser relevantíssima quando houver termo de ajustamento de conduta viciado. Nessa hipótese, o legitimado coletivo pode optar por buscar apenas a desconstituição do título, por meio de ação anulatória, ou ajuizar ação coletiva pleiteando, em acréscimo, a solução judicial do conflito.

---

[70] DIDIER JR.; CUNHA, 2017, p. 233.

Capítulo 18
COISA JULGADA

1. NOÇÕES GERAIS

De acordo com o Código de Processo Civil, sentença é o pronunciamento por meio do qual o juiz, com fundamento nos arts. 485 e 487, põe fim à fase cognitiva do procedimento comum, bem como extingue a execução. Sentença é o termo utilizado no julgamento em primeira instância, enquanto acórdão é o nome utilizado para a sentença proferida em instância superior (art. 204 do CPC).

Da sentença, independentemente de ser terminativa ou definitiva, sempre cabe recurso de apelação. A parte, portanto, insatisfeita e inconformada com a decisão proferida, busca o seu reexame, na tentativa de ser esta reformada ou invalidada. A sentença transita em julgado se não for apresentado recurso no prazo legal, ou quando, naquela hipótese, não há mais recursos cabíveis contra aquela decisão.

O art. 502 do atual Código é expresso ao referir-se à "decisão de mérito", não mais só à sentença, abarcando, com isso, os acórdãos, as decisões monocráticas do relator e as decisões interlocutórias[1], desde que tratem do mérito.

Portanto, para o legislador, coisa julgada material é a autoridade que torna imutável e indiscutível uma decisão de mérito, não mais sujeita a recurso.

1.1. Coisa julgada formal e material

Coisa julgada tem relação com a palavra imutabilidade. Coisa julgada formal é a indiscutibilidade e a imutabilidade da decisão judicial dentro do processo em que foi proferida, o que a distingue da coisa julgada material.

É, portanto, o primeiro passo para se chegar à coisa julgada material. A imutabilidade da coisa julgada material ocorre dentro e fora do processo, tendo, portanto, eficácia endo e extraprocessual.

As sentenças terminativas operam coisa julgada formal porque, suprida a irregularidade que deu causa à extinção do processo, o autor pode promover nova ação idêntica (ressalvadas as hipóteses excepcionais, e previstas no art. 486, §§ 1º e 3º).

O mesmo não acontece com as sentenças definitivas que julgam o mérito, pois estas adquirem "força de lei nos limites da questão principal expressamente decidida" (art. 503).

A imutabilidade se refere ao conteúdo do ato, de modo que a decisão fixa uma norma que vai regular o caso concreto e que não pode mais, em regra, ser modificada.

1.2. Fundamentos

---

[1] Por exemplo, decisões interlocutórias de mérito parciais no julgamento antecipado da lide parcial (arts. 354, parágrafo único, e 356, *caput*).

A coisa julgada tem como fundamento evitar a perpetuação de conflitos e a insegurança jurídica, sendo inerente ao Estado Democrático de Direito. A coisa julgada não é apenas uma garantia individual, mas também coletiva, no sentido de viabilizar a estabilidade das decisões.

No Brasil, admite-se, em casos extremos, a mitigação ou relativização do instituto da coisa julgada. Isso significa que a coisa julgada, até então sinônimo de imutabilidade de decisão judicial transitada em julgado, deixa de assim ser considerada para ser passível de flexibilização ou revisão.

Entendemos que a mutabilidade da sentença deva coexistir com a coisa julgada para que valores sejam ponderados quando da análise do caso concreto à luz da Constituição, a fim de se evitar que injustiças sejam eternizadas por meio de decisões contrárias às normas constitucionais e aos princípios salvaguardados em textos anteriores à Constituição e dos quais se valeu o legislador constitucional.

Concluímos, ainda, que a validade de qualquer ato público deva guardar correlação com a constitucionalidade, assim devendo ser também na hipótese da ocorrência da coisa julgada, e que, em razão disso, entendemos que não se pode conferir à coisa julgada resistência tamanha de modo a permitir que haja a validade de uma sentença contrária à Constituição, sob o argumento de uma equivocada segurança jurídica.

Na tutela coletiva, o conflito de valores é particularmente relevante. Para além da habitual preocupação com a segurança jurídica, deve-se atentar para o fato de que, nos processos coletivos, o autor não é o titular do direito material, atuando, em geral, como substituto processual.

Desse modo, uma rígida visão sobre a coisa julgada, importada da tutela individual, significaria real comprometimento aos direitos posto em juízo, que não pode ser defendido pelos seus titulares. Há um "risco de interferência injusta nas garantias do membro do grupo"[2].

Por outro lado, não se pode ignorar que o total abandono da imutabilidade inerente à coisa julgada material importaria em absoluta fragilização do réu dos processos coletivos que poderia ser demandado por infinitas vezes, gerando outra ameaça: o "risco de exposição indefinida do réu ao Judiciário"[3].

Diante disso, o legislador do microssistema apresentou solução bastante satisfatória, delineada para cada tipo de direito tutelado, no art. 103 do Código de Defesa do Consumidor.

2. LIMITES DA COISA JULGADA

A coisa julgada (material) formada vinculará sujeitos específicos, em questões especificamente decididas, em determinado cenário temporal e territorial. Tais marcos são os limites da coisa julgada, fundamentais para bem compreender os contornos da segurança jurídica pretendida.

Usualmente, a doutrina aponta apenas os limites objetivos (a questão decidida pelo Judiciário) e subjetivos (pessoas que se submetem à decisão). No entanto, a melhor sistemática do tema engloba, em acréscimo, os limites temporais e territoriais[4].

Em última análise, os limites guardam relação direta com a própria eficácia da decisão transitada em julgado. Os efeitos do decidido (limite objetivo) se restringem a certos sujeitos (limite subjetivo), em determinado período de tempo (limite temporal) e delimitação espacial (limite territorial).

---

[2] DIDIER JR.; ZANETI JR., 2016b, p. 396.
[3] DIDIER JR.; ZANETI JR., 2016b, p. 396.
[4] Apontando os quatro limites: THAMAY, 2019, p. 360.

2.1. Limites objetivos

Os limites objetivos tratam da identificação do objeto da sentença, aquela precisa decisão que irá adquirir autoridade de coisa julgada, sendo delineados pelo art. 504 do diploma processual geral.

Estabelece-se que não fazem coisa julgada os motivos, ainda que importantes para determinar o alcance da parte dispositiva da sentença, e a verdade dos fatos, estabelecida como fundamento da sentença.

Pode-se concluir que apenas a parte dispositiva da sentença faz coisa julgada; a fundamentação não se torna imutável. As razões que formaram o livre convencimento do juiz não fazem coisa julgada.

2.1.1. Questões prejudiciais

Geralmente, questões prejudiciais também não fazem coisa julgada, salvo se a parte assim requerer (art. 19) ou preenchidas as exigências legais (art. 503), devendo ser o juiz competente em razão da matéria e constituir pressuposto necessário para o julgamento da lide.

É importante destacar que, segundo a norma antecessora, a questão prejudicial apenas fazia coisa julgada quando requerida pela parte (arts. 325 e 470 do CPC/1973). Se fosse apenas examinada incidentalmente no processo, não fazia coisa julgada (art. 469, III, do CPC/1973).

Contudo, o art. 503 do Código de Processo Civil de 2015[5] prevê a geração desse efeito para a questão prejudicial decidida expressa ou incidentalmente, independentemente do requerimento da parte[6], desde que preenchidos os requisitos dos incisos do § 1º[7].

A coisa julgada, no caso de questão prejudicial incidental, se limitará à existência, inexistência ou modo de ser de uma situação jurídica, bem como à autenticidade ou falsidade de documento[8], sendo desnecessário que a resolução expressa da questão esteja no dispositivo da decisão[9].

Quando se tratar, por fim, de causa contra a Fazenda Pública, além do preenchimento dos requisitos do art. 503, §§ 1º e 2º, é necessária a remessa, quando for o caso, para que a coisa julgada recaia sobre a questão prejudicial incidental[10].

No processo coletivo, podem existir variadas questões prejudiciais, objeto da incidência da norma, como a invalidade de contrato na ação que discute o reajuste de mensalidades, o prévio exercício da posse de uma coletividade na discussão quanto ao esbulho praticado pelo Poder Público ou a existência de patrimônio público tombado na ação que pleiteia a reconstituição de bens lesados.

---

[5] "Art. 503. A decisão que julgar total ou parcialmente o mérito tem força de lei nos limites da questão principal expressamente decidida. § 1º O disposto no *caput* aplica-se à resolução de questão prejudicial, decidida expressa e incidentemente no processo, se: I – dessa resolução depender o julgamento do mérito; II – a seu respeito tiver havido contraditório prévio e efetivo, não se aplicando no caso de revelia; III – o juízo tiver competência em razão da matéria e da pessoa para resolvê-la como questão principal. § 2º A hipótese do § 1º não se aplica se no processo houver restrições probatórias ou limitações à cognição que impeçam o aprofundamento da análise da questão prejudicial."

[6] Enunciado 111 do FPPC: (arts. 19, 329, II, 503, § 1º) "Persiste o interesse no ajuizamento de ação declaratória quanto à questão prejudicial incidental".

[7] Enunciado 165 do FPPC: (art. 503, § 1º) "Independentemente de provocação, a análise de questão prejudicial incidental, desde que preencha os pressupostos dos parágrafos do art. 503, está sujeita à coisa julgada".

[8] Enunciado 437 do FPPC: (arts. 503, § 1º, 19) "A coisa julgada sobre a questão prejudicial incidental se limita à existência, inexistência ou modo de ser de situação jurídica, e à autenticidade ou falsidade de documento".

[9] Enunciado 438 do FPPC: (art. 503, § 1º) "É desnecessário que a resolução expressa da questão prejudicial incidental esteja no dispositivo da decisão para ter aptidão de fazer coisa julgada".

[10] Enunciado 439 do FPPC: (art. 503, §§ 1º e 2º) "Nas causas contra a Fazenda Pública, além do preenchimento dos pressupostos previstos no art. 503, §§ 1º e 2º, a coisa julgada sobre a questão prejudicial incidental depende de remessa necessária, quando for o caso".

A novidade é importante, mas apenas é aplicável aos processos iniciados após a vigência do Código de Processo Civil de 2015; aos ajuizados anteriormente incidirão as normas do Código de Processo Civil de 1973, conforme estatuído pela regra de transição do art. 1.054 do Código de Processo Civil de 2015. Desse modo, evita-se surpreender os litigantes com o novo tratamento da matéria, preservando-lhes a segurança jurídica.

Encerrando o art. 503, seu § 2º impede a formação da coisa julgada para as questões prejudiciais se existirem limitações à produção de provas ou à cognição.

Cumpre ressaltar que o art. 337, VII, dispõe que cabe ao réu, em sede de contestação, alegar a coisa julgada. Não estão cobertas todas as questões de fato e de direito que o juiz teve que examinar para decidir a causa, mas somente a parte dispositiva da sentença. Entretanto, a formação da coisa julgada impede a reabertura da causa para rediscutir argumento que poderia ter sido ventilado pelas partes, mas não foi.

Novamente, lembramos que, pelo art. 492, é defeso ao juiz proferir sentença em favor do autor, de natureza diversa da pedida, ou condenar o réu em quantidade superior ou em objeto diverso do que lhe foi demandado.

Porém, se a sentença deixar de examinar um dos pedidos (no caso, por exemplo, da decisão *citra petita*), não houver impugnação e transitar em julgado, forma-se coisa julgada sobre esse pedido? Deve-se entender que não, pois, de acordo com o art. 503, a coisa julgada se forma sobre a questão principal "expressamente decidida" e a omissão não é decisão.

De certa forma, se a parte formular mesmo pedido, mas com outro fundamento (causa de pedir), sua pretensão não estará submetida à coisa julgada. Assim, se a parte postula a anulação de um contrato por dolo, depois poderá fazê-lo por erro etc.

2.2. Limites subjetivos

Quanto aos limites subjetivos, estes podem se dar *inter partes*, *ultra partes* ou *erga omnes*. Por *inter partes*, entende-se que a coisa julgada só se operará entre as partes, sendo a regra geral da tutela individual prevista no art. 506, que estabelece que a sentença faz coisa julgada às partes entre as quais é dada, não prejudicando terceiros.

Em sede de tutela coletiva, ante o sistema de substituição processual caracterizados da legitimidade – em que o titular do direito material não integra a relação processual –, temos hipóteses de formação de coisa julgada *ultra partes* e *erga omnes*, dependendo da espécie de direito tutelada, bem como da delimitação (ou não) do grupo que será beneficiado pela decisão.

Na dicção do art. 103 do Código de Defesa do Consumidor – norma geral do microssistema[11] –, a sistemática é a seguinte:

(i) na tutela de direitos difusos, a coisa julgada se opera *erga omnes*, ante a indeterminabilidade dos sujeitos afetados;
(ii) na tutela de direitos coletivos em sentido estrito, a coisa julgada se opera *ultra partes*, alcançando os sujeitos do grupo, categoria ou classe;
(iii) na tutela de direitos individuais homogêneos, a coisa julgada se opera *erga omnes*, alcançando todos os sujeitos que se enquadrem na causa de pedir.

---

[11] Embora haja menção a "ações coletivas de que trata este Código", a norma se aplica a todas as ações coletivas (art. 89 do CDC), salvo quando houver previsão específica, como a da Lei do Mandado de Segurança. Nesse sentido: GRINOVER, 2019, p. 1.001-1.002.

É interessante a observação doutrinária no sentido de que as expressões *erga omnes* e *ultra partes* não podem levar à conclusão de que o título se forma em favor de todos, mas apenas em relação àqueles interessados, isto é, aos titulares de direitos violados[12].

Nos direitos difusos, é possível que a coletividade tutelada seja efetivamente irrestrita, incidindo o mais autêntico sentido da expressão *erga omnes*, embora não se trate de uma regra absoluta – o que leva parcela da doutrina a considerar que a melhor expressão seria *ultra partes*, tanto para os direitos transindividuais como para os individuais homogêneos[13]. Note-se que, como bem concluiu o Superior Tribunal de Justiça, a perspectiva da eficácia *erga omnes* diz respeito à etapa de conhecimento do processo coletivo. Uma vez prolatada sentença genérica, a liquidação individual seguirá os moldes do processo civil individual, sendo possível que cada beneficiário observe decisões diferentes, a depender das provas juntadas[14].

Importante recordar, quanto à eficácia subjetiva da sentença coletiva, que, quando o autor for associação, a jurisprudência entendeu, por algum tempo, que apenas os associados que houvessem autorizado expressamente o ajuizamento e que residissem nos limites territoriais da competência do órgão julgador poderiam executar o título executivo[15] – entendimento que, hoje, só se aplica quando a atuação se dá por representação processual, em ação de rito ordinário (ou seja, alheia à sistemática da tutela coletiva). Nesse particular, existia uma interseção entre o tema dos limites subjetivos e o dos limites territoriais.

2.3. Limites territoriais

Originariamente, o microssistema não fazia qualquer menção a limitações territoriais da sentença coletiva proferida e, portanto, da coisa julgada[16]. Contudo, duas medidas provisórias acrescentaram barreiras nesse sentido.

A primeira delas, a Medida Provisória n. 1.570/97, convertida na Lei n. 9.494/97, inseriu a expressão "nos limites da competência territorial do órgão prolator" no art. 16 da Lei da Ação Civil Pública[17].

Depois, sucessivas medidas provisórias, até culminar na Medida Provisória n. 2.180-35/2001 (editada no período em que o constituinte dispensou, por emenda, a conversão em lei, sob pena de caducidade), acresceram o art. 2º-A da Lei n. 9.494/97[18], impondo restrição específica para as entidades associativas.

---

[12] LEONEL, 2011, p. 291; GRINOVER, 2019, p. 1.018. Criticando a dicção legal, por esses argumentos: GIDI, 1995, p. 111.

[13] ANDRADE; MASSON; ANDRADE, 2017, p. 250. Em sentido contrário, assinalando que a tutela de direitos difusos realmente afeta a todos, irrestritamente, e, portanto, seria *erga omnes*, mas as demais seriam *ultra partes*: MAZZILLI, 2019, p. 687-688.

[14] REsp 1.762.278-MS, Rel. Min. Antonio Carlos Ferreira, 4ª Turma, por unanimidade, j. 5-11-2024, *DJe* 18-11-2024.

[15] Tal criticada restrição foi abordada no trecho atinente à legitimidade das associações.

[16] Eis a redação originária do art. 16 da Lei n. 7.347/85: "Art. 16. A sentença civil fará coisa julgada *erga omnes*, exceto se a ação for julgada improcedente por deficiência de provas, hipótese em que qualquer legitimado poderá intentar outra ação com idêntico fundamento, valendo-se de nova prova."

[17] "Art. 16. A sentença civil fará coisa julgada erga omnes, nos limites da competência territorial do órgão prolator, exceto se o pedido for julgado improcedente por insuficiência de provas, hipótese em que qualquer legitimado poderá intentar outra ação com idêntico fundamento, valendo-se de nova prova."

[18] "Art. 2º-A. A sentença civil prolatada em ação de caráter coletivo proposta por entidade associativa, na defesa dos interesses e direitos dos seus associados, abrangerá apenas os substituídos que tenham, na data da propositura da ação, domicílio no âmbito da competência territorial do órgão prolator. Parágrafo único. Nas ações coletivas propostas contra a União, os Estados, o Distrito Federal, os Municípios e suas autarquias e fundações, a petição inicial deverá obrigatoriamente estar instruída com a ata da assembleia da entidade associativa que a autorizou, acompanhada da relação nominal dos seus associados e indicação dos respectivos endereços."

Está-se diante dos dispositivos mais criticados pela doutrina, há décadas.

Primeiramente, aponta-se a inconstitucionalidade dos dispositivos, pelos seguintes fundamentos:

i. Ausência dos requisitos de urgência e relevância exigidos pela Constituição Federal para a edição de medida provisória pelo Executivo Federal (art. 62[19])[20]. Não à toa, aliás, a Emenda Constitucional n. 32/2001 esclareceu que a matéria processual civil deve estar alheia a essa espécie normativa (art. 62, § 1º, I, b).

ii. Violação do princípio da isonomia, uma vez que submete a situações jurídicas práticas díspares sujeitos que se encontram nas mesmas condições, vitimados por homogênea conduta, tão somente em razão da diferença de domicílios[21].

iii. Violação do princípio da segurança jurídica e da garantia constitucional da coisa julgada, por se admitir o conflito lógico e prático de julgado, isto é, a duplicidade de soluções por parte do Judiciário, que será chamado a decidir a mesma matéria por órgãos jurisdicionais diversos, podendo haver conclusões igualmente opostas[22].

iv. Violação do princípio da eficiência, pelas mesmas razões, já que bastaria uma resposta jurisdicional para solucionar o conflito coletivo, sendo injustificada a sobrecarga[23].

v. Violação ao princípio do acesso à justiça, ao dificultar a tutela dos direitos coletivos, estimulando a proliferação de processos sobre mesma questão, a fragmentação das decisões coletivas e a molecularização da tutela, na contramão da evolução legislativa pátria, que, inclusive, vai na linha da valorização dos precedentes judiciais[24], e ofendendo a economia processual macroscópica.

vi. Violação do princípio do devido processo legal[25] substancial, nos vetores da razoabilidade[26] e da desproporcionalidade, porque as normas mencionadas não possuem finalidade atinente ao interesse público, revelando-se como dispositivos editados tão somente em função dos pseudointeresses fazendários, limitando os efeitos da coisa julgada corriqueiramente formada em seu desfavor, em demandas coletivas, e, portanto, a efetividade da jurisdição[27].

Além disso, tecnicamente, a previsão é condenável, uma vez que confunde competência, critério legislativo para repartir o válido e eficiente exercício da função jurisdicional[28], com a própria jurisdição, que é una em todo o território nacional, com os limites da coisa julgada, *erga omnes* ou *ultra partes*[29], e com o objeto litigioso do processo, delimitado na causa de pedir[30].

A partir daí, surge uma segunda barreira para a aplicação dos comandos: a da eficácia. Por mais que se busque restringir os efeitos da coisa julgada, o que importa para tal fim é o conteúdo da

---

[19] "Art. 62. Em caso de relevância e urgência, o Presidente da República poderá adotar medidas provisórias, com força de lei, devendo submetê-las de imediato ao Congresso Nacional."
[20] MAZZILLI, 2019, p. 681; LEONEL, 2011, p. 301.
[21] ANDRADE; MASSON; ANDRADE, 2017, p. 263.
[22] LEONEL, 2011, p. 301; ANDRADE; MASSON; ANDRADE, 2017, p. 263.
[23] DIDIER JR.; ZANETI JR., 2016b, p. 414.
[24] GRINOVER, 2019, p. 1.006.
[25] MENDES, 2014.
[26] DIDIER JR.; ZANETI JR., 2016b, p. 413; ANDRADE; MASSON; ANDRADE, 2017, p. 263; NERY JR.; NERY, 2006.
[27] LEONEL, 2011, p. 300; NEVES, 2016b, p. 363.
[28] DIDIER JR.; ZANETI JR., 2016b, p. 415; ANDRADE; MASSON; ANDRADE, 2017, p. 261.
[29] MAZZILLI, 2019, p. 682.
[30] LEONEL, 2011, p. 301.

decisão[31], decorrente do pedido realizado na petição inicial[32], sendo inviável sua posterior limitação em sede de liquidação (o que se reforça pelo art. 509, § 4º, do CPC[33]).

Ademais, a própria natureza indivisível dos direitos transindividuais impede que, no plano prático, existam soluções díspares[34]. O meio ambiente não pode ser poluído em determinado Estado e, em outro, não. Nesse particular, é interessante a reflexão doutrinária que questiona se uma decisão judicial que proibisse – como sucedeu no final do século passado – o fumo nas aeronaves devesse ser respeitada apenas no espaço aéreo referente ao Estado ou à região de competência do tribunal julgador[35].

Fica claro, portanto, que os direitos difusos e os coletivos não podem sofrer tal restrição, por questão lógica. No entanto, o comando parece ter sido especialmente pensado para limitar os efeitos de sua tutela, notadamente por conta da expressão *erga omnes* contida no art. 16[36].

Por outro lado, os direitos individuais homogêneos, que poderiam sofrer, teoricamente, tal restrição, não eram propriamente tratados pela Lei da Ação Civil Pública, de maneira direta, sendo de se concluir que a previsão não se destine a eles[37].

Além disso, a Lei n. 7.347/85 apenas se aplicaria aos processos regrados pelo Código de Defesa do Consumidor quando não contrariar suas previsões (art. 90), de modo que a restrição, francamente contrária à finalidade do diploma consumerista, não deve ser estendida[38].

Outro argumento legal impede a aplicação do comando: o tratamento da competência (art. 93, II, do CDC, aplicável às ações civis públicas), uma vez que o próprio art. 16 se refere aos "limites da competência do órgão julgador". Como o legislador assegura que danos regionais ou nacionais devem ser apurados na capital do Estado lesado ou no Distrito Federal, é impensável que haja restrição ao foro onde foi proferida a sentença, mormente em se tratando de danos que abarcam toda uma região, um Estado ou mesmo mais de uma unidade federativa[39].

Há, ainda, alegação de que a modificação operada na Lei n. 7.347/85 seria inócua, porque o art. 16 alterado já não se encontraria em vigor, após a edição do art. 103 do Código de Defesa do Consumidor, que trata mais amplamente do tema da coisa julgada[40].

Na jurisprudência, o tema foi controvertido por muito tempo.

O Superior Tribunal de Justiça, inicialmente, aplicava a restrição totalmente[41]. Posteriormente, concluiu-se que apenas seria viável a limitação a direitos difusos e coletivos[42]. Tal entendimento, porém, foi, logo a seguir, rechaçado pela 2ª Seção da Corte, que definiu a incidência do comando também à tutela de direitos individuais homogêneos[43].

---

[31] DIDIER JR.; ZANETI JR., 2016b, p. 417.

[32] GRINOVER, 2019, p. 1.009.

[33] "Art. 509. (...) § 4º Na liquidação é vedado discutir de novo a lide ou modificar a sentença que a julgou."

[34] LEONEL, 2011, p. 301; ANDRADE; MASSON; ANDRADE, 2017, p. 261; DIDIER JR.; ZANETI JR., 2016b, p. 419; NEVES, 2016b, p. 364; MENDES, 2014.

[35] DIDIER JR.; ZANETI JR., 2016b, p. 419.

[36] GRINOVER, 2019, p. 1.007.

[37] GRINOVER, 2019, p. 1.007.

[38] ANDRADE; MASSON; ANDRADE, 2017, p. 261.

[39] GRINOVER, 2019, p. 1.008; MAZZILLI, 2019, p. 683; ANDRADE; MASSON; ANDRADE, 2017, p. 262; LEONEL, 2011, p. 302.

[40] MENDES, 2014; NEVES, 2016b, p. 364.

[41] REsp 293.407/SP, 4ª Turma, Rel. Min. Barros Monteiro, Rel. p/ acórdão Min. Ruy Rosado de Aguiar, j. 22-10-2002; EREsp 293.407/SP, Corte Especial, Rel. Min. João Otávio de Noronha, j. 7-6-2006.

[42] REsp 411.529/SP, 3ª Turma, Rel. Min. Nancy Andrighi, j. 24-6-2008.

[43] EREsp 411.529/SP, 2ª Seção, Rel. Min. Fernando Gonçalves, j. 10-3-2010.

Por fim, em julgamento de recurso repetitivo relatado pelo Min. Luis Felipe Salomão, a Corte Especial assentou que os efeitos e a eficácia da sentença não estão limitados pelo elemento geográfico, mas apenas ao que foi decidido e em relação a quem se decidiu[44,45].

A tese fixada, de caráter vinculativo para todo o Judiciário, foi a seguinte:

> A liquidação e a execução individual de sentença genérica proferida em ação civil coletiva pode ser ajuizada no foro do domicílio do beneficiário, porquanto os efeitos e a eficácia da sentença não estão circunscritos a lindes geográficos, mas aos limites objetivos e subjetivos do que foi decidido, levando-se em conta, para tanto, sempre a extensão do dano e a qualidade dos interesses metaindividuais postos em juízo (arts. 468, 472 e 474, CPC e 93 e 103, CDC).

Em outro julgamento de recurso repetitivo, especificamente voltado à matéria dos expurgos inflacionários, a 2ª Seção reiterou a ausência de limitação territorial em razão do órgão julgador, especialmente quando o dano é nacional[46].

Apesar da pretensa uniformização, geralmente prestigiada pelo tribunal[47], o tema é pontualmente tratado de forma diversa por parte de outros julgados da própria Corte Superior[48].

Importante ressaltar, contudo, que, em abril de 2020, o Min. Alexandre de Moraes, do STF, determinou a suspensão nacional de todos aos processos em andamento em que se discuta a abrangência do limite territorial para eficácia das decisões proferidas em ação civil pública, tratado no art. 16 da Lei da Ação Civil Pública (Lei n. 7.347/85).

O ministro foi o relator do Recurso Extraordinário 1.101.937/SP, que teve repercussão geral reconhecida pelo STF, na forma do art. 1.035, § 5º, do Código de Processo Civil.

Em 2021, portanto, o Supremo Tribunal Federal analisou, em Recurso Extraordinário com Repercussão Geral, a constitucionalidade do art. 16 da Lei da Ação Civil Pública, que foi declarado inconstitucional pelo STF, garantindo os efeitos da sentença coletiva a todos os beneficiários, independente de seu domicílio estar nos limites da competência do órgão julgador[49].

Fica, assim, ultrapassada a limitação e afastada a vigência da referida norma legal, em prol dos princípios constitucionais.

Também para o caso de os sindicatos terem ajuizado a ação de conhecimento, sempre entendeu o Superior Tribunal de Justiça por distinguir a hipótese, admitindo ampla execução[50] – recentemente mitigada no caso dos sindicatos estaduais.

Em todos os casos, porém, a execução deve obedecer aos limites fixados no título executivo, sendo inviável sua ampliação posterior.

---

[44] Nesse sentido: MENDES, 2014.
[45] REsp 1.243.887/PR, Corte Especial, Rel. Min. Luis Felipe Salomão, j. 19-10-2011.
[46] REsp 1.391.198/RS, 2ª Seção, Rel. Min. Luis Felipe Salomão, j. 13-8-2014.
[47] REsp 1.748.495/ES, 2ª Turma, Rel. Min. Herman Benjamin, j. 28-3-2019.
[48] REsp 1.304.953/RS, 3ª Turma, Rel. Min. Nancy Andrighi, j. 26-8-2014; AgRg nos EDcl no AgRg no Ag n. 1.424.442/DF, Rel. Min. Benedito Gonçalves, 1ª Turma, j. 20-3-2014, *DJe* de 28-3-2014; AgInt no AREsp n. 2.122.178/SP, Rel. Min. Gurgel de Faria, 1ª Turma, j. 21-8-2023, *DJe* de 24-8-2023.
[49] "I – É inconstitucional a redação do art. 16 da Lei 7.347/1985, alterada pela Lei 9.494/1997, sendo repristinada sua redação original. II – Em se tratando de ação civil pública de efeitos nacionais ou regionais, a competência deve observar o art. 93, II, da Lei 8.078/1990 (Código de Defesa do Consumidor). III – Ajuizadas múltiplas ações civis públicas de âmbito nacional ou regional e fixada a competência nos termos do item II, firma-se a prevenção do juízo que primeiro conheceu de uma delas, para o julgamento de todas as demandas conexas" (RE 1101937, Rel. Min. Alexandre de Moraes, Tribunal Pleno, j. 8-4-2021 – Tema 1.075 da Repercussão Geral).
[50] REsp 1887817/SP, Rel. Min. Mauro Campbell Marques, 2ª Turma, j. 3-11-2020.

2.4. Limites temporais

Temática pouquíssimo tratada pela doutrina é a dos limites temporais da coisa julgada ou, mais especificamente, dos efeitos da sentença. A indagação diz respeito à submissão de determinado sujeito ou determinada situação jurídica ao decidido.

Em geral, conclui-se que a limitação temporal da coisa julgada está diretamente relacionada à causa de pedir: estarão obrigadas ao título executivo judicial as situações narradas e descritas pelo autor, ao provocar a jurisdição[51]. A limitação passaria pelos fatos considerados pela decisão, porque preexistentes.

Na tutela coletiva, entendemos que se exigirá leitura bastante atenta ao direito material tutelado, uma vez que, quanto mais indeterminada for a coletividade, mais abstrata será a causa de pedir e mais amplo o pedido.

Por exemplo, quando a Defensoria Pública ajuíza ação para compelir determinado município a fornecer educação básica para a população, forma-se título executivo genérico. O direito, como é comum, possui contornos difusos – a englobar toda a população interessada no acesso à escola, sob a ótica da política pública – e individuais homogêneos – diretamente focado nos sujeitos que estão em idade compatível com a educação pleiteada, mas não conseguiram se matricular.

Se a decisão transita em julgado em determinado ano, não há dúvidas de que as crianças que se enquadram no perfil dos alunos da educação básica, naquele momento, estarão tuteladas. Contudo, uma leitura simplista e superficial da decisão poderia acarretar um atentado à isonomia: sujeitos nascidos meses após o trânsito precisariam ajuizar ações posteriores.

Desse modo, entendemos que, mormente em se tratando de processos estruturantes, o título executivo possuirá eficácia prospectiva, impondo a construção de política pública efetiva, não apenas voltada aos sujeitos imediatamente tutelados, porque membros da coletividade autora, mas também aqueles que posteriormente se enquadrem em situação similar.

Tecnicamente, a saída seria possível por meio do enfoque na parte ré, executado coletivo. Se, no caso mencionado, a Fazenda Pública municipal é condenada, deve prestar o serviço de forma sólida, igualmente, para aqueles que venham a se somar à coletividade ativa após a formação do título.

Não apenas nas decisões atinentes a políticas públicas a lógica deve ser aplicada. Mesmo quando envolve particulares, o título coletivo merece ser lido ampliativamente. Assim, um fornecedor que colocou produto nocivo à venda deve não apenas indenizar os danos sofridos até a formação do título, mas também aqueles consumidores que, em razão da mesma causa de pedir (idêntico produto), sofreram lesões ao patrimônio jurídico.

A tese aqui defendida se baseia nos princípios da economia processual macroscópica, da isonomia e da eficiência. Conclusão diversa exigiria a promoção de diversas ações judiciais, tão somente em razão de fortuitos temporais. Evidentemente, na liquidação da sentença, em que se pleiteará a extensão, deve ser cabalmente demonstrado que o dano decorre da mesma conduta – comissiva ou omissiva – reconhecida e rechaçada pela coisa julgada.

3. COISA JULGADA *SECUNDUM EVENTUM PROBATIONIS*

Uma primeira grande peculiaridade da coisa julgada material formada em processos coletivos diz respeito à possibilidade de repropositura da demanda julgada improcedente por insuficiência de provas, no caso de direitos difusos ou coletivos. É o que se denomina coisa julgada *secundum eventum probationis*, ou seja, condicionada ao grau de prova obtido no processo.

---
[51] THAMAY, 2019, p. 361.

No microssistema, a previsão é expressa no art. 103, I e II, do Código de Defesa do Consumidor, no art. 16 da Lei da Ação Civil Pública e no art. 18 da Lei de Ação Popular.

O ordenamento traz outras hipóteses semelhantes, garantindo que a falta de elementos de convicção deixe aberta a possibilidade de ajuizamento de demanda diversa (como aquela para elucidar questões incidentais ao inventário que demandem prova não documental[52] ou no processo de desapropriação em que surge dúvida fundada sobre o domínio[53]) ou retire a definitividade do provimento judicial (como no mandado de segurança em que a ordem é denegada, que não impede a provocação jurisdicional pelas vias ordinárias)[54].

O Superior Tribunal de Justiça, atento à dicção do dispositivo do diploma consumerista, entende que apenas a coisa julgada em processo que verse sobre direito difuso ou coletivo em sentido estrito se reveste de tal particularidade[55]. Quando o objeto do processo forem direitos individuais homogêneos, a improcedência, mesmo que com fundamento – direto ou indireto – na insuficiência de provas, operará a usual coisa julgada *pro et contra*, definitiva.

Parte da doutrina, em razão dessa autorização, chega a ventilar a adoção excepcional do *non liquet*, autorizando-se o magistrado a não decidir a questão quando faltarem provas[56]. A lei, no entanto, expressamente menciona que haveria uma improcedência.

Por prova nova deve ser entendida (i) aquela ignorada pela parte no processo originário ou de que não pode fazer uso, (ii) desde que seja capaz de, por si só, reverter o julgamento e assegurar pronunciamento favorável, nos termos do art. 966, VII, do Código de Processo Civil[57].

O critério temporal, portanto, não é fundamental: o crucial é que o novo elemento persuasivo não tenha sido utilizado na demanda que formou coisa julgada condicionada, não havendo confusão necessária entre prova nova e prova superveniente[58] – apesar de entendimento minoritário em sentido contrário, abarcando as provas que poderiam ter sido produzidas, mas não o foram, na eficácia preclusiva da coisa julgada[59].

Tal prova pode estar pré-constituída ou ser produzida em demanda probatória autônoma, nos moldes do art. 381 do Código Fux.

Além disso, é requisito a prova substancialmente nova, não bastando a formalmente nova. Assim, deve a prova ser, ao menos na avaliação superficial do juiz da segunda ação, aparentemente capaz de gerar um julgamento favorável, ainda que, ao final do processo, se convença no sentido da improcedência[60].

Reunidas tais exigências, poderá haver propositura de nova ação coletiva de conhecimento, ainda que pelo próprio legitimado coletivo que ajuizou a anterior[61] e independentemente de anterior rescisão do decidido na primeira demanda.

---

[52] "Art. 627. (...) § 3º Verificando que a disputa sobre a qualidade de herdeiro a que alude o inciso III demanda produção de provas que não a documental, o juiz remeterá a parte às vias ordinárias e sobrestará, até o julgamento da ação, a entrega do quinhão que na partilha couber ao herdeiro admitido."

[53] Art. 34, parágrafo único, do Decreto-lei n. 3.365/41.

[54] WATANABE, 1999, p. 119.

[55] REsp 1.302.596/SP, 2ª Seção, Rel. Min. Paulo de Tarso Sanseverino, Rel. p/ acórdão Min. Ricardo Villas Bôas Cueva, j. 9-12-2015.

[56] GRINOVER, 2019, p. 1.014.

[57] MAZZILLI, 2019, p. 697.

[58] NEVES, 2016b, p. 359.

[59] GRINOVER, 2019, p. 1.016. O fundamento é o art. 508 do CPC ("Art. 508. Transitada em julgado a decisão de mérito, considerar-se-ão deduzidas e repelidas todas as alegações e as defesas que a parte poderia opor tanto ao acolhimento quanto à rejeição do pedido"), constando tal posição no art. 30, § 1º, do Código Modelo de Processos Coletivos para Ibero-América.

[60] ALVIM, 1996, p. 153.

[61] NEVES, 2016b, p. 357; BARBOSA MOREIRA, 1993.

Trata-se de expediente que busca prestigiar o valor justiça em detrimento excepcional da segurança jurídica. Naturalmente, a hipótese é bastante útil quando houver necessidade de provas tecnológicas, na esteira do progresso científico, comum em processos que envolvam danos ambientais e ao direito à saúde, por exemplo[62].

Tal sistemática peculiar, no entanto, não está alheia a críticas, inclusive a respeito de sua constitucionalidade, uma vez que sujeitaria os réus das demandas coletivas a graus inaceitáveis de insegurança e desigualdade[63]. A absoluta maioria da doutrina, porém, a aceita de bom grado, enquanto segurança para a coletividade tutelada pela via da legitimidade extraordinária[64].

Primeira discussão decorrente dessa sistemática diz respeito à necessidade ou não de haver menção, na decisão judicial final, sobre a insuficiência de material probatório.

Alguns autores exigem que haja expressa manifestação do julgador ou, ao menos, fundamentação capaz de fazer deduzir a falta de provas, uma vez que a possibilidade é excepcional (critério formal ou tese restritiva)[65].

Outros, a nosso ver com acerto, advogam a desnecessidade de fundamentação judicial a esse respeito, até porque a prova nova pode ser desconhecida à época da prolação da decisão (critério substancial ou tese ampliativa)[66].

Segunda polêmica diz respeito à real natureza de coisa julgada material do provimento. Parte da doutrina a refuta, uma vez que a imutabilidade não se opera, de todo, de sorte que a segunda ação prescinde do ajuizamento prévio de ação rescisória[67]. Por isso, a segunda ação, sem fundamentação em prova nova, deve ser extinta por ausência de interesse de agir (art. 485, VI, do CPC)[68].

Outra visão é no sentido de existir coisa julgada material e o correspondente grau de imutabilidade, mas condicionada[69]. A hipótese, aliás, não é de todo inédita, uma vez que, nas relações de trato continuativo, a superveniência de nova causa de pedir – como o é a prova nova, no especial regramento do microssistema coletivo – permite nova ação judicial (art. 505, I, do CPC).

Nesse sentido, caso tenha havido uma primeira decisão de improcedência, por carência de provas, e sobrevenha ajuizamento de segunda ação, sem apresentação de prova nova qualquer, a extinção do processo deve se fundamentar na existência de coisa julgada (art. 485, V, do CPC).

4. COISA JULGADA *SECUNDUM EVENTUM LITIS IN UTILIBUS*

Para além da coisa julgada *secundum eventum probationis*, verifica-se, no microssistema, a existência de ulterior particularidade: a coisa julgada se forma de acordo com o resultado do processo (*secundum eventum litis*) e apenas em benefícios dos indivíduos (*in utilibus*).

Basicamente, os indivíduos permanecem com a possibilidade de ajuizamento de demanda própria para pleitear a reparação dos danos sofridos, quando a ação coletiva tenha sido julgada improcedente. Tal regramento se aplica tanto aos direitos individuais homogêneos (art. 103, § 2º, do CDC, com exceção daqueles que tenham se habilitado como litisconsortes do autor coletivo, nos moldes

---

[62] DIDIER JR.; ZANETI JR., 2016b, p. 398.
[63] TUCCI, 1993, p. 120; MESQUITA, 1990, p. 81.
[64] NEVES, 2016b, p. 356.
[65] SILVA, 2007, p. 273; MANCUSO, 2008b; ALMEIDA, 2003, p. 378; GRINOVER, 2019, p. 1.014.
[66] NEVES, 2016b, p. 359; LEONEL, 2011, p. 290.
[67] MAZZILLI, 2019, p. 697.
[68] GIDI, 1995, p. 136.
[69] NEVES, 2016b, p. 357.

do art. 94) como ao processo a respeito de direitos difusos e coletivos (art. 103, § 1º), impedindo o transporte *in utilibus* do art. 103, § 3º, mas não o ajuizamento individual.

Em geral, tem-se que o microssistema, dessa forma, prevê a formação de coisa julgada, a partir de processo coletivo, em relação aos indivíduos lesados pela conduta do réu quando a decisão coletiva os beneficiar, de sorte que poderão liquidar e executar o título formado.

Para alguns autores, existe autêntica formação de coisa julgada *secundum eventum litis*, fruto de opção legislativa[70]. Outros preferem considerar que não é a coisa julgada formada *in utilibus*, mas apenas a extensão do resultado do litígio[71]. De todo modo, o resultado prático, benéfico aos membros da coletividade, é idêntico, apesar da discussão técnica e terminológica.

É interessante, a esse respeito, a concepção doutrinária no sentido de que o que a lei prevê não é propriamente uma extensão para beneficiar, mas uma restrição, para proteger[72]. A rigor, uma vez que estão adequadamente representados pelo legitimado coletivo, os indivíduos, nos moldes tradicionais, se submeteriam a qualquer que fosse a resposta jurisdicional, tanto em seu favor como em seu desfavor (coisa julgada *pro et contra*).

Em última análise, opera-se certo grau de flexibilização do instituto da coisa julgada nessas hipóteses, sob o argumento de os legitimados serem diversos para as demandas coletiva e individual, em inequívoca opção política pela parte supostamente mais frágil na relação processual. Essa tendência, considerada inapropriada em outros tempos, vem ganhando adeptos a cada dia e reforçando o número de defensores do instituto da "relativização da coisa julgada"[73].

Por fim, cabe recordar que, embora o texto legal estatua a possibilidade de o litigante individual optar por prosseguir com seu processo, enquanto tramita a ação coletiva (art. 104 do CDC), a jurisprudência do Superior Tribunal de Justiça impõe a suspensão obrigatória das demandas pulverizadas.

---

[70] NEVES, 2016b, p. 361.
[71] DIDIER JR.; ZANETI JR., 2016b, p. 399.
[72] LEONEL, 2011, p. 287-289.
[73] Por todos, DINAMARCO, 2003.

Capítulo 19
LIQUIDAÇÃO

1. NATUREZA JURÍDICA E OBJETO

A liquidação de sentença é o instituto processual que atribui liquidez à sentença, apurando a quantidade de bens ou valores que constituem a obrigação ilíquida, tornando possível a tutela jurisdicional executiva, com o cumprimento forçado da obrigação imposta ao devedor.

Isso significa que é por meio desse mecanismo processual que se confere exequibilidade ao título ilíquido, ao possibilitar que se completem os três requisitos: certeza, exigibilidade e liquidez.

Consiste, assim, em um procedimento destinado a atribuir valor (*quantum debeatur*) ao título executivo judicial que contém apenas o *an debeatur*, ou seja, a identificação da dívida. Por isso, a lei deixa bem claros os limites objetivos da liquidação, ao dispor ser vedado rediscutir a lide ou modificar a sentença que a julgou, o que simplesmente reforça a noção complementar que possui a liquidação, apenas completando a decisão de mérito quanto ao elemento liquidez (art. 509, § 4º).

Isso pode se dar de duas formas (modalidades): por arbitramento ou pelo procedimento comum (o que no CPC/1973 era denominado "por artigos"), nos termos dos incisos I e II do art. 509 do atual Código de Processo Civil, as quais são aplicadas também à apuração individual da sentença nas ações coletivas.

Por outro lado, a simples necessidade de cálculos aritméticos não compromete a liquidez do título, podendo ser dado início diretamente à fase de cumprimento de sentença (art. 509, § 2º, do CPC), instruindo o pleito com a memória de cálculo atualizada. Registre-se que a liquidação por cálculo do contador estava prevista no texto originário de 1973, mas foi suprimida do Código de Processo Civil por força da Lei n. 8.898, não sendo mais aplicada pelo nosso ordenamento desde 1994.

A doutrina[1] já assentou que o recurso cabível contra a decisão final da liquidação é o agravo de instrumento, extraindo essa intenção do art. 1.015, parágrafo único, do Código. Em sentido contrário, existe entendimento de que a insurgência se daria por meio de apelação, pois a atividade de liquidação ostentaria atividade cognitiva[2].

Assim, pode-se concluir que o objeto da liquidação é o título executivo judicial, como previsto no art. 509. Em relação ao título executivo extrajudicial, ou será líquido e, portanto, é título executivo, ou não, hipótese na qual não será possível iniciar um processo de execução.

Questão interessante, e que pode surgir na prática, diz respeito à impossibilidade de apuração de valor na liquidação.

Imagine-se, por exemplo, que a sentença condene o réu ao pagamento de dano material e, na apuração do *quantum*, verifica-se que o valor do bem é inexpressivo economicamente ou que não tem valor econômico aferível. Isso levaria, inexoravelmente, a considerar o valor inexistente ou quantificá-lo como "zero".

---

[1] Enunciado 145 da II Jornada de Direito Processual do CJF: "O recurso cabível contra a decisão que julga a liquidação de sentença é o Agravo de Instrumento".

[2] NEVES, 2016b.

Na tutela coletiva, é possível que, na liquidação individual de sentença coletiva, se verifique que, a rigor, o requerente não foi afetado pelo dano, o que significará que não fazia parte da coletividade substituída pelo legitimado ativo no processo de conhecimento.

Por fim, o art. 512[3] permite que a liquidação seja processada na pendência de recurso. Essa liquidação provisória pode ser combinada com o instituto da hipoteca judiciária, o que certamente conferirá situação privilegiada ao beneficiário do crédito.

Nesse sentido, mesmo aquele que tenha a seu favor uma sentença ilíquida, sujeita a recurso de apelação dotado de efeito suspensivo, pode perfeitamente constituir hipoteca judiciária incidente sobre o patrimônio do devedor, na forma do art. 495.

1.1. Direitos transindividuais

Na sentença genérica sobre danos a direitos difusos ou coletivos, seguem-se as diretrizes gerais do diploma processual geral. Não há particularidade estrutural, iniciando-se com mera petição, ao próprio juízo sentenciante, que levará à intimação do devedor coletivo, em autêntica liquidação-fase[4].

Aqui, são cabíveis as duas modalidades de liquidação, podendo bastar o arbitramento operado por perito.

A legitimidade, a princípio, é do próprio legitimado coletivo que ajuizou a ação ou que a assumiu, embora nada impeça que outro representante adequado a provoque.

1.2. Direitos individuais homogêneos

1.2.1. Liquidação imprópria

A sentença coletiva que condena o réu em relação à coletividade formada por indivíduos, isto é, nos direitos acidentalmente coletivos, ostenta natureza genérica particular. Isso porque, para além da possibilidade que a lei deixa para que os julgadores prolatem decisão final ilíquida, nos direitos individuais homogêneos a indeterminação do valor é uma constante, para além da própria indefinição dos sujeitos lesados.

Conclui-se, assim, que a sentença é objetiva e subjetivamente ilíquida, o que levou à consagração da expressão "liquidação imprópria"[5], uma vez que, além de determinar o quanto se deve (*quantum debeatur*), se aferirá a quem se deve (a existência do dano pessoal e o nexo etiológico com o dano global[6]). Ocorre, portanto, uma integralização do título judicial[7].

O parágrafo único do art. 97 do Código de Defesa do Consumidor, vetado, mencionava, expressamente, que o liquidante individual deveria demonstrar tão somente (i) o nexo de causalidade, (ii) o dano e, naturalmente, (iii) seu montante.

Por conta dessa amplitude de matéria, grande parte da doutrina conclui que a única modalidade possível é a liquidação pelo procedimento comum[8], sendo comumente necessária a produção de prova documental e testemunhal.

---

[3] "Art. 512. A liquidação poderá ser realizada na pendência de recurso, processando-se em autos apartados no juízo de origem, cumprindo ao liquidante instruir o pedido com cópias das peças processuais pertinentes."

[4] DIDIER JR.; ZANETI JR., 2016b, p. 425.

[5] DINAMARCO, 2004, p. 632; DIDIER JR.; ZANETI JR., 2016b, p. 429; NEVES, 2016b, p. 379.

[6] GRINOVER, 2019, p. 971.

[7] LEONEL, 2011, p. 428.

[8] GRINOVER, 2019, p. 975; MAZZILLI, 2019, p. 656; ARAÚJO FILHO, 2000, p. 430. Em sentido contrário, admitindo ambas as modalidades, já que na liquidação por arbitramento também se prova fato novo, mas pela via pericial: DIDIER JR.; ZANETI JR., 2016b, p. 430.

Outra peculiaridade é a própria legitimidade do sujeito individual lesado, que passa a atuar em legitimidade ordinária, habilitando-se[9] nesse momento. Aqui, a petição levará à citação do réu coletivo, no juízo do domicílio do futuro exequente. Por conta disso, parte da doutrina considera tratar-se de liquidação-processo autônomo[10].

Note-se que, como bem concluiu o Superior Tribunal de Justiça, a perspectiva da eficácia *erga omnes* diz respeito à etapa de conhecimento do processo coletivo. Uma vez prolatada sentença genérica, a liquidação individual seguirá os moldes do processo civil individual, sendo possível que cada beneficiário observe decisões diferentes, a depender das provas juntadas[11].

Excepcionalmente, é possível que a liquidação de sentença coletiva sobre direitos individuais homogêneos seja dispensada. Para tanto, o processo de conhecimento deve ter a capacidade de delinear todas as vítimas da conduta danosa (o que é possível de se cogitar em lesões de menor extensão, como um acidente aéreo), bem como o dano sofrido (pode existir um padrão de valor), ou, em outra alternativa ventilada pela doutrina, a sentença dele decorrente possuir natureza mandamental (ou condenatória, para os que não enxergam utilidade na classificação quinária), impondo ao condenado a incumbência de liquidar a dívida de cada sujeito[12].

1.2.2. Liquidação *in utilibus*

1.2.2.1. Extensão do título executivo coletivo para o plano individual

Os danos a direitos difusos ou coletivos podem atingir também sujeitos individuais – inclusive, é comum que todos sejam tutelados em uma mesma ação coletiva (híbrida). No entanto, pode ocorrer de apenas se pedir ao Judiciário que proteja os bens transindividuais, deixando-se, aparentemente, para outra ocasião as discussões individuais.

O microssistema possui resposta peculiar para tal situação, autorizando que os indivíduos, lesados em decorrência de conduta praticada pelo condenado na ação coletiva que levou à formação do título a respeito de direitos difusos ou coletivos, ingressem em juízo para liquidar e executar seus danos pessoais. É o chamado transporte *in utilibus* da coisa julgada sobre direitos transindividuais para o plano individual, autorizada pelo art. 103, § 3º, do Código de Defesa do Consumidor[13].

Trata-se de autêntica ampliação subjetiva e objetiva[14] do julgado originário, operada *ope legis*, em homenagem ao princípio da economia processual[15], sempre que o julgamento da ação coletiva que tenha por objeto direitos difusos ou coletivos seja favorável.

De certa forma, a sentença declaratória coletiva passa a ser automaticamente integrada por preceito condenatório em favor dos indivíduos envolvidos[16].

---

[9] A habilitação não se dá nos moldes do procedimento especial do CPC (art. 687 e seguintes), mas mais próxima ao que ocorre nas reclamações individuais de cumprimento após a sentença coletiva trabalhista, como observa Ada Pellegrini (GRINOVER, 2019, p. 971).

[10] DIDIER JR.; ZANETI JR., 2016b, p. 427.

[11] REsp 1.762.278-MS, Rel. Min. Antonio Carlos Ferreira, 4ª Turma, por unanimidade, j. 5-11-2024, *DJe* 18-11-2024.

[12] MENDES, 2014, p. 288.

[13] "Art. 103. (...) § 3º Os efeitos da coisa julgada de que cuida o art. 16, combinado com o art. 13 da Lei n. 7.347, de 24 de julho de 1985, não prejudicarão as ações de indenização por danos pessoalmente sofridos, propostas individualmente ou na forma prevista neste código, mas, se procedente o pedido, beneficiarão as vítimas e seus sucessores, que poderão proceder à liquidação e à execução, nos termos dos arts. 96 a 99. § 4º Aplica-se o disposto no parágrafo anterior à sentença penal condenatória."

[14] Discordando, terminologicamente, da ampliação objetiva, por considerar que o objeto do processo decorre da causa de pedir e do pedido postos em juízo pelo autor: LEONEL, 2011, p. 299.

[15] GRINOVER, 2019, p. 1.020.

[16] LEONEL, 2011, p. 299,

Outra parcela da doutrina prefere considerar que não se trata de extensão legal, mas de efeito secundário da sentença cível condenatória, a tornar certa a obrigação de indenizar as vítimas individuais[17].

É o caso da condenação de determinado fornecedor a retirar um produto nocivo do mercado, uma vez que tem potencial de gerar danos, bem como daquela referente ao dano ambiental, como um derramamento de óleo em região explorada por pescadores. Esse título executivo judicial, sobre matéria difusa, poderá ser liquidado e executado pelos indivíduos que provarem ter sofrido lesões em decorrência do referido produto.

Não se pode ignorar, por fim, a existência de posição conservadora, que não enxerga qualquer peculiaridade no art. 103, § 3º, compreendendo que, em respeito ao princípio da congruência, a abrangência da coisa julgada quanto aos direitos individuais dependeria, sempre, de pedido a respeito[18].

1.2.2.2. Extensão do título executivo penal condenatório (ação coletiva *ex delicto*)

Também pode haver essa abertura objetiva do julgado criminal que concluir pela prática de crime contra bem jurídico coletivo, mas com ofensa, em paralelo, a indivíduos (art. 103, § 4º).

A menção é interessante porque faz recordar justamente de outra hipótese em que o ordenamento autoriza a extensão objetiva: em qualquer sentença penal condenatória, há o efeito penal de tornar certa a obrigação de indenizar a vítima, iniciando-se, após, o cumprimento de sentença no juízo cível.

O microssistema autoriza, semelhantemente, a ação coletiva *ex delicto*[19] (transporte da coisa julgada penal *in utilibus*[20]), da qual são bons exemplos as decorrentes de crimes contra as relações de consumo, o mercado de capitais, a proteção da concorrência ou o meio ambiente[21].

Nessas hipóteses, é possível que, sobrevindo condenação definitiva na esfera penal, a ação cível de conhecimento coletiva se transmude em liquidação de sentença, sendo considerado enquanto fato superveniente (art. 493 do CPC).

Fato é que, em qualquer uma dessas duas possibilidades, o indivíduo que se veja lesado deve promover a liquidação do título executivo judicial genérico, tendo que provar, semelhantemente à liquidação imprópria, a existência de dano, o nexo de causalidade com a conduta do executado que gerou o título coletivo e a extensão dos prejuízos sofridos[22].

A liquidação e a execução estarão sempre limitadas ao réu condenado na ação penal, sendo inviável sua extensão para outros agentes que possivelmente tenham contribuído para a conduta ilícita[23].

Existe discussão a respeito da sentença penal absolutória. Parte da doutrina acredita que a sentença penal absolutória em razão da ausência de materialidade ou de negativa de autoria seria fato superveniente capaz de levar à extinção do pleito cível coletivo[24].

Outros autores, no entanto, consideram, em razão da independência de instâncias e da exclusiva previsão da extensão *in utilibus* (e não em prejuízo), que a absolvição criminal não é impeditiva à

---

[17] RODRIGUES, 2009; ZAVASCKI, 2017b.
[18] MAZZILLI, 2019.
[19] TAHIM JR., 2004.
[20] GRINOVER, 2019, p. 1.023; ANDRADE; MASSON; ANDRADE, 2017, p. 256.
[21] DIDIER JR.; ZANETI JR., 2016b, p. 407; LEONEL, 2011, p. 297.
[22] NEVES, 2016b, p. 380.
[23] LEONEL, 2011, p. 298.
[24] DIDIER JR.; ZANETI JR., 2016b, p. 407.

demanda coletiva cível, quando fundada em insuficiência de provas. Quando, porém, a absolvição é baseada em lastro probatório suficiente, embora obste a procedência da demanda coletiva, não poderia impedir o ajuizamento de demandas individuais, funcionando o comando legal como regra especial em relação à do Código de Processo Penal (arts. 65 e 66[25])[26].

Nesse particular, entendemos que apenas a absolvição por negativa de autoria comprovada (e não por insuficiência de provas) e por negativa absoluta de materialidade (a abarcar toda a causa de pedir da ação coletiva) seriam capazes de vincular o julgamento da ação coletiva.

Ademais, por mais interessante que seja o argumento da extensão apenas em benefício da coletividade, é inegável que a conclusão do juiz criminal na direção da absolvição por categórica inexistência material do fato funcionará como fundamento praticamente decisivo para a improcedência dos pedidos individuais, salvo quando a conduta, embora não tipifique crime coletivo, seja capaz de gerar danos.

Apontam-se, por fim, duas diferenças entre a sistemática geral do Código de Processo Civil para execução da sentença penal e a do Código de Defesa do Consumidor. A primeira se refere ao já destacado caráter *in utilibus* do art. 103, § 4º, do Código de Defesa do Consumidor, que apenas autoriza a extensão em benefício das vítimas, nunca para impedir suas ações individuais reparatórias na instância cível, como pode suceder no sistema geral (art. 935 do CC[27])[28].

Além disso, há quem sustente que apenas crimes praticados contra uma coletividade abstratamente considerada possam ser objeto da extensão tratada, por prescindirem de identificação das vítimas – os demais deveriam seguir a sistemática geral do Código de Processo Civil[29]. Parece-nos, porém, que, quanto a esse último aspecto, se está diante de um falso problema, que apenas interfere na maior ou menor complexidade da liquidação que sucederá.

2. LEGITIMIDADE

Independentemente de se estar diante de um processo autônomo, de fase processual ou de incidente, a legitimidade para dar início à liquidação de sentença é do credor e do devedor, assim identificados no título a ser liquidado. Justifica-se o interesse do devedor, diante da necessidade de pagamento no prazo legal, a fim de evitar a imposição de multa e honorários.

2.1. Direitos transindividuais

Nas sentenças que versem sobre direitos transindividuais, a sistemática do Código é plenamente aplicável, sendo viável ao réu coletivo que promova a liquidação e antecipe o pagamento.

Quanto aos colegitimados, podem provocar a liquidação aquele que efetivamente ocupou o polo ativo da demanda como os demais legitimados por lei, semelhantemente ao que está previsto para a legitimidade executiva. Tal diretriz se aplica para os direitos difusos e, a nosso ver, também para os coletivos em sentido estrito.

---

[25] "Art. 65. Faz coisa julgada no cível a sentença penal que reconhecer ter sido o ato praticado em estado de necessidade, em legítima defesa, em estrito cumprimento de dever legal ou no exercício regular de direito. Art. 66. Não obstante a sentença absolutória no juízo criminal, a ação civil poderá ser proposta quando não tiver sido, categoricamente, reconhecida a inexistência material do fato."

[26] LEONEL, 2011, p. 298.

[27] "Art. 935. A responsabilidade civil é independente da criminal, não se podendo questionar mais sobre a existência do fato, ou sobre quem seja o seu autor, quando estas questões se acharem decididas no juízo criminal."

[28] LEONEL, 2011; GIDI, 1995; ANDRADE; MASSON; ANDRADE, 2017, p. 257.

[29] ARAÚJO FILHO, 2000, p. 178; ANDRADE; MASSON; ANDRADE, 2017, p. 257.

No tocante a estes últimos, existe posição doutrinária que aponta a prioridade de liquidação e execução pela vítima, semelhantemente ao que ocorre com a sentença que suscita condenação referente a direitos individuais homogêneos[30].

Entendemos, porém, que se trata de mais uma má compreensão da característica da indivisibilidade dos direitos, bem como de sua cinzenta titularidade. Se os direitos coletivos são aqueles que pertencem a um grupo, categoria ou classe – e não a seus membros –, a liquidação e a execução devem ser promovidas por um substituto processual, a exemplo do que sucede no processo de conhecimento.

2.2. Direitos individuais

Por outro lado, nas sentenças genéricas sobre direitos individuais homogêneos, a liquidação, quase sempre, tem um caráter particular, servindo não somente para determinar quanto é devido, mas também a quem se deve, já que a coletividade foi substituída na fase de conhecimento (liquidação individual). Assim, necessita de um elemento volitivo, dependendo da iniciativa de cada um dos supostos lesados.

O microssistema (art. 97 do CDC[31]) também autoriza a liquidação por iniciativa dos legitimados coletivos (liquidação coletiva), em favor dos indivíduos. Duas discussões se colocam, nesse aspecto.

A primeira diz respeito à existência de prioridade ou não entre a liquidação individual e a coletiva.

Para uma primeira leitura, deve haver preferência para a habilitação individual, prestigiando-se o acesso direto e personalizado à justiça, atuando os legitimados coletivos apenas residualmente (aplica-se, em alguma medida, a ideia da liquidação e execução fluida)[32].

Outros autores reputam que a melhor saída, levando em consideração o déficit de efetividade que, não raro, marca a etapa executiva de sentenças coletivas, seria a priorização da liquidação e execução pelo legitimado coletivo, em prol dos indivíduos lesados (execução pseudocoletiva ou pseudoindividual)[33].

A segunda indagação refere-se à natureza jurídica da atuação dos entes coletivos, nessa etapa.

Há quem entenda que, diferentemente do que sucede na etapa de conhecimento do litígio, agiriam a título de representantes processuais, agindo em nome das vítimas ou sucessores, de sorte que faltaria, por exemplo, legitimidade ao Ministério Público para a liquidação de sentença acerca de direitos individuais disponíveis[34].

Por outro lado, existe conclusão diversa, na linha da substituição processual, a nosso ver correta. Na prática, a representação acarreta a qualificação completa dos indivíduos, inclusive formalmente como partes do processo – barreira que merece ser ultrapassada, bastando a presença, como parte, do substituto legitimado coletivo.

De todo modo, essa atuação só será verdadeiramente possível quando existir algum nível de identificação das vítimas, o que pode constar de documentação apresentada tanto no processo condenatório como pelo executado, por ordem do juízo.

Subsidiariamente, na hipótese do *fluid recovery* (art. 100 do CDC), pode ocorrer de um legitimado coletivo promover a execução do título, em benefício da coletividade. Nesse caso, o funcionamento será

---

[30] MAZZILLI, 2019, p. 657-658.

[31] "Art. 97. A liquidação e a execução de sentença poderão ser promovidas pela vítima e seus sucessores, assim como pelos legitimados de que trata o art. 82."

[32] MAZZILLI, 2019, p. 665.

[33] ADPF 165/DF, Pleno, Rel. Min. Ricardo Lewandowski, j. 15-2-2018.

[34] GRINOVER, 2019, p. 974.

muito semelhante ao da liquidação de sentença sobre direito difuso ou coletivo, somente garantindo a reversão da indenização do fundo, sem, porém, satisfazer os verdadeiros ofendidos.

Desse modo, é possível que o próprio executado tome a iniciativa para a liquidação do valor global e seu pagamento, verificando o baixo número de habilitados após o prazo de um ano.

3. COMPETÊNCIA

3.1. Direitos transindividuais

A liquidação, em geral, é promovida perante o próprio juízo em que se sentenciou o processo e em que correrá o cumprimento da sentença. Trata-se de exemplo de competência funcional. Essa lógica se enquadra perfeitamente à sentença ilíquida que verse sobre direitos difusos ou coletivos.

3.2. Direitos individuais

Já na liquidação com vistas à execução individual de sentença coletiva sobre direitos individuais homogêneos, a jurisprudência dos tribunais superiores, atenta ao acesso à justiça que fundamenta todo o microssistema, admite seu início no juízo do domicílio do indivíduo supostamente lesado[35].

O Superior Tribunal de Justiça, inclusive, fixou tese, em sede de recurso repetitivo[36], nesse sentido, assinalando a competência do local em que domiciliado o lesado individual.

Na realidade, o parágrafo único do art. 97 do Código de Defesa do Consumidor[37], que restou vetado, mencionava expressamente a questão da competência para a liquidação[38]. De todo modo, a jurisprudência integrou, e bem, a lacuna, no sentido do texto legal aprovado pelo Legislativo, mas afastado pelo Executivo com fundamento em uma mal compreendida ofensa aos princípios da ampla defesa e da vinculação quanto à competência.

Afinal, se o executado praticou conduta lesiva em larga extensão, frequentemente se beneficiando, inclusive financeiramente, de tal proceder ilícito, deve arcar com o ônus de defesa em variados foros. O princípio do desfecho único da execução, que se desdobra para a etapa de liquidação, elucida que, no momento de satisfazer o credor do título executivo, deve-se prestigiar e facilitar seu atuar judicial.

Além disso, permanece hígido o art. 98, § 2º, I, do diploma, que prevê que o juízo competente para a execução seja o da liquidação da sentença ou da ação condenatória, sendo aplicável, analogicamente, o art. 101 para determinar o local da liquidação, no domicílio do autor[39].

Esse entendimento do STJ não permite a promoção da execução em outro juízo, aleatório, ainda que seja o domicílio do legitimado extraordinário (substituto processual), como já alertado pelo próprio tribunal[40].

Quanto à competência, é importante consignar o *distinguishing* feito pelo próprio STJ: se a execução individual for em face da União, além da competência do domicílio do exequente e do juízo em que tramitou a ação na fase de conhecimento, existe também a competência do Distrito Federal,

---

[35] CC 96.682/RJ, 3ª Seção, Rel. Min. Arnaldo Esteves Lima, j. 10-2-2010.
[36] REsp 1.243.887/PR, Corte Especial, Rel. Min. Luis Felipe Salomão, j. 19-10-2011.
[37] "Art. 97. (...) Parágrafo único. A liquidação de sentença, que será por artigos, poderá ser promovida no foro do domicílio do liquidante, cabendo-lhe provar, tão-só, o nexo de causalidade, o dano e seu montante."
[38] GRINOVER, 2019, p. 975.
[39] GRINOVER, 2019, p. 976.
[40] REsp n. 1.866.440/AL, Rel. Min. Marco Aurélio Bellizze, 3ª Turma, j. 9-5-2023, *DJe* de 12-5-2023.

por autorização do art. 102, § 2º, da Constituição Federal, como forma de prestigiar a máxima efetividade da Constituição e de ampliar o acesso à justiça do credor da União[41].

Ademais, embora o STJ não tenha deixado clara essa conclusão, existe entendimento doutrinário[42] no sentido da aplicação do art. 516 à execução individual, permitindo, em acréscimo, a liquidação e execução:

(i) o foro no qual tramitou a ação de conhecimento, sem prevenção do juízo que julgou a demanda coletiva;
(ii) o juízo do foro do domicílio do exequente (indivíduo lesado);
(iii) o juízo do foro do atual domicílio do executado; e
(iv) o juízo do foro no qual o executado possui bens sujeitos à expropriação.

Ainda sobre o juízo adequado para a execução, o Superior Tribunal de Justiça entende ser impossível propor nos Juizados Especiais da Fazenda Pública a execução de título executivo formado em ação coletiva que tramitou sob o rito ordinário, assim como impor o rito sumaríssimo da Lei n. 12.153/2009 ao juízo comum da execução[43].

4. MODALIDADES

O Código de Processo Civil consagra duas espécies de liquidação: por arbitramento ou pelo procedimento comum.

Por outro lado, se apenas houver necessidade de mero cálculo aritmético, não há necessidade de se promover a liquidação, devendo o credor requerer, desde logo, o cumprimento da sentença. Nessa linha, o Conselho Nacional de Justiça deve desenvolver e colocar à disposição dos interessados programa de atualização financeira. Com essa providência será alcançada a uniformização quanto aos índices de correção e atualização monetária, bem como será facilitado o acesso à justiça.

Na tutela coletiva, as modalidades serão as mesmas, até porque, a rigor, a dicotomia é quase simbólica. No fundo, o Código diferencia uma primeira hipótese, na qual basta a produção de prova pericial para se obter o valor, de uma segunda, em que outros tipos de prova serão admitidos, em procedimento semelhante ao comum, de conhecimento. Bastaria autorizar o juiz a adotar a sequência de atos que julgasse necessária, com as provas que o caso concreto exigisse.

De todo modo, no processo coletivo, os legitimados coletivos (no caso de direitos difusos ou coletivos ou na execução fluida de direitos individuais) ou os indivíduos lesados (no caso de direitos individuais homogêneos) provocarão o juízo.

4.1. Liquidação por arbitramento

Essa modalidade de liquidação será observada quando for determinada pela sentença[44] ou convencionada pelas partes, ou, ainda, o exigir a natureza do objeto da liquidação (art. 509, I), podendo-se agrupar as três hipóteses em uma única: a necessidade de realização de prova pericial para determinação do *quantum debeatur*.

---

[41] CC n. 199.938/SP, Rel. Min. Mauro Campbell Marques, 1ª Seção, j. 11-10-2023, *DJe* de 17-10-2023.
[42] LEONEL, 2011, p. 418; DIDIER JR.; ZANETI JR., 2016b, p. 456. Posição também sustentada anteriormente em PINHO, 2018, p. 835.
[43] REsp 1.804.186-SC, Rel. Min. Herman Benjamin, 1ª Seção, por unanimidade, j. 12-8-2020, *DJe* 11-9-2020 (Tema 1.029).
[44] Na verdade, inexiste obrigatoriedade em se seguir a forma de liquidação determinada na sentença, nos termos da Súmula 344 do STJ ("A liquidação por forma diversa da estabelecida na sentença não ofende a coisa julgada"). Dessa forma, é certo afirmar que o manto de imutabilidade da coisa julgada não cobre a modalidade de liquidação, passível esta de alteração, segundo o prudente arbítrio do julgador nessa fase do procedimento, desde que em homenagem ao princípio da adequação.

A liquidação por arbitramento, em suma, é realizada por meio de lado realizado por perito nomeado pelo juiz. Na tutela coletiva, é bastante comum, notadamente em danos ambientais, em que critérios científicos e técnicos são essenciais para o correto delineio da lesão[45].

O procedimento se inicia por meio de simples requerimento e, ato contínuo, o juiz intimará as partes para a apresentação de pareceres ou documentos elucidativos, no prazo que fixar (art. 510[46]).

Apenas no caso em que não for possível decidir de plano, será nomeado perito, de modo a evitar perícias custosas e demoradas, observando-se, no que couber, o procedimento da prova pericial (art. 464 e seguintes do CPC).

Destacamos, aqui, que, sendo o ponto controvertido de menor complexidade, é possível a substituição da prova pericial pela prova técnica simplificada, circunstância em que o especialista será inquirido diretamente pelo juiz, permitindo que seja feito via recurso tecnológico de transmissão de dados.

4.2. Liquidação pelo procedimento comum

A outra modalidade de liquidação prevista é a liquidação pelo procedimento comum, utilizada quando houver necessidade de serem alegados e provados fatos novos (art. 509, II).

Fatos novos são aqueles acontecimentos anteriores, concomitantes ou supervenientes à ação de conhecimento e que tenham relação direta com o *quantum debeatur*.

Note-se que, para fins de conceituação de "fato novo", é irrelevante o prisma temporal, importando, na verdade, o seu surgimento no processo. Fato novo, a rigor, é aquele que não está nos autos – não necessariamente implica que não existia, apenas não era do conhecimento do juiz da causa.

Nessa linha, a maioria da doutrina aponta que, na liquidação individual de sentença coletiva genérica sobre direitos individuais homogêneos, a única modalidade possível é aquela que segue o procedimento comum, já que haverá necessidade de se provar:

(i) a extensão do dano, com fatos novos, peculiares aos indivíduos e, por isso, estranhos ao processo de conhecimento coletivo; e

(ii) o nexo de causalidade entre a conduta do condenado e cada um dos sujeitos individuais[47].

Na realidade, o parágrafo único do art. 97 do Código de Defesa do Consumidor[48], que restou vetado, mencionava expressamente que a liquidação se daria por artigos (correspondente à liquidação pelo procedimento comum no atual Código). O veto, no entanto, se destinava à questão da competência para a liquidação, tendo, apenas aparentemente, alcançado, a reboque, o aspecto da modalidade liquidatória[49].

A liquidação pelo procedimento comum, como o próprio nome faz presumir, segue o rito do procedimento comum previsto no processo de conhecimento.

---

[45] LEONEL, 2011, p. 426.

[46] "Art. 510. Na liquidação por arbitramento, o juiz intimará as partes para a apresentação de pareceres ou documentos elucidativos, no prazo que fixar, e, caso não possa decidir de plano, nomeará perito, observando-se, no que couber, o procedimento da prova pericial."

[47] GRINOVER, 2019, p. 975; MAZZILLI, 2019, p. 658; ARAÚJO FILHO, 2000, p. 430. Em sentido contrário, admitindo ambas as modalidades, já que na liquidação por arbitramento também se prova fato novo, mas pela via pericial: DIDIER JR.; ZANETI JR., 2016b, p. 430.

[48] "Art. 97. (...) Parágrafo único. A liquidação de sentença, que será por artigos, poderá ser promovida no foro do domicílio do liquidante, cabendo-lhe provar, tão só, o nexo de causalidade, o dano e seu montante."

[49] GRINOVER, 2019, p. 975.

O juiz determinará a intimação do requerido, na pessoa de seu advogado ou da sociedade de advogados a que estiver vinculado, para, querendo, apresentar contestação no prazo de quinze dias (art. 511[50]).

---

[50] "Art. 511. Na liquidação pelo procedimento comum, o juiz determinará a intimação do requerido, na pessoa de seu advogado ou da sociedade de advogados a que estiver vinculado, para, querendo, apresentar contestação no prazo de 15 (quinze) dias, observando-se, a seguir, no que couber, o disposto no Livro I da Parte Especial deste Código."

Capítulo 20
EXECUÇÃO

Uma vez formado o título executivo, o desafio passa a ser sua efetivação e implementação. Não havendo satisfação voluntária, passa-se à fase de execução da sentença ou inicia-se um processo autônomo de execução do título extrajudicial.

1. MEIOS DE EXECUÇÃO

Os meios de execução, também chamados de técnicas executivas, são os meios pelos quais a execução realiza os seus fins e podem ser requeridos pela parte ou determinados pelo juiz.

No processo civil, a execução, na maioria dos casos, é patrimonial. Hoje, só há uma hipótese em que a execução civil pode recair sobre a pessoa do acusado, que é o caso da dívida por alimentos, naturalmente inaplicável ao processo coletivo.

Para efetivar essa execução patrimonial, o Estado pode se utilizar de dois instrumentos: a execução direta ou sub-rogação e a execução indireta, também chamada de coerção.

Quanto maior a flexibilidade conferida ao juízo em relação aos meios executivos utilizáveis à satisfação do credor, maior a possibilidade de se alcançar a execução específica, isto é, fornecer ao credor a prestação justamente a que anseia.

1.1. Sub-rogação (execução direta)

Consegue-se para o credor, através desse meio, exatamente aquilo que pretendia, substituindo a vontade do executado.

Os meios de sub-rogação são aqueles em que o Poder Judiciário prescinde da colaboração do executado para a efetivação da prestação devida, atuando diretamente sobre o bem objeto da execução, e, por isso, são também chamados de execução direta.

O magistrado toma as providências que deveriam ter sido efetivadas pelo devedor, sub-rogando-se na sua posição. Há substituição da conduta do devedor por outra do Estado-juiz, que gere a efetivação do direito do exequente, por meio da invasão da esfera patrimonial do executado.

A tutela coletiva não guarda peculiaridades relevantes no tocante à utilização dos meios sub-rogatórios, sendo aplicável o largo regramento do diploma processual geral.

O art. 84, § 5º, do Código de Defesa do Consumidor[1], nesse tocante, ao apontar um rol exemplificativo de medidas à disposição do julgador na persecução da tutela específica, merece leitura em conjunto com a cláusula geral do art. 139, IV, do Código de Processo Civil[2], já validado pelo STF[3], inclusive com aplicação em áreas específicas, como já decidiu o STJ.

---

[1] "Art. 84. (...) § 5º Para a tutela específica ou para a obtenção do resultado prático equivalente, poderá o juiz determinar as medidas necessárias, tais como busca e apreensão, remoção de coisas e pessoas, desfazimento de obra, impedimento de atividade nociva, além de requisição de força policial."

[2] "Art. 139. O juiz dirigirá o processo conforme as disposições deste Código, incumbindo-lhe: (...) IV – determinar todas as medidas indutivas, coercitivas, mandamentais ou sub-rogatórias necessárias para assegurar o cumprimento de ordem judicial, inclusive nas ações que tenham por objeto prestação pecuniária."

[3] Constitucionalidade da previsão de medidas atípicas para assegurar o cumprimento de ordens judiciais. São constitucionais – desde que respeitados os direitos fundamentais da pessoa humana e observados os valores especificados no próprio ordenamento

O Superior Tribunal de Justiça tem se inclinado a admitir a utilização de meios executivos atípicos, com base no comando do Código de Processo Civil mencionado, inclusive em ações de improbidade administrativa. Para tanto, devem ser seguidos os parâmetros exigidos por sua jurisprudência para os casos em geral: (i) subsidiariedade em relação aos meios típicos; (ii) indícios de existência de patrimônio expropriável (ocultação maliciosa); (iii) fundamentação da decisão; (iv) contraditório; (v) proporcionalidade, no caso concreto, das medidas escolhidas[4].

1.1.1. Desconto em folha de pagamento

É importante consignar, contudo, que o art. 14, § 3º, da Lei da Ação Popular[5] traz previsão importante que autoriza o desconto do montante fixado na sentença condenatória de ressarcimento ao erário em folha de pagamento do agente público, quando for conveniente ao interesse público[6].

O comando acaba por ser excepcional, em comparação ao Código de Processo Civil, que não traz permissão generalizada para a satisfação por meio dos rendimentos do executado, os quais, a princípio, seriam impenhoráveis.

O Superior Tribunal de Justiça, contudo, vem se posicionando no sentido da viabilidade dos descontos, desde que em medida que não comprometa o sustento do devedor[7].

Diante desse cenário, parece ganhar força a posição segundo a qual a norma da Lei n. 4.717/65 merece ser vista como aplicável a todas as espécies de ações coletivas.

1.1.2. Intervenção judicial

A legislação atinente às infrações à ordem econômica possui medida específica para fazer cumprir ordem judicial. Quando a tutela específica não for atingida, está prevista a sub-rogação pela via da intervenção judicial (arts. 102 a 111 da Lei n. 12.529/2011).

Antes mesmo de haver previsão geral no Código de Processo Civil para a tomada de medidas atípicas pelo magistrado de modo a garantir efetividade a seus pronunciamentos, sustentava-se a aplicação do instituto às demais ações coletivas, em caráter subsidiário[8].

---

processual, em especial os princípios da proporcionalidade e da razoabilidade – as medidas atípicas previstas no CPC/2015 destinadas a assegurar a efetivação dos julgados. A duração razoável do processo, que decorre da inafastabilidade da jurisdição, deve incluir a atividade satisfativa (CF/88, art. 5º, LXXVIII; e CPC/2015, art. 4º). Assim, é inviável a pretensão abstrata de retirar determinadas medidas do leque de ferramentas disponíveis ao magistrado para fazer valer o provimento jurisdicional, sob pena de inviabilizar a efetividade do próprio processo, notadamente quando inexistir uma ampliação excessiva da discricionariedade judicial. A previsão de uma cláusula geral, contendo uma autorização genérica, se dá diante da impossibilidade de a legislação considerar todas as hipóteses possíveis no mundo contemporâneo, caracterizado pelo dinamismo e pelo risco relacionados aos mais diversos ramos jurídicos. Assim, as medidas atípicas devem ser avaliadas de forma casuística, de modo a garantir ao juiz a interpretação da norma e a melhor adequação ao caso concreto, aplicando ao devedor ou executado aquela que lhe for menos gravosa, mediante decisão devidamente motivada. A discricionariedade judicial não se confunde com arbitrariedade, razão pela qual qualquer abuso deverá ser coibido pelos meios processuais próprios, que são os recursos previstos no ordenamento processual. Com base nesse entendimento, o Plenário, por maioria, julgou improcedente a ação para assentar a constitucionalidade do art. 139, IV, do CPC/2015. ADI n. 5.941-DF, Rel. Min. Luiz Fux, j. 9-2-2023, *Informativo STF* n. 1.082.

[4] REsp 1.929.230-MT, Rel. Min. Herman Benjamin, 2ª Turma, por unanimidade, j. 4-5-2021.

[5] "Art. 14. (...) § 3º Quando o réu condenado perceber dos cofres públicos, a execução far-se-á por desconto em folha até o integral ressarcimento do dano causado, se assim mais convier ao interesse público."

[6] Parte da doutrina (NEVES, 2016b, p. 389) considera se tratar de modalidade de execução indireta, o que não nos parece preciso, na medida em que há satisfação com o próprio bem retirado da esfera patrimonial do executado.

[7] EREsp 1.582.475/MG, Corte Especial, Rel. Min. Benedito Gonçalves, j. 3-10-2018.

[8] LEONEL, 2011, p. 423. Entendemos que a subsidiariedade não está prevista no art. 102, sendo requisito dispensável em razão do art. 139, IV, do CPC.

A técnica possui exigências próprias, que devem ser respeitadas, como a fixação de prazo de duração (que pode ser abreviado, no seu curso) e providências a serem tomadas, em decisão com fundamentação específica, a exigir contraditório prévio.

1.2. Coerção ou coação (execução indireta)

O segundo meio de execução é a coerção ou coação, também denominado de execução indireta.

Esse meio, por si só, não garante o cumprimento da obrigação, mas apenas estimula o cumprimento da obrigação pelo próprio executado. Em vez de o juiz tomar as providências que deveriam ser tomadas pelo executado, o poder coercitivo do Estado-juiz atua para que ele cumpra a obrigação, sendo de especial utilidade quando o objeto da prestação for obrigação de fazer.

Por isso, os atos coercitivos não são propriamente de execução, assim compreendida a atividade jurisdicional em que se resolve uma crise de satisfação do direito do credor-exequente. A coerção cessará tão logo se verifique o adimplemento da obrigação.

A execução indireta, também chamada de coerção indireta, não realiza, por si só, o direito material, mas apenas atua sobre a vontade do devedor com o objetivo de convencê-lo a adimplir. Constitui exemplo de execução indireta o emprego da multa com a finalidade de constranger o demandado ao cumprimento.

É fundamental ter em mente que, na tutela coletiva, a utilização dos meios coercitivos se revela crucial para a obtenção da tutela específica ou do resultado prático equivalente, funcionando a satisfação pela conversão da obrigação em perdas e danos como última saída[9] e, nesse ramo do Direito Processual, quase como uma insatisfação.

Por isso, é inegável que a atividade executiva coletiva possui contornos cognitivos. A melhor saída para a efetivação da política pública objeto da sentença, que, várias vezes, é bastante ampla e genérica, será verificada pelo juiz da execução, com grau de cognição acima do praticado, geralmente, na tutela individual[10].

1.2.1. Multa cominatória (astreintes)

Tem-se buscado, mormente nos últimos anos, dar ao processo civil maior efetividade. Por meio do processo, o credor deve obter exatamente aquilo a que tem direito, tendo o magistrado compromisso com o princípio da efetividade e a busca da tutela específica.

A conversão em perdas e danos pode, muitas vezes, não satisfazer o credor da obrigação de fazer. A perspectiva de se obter a execução específica da obrigação é, quase sempre, desejável e, na tutela coletiva, recebe ímpar relevância, porque a prestação de fazer satisfaz à coletividade e a indenização compensatória significa uma redução real do benefício jurisdicional.

Diante disso, para tentar assegurar que a execução leve as partes a uma situação idêntica à que estariam caso houvesse adimplemento normal, o legislador mune o juiz de amplos poderes para efetivar sua decisão, inclusive por meio de uma cláusula geral autorizadora da tomada de medidas necessárias (art. 139, IV, do CPC). Também na tutela coletiva já se advogava a mitigação do princípio da demanda e do dispositivo, como forma de efetivar o resultado específico, mediante a fungibilidade das obrigações de fazer ou não fazer[11].

O Código de Processo Civil de 1973 já dispunha acerca das *astreintes*, que seriam uma multa aplicada por dia de atraso no cumprimento de uma condenação, com a finalidade não só de constranger o devedor ao cumprimento da obrigação, mas também de evitar o seu retardamento.

---

[9] WATANABE, 2019, p. 928.

[10] Falando em mitigação da separação entre cognição e execução: LEONEL, 2011, p. 402.

[11] LEONEL, 2011, p. 408.

Para conceder a tutela específica, vigoram na execução amplos poderes para o juiz, que só recorre às *astreintes* (ou multa cominatória ou periódica) em sendo impossível conceder, desde logo, a utilidade esperada pelo devedor, denominada "resultado prático equivalente".

Tais multas não se confundem com as multas administrativas previstas em legislações específicas como punição por infração tipificada em lei[12]. Do mesmo modo, não possuem natureza compensatória, mas apenas de meio de coerção[13].

As *astreintes* são, então, o meio de coerção mais empregado, podendo ser requeridas em vários momentos, como na própria inicial.

A multa pode ser fixada em decisão interlocutória, em sede de antecipação de tutela, na sentença ou no curso do cumprimento de sentença, e incide após prazo razoável fixado para o cumprimento do preceito, sem que este tenha ocorrido.

As *astreintes* podem ser fixadas de ofício, assim como pode o magistrado proceder à revisão de seu valor ou de sua periodicidade, nos casos em que a multa se tornar excessiva para o devedor.

Sua fixação de plano pelo magistrado não viola o princípio da inércia, pois o julgador não estará inovando nos limites da provocação feita pelo demandante, mas apenas definindo o melhor mecanismo para cumprimento da obrigação.

Inclusive, essa possibilidade está destacadamente prevista no art. 84, § 4º, do Código de Defesa do Consumidor[14], norma integrante do núcleo duro do microssistema, vista como forma de consagrar a plasticidade processual[15], com enfoque na proporcionalidade das medidas eleitas pelo magistrado para efetivar seus provimentos.

É importante salientar que, por previsão expressa do art. 537, *caput*, do Código de Processo Civil de 2015, a multa deve ser suficiente e compatível com a obrigação, sendo determinado prazo razoável para cumprimento do preceito.

A multa diária é cabível até mesmo em face da Fazenda Pública, sem que se esteja penalizando a própria sociedade, já que se busca, por esse meio, a efetividade do processo e a execução da decisão contrária ao ente público. Nesses casos, caberá ao poder público buscar o ressarcimento junto ao servidor quando este atuar de forma dolosa ou culposa.

Na vigência do Código de Processo Civil de 1973, para que incidissem as *astreintes*, o devedor deveria ser pessoalmente intimado da obrigação, não sendo suficiente a intimação do advogado, até mesmo porque seria o próprio patrimônio do devedor que restaria comprometido se a obrigação fosse cumprida, e não o de seu patrono. Nesse sentido a Súmula 410 do STJ, que dispõe que a prévia intimação pessoal do devedor constitui condição necessária para a cobrança de multa pelo descumprimento de obrigação de fazer ou de não fazer.

No atual Código, discute-se severamente se a situação se teria modificado a ponto de levar à superação da referida súmula. Contudo, o Superior Tribunal de Justiça já enfrentou a questão e entendeu que o entendimento permanece aplicável na vigência do Código de Processo Civil de 2015[16].

No Código, a matéria vem disciplinada no § 4º do art. 537, que dispõe que a multa será devida desde o dia em que se configurar o descumprimento da decisão e incidirá enquanto não for cumprida

---

[12] MAZZILLI, 2019, p. 636.
[13] WATANABE, 2019, p. 928.
[14] "Art. 84. (...) § 4º O juiz poderá, na hipótese do § 3º ou na sentença, impor multa diária ao réu, independentemente de pedido do autor, se for suficiente ou compatível com a obrigação, fixando prazo razoável para o cumprimento do preceito."
[15] WATANABE, 2019, p. 929.
[16] EREsp 1.360.577/MG, Corte Especial, Rel. Min. Humberto Martins, Rel. p/ acórdão Min. Luis Felipe Salomão, j. 19-12-2018.

a decisão que a tiver cominado. No microssistema, o art. 84, § 4º, do Código de Defesa do Consumidor expressamente autoriza, embora não fosse necessária a previsão.

É importante explicitar que, de acordo com o § 3º do art. 537, a decisão que fixa a multa é passível de cumprimento provisório, permitido o levantamento do valor após o trânsito em julgado da decisão favorável à parte. Consagrou-se uma solução que traduz uma espécie de cumprimento de sentença incompleto, mas que prestigia a efetividade e a segurança jurídica[17].

Com efeito, a jurisprudência do STJ, enquanto vigorava o Código de Processo Civil de 1973, havia se firmado, em julgamento de recurso repetitivo, no sentido de que seria desnecessário o trânsito em julgado da sentença para que fosse executada a multa por descumprimento fixada em antecipação de tutela, sendo executável após confirmação por sentença, desde que não impugnada ou impugnada por recurso sem efeito suspensivo[18].

Assim, a multa seria exigível a partir da eficácia da decisão que a fixa, apenas quando não impugnada via recurso ou quando impugnada por recurso sem efeito suspensivo. Destarte, enquanto não confirmada por sentença, vedava-se a execução de multa fixada para fazer cumprir a decisão objeto de tutela de urgência.

O microssistema de tutela coletiva, no entanto, aparentemente destoa dessa previsão geral. O art. 12, § 2º, da Lei da Ação Civil Pública dispõe que a multa só será exigível após o trânsito em julgado da decisão, sendo seguido pelo art. 213, § 3º, do Estatuto da Criança e do Adolescente[19] e pelo art. 83, § 3º, do Estatuto do Idoso[20].

Assim, o regramento específico acaba por ser mais gravoso para a tutela do direito material do que o geral, na medida em que apenas há exigibilidade no sentido executivo após o término do processo, o que inquieta a doutrina.

Uma primeira corrente, embora lamente a opção legislativa por ferir a efetividade da decisão quando os direitos protegidos ostentam repercussão social maior, sublinha a inaplicabilidade do Código de Processo Civil às ações coletivas, já que existe norma própria[21].

Outra corrente vai no sentido da aplicação da norma do diploma geral aos processos coletivos, reconhecendo que concilia efetividade e segurança jurídica[22]. Entendemos que, pela linha principiológica do próprio microssistema, tal entendimento mereça ser prestigiado, lendo-se a disposição própria do microssistema à luz dos novos ares processuais.

Um último questionamento relevante diz respeito aos acordos em fase de execução que tenham por objeto a multa cominada e não adimplida. Como a verba respectiva não pertence ao legitimado coletivo, destina-se ao fundo coletivo e tem contornos indisponíveis, a princípio o acordo seria vedado, porque violaria o interesse da coletividade. Isso não se confunde com a possibilidade, admitida na jurisprudência, de redução do montante acumulado de ofício, por ter se tornado excessivo.

---

[17] NEVES, 2016b, p. 386-387.

[18] REsp 1.200.856/RS, Corte Especial, Rel. Min. Sidnei Beneti, j. 1-7-2014.

[19] "Art. 213. (...) § 3º A multa só será exigível do réu após o trânsito em julgado da sentença favorável ao autor, mas será devida desde o dia em que se houver configurado o descumprimento."

[20] "Art. 83. (...) § 3º A multa só será exigível do réu após o trânsito em julgado da sentença favorável ao autor, mas será devida desde o dia em que se houver configurado."

[21] NEVES, 2016b, p. 387.

[22] Posição consagrada no enunciado 627 do FPPC: "Em processo coletivo, a decisão que fixa multa coercitiva é passível de cumprimento provisório, permitido o levantamento do valor respectivo após o trânsito em julgado da decisão de mérito favorável". Na mesma linha, comentando o enunciado: ZANETI JR.; CARDOSO; LUCENA, 2018, p. 911. Ainda nesse sentido: ANDRADE; MASSON; ANDRADE, 2017, p. 267.

Contudo, ventila-se a possibilidade de formulação de acordo que reverta esse valor devido a título de multa para o cumprimento da obrigação de fazer. Para os que o admitem, não se estaria abrindo mão de quantia, mas apenas a aplicando na tutela específica, prestigiando o direito material[23].

1.3. Execução negociada

Notoriamente a partir da temática dos processos estruturantes, parte da doutrina vem defendendo a viabilidade de uma execução negociada[24].

A noção é autêntico desdobramento da ampliação do consenso no processo civil, com o advento da cláusula geral autorizadora de negócios jurídicos processuais atípicos (art. 190 do CPC). Desse modo, advoga-se, por exemplo, a possibilidade da construção de um calendário executivo, semelhantemente à calendarização do processo (art. 191 do CPC), como forma, inclusive, de prestigiar princípios, como o da boa-fé, o da cooperação e o da adequação[25].

A negociação da implementação da decisão, porém, não se confunde com a mera previsão de datas para atos processuais, uma vez que a atividade executiva, ao solucionar crise de satisfação do direito, está intimamente ligada ao direito material.

Nessa linha, deve-se diferenciar a consensualidade acerca das etapas de cumprimento (voluntário, portanto) da decisão, com vistas à sua real efetivação, algo que, nos direitos coletivos, demanda debate qualificado (lançando-se mão dos instrumentos de ampliação de participação, como audiências públicas, e/ou de técnicas adequadas, como a mediação), da negociação acerca do direito reconhecido no título executivo, o que somente deverá ser admitido se ampliar sua proteção, jamais servindo como meio de desconstituição da coisa julgada em desfavor da coletividade protegida.

2. EXECUÇÃO PROVISÓRIA E DEFINITIVA

A diferença primordial entre a execução definitiva e a execução provisória é que a primeira pode ter por fundamento um título executivo judicial (uma decisão transitada em julgado) ou um título executivo extrajudicial, enquanto a segunda é realizada com base em título executivo judicial que ainda não transitou em julgado, em virtude da pendência de recurso recebido sem efeito suspensivo.

Como os recursos no processo coletivo não possuem efeito suspensivo, especialmente a apelação, a modalidade executiva provisória atrai especial interesse.

É interessante, a esse respeito, o art. 98, § 1º, do Código de Defesa do Consumidor, que prevê que a certidão da sentença de liquidação, acostada ao requerimento de execução coletiva, deve mencionar a ocorrência ou não de trânsito em julgado, de forma a facilitar o discernimento acerca da modalidade de execução principiada[26].

A execução provisória, disciplinada no art. 520, permite que o exequente pratique alguns atos constritivos antes mesmo de a decisão transitar em julgado, o que resultou numa preocupação com a preservação dos interesses do devedor.

Assim, caso a execução provisória seja promovida e, posteriormente, a sentença seja reformada em instância recursal, o legislador determina que o exequente seja responsabilizado por eventuais prejuízos que o suposto devedor venha a sofrer (arts. 496, I e II, e 776).

---

[23] LEONEL, 2011, p. 422.
[24] COSTA, 2012; DIDIER JR.; ZANETI JR., 2016b, p. 449.
[25] DIDIER JR.; ZANETI JR., 2016b, p. 449.
[26] A regra repetia previsão do art. 587 do CPC/1973, não repetido no atual diploma processual.

Seu procedimento é bem similar ao da execução definitiva. Contudo, em razão do caráter transitório do título, na execução provisória, se o exequente pretender levantar depósito em dinheiro ou praticar ato que implique alienação dos bens, será necessário, a título de contracautela, que preste caução nos próprios autos (art. 520, IV).

A caução, porém, será dispensada, na forma do art. 521, quando presente uma das seguintes hipóteses:

a) se tratar de crédito de natureza alimentar;
b) o credor demonstrar situação de necessidade;
c) pender o agravo do art. 1.042;
d) a sentença a ser provisoriamente cumprida estiver em consonância com súmula da jurisprudência do Supremo Tribunal Federal ou do Superior Tribunal de Justiça ou em conformidade com acórdão proferido no julgamento de casos repetitivos.

Parece-nos que a tutela coletiva atrai interpretação própria do comando. A situação de necessidade, por exemplo, pode decorrer da do próprio dano combatido no processo. De todo modo, a justificativa em razão da pendência exclusiva do recurso do agravo em recurso extraordinário ou especial ou da sustentação da decisão em um dos pronunciamentos eleitos pelo legislador (tese fixada em caso repetitivo ou súmula dos tribunais superiores) permaneceria aplicável.

Ressalte-se que o próprio legislador observou que a exigência de caução deverá ser mantida quando da dispensa possa resultar manifesto risco de grave dano de difícil ou incerta reparação, conceitos indeterminados que merecem atenção igualmente especial na tutela coletivizada.

Na verdade, embora seja compatível com a execução individual da sentença coletiva a sistemática da caução e da responsabilidade do exequente, aponta-se que, na execução coletiva, a exigência de caução funcionaria como barreira à efetividade, à instrumentalidade e à inafastabilidade da jurisdição, devendo ser dispensada, inclusive, porque a parte material da execução não possui condições de arcar com tais gastos[27].

Por fim, deve ser mencionada a existência de um aparente limite à execução provisória no art. 2º-B da Lei n. 9.494/97, quando a decisão tratar de um dos objetos elencados[28]. Em razão da efetividade da jurisdição, tributária ao acesso à justiça, entendemos que cabe ao magistrado verificar a constitucionalidade *in concreto* da previsão legal.

3. COMPETÊNCIA

Aplica-se à execução o regramento da competência para a liquidação da sentença judicial coletiva.

Desse modo e de acordo com o art. 98, § 2º, do Código de Defesa do Consumidor, a execução de título judicial seguirá no juízo sentenciante, em autêntica competência funcional, e, no caso de sentença coletiva sobre direitos individuais homogêneos, poderá correr, ainda, no juízo da liquidação da sentença – que, de acordo com o Superior Tribunal de Justiça, pode ser o do domicílio do exequente individual; nunca, porém, nos juizados especiais[29].

---

[27] LEONEL, 2011, p. 404.
[28] "Art. 2º-B. A sentença que tenha por objeto a liberação de recurso, inclusão em folha de pagamento, reclassificação, equiparação, concessão de aumento ou extensão de vantagens a servidores da União, dos Estados, do Distrito Federal e dos Municípios, inclusive de suas autarquias e fundações, somente poderá ser executada após seu trânsito em julgado."
[29] REsp 1.243.887/PR, Corte Especial, Rel. Min. Luis Felipe Salomão, j. 19-10-2011 e REsp 1.804.186/SC, 1ª Seção, Rel. Min. Herman Benjamin, j. 12-8-2020.

Advoga-se que, em ambas as hipóteses, seja aplicável o art. 516, parágrafo único, do Código de Processo Civil[30], lendo-se o comando do microssistema à luz da norma geral do ordenamento processual[31].

Por sua vez, entendemos que a execução de título extrajudicial (o termo de ajustamento de conduta) deva seguir os parâmetros da competência para a ação de conhecimento que tutelaria aquele objeto. Tal saída prestigia a competência adequada, aproximando também a execução do local do dano, na tutela transindividual, ou do domicílio dos beneficiados individuais.

Isso porque, apesar de o Código de Processo Civil prever regras de competência para o processo de execução, estas são apenas nuances do foro comum para o conhecimento, que é o do domicílio do réu, na tutela individual.

4. MODALIDADES E LEGITIMIDADE

A legitimidade para a execução do título coletivo dependerá da espécie de execução perpetrada, sendo impossível seu estudo divorciado.

Existem três possíveis modalidades:

1) execução coletiva: aquela movida por legitimado coletivo em proveito da coletividade, tendo por objeto danos globais;
2) execução individual: aquela movida pelo próprio indivíduo beneficiado em proveito próprio, tendo por objeto danos pessoalmente sofridos;
3) execução pseudocoletiva: aquela movida por legitimado coletivo em proveito dos indivíduos beneficiados, tendo por objeto danos pessoalmente sofridos.

É importante ter em mente que a sentença coletiva pode ser executada tanto coletiva como individualmente, na hipótese da extensão *in utilibus* para o plano individual. Do mesmo modo, a sentença coletiva sobre direitos individuais homogêneos pode ser executada de forma tanto individual como coletiva, na execução pseudocoletiva, aí inclusa a execução por *fluid recovery*.

4.1. Execução coletiva

Na tutela de direitos transindividuais, que não pertencem propriamente ao legitimado coletivo nem a sujeitos determinados, a execução da decisão se faz em favor de toda a coletividade afetada, revertendo-se os danos globais envolvidos no processo de conhecimento.

A legitimidade para tanto é dos legitimados para a ação que forma o título executivo, sendo aplicáveis aqui as mitigações inerentes à representatividade adequada e à pertinência temática. Naturalmente, é comum que o mesmo autor da ação de conhecimento ou o tomador do compromisso extrajudicial atue na execução, mas a identidade não é obrigatória, até por conta da natureza da substituição processual operada.

Existe comando a respeito, na Lei n. 7.347/85, assinalando que, se a associação autora não promover a execução em sessenta dias, deverá fazê-lo o Ministério Público ou poderão fazê-lo os demais legitimados. A previsão do largo prazo não se afigura razoável[32] quanto à ampliação do leque

---

[30] "Art. 516. O cumprimento da sentença efetuar-se-á perante: (...) II – o juízo que decidiu a causa no primeiro grau de jurisdição. Parágrafo único. Nas hipóteses dos incisos II e III, o exequente poderá optar pelo juízo do atual domicílio do executado, pelo juízo do local onde se encontrem os bens sujeitos à execução ou pelo juízo do local onde deva ser executada a obrigação de fazer ou de não fazer, casos em que a remessa dos autos do processo será solicitada ao juízo de origem."

[31] DIDIER JR.; ZANETI JR., 2016b, p. 456.

[32] DIDIER JR.; ZANETI JR., 2016b, p. 435.

de legitimados, merecendo servir como parâmetro apenas para a obrigatoriedade da execução por parte do *Parquet*.

Cumpre recordar que, havendo condenação em obrigação de pagar, a verba deve se destinar ao fundo próprio – o Fundo de Direitos Difusos (art. 13 da Lei n. 7.347/85) ou outro específico –, mesmo que a sentença seja omissa a respeito, uma vez que o comando legal deve prevalecer. Caso sobrevenha decisão que destaque beneficiário diverso, caberá sua desconstituição pela via rescisória.

No caso de tutelas condenatórias atinentes a obrigações de fazer ou não fazer, a tutela específica será a prioridade praticamente absoluta.

4.1.1. Execução fluida (*fluid recovery*)

Excepcionalmente, a execução de título executivo coletivo sobre direitos individuais homogêneos pode ser promovida por legitimado coletivo em favor não dos lesados, mas da coletividade. É a chamada execução por *fluid recovery*, prevista no art. 100 do Código de Defesa do Consumidor[33]. A legitimidade para a execução fluida se baseia naquela referente ao processo de conhecimento, alcançando, naturalmente, a associação autora[34].

Como a verba executada se reverte em favor do fundo previsto na Lei da Ação Civil Pública (Fundo de Defesa dos Direitos Difusos – FDD) – não obstante entendamos que, se houver fundo específico sobre a matéria regulada, a ele deve se destinar o montante –, trata-se de autêntica execução coletiva.

Tal modalidade terá vez após o decurso do prazo de um ano do trânsito em julgado da ação que formou título executivo coletivo sobre direitos individuais homogêneos[35]. Nesse momento, os legitimados coletivos devem analisar o número de interessados que efetivamente se habilitaram para a liquidação e posterior execução da decisão e compará-lo à gravidade do dano.

Se a proporção for razoável, havendo compatibilidade, a execução continuará sendo individual, pela via da legitimidade ordinária. Por outro lado, se existir uma desproporção, uma incompatibilidade, podem promover a execução coletiva subsidiária os legitimados coletivos.

O exequente e, em seguida, o magistrado devem cotejar o prejuízo globalmente causado com os que se encontram sendo ressarcidos por procedimentos executórios iniciados pelas vítimas reais. Tal verificação, inserida na *defining function* do *common law*, em que os poderes do juiz são ampliados em razão do direito protegido, não pode ignorar os valores que estão sendo pleiteados individualmente ou até que já foram objeto de ressarcimento.

A execução fluida terá um objeto (quase) sempre inferior ao dano total constatado na sentença, cumprindo importante papel quanto a esse "resíduo não reclamado"[36], o qual acabará por ser mais facilmente demonstrado pelo próprio executado[37].

A ideia, inspirada no remédio do *fluid recovery* das *class actions* norte-americanas, é que de alguma forma se garanta efetividade ao título executivo e a conduta lesiva não se afigure benéfica,

---

[33] "Art. 100. Decorrido o prazo de um ano sem habilitação de interessados em número compatível com a gravidade do dano, poderão os legitimados do art. 82 promover a liquidação e execução da indenização devida. Parágrafo único. O produto da indenização devida reverterá para o fundo criado pela Lei n. 7.347, de 24 de julho de 1985."

[34] REsp 1955899/PR, Rel. Min. Nancy Andrighi, 3ª Turma, j. 15-3-2022.

[35] A execução coletiva terá vez quando a individual não houver sido promovida *oportuno tempore*, como exposto em MAZZILLI, 2019, p. 660.

[36] GRINOVER, 2019, p. 981.

[37] DIDIER JR.; ZANETI JR., 2016b, p. 434.

financeiramente, ao executado. Além disso, nos casos de danos agregados, em que o dano individualmente sofrido é irrelevante, não atraindo sequer interesse dos lesados na execução da sentença coletiva, mas o global é considerável. Ressurge o interesse coletivo diante do desinteresse dos indivíduos[38].

É importante notar que a aplicação dessa modalidade executiva independe de pedido a respeito na inicial ou menção na decisão final transitada em julgado, decorrendo da sistemática legal, como reconhecido pelo Superior Tribunal de Justiça[39].

Discussão interessante diz respeito à natureza da atuação dos legitimados coletivos, nessa etapa. Parte da doutrina enxerga aqui uma hipótese de legitimidade ordinária, com persecução dos próprios interesses institucionais (semelhantemente à noção de *real party in interest* do direito estadunidense)[40].

Parece-nos, contudo, que a legitimidade será, a exemplo do que ocorre na etapa de conhecimento, extraordinária, não se podendo falar em identidade entre o direito tutelado (isto é, a ser satisfeito) e o patrimônio jurídico dos entes autorizados a agir[41]. A reversão da verba, que, a rigor, pertence a uma coletividade identificável de indivíduos, para o fundo não altera sua essência, e os valores são usados para fins diversos dos reparatórios.

O lapso temporal – não prescricional nem decadencial[42] – exíguo também é questionado pela doutrina, em razão de terminar bem antes do prazo prescricional executivo de que dispõem as vítimas. Existe sugestão, inclusive, no sentido de que deveria principiar após o decurso do prazo prescricional para as vítimas individuais[43] – com o que não podemos concordar, uma vez que, se prescrita a pretensão executiva individual, igualmente o estaria a coletiva.

Outra proposta seria deixar a cargo do juiz a fixação do parâmetro[44], o que se afigura autorizado pelo ordenamento, na análise da legitimidade executiva dos entes coletivos. Nada impede que o magistrado filtre tal condição da ação a partir da precocidade da comparação entre habilitados e lesados, estatuindo outro marco para tanto, sempre em caráter excepcional, já que, inegavelmente, a métrica anual foi a escolhida pelo legislador.

Por fim, cabe sublinhar posicionamento doutrinário que advoga a possibilidade de conversão da obrigação de pagar originária em obrigação de fazer ou não fazer, em prol da efetividade[45].

Nessa linha, seria possível que a verba global não se destinasse simplesmente ao fundo, mas se promovesse alguma medida compensatória, como a redução do pedágio de determinada rodovia em centavos, por determinado período, quando o título executivo inicialmente dissesse respeito ao ressarcimento específico dos indivíduos lesados.

Essa proposta, conquanto, pragmaticamente, se revele interessante, encontra, a nosso ver, empecilho no conteúdo da coisa julgada formada e no seu aspecto subjetivo, pois os beneficiados pela novel medida não seriam, necessariamente, os mesmos que foram tutelados no processo coletivo de conhecimento.

---

[38] LEONEL, 2011, p. 413.
[39] REsp 996.771/RN, 4ª Turma, Rel. Min. Luis Felipe Salomão, j. 6-3-2012.
[40] GRINOVER, 2019, p. 981.
[41] No mesmo sentido da legitimidade extraordinária: DIDIER JR.; ZANETI JR., 2016b, p. 432.
[42] Trata-se, como analisado no capítulo atinente à prescrição, de mero parâmetro temporal eleito pelo legislador.
[43] RODRIGUES, 2005; DIDIER JR.; ZANETI JR., 2016b, p. 433.
[44] DIDIER JR.; ZANETI JR., 2016b, p. 433.
[45] NEVES, 2016b, p. 398.

4.2. Execução individual

Na tutela de direitos individuais pela via coletiva, a sentença será coletiva e demandará liquidação por parte dos lesados. A partir da habilitação, os próprios indivíduos podem promover a execução do valor referente ao dano sofrido, que se reverterá a seu favor.

Igualmente, existirá execução individual de sentença coletiva que tenha como objeto direitos difusos ou coletivos, em razão do transporte *in utilibus* do título executivo, ampliado pelo art. 103, § 3º, do Código de Defesa do Consumidor para alcançar os danos individuais decorrentes do mesmo evento que violou direitos transindividuais, apesar de apenas estes terem sido objeto direto do processo de conhecimento. Também nessa hipótese haverá liquidação individualizada imprópria, em que se faz necessário comprovar não apenas a extensão do dano, mas sua própria existência e o nexo de causalidade.

Quando a execução for realizada contra a Fazenda Pública, matéria controvertida é se o parâmetro para a definição da forma de satisfação será o montante individual ou o total.

O Supremo Tribunal Federal entendeu, em sede de repercussão geral, na linha da possibilidade de fracionamento, nas execuções individuais de sentença coletiva[46-47]. Assim, se a verba pleiteada pelo lesado individual se enquadrar nos limites legais e constitucionais, poderá ser satisfeito pela via da requisição de pequeno valor (RPV).

Por outro lado, o tribunal fixou tese no sentido da impossibilidade de fracionamento do montante global de honorários fixado na fase de conhecimento, proporcionalmente às execuções individuais de cada beneficiário[48].

Ainda no tema, a Suprema Corte visitou a matéria quanto aos litisconsórcios ativos e entendeu, por maioria, que não é constitucional a divisão proporcional, por haver burla ao sistema dos precatórios[49].

Quanto ao litisconsórcio de indivíduos, na fase de execução individual da sentença coletiva (sobre direitos individuais homogêneos), o STJ já entendeu que é possível que o juiz utilize a limitação do litisconsórcio multitudinário, prevista no art. 113, § 1º, do CPC, quando a presença de múltiplos litigantes comprometer a rápida solução ou o próprio cumprimento de sentença[50].

Quanto ao prazo prescricional executivo, o Superior Tribunal de Justiça, por sua Corte Especial, definiu importante entendimento: como o Ministério Público não é legitimado, *a priori*, para executar pretensões individuais contidas no título judicial coletivo, seu requerimento para liquidar tal decisão não interrompe o prazo prescricional[51].

---

[46] RE 568.645, Tribunal Pleno, Rel. Min. Cármen Lúcia, j. 24-9-2014.
[47] ARE 925.754 RG, Rel. Min. Teori Zavascki, j. 17-12-2015.
[48] RE 1309081 RG, Rel. Min. Pres. Luiz Fux, Tribunal Pleno, j. 6-5-2021 – Tema 1.142 da Repercussão Geral.
[49] RE 919.793 AgR-ED-EDv, Tribunal Pleno, Rel. Min. Dias Toffoli, j. 7-2-2019.
[50] REsp 1947661/RS, Rel. Ministro Og Fernandes, 2ª Turma, j. 23-9-2021.
[51] Em homenagem à segurança jurídica e ao interesse social que envolve a questão, e diante da existência de julgados anteriores desta Corte, nos quais se reconheceu a interrupção da prescrição em hipóteses análogas à destes autos, gerando nos jurisdicionados uma expectativa legítima nesse sentido, faz-se a modulação dos efeitos desta decisão, com base no § 3º do art. 927 do CPC/15, para decretar a eficácia prospectiva do novo entendimento, atingindo apenas as situações futuras, ou seja, as ações civis públicas cuja sentença seja posterior à publicação deste acórdão. Convém alertar que a liquidação das futuras sentenças coletivas, exaradas nas ações civis públicas propostas pelo Ministério Público e relativas a direitos individuais homogêneos, deverão ser promovidas pelas respectivas vítimas e seus sucessores, independentemente da eventual atuação do *Parquet*, sob pena de se sujeitarem os beneficiados à decretação da prescrição (REsp 1.758.708-MS, Rel. Min. Nancy Andrighi, Corte Especial, por unanimidade, j. 20-4-2022).

4.2.1. Concurso entre execução individual e coletiva

Quanto à concorrência de execução individual e coletiva (concurso de créditos), cumpre destacar a previsão do art. 99 do Código de Defesa do Consumidor[52], que estatui a prioridade no ressarcimento das vítimas individuais em relação à reparação destinada ao fundo.

Muito concretamente, a lei garante essa preferência por meio da sustação dos valores depositados no fundo até que sobrevenha decisão de segundo grau nas ações de indenização individuais, salvo se o juiz perceber que o executado comum possui patrimônio suficiente para satisfazer todas as dívidas.

A previsão não diz respeito à ingerência por parte de indivíduos lesados nos valores do fundo, a não ser no tocante à verba oriunda da execução fluida, haja vista que, nos demais casos, os valores não dizem respeito a direitos individuais[53].

O comando parece não diferenciar demandas coletivas sobre direitos individuais homogêneos e demandas individuais, mas a lógica acaba por ser aplicável especialmente ao processo coletivo, tanto por conta da insegurança que seria trazida para o conselho administrador do fundo como pela suspensão obrigatória das ações individuais, na linha interpretativa do Superior Tribunal de Justiça.

4.3. Execução pseudocoletiva

O microssistema autoriza, para além da execução coletiva (promovida por legitimado coletivo em favor da coletividade) e da individual (promovida por legitimado individual em seu próprio favor), expressamente mencionadas no art. 97 do Código de Defesa do Consumidor, uma terceira modalidade: a execução promovida por legitimado coletivo em favor dos indivíduos.

Essa via é denominada por parte da doutrina como execução pseudocoletiva[54], porque a presença de um legitimado coletivo no polo ativo induz a conclusão, aqui equivocada, no sentido de se tratar de pretensão de ressarcimento em favor de toda a coletividade. A classificação é didática, motivo pelo qual a adotamos, mas não necessária: pelo critério do beneficiário da execução, trata-se de execução individual, porque serão os indivíduos efetivamente lesados os reais favorecidos.

De acordo com o art. 98, § 1º, do Código de Defesa do Consumidor[55], a execução coletiva da sentença a respeito de direitos individuais dependeria das certidões das sentenças de liquidação individuais. Ou seja, para o legislador, o legitimado coletivo apenas poderia executar sentenças coletivas previamente liquidadas pelos lesados.

Essa restrição acaba por ferir a utilidade da modalidade em questão, servindo a execução pseudocoletiva quase que como uma forma de gestão judiciária, trazendo como benefício central a reunião de diversos títulos executivos liquidados.

Por essa razão, o melhor entendimento vai além do texto legal, autorizando que também os legitimados coletivos promovam a liquidação dos danos individuais de maneira coletiva. Evidentemente, nem sempre essa tarefa será atingível, dependendo do aparecimento dos indivíduos, verdadeiros vocacionados à elucidação da ocorrência e da extensão do dano que suportaram.

---

[52] "Art. 99. Em caso de concurso de créditos decorrentes de condenação prevista na Lei n. 7.347, de 24 de julho de 1985 e de indenizações pelos prejuízos individuais resultantes do mesmo evento danoso, estas terão preferência no pagamento. Parágrafo único. Para efeito do disposto neste artigo, a destinação da importância recolhida ao fundo criado pela Lei n. 7.347 de 24 de julho de 1985, ficará sustada enquanto pendentes de decisão de segundo grau as ações de indenização pelos danos individuais, salvo na hipótese de o patrimônio do devedor ser manifestamente suficiente para responder pela integralidade das dívidas."
[53] MAZZILLI, 2019, p. 676.
[54] RODRIGUES, 2005; ARAÚJO FILHO, 2000, p. 120; NEVES, 2016b.
[55] "Art. 98. (...) § 1º A execução coletiva far-se-á com base em certidão das sentenças de liquidação, da qual deverá constar a ocorrência ou não do trânsito em julgado."

Contudo, por vezes a averiguação coletiva será viável, quando a extensão do evento danoso for conhecida pelo legitimado coletivo (um acidente específico, por exemplo) ou quando tal ônus tiver sido imposto pela sentença ao próprio executado (como na ordem de fornecimento de planilha a usuários que pagaram determinada tarifa). A partir daí, a atuação dos legitimados coletivos na etapa executiva, cuja representatividade adequada e pertinência temática serão moldadas similarmente ao que ocorre na fase cognitiva, se revela muito mais eficiente para a persecução da satisfação do título executivo.

Discute-se[56] se se trata de legitimidade concorrente ou sucessiva (subsidiária)[57]. Acreditamos que o caso concreto será o melhor critério de discernimento: embora a legitimidade ordinária do lesado seja idealmente superior e prioritária, é possível que a participação do legitimado coletivo traga benefícios concretos, sendo a satisfação global alcançável de maneira crível.

Além disso, discute-se a respeito de qual seria a natureza jurídica da atuação. Parte da doutrina considera se tratar de representação processual, agindo os elencados pela lei em nome das vítimas e de seus sucessores, diferentemente do que sói ocorrer na etapa de conhecimento[58].

Acontece, contudo, que essa posição apresenta problemas teóricos, em razão de inexistir, no microssistema, comando que realmente indique uma modificação da natureza do atuar, sendo plenamente sustentável que continuem a agir como legitimados extraordinários (em nome próprio e na defesa do direito das vítimas), e práticos, porque a representação exigiria autorização expressa e específica por parte dos lesados para que se pudesse levar a cabo a execução pseudocoletiva.

Nesse ponto, há entendimento no sentido de inexistir liquidação coletiva, mas apenas execução coletiva (aqui chamada pseudocoletiva) em favor dos indivíduos, desde que antes promovida a liquidação pelos próprios beneficiários. Por isso, o STJ entendeu que, como a execução pseudocoletiva depende de uma anterior liquidação dos valores, o Ministério Público, à exceção da execução por *fluid recovery*, não tem legitimidade para promover a liquidação coletiva, de modo que eventual requerimento, nesse sentido, não interrompe o prazo prescricional para a liquidação e execução individual pelas vítimas[59]. Esse entendimento, por encontrar decisões anteriores diferentes no próprio tribunal, foi modulado, aplicando-se apenas para ações coletivas promovidas após a publicação do acórdão.

Ainda no entendimento do STJ, o Ministério Público não possui legitimidade para a execução coletiva do art. 98 (aqui chamada execução pseudocoletiva), por faltar interesse público ou social, já que o interesse jurídico se limita ao aspecto patrimonial e disponível. A decisão, em demanda na qual se condenou uma fornecedora à repetição de valores cobrados de consumidores, é importante e divide a legitimidade do MP em duas fases: no conhecimento, há o interesse social para justificar a atuação do *Parquet*; no cumprimento de sentença, porém, cabe a cada consumidor a execução individual ou, subsidiariamente, ao Ministério Público a execução por *fluid recovery*[60].

Quanto aos demais legitimados, não existe entendimento no mesmo sentido, e, especialmente no tocante à atuação dos sindicatos, admite-se a ampla execução do título, em favor de todos os integrantes da categoria[61-62], exceção feita aos sindicatos de ordem estadual.

---

[56] A divergência foi analisada no capítulo atinente à liquidação.
[57] MAZZILLI, 2019, p. 665.
[58] GRINOVER, 2019, p. 974; NEVES, 2016b, p. 399.
[59] REsp 1.758.708-MS, Rel. Min. Nancy Andrighi, Corte Especial, por unanimidade, j. 20-4-2022.
[60] REsp 1801518/RJ, Rel. Min. Paulo de Tarso Sanseverino, 3ª Turma, j. 14-12-2021; REsp 869.583/DF, Rel. Min. Luis Felipe Salomão, 4ª Turma, j. 5-6-2012.
[61] RE 883.642 RG, Rel. Min. Ricardo Lewandowski, j. 18-6-2015. Tema 823.
[62] AgInt no RE nos EDcl no AgRg no REsp 1.331.592/RJ, Corte Especial, Rel. Min. Humberto Martins, j. 16-11-2016; REsp 1887817/SP, Rel. Min. Mauro Campbell Marques, 2ª Turma, j. 3-11-2020.

5. PRINCÍPIO DA OBRIGATORIEDADE DA EXECUÇÃO

O microssistema de tutela coletiva se preocupa especialmente com a efetividade das decisões, na medida em que toda sua utilidade depende do alcance de resultados práticos. Na execução não é diferente.

5.1. Direitos transindividuais

A Lei da Ação Civil Pública prevê que, se a associação autora não promover a execução em sessenta dias, contados do trânsito em julgado, deverá fazê-lo o Ministério Público ou poderão fazê-lo os demais legitimados.

Na Lei da Ação Popular, existe comando semelhante, trazendo igual prazo e a mesma obrigatoriedade para o atuar ministerial, mas com marco inicial diverso: contam-se os sessenta dias a partir da decisão condenatória de segunda instância. A rigor, pela dicção literal, parece haver norma excepcional, nesse tipo de ação, a exigir a promoção de execução provisória, enquanto a regra do núcleo duro menciona apenas a execução definitiva.

No entanto, as peculiaridades que envolvem o cumprimento de sentença provisório, destacadamente a responsabilização objetiva pelos danos – no caso, a serem ressarcidos pelo próprio erário tutelado na ação popular, em autêntico contrassenso –, levam parte da doutrina a sugerir o abandono da regra da Lei n. 4.717/65, em prol da ampla aplicabilidade do dispositivo da Lei n. 7.347/85[63].

De todo modo, é importante perceber que o Superior Tribunal de Justiça possui decisão concluindo que o princípio em questão se aplica também para a promoção da liquidação da sentença coletiva[64], apesar da corrente lição doutrinária no sentido de se tratar de procedimento cognitivo.

5.2. Direitos individuais

Por outro lado, quando a tutela for de direitos individuais homogêneos, a obrigatoriedade executiva está ligada à superveniência da liquidação e execução fluidas (*fluid recovery*), nos moldes do art. 100 do Código de Defesa do Consumidor[65].

---

[63] NEVES, 2016b, p. 392.
[64] REsp 450.258/SP, 2ª Turma, Rel. Min. Eliana Calmon, j. 8-6-2004.
[65] Tema já abordado no capítulo da liquidação de sentença.

Capítulo 21
PRESCRIÇÃO

Por razões de segurança jurídica, o ordenamento prevê limitações temporais para o exercício de direitos. Isso pode estar relacionado à própria perda do direito em si (decadência) ou ao comprometimento da possibilidade de exigi-lo em juízo, por mais que o direito material continue a existir (prescrição[1]).

A esse respeito, é sempre elucidativa a lição segundo a qual a tutela declaratória não se submete à prescrição ou à decadência, a constitutiva está condicionada a prazos decadenciais e a condenatória, aos prescricionais[2]. Ademais, as pretensões condenatórias estão relacionadas a direitos subjetivos-pretensão, ao passo que as constitutivas se ligam a direitos subjetivos potestativos[3].

Na tutela coletiva, não é – nem poderia ser – diferente. A discussão a respeito dos prazos, contudo, é acalorada.

1. PRAZOS

1.1. Pretensão de conhecimento

No tocante aos prazos, não há norma, no núcleo duro do microssistema, a respeito.

Primeiramente, há quem entenda que a tutela judicial dos direitos difusos e coletivos seria imprescritível (mas não a dos individuais homogêneos), pelos seguintes argumentos[4]:

i. o legislador apenas teria tratado de prazos atinentes a direitos individuais, sendo eloquente o silêncio do ordenamento;
ii. a legitimidade extraordinária impede o acesso direto ao Judiciário por parte do titular do direito;
iii. não há ofensa à segurança jurídica, porque, na prática, o não ajuizamento no médio prazo acaba por inviabilizar a demanda;
iv. aplicação analógica do art. 37, § 5º, da Constituição Federal a outros direitos difusos e coletivos – inclusive, os tutelados pela ação popular, cujo art. 21 não teria sido recepcionado.

De outro lado, a maioria da doutrina considera que os direitos transindividuais não são exceção à regra da prescritibilidade[5]. Quanto aos direitos individuais homogêneos, não parece haver dúvida quanto à sua sujeição à prescrição. Nem por isso a questão é simples.

O Superior Tribunal de Justiça se encaminhou no sentido da aplicação do art. 21 da Lei da Ação Popular[6] como regra geral, estatuindo o lapso prescricional de cinco anos.

---
[1] GRINOVER, 2019, p. 972.
[2] AMORIM FILHO, 1997.
[3] NEVES, 2016b, p. 527.
[4] LEONEL, 2011, p. 384-386.
[5] DIDIER JR.; ZANETI JR., 2016b, p. 286.
[6] "Art. 21. A ação prevista nesta lei prescreve em 5 (cinco) anos."

No primeiro momento, a aproximação entre a previsão específica da Lei n. 4.717/65 e a ação civil pública foi justificada pelo fato de esta possuir objeto que poderia ser veiculado em ação popular (anulação de licitação).

Posteriormente, porém, o tribunal, inclusive por sua Corte Especial, alargou a compreensão, abarcando ações coletivas com outras causas de pedir e pedidos[7], aplicando, por analogia, o regramento da ação popular para direitos individuais homogêneos, mesmo que a discussão tivesse caráter patrimonial[8].

Tal jurisprudência, contudo, recebe severas críticas doutrinárias.

Primeiramente, porque se afiguraria razoável que o prazo da ação popular fosse menor que o atinente às demais pretensões, porque referente especificamente à anulação de atos[9]. Quanto aos demais objetos, aponta-se que o prazo prescricional deveria decorrer do direito material pleiteado, seguindo o regramento do Código Civil e de eventuais legislações específicas[10].

Questiona-se, em acréscimo, se o prazo trazido pela Lei da Ação Popular realmente seria prescricional, havendo entendimento no sentido de que apenas se refere ao direito de utilização dessa ação especial, sem prejuízo de posteriores medidas[11].

Ademais, a extensão de prazo voltado à tutela de bens difusos a direitos individuais, em inegável prejuízo dos indivíduos. A situação ganha contornos esquizofrênicos quando se imagina que a demanda individual poderia ser ajuizada em dez anos, se inexistir prazo menor decorrente do objeto do processo, mas a coletiva o deve ser em até cinco.

Não à toa, portanto, o próprio Superior Tribunal de Justiça ventilou, após anos de sedimentação jurisprudencial, a possibilidade de superação da jurisprudência[12], tema que deve ser revisitado.

Para os que afastam o prazo de cinco anos da Lei de Ação Popular, surge o questionamento sobre a incidência dos prazos prescricionais e decadenciais do Código de Defesa do Consumidor nas demandas coletivas, existindo entendimento favorável quando a pretensão coletiva disser respeito à matéria consumerista[13]. A previsão de óbice ao cômputo do prazo decadencial de reclamação quanto a vícios do produto ou serviço ante a instauração de inquérito civil (art. 26, § 2º, III) é um argumento interessante.

1.2. Pretensão executória

Em razão da Súmula 150 do Supremo Tribunal Federal, a pretensão executória prescreve no mesmo prazo da condenatória. Desse modo, na tutela coletiva, os prazos aplicáveis para a ação de conhecimento – cinco anos, como regra, de acordo com a jurisprudência atual do Superior Tribunal de Justiça – são extensíveis à execução do título formado[14][15].

---

[7] AgRg nos EREsp 1.070.896/SC, Corte Especial, Rel. Min. Laurita Vaz, j. 25-4-2013.
[8] REsp 1.070.896/SC, 2ª Seção, Rel. Min. Luis Felipe Salomão, j. 14-4-2010.
[9] GRINOVER, 2019, p. 972-974.
[10] MENDES, 2014.
[11] GRINOVER, 2019, p. 973.
[12] REsp 1.736.091/PE, 3ª Turma, Rel. Min. Nancy Andrighi, j. 14-5-2019.
[13] LEONEL, 2011, p. 391.
[14] AgRg nos EmbExeMS 4.565/DF, 3ª Seção, Rel. Min. Napoleão Nunes Maia Filho, j. 28-4-2010.
[15] Ocorre que a hipótese trata de pretensão de cumprimento individual de condenação constante de sentença coletiva, de modo que não se aplicam os prazos prescricionais ânuo ou trienal, mas a prescrição quinquenal, conforme tese firmada pela Segunda Seção do STJ no julgamento do Recurso Especial 1.273.643/PR, julgado pelo rito dos recursos repetitivos (Tema 515) (EDcl no REsp 1.569.684-SP, Rel. Min. Raul Araújo, 4ª Turma, por unanimidade, j. 25-10-2022).

Não se pode ignorar, contudo, que existe previsão específica no art. 100 do Código de Defesa do Consumidor[16] quanto à execução por *fluid recovery*, isto é, aquela promovida por legitimado coletivo quando houver insuficiência de lesados individuais habilitados após um ano do trânsito em julgado.

Parte da doutrina reputa tratar-se de prazo decadencial do direito de habilitação[17], algo aparentemente expresso na tutela coletiva dos investidores do mercado de capitais (art. 2º, § 2º, da Lei n. 7.913/89[18]). Nessa linha, há quem entenda que apenas por ação direta em face do causador do dano poderão pleitear a reparação[19].

No entanto, o referido marco temporal anual apenas tem por finalidade servir como parâmetro de análise da efetividade da decisão transitada em julgado pelos legitimados coletivos. Após o prazo, os indivíduos continuam legitimados a executar o título (inclusive, prioritariamente em relação à execução destinada ao fundo), de sorte que não há qualquer comprometimento da pretensão executória, podendo haver provocação jurisdicional enquanto não prescrita a pretensão material[20].

O Superior Tribunal de Justiça, por sua Corte Especial, definiu importante entendimento: como o Ministério Público não é legitimado, *a priori*, para executar pretensões individuais contidas no título judicial coletivo, seu requerimento para liquidar tal decisão não interrompe o prazo prescricional[21].

Quanto à legislação específica do mercado de capitais, divide-se a doutrina acerca da natureza do prazo: alguns concluem que a decadência diz respeito apenas ao direito à habilitação[22], não atingindo a pretensão condenatória individual; outros sustentam que existe autêntica decadência do direito de recebimento da indenização. Parece-nos que a melhor interpretação seja a sistemática, lendo o comando à luz da regra do núcleo duro, que não impede a posterior habilitação. Desse modo, prestigia-se a efetividade da tutela jurisdicional e a economia processual.

---

[16] "Art. 100. Decorrido o prazo de um ano sem habilitação de interessados em número compatível com a gravidade do dano, poderão os legitimados do art. 82 promover a liquidação e execução da indenização devida."

[17] É a posição aparentemente adotado por Fredie Didier e Hermes Zaneti (DIDIER JR.; ZANETI JR., 2016b, p. 283), apesar de os mesmos autores, em outro momento, admitirem a habilitação após o prazo, negando a natureza decadencial (DIDIER JR.; ZANETI JR., 2016b, p. 433). Também era a posição adotada por Adriano Andrade, Cleber Masson e Landolfo Andrade em edições anteriores, tendo os autores passado a defender que não se trata de prazo decadencial ou prescricional, mas apenas autorizador do atuar dos legitimados coletivos (ANDRADE; MASSON; ANDRADE, 2017, p. 274).

[18] "Art. 2º As importâncias decorrentes da condenação, na ação de que trata esta Lei, reverterão aos investidores lesados, na proporção de seu prejuízo. (...) § 2º Decairá do direito à habilitação o investidor que não o exercer no prazo de dois anos, contado da data da publicação do edital a que alude o parágrafo anterior, devendo a quantia correspondente ser recolhida ao Fundo a que se refere o art. 13 da Lei n. 7.347, de 24 de julho de 1985."

[19] MAZZILLI, 2019, p. 653.

[20] GRINOVER, 2019, p. 971.

[21] Em homenagem à segurança jurídica e ao interesse social que envolve a questão, e diante da existência de julgados anteriores desta Corte, nos quais se reconheceu a interrupção da prescrição em hipóteses análogas à destes autos, gerando nos jurisdicionados uma expectativa legítima nesse sentido, faz-se a modulação dos efeitos desta decisão, com base no § 3º do art. 927 do CPC/15, para decretar a eficácia prospectiva do novo entendimento, atingindo apenas as situações futuras, ou seja, as ações civis públicas cuja sentença seja posterior à publicação deste acórdão. Convém alertar que a liquidação das futuras sentenças coletivas, exaradas nas ações civis públicas propostas pelo Ministério Público e relativas a direitos individuais homogêneos, deverão ser promovidas pelas respectivas vítimas e seus sucessores, independentemente da eventual atuação do *Parquet*, sob pena de se sujeitarem os beneficiados à decretação da prescrição (REsp 1.758.708-MS, Rel. Min. Nancy Andrighi, Corte Especial, por unanimidade, j. 20-4-2022).

[22] MAZZILLI, 2019, p. 676; DIDIER JR.; ZANETI JR., 2016b, p. 283.

1.3. Pretensões imprescritíveis

Em alguns casos, porém, o tribunal reconhece tratamento diferenciado, apontando a imprescritibilidade da pretensão. É o que ocorre quanto aos danos ambientais, seguindo, inclusive, entendimento doutrinário[23] e precedente do Supremo Tribunal Federal[24], e na reparação ao erário.

A fundamentação diz respeito à indisponibilidade dos bens discutidos. O STJ já chegou a assentar que, sendo o direito indisponível, se verificaria a imprescritibilidade[25]. Esse entendimento amplo, porém, não está consolidado.

Na tutela do meio ambiente, aponta-se, apesar da inexistência de fundamento legal expresso, que o dano a tal metadireito atinge toda a humanidade, inclusive gerações futuras, sendo eterno o dever de reparação. Ademais, o dano se estende no tempo, inexistindo direito à degradação ambiental[26]. Além disso, trata-se de direito inerente à vida, fundamental à afirmação dos povos, na visão do Tribunal Superior.

Quanto ao dever de reparação ao erário, o art. 37, § 5º, da Constituição estabelece que as ações de ressarcimento não se submetem a prazo[27].

Para uma primeira corrente, essa lógica se aplica também às ações coletivas, apenas incidindo o prazo prescricional do art. 1º-C da Lei n. 9.494/97 para as demais sanções previstas aos agentes públicos (bem como aos particulares que tenham atuado conjuntamente, de acordo com a Súmula 634 do STJ[28]) e para o cidadão que busca indenização do Estado[29]. Desse modo, apenas as pretensões prescritíveis se submetem aos prazos infraconstitucionais, mas não a exigência de reparação ao erário, resguardado pelo constituinte.

Tal tese já foi acolhida tanto pelo STJ[30-31] como pelo STF[32], que, em regime de repercussão geral, assentou a imprescritibilidade da reparação ao erário decorrente de atos dolosos tipificados na Lei de Improbidade Administrativa[33].

Há, inclusive, quem conclua que o art. 21 da Lei n. 4.717/65 não teria sido recepcionado pela Constituição Federal, em razão do art. 37, § 5º[34].

Em sentido contrário, existem decisões do Superior Tribunal de Justiça concluindo no sentido da prescritibilidade, com aplicação do prazo de cinco anos da Lei n. 4.717/65[35]. Importante ressaltar que todas essas considerações antecedem o advento da Lei n. 14.230/2021.

---

[23] MAZZILLI, 2019, p. 742-743.

[24] Plenário. RE 654833, Rel. Min. Alexandre de Moraes, j. 20-4-2020 (Repercussão Geral – Tema 999).

[25] REsp 1.120.117/AC, 2ª Turma, Rel. Min. Eliana Calmon, j. 10-11-2009.

[26] MAZZILLI, 2019, p. 742-743.

[27] "Art. 37. (...) § 5º A lei estabelecerá os prazos de prescrição para ilícitos praticados por qualquer agente, servidor ou não, que causem prejuízos ao erário, ressalvadas as respectivas ações de ressarcimento."

[28] Ao particular aplica-se o mesmo regime prescricional previsto na Lei de Improbidade Administrativa para o agente público.

[29] MAZZILLI, 2019, p. 744; SILVA, 1996, p. 619.

[30] REsp 718.321/SP, 2ª Turma, Rel. Min. Mauro Campbell Marques, j. 10-11-2009.

[31] De acordo com o STJ, a imprescritibilidade se aplica independente do meio processual – ou seja, tanto em ações de improbidade como em ação popular, ação civil pública ou outra ação de ressarcimento (AgInt no RE nos EDcl no AgRg no REsp 1159598/SP, Rel. Min. Maria Thereza de Assis Moura, Corte Especial, j. 18-11-2020).

[32] MS 26.210, Tribunal Pleno, Rel. Min. Ricardo Lewandowski, j. 4-9-2008.

[33] RE 852.475, Tribunal Pleno, Rel. Min. Alexandre de Moraes, Rel. p/ acórdão Min. Edson Fachin, j. 8-8-2018.

[34] LEONEL, 2011, p. 389.

[35] REsp 727.131/SP, 1ª Turma, Rel. Min. Luiz Fux, j. 11-3-2008.

Por outro lado, a cobrança fundada nos demais atos ilícitos (não dolosos ou anteriores à Lei de Improbidade Administrativa)[36] ou em acórdãos do TCU é prescritível[37].

2. FLUÊNCIA

2.1. Pretensão de conhecimento

Tradicionalmente, a prescrição começa a correr da lesão ao direito, algo aferível objetivamente (teoria da *actio nata* objetiva). Em algumas ocasiões excepcionais, porém, considera-se o real conhecimento do lesado como marco inicial (teoria da *actio nata* subjetiva).

É interessante o entendimento doutrinário no sentido da aplicação da teoria subjetiva na tutela coletiva. Se a prescrição é fenômeno que equilibra a segurança jurídica (premissa coletiva) com a sanção pela inércia do titular do direito (premissa individual), é razoável que a segunda seja relativizada quando a tutela jurisdicional depender da atuação de um legitimado extraordinário.

Nesse sentido, a opção feita pelo legislador quanto às pretensões consumeristas (art. 27 do CDC) deve ser entendida como uma regra geral do microssistema de processo coletivo, como forma de beneficiar a efetividade dos direitos envolvidos[38].

Outra questão interessante diz respeito à diferença de marcos temporais na tutela de direitos individuais homogêneos. Por se estar diante de direitos que possuem uma origem comum, normalmente relativa a evento lesivo uniforme, é possível que as condutas praticadas pelo réu não coincidam, como quando se pretende ressarcimento em razão de um produto defeituoso, adquirido em datas diversas por cada um dos membros da coletividade, ocorrendo de modo progressivo[39].

Entendemos que, em casos tais, a análise individualizada deva se dar no momento da habilitação para liquidação da sentença coletiva, cabendo ao magistrado executivo verificar os contornos temporais do título executivo e sua abrangência acerca do direito individual pleiteado.

A propósito da temática, há previsão específica de que os prazos decadenciais relativos à reclamação por vício do produto ou serviço não correm enquanto não terminado o inquérito civil instaurado para averiguação do ilícito.

Por fim, vale recordar que a jurisprudência do Superior Tribunal de Justiça admite a interrupção do prazo prescricional para o ajuizamento das ações individuais quando do ajuizamento da ação coletiva, até o seu trânsito em julgado.

2.2. Pretensão executória

O início do prazo para a execução do título judicial coletivo desperta questionamentos fundamentais.

O primeiro deles diz respeito à dúvida a respeito do termo inicial: o trânsito em julgado da decisão ou a informação aos indivíduos envolvidos acerca do término do processo.

Para parte da doutrina[40], o veto ao art. 96 não deve afastar a *ratio* do dispositivo, porque apenas se baseou na errônea remissão constante no texto legal aprovado (ao art. 93, e não ao art. 94). Subsistiria, portanto, a obrigação de dar publicidade à sentença, por meio de editais, por analogia ao que foi

---

[36] RE 669069, Rel. Min. Teori Zavascki, Tribunal Pleno, j. 3-2-2016 – Tema 666 da Repercussão Geral.
[37] RE 636886, Rel. Min. Alexandre de Moraes, Tribunal Pleno, j. 20-4-2020 – Tema 899 da Repercussão Geral.
[38] DIDIER JR.; ZANETI JR., 2016b, p. 292-293.
[39] LEONEL, 2011, p. 387.
[40] GRINOVER, 2019, p. 970-971; MAZZILLI, 2019, p. 652.

previsto para o ajuizamento, em homenagem ao princípio da publicidade dos atos processuais (art. 5º, LX, da CF) e à previsão da habilitação para os lesados no mercado de capitais (art. 2º, § 1º, da Lei n. 7.913/89[41]) – e tal publicidade geraria efeitos no tocante ao prazo prescricional.

O Superior Tribunal de Justiça, no entanto, em sede de recurso repetitivo, fixou tese no sentido da desnecessidade da publicação de editais, devendo o Judiciário respeitar o veto decorrente do regular processo legislativo, de sorte que a prescrição executória corre desde o trânsito em julgado da ação coletiva[42].

Uma segunda complicação se refere à possibilidade de existir controvérsia quanto à legitimidade para a execução coletiva. Nesse caso, já entendeu o Superior Tribunal de Justiça que apenas após o trânsito em julgado da decisão sobre a legitimidade do sindicato ou da associação é que se pode falar em inércia da coletividade representada[43].

Em uma terceira situação interessante, o Superior Tribunal de Justiça reconheceu a independência no cômputo dos prazos para execução de uma obrigação de pagar e outra de fazer, contidas no título executivo, correndo separadamente[44].

Por fim, o STJ possui entendimento de que o Ministério Público pode ajuizar ação cautelar de protesto para interromper o prazo prescricional para a execução individual de sentença coletiva[45], em interessante alternativa garantidora de dilação de prazo para permitir a comunicação com os lesados e a efetividade do título executivo.

---

[41] "Art. 2º As importâncias decorrentes da condenação, na ação de que trata esta Lei, reverterão aos investidores lesados, na proporção de seu prejuízo. § 1º As importâncias a que se refere este artigo ficarão depositadas em conta remunerada, à disposição do juízo, até que o investidor, convocado mediante edital, habilite-se ao recebimento da parcela que lhe couber."

[42] REsp 1.388.000/PR, 1ª Seção, Rel. Min. Napoleão Nunes Maia Filho, Rel. p/ acórdão Min. Og Fernandes, j. 26-8-2015.

[43] AgRg no REsp 1.240.333/RS, 2ª Turma, Rel. Min. Castro Meira, j. 18-10-2012.

[44] EREsp 1.169.126/RS, Corte Especial, Rel. Min. Og Fernandes, j. 20-3-2019.

[45] O Superior Tribunal de Justiça possui entendimento no sentido de que o Ministério Público possui legitimidade para a propositura de medida cautelar de protesto, visando a interrupção do prazo prescricional para o ajuizamento da execução individual de sentença coletiva (AgInt no REsp 1.747.389/RS, 3ª Turma, Rel. Min. Ricardo Villas Bôas Cueva, j. 2-12-2019).

Capítulo 22
AÇÃO POPULAR

1. DEFINIÇÃO

Trata-se de modalidade especial de ação coletiva voltada à tutela de determinados direitos difusos pelo cidadão.

Mais do que uma ação civil, a ação popular é, hoje, uma garantia fundamental de acesso à jurisdição, nos moldes do art. 5º, XXXV, da Constituição Federal, abarcando a proteção à cidadania e a interesses públicos, ao permitir a democracia participativa, autorizando que qualquer cidadão debata os atos públicos, no intuito de anulá-los quando lesivos ao patrimônio público, à moralidade administrativa, ao meio ambiente, ao patrimônio histórico e ao patrimônio cultural, no amparo de interesses da comunidade, e não de direitos individuais.

Além do poder de escolher seus governantes, outorgou-se ao cidadão a faculdade de fiscalizar os atos de administração – o que, por outro lado, aprimora a noção de responsabilidade dos administradores, incutindo-se-lhes o hábito da submissão à ordem legal[1].

Dessa forma, a finalidade da ação popular não consiste em atender a interesses específicos do autor, mas proteger o interesse de toda a coletividade.

A causa de pedir da ação coletiva em questão é o ato ilegal e lesivo ao patrimônio público. Contudo, não há impedimento que se cumule a desconstituição do ato lesivo com outra modalidade de proteção ao interesse lesado ou ameaçado. A Lei da Ação Popular, em seu art. 11, aliás, explicita essa possibilidade de cumulação, devendo ser admitida qualquer cumulação que aprimore a proteção dos direitos em questão.

2. REQUISITOS

Os pressupostos da demanda são três, o primeiro atinente à legitimidade e outros dois à causa de pedir (binômio ilegalidade-lesividade):

a) a condição de cidadão brasileiro por parte do autor, pessoa natural no gozo dos seus direitos cívicos e políticos, devendo o indivíduo comparecer a juízo munido de seu título eleitoral;

b) a ilegalidade do ato a invalidar (ato ilegal), infringindo as normas específicas que regem sua prática ou desviando-se dos princípios gerais que norteiam a Administração Pública; e

c) a lesividade do mesmo ato (ato lesivo), por desfalcar o erário ou prejudicar a Administração, bem como por ofender bens ou valores artísticos, cívicos, culturais, ambientais ou históricos da comunidade.

2.1. Ato ilegal (viciado)

Elemento essencial da ação popular, a compor sua causa de pedir, é a existência de um ato ilegal (em sentido amplo), como referido pelo art. 1º da Lei n. 4.717/65 ao mencionar a anulação ou

---
[1] MEIRELLES, 2002.

declaração de nulidade como objeto da demanda. Em outras palavras, deve existir um vício (em geral, de validade) capaz de gerar o afastamento do ato, pela via judicial.

O requisito da ilegalidade, no significado de incompatibilidade com o ordenamento jurídico (juridicidade[2]) – inclusive com os entendimentos jurisprudenciais (precedentes, teses jurídicas) –, é essencial[3,4], até mesmo para as ações que visem à tutela do meio ambiente (embora haja quem considere que, nesse caso, a responsabilização objetiva presumisse a ilegalidade[5], equivocadamente confundindo-a com o direito material, pressuposto para a condenação).

2.1.1. Omissão ilegal (ação popular omissiva)

Para além da ação popular comissiva, admite-se a ação popular para combater omissão ilícita por parte dos legitimados passivos, como entendem o Superior Tribunal de Justiça[6] e a doutrina[7]. Nessa hipótese, naturalmente, não haverá provimento desconstitutivo por parte do magistrado, mas fundamentalmente declaratório.

Resultando o prejuízo de inércia ou omissão administrativa, sem incidência pessoal direta, mas envolvendo o interesse comum da população, é possível utilizar do remédio constitucional.

A ação popular não se restringe, então, à tutela de atos comissivos do Poder Público, abrangendo também suas omissões, como entende José Afonso da Silva[8]. Para Geisa de Assis Rodrigues, ocorrendo a lesão anteriormente mencionada, há a possibilidade de propositura da ação[9]. Nesse caso, sua finalidade não será a desconstituição do ato lesivo, mas uma tutela mandamental para que se imponha uma obrigação de fazer para evitar a lesão ao patrimônio público e estatal.

Porém, há entendimento diverso, uma vez que a Lei n. 4.717/65 e a própria Constituição fazem referência a ato, e o que se irá reparar é a lesão provocada pela omissão e não ela em si.

2.1.2. Atos administrativos

O mais natural é que o objeto da ação popular seja o reconhecimento de vício existente em ato administrativo. Naturalmente, não se restringe aos atos praticados pelo Executivo, na sua atividade típica administrativa, também abarcando os atos praticados pelas demais funções (legislativa e judiciária), em suas atividades atípicas, de autoadministração.

Tema polêmico diz respeito à sindicabilidade de atos discricionários da Administração pelo Judiciário, pela via da ação popular. Embora a doutrina mais tradicional refute a possibilidade, entendendo que o mérito administrativo está afastado do controle judicial, admite-se, atualmente, que o julgador realize averiguação de juridicidade, verificando se o ato é compatível com os princípios que regem o direito administrativo, bem como com as obrigações constitucionais e as garantias fundamentais dos particulares. A dificuldade está em discernir qual é o limite para a atuação do Judiciário e para a substituição da decisão do administrador, presumivelmente legítima.

Mesmo que se admita a possibilidade de ofensa a interesse legítimo por parte de ato discricionário, descabe em tal caso a ação popular, não estando o Judiciário autorizado a invalidar opções

---

[2] RODRIGUES, 2016, p. 280.
[3] STJ, REsp 479.803/SP, 2ª Turma, Rel. Min. João Otávio de Noronha, j. 22-8-2006.
[4] NEVES, 2016b, p. 82.
[5] RODRIGUES, 2009a, p. 286.
[6] REsp 889.766/SP, 2ª Turma, Rel. Min. Castro Meira, j. 4-10-2007.
[7] NEVES, 2016b, p. 81.
[8] SILVA, 1968.
[9] RODRIGUES, 2011, p. 294.

administrativas ou substituir critérios técnicos por outros que repute mais convenientes ou oportunos, sendo tal valoração privativa da Administração, que titulariza toda uma pluralidade de critérios resolutivos. Porém, afora o mérito do ato sindicado, a Administração não pode ultrapassar os limites da discricionariedade, o que afronta a legalidade.

Quanto aos atos vinculados, o controle é mais simples e inquestionável, bastando a análise de compatibilidade com o ordenamento e com os requisitos do ato.

2.1.3. Atos judiciais

No tocante aos atos praticados pelo Poder Judiciário, há que se diferenciar os atos judiciais e os jurisdicionais.

Os primeiros englobam todos os atos praticados na atividade judiciária, em sentido amplo. Ou seja, estão aí inseridos todos os realizados pelo juízo, enquanto divisão administrativa, inclusive os cartorários, típicos dos serventuários. Naturalmente, pode haver ofensa ao patrimônio público, histórico e cultural (incineração de autos com valor histórico, por exemplo[10]), ao meio ambiente ou até à moralidade administrativa (como um retardamento de determinada intimação em razão de pagamento de vantagem ao oficial de justiça), o que autorizará o manejo da ação popular.

Por outro lado, os atos jurisdicionais são aqueles tipicamente praticados pelo julgador. A princípio, devem ser rediscutidos e impugnados pela via recursal, não podendo funcionar a ação popular como sucedâneo recursal externo[11].

Pontualmente, porém, o Superior Tribunal de Justiça já admitiu seu uso contra decisão judicial homologatória de acordo[12-13], bem como já utilizou seus parâmetros (bens tuteláveis) como critério para permitir a anulação de acordo firmado em matéria coletiva, pela via da ação anulatória[14].

2.1.4. Atos legislativos

Afora os atos administrativos praticados pelo Legislativo, não se afigura cabível, de regra, a ação popular contra seus atos, sendo corrente o entendimento de que tal via não pode funcionar como sucedâneo da ação direta de inconstitucionalidade[15].

A exceção fica por conta das leis de efeitos concretos, quando a jurisprudência admite o controle, sobretudo de tais efeitos, por meio de ação popular[16], sendo dispensável, nessa hipótese, a inclusão dos deputados envolvidos no processo legislativo no polo passivo da demanda, porque questionado, no fundo, o ato administrativo, e não a lei em tese[17].

Portanto, dentre os atos ilegais e lesivos ao patrimônio público pode ser considerada a lei de efeitos concretos, ou seja, aquela que traz em si as consequências imediatas de sua atuação, como a que desapropria bens ou a que concede isenções, sendo tais leis meramente formais, equiparando-se aos atos administrativos.

Entretanto, não cabe ação popular contra lei em tese, não tendo esse procedimento a finalidade de se prestar ao controle da legalidade de atos abstratos, por aplicação subsidiária da Súmula 266 do

---

[10] NEVES, 2016b, p. 82.
[11] Pet 2.018 AgR, 2ª Turma, Rel. Min. Celso de Mello, j. 22-8-2000.
[12] REsp 536.762/RS, 2ª Turma, Rel. Min. Eliana Calmon, j. 21-6-2005.
[13] REsp 884.742/PR, 2ª Turma, Rel. Min. Herman Benjamin, j. 20-4-2010.
[14] REsp 450.431/PR, 1ª Turma, Rel. Min. Luiz Fux, j. 18-9-2003.
[15] REsp 504.552/SC, 2ª Turma, Rel. Min. Eliana Calmon, j. 11-5-2004.
[16] REsp 501.854/SC, 1ª Turma, Rel. Min. Luiz Fux, j. 4-11-2003.
[17] EDcl nos EREsp 188.873/RS, 1ª Seção, Rel. Min. Denise Arruda, j. 28-4-2004.

STF (que se refere ao mandado de segurança), caso em que nem sequer chega a se completar o requisito da lesividade do ato.

Dessa forma, é pacífico que a ação popular não se presta a atacar lei em tese, podendo ser o controle de constitucionalidade fundamento da demanda, jamais seu objeto, não se podendo formular pedido que vise à declaração de constitucionalidade ou inconstitucionalidade de ato normativo, podendo-se empregá-lo, porém, como causa de pedir.

Contudo, se a lei render algum ato concreto de execução lesivo ou ilegal, seria possível sua impugnação pela via da ação popular se presente situação de lesão ou ameaça aos bens elencados no art. 5º, LXXIII, da Constituição Federal[18].

2.2. Ato lesivo

O segundo elemento do binômio chave da ação popular é a lesividade do ato ilícito. O requisito é importante, porque a ilegalidade pode conduzir à invalidação ou à convalidação, a qual, para parte da doutrina, seria ato vinculado, obrigação do administrador, quando não ofenderem o interesse público ou terceiros (art. 55 da Lei n. 9.784/99) – o que retira sua possibilidade de impugnação por ação popular[19].

Nesse aspecto, algumas nuances são postas.

Quanto à ofensa do patrimônio histórico, cultural e do meio ambiente, não parece haver significativa divergência, exigindo-se a comprovação da efetiva lesão a esses bens transindividuais[20].

Por outro lado, no tocante ao patrimônio público e à moralidade administrativa, a questão é mais complexa, embora a lesividade venha expressamente prevista no art. 5º, LXXIII, da Constituição.

Duas posições discutem se o autor da ação popular deve comprovar a existência de real lesão ao patrimônio público. Enquanto alguns autores[21] e julgados do STJ[22,23] entendem necessária a existência de lesão aos cofres públicos, delineada especificamente na causa de pedir, outra linha de decisão permite presumir a lesividade, nas hipóteses do art. 4º da Lei n. 4.717/65, enquanto, nas dos arts. 2º e 3º, deve haver lesividade patrimonial efetiva[24].

Estabelece o art. 4º casos de presunção de lesividade (lesividade presumida ou *in re ipsa*), bastando para a invalidação do ato, nos casos estritos, a prova da sua prática naquelas circunstâncias. São exemplos a admissão de servidor público com desobediência, quanto à sua habilitação, das normas legais ou regulamentares e o fracionamento de contratações como modo de burlar a exigência de licitação.

Fora das hipóteses legais, porém, a lesividade não deveria ser presumida, impondo-se a sua demonstração cabal, bem como a da ilegalidade[25]. É o que ocorre nos arts. 2º e 3º, que mencionam expressamente que os atos ali elencados devem ser lesivos ao patrimônio das entidades.

---

[18] BARROSO, 2000.
[19] ZAVASCKI, 2017b.
[20] NEVES, 2016b, p. 82.
[21] NEVES, 2016b, p. 81.
[22] EREsp 260.821/SP, 1ª Seção, Rel. Min. Luiz Fux, Rel. p/ acórdão Min. João Otávio de Noronha, j. 23-11-2005.
[23] REsp 806.153/RS, 1ª Turma, Rel. Min. Luiz Fux, j. 8-4-2008.
[24] AgRg no REsp 1.378.477/SC, 2ª Turma, Rel. Min. Mauro Campbell Marques, j. 11-3-2014.
[25] GRAU, 1997, p. 339.

Além disso, há decisões do Superior Tribunal de Justiça (1ª[26] e 2ª Turmas[27]) e do Supremo Tribunal Federal[28] dispensando a existência de prejuízo ao erário, nos casos de ofensa à moralidade administrativa.

O melhor entendimento, atento à pluralidade de bens jurídicos tutelados pela ação popular, é compreender a lesividade como essencial. No entanto, isso não quer dizer que (i) haja sempre prejuízo ao erário, sendo suficiente a ofensa à moralidade e ao meio ambiente, desde que demonstrada, ou que (ii) a lesão já tenha sido perpetrada, podendo-se falar em ação popular preventiva. Basta a potencialidade lesiva para a procedência[29].

Dessa forma, para a ação popular, não é essencial que o ato lesivo tenha causado prejuízo econômico ao erário público, bastando, à luz das disposições constitucionais, que tenha essa medida causado lesão ao meio ambiente ou à moralidade administrativa[30], mesmo que daí não decorra qualquer espécie de dano ao patrimônio público[31-32].

3. ESPÉCIES

Pode a ação popular figurar como meio preventivo (ação popular preventiva) – sendo ajuizada antes da produção dos efeitos lesivos do ato – ou repressivo (ação popular repressiva) – para a reparação do dano, depois de consumado – da lesão ao patrimônio público. A jurisprudência admite, acertadamente, a cumulação de ambas[33].

Também é classificável a presente ação como comissiva, se visa a atacar ato efetivamente praticado, ou omissiva, se a ilicitude advém da omissão estatal. Por isso, pode-se falar em ação popular com sentido corretivo – se visa a reparar erro da Administração na realização do direito – ou com sentido supletivo da inatividade do poder público nos casos em que deveria agir por expressa imposição legal.

4. HISTÓRICO

No contexto brasileiro, a ação popular foi recepcionada pelas Ordenações Filipinas de 1603, que vigeram no Brasil pelo Decreto de 20 de outubro de 1823, mesmo após a independência[34], com uma relevante continuidade normativa – embora se costume apontar seu desaparecimento, com o Código Civil de 1916, cujo art. 76 dava contornos restritivos à legitimidade para agir, mencionando apenas a tutela de interesse próprio ou da família do autor.

No plano constitucional pátrio, a menção ao instrumento remonta à Constituição Federal de 1934, que enquadrava a nulidade ou a anulação de atos lesivos ao patrimônio público como direito fundamental (art. 113, n. 38). Na Carta Magna seguinte, de 1937, desaparece a referência, que, no entanto, retorna em 1946 (art. 141, § 38) e permanece até os dias presentes[35].

---

[26] REsp 474.475/SP, 1ª Turma, Rel. Min. Luiz Fux, j. 9-9-2008.
[27] AgRg no REsp 1.130.754/RS, 2ª Turma, Rel. Min. Humberto Martins, j. 13-4-2010.
[28] RE 170.768, 1ª Turma, Rel. Min. Ilmar Galvão, j. 26-3-1999.
[29] ZAVASCKI, 2017b.
[30] REsp 1.252.697/RJ, 2ª Turma, Rel. Min. Herman Benjamin, j. 27-11-2012.
[31] REsp 474.475/SP, 1ª Turma, Rel. Min. Luiz Fux, j. 9-9-2008.
[32] RODRIGUES, 2016, p. 281.
[33] AO 506 QO, Tribunal Pleno, Rel. Min. Sydney Sanches, j. 6-5-1998.
[34] ANDRADE; MASSON; ANDRADE, 2017, p. 12.
[35] MENDES, 2014, p. 200.

Consagrou-se o instituto dentre os direitos públicos subjetivos do indivíduo como uma garantia contra ou em face do Estado, permitindo-se a sua participação ativa e direta na vida política do país.

Por essa razão, Teori Zavascki[36] e José Afonso da Silva[37] apontam duas linhas mestras da ação popular, desde a Constituição de 1934: a legitimidade ativa do cidadão e a finalidade de anulação de atos lesivos ao patrimônio público.

Com o advento do regime do Estado Novo, foi a ação popular suprimida pela Carta de 1937, sendo posteriormente reintroduzida na Carta de 1946 (art. 141, § 38) – passando também a abranger a administração indireta (autarquia e sociedade de economia mista) – e mantida na Constituição Federal de 1967 (art. 150, § 31), a qual empobreceu o seu espectro subjetivo, no uso da rubrica "entidades públicas".

A Lei n. 4.717, de 20 de junho de 1965, veio regular o procedimento da ação. Trata-se de uma ação civil, no sentido de se referir a uma pretensão não penal, desprovida de caráter punitivo, visando precipuamente a compor lide fundada em relação de direito administrativo.

Em 1988, a Constituição inovou ao ampliar o cabimento da ação popular, que antes estava limitada aos atos lesivos ao patrimônio das entidades públicas[38], de modo a contemplar a proteção da moralidade administrativa[39], bem como a guarida dos interesses difusos, possibilitando, além das lesões meramente pecuniárias, a tutela de bens de ordem imaterial e espiritual – os quais, no tocante ao patrimônio histórico e cultural, já haviam sido contemplados no art. 1º, § 1º, da Lei da Ação Popular.

Hoje, pode ser utilizada também para a proteção ao patrimônio público, à moralidade administrativa, ao meio ambiente, ao patrimônio histórico e ao patrimônio cultural, como se vê no art. 5º, LXXIII.

Outra novidade trazida pela Constituição Federal é a isenção de despesas do processo em questão, salvo se evidenciada a má-fé em sua propositura. Dessa forma, não foi recepcionado o art. 10 da Lei n. 4.717/65, que dispõe sobre o pagamento das custas processuais, ao final, pelo perdedor, devendo-se compatibilizar as disposições legais com a Constituição Federal.

Quanto à sua natureza, tem-se uma ação constitutiva negativa – na medida em que inova a situação jurídica preexistente, determinando a anulação do ato administrativo impugnado –, declaratória – quando declara a nulidade do ato impugnado – e, em decorrência, condenatória – por condenar os responsáveis pelo pagamento das perdas e danos, uma vez julgada procedente a demanda, caso em que a sentença tem natureza complexa.

É amplamente difundido o entendimento[40], a nosso ver correto, segundo o qual se dá necessariamente a cumulação entre ambos os efeitos, constitutivo e condenatório, decorrendo ambos da lei (art. 11 da Lei n. 4.717/64[41]).

---

[36] ZAVASCKI, 2017b.

[37] SILVA, 1968, p. 35.

[38] RODRIGUES, 2006, p. 213.

[39] O conceito de moralidade administrativa está previsto na Lei n. 9.874/99, como o que implica que a Administração Pública adote padrões éticos e atue de boa-fé. Rodolfo de Camargo Mancuso sustenta que, em decorrência desse conceito, são impugnáveis por meio da ação popular as condutas da Administração que ensejam abuso de poder, desvio de poder e desarrazoabilidade da conduta, tentando determinar o conceito de moralidade administrativa (MANCUSO, 2003a).

[40] Na glosa de José Carlos Barbosa Moreira: "Endereça-se o preceito diretamente ao juiz, a quem caberá, se for o caso, proferir a condenação ainda que o autor popular não a tenha pedido; aqui se abre exceção à regra proibitiva do julgamento *extra petitum*" (BARBOSA MOREIRA, 1977).

[41] "Art. 11. A sentença que, julgando procedente a ação popular, decretar a invalidade do ato impugnado, condenará ao pagamento de perdas e danos os responsáveis pela sua prática e os beneficiários dele, ressalvada a ação regressiva contra os funcionários causadores de dano, quando incorrerem em culpa."

5. DIREITOS TUTELÁVEIS

Atualmente, como visto, a ação popular, por força do parâmetro constitucional do art. 5º, LXXIII[42], pode tutelar os seguintes bens jurídicos:

a) patrimônio público;
b) moralidade administrativa;
c) meio ambiente;
d) patrimônio histórico e cultural.

Todos esses direitos têm natureza difusa, transindividual e de interesse de toda a coletividade, ainda que indeterminada.

Há quem pretenda a ampliação do rol, com a inclusão dos direitos difusos dos consumidores (ação popular consumerista)[43], mas o Superior Tribunal de Justiça se mostra refratário[44].

5.1. Patrimônio público

Na redação originária da Lei n. 4.717/65, seguindo a tendência das previsões constitucionais existentes até então, apenas se mencionava a tutela do patrimônio público (art. 1º[45]).

O conceito é bem amplo, abarcando o patrimônio:

a) da Administração Pública direta: União, Distrito Federal, Estados e Municípios;
b) da Administração Pública indireta: entidades autárquicas, sociedades de economia mista, sociedades mútuas de seguro nas quais a União represente os segurados ausentes, empresas públicas;
c) do terceiro setor e demais instituições subvencionadas pelos cofres públicos: serviços sociais autônomos, de instituições ou fundações para cuja criação ou custeio o tesouro público haja concorrido ou concorra com mais de cinquenta por cento do patrimônio ou da receita ânua, de empresas incorporadas ao patrimônio da União, do Distrito Federal, dos Estados e dos Municípios, e de quaisquer pessoas jurídicas ou entidades subvencionadas pelos cofres públicos.

A ideia é a proteção do erário, ainda que a lesão se direcione a pessoas privadas, desde que recebam dinheiro público. Nesses casos, porém, os atos lesivos só serão invalidados na proporção da participação financeira do ente público (art. 1º, § 2º[46]).

---

[42] "Art. 5º (...) LXXIII – qualquer cidadão é parte legítima para propor ação popular que vise a anular ato lesivo ao patrimônio público ou de entidade de que o Estado participe, à moralidade administrativa, ao meio ambiente e ao patrimônio histórico e cultural, ficando o autor, salvo comprovada má-fé, isento de custas judiciais e do ônus da sucumbência."

[43] MANCUSO, 2003.

[44] REsp 851.090/SP, 1ª Turma, Rel. Min. Luiz Fux, j. 18-12-2007, *DJe* 31-3-2008.

[45] "Art. 1º Qualquer cidadão será parte legítima para pleitear a anulação ou a declaração de nulidade de atos lesivos ao patrimônio da União, do Distrito Federal, dos Estados, dos Municípios, de entidades autárquicas, de sociedades de economia mista (Constituição, art. 141, § 38), de sociedades mútuas de seguro nas quais a União represente os segurados ausentes, de empresas públicas, de serviços sociais autônomos, de instituições ou fundações para cuja criação ou custeio o tesouro público haja concorrido ou concorra com mais de cinquenta por cento do patrimônio ou da receita ânua, de empresas incorporadas ao patrimônio da União, do Distrito Federal, dos Estados e dos Municípios, e de quaisquer pessoas jurídicas ou entidades subvencionadas pelos cofres públicos."

[46] "Art. 1º (...) § 2º Em se tratando de instituições ou fundações, para cuja criação ou custeio o tesouro público concorra com menos de cinquenta por cento do patrimônio ou da receita ânua, bem como de pessoas jurídicas ou entidades subvencionadas, as consequências patrimoniais da invalidez dos atos lesivos terão por limite a repercussão deles sobre a contribuição dos cofres públicos."

Amplia-se, ainda, a noção de patrimônio público para abarcar bens e direitos com valor (art. 1º, § 1º[47]):

a) econômico;
b) artístico;
c) estético;
d) histórico;
e) turístico.

Verifica-se uma compreensão não apenas financeira do patrimônio público, mas também imaterial.

5.2. Patrimônio histórico e cultural

Essa ampliação, pela via legal, acabou sendo incorporada pelo texto constitucional, de maneira destacada.

De todo modo, não há de se duvidar que os bens de valor histórico e cultural são, na essência, públicos, difusos.

5.3. Moralidade administrativa

Em virtude da ampliação do objeto da ação popular por parte da atual Constituição da República, deve a moralidade administrativa ser admitida como uma categoria passível de controle jurisdicional por si, por não ser necessariamente subjetiva ou passível de abranger os atos discricionários, mas pelo reconhecimento do seu conteúdo jurídico, a partir de regras e princípios da Administração.

Na lição de Teori Zavascki[48], a moralidade alcança, com a Constituição Federal de 1988, duas feições:

a) a de princípio constitucional da Administração (art. 37);
b) a de requisito de validade dos atos administrativos (art. 5º, LXXIII), sendo a ação popular a via, por excelência, para esse controle.

Prossegue o autor explicando que, enquanto sanção, a imoralidade administrativa depende de prévia definição das condutas ilícitas (princípio da tipicidade do ilícito). Deve decorrer do sistema jurídico, não do jusnaturalismo. Mas a normatividade decorre dos valores humanos (teoria dos vasos comunicantes: relação entre o mundo normativo jurídico e o não jurídico).

O ato improbo é, na atual roupagem do ordenamento, um ato administrativo moralmente viciado, com o particular elemento subjetivo da conduta do agente, que viola virtudes dele esperadas. A moralidade quebrada passa pela diferença entre expressão formal (aparência) e expressão real (substância) do ato, a englobar o abuso de poder e o desvio de finalidade.

O bem jurídico moralidade administrativa também se relaciona com a boa-fé objetiva, padrão esperado pela sociedade, criando deveres secundários de conduta.

5.4. Meio ambiente

Também o meio ambiente pode ser protegido pela via da ação popular, o que, inclusive, leva parcela da doutrina a enxergar legitimidade do cidadão para a ação civil pública que tutele tal bem transindividual.

---

[47] "Art. 1º (...) § 1º Consideram-se patrimônio público para os fins referidos neste artigo, os bens e direitos de valor econômico, artístico, estético, histórico ou turístico."
[48] ZAVASCKI, 2017b.

Falando em "ação popular ambiental", parte da doutrina[49] enxerga peculiaridades para a demanda que possua esse objeto, com a prevalência do núcleo duro do microssistema (Lei da Ação Civil Pública e Código de Defesa do Consumidor), que implica em diversos aspectos, como:

a) aplicação da responsabilidade solidária, o que torna desnecessária a presença de todos os responsáveis pelo ato no polo passivo;
b) competência do local do dano (art. 2º da Lei n. 7.347/85);
c) necessidade de oitiva prévia da Fazenda Pública, em 72 horas, a exemplo da ação civil pública e do mandado de segurança coletivo;
d) imprescritibilidade da pretensão autoral;
e) efeito meramente devolutivo do recurso de apelação (art. 14 da Lei da Ação Civil Pública);
f) possível tutela autônoma do pedido constitutivo e do condenatório.

6. LEGITIMIDADE

6.1. Legitimidade ativa

6.1.1. Natureza jurídica

A doutrina predominante perfilha a tese de que o autor popular age como substituto processual, considerando-se que não defende direito seu em juízo, e sim o da comunidade, da qual é parte integrante.

Segundo José Afonso da Silva[50] e Rodolfo Mancuso[51], o autor popular age por legitimação ordinária, visto que exerce o direito próprio decorrente da soberania popular, de que é titular, como qualquer outro cidadão, em nome próprio, fiscalizando a gestão do patrimônio público, em se tratando de um instituto de democracia direta.

Por fim, Nelson Nery Jr. e Rosa Maria Nery de Andrade defendem, com base na doutrina alemã, que a legitimação na ação popular segue a mesma regra da legitimação para as ações coletivas, sendo uma legitimação autônoma para a condução do processo.

Consolidados os interesses metaindividuais como objeto da tutela por via da ação popular, afigura-nos mais acertada a tese da legitimação extraordinária, sendo o direito titularizado não apenas pelo autor, mas pelo conjunto de toda uma coletividade.

A legitimação difusa, isto é, de todos os interessados, é concorrente e disjuntiva, porque os cidadãos, isolada ou concorrentemente, podem ajuizar a ação popular. É importante frisar que, quando o fizerem em grupo, dar-se-á a formação de um litisconsórcio voluntário – caso em que a hipótese de litisconsórcio necessário fica excluída por definição, sendo inviável a presença de toda a pluralidade de indivíduos no processo. Nesse caso, não há uma previsão de prazo para a habilitação, que pode ocorrer a qualquer tempo, já que a intenção é controlar os abusos em prejuízo da coisa pública.

---

[49] VITTA, 2000; GOMES JR.; SANTOS FILHO, 2006; ZANETI JR.; GARCIA, 2017, p. 417.
[50] SILVA, 1968.
[51] MANCUSO, 2003.

6.1.2. Cidadão

6.1.2.1. Capacidade de ser parte

Quanto às partes, o sujeito ativo será sempre o cidadão brasileiro – pessoa física no gozo de seus direitos políticos –, isto é, o eleitor, ao qual se atribui o direito a uma gestão eficiente e proba da coisa pública, vinculando-se a capacidade processual à capacidade político-eleitoral.

O Superior Tribunal de Justiça já enfrentou a tormentosa questão da ação ajuizada por eleitor de um município quanto a fatos ocorridos em outro, concluindo pela possibilidade[52].

No campo da legitimidade, aliás, esse é o grande diferencial da ação popular, já que, embora outras ações também sirvam para anular atos oriundos do Poder Público que violem o patrimônio público, a moralidade administrativa, o meio ambiente ou o patrimônio histórico e cultural, somente o cidadão pode valer-se desse instrumento, os outros legitimados à tutela coletiva hão de se socorrer de outros instrumentos para a proteção desses interesses.

Contudo, há quem critique esse entendimento[53]; entendo que a equiparação do cidadão ao cidadão-eleitor não é a interpretação que mais se coaduna com a garantia constitucional em questão, que não estabelece qualquer restrição à concepção de cidadão, devendo a legitimação para a ação popular ser mais ampla, pertencente a qualquer cidadão, independentemente de título de eleitor.

Há, ainda, quem sustente que, somente no caso de proteção do meio ambiente, não seria exigível a condição de eleitor, podendo, inclusive, tal defesa ocorrer por pessoas jurídicas[54].

Predomina, porém, que a ação popular poderá ser manejada por quem detenha seus direitos políticos, não sendo cabível sua utilização sequer por quem possui os direitos políticos suspensos. Para a condição de cidadão não importa a capacidade eleitoral passiva, isto é, o direito de ser votado, mas apenas o direito de votar.

A prova, aliás, faz-se pela exibição do título de eleitor, embora haja quem exija, com mais rigor, o comprovante da última votação[55]. Embora tal documento não possa, por si só, expressar a prerrogativa, é certo que consiste em forte indício da existência da condição básica de cidadania.

6.1.2.2. Capacidade de estar em juízo

Tema polêmico é a necessidade ou não de assistência para que o cidadão, maior de 16 e menor de 18 anos, possa estar em juízo, como autor da ação popular.

Segundo José Afonso da Silva[56], a assistência não é necessária. A Constituição Federal impôs apenas o requisito de ter o autor a condição de eleitor; não se pode fazer qualquer limitação ao texto constitucional, sofrendo a regra dos arts. 8º e 37 do Código de Processo Civil, derrogação em favor do menor eleitor.

Já no entendimento de Rodolfo de Camargo Mancuso[57] e Marco Antonio Rodrigues[58], deve prevalecer o suprimento da incompetência relativa do indivíduo, limitada em seu próprio interesse a certos atos da vida civil, o que não interfere na sua condição de cidadão.

Esposamos a segunda corrente, na medida em que a cidadania e o exercício do direito de ação, decorrência da primeira, são situações distintas, devendo ser observadas, na ausência de dispositivo

---

[52] REsp 1.242.800/MS, Rel. Min. Mauro Campbell Marques, j. 7-6-2011 (*Informativo* n. 476 do STJ).
[53] ALMEIDA, 2007.
[54] FIORILLO; RODRIGUES; NERY, 1996.
[55] Nesse sentido: RODRIGUES, 2011.
[56] SILVA, 1968.
[57] MANCUSO, 2008a, p. 109.
[58] RODRIGUES, 2016, p. 276.

legal expresso, as regras atinentes à assistência; a cidadania diz respeito à legitimidade para a causa, enquanto a capacidade civil é pressuposto para a regular formação da relação processual.

6.1.2.3. Capacidade postulatória

O cidadão deve, porém, estar acompanhado em juízo de um advogado, para ter capacidade postulatória[59], salvo, é claro, as hipóteses em que o cidadão é advogado e pode litigar contra o Poder Público.

Poderá haver, ainda, litisconsórcio entre os cidadãos, seja para a propositura da ação popular, seja, a qualquer tempo, no curso da demanda. Contudo, trata-se de hipótese de litisconsórcio facultativo, em que o litisconsorte deverá demonstrar seu interesse jurídico para ingressar na demanda e, sempre que puder comprometer a rápida solução da demanda, poderá o juiz recusá-lo.

6.1.3. Pessoas jurídicas e Ministério Público

Muito se debate sobre a possibilidade de ajuizamento de ação popular por pessoa jurídica.

A questão já se encontrava pacificada por meio da Súmula 365 do STF, anterior à Lei n. 4.717/65, no sentido de que a pessoa jurídica não pode propor ação popular, eis que se funda essencialmente no direito político do cidadão. Nesse sentido, o texto da Constituição Federal, que não autoriza interpretação diversa do conceito de cidadão[60].

O Supremo Tribunal Federal, inclusive, já rechaçou a legitimidade de Estados-membros para o ajuizamento, apenas admitindo seu ingresso como assistentes simples[61].

Contudo, essa legitimação não relega ao desamparo os bens tutelados por ação popular, uma vez que a ação civil pública está ao alcance de outros legitimados, como as associações civis.

Justamente por isso, existe doutrina que advoga a ampliação da legitimidade para a ação popular, que poderia ser movida por pessoa jurídica[62] ou pelo Ministério Público[63].

A rigor, essa interpretação à luz do microssistema, que torna de certa maneira inócua a discussão (já que aberta sempre a via das demais ações coletivas)[64], autorizaria mesmo outras instituições, como a Defensoria Pública, ao ajuizamento, ante o princípio da atipicidade das ações coletivas (art. 83 do CDC[65]).

O Superior Tribunal de Justiça, pontualmente, acenou a favor do alargamento do rol, construindo a denominada ação popular multilegitimária[66].

6.1.3.1.1. Participação do Ministério Público

6.1.3.1.1.1. Legitimidade

6.1.3.1.1.1.1. Originária

A doutrina clássica era unânime em dizer que o Ministério Público não pode ajuizar a ação popular, salvo na hipótese de o membro da instituição propô-la na qualidade de cidadão comum, sem estar investido em suas funções institucionais.

---

[59] REsp 450.919/MA, 2ª Turma, Rel. Min. Humberto Martins, j. 15-8-2006.

[60] RODRIGUES, 2016, p. 276.

[61] Pet 3.388, Tribunal Pleno, Rel. Min. Carlos Britto, j. 19-3-2009.

[62] José Carlos Barbosa Moreira procura evitar uma briga entre Davi (o cidadão) e Golias (os interesses vários envolvidos): BARBOSA MOREIRA, 1984, p. 178. No mesmo sentido: RODRIGUES, 2009a, p. 278.

[63] FUX, 2008.

[64] NEVES, 2016b, p. 191.

[65] "Art. 83. Para a defesa dos direitos e interesses protegidos por este código são admissíveis todas as espécies de ações capazes de propiciar sua adequada e efetiva tutela."

[66] REsp 401.964/RO, 1ª Turma, Rel. Min. Luiz Fux, j. 22-10-2002.

Os tribunais também não vêm aceitando pacificamente tal legitimação. É comum interpretar-se restritivamente o texto constitucional no tocante à atuação do Ministério Público (quando deveria ser exatamente o contrário, atentando-se à *ratio* que avulta na Carta Magna).

Nesse passo, existe um entendimento no sentido de não ser possível alargar-se a legitimação ativa da ação popular por norma infraconstitucional, por uma simples leitura do inciso LXXIII do art. 5º da Constituição Federal e do art. 1º da Lei n. 4.717/65, uma vez que a Carta Magna circunscreveu tal legitimação tão somente ao cidadão.

Dessa forma, prevalece que o Ministério Público não é ente legitimado à propositura de ação popular.

Entretanto, poderá o *Parquet* propor ação civil pública com o mesmo objeto da ação popular. Isso se dá por expressa autorização legal, consubstanciada no art. 25, IV, *i*, da Lei n. 8.625/93.

Ainda quanto à questão da legitimidade, não nos parece que o legislador constituinte tenha restringido a tutela dos atos lesivos ao patrimônio público apenas ao particular por meio da ação popular. Quis, ao contrário, garantir que, mesmo ante a possível inércia de todas as instituições (Tribunais de Contas, Ministério Público e a própria Administração Pública), pudesse o cidadão deduzir perante o Poder Judiciário sua pretensão no sentido de ver protegidos os cofres públicos, na condição, inclusive, de contribuinte, além de fomentar a educação política do povo, bem como o sentimento participativo.

6.1.3.1.1.1.2. Superveniente

Deve-se atentar para o art. 9º da Lei n. 4.717/65, segundo o qual, na hipótese de desistência do autor, fica assegurado ao membro do Ministério Público o prosseguimento da ação.

O Ministério Público poderá prosseguir no feito, em caso de abandono do autor originário (art. 9º da Lei n. 4.717/65), no prazo de 90 dias, a contar da publicação do edital para que os demais cidadãos interessados assumam a titularidade da ação, sem qualquer manifestação. Trata-se de legitimidade ativa subsidiária incidental.

O Ministério Público, porém, *não está obrigado* a prosseguir na ação, devendo sempre verificar se há interesse público a ser defendido no feito e se há razões para a ação ser julgada procedente.

Não se vislumbra aqui a incidência do princípio da obrigatoriedade próprio da ação penal pública. Em outras palavras, o órgão ministerial não estará vinculado a promover a ação se não vislumbrar justa causa para ela.

Tal ocorre, em primeiro lugar, porque a legitimação é concorrente, podendo qualquer outro cidadão assumir o prosseguimento do feito, e, em segundo lugar, porque não consta da literalidade do dispositivo legal a expressão prosseguirá ou outra semelhante; apenas se possibilitou fazê-lo, sempre no intuito de proteger-se ao máximo o erário e os demais bens tutelados.

Por outro lado, a experiência mostra que é bem razoável o número de ações populares propostas sem qualquer fundamento, configurando-se como verdadeiras lides temerárias. Ora, não seria razoável exigir-se do Ministério Público, guardião da lei e da correta aplicação do direito, o prosseguimento obrigatório de tal feito. Isso seria ferir sua função constitucional básica.

6.1.3.1.1.2. Fiscal do ordenamento jurídico

Visto o ponto da legitimidade para o ajuizamento da ação popular, passamos à questão da *intervenção* do Ministério Público na ação popular. O dispositivo mais tormentoso é o art. 6º, § 4º[67].

---

[67] "Art. 6º (...) § 4º O Ministério Público acompanhará a ação, cabendo-lhe apressar a produção de prova e promover a responsabilidade, civil ou criminal, dos que nela incidirem, sendo-lhe vedado, em qualquer hipótese, assumir a defesa do ato impugnado ou de seus autores."

Nesse ponto, a doutrina se divide acerca da natureza jurídica da intervenção do *Parquet* na ação popular.

Segundo Hely Lopes Meirelles[68], o Ministério Público atua como *custos legis*, ou, nas palavras do último, como parte pública autônoma, podendo manifestar-se, ao final, pela procedência ou improcedência do pedido.

Parece-nos ser mais acertada a última posição, já que, em razão da independência funcional inscrita em sede constitucional, o membro do *Parquet* se vincula a agir apenas de acordo com sua consciência e com a lei.

É certo que deve o promotor de justiça procurar apressar a produção das provas e deve perquirir acerca da responsabilização civil e penal (e também administrativa, nos termos da já citada Lei n. 8.429/92), entretanto, não está impedido de assumir a defesa do ato impugnado.

Obviamente, assumir a defesa não significa representar, já que se trata de função atípica da instituição, reservada hoje em dia às procuradorias do município, do estado e também à Advocacia-Geral da União, em nível federal.

Porém, o que está em questão é a valoração decorrente da livre apreciação da prova dos autos, bem como da matéria de direito envolvida, podendo o Ministério Público, inobstante a análise dos antecedentes lógicos do mérito, ou seja, as questões preliminares e prejudiciais, opinar pela improcedência do pedido.

Como bem anota Victor Correa de Oliveira[69], a intervenção do *Parquet* deve ocorrer em todas as fases da ação popular, a saber, fase cautelar (art. 5º, § 4º), fase de conhecimento e fase de execução.

Ainda nessa esteira, se o órgão do Ministério Público não for intimado, anula-se o processo desde a falta de sua intimação (arts. 84 e 246 do CPC/73, aplicados subsidiariamente, e art. 22 da Lei n. 4.717/65). Destarte, sua intervenção é obrigatória na ação popular.

No entanto, com os olhos postos no julgamento do mérito da demanda, o legislador de 2015 preferiu relativizar o reconhecimento da nulidade, obrigando o julgador a ouvir, previamente, a instituição, que apontará a existência de prejuízo concreto ou a possibilidade de validação dos atos (art. 279, § 2º, do CPC/2015)[70].

O Ministério Público tem, portanto, posição singular na ação popular, funcionando como parte pública autônoma incumbida de velar pela regularidade do processo, de apressar a produção da prova e de promover a responsabilidade civil ou criminal dos culpados.

O trecho final do art. 6º, § 4º, indica que o Ministério Público jamais poderia assumir a defesa do ato impugnado ou dos seus autores, o que só se justifica por razões históricas, pois, à época, caberia à instituição a defesa da Administração Pública.

Entretanto, nos tempos atuais, a interpretação literal do dispositivo se revela inconstitucional, devendo, em sua manifestação final, o órgão do *Parquet* opinar no sentido em que a prova indicar, pela procedência ou improcedência da ação, por se tratar de conduta característica da instituição[71].

---

[68] MEIRELLES, 2002, p. 131-132.
[69] Posição referida em MEIRELLES, 2002, p. 133.
[70] "Art. 279. É nulo o processo quando o membro do Ministério Público não for intimado a acompanhar o feito em que deva intervir. § 1º Se o processo tiver tramitado sem conhecimento do membro do Ministério Público, o juiz invalidará os atos praticados a partir do momento em que ele deveria ter sido intimado. § 2º A nulidade só pode ser decretada após a intimação do Ministério Público, que se manifestará sobre a existência ou a inexistência de prejuízo."
[71] ZAVASCKI, 2017b.

6.1.4. Litisconsórcio

Na Lei da Ação Popular (art. 6º, § 5º[72]), existe previsão expressa no sentido da possibilidade de habilitação de outros cidadãos, que não o autor, como litisconsortes ou assistentes. O litisconsórcio formado é facultativo e unitário, o magistrado poderá limitá-lo, quando multitudinário (art. 113, § 1º, do CPC).

Com acerto, sustenta parte da doutrina que a autorização se estende aos colegitimados coletivos (Ministério Público, Defensoria Pública e até associações), em uma visão ampliativa da legitimidade para a ação popular[73].

6.2. Legitimidade passiva

No polo passivo figuram todos aqueles que, de algum modo, contribuíram por ação ou omissão para o ato lesivo, bem como os que dele tenham se beneficiado diretamente.

Determina o art. 6º da Lei n. 4.717/65 o litisconsórcio passivo necessário entre:

a) as autoridades, funcionários e administradores responsáveis pelo ato impugnado, bem como as que, por omissas, houverem dado oportunidade à lesão;
b) a pessoa jurídica lesada; e
c) os beneficiários diretos[74].

Embora seja comum, não é necessário que o ato lesivo em questão tenha sido praticado por autoridade pública ou pessoa jurídica de direito público, podendo ser praticado por particular, que tenha afetado o interesse público.

A Lei da Ação Popular prevê um litisconsórcio passivo necessário entre os responsáveis pela prática do ato lesivo e seus beneficiários diretos. No caso de serem desconhecidos seus beneficiários diretos ou de não existirem, a demanda deverá ser ajuizada apenas em face dos demais legitimados passivos.

Embora necessário, o litisconsórcio é simples: é perfeitamente possível que a condenação se restrinja a apenas o agente público, embora a anulação do ato imponha resposta única para todos[75]. Portanto, temos que:

a) quanto ao pedido desconstitutivo, o litisconsórcio é unitário;
b) quanto ao pedido condenatório, o litisconsórcio é simples.

6.2.1. Legitimidade bifronte (intervenção móvel)

A pessoa jurídica de direito público ou privado, sendo citada, poderá contestar a demanda ou não, ou, até mesmo, encampar o pedido do autor, desde que isso se afigure útil ao interesse público, a juízo exclusivo do representante legal da entidade ou da empresa (art. 6º, § 3º). Trata-se da denominada legitimidade bifronte, intervenção móvel ou encampação[76].

Nesse último caso, a pessoa jurídica passará a figurar no polo ativo da demanda, assumindo a cotitularidade do feito, para a proteção do patrimônio público, e deverá auxiliar o autor primitivo.

---

[72] "Art. 6º (...) § 5º É facultado a qualquer cidadão habilitar-se como litisconsorte ou assistente do autor da ação popular."
[73] DIDIER JR.; ZANETI JR., 2016b, p. 223.
[74] STJ, RE 13.493-0/RS, 1ª Turma, Rel. Min. Demócrito Reinaldo, j. 24-6-1992, *RSTJ* 43/332.
[75] RODRIGUES, 2016, p. 278; MANCUSO, 2003a.
[76] RODRIGUES, 2016, p. 295.

A figura processual é das mais singulares, pois permite que o réu confesse tacitamente a ação, pela revelia, ou a confesse expressamente, passando a atuar em prol do pedido na inicial, em defesa do patrimônio público. Hipótese essa muito comum nos casos em que o ato ou contrato impugnado é da Administração anterior e a lesividade só vem a ser descoberta pela Administração subsequente, não vinculada à conduta de sua antecessora.

Portanto, é possível que a Administração e o cidadão valorem do mesmo modo o ato impugnado, manifestando, portanto, o mesmo interesse no seu desfazimento.

Por via de consequência, salta aos olhos a desconformidade entre a relação formal que se estabeleceu com a citação – opondo o cidadão, como autor, à administração, como ré – e a relação substancial que os alia na perseguição de fim comum. A norma visa a corrigir aquela desconformidade, podendo a administração assumir no processo a posição de litisconsorte ativo, percebendo-se na citação um caráter interpelativo: é como se o autor convidasse a administração a definir-se sem que *a priori* se possa saber em que sentido virá a definição.

7. COMPETÊNCIA

7.1. Competência de justiça

A competência vem claramente disciplinada no art. 5º da Lei n. 4.717/65[77], sendo determinada pela origem do ato a ser invalidado, isto é, se de interesse da União, do Distrito Federal, dos Estados e dos Municípios.

A competência da União atrai a do Estado quando houver interesse comum a tais pessoas de direito público interno, assim como a do Estado traz para si a do Município, desde que haja juízo privativo dos feitos da Fazenda estadual (art. 5º, § 2º).

O art. 5º, § 1º, traz uma equiparação, para fins de competência, dos atos das pessoas criadas ou mantidas pelas pessoas jurídicas de direito público e das sociedades de que sejam acionistas ou em relação às quais tenham interesse patrimonial com os próprios entes políticos.

Em outras palavras, atos das empresas públicas, sociedades de economia mista, entidades subvencionadas pelas pessoas jurídicas de direito público ou até mesmo daquelas em que estas possuam interesse patrimonial atrairiam a competência da justiça competente para causas envolvendo a Fazenda Pública.

O problema é que não cabe à legislação infraconstitucional inaugurar competência de justiça especializada ou da justiça federal. Assim, caso não figure como parte a União, suas autarquias, fundações públicas e empresas públicas, é impossível que a ação popular tramite na justiça federal, por extrapolar o art. 109, I, da Constituição[78].

7.2. Competência de instância

A ação popular não se encontra nas causas de competência originária dos tribunais, do STJ ou do STF, não havendo, portanto, foro por prerrogativa de função em sede de ação popular. Entretanto, o pleno do STF já decidiu, por maioria, ser de sua competência originária a ação popular que possa

---

[77] "Art. 5º Conforme a origem do ato impugnado, é competente para conhecer da ação, processá-la e julgá-la o juiz que, de acordo com a organização judiciária de cada Estado, o for para as causas que interessem à União, ao Distrito Federal, ao Estado ou ao Município."

[78] "Art. 109. Aos juízes federais compete processar e julgar: I – as causas em que a União, entidade autárquica ou empresa pública federal forem interessadas na condição de autoras, rés, assistentes ou oponentes, exceto as de falência, as de acidentes de trabalho e as sujeitas à Justiça Eleitoral e à Justiça do Trabalho."

gerar conflito entre Estado e União[79], bem como se o conflito for entre Estado estrangeiro ou organismo internacional e a União, o estado, o Distrito Federal ou o território.

A ação popular deve sempre ser proposta perante o juízo de primeiro grau, não havendo competência originária de tribunal para conhecer de feitos populares, mesmo quando movida em face do Presidente da República[80-81].

O entendimento é ancestral e, mesmo na interpretação literal do art. 119 da Carta de 1967-1969 (correspondente ao art. 101 da vigente CF), a ação popular proposta contra o Presidente da República ficava, na visão do STF, excluída da competência constitucional da Suprema Corte, que se restringia ao mandado de segurança impetrado contra ato da mesma autoridade.

7.3. Competência territorial

Quanto à competência territorial, embora haja doutrina que sustente a integração da lacuna da lei com base no microssistema de tutela coletiva, apontando o local do dano como o foro competente pela sua apuração (art. 2º da Lei n. 7.347/85)[82], o Superior Tribunal de Justiça[83] aplica as regras do Código de Processo Civil, por conta da remissão do art. 22 da Lei n. 4.717/65[84].

Pontualmente, contudo, o tribunal realizou *distinguishing*, especialmente em ação popular em matéria ambiental, entendendo que a melhor leitura seja à luz do microssistema (local do dano) e, subsidiariamente apenas, do Código de Processo Civil[85]. O caso concreto (ação popular sobre o desastre de Brumadinho) trazia a peculiaridade de que havia outras ações coletivas e múltiplas ações individuais sobre a questão.

7.3.1. Prevenção

Ademais, a propositura da ação previne a jurisdição do juízo para todas as ações que forem posteriormente intentadas contra as mesmas partes e sob os mesmos fundamentos (art. 5º, § 3º, da Lei n. 4.717/64[86]), não se limitando essa regra de prevenção às ações populares, mas a todas as ações coletivas, como as ações civis públicas ou os mandados de segurança coletivos a respeito da matéria, como se verifica no art. 2º, parágrafo único, da Lei n. 73.47/85.

8. CUSTAS

A Constituição Federal isentou de custas e de ônus da sucumbência o autor popular, salvo comprovada má-fé – caso que enseja a sua condenação no décuplo das custas (art. 13), verificada a manifesta lide temerária.

A manutenção dessa sanção é discutida em sede doutrinária: de um lado, Mancuso afirma que não mais persiste, já que a Constituição alterou a sanção de quem atua com má-fé; por outro lado, sustentamos que a aplicação desse artigo continua, uma vez que não é incompatível com norma

---

[79] STF, Rcl. 424/4/RJ, Rel. Min. Sepúlveda Pertence, *RT* 738/206.

[80] STF, Pet 96 AgR, Tribunal Pleno, Rel. Min. Firmino Paz, j. 29-4-1982

[81] STF, Pet em AgRg 194/SP, Pleno, Rel. Min. Moreira Alves, 18-2-1987.

[82] NEVES, 2016b.

[83] CC 47.950/DF, 1ª Seção, Rel. Min. Denise Arruda, j. 11-4-2007.

[84] "Art. 22. Aplicam-se à ação popular as regras do Código de Processo Civil, naquilo em que não contrariem os dispositivos desta lei, nem a natureza específica da ação."

[85] CC 164.362/MG, 1ª Seção, Rel. Min. Herman Benjamin, j. 12-6-2019.

[86] "Art. 5º (...) § 3º A propositura da ação prevenirá a jurisdição do juízo para todas as ações, que forem posteriormente intentadas contra as mesmas partes e sob os mesmos fundamentos."

constitucional, e serve para impedir a manipulação política da ação popular, que muitas vezes ocupa desnecessariamente a arena judicial.

A isenção de custas[87] que hoje vigora como regra abrange, de forma indiscutível, o não pagamento da taxa judiciária, os emolumentos, as despesas com publicações na imprensa oficial e os honorários de advogado.

Controvérsia ainda reside na isenção de honorários periciais, já que não se costuma encontrar quem trabalhe em uma perspectiva de não haver remuneração, mas não se pode inviabilizar o feito popular ante a não realização de prova técnica fundamental pela impossibilidade de o cidadão arcar com os honorários periciais.

9. PROCEDIMENTO

A ação popular segue basicamente o procedimento comum, com algumas modificações[88].

É por isso, por exemplo, que, segundo Hely Lopes Meirelles[89], a ação popular não se processa em período de férias. Entretanto, se houver pedido de liminar, deverá ser este apreciado mesmo em férias forenses, pois tem natureza análoga à dos atos necessários à conservação de direitos e, mais do que isso, de preservação do patrimônio público, que é a sua função primordial.

9.1. Petição inicial

No que tange ao procedimento, a ação popular, na disciplina da lei regulamentar, se inicia por petição inicial, a ser instruída com a prova da cidadania e com documentação tida como necessária para demonstrar as alegações ali contidas.

A fim de obter essa documentação, o cidadão poderá requerer a qualquer entidade pública ou mantida pelo Poder Público as certidões e informações que entender como necessárias. Esses documentos devem ser fornecidos no prazo de 15 dias, mas, caso sejam recusados, poderá o juiz, ao receber a demanda, requisitar tais dados.

9.1.1. Desistência

Nos termos do art. 9º, caso o autor desista da ação ou dê motivo à extinção do processo sem o julgamento do mérito, serão publicados editais, de modo que se assegure a qualquer cidadão, bem como ao representante do Ministério Público, o prosseguimento da ação.

O fim da norma é justamente impedir manobras pelas quais o autor popular se valesse da possibilidade de desistir da ação como instrumento de pressão em face da Administração Pública, para dela arrancar vantagens ilegítimas, em troca da extinção do processo[90].

9.2. Decisão liminar

Na decisão do magistrado, após o recebimento da inicial, para além das posturas previstas no Código de Processo Civil, estão previstas, na Lei da Ação Popular:

- a) a intimação obrigatória do *Parquet* no "despacho" inicial;
- b) a requisição dos documentos necessários apontados pelo autor – cujo atendimento, no prazo definido pelo juiz, deve ser providenciado pelo membro do Ministério Público;

---

[87] A isenção de custas não abrange, porém, as multas que possam incidir no curso do processo, no intuito de protelar o feito. Nesse sentido: RODRIGUES, 2006, p. 234.
[88] Falando em aplicação "apenas no que couber" do procedimento comum: RODRIGUES, 2016, p. 288.
[89] MEIRELLES, 2002, p. 103.
[90] BARBOSA MOREIRA, 1984, p. 118.

c) a citação dos que praticaram o ato e a citação dos beneficiários, nominal (pessoal) ou, se desconhecidos, por edital;

d) a suspensão liminar do ato impugnado, caso solicitada.

É cabível a concessão de medida liminar, que pode ter natureza cautelar ou de antecipação dos efeitos da tutela, sendo admissível, ainda, a fungibilidade, nos termos do Código de Processo Civil, mas essa liminar, se causar risco de grave lesão à ordem pública, poderá ser suspensa, por petição dirigida ao presidente do Tribunal, seguindo-se o procedimento de suspensão que retratamos no mandado de segurança e que ainda abordaremos neste capítulo, quando da análise das questões processuais.

Admite o § 4º do art. 5º (redação dada pelo art. 34 da Lei n. 6.513/77) a suspensão liminar do ato lesivo impugnado, sendo o dispositivo sobremaneira lacunoso quanto ao recurso cabível, aos requisitos para a concessão daquela medida e ao seu prazo de vigência[91].

Trata-se, tão somente, de decisão antecipatória de tutela[92], hoje nos moldes do art. 300 do Código de Processo Civil, mas, à época da edição da Lei n. 6.513/77, que inseriu o dispositivo, este se apresentava como uma absoluta novidade no ordenamento.

A par de tal previsão legal, considerado outrossim o disposto no art. 22 da Lei da Ação Popular, encontra-se abrangida a figura processual da antecipação de tutela, na forma do art. 300 do Diploma Processual Civil, possibilitando-se ao autor popular a fruição antecipada do pronunciamento postulado, total ou parcialmente, observada a correlação entre sentença e demanda, bem como os requisitos legais pertinentes.

9.2.1. Citação

Chama atenção que a legislação específica menciona que, a pedido do autor, a citação dos beneficiários pode ser feita por edital (art. 7º, II[93]). Parece, contudo, excessivo comprometer a ampla defesa e o contraditório, optando-se por uma modalidade ficta de citação tão somente por decisão do cidadão autor, de sorte que merece o comando ser lido à luz das hipóteses do art. 256 do Código de Processo Civil[94].

A lei autoriza, de maneira particularíssima, que outra pessoa, beneficiada ou responsável pelo ato, cuja existência ou identidade seja descoberta no curso do processo, a qualquer momento anterior à sentença, seja citada e passe a integrar a relação processual (art. 7º, III[95]). Nesse caso, será aberto o prazo para contestação e requerimento de provas.

Quanto a tal reabertura da oportunidade de defesa e produção probatória, a norma a excepciona quando a citação se deu por edital. Mais uma vez, é questionável a constitucionalidade do comando, porque o contraditório e, sobretudo, a ampla defesa, merecem ser sempre prestigiados, sendo desprezível o atraso processual em comparação com a possibilidade de injusta condenação dos réus tardiamente integrados.

---

[91] MEIRELLES, 2002, p. 103.

[92] RODRIGUES, 2016, p. 291.

[93] "Art. 7º (...) II – quando o autor o preferir, a citação dos beneficiários far-se-á por edital com o prazo de 30 (trinta) dias, afixado na sede do juízo e publicado três vezes no jornal oficial do Distrito Federal, ou da Capital do Estado ou Território em que seja ajuizada a ação. A publicação será gratuita e deverá iniciar-se no máximo 3 (três) dias após a entrega, na repartição competente, sob protocolo, de uma via autenticada do mandado."

[94] RODRIGUES, 2016, p. 289-291.

[95] "Art. 7º (...) III – qualquer pessoa, beneficiada ou responsável pelo ato impugnado, cuja existência ou identidade se torne conhecida no curso do processo e antes de proferida a sentença final de primeira instância, deverá ser citada para a integração do contraditório, sendo-lhe restituído o prazo para contestação e produção de provas, Salvo, quanto a beneficiário, se a citação se houver feito na forma do inciso anterior."

9.3. Respostas dos réus

Não se aplica o efeito da revelia, consistente em "reputarem-se verdadeiros os fatos afirmados pelo autor", dada a autorização contida no art. 6º, que autoriza a parte ré a abster-se de contestar o pedido, bem como por haver interesses indisponíveis envolvidos.

Contudo, há quem defenda a existência de revelia quanto a fatos de âmbito privado relacionados a administradores, funcionários e beneficiários, mas não à pessoa jurídica de direito público, quando não apresentada a contestação[96].

Não encontra lugar, igualmente, o fenômeno processual da reconvenção, por agir o autor popular também em interesse de outrem, sustentando situação jurídica que não lhe é exclusiva, mesmo que pudesse ser admitida como própria, segundo a teoria da legitimação ordinária do autor.

Outro aspecto digno de nota reside no prazo diferenciado de contestação, de vinte dias, prorrogável por igual período, caso se torne difícil a obtenção da prova documental, a requerimento dos interessados. Verifica-se, assim, que a ação popular traz, há muito, a possibilidade de o magistrado estender o prazo legal, dando-lhe natureza dilatória, hoje aplicável a todos os prazos por conta do art. 139, VI, do Diploma Processual geral.

A lei assegura que se trata de prazo comum para todos os réus, contado da entrega do mandado em cartório (na realidade, melhor compreender como a juntada do mandado aos autos, nos termos do art. 231, II, do CPC) ou do término do prazo assinado em edital, no caso de citação por esse meio subsidiário[97].

Correta, por fim, a posição doutrinária no sentido da impossibilidade de reconvenção, na ação popular, porque careceria ao cidadão legitimidade para substituir a coletividade no polo passivo[98].

9.4. Sentença

Quanto à sentença, há uma particularidade na lei (art. 7º, § 2º, VI, parágrafo único) no sentido de que deve ser proferida dentro de 15 dias da conclusão dos autos, sob pena de ficar o juiz impedido de promoção durante dois anos e, na lista de antiguidade, ter descontados tantos dias quantos forem os de retardamento da decisão.

Entretanto, a norma só se aplica se não houver um motivo justo para o retardamento, sendo certo que nunca se teve notícia de nenhum caso em que tal dispositivo tenha sido aplicado.

Sendo verificado dano pela prática do ato inquinado, a sentença incluirá a condenação dos responsáveis e dos beneficiários à reparação do prejuízo, independentemente de pedido formulado pelo cidadão[99]. O *quantum* da condenação deverá ser indicado na sentença, salvo se, no momento em que for proferida, for de difícil apuração, caso em que haverá posteriormente sua liquidação.

Como efeito da sentença, poderá haver sequestro ou penhora dos bens dos condenados, desde a prolação da sentença, para garantir execução futura (art. 14, § 4º). O sequestro em questão, embora haja entendimento em contrário[100], não é medida cautelar, não se subordinando aos requisitos do *fumus boni iuris* e do *periculum in mora*, sendo hipótese semelhante à hipoteca judiciária, que é imposta pela simples existência de sentença condenatória – efeito secundário da sentença, portanto.

---

[96] RODRIGUES, 2011, p. 299.

[97] "Art. 7º (...) IV – o prazo de contestação é de 20 (vinte) dias, prorrogáveis por mais 20 (vinte), a requerimento do interessado, se particularmente difícil a produção de prova documental, e será comum a todos os interessados, correndo da entrega em cartório do mandado cumprido, ou, quando for o caso, do decurso do prazo assinado em edital."

[98] RODRIGUES, 2016, p. 294; MANCUSO, 2003, p. 246.

[99] RODRIGUES, 2011, p. 301.

[100] ZAVASCKI, 2017b.

Dessa forma, os efeitos da sentença na ação popular são inúmeros, classificando-se como constitutivos negativos quando desconstituem o ato administrativo inválido ou condenatório, quando se identifique lesão ao bem jurídico tutelado, ou condenatórios, quando impõem o ressarcimento dos danos.

10. MEIOS IMPUGNATIVOS

10.1. Recursos

No que tange aos recursos, cabe apelação voluntária tanto da sentença que julgar procedente ou improcedente a ação como da decisão que der pela sua carência.

Tal insurgência terá sempre efeito suspensivo, embora haja parcela da doutrina[101] que considere que não foi recepcionado pela Constituição o dispositivo que assim prevê, em razão da magnitude dos interesses protegidos por essa via, e seguirá a tramitação comum prevista no Código de Processo Civil, com a simples peculiaridade de que, no caso de improcedência da ação, poderá ser interposta tanto pelo vencido como pelo Ministério Público ou por qualquer cidadão (art. 19, *caput* e § 2º).

No tocante ao interesse recursal, quando o pedido é julgado procedente, não se admitem recursos de terceiros ou do Ministério Público, só podendo apelar os réus atingidos pela decisão.

Por outro lado, é possível que o réu, na ação popular, se insurja contra sentença de improcedência, calcada na insuficiência de provas. Isso porque a coisa julgada assim formada autoriza, excepcionalmente, o reajuizamento da demanda, se surgir prova nova, não utilizada na primeira ação.

No recurso exclusivo do autor buscando a procedência, reformando a sentença de improcedência por insuficiência de provas, aliás, não pode o tribunal determinar a improcedência por outros fundamentos, pois isso representaria *reformatio in pejus*[102].

A remissão do art. 22 às regras do Código de Processo Civil autoriza o cabimento, em caráter supletivo, dos demais meios impugnativos ali previstos, como o agravo de instrumento, no caso das decisões interlocutórias, os embargos infringentes, os embargos de declaração, o recurso extraordinário e o recurso especial.

Especialmente no que diz respeito ao agravo de instrumento, o art. 19, § 1º, da Lei da Ação Popular assevera seu cabimento contra as decisões interlocutórias. A discussão fica por conta da natureza desse comando: se exceção à lógica do rol do art. 1.015 do Código Fux ou se merece releitura em razão do diploma processual de 2015.

De todo modo, o entendimento do STJ na linha da taxatividade mitigada da lista de cabimento do agravo de instrumento acaba por retirar importância da discussão, sendo indubitável que as decisões que merecem imediata revisão podem ser agravadas.

10.2. Remessa necessária às avessas

O reexame necessário só se manifestará quando a sentença concluir pela improcedência ou pela carência da ação. Nesse caso, é importante lembrar que o cidadão-autor está defendendo o interesse público primário, ao passo que a Fazenda, ao contestar a ação, visa à proteção do interesse público secundário.

---

[101] E, em uma terceira posição, sustentando que o efeito suspensivo do recurso de apelação, em qualquer caso, deve ser *ope iudicis*: ALMEIDA, 2007, p. 388.

[102] RODRIGUES, 2016, p. 299; BARBOSA MOREIRA, 2011b, p. 433.

Trata-se de inversão da lógica desse sucedâneo recursal que, normalmente, de acordo com o Código de Processo Civil, presta-se a enfatizar o interesse da Fazenda[103]. Ambas as previsões, no entanto, se complementam, sendo aplicável à ação popular o art. 496 do diploma processual geral, até porque não se pode negar que o interesse da coletividade é, em última análise, interesse público, não se confundindo, claro está, necessariamente com o interesse fazendário.

10.3. Suspensão da liminar e da sentença

Para além dos instrumentos previstos na Lei n. 4.717/65, admite-se a utilização do pedido de suspensão da liminar ou da sentença, nos termos do art. 4º da Lei n. 8.437/92[104].

Tal medida, de natureza administrativa, baseia-se no interesse público em se evitar que a decisão provisória gere efeitos nocivos à ordem, saúde e economia públicas.

Anteriormente ao advento da Lei n. 8.437/92, que trouxe maior luminosidade à matéria, registrou-se certo dissenso doutrinário, no tocante ao cabimento do agravo de instrumento ou do pedido de cassação ao Presidente do Tribunal competente para o recurso de mérito em face da decisão que aprecia o pedido de liminar, na falta de um texto legal que desse tratamento específico ao problema.

Na nova disciplina legal, a concessão de liminar na ação popular tornou-se certamente mais restritiva, excluída a possibilidade de ter aquela medida caráter satisfativo: "não será cabível medida liminar que esgote, no todo ou em parte, o objeto da ação" (art. 2º, § 3º).

De se notar, nesse passo, que não foram poucos os que se levantaram contra a aplicação desse dispositivo ante os exatos temos do inciso XXXV do art. 5º da Constituição Federal: "a lei não excluirá da apreciação do Poder Judiciário lesão ou ameaça a direito"[105], mas predomina o entendimento pela sua constitucionalidade.

Por outro lado, o art. 4º da Lei 8.347/92 atribuiu ao Presidente do Tribunal, ao qual couber o conhecimento do respectivo recurso, competência para suspender, em despacho fundamentado, a execução da liminar nas ações movidas contra o Poder Público, a requerimento do Ministério Público ou da pessoa jurídica de direito público interessada, em caso de manifesto interesse público ou de flagrante ilegitimidade, e para evitar grave lesão à ordem, à saúde e à segurança públicas.

Uma vez suspensa a liminar (§ 3º do art. 4º), cabe agravo regimental, no âmbito do Tribunal.

De se salientar, entretanto, que a sistemática das medidas liminares concedidas em desfavor da Fazenda Pública é regulamentada pelas Leis n. 8.437/92 e n. 9.494/97, bem como pelo art. 1.059 do Código de Processo Civil de 2015.

A suspensão das medidas liminares, como instrumento protetivo do interesse público, evitando grave lesão ao interesse público, deve ser tratada como medida excepcional. Sua sistemática foi retratada quando da análise do mandado de segurança.

11. COISA JULGADA

A sentença definitiva produzirá efeitos de coisa julgada material, oponível *erga omnes*, exceto quando a sentença não apreciar o mérito ou quando improcedência resultar da deficiência de prova.

---

[103] RODRIGUES, 2011, p. 332.

[104] "Art. 4º Compete ao presidente do tribunal, ao qual couber o conhecimento do respectivo recurso, suspender, em despacho fundamentado, a execução da liminar nas ações movidas contra o Poder Público ou seus agentes, a requerimento do Ministério Público ou da pessoa jurídica de direito público interessada, em caso de manifesto interesse público ou de flagrante ilegitimidade, e para evitar grave lesão à ordem, à saúde, à segurança e à economia públicas. § 1º Aplica-se o disposto neste artigo à sentença proferida em processo de ação cautelar inominada, no processo de ação popular e na ação civil pública, enquanto não transitada em julgado."

[105] RODRIGUES, 2006, p. 247.

Trata-se da coisa julgada *secundum eventum probationis*, ou seja, o resultado da lide importa na atribuição ou não da qualidade de coisa julgada material[106].

No caso da oponibilidade *erga omnes*, implicará a sujeição de toda a comunidade à coisa julgada, de modo que não apenas as partes efetivamente presentes na demanda são atingidas pela imutabilidade da sentença.

Já no caso de improcedência da demanda, reveste-se aquele pronunciamento da autoridade da coisa julgada no sentido meramente formal, caso em que poderá a ação ser renovada com idêntico fundamento, desde que se indiquem novas provas (art. 18). Essa renovação pode ser feita tanto pelo mesmo autor como por qualquer outro cidadão.

Busca-se evitar uma profusão de ações populares mal fundamentadas e mal instruídas, propostas por cidadão em conluio com os responsáveis pelo ato[107].

12. EXECUÇÃO

A sentença transitada em julgado constitui título para se instaurar a execução popular (ação popular executória[108]), utilizando-se, como regra geral, os preceitos para execução de sentença individual, postos no Código de Processo Civil. Contudo, há algumas peculiaridades.

A parte condenada a restituir bens ou valores em sede de ação popular ficará sujeita a sequestro e penhora desde a prolação da sentença condenatória, como dispõe o art. 14, § 4º.

Entretanto, como bem anota Hely Lopes Meirelles[109], se a condenação é para restituir bens ou valores, então a execução será para entrega de coisa certa. O termo *valores*, aqui, está no sentido de coisas infungíveis. Estas é que devem ser restituídas. Logo, não tem cabimento falar-se em penhora.

Independentemente do legitimado que promova a execução, se houver condenação em dinheiro decorrente de violação a bens de natureza difusa, a verba se reverterá a um fundo criado para a reconstituição dos bens lesados, previsto no art. 13 da Lei n. 7.347/85.

A respeito da legitimidade, não é apenas o autor popular que poderá promover a execução. Podem promover a execução o autor popular, qualquer outro cidadão, o Ministério Público e as entidades chamadas na ação, ainda que a tenham contestado.

Observe-se que o órgão ministerial só fica legitimado a promovê-la se houver inércia do autor e dos outros cidadãos (art. 16[110]), por um prazo de 60 dias, a contar, *de lege lata*, da decisão condenatória de 2º grau, mas, *de lege ferenda*, do trânsito em julgado, quando o título se torna definitivo[111].

Trata-se de manifestação do princípio da obrigatoriedade da execução do título coletivo, a criar legitimidade superveniente e subsidiária do *Parquet*.

A lei cria autêntico dever institucional, sendo a legitimidade ativa subsidiária obrigatória, sob pena de o membro do Ministério Público incorrer em falta grave. Além de a lei utilizar um termo imperativo ("promoverá"), já existe decisão transitada em julgado acerca do mérito da causa. Não pode o órgão ministerial recusar-se a promover a execução por entender incorreta a solução dada ao caso pelo Poder Judiciário.

---

[106] RODRIGUES, 2011, p. 333.

[107] BARBOSA MOREIRA, 1984.

[108] ZANETI JR.; GARCIA, 2017, p. 413.

[109] MEIRELLES, 2002, p. 112.

[110] "Art. 16. Caso decorridos 60 (sessenta) dias da publicação da sentença condenatória de segunda instância, sem que o autor ou terceiro promova a respectiva execução. o representante do Ministério Público a promoverá nos 30 (trinta) dias seguintes, sob pena de falta grave."

[111] RODRIGUES, 2016, p. 301; MANCUSO, 2003, p. 330; ZAVASCKI, 2017b.

Também será legitimada à execução a pessoa jurídica de direito público, prejudicada com o ato lesivo, ainda que não tenha assumido o polo ativo da demanda na fase de conhecimento. Assim, ainda que a pessoa jurídica tenha entendido que é infundada a ação popular, poderá se utilizar da sentença condenatória para cobrar o que é devido dos outros réus (art. 17[112]).

Entendemos que também a Defensoria Pública pode executar o título, aplicando-se o art. 97 do Código de Defesa do Consumidor, por analogia. O fundamental é que a obrigação reconhecida pelo juízo seja efetivada, na esteira do princípio da primazia do mérito (art. 4º do CPC), não havendo fundamento para distinção entre aquele formado na ação popular e os demais, frutos da ação civil pública, ante a similitude de objetos.

O Supremo Tribunal Federal[113] já admitiu que, havendo vários lesados individuais, é possível a promoção das execuções individuais no foro do domicílio de cada um deles, aplicando-se o art. 516 do Código de Processo Civil, e ainda que a ação tenha corrido, originariamente, na Suprema Corte (hipóteses raras, porém possíveis, como o interesse de toda a magistratura na discussão do ato impugnado – art. 102, I, *n*, da CF)[114].

13. RELAÇÃO COM OUTRAS AÇÕES COLETIVAS

13.1. Ação popular e mandado de segurança

A solução comparativa está contida na Súmula 101 do STF: o mandado de segurança não substitui a ação popular.

Enquanto o *writ* mandamental se presta a invalidar atos de autoridade ofensivos a direito individual ou coletivo líquido e certo, a ação popular se destina à anulação de atos ilegítimos e lesivos do patrimônio público, autorizando instrução processual.

13.2. Ação popular e ação civil pública

A ação popular opera igualmente na defesa do meio ambiente, embora figure como um meio mais específico para o resguardo dos interesses difusos da sociedade a ação civil pública (Lei n. 7.347/85). Há, porém, distinções mais objetivas, nos seguintes termos:

a) quanto à legitimidade ativa: somente o cidadão pode ser autor da ação popular, enquanto a ação civil pública é prerrogativa do Ministério Público e das demais entidades mencionadas no art. 5º da Lei n. 7.347/85;

b) quanto à legitimidade passiva: a ação popular se volta, em princípio, em face de entidade da Administração, além dos sujeitos mencionados nos arts. 1º e 6º da Lei da Ação Popular, enquanto qualquer pessoa pode ser ré na ação civil pública;

c) quanto à competência: a Lei n. 7.347/85 prevê a competência absoluta do local do dano, enquanto a competência *ratione loci* da ação popular obedece à regra geral do Código de Processo Civil;

d) quanto ao pedido: segundo o art. 11 da Lei n. 4.717/65, uma vez julgado procedente o pedido na ação popular, serão condenados os responsáveis e beneficiários a perdas e danos, o que não ocorre necessariamente na ação civil pública.

---

[112] "Art. 17. É sempre permitida às pessoas ou entidades referidas no art. 1º, ainda que hajam contestado a ação, promover, em qualquer tempo, e no que as beneficiar a execução da sentença contra os demais réus."

[113] "Embargos de declaração em ação originária. 2. Direito Processual Civil Coletivo. 3. Ação popular. Juízo competente para a execução do julgado. Local de domicílio das partes. Aplicação analógica do parágrafo único do art. 516 do CPC. Possibilidade. Razoável duração do processo. Economia processual. Precedentes. (...)" (AO 506-ED, 2ªTurma, Rel. Min. Gilmar Mendes, j. 31-8-2018).

[114] Pet 6.076 QO-DF, 2ªTurma, Rel. Min. Dias Toffoli, *DJe* 26-5-2017.

14. PRESCRIÇÃO

Alude o art. 21 da Lei da Ação Popular, com discutível propriedade, ao prazo prescricional de cinco anos para a propositura desse remédio constitucional, fluindo a partir da prática do ato lesivo.

Discute-se a constitucionalidade da fixação desse prazo para a propositura da ação popular. Predomina o entendimento de que seria constitucional[115], mas se ressalva que a prescrição atinge apenas a anulação do ato inquinado, não o direito de ressarcimento de eventuais prejuízos experimentados pelo Poder Público, já que estes são imprescritíveis, a teor do art. 37, § 5º, da Constituição Federal.

No caso de lei despida de efeitos concretos, mas que traduz uma autorização para a prática do ato administrativo apontado como lesivo que dá execução à mesma lei, consiste o termo inicial para a contagem da prescrição no mesmo ato, e não na edição daquela lei, a qual não chegou a complementar a lesividade exigida[116].

Se o ato ilícito for o pagamento de parcelas, em relação de trato sucessivo, a contagem do prazo prescricional (limite para o pedido de restituição) deve partir da data do ajuizamento, operando-se retroativamente, na visão do STF[117].

---

[115] Em sentido contrário, afirmando que, por não estar expressamente estabelecido no texto constitucional, tal prazo não teria sido recepcionado pela Constituição de 1988: ALMEIDA, 2007.

[116] STJ, RE 1.002, Rel. Min. Carlos Velloso, j. 6-6-1990, *Revista de Direito Administrativo*, v. 187, p. 268.

[117] AO 506 QO, Tribunal Pleno, Rel. Min. Sydney Sanches, j. 6-5-1998.

Capítulo 23
MANDADO DE SEGURANÇA COLETIVO

1. DEFINIÇÃO

Na esteira da delineadora conceituação constitucional do instrumento, o mandado de segurança pode ser definido como o remédio processual constitucional, manejável contra ato de qualquer autoridade pública que cometa ilegalidade ou abuso de poder, tendo como objetivo proteger o titular de direito líquido e certo não amparado por *habeas corpus* ou *habeas data* (art. 5º, LXIX, da CF)[1].

Dentro da linha de economia processual e da tutela aos direitos coletivos ou de grupo, o mandado de segurança, segundo a Constituição Federal, pode ser manejado não só singularmente, mas também de forma coletiva (art. 5º, LXX[2]).

Trata-se de remédio para a defesa de interesses coletivos, demonstráveis por prova pré-constituída, ainda que pertençam a grupos ou categorias de pessoas e se apresentem como transindividuais e indivisíveis (art. 21 da Lei n. 12.016/2009).

A referida lei, aliás, veio a regular apenas parcialmente o disposto no art. 5º, LXIX e LXX, da Constituição Federal, trazendo linhas gerais da legitimação, do objeto, da coisa julgada, da litispendência e da necessidade de audiência prévia do representante da pessoa jurídica de direito público para a concessão da liminar.

Como percebeu, à época do seu advento, José Carlos Barbosa Moreira[3], o mandado de segurança coletivo é espécie do gênero mandado de segurança, guardando toda a semelhança com a estrutura sedimentada do remédio, no plano doutrinário, jurisprudencial e legal. Apenas se diferenciará em elementos pontuais, que serão destacados.

2. REQUISITOS

Para a concessão da segurança, é necessário que:

1) exista um direito líquido e certo;
2) esse direito esteja ameaçado ou violado por um ato abusivo ou ilegal de autoridade pública ou de agente de pessoa jurídica na atribuição pública;
3) no caso do mandado de segurança coletivo, que o objeto seja um direito coletivo ou direitos individuais homogêneos.

2.1. Direito líquido e certo

O direito líquido e certo tem sua origem na figura do direito certo e incontestável, requisito que foi previsto na Carta de 1934 para a concessão da segurança. Em suas origens, a segurança só poderia ser concedida se não houvesse controvérsia quanto à matéria de direito.

---

[1] THEODORO JR., 2009, p. 1-2.
[2] "Art. 5º (...) LXX – o mandado de segurança coletivo pode ser impetrado por: a) partido político com representação no Congresso Nacional; b) organização sindical, entidade de classe ou associação legalmente constituída e em funcionamento há pelo menos um ano, em defesa dos interesses de seus membros ou associados."
[3] BARBOSA MOREIRA, 1991.

Posteriormente, abandonou-se a denominação direito certo e incontestável, passando-se a prever o direito líquido e certo como requisito. Tal alteração, porém, fez com que a doutrina continuasse sustentando que só seria cabível mandado de segurança se não houvesse controvérsia quanto à matéria de direito.

Contudo, quando se afirma que é necessária a existência de direito líquido e certo, está a se afirmar que os fatos alegados estejam, desde já, comprovados, devendo a petição inicial vir acompanhada de documentos indispensáveis a essa comprovação.

Daí a exigência de prova pré-constituída e documental. Se for necessária a realização de audiência ou a produção de provas, não se estará diante de um direito comprovado de plano, cabendo ao seu titular se utilizar das vias ordinárias, em que é cabível a ampla dilação probatória. O máximo que pode ser feito em sede mandamental é a solicitação de ofícios ou informações aos órgãos públicos, quando o impetrante não tiver acesso a eles.

O que se exige como direito líquido e certo é, então, que a afirmação da existência do direito seja provada de logo, sendo vedada a instrução probatória no *writ*.

O fundamental é o aspecto *processual* da liquidez e certeza do direito (existência de prova pré-constituída, ante a ausência de fase instrutória no procedimento célere do mandado de segurança). Embora seja conveniente, para o impetrante, a presença do aspecto *material* da liquidez e certeza (possuir fundamentação jurídica inconteste o pedido do impetrante), não impede o manejo do remédio constitucional a possibilidade de discussão jurídica, já que, uma vez provocado o Judiciário, haverá decisão a analisar o ato ou a omissão da autoridade coatora. No fundo, as tais certeza e liquidez materiais do direito se confundirão com o mérito do *mandamus*.

O impetrante terá um único momento para a comprovação: a petição inicial. Junto com ela, deverá trazer toda a prova documental para comprovar suas alegações ou, caso a prova esteja na posse da Administração Pública, requerer, preliminarmente, a exibição desses documentos, em original ou cópia autêntica.

Por outro lado, a sentença será proferida apenas com base no direito e nos fatos comprovados na inicial. Dessa forma, a cognição no mandado de segurança é plena e exauriente *secundum eventum probationis*, dependendo apenas dos elementos que acompanham a inicial.

Contudo, há uma única hipótese em que poderá o impetrante não comprovar de plano seu direito, não juntando a prova pré-constituída, mas, ainda assim, ter a segurança concedida: quando a autoridade coatora, ao prestar informações, admitir como verdadeiros os fatos alegados na petição inicial, mesmo que desacompanhados de qualquer documentação.

Somente nesse caso, quando admitida na prestação de informações o fato não provado pelo impetrante, surge a incontrovérsia, revelando-se presente a liquidez e a certeza apta à concessão da segurança. Percebe-se, aqui, hipótese em que o direito *materialmente líquido e certo prevalece sobre o direito processualmente líquido e certo*.

Caso não haja liquidez e certeza no direito, a segurança será denegada, já que tais elementos, sob a ótica material, se confundem com o próprio mérito da ação, restando à parte impetrante a utilização das vias ordinárias, com a possibilidade de ampla dilação probatória.

Percebe-se, então, que se tem superado no conceito de direito líquido e certo a previsão de fato certo e incontestável[4], até porque basta a prova pré-constituída, logo com a petição inicial, de fatos altamente controvertidos para o cabimento do mandado de segurança, tanto que a Súmula 625 do STF enuncia que "controvérsia sobre matéria de direito não impede a concessão da segurança".

---

[4] ZAVASCKI, 2017b, p. 207.

Dessa forma, se os fatos estão comprovados, não pode o juiz deixar de examinar a questão de fundo sob a assertiva de ser complexa a questão de direito.

Questão que se impõe é se o direito líquido e certo é saber se consiste em uma condição específica da ação, um pressuposto processual do mandado de segurança ou se integra seu mérito.

A questão desafia a tradicional teoria da asserção, segundo a qual as questões prévias e principal devem ser examinadas em momentos distintos pelo magistrado, já que estão situadas em planos diversos. Contudo, não só a própria categoria autônoma das condições para o exercício do direito de ação é questionada pela doutrina[5], mas a própria teoria da asserção.

Também se cogita que liquidez e certeza sejam condições específicas da ação, apenas se revelando adequado o mandado de segurança se o direito se apresentar líquido e certo. Se não houver tais requisitos, a via eleita seria inadequada, faltando interesse de agir.

Ausente o direito líquido e certo, o mandado de segurança será extinto sem resolução do mérito, facultando-se à parte a impetração de outro *writ*, com prova pré-constituída, se ainda houver prazo, ou o ajuizamento de ação judicial, nas vias ordinárias. Deve-se, contudo, observar a peculiar situação da compensação em matéria tributária, como já decidido pelo STJ, sob a égide dos julgamentos repetitivos[6].

2.2. Ato ilegal ou abusivo de autoridade pública ou agente de pessoa jurídica no exercício de atribuições públicas

O mandado de segurança deve ser impetrado em razão de um ato a ser praticado ou já praticado por autoridade pública ou agente de pessoa jurídica no exercício de atividade pública.

Autoridade pública é aquela que integra os quadros da Administração Pública, com poder de decisão, sendo competente para praticar o ato questionado ou para desfazê-lo. Também se equiparam a autoridades (*autoridades públicas por equiparação*) os representantes ou órgãos dos partidos políticos, os representantes de entidades autárquicas e os dirigentes de pessoas jurídicas no exercício de atribuições do poder público[7].

A diferenciação entre os atos ilegais e os que caracterizam abuso de poder não é uníssona na doutrina. Para Michel Temer[8] e Pedro Lenza[9], os atos ilegais se referem àqueles atos vinculados da Administração, enquanto os abusivos dizem respeito aos atos discricionários.

O mandado de segurança pressupõe o ato de uma autoridade, não sendo cabível em face de lei em tese, conforme dispõe o enunciado da Súmula 266 do STF. Isso porque o mandado de segurança não consiste em um meio de controle abstrato de normas, não sendo cabível para a declaração de inconstitucionalidade da lei, nem sua ilegalidade pode ser o principal objeto do mandado de segurança.

Contudo, deve estar presente a figura do justo receio, devendo a autoridade ter se manifestado objetivamente, por meio de atos preparatórios ou indícios razoáveis, ou ter a tendência de praticar atos ou até de se omitir, de forma que a lesão ao direito se tornaria efetiva[10]. É a partir da ocorrência desse justo receio que nasce para o legitimado a possibilidade de impetrar mandado de segurança, nesse caso, preventivo.

---

[5] GRECO, 2003, p. 20.
[6] REsp 1.715.256/SP, 1ª Seção, Rel. Min. Napoleão Nunes Maia Filho, j. 13-2-2019.
[7] Art. 1º, § 1º, da Lei n. 12.016/2009.
[8] TEMER, 1998, p. 179.
[9] LENZA, 2018, p. 1.314.
[10] TÁCITO, 1960, p. 220.

De todo modo, há quem entenda que seria cabível pelo simples fato de haver ilegalidade, por entender que o abuso de poder pode ser presumido ou tácito, não sendo possível sua demonstração. Ressalva-se, aqui, a posição de José Cretella Júnior[11], para quem a ilegalidade seria gênero do qual o abuso de poder é espécie, porque pode existir a primeira sem que haja o segundo.

O mandado de segurança não cabe apenas contra atos administrativos, podendo ser utilizado também em face de atos legislativos. É o caso de sua utilização em face de atos praticados por parlamentares na elaboração de leis, na votação de proposições ou na administração do Legislativo, por entrarem na categoria de autoridade, desde que infrinjam a Constituição ou as normas regimentais da corporação e ofendam direitos ou prerrogativas do impetrante. Nesses casos, porém, a legitimidade ativa é restrita ao parlamentar, pois só ele tem direito líquido e certo ao devido processo legislativo.

Cabível o mandado de segurança também contra agente integrante de entidade particular que exerça atividade pública por delegação. Nesse caso, combate-se o ato praticado por delegação (Súmula 510 do STF).

Contudo, se o ato for de gestão ou mercantil, ou apenas diga respeito às pessoas jurídicas de direito privado, ainda que praticado por uma pessoa jurídica de direito público, não poderá ser questionado pela via do mandado de segurança[12], até porque o que justifica a célere via mandamental é a maior gravidade inerente à infração praticada por autoridade pública ou por particular investido dessa autoridade, que, presumidamente, ofende o interesse público primário (interesse social, interesse geral), não bastando a lesão a interesse público apenas secundário (interesses comuns de qualquer particular que também existem na esfera da Administração Pública – ex.: boa gestão financeira).

Nessa linha, em se tratando de atos de dirigentes de sociedades de economia mista e de empresas públicas, a princípio, não é cabível mandado de segurança, já que são pessoas jurídicas de direito público, não integrando o conceito de Fazenda Pública.

Ocorre, porém, que, em determinadas situações, tais pessoas jurídicas sujeitam-se à exigência de licitações e de concursos públicos. Esses atos, de natureza pública, são passíveis de serem atacados pela via mandamental. Nesse sentido, o enunciado da Súmula 333 do STJ preceitua que "cabe mandado de segurança contra ato praticado em licitação promovida por sociedade de economia mista ou empresa pública".

Uma das questões mais delicadas quanto à separação dos poderes republicanos é a possibilidade de análise, pelo Judiciário, do mérito administrativo, a contrastabilidade dos atos administrativos, sobretudo quando se tem em tela atos discricionários.

Classicamente, alinhavam-se as posições doutrinárias no sentido de negar a possibilidade de exame judicial. Entretanto, a doutrina mais atual pende para a proteção do administrado em todas as ocasiões em que há violação de seu direito.

O Supremo Tribunal Federal entendeu pela possibilidade de análise quando se observar erro grosseiro, que levaria à ilegalidade, permitindo, então, o controle jurisdicional[13]. Mas, não só.

O mote vigente é o da possibilidade de análise, pelo Judiciário, mesmo de atos discricionários, quando ferirem a principiologia constitucional. Existe, portanto, uma juridicidade dos atos que pode ser objeto de apreciação jurisdicional – sem que se fale em substituição do mérito administrativo pelo judicial, necessariamente.

---

[11] CRETELLA JUNIOR, 1988, p. 75.

[12] "Art. 1º (...) § 2º Não cabe mandado de segurança contra os atos de gestão comercial praticados pelos administradores de empresas públicas, de sociedade de economia mista e de concessionárias de serviço público."

[13] STF, MS 30.859/DF, Rel. Min. Luiz Fux (*Informativo* n. 677 do STF).

Reitere-se, aqui, que a doutrina[14] costuma reputar que os atos praticados com abuso de poder seriam justamente os que representam atividade discricionária.

Em princípio, não cabe mandado de segurança contra decisão judicial, porque o modo de impugná-la consta do próprio procedimento observado em juízo. Contudo, se o ato do juiz é insuscetível de recurso (que goze de efeito suspensivo), não há como excluí-lo da garantia do mandado de segurança (art. 5º, II[15]).

Nessa linha, não cabe mandado de segurança contra ato passível de recurso ou de correição (Súmula 267 do STF), a não ser que seja por terceiro interessado, do qual, por não ser intimado das decisões judiciais proferidas, não é exigido o manejo dos instrumentos recursais (Súmula 202 do STJ[16]).

Cabe mandado de segurança se o ato é insuscetível de recurso ou se o ato é teratológico[17], destoando do objeto do processo e ultrapassando a legalidade e os próprios poderes do juiz – ou seja, manifestamente eivado de ilegalidade, teratologia ou abuso de poder.

Por outro lado, não cabe mandado de segurança quando houver recurso cabível com efeito suspensivo (art. 5º, II[18]) – a exceção fica, novamente, por conta de decisões teratológicas[19].

Nessa linha, entendeu o Superior Tribunal de Justiça, em incidente de assunção de competência[20], que não cabe mandado de segurança contra a sentença da execução fiscal contra a qual cabem os embargos infringentes de alçada (art. 34 da Lei n. 6.830/80[21]).

Discute-se se o mandado de segurança poderia ser utilizado para conferir efeito suspensivo a determinado recurso, havendo decisões favoráveis no STJ em matéria cível[22], mas entendimento sumulado contrário em processos criminais[23].

No Código de Processo Civil de 2015, a questão do mandado de segurança contra ato judicial ganha especial relevo diante do apertado rol de hipóteses que ensejam agravo de instrumento, na forma do art. 1.015.

O STJ, em sede de recurso repetitivo, definiu a tese da taxatividade mitigada no rol do art. 1.015, admitindo a pronta impugnação por agravo, caso haja urgência calcada na futura inutilidade do recurso em sede de apelação ou contrarrazões (previsão textual do art. 1.009, § 1º).

---

[14] LENZA, 2018, p. 1314.

[15] "Art. 5º Não se concederá mandado de segurança quando se tratar: (...) II – de decisão judicial da qual caiba recurso com efeito suspensivo."

[16] Súmula 202: "A impetração de segurança por terceiro, contra ato judicial, não se condiciona a interposição de recurso".

[17] Admitindo o cabimento de mandado de segurança em face de atos judiciais teratológicos: STJ, ROMS 18.438/SP, 5ª Turma, Rel. Min. José Arnaldo da Fonseca, *DJU* 7-3-2005, p. 286.

[18] "Art. 5º Não se concederá mandado de segurança quando se tratar: (...) II – de decisão judicial da qual caiba recurso com efeito suspensivo."

[19] RMS 46.144/MG, 2ª Turma, Rel. Min. Diva Malerbi (Des. convocada do TRF 3ª Região), *DJe* 14-6-2016; AgRg no MS 21.693/DF, Corte Especial, Rel. Min. Mauro Campbell Marques, *DJe* 16-6-2016; AgRg no RMS 33.954/SP, 1ª Turma, Rel. Min. Arnaldo Esteves Lima, *DJe* 25-10-2012; Rcl 24.060/RJ, 2ª Seção, Rel. Min. Ricardo Villa Bôas, *DJe* 18-11-2015.

[20] IAC no RMS 53.720/SP, 1ª Seção, Rel. Min. Sérgio Kukina, j. 10-4-2019.

[21] "Art. 34 Das sentenças de primeira instância proferidas em execuções de valor igual ou inferior a 50 (cinquenta) Obrigações Reajustáveis do Tesouro Nacional – ORTN, só se admitirão embargos infringentes e de declaração."

[22] STJ, AgInt no RMS 53.784/MA, 4ª Turma, Rel. Min. Lázaro Guimarães (Desembargador convocado do TRF 5ª Região), j. 17-4-2018.

[23] Quanto à matéria criminal, é entendimento sumulado pelo STJ (Súmula 604): "Mandado de segurança não se presta para atribuir efeito suspensivo a recurso criminal interposto pelo Ministério Público".

No paradigmático julgamento[24], assentou-se que o manejo do mandado de segurança enquanto sucedâneo seria incabível, por ser uma indesejada anomalia no sistema recursal, uma vez que:

(i) contra a decisão denegatória cabe recurso com efeito devolutivo amplo, o recurso ordinário constitucional;
(ii) o prazo é amplíssimo, enquanto meio de impugnação de decisões judiciais;
(iii) admite sustentação oral; e
(iv) pode ser, a depender dos regimentos internos dos tribunais, julgado por órgão diverso do que julga o recurso habitual.

De todo modo, sempre que impetrado mandado de segurança contra decisão judicial, seu mérito deve ser apreciado, ainda que tenha sobrevindo o trânsito em julgado da decisão atacada[25].

Por fim, importa assinalar que, em face da coisa julgada, descabe mandado de segurança (Súmula 268 do STF e art. 5º, III[26]). Contudo, se a sentença for inexistente ou teratológica, José Miguel Medina afirma que se deve admitir o *mandamus*[27].

Por outro lado, se o trânsito é superveniente à impetração, o Superior Tribunal de Justiça[28] entende que o mandado de segurança deve ser conhecido, aplicando, por analogia, o art. 988, § 6º, do Código de Processo Civil, que trata da reclamação, já que a concessão da ordem desconstituirá a decisão, revertendo o término do processo.

Questão que se impõe também é a utilização da via do mandado de segurança para trancamento de inquérito civil.

O Supremo Tribunal Federal decidiu, pontualmente[29], que não caberia *habeas corpus* para trancamento de inquérito civil, por inexistir ofensa à liberdade de locomoção.

Dessa forma, se o inconformismo em face do inquérito policial pode ser atacado pelo remédio do *habeas corpus*, não haveria previsão para se manifestar eventual inconformismo ou irregularidade em face do inquérito civil. Inexistindo previsão legal para tal, utilizar-se-ia, então, o mandado de segurança.

Por sua vez, o STJ definiu que o mandado de segurança pode ser utilizado para o trancamento de inquérito civil se for manifestamente incabível. No caso, porém, de ser necessária a avaliação probatória, deverá a parte utilizar as vias ordinárias[30].

Desse modo, pode-se sintetizar que o pedido de trancamento de inquérito civil não deve ocorrer por meio do *habeas corpus*. No caso de manifesta ilegalidade, deverá a parte se valer do mandado de segurança. Já no caso de não haver comprovação da ilegalidade de plano, sendo necessária a dilação probatória, deverá se valer das vias ordinárias.

2.3. Objeto: direitos coletivos ou individuais homogêneos

O art. 5º, LXX, da Constituição Federal não menciona quais seriam os objetos tuteláveis pelo mandado de segurança coletivo. O regramento infraconstitucional, porém, é expresso a respeito,

---

[24] REsp 1.696.396/MT, Corte Especial, Rel. Min. Nancy Andrighi, j. 5-12-2018.
[25] EDcl no MS 22.157/DF, Corte Especial, Rel. Min. Luis Felipe Salomão, j. 14-3-2019.
[26] "Art. 5º Não se concederá mandado de segurança quando se tratar: (...) III – de decisão judicial transitada em julgado."
[27] MEDINA; ARAÚJO, 2009.
[28] EDcl no MS 22.157/DF, Corte Especial, Rel. Min. Luis Felipe Salomão, j. 14-3-2019.
[29] HC 80.112, Tribunal Pleno, Rel. Min. Sydney Sanches, j. 1-8-2000.
[30] RMS 12.248/SP, 1ª Turma, Rel. Min. Francisco Falcão, j. 10-4-2001.

apenas referindo os direitos coletivos (em sentido estrito) e os individuais homogêneos (art. 21, parágrafo único, da Lei n. 12.016/2009[31]).

Alguns autores concordam com a taxatividade legal, excluindo interesses difusos do objeto do remédio coletivo[32]. Na mesma linha, andou a jurisprudência dos tribunais superiores, mesmo antes da atual legislação: o teor da Súmula 101 do STF[33] é lido, inclusive em decisões do Superior Tribunal de Justiça[34], a partir dessa restrição, cabendo a tutela de direitos difusos pela via da ação popular.

Portanto, a Lei do Mandado de Segurança inaugurou limitação não expressa no texto constitucional. Isso porque, até o advento dessa lei, havia dissonância na doutrina acerca da interpretação do dispositivo constitucional, prevalecendo as teses restritivas em detrimento da tese ampliativa, o que foi confirmado pelo texto legal.

No sentido da inconstitucionalidade do art. 21 manifesta-se Zaneti Junior. A seu ver, ataca-se, aqui, o princípio da inafastabilidade do controle jurisdicional consubstanciado no art. 5º, XXXV, da Carta de 1988[35]. Para Márcio Mafra Leal, o rol de direitos tuteláveis no mandado de segurança coletivo é o mesmo das ações coletivas (art. 81, parágrafo único, do CDC[36]).

Também Ricardo de Barros Leonel[37] reputa a restrição inconstitucional, uma vez que, por se tratar o mandado de segurança de garantia constitucional (esculpida no art. 5º, inclusive), o legislador não poderia criar limitações materiais, do conteúdo do pleito, embora pudesse regulamentar os aspectos processuais e procedimentais (como, de fato, fez).

Não faz sentido, segundo bem alerta o autor, que um pedido possa ser feito e apreciado em sede liminar de uma ação civil pública, mas não o possa pela via mandamental. Igualmente, Ada Pellegrini sublinha a máxima efetividade a ser conferida ao mandado de segurança, sendo impossível sua restrição pela via legal[38].

Com efeito, podemos acrescentar a ausência de elemento concreto a justificar tal diferenciação, uma vez que (i) os direitos difusos são transindividuais e indivisíveis, a exemplo dos coletivos em sentido estrito; (ii) o que caracteriza a especialidade do mandado de segurança não é a natureza dos bens jurídicos protegidos, mas a celeridade do abreviado procedimento, por conta da ausência de dilação probatória.

Em outras palavras: para que se impetre o remédio em questão, importa haver direito líquido e certo, mormente sob a ótica processual, o que é plenamente possível de ocorrer em relação a interesses difusos, de toda a coletividade[39].

---

[31] "Art. 21. (...) Parágrafo único. Os direitos protegidos pelo mandado de segurança coletivo podem ser: I – coletivos, assim entendidos, para efeito desta Lei, os transindividuais, de natureza indivisível, de que seja titular grupo ou categoria de pessoas ligadas entre si ou com a parte contrária por uma relação jurídica básica; II – individuais homogêneos, assim entendidos, para efeito desta Lei, os decorrentes de origem comum e da atividade ou situação específica da totalidade ou de parte dos associados ou membros do impetrante."

[32] MEIRELLES; WALD; MENDES, 2010, p. 35-36; THEODORO JR., 2009, p. 47.

[33] Súmula 101: "É vedada a utilização do mandado de segurança como substitutivo da ação popular".

[34] MS 11.399/DF, 1ª Seção, Rel. Min. João Otávio de Noronha, j. 13-12-2006.

[35] ZANETI JR., 2013, p. 102.

[36] LEAL, 2014, p. 277.

[37] LEONEL, 2011, p. 452-453.

[38] GRINOVER, 1990. No mesmo sentido: BASTOS, 2018, p. 182.

[39] NEVES, 2016b, p. 146-147; WATANABE, 2019, p. 885.

O Supremo Tribunal Federal[40] possui pontuais decisões ventilando a possibilidade do manejo do mandado de segurança também para a tutela de direitos difusos. Inclusive, recentemente, em decisão monocrática, o Min. Gilmar Mendes externou esse entendimento[41].

Igualmente, existe decisão do Superior Tribunal de Justiça autorizando que o Ministério Público ajuíze qualquer ação para a tutela de direitos difusos, inclusive o mandado de segurança coletivo[42].

Podemos perceber, sem dificuldades, que a visão restritiva da legitimidade para a impetração do mandado de segurança coletivo contribui para a manutenção da indevida limitação do seu objeto. Isso porque os legitimados *de lege lata* (partidos políticos e, sobretudo, associações, entidades de classe e sindicatos) não gozariam da legitimidade exigida para a tutela de direitos difusos, desvinculados de um grupo, categoria ou classe. Tem-se, portanto, mais um argumento a favor da possibilidade de manejo do mandado de segurança coletivo pela Defensoria Pública e pelo Ministério Público.

3. LEGITIMIDADE

3.1. Legitimidade ativa

Quanto ao mandado de segurança coletivo, a ser impetrado por partido político com representação no Congresso Nacional, por organização sindical, entidade de classe ou associação legalmente constituída em funcionamento há pelo menos um ano (art. 5º, LXX), temos que esse mandado de segurança segue o procedimento comum do *mandamus* de proteção individual, uma vez que a Constituição só inovou na legitimidade ativa das entidades que podem impetrá-lo na defesa de direitos ou prerrogativas de seus filiados.

A impetração, portanto, será sempre em nome da própria entidade, trata-se de caso de substituição processual, não se confundindo com um litisconsórcio ativo[43].

Observamos, todavia, que o mandado de segurança coletivo não se presta à defesa de direito individual de um ou de alguns filiados de partido político, de sindicato ou de associação, mas sim da categoria, que tenha um direito ou uma prerrogativa a defender em juízo, embora não se exija que corresponda esse direito tutelável à totalidade da categoria.

3.1.1. Associações, entidades de classe e sindicatos

No primeiro grupo de legitimados estão as associações, as entidades de classe e os sindicatos. A própria natureza de atuação dos três personagens é semelhante, cabendo-lhes a impetração de mandado de segurança na defesa dos interesses de seus membros (ou associados).

Nessa esteira, conforme previsão do art. 21 da Lei n. 12.016/2009 (que encampou a Súmula 630 do STF[44]), podem ingressar em juízo, pela via mandamental, para tutelar direitos líquidos e certos de parte ou da totalidade do grupo de membros[45-46].

As *associações* têm previsão genérica na Constituição de que podem demandar em defesa de seus associados, representando-os quando devidamente autorizadas (art. 5º, XXI). No mandado

---

[40] RE 193.382, Tribunal Pleno, Rel. Min. Carlos Velloso, j. 28-6-1996.

[41] MS 34.070 MC, Rel. Min. Gilmar Mendes, j. 18-3-2016.

[42] REsp 700.206/MG, 1ª Turma, Rel. Min. Luiz Fux, j. 9-3-2010.

[43] MS 32.832 AgR, 1ª Turma, Rel. Min. Rosa Weber, j. 24-2-2015, *DJe*-046, Divulg. 10-3-2015, Public. 11-3-2015.

[44] Súmula 630 do STF: "A entidade de classe tem legitimação para o mandado de segurança ainda quando a pretensão veiculada interesse apenas a uma parte da respectiva categoria".

[45] MS 25.561, Rel. Min. Marco Aurélio, j. 15-10-2014, *DJE* 229, de 21-11-2014.

[46] Parte da doutrina considera essa previsão limitativa, pois, muito provavelmente, haverá titulares do direito tutelado que não são membros da associação ou da entidade, gerando situações anti-isonômicas (LEAL, 2014, p. 279).

de segurança coletivo, porém, as associações não atuam como representantes dos associados, mas exercem a ação em nome próprio, no interesse geral dos associados, de acordo com sua finalidade, por autorização constitucional, logo sendo desnecessária essa autorização por parte dos associados, como expresso na Súmula 629 do STF[47].

Em outras palavras, o art. 2º-A da Lei n. 9.494/97 não se aplica, no entendimento do Supremo Tribunal Federal, ao mandado de segurança coletivo[48].

No mandado de segurança coletivo, a propósito, o Supremo Tribunal Federal sempre entendeu que era hipótese de atuação como substituta processual, de sorte que a legitimidade das associações era ampla (precedente fixado em repercussão geral[49]).

Note-se, porém, que o Supremo Tribunal Federal afasta esse entendimento da ampla legitimidade para as chamadas **associações genéricas**, assim entendidas aquelas que não representam alguma categoria econômica ou profissional específica, devendo haver, minimamente, a previsão de um objeto social[50].

Quanto à pertinência temática, o Supremo Tribunal Federal[51] possui decisões segundo as quais não há necessidade de que o direito tutelado seja peculiar à classe, guardando vínculos com os fins específicos da categoria: basta que o direito seja dos associados.

A legitimação conferida às associações, porém, não se aplica caso os substituídos sejam pessoas jurídicas de direito público. É dizer: não é possível que uma associação de municípios, por exemplo, impetre mandado de segurança coletivo, como já entendeu o Superior Tribunal de Justiça[52], já que os entes políticos possuem tratamento e prerrogativas processuais próprias, sendo sua defesa em juízo exercida pelas procuradorias respectivas.

Exige-se, apenas para as associações[53], a pré-constituição, requisito atinente à necessidade de ter sido criada a pessoa jurídica (e estar em funcionamento) há, pelo menos, um ano (art. 21 da LMS[54] e art. 5º, LXX, da CF[55]). De acordo com o STF, a ausência de tal pressuposto leva à carência do direito de ação[56] e sua prova deverá vir já na petição inicial[57].

---

[47] Súmula 629 do STF: "A impetração de mandado de segurança coletivo por entidade de classe em favor dos associados independe da autorização destes".

[48] MS 23.769, Tribunal Pleno, Rel. Min. Ellen Gracie, j. 3-4-2002.

[49] É desnecessária a autorização expressa dos associados, a relação nominal destes, bem como a comprovação de filiação prévia, para a cobrança de valores pretéritos de título judicial decorrente de mandado de segurança coletivo impetrado por entidade associativa de caráter civil (ARE 1293130 RG, Rel. Min. Pres. Luiz Fux, Tribunal Pleno, j. 17-12-2020).

[50] Nesse contexto, a mera criação e o registro da associação não impõem ou autorizam, no aspecto da atuação processual, a automática e autêntica legitimidade ativa das associações, sendo necessário à regular substituição processual que se determine, minimamente, o seu objeto social, a partir do qual definido o conjunto de seus associados (ARE 1.339.496 AgR/RJ, Rel. Min. Edson Fachin, redator do acórdão Min. André Mendonça, j. 7-2-2023).

[51] RE 193.382, Tribunal Pleno, Rel. Min. Carlos Velloso, j. 28-6-1996.

[52] RMS 34.270/MG, 1ª Turma, Rel. Min. Teori Albino Zavascki, j. 25-10-2011, DJe 28-10-2011.

[53] STF, RE 198.919, 1ª Turma, Rel. Min. Ilmar Galvão, j. 15-6-1999. Em sentido contrário, entendendo se tratar de requisito extensível aos sindicatos e às entidades de classe: ANDRADE; MASSON; ANDRADE, 2017, p. 368.

[54] "Art. 21. O mandado de segurança coletivo pode ser impetrado por partido político com representação no Congresso Nacional, na defesa de seus interesses legítimos relativos a seus integrantes ou à finalidade partidária, ou por organização sindical, entidade de classe ou associação legalmente constituída e em funcionamento há, pelo menos, 1 (um) ano, em defesa de direitos líquidos e certos da totalidade, ou de parte, dos seus membros ou associados, na forma dos seus estatutos e desde que pertinentes às suas finalidades, dispensada, para tanto, autorização especial."

[55] "Art. 5º (...) LXX – o mandado de segurança coletivo pode ser impetrado por: a) partido político com representação no Congresso Nacional; b) organização sindical, entidade de classe ou associação legalmente constituída e em funcionamento há pelo menos um ano, em defesa dos interesses de seus membros ou associados."

[56] MS 33.801 AgR, 2ª Turma, Rel. Min. Dias Toffoli, j. 1-9-2017, DJe-212, de 19-9-2017.

[57] MS 21.098, 1ª Turma, Rel. Min. Sepúlveda Pertence, Rel. p/ acórdão Min. Celso de Mello, j. 20-8-1991.

Há divergência se o requisito temporal pode ser mitigado. Embora haja posição contrária, uma vez que o texto constitucional não previu qualquer exceção[58], soa mais correto, à luz do microssistema, que se possa, excepcionalmente, afastar tal barreira, na linha dos arts. 5º, § 4º, da Lei n. 7.347/85[59] e 82, § 1º, do Código de Defesa do Consumidor[60], havendo manifesto interesse social[61], evidenciado por meio da espécie ou extensão do dano ou da relevância do bem jurídico defendido em juízo.

A Constituição, gize-se, não é agredida por esse segundo entendimento, já que diversos valores constitucionais (efetividade e acesso à justiça, sobretudo) são prestigiados pelas normas legais, focadas na real tutela do direito material coletivo.

Com relação às *entidades de classe* e às associações, parcela da doutrina (Teori Zavascki[62], por exemplo) entende ser necessária a pertinência temática, ou seja, uma conexão entre os fins da instituição e o direito material tutelado. Ocorre que, como afirma Didier, a jurisprudência tem se manifestado de forma a ampliar esse termo para que seja efetivada uma adequada representação, levando em conta os interesses dos associados, estando a legitimidade limitada somente pelas atividades exercidas por esses associados.

Discute-se, quanto aos *sindicatos*, acerca da necessidade de se provar o registro no Ministério do Trabalho. Por um lado, existem decisões no STF[63] e no STJ[64] no sentido de que os sindicatos, para gozarem de legitimidade para a impetração, devem estar devidamente registrados no Ministério do Trabalho, de forma a se garantir a observância do princípio da unicidade sindical. Em outras palavras: o registro é a maneira de se averiguar se porventura já não existirá sindicato responsável pela categoria profissional.

Em outro sentido, há decisão do STF[65] que se satisfez com a prova de sua existência (de sua constituição enquanto pessoa jurídica), reputando desnecessários o arquivamento e o registro no Ministério do Trabalho. No voto do Min. Marco Aurélio, contudo, restou assentado inexistir discussão quanto à existência ou não de outro sindicato referente à mesma categoria, de maneira que se pode concluir que existe uma mesma linha de raciocínio, embora, aqui, mais instrumentalizada, importando, apenas, que esteja esclarecido o cumprimento do princípio da unicidade sindical.

Os três legitimados desse primeiro grupo, portanto, guardam grande margem de similitude de atuação, excepcionando-se apenas, na linha do Supremo Tribunal Federal, a exigência da pré-constituição, exclusivamente atinente às associações.

3.1.2. Partidos políticos

De acordo com o texto constitucional (art. 5º, LXX, *a*[66]), os partidos políticos, desde que *representados no Congresso Nacional* (isto é, possuindo ao menos um parlamentar de seus quadros exercendo mandato na legislatura federal), detêm legitimidade para a impetração do remédio mandamental.

---

[58] ANDRADE; MASSON; ANDRADE, 2017, p. 369.

[59] "Art. 5º (...) § 4º O requisito da pré-constituição poderá ser dispensado pelo juiz, quando haja manifesto interesse social evidenciado pela dimensão ou característica do dano, ou pela relevância do bem jurídico a ser protegido."

[60] "Art. 82. (...) § 1º O requisito da pré-constituição pode ser dispensado pelo juiz, nas ações previstas nos arts. 91 e seguintes, quando haja manifesto interesse social evidenciado pela dimensão ou característica do dano, ou pela relevância do bem jurídico a ser protegido."

[61] DIDIER JR.; ZANETI JR., 2016b, p. 208.

[62] ZAVASCKI, 2017b, p. 213.

[63] STF, ARE 697.852 AgR, 2ª Turma, Rel. Min. Cármen Lúcia, *DJe* 21-11-2012; STF, AI 820.650 AgR, 1ª Turma, Rel. Min. Dias Toffoli, *DJe* 26-9-2012.

[64] AgRg no AREsp 35.101/DF, 2ª Turma, Rel. Min. Mauro Campbell Marques, j. 3-11-2011, *DJe* 11-11-2011.

[65] RE 370.834, 1ª Turma, Rel. Min. Marco Aurélio, j. 30-8-2011.

[66] "Art. 5º (...) LXX – o mandado de segurança coletivo pode ser impetrado por: a) partido político com representação no Congresso Nacional."

Para parte da doutrina[67], deve-se fazer uma leitura dessa exigência à luz da extensão da questão postulada: caso envolva todo o país ou ao menos vários estados, deverá o partido estar representado no Congresso Nacional; se, porém, o objeto for estadual ou local, a representação deverá se dar na Assembleia Legislativa ou na Câmara dos Vereadores, respectivamente.

Questão interessante diz respeito à perda superveniente dessa representação, no curso da ação. Uma primeira linha indica que o fundamental é a aferição do requisito no momento do ajuizamento da ação (entendimento seguido pelo Supremo Tribunal Federal quanto à legitimidade dos partidos políticos para o controle concentrado de constitucionalidade[68]), enquanto outra leitura recomenda a presença da exigência ao longo de todo o processo – caso contrário, prestigiando-se o julgamento do mérito da questão coletiva, dever-se-ia lançar mão do art. 5º, § 3º, da Lei da Ação Civil Pública, por analogia[69].

O texto regulamentador da garantia constitucional (art. 21 da LMS[70]) insere mais um condicionante, em uma espécie de pertinência temática: devem os partidos atuar, no mandado de segurança coletivo, na defesa dos seus interesses legítimos relativos (i) a seus integrantes ou (ii) à finalidade partidária[71].

Aparentemente, portanto, os partidos políticos atuariam, na primeira hipótese, como substitutos processuais, no mandado de segurança coletivo, de seus membros (quanto a seus interesses), o que assemelha sua legitimidade à do primeiro grupo, que representa parte ou todos os membros. Por outro lado, também poderia proteger direitos relativos às finalidades partidárias, desconectados dos interesses de seus membros.

A extensão da pertinência temática da atuação dos partidos é tema dos mais polêmicos. Questiona-se, severamente, a constitucionalidade dessa restrição, apontando-se a inovação legal de uma limitação subjetiva (interesses dos integrantes) e outra objetiva (finalidade partidária).

Interpretando o texto constitucional, surgiu corrente doutrinária[72] com entendimento restritivo, considerando que os partidos políticos somente poderiam impetrar o mandado de segurança coletivo na defesa dos interesses de seus membros, a exemplo do que ocorre com o primeiro grupo de legitimados – posicionamento acolhido em decisões do Superior Tribunal de Justiça, logo após o advento da Constituição de 1988[73].

No entanto, críticas não faltam a tal hermenêutica. Ada Pellegrini Grinover, já em 1990, anunciava que o texto constitucional não poderia ser condicionado pelo legislador[74]. Como aponta Teori Zavascki[75], o próprio texto da Carta Maior diferenciou os dois grupos de legitimados, elencando-os em alíneas díspares – só fazendo exigência como a pretendida para as associações, entidades de classe e sindicatos.

---

[67] GOMES JUNIOR; FAVRETO, 2009, p. 178; ROQUE; DUARTE, 2014, p. 752.

[68] ADI 2.618 AgR-AgR, Tribunal Pleno, Rel. Min. Carlos Velloso, Rel. p/ acórdão Min. Gilmar Mendes, j. 12-8-2004.

[69] ROQUE; DUARTE, 2014, p. 753.

[70] "Art. 21. O mandado de segurança coletivo pode ser impetrado por partido político com representação no Congresso Nacional, na defesa de seus interesses legítimos relativos a seus integrantes ou à finalidade partidária (...)."

[71] Para Márcio Mafra Leal, os partidos políticos atuam como substitutos processuais na primeira hipótese, mas, na segunda, podem atuar como tal (se os direitos são coletivos ou individuais homogêneos) ou em nome próprio (quando se tratar de direitos difusos). Ver LEAL, 2014, p. 279.

[72] MEIRELLES, 2010, p. 29; VELLOSO, 1997, p. 164.

[73] EDcl no MS 197/DF, 1ª Seção, Rel. Min. Garcia Vieira, j. 11-9-1990.

[74] GRINOVER, 1990.

[75] ZAVASCKI, 2016.

Isso, não à toa: o fenômeno associativo é absolutamente diverso do que acontece com os partidos políticos. Nas associações, entidades de classe e sindicatos, o objeto é voltado para dentro da entidade, isto é, essencialmente focado no interesse dos membros do grupo. Os partidos políticos, por sua vez, agem diferentemente: possuem objetivos externos, relacionados com seus filiados apenas de maneira remota, indireta.

A legitimidade dos partidos políticos, portanto, não se limita aos interesses de seus membros, mas vai além, abarcando o interesse do regime democrático, a autenticidade do sistema representativo e a defesa dos direitos fundamentais constitucionais (art. 1º da Lei n. 9.096/95).

Ainda para Zavascki, os partidos não são instrumentos das bandeiras partidárias, e sim destinatários delas, de sorte que, para o autor, estará legitimado tal ente quando a autoridade coatora ameaçar ou violar direitos de seus filiados ou de terceiros não filiados, desde que esteja a defesa desses direitos compreendida na finalidade institucional ou seja objetivo programático do partido[76], em uma espécie, no dizer de Barbosa Moreira[77], de "instrumento de vindicação judicial do programa partidário".

Com efeito, para os partidos políticos, é intuitiva a legitimação no que se refere aos filiados e seus direitos políticos. Contudo, há outros temas que se podem vincular aos fins institucionais dos partidos e, assim, justificar sua atuação no campo do mandado de segurança coletivo, sendo também compatíveis com a tutela por partidos políticos:

a) os direitos vinculados ao seu objeto social, constante do estatuto;
b) direitos vinculados à soberania, à cidadania, ao regime democrático, ao pluripartidarismo, à dignidade humana, a valores sociais do trabalho e da livre-iniciativa, à liberdade, à ordem econômica e social, à educação e ao meio ambiente.

Em decisão anterior à atual Lei do Mandado de Segurança, o Supremo Tribunal Federal concluiu inexistir limitação relativa ao interesse dos membros dos partidos, já que a Constituição os destacou como legitimados diversos das associações, entidades de classe e sindicatos, em alínea própria (art. 5º, LXX, *a*).

Poderiam os partidos, portanto, tutelar, pela via do mandado de segurança, interesses difusos ou coletivos mesmo de pessoas não filiadas a ele, semelhantemente à ampla legitimidade que possuem para o controle concentrado de constitucionalidade (em que não se exige o requisito da pertinência temática) – contudo, não possuiriam a condição da ação quando os direitos fossem relativos a determinados grupos ou classes, como a discussão a respeito da majoração de um tributo[78-79].

Mais recentemente, o Min. Gilmar Mendes revisitou o tema, em medida cautelar em mandado de segurança coletivo, reconhecendo que, à época do primeiro julgamento, foi excessivamente restritivo, e se filiando à posição segundo a qual a legitimidade dos partidos não guarda ligação com seus membros, possuindo legitimidade ampla[80].

Uma última posição, por sua vez, advoga que a interpretação literal da norma legal, embora tenha o mérito de recomendar a análise *in concreto* da legitimidade, perquirindo a existência de real

---

[76] ZAVASCKI, 2016.
[77] BARBOSA MOREIRA, 1991.
[78] RE 196.184, 1ª Turma, Rel. Min. Ellen Gracie, j. 27-10-2004.
[79] Na doutrina, Ricardo de Barros Leonel aponta a decisão como a inspiração para a dicção legal, quanto à pertinência temática (LEONEL, 2011, p. 453).
[80] MS 34.070 MC, Rel. Min. Gilmar Mendes, j. 18-3-2016.

pertinência temática, se revela inconstitucional, em qualquer interpretação restritiva da legitimação outorgada pela Carta Maior[81].

Ademais, pode-se interpretar a "finalidade partidária" como o bem comum e assentar a natureza associativa dos partidos políticos, que permite inseri-los na alínea *b* do inciso LXX do art. 5º, tornando a questão, no fundo, um falso problema[82].

3.1.3. Ministério Público e Defensoria Pública

Contudo, percebe-se que o art. 5º, LXX, da Constituição Federal não trouxe previsão de o Ministério Público, a Defensoria Pública e outros entes impetrarem o mandado de segurança coletivo.

Apesar da omissão legal, entende-se que esses entes também seriam legitimados, porque a norma traria apenas uma garantia constitucional mínima, a ser aplicada em sintonia com outros princípios, devendo entender os legitimados com permissividade. Além disso, é importante ressaltar a intervenção obrigatória do Ministério Público nos mandados de segurança coletivos.

Nesse sentido, Hermes Zaneti Junior se manifesta favoravelmente à legitimação ativa do Ministério Público para o ajuizamento do mandado de segurança coletivo diante dos termos dos arts. 127 e 129 da Carta de 1988. Ademais, não devem ser esquecidos os arts. 6º, VI, da Lei Complementar n. 75/93 e 32, I, da Lei n. 8.625/93[83]. Na mesma linha, Cássio Scarpinella Bueno[84], Gregório Assagra de Almeida[85], Nelson Nery[86], Helio Pereira[87] e Eduardo Cambi[88].

Quanto à Defensoria Pública, o ordenamento acena positivamente no art. 4º, VII e X, da Lei Complementar n. 80/94[89], replicado em normas estaduais, que assegura a legitimidade da instituição para todas as espécies de ações capazes de propiciar uma adequada e efetiva tutela dos direitos dos necessitados, autêntica cláusula geral autorizadora da atuação defensorial e ampliativa de sua legitimidade.

A ampliação do rol aparentemente taxativo está longe de ser uma bandeira exagerada de ambas as instituições. O acerto desse raciocínio reside, ainda, na tese da *legitimidade conglobante*[90], a qual traça paralelo com a tipicidade conglobante do conceito estratificado de delito, no direito penal.

Basicamente, a exemplo da crítica visão acerca da tipicidade, entende-se que não há contradições absolutas no ordenamento jurídico, de sorte que é inviável que o mesmo conjunto normativo fomente determinada função de uma instituição permanente e, em seguida, retire dessa mesma instituição a legitimidade para determinado instrumento apto a efetivar tal missão.

Com efeito, a previsão constitucional quanto à legitimidade (art. 5º, LXX, *a* e *b*) revela-se um mínimo apenas[91]. Quanto à Defensoria Pública, sobretudo, mostrava-se praticamente impossível ao

---

[81] DIDIER JR.; ZANETI JR., 2016b, p. 207.
[82] NEVES, 2016b, p. 220-221.
[83] ZANETI JR., 2013, p. 193.
[84] BUENO, 2010, p. 166-167.
[85] ALMEIDA, 2003, p. 285.
[86] NERY JR., 1990, p. 54.
[87] PEREIRA, 2010, p. 188.
[88] CAMBI; HAAS, 2014, p. 818.
[89] "Art. 4º São funções institucionais da Defensoria Pública, dentre outras: (...) X – promover a mais ampla defesa dos direitos fundamentais dos necessitados, abrangendo seus direitos individuais, coletivos, sociais, econômicos, culturais e ambientais, sendo admissíveis todas as espécies de ações capazes de propiciar sua adequada e efetiva tutela."
[90] ZANETI JR.; GARCIA, 2017, p. 482.
[91] ZUFELATO, 2012.

constituinte, na altura, dimensionar seu crescimento e sua relevância institucional, em especial quanto à atuação na tutela coletiva.

Não se pode esquecer de que há cláusula geral de atipicidade dos instrumentos processuais coletivos, insculpida no art. 83 do Código de Defesa do Consumidor, elemento do núcleo duro do microssistema. Excluir determinado mecanismo de tutela do campo de atuação dos legitimados principais (Defensoria Pública e Ministério Público), no caso o mandado de segurança coletivo, é absolutamente ilógico, uma vez que a peculiaridade central do mandado de segurança é sua celeridade procedimental, aspecto em nada conflitante com a condição da legitimidade, como reconhece larga doutrina.

Ademais, determinadas leis específicas quanto à matéria, como o Estatuto da Criança e do Adolescente[92] e o Estatuto do Idoso[93], reforçam essa interpretação, ao trazerem autorizações genéricas para o manejo de "todas as espécies de ações pertinentes". O Estatuto da Criança e do Adolescente[94] é ainda mais claro quanto à legitimidade para a impetração, fazendo menção expressa à ação mandamental[95].

Quer isso dizer que o mandado de segurança é espécie do gênero ação coletiva, impondo-se a adequada interpretação sistemática da legitimidade, calcada em um ampliativo diálogo das fontes que vise os princípios centrais do microssistema. Como alerta Camilo Zufelato[96], a uniformidade e a harmonia do microssistema devem falar mais alto – e na mesma linha seguem os anteprojetos de Código de Processo Coletivo[97].

Além disso, é de se sublinhar a legitimidade outorgada pela Lei do Mandado de Injunção[98] para o Ministério Público e a Defensoria Pública, reforçando que sua legitimidade para a tutela coletiva não deve ser podada quanto a alguma espécie processual específica. O mandado de segurança coletivo é instrumento a ser utilizado oportunamente, de acordo com o discernimento do legitimado, e não há razão qualquer para excetuá-lo dessa lógica.

Não se pode ignorar, porém, a existência de entendimento doutrinária no sentido da taxatividade do rol de legitimados estampado na Constituição e na Lei n. 12.016/2009[99].

O panorama jurisprudencial ainda não se mostra receptivo à tese em análise, havendo decisão do Superior Tribunal de Justiça[100] desconhecendo a legitimidade da Defensoria Pública. A Corte da

---

[92] "Art. 212. Para defesa dos direitos e interesses protegidos por esta Lei, são admissíveis todas as espécies de ações pertinentes."

[93] "Art. 82. Para defesa dos interesses e direitos protegidos por esta Lei, são admissíveis todas as espécies de ação pertinentes."

[94] "Art. 212. (...) § 2º Contra atos ilegais ou abusivos de autoridade pública ou agente de pessoa jurídica no exercício de atribuições do poder público, que lesem direito líquido e certo previsto nesta Lei, caberá ação mandamental, que se regerá pelas normas da lei do mandado de segurança."

[95] FERRARESI, 2009, p. 242-243.

[96] ZUFELATO, 2012.

[97] Veja-se, a respeito, o reduzido tratamento dado pelo anteprojeto tecido na UERJ, sob coordenação do professor Aluisio Gonçalves de Castro Mendes, a esclarecer a aplicabilidade do regramento geral das ações coletivas para o mandado de segurança, inclusive a legitimidade: "Art. 46. Disposições aplicáveis. Aplica-se ao mandado de segurança coletivo o disposto neste código, inclusive no tocante às custas e honorários (art. 16), e na Lei 1.533/1951, no que não for incompatível".

[98] "Art. 12. O mandado de injunção coletivo pode ser promovido: (...) I – pelo Ministério Público, quando a tutela requerida for especialmente relevante para a defesa da ordem jurídica, do regime democrático ou dos interesses sociais ou individuais indisponíveis; (...) IV – pela Defensoria Pública, quando a tutela requerida for especialmente relevante para a promoção dos direitos humanos e a defesa dos direitos individuais e coletivos dos necessitados, na forma do inciso LXXIV do art. 5º da Constituição Federal."

[99] CRUZ E TUCCI, 1990, p. 41; DINAMARCO, 2001, p. 21; GOMES JUNIOR; FAVRETO, 2009, p. 173; BUZAID, 1992, p. 21.

[100] RMS 49.257/DF, 6ª Turma, Rel. Min. Maria Thereza de Assis Moura, j. 3-11-2015, *DJe* 19-11-2015.

Cidadania, contudo, não é uníssona, havendo julgado a admitir, na fundamentação, a legitimidade do Ministério Público[101], o que tem se revelado como tendência[102].

Por fim, quanto à legitimidade dos entes políticos para a impetração coletiva, embora se possa estender alguns dos argumentos referentes ao Ministério Público e à Defensoria Pública, o STF possui antiga decisão rechaçando tal possibilidade processual de Estado-membro[103].

3.1.4. Ordem dos Advogados do Brasil (OAB)

Embora não conste no rol do art. 5º, LXX, da Constituição Federal, a Ordem dos Advogados do Brasil possui, pela letra do art. 54, XIV, do Estatuto da OAB[104], legitimidade para a impetração do remédio coletivo, por meio de seu Conselho Federal.

A previsão passa ao largo de grande parte da doutrina, mas acaba por servir como argumento de reforço para a abertura do leque de legitimados, sobretudo quando podem ajuizar ações coletivas outras.

3.2. Legitimidade passiva e identificação da autoridade coatora

Se o mandado de segurança é impetrado em face de ato ilegal ou abusivo, deve haver, em juízo, uma autoridade pública, apontada como causadora de uma ameaça ou lesão a direito líquido e certo.

A Constituição Federal ampliou definitivamente o conceito de autoridade pública. Tal noção passou a incluir, além das autoridades públicas propriamente ditas, os dirigentes e administradores de autarquias e entidades paraestatais, e os agentes públicos (pessoas físicas que exercem função estatal, sejam estes agentes políticos, agentes administrativos ou agentes delegados – concessionários e permissionários, notários e oficiais e exercentes de atividades autorizadas pelo Poder Público), os agentes de pessoas jurídicas no exercício de atribuições do Poder Público, sendo estes os agentes privados que executem, a qualquer título, atividades, serviços e obras em nome do Poder Público[105].

Destaque-se que só será cabível o mandado de segurança, em face de atos do Poder Público, disciplinado por regras de direito público, não sendo cabível em face de atos de gestão, que se equiparam a atos de particulares[106].

---

[101] REsp 700.206/MG, 1ª Turma, Rel. Min. Luiz Fux, j. 9-3-2010, DJe 19-3-2010.

[102] Conforme dispõe o art. 129, III, da Constituição Federal, é função institucional do Ministério Público "promover o inquérito civil e a ação civil pública, para a proteção do patrimônio público e social, do meio ambiente e de outros interesses difusos e coletivos". O fato de o citado dispositivo constitucional indicar que o Ministério Público deve promover a Ação Civil Pública na defesa do patrimônio público, obviamente, não o impossibilita de se utilizar de outros meios para a proteção de interesses e direitos constitucionalmente assegurados, difusos, coletivos, individuais e sociais indisponíveis, especialmente diante do princípio da máxima efetividade dos direitos fundamentais. A Constituição Federal outorga ao Ministério Público a incumbência de promover a defesa dos interesses individuais indisponíveis, podendo, para tanto, exercer o direito de ação nos termos de todas as normas, compatíveis com sua finalidade institucional. Nesse sentido, aliás, dispõe o art. 177 do CPC/2015: O Ministério Público exercerá o direito de ação em conformidade com suas atribuições constitucionais. O art. 32, inciso I, da Lei Orgânica Nacional do Ministério Público, Lei n. 8.625/1993, a seu turno, preconiza expressamente que os membros do órgão ministerial podem impetrar Mandado de Segurança nos Tribunais Locais no exercício de suas atribuições. É evidente que a defesa dos direitos indisponíveis da sociedade, dever institucional do Ministério Público, pode e deve ser plenamente garantida por meio de todos os instrumentos possíveis, abrangendo não apenas as demandas coletivas, de que são exemplo a Ação de Improbidade, Ação civil pública, como também os remédios constitucionais quando voltados à tutela dos interesses transindividuais e à defesa do patrimônio público material ou imaterial (RMS 67.108-MA, Rel. Min. Herman Benjamin, 2ª Turma, por unanimidade, j. 5-4-2022).

[103] MS 21.059, Tribunal Pleno, Rel. Min. Sepúlveda Pertence, j. 5-9-1990.

[104] "Art. 54. Compete ao Conselho Federal: (...) XIV – ajuizar ação direta de inconstitucionalidade de normas legais e atos normativos, ação civil pública, mandado de segurança coletivo, mandado de injunção e demais ações cuja legitimação lhe seja outorgada por lei."

[105] RMS 30.561/GO, 1ª Turma, Rel. Min. Teori Albino Zavascki, j. 14-8-2012.

[106] O mandado de segurança é cabível apenas contra atos praticados no desempenho de atribuições do Poder Público, consoante expressamente estabelece o art. 5º, LXIX, da Constituição Federal. Atos de gestão puramente comercial desempenhados por entes

Contudo, não basta ser funcionário envolvido na prática do ato abusivo para ser autoridade coatora. A posição de autoridade deve ser ocupada pelo agente que possua poderes para decidir sobre o ato impugnado. Se apenas realizou o cumprimento de ordens, não será autoridade. Autoridade é quem possuir poderes para ordenar e revogar suas ordens.

Há, no entanto, grande discussão sobre a legitimidade passiva no mandado de segurança, havendo quem identifique a própria autoridade coatora como parte passiva ao lado da pessoa jurídica de direito público[107] e, de outro lado, entendimento de que o polo passivo seria preenchido tão somente pela própria pessoa jurídica de direito público[108] que a autoridade integra, está vinculada ou cujas funções exerce[109], bem como posicionamento que advoga que apenas a autoridade coatora seria ré.

Para a segunda corrente, enquanto a autoridade coatora, que está ligada ao Poder Público, é quem pratica o ato que causa constrangimento ilegal, tendo o dever de informar sobre tal prática, fundamentando-a, por meio da prestação de informações, uma vez interpelada judicialmente, o sujeito passivo é quem efetivamente suportará os ônus decorrentes da concessão da ordem judicial, a pessoa jurídica "a que vinculado funcionalmente o coator"[110]. É o caso da pessoa de direito público ou de direito privado exercente de função pública.

O Supremo Tribunal Federal[111] possui decisão algo antiga nesse sentido, posição defendida por José Henrique Mouta[112], para quem a legitimidade recursal da autoridade, prevista na lei, se dá na qualidade de terceiro interessado.

Atualmente, tal questão é menos tormentosa. Embora nunca se tenha chegado a um consenso sobre quem seria o legitimado passivo em sede de mandado de segurança, para não deixar dúvida quanto à posição da pessoa jurídica dentro da relação processual, a Lei n. 12.016 exige do impetrante que indique, além da autoridade coatora, a pessoa jurídica a que a autoridade coatora se acha integrada, estabelecendo um litisconsórcio passivo e necessário entre a autoridade coatora e o órgão ou pessoa jurídica a que pertence.

Seguimos o entendimento de que há um litisconsórcio passivo e necessário entre a autoridade coatora e a pessoa jurídica ou órgão a que ela pertence.

Muito embora, na dicção legal, a autoridade coatora seja *notificada* para prestar informações, e o órgão ou a pessoa jurídica a que ela pertence seja *cientificado* para, querendo, apresentar defesa em seu nome, apesar da nomenclatura diversa, é correto o entendimento de que se trata de dupla citação[113], ou seja, citação da autoridade coatora e da pessoa jurídica ou órgão a que pertence.

Tal compreensão evita o dilema se a lei teria criado uma nova forma de intervenção no mandado de segurança, esclarecendo que o único intuito da legislação foi a preocupação com a efetividade do processo em sede mandamental, isto é, evitar que mandados de segurança sejam extintos por

---

públicos na exploração de atividade econômica se destinam à satisfação de seus interesses privados, submetendo-os a regime jurídico próprio das empresas privadas (ADI 4296, Rel. Min. Marco Aurélio, Rel. p/ Acórdão Min. Alexandre de Moraes, Tribunal Pleno, j. 9-6-2021).

[107] BUENO, 2010, p. 45.

[108] ALVIM, 2010, p. 61; THEODORO JR., 2009, p. 8.

[109] "Art. 6º A petição inicial, que deverá preencher os requisitos estabelecidos pela lei processual, será apresentada em 2 (duas) vias com os documentos que instruírem a primeira reproduzidos na segunda e indicará, além da autoridade coatora, a pessoa jurídica que esta integra, à qual se acha vinculada ou da qual exerce atribuições."

[110] FERRAZ, 1996.

[111] Rcl 367, Tribunal Pleno, Rel. Min. Marco Aurélio, Rel. p/ acórdão Min. Sepúlveda Pertence, j. 4-2-1993.

[112] ARAÚJO, 2018, p. 601-602.

[113] BUENO, 2009.

indicação equivocada da autoridade coatora, quando muitas vezes sequer é possível identificá-la de forma correta diante da complexidade de certas estruturas administrativas.

O Superior Tribunal de Justiça corrobora nossa posição, na medida em que enxerga como consequência da equivocada indicação da autoridade coatora a extinção do processo, por ilegitimidade – especialmente quando se altere a competência da Justiça ou se a autoridade é vinculada a pessoa jurídica de direito público diversa[114].

A Corte, porém, exige que se dê a possibilidade de emendar a inicial ao impetrante[115] e, caso sejam facilmente perceptíveis o erro e a autoridade correta, que o próprio magistrado determine sua notificação[116]. Trata-se da melhor saída, a homenagear o princípio da primazia do mérito[117], ainda que necessária a redistribuição do processo[118].

Além disso, o STJ adota, há tempos, a *teoria da encampação*, que permite a continuidade do mandado de segurança impetrado apontando equivocadamente a autoridade coatora, por ter se eleito autoridade superior, hierarquicamente, àquela que deveria ter sido informada.

Trata-se de instrumento que prestigia o princípio da primazia do mérito e o da efetividade da jurisdição, permitindo que o Judiciário se manifeste acerca da questão de fundo, diante das informações prestadas.

O entendimento restou assentado em enunciado sumular da corte (Súmula 628[119]), que impõe três requisitos cumulativos para sua aplicação:

1) existência de vínculo hierárquico entre a autoridade que prestou informações e a que ordenou a prática do ato impugnado;
2) manifestação a respeito do mérito nas informações prestadas; e
3) ausência de modificação de competência[120] estabelecida na Constituição Federal[121].

De toda sorte, ainda que não seja caso de aplicação da referida teoria, segundo entendimento pacificado no STJ[122], admite-se emenda à inicial do mandado de segurança para corrigir equívoco na indicação da autoridade coatora, desde que:

1) a retificação do polo passivo não implique alteração de competência judiciária; e
2) a autoridade erroneamente indicada pertença à mesma pessoa jurídica da autoridade de fato coatora.

---

[114] AgInt no RMS 51.527/GO, 1ª Turma, Rel. Min. Sérgio Kukina, j. 18-10-2016; AgRg nos EDcl no RMS 45.074/PE, 2ª Turma, Rel. Min. Mauro Campbell Marques, j. 5-8-2014.

[115] RMS 24.082/GO, 6ª Turma, Rel. Min. Maria Thereza de Assis Moura, j. 22-3-2011.

[116] RMS 45.495/SP, 4ª Turma, Rel. Min. Raul Araújo, j. 26-8-2014.

[117] Note-se que a lógica do CPC é consentânea, conforme o art. 338.

[118] ARAÚJO, 2019a, p. 360-363.

[119] Súmula 628: "A teoria da encampação é aplicada no mandado de segurança quando presentes, cumulativamente, os seguintes requisitos: a) existência de vínculo hierárquico entre a autoridade que prestou informações e a que ordenou a prática do ato impugnado; b) manifestação a respeito do mérito nas informações prestadas; e c) ausência de modificação de competência estabelecida na Constituição Federal" (Primeira Seção, j. 12-12-2018).

[120] O STJ possui decisão no sentido de que a alteração de competência territorial, por ser absoluta, impediria a emenda e a consequente aplicação da teoria (AgInt no REsp 1.505.709/SC, 1ª Turma, Rel. Min. Gurgel de Faria, j. 23-6-2016).

[121] Por vezes, a autoridade correta goza de fogo por prerrogativa estatuído na Constituição, restando impossível a aplicação da teoria (AgInt nos EDcl no MS 23.399/DF, 1ª Seção, Rel. Min. Regina Helena Costa, j. 11-10-2017).

[122] AgRg no REsp 1.222.348/BA, 1ª Turma, *DJe* 23-9-2011; AgRg no RMS 35.638/MA, 2ª Turma, *DJe* 24-4-2012; AgRg no AREsp 368.159/PE, Rel. Min. Humberto Martins, j. 1º-10-2013 (*Informativo* n. 529 do STJ).

A autoridade coatora no mandado de segurança coletivo é definida nos mesmos moldes da segurança individual, como aquela da qual emana a ordem para a prática do ato impugnado, com todas as dificuldades que muitas vezes pode envolver sua identificação, como retratado quando da análise do mandado de segurança individual.

Em determinadas circunstâncias, porém, pode haver atos submetidos a autoridades diferentes. Nesse caso, será necessário aforar o mandado de segurança coletivo em face de entidade hierárquica superior, cujas atribuições abranjam todos os interessados, mesmo que não tenha a referida autoridade praticado os atos que atinjam diversos associados.

4. COMPETÊNCIA

A identificação da autoridade coatora serve para definir a competência do juízo, além de precisar quem deve cumprir o comando judicial. Deve ser indicado como autoridade o agente público com competência para desfazer o ato atacado ou cumprir a determinação.

Daí, pode-se perceber que a competência para processar e julgar o mandado de segurança funda-se em duas circunstâncias:

1) a qualificação da autoridade como federal ou local;
2) a graduação hierárquica da autoridade.

Dessa forma, a competência para processamento e julgamento do mandado de segurança não se define pela matéria nele envolvida, mas pela função exercida pela autoridade coatora.

Em sendo caso de autoridade delegada, indica o Superior Tribunal de Justiça que o critério passa a ser o da origem da função que foi delegada – como é o caso de ato praticado pela OAB, contra o qual cabe mandado de segurança a tramitar na justiça federal[123].

Trata-se de competência absoluta. De acordo com a qualificação da autoridade, o mandado de segurança será impetrado no STF, nas hipóteses previstas no art. 102, I, *d*, da Constituição Federal, no STJ, nos casos do art. 105, I, *b*, da Constituição Federal, e, se a autoridade for federal, na justiça federal.

No âmbito da justiça comum, a competência dos juízes e dos tribunais é determinada pela Constituição Estadual, que não tem força para alterar a Carta Federal. Assim, se forem criadas varas da Fazenda Pública no foro da capital, sua autoridade só prevalecerá para os mandados de segurança contra autoridade na capital. Para as demais autoridades, o mandado de segurança será processado na respectiva sede funcional (Súmula 206 do STJ[124]).

Por fim, deve-se notar que, no caso de incompetência, cabe a aplicação do Código de Processo Civil, remetendo-a o processo ao juízo competente (art. 64, § 3º[125]), em aplicação da teoria da *translatio iudicii*. Inclusive, o regimento interno do STF[126], que autorizava a extinção monocrática do mandado de segurança pelo relator, em tal hipótese, foi revisto, para se adequar à linha geral do diploma processual.

---

[123] AgRg no REsp 1.255.052/AP, 2ª Turma, Rel. Min. Humberto Martins, j. 6-11-2012.

[124] Súmula 206: "A existência de vara privativa, instituída por lei estadual, não altera a competência territorial resultante das leis de processo".

[125] "Art. 64. A incompetência, absoluta ou relativa, será alegada como questão preliminar de contestação. (...) § 3º Caso a alegação de incompetência seja acolhida, os autos serão remetidos ao juízo competente. § 4º Salvo decisão judicial em sentido contrário, conservar-se-ão os efeitos de decisão proferida pelo juízo incompetente até que outra seja proferida, se for o caso, pelo juízo competente."

[126] Art. 21, § 1º, do Regimento Interno do STF.

A competência territorial, por sua vez, decorre da determinação do órgão competente para julgar o mandado de segurança contra ato da autoridade quando houver previsão de julgamento originário por tribunal.

O foro competente, quando o processo iniciar no primeiro grau, será o do local onde a autoridade exerce suas atividades e, em sendo mais de um agente coator, haverá foros concorrentes, à escolha do impetrante (art. 46, § 4º, do CPC[127]). Esse entendimento é acolhido até mesmo pela doutrina, que entende que a autoridade não é ré na ação constitucional[128].

Logicamente, se a pluralidade de agentes que praticaram o ato reunir autoridades de diferentes graus hierárquicos, a competência será determinada por aquela que é superior.

Por fim, vale mencionar que o Superior Tribunal de Justiça possui decisões no sentido de que a competência territorial, no mandado de segurança, seria absoluta, sendo impossível a emenda da inicial quando a correção da indicação da autoridade coatora implicasse em mudança do foro[129], valendo citar a posição sustentada por Hely Meirelles[130].

5. PRAZO PARA IMPETRAÇÃO

O direito de requerer mandado de segurança extingue-se decorridos 120 dias contados da ciência pelo interessado do ato impugnado. Discutiu-se muito sobre a natureza desse prazo.

Doutrina e jurisprudência[131] se pacificaram no sentido de considerar o prazo de impetração do mandado de segurança como de decadência, visto que o decurso dos 120 dias atinge direito potestativo ao exercício daquela garantia constitucional prevista no art. 5º, LXIX e LXX, da Constituição Federal.

Isso significa que não existe duplicação do prazo legal mesmo nas hipóteses legais em que se dobra o prazo processual, como quando atua a Defensoria Pública, o Ministério Público ou a Advocacia Pública[132] – algo que ocorre como regra, portanto, no procedimento –, uma vez que o prazo para impetração é de direito material.

Questão controvertida na doutrina e na jurisprudência por muitos anos foi pacificada com a edição da Súmula 632 do STF, no sentido de que não há ofensa ao texto constitucional pelo fato de norma infraconstitucional fixar o prazo para impetração.

O prazo decadencial começa a ser contado a partir do dia em que o titular do direito toma ciência do ato infringente ou ameaçador a ser impugnado. Contam-se os 120 dias a partir da publicação no *Diário Oficial* ou da notificação individual do ato a ser impugnado, que lesa ou ameaça lesar direito líquido e certo (comprovável de plano sem necessidade de dilação probatória).

Tem-se admitido a prorrogação desse prazo quando decair em data em que não haja atendimento por parte do órgão judiciário competente, como decidiu o STJ[133].

Havendo pedido de reconsideração na via administrativa, o prazo se mantém o mesmo, não se interrompendo ou suspendendo (Súmula 430 do STF[134]).

---

[127] "Art. 46. A ação fundada em direito pessoal ou em direito real sobre bens móveis será proposta, em regra, no foro de domicílio do réu. (...) § 4º Havendo 2 (dois) ou mais réus com diferentes domicílios, serão demandados no foro de qualquer deles, à escolha do autor."

[128] NEVES, 2016b, p. 182-183.

[129] AgInt no REsp 1.505.709/SC, 1ª Turma, Rel. Min. Gurgel de Faria, j. 23-6-2016.

[130] MEIRELLES, 2019.

[131] ADI 4296, Rel. Min. Marco Aurélio, Rel. p/ Acórdão Min. Alexandre de Moraes, Tribunal Pleno, j. 9-6-2021.

[132] Arts. 186, 180 e 183 do CPC, respectivamente.

[133] AgRg no Ag 1.021.254/GO, 5ª Turma, Rel. Min. Arnaldo Esteves Lima, j. 4-12-2008.

[134] Súmula 430: "Pedido de reconsideração na via administrativa não interrompe o prazo para o mandado de segurança".

Atualmente, a jurisprudência vem se posicionando da seguinte forma:

i. ato continuado ou de trato sucessivo: para cada momento de consumação do ato, abre-se prazo decadencial[135];

ii. ato omissivo: não flui o prazo, a não ser que a lei ou regulamento fixe momento fatal para a prática do ato, caso em que após a sua não prática começa a correr o prazo[136-137], inclusive se renovando o prazo mensalmente no caso de atos omissivos de execução autônoma e sucessiva[138];

iii. mandado de segurança preventivo: não se extingue o direito de requerer mandado de segurança, que permanece intacto enquanto detectável o "justo receio"[139];

iv. mandado de segurança impetrado perante juízo incompetente: não ocorre a caducidade se o mandado de segurança foi protocolizado a tempo, ainda que em juízo incompetente[140].

Discute-se se seria possível, ao se verificar que o mandado de segurança foi impetrado fora do prazo decadencial, em vez de denegar a ordem, julgar o mérito da demanda, sem favor do réu. O fundamento principal para tanto é o art. 488 do Código de Processo Civil, previsão específica do princípio da primazia do julgamento de mérito.

O Superior Tribunal de Justiça já aceitou a tese[141], calcando-se, ainda, nos valores da celeridade, da duração razoável e da instrumentalidade das formas, para além de uma aplicação analógica dos comandos que autorizam os tribunais a desconsiderar e sanar vícios formais (arts. 139, IX, e 1.029, § 3º).

Trata-se de interessante aplicação da teoria da asserção, ultrapassando especial condição da ação (prazo decadencial), quando reconhecida na fase decisória, permitindo o pronto julgamento do mérito[142].

6. PROCEDIMENTO

6.1. Petição inicial

No procedimento do mandado de segurança coletivo não há a fase probatória.

A petição inicial do mandado de segurança deverá preencher os requisitos definidos no Código de Processo Civil (art. 6º da Lei[143] c/c art. 319 do CPC). A peculiaridade na petição do *mandamus* se refere à obrigação de vir acompanhada da prova pré-constituída, pois no *writ* só será admissível a documental (art. 6º e §§ 1º e 2º da Lei c/c art. 320 do CPC). O mandado não se presta a discutir matéria de fato, que deve ser incontroversa.

---

[135] STJ, MS 13.816/MS, Rel. Min. Napoleão Nunes Maia Filho, *DJe* 14-6-2009.

[136] STJ, AgRg no Ag 1.045.751/RJ, Rel. Min. Denise Arruda, *DJe* 11-2-2009.

[137] DI PIETRO, 2005, p. 677.

[138] RMS 24.736-ED/DF, 2ª Turma, Rel. Min. Joaquim Barbosa, *DJe* 8-10-2010.

[139] REsp 1.474.606/PE, 2ª Turma, Rel. Min. Og Fernandes, j. 19-9-2017, *DJe* 6-10-2017.

[140] MS 20.052/DF, 1ª Seção, Rel. Min. Gurgel de Faria, j. 14-9-2016, *DJe* 10-10-2016.

[141] MS 20.295/DF, 1ª Seção, Rel. Min. Herman Benjamin, j. 9-11-2016, *DJe* 29-11-2016.

[142] No mesmo sentido: ARAÚJO, 2019a.

[143] "Art. 6º A petição inicial, que deverá preencher os requisitos estabelecidos pela lei processual, será apresentada em 2 (duas) vias com os documentos que instruírem a primeira reproduzidas na segunda e indicará, além da autoridade coatora, a pessoa jurídica que esta integra, à qual se acha vinculada ou da qual exerce atribuições."

Contudo, se o impetrante não juntar a prova pré-constituída, justificando que a documentação está na posse da autoridade pública, poderá requerer a expedição de liminar para que a autoridade pública exiba a documentação (art. 6º, § 1º[144]).

6.1.1. Desistência da impetração

Em razão do microssistema de tutela coletiva pela via principal, a desistência do remédio em estudo, em sua dimensão coletivizada, deve respeitar um ulterior aspecto.

Pelo princípio da disponibilidade motivada das ações coletivas, apenas se deve admitir a extinção do *writ* coletivo após a intimação dos legitimados coletivos (incluídos o Ministério Público e a Defensoria Pública, independentemente de discussão quanto à sua legitimação originária), na esteira do art. 5º, § 3º, da Lei n. 7.347/85[145].

Evidentemente, não há qualquer obrigação normativa no sentido da manutenção a todo custo da ação judicial. A indisponibilidade só subsiste enquanto houver fundamento para o mandado de segurança impetrado. A partir do momento em que os legitimados constatarem que o pedido inicial já se encontra esvaziado, a solução será a extinção.

6.2. Decisão liminar

Passo seguinte é a análise da inicial pelo órgão judicial. Tal pronunciamento, chamado pela lei de despacho, é, na verdade, decisão interlocutória, ostentando caráter decisório inegável (art. 203, § 2º, do CPC).

O art. 7º da Lei do Mandado de Segurança[146] identifica os conteúdos dessa primeira decisão judicial no procedimento do mandado de segurança. Além disso, tem-se a possibilidade de oportunizarão de emenda da petição inicial que contenha vícios.

Os dois primeiros conteúdos típicos da decisão liminar têm caráter de atos comunicativos, *notificando-se* o coator e *cientificando-se* a representação judicial da pessoa jurídica interessada.

Estando em ordem a petição inicial, a autoridade coatora será notificada para prestar informações. É também intimada a pessoa jurídica a que se vincula o coator, para que, querendo, ingresse no feito. Essa intimação é sem prazo, de modo que, sendo do interesse da Administração, a intervenção possa ocorrer a qualquer tempo ou fase do processo, respeitada a preclusão.

A Lei n. 12.016/2009 prevê, em seu art. 6º, *caput*, a indicação, além da autoridade coatora, da pessoa jurídica ou órgão a que ela faz parte. Tal previsão acabou por encerrar grande controvérsia sobre a legitimidade passiva no mandado de segurança que existia sob a égide da legislação anterior, evitando a extinção de vários mandados de segurança sem extinção do mérito por indicação equivocada do polo passivo.

---

[144] "Art. 6º (...) § 1º No caso em que o documento necessário à prova do alegado se ache em repartição ou estabelecimento público ou em poder de autoridade que se recuse a fornecê-lo por certidão ou de terceiro, o juiz ordenará, preliminarmente, por ofício, a exibição desse documento em original ou em cópia autêntica e marcará, para o cumprimento da ordem, o prazo de 10 (dez) dias. O escrivão extrairá cópias do documento para juntá-las à segunda via da petição. § 2º Se a autoridade que tiver procedido dessa maneira for a própria coatora, a ordem far-se-á no próprio instrumento da notificação."

[145] "Art. 5º (...) § 3º Em caso de desistência infundada ou abandono da ação por associação legitimada, o Ministério Público ou outro legitimado assumirá a titularidade ativa."

[146] "Art. 7º Ao despachar a inicial, o juiz ordenará: I – que se notifique o coator do conteúdo da petição inicial, enviando-lhe a segunda via apresentada com as cópias dos documentos, a fim de que, no prazo de 10 (dez) dias, preste as informações; II – que se dê ciência do feito ao órgão de representação judicial da pessoa jurídica interessada, enviando-lhe cópia da inicial sem documentos, para que, querendo, ingresse no feito; III – que se suspenda o ato que deu motivo ao pedido, quando houver fundamento relevante e do ato impugnado puder resultar a ineficácia da medida, caso seja finalmente deferida, sendo facultado exigir do impetrante caução, fiança ou depósito, com o objetivo de assegurar o ressarcimento à pessoa jurídica."

Contudo, apesar da nomenclatura diversa, é correto o entendimento de que se trata de dupla citação[147], ou seja, citação da autoridade coatora e da pessoa jurídica ou órgão a que pertence. Tal entendimento evita o dilema se a lei teria criado uma nova forma de intervenção no mandado de segurança, esclarecendo que o único intuito da legislação foi a preocupação com a efetividade do processo em sede mandamental, isto é, evitar que mandados de segurança sejam extintos por indicação equivocada da autoridade coatora, quando muitas vezes sequer é possível identificá-la de forma correta diante da complexidade de certas estruturas administrativas.

O Superior Tribunal de Justiça corrobora nosso entendimento, na medida em que enxerga como consequência da equivocada indicação da autoridade coatora a extinção do processo, por ilegitimidade. A Corte, porém, exige que se dê a possibilidade de emendar a inicial ao impetrante e, caso sejam facilmente perceptíveis o erro e a autoridade correta, que o próprio magistrado determine sua notificação[148].

Está previsto que as informações devem ser prestadas pessoalmente pelo coator (indelegabilidade da prestação) e assinadas por ele por meio físico ou eletrônico, no prazo de dez dias. Por serem pessoais e se tratar exclusivamente de questões fáticas, elas prescindem da subscrição por advogado.

Importa destacar que, segundo decisões do Superior Tribunal de Justiça[149], a prestação de informações acaba por ter um efeito estabilizador da demanda, já que a corte não admite o aditamento do pedido inicial após tal marco.

Quanto à ausência de manifestação, o entendimento dominante na jurisprudência é o de que, por sua natureza constitucional, não ocorre a presunção de veracidade dos fatos no mandado de segurança. Não sendo prestadas as informações, ocorrerão a análise e o julgamento do remédio.

O art. 7º da Lei n. 12.016 autoriza, ainda, o juiz a conceder liminar para suspender o ato impugnado, sendo como requisitos para a concessão da liminar:

a) fundamentação relevante, compreendida como o bom direito do impetrante, decorrente da verossimilhança de suas alegações e da sustentação do pedido no ordenamento;

b) risco de ineficácia da segurança, se vier a ser deferida ao final sem a imediata tutela jurisdicional.

Embora normalmente se prestigie a terminologia adotada pelo legislador, não se pode negar que se trata de tutela provisória, gênero delineado de maneira didática pelo Código de Processo Civil. Dessa forma, nada impede que, não convencido o julgador na fase efetivamente liminar, possa proferir decisão provisória ao longo do procedimento do mandado de segurança.

Da decisão que defere ou não medida liminar, a Lei n. 12.016/2009 explicita que é cabível o agravo de instrumento, em reflexo do art. 1.015, I, do Código de Processo Civil. Uma vez deferida a liminar, o processo terá prioridade para tramitação (art. 7º, § 4º).

Interessante perceber a demonstração de cooperação enunciada pelo art. 9º da Lei[150], que assevera que a autoridade administrativa, ao tomar ciência da liminar, deve remeter ao órgão que representa judicialmente a pessoa jurídica, já tendo em vista eventual suspensão da decisão.

---

[147] BUENO, 2009.

[148] RMS 45.495/SP, 4ª Turma, Rel. Min. Raul Araújo, j. 26-8-2014, DJe 20-10-2014.

[149] MS 16.425/DF, 1ª Seção, Rel. Min. Arnaldo Esteves Lima, j. 8-6-2011.

[150] "Art. 9º As autoridades administrativas, no prazo de 48 (quarenta e oito) horas da notificação da medida liminar, remeterão ao Ministério ou órgão a que se acham subordinadas e ao Advogado-Geral da União ou a quem tiver a representação judicial da União, do Estado, do Município ou da entidade apontada como coatora cópia autenticada do mandado notificatório, assim como indica-

Cumpre recordar que existem vedações à decisão liminar, no mandado de segurança, cuja validade é discutida[151].

Pela literalidade da lei (art. 22, § 2º[152]), a liminar no mandado de segurança coletivo só poderá ser deferida após a prévia oitiva da pessoa jurídica de direito público, em 72 horas.

O comando é essencialmente infeliz. Primeiro, porque chama de liminar uma decisão que não será liminar. Isso porque "liminar" é, a rigor, uma etapa procedimental que vai até a integração do réu no processo. Se, como exige o legislador, o réu deve ser ouvido antes de se proferir a decisão, é porque a tutela provisória não é uma liminar.

Depois, porque exige o contraditório prévio apenas para a hipótese de concessão da tutela provisória, dispensando-o no caso de o juiz ou o tribunal indeferir o pedido, o que gera situação bastante peculiar (possivelmente, o legislador se motivou pela ausência de presumido prejuízo para a Fazenda Pública, no caso da negativa).

Por fim, e mais importante, a dicção legal coloca em último plano a efetividade jurisdicional, ignorando que o mandado de segurança é caminho mais célere que a via ordinária e, por isso, exigirá, em certos casos, a pronta resposta do Judiciário, sendo desproporcional aguardar 72 horas antes. Na verdade, esse prazo ainda será dilatado pela necessária intimação pessoal do procurador, comprometendo a tempestividade da decisão acerca da tutela provisória.

Por conta disso, afigura-se clara a inconstitucionalidade do comando, por ser desproporcional, violador do devido processo legal substancial, e que, de resto, contraria o art. 9º, parágrafo único, I, do Código de Processo Civil, que autoriza, em rol pontual, o contraditório diferido, consubstanciando regra geral do ordenamento.

6.2.1. Pedido de suspensão da liminar

A liminar e até a própria sentença concessiva da segurança, enquanto pendente de julgamento definitivo no processo, podem ter seus efeitos suspensos para evitar grave lesão à saúde, à ordem, à segurança e à economia pública, por meio de providência que cabe ao presidente do tribunal competente para conhecer do recurso, mediante requerimento da pessoa jurídica de direito público interessada, como se verá de maneira aprofundada em tópico próprio.

Como bem observa o STJ, ante a falta de maiores requisitos na legislação específica, o pedido pode ser feito por meio de mera petição, sem formalismos[153].

A decisão que deferir a suspensão deverá ser fundamentada e desafiará o agravo interno para o colegiado competente, devendo ser levado a julgamento na sessão seguinte da interposição do recurso.

Se o pedido de suspensão for indeferido, poderá ser renovado ao presidente do STJ ou do STF, conforme a matéria possa ser discutida em sede de recursos extraordinário ou especial.

6.3. Sustentação oral

Prevê a lei que, nas sessões de julgamento de mandados de segurança de competência originária de tribunal, será possível a sustentação oral quando do julgamento final e também da decisão da liminar (art. 16[154]).

ções e elementos outros necessários às providências a serem tomadas para eventual suspensão da medida e defesa do ato apontado como ilegal ou abusivo de poder."

[151] Remetemos o leitor ao capítulo da tutela provisória, no estudo da tutela coletiva.

[152] "Art. 22. (...) § 2º No mandado de segurança coletivo, a liminar só poderá ser concedida após a audiência do representante judicial da pessoa jurídica de direito público, que deverá se pronunciar no prazo de 72 (setenta e duas) horas."

[153] AgInt no AgInt na SLS 2.116/MG, Corte Especial, Rel. Min. Laurita Vaz, j. 7-11-2018, *DJe* 26-2-2019.

[154] "Art. 16. Nos casos de competência originária dos tribunais, caberá ao relator a instrução do processo, sendo assegurada a defesa oral na sessão do julgamento do mérito ou do pedido liminar."

A previsão do Código de Processo Civil apenas menciona o julgamento do mérito do mandado de segurança, sendo entendimento do Supremo Tribunal Federal, até o advento da Lei n. 13.676/2018, que no julgamento da liminar não havia previsão legal. Contudo, a nova norma estendeu a possibilidade para a decisão acerca da tutela provisória.

Há que se notar que, em havendo decisão monocrática do relator acerca da liminar, caberá agravo interno e, no julgamento desse recurso, a sustentação oral será oportunizada (art. 16, parágrafo único, da Lei n. 12.016/2009 e art. 937, § 3º, do CPC).

6.4. Sentença

A sentença em mandado de segurança consubstancia tutela *mandamental*: sua parte dispositiva contém uma ordem, um mandamento que o Estado-juiz (Poder Judiciário) emite ao Estado Administração Pública quando a ordem é concedida – em suma, uma obrigação de fazer ou de não fazer. Por isso, deve ser executada imediatamente, por meio de medidas coercitivas e sub-rogatórias, pelo que seu descumprimento acarretará sanções disciplinares e criminais para o coator, como o delito de desobediência (art. 26 da Lei[155]).

A sentença pode ser também *condenatória*, quando gera vantagem pecuniária, não se confundindo com a ação de cobrança (Súmula 269 do STF), pois só pode ser efetuada a cobrança das prestações a partir do ajuizamento da inicial (art. 14, § 4º[156]). Mesmo em tais casos, porém, o Superior Tribunal de Justiça possui precedente no sentido de que descabe condenação em honorários advocatícios, conforme o art. 25 da Lei do Mandado de Segurança[157].

Por vezes, o provimento jurisdicional pode ser *meramente declaratório*, se for suficiente a declaração de nulidade do ato de poder impugnado pelo impetrante, ou quando a ordem for denegada.

7. MEIOS IMPUGNATIVOS

7.1. Recursos

A atual normativa, embora reconheça a posição de parte à pessoa jurídica, tanto que seu representante é cientificado da impetração, não retira do coator legitimidade para recorrer da sentença (art. 14, § 2º, da Lei n. 12.016).

Ressalte-se que continua pertencente à pessoa jurídica o direito originário de recorrer da sentença que defere a segurança, pois são seus interesses que estão em jogo no processo, mas não impede que a autoridade coatora também o faça.

O título dessa legitimidade varia, evidentemente, de acordo com a corrente adotada quanto ao polo passivo do mandado de segurança. Para aqueles que consideram que apenas a pessoa jurídica de direito público seja ré no mandado de segurança, atuará a autoridade coatora, no recurso, a título de terceiro juridicamente interessado (e prejudicado, na linha do art. 996 do CPC[158]).

---

[155] "Art. 26. Constitui crime de desobediência, nos termos do art. 330 do Decreto-Lei n. 2.848, de 7 de dezembro de 1940, o não cumprimento das decisões proferidas em mandado de segurança, sem prejuízo das sanções administrativas e da aplicação da Lei n. 1.079, de 10 de abril de 1950, quando cabíveis."

[156] "Art. 14. (...) § 4º O pagamento de vencimentos e vantagens pecuniárias assegurados em sentença concessiva de mandado de segurança a servidor público da administração direta ou autárquica federal, estadual e municipal somente será efetuado relativamente às prestações que se vencerem a contar da data do ajuizamento da inicial."

[157] Nos termos do art. 25 da Lei n. 12.016/2009, não se revela cabível a fixação de honorários de sucumbência em cumprimento de sentença proferida em mandado de segurança individual, ainda que dela resultem efeitos patrimoniais a serem saldados dentro dos mesmos autos (REsp 2.053.306-MG, Rel. Min. Sérgio Kukina, 1ª Seção, por unanimidade, j. 27-11-2024. Recurso Repetitivo – Tema 1.232).

[158] "Art. 996. O recurso pode ser interposto pela parte vencida, pelo terceiro prejudicado e pelo Ministério Público, como parte ou como fiscal da ordem jurídica. Parágrafo único. Cumpre ao terceiro demonstrar a possibilidade de a decisão sobre a

Nessa leitura, já adotada pelo Superior Tribunal de Justiça em certos julgados, existiria uma forma de defesa da autoridade coatora, antecipando a eventual responsabilização em ação de regresso, movida pela pessoa jurídica de direito público[159].

Outros autores enxergam na autorização legal uma espécie de legitimidade recursal extraordinária: a autoridade coatora, não sendo parte, recorre em nome próprio para tutelar direito da pessoa jurídica de direito público[160].

7.1.1. Apelação

Caberá apelação da sentença concessiva ou denegatória da segurança, bem como do indeferimento liminar da segurança. Em sede de mandado de segurança, a apelação tem efeito meramente devolutivo, eis que o efeito suspensivo seria contrário ao caráter urgente e autoexecutório da decisão mandamental (art. 14, § 3º[161]).

A apelação só será recebida no duplo efeito nas hipóteses em que a lei veda a concessão da liminar, na forma dos arts. 5º, II, e 7º, § 2º.

7.1.2. Agravo de instrumento

A Lei n. 12.016/2009, em seu art. 7º, § 1º, prevê o agravo de instrumento manejável contra decisão do juízo de primeiro grau que aprecia a liminar – o que está em absoluta consonância com o funcionamento do referido recurso nos moldes do Código de Processo (art. 1.015, I[162]), tendo em vista que se trata de tutela provisória – que, aliás, pode nem ser liminar, caso deferida após a oitiva do réu.

7.1.3. Agravo interno

O art. 16, parágrafo único, da Lei n. 12.016/2009[163] prevê o cabimento do agravo. Trata-se, em uma leitura sistemática, do agravo interno, recurso previsto para guerrear decisões monocráticas do relator (art. 1.021 do CPC[164]).

7.1.4. Recurso ordinário

A Constituição previu nos arts. 102, II, *a*, e 105, II, *b*, o recurso ordinário (constitucional – ROC –, também denominado recurso ordinário em mandado de segurança – RMS) em face das decisões denegatórias da segurança, quando o mandado de segurança é julgado originariamente por algum tribunal.

Se o indeferimento da segurança ocorre em única instância em algum tribunal superior (STJ, TSE, TST, STM), o recurso deve ser dirigido para o STF (art. 102, II, *a*). Quando a decisão denegatória da segurança é proferida em única instância pelos Tribunais Regionais Federais, Tribunais dos Estados e do Distrito Federal, o recurso ordinário é julgado pelo STJ (art. 105, II, *b*, da CF).

---

relação jurídica submetida à apreciação judicial atingir direito de que se afirme titular ou que possa discutir em juízo como substituto processual."

[159] EREsp 180.613/SE, Corte Especial, Rel. Min. Eliana Calmon, j. 17-11-2004.

[160] NEVES, 2016b, p. 332.

[161] "Art. 14. Da sentença, denegando ou concedendo o mandado, cabe apelação. (...) § 3º A sentença que conceder o mandado de segurança pode ser executada provisoriamente, salvo nos casos em que for vedada a concessão da medida liminar."

[162] "Art. 1.015. Cabe agravo de instrumento contra as decisões interlocutórias que versarem sobre: I – tutelas provisórias."

[163] "Art. 16. Nos casos de competência originária dos tribunais, caberá ao relator a instrução do processo, sendo assegurada a defesa oral na sessão do julgamento do mérito ou do pedido liminar. Parágrafo único. Da decisão do relator que conceder ou denegar a medida liminar caberá agravo ao órgão competente do tribunal que integre."

[164] "Art. 1.021. Contra decisão proferida pelo relator caberá agravo interno para o respectivo órgão colegiado, observadas, quanto ao processamento, as regras do regimento interno do tribunal."

A jurisprudência do STF tem enfatizado que a locução constitucional – "quando denegatória a decisão" – se reveste de sentido amplo, "pois não só compreende as decisões, que, apreciando o *meritum causae* indeferem o pedido do mandado de segurança, como também abrange aquelas que, sem julgamento do mérito, operam a extinção do processo"[165]. O art. 6º, § 5º[166], da Lei n. 12.016 é claro, no mesmo sentido.

7.1.4.1. Teoria da causa madura

A previsão do Código de Processo Civil, ampliada pelo diploma vigente, prestigia o julgamento do mérito, evitando a anulação da decisão impugnada com posterior prolação de outra, autorizando o tribunal a julgar, desde já, a matéria de fundo. As hipóteses estão no art. 1.013, §§ 3º e 4º[167], do Código Fux.

Existe divergência quanto à aplicação da teoria da causa madura ao mandado de segurança.

Para os casos de julgamento do remédio por juiz de primeiro grau, nada impede que se aplique a técnica, no bojo da apelação[168]. Também na hipótese do § 4º, em que haja reconhecimento da decadência (no caso, decadência processual – impetração após os 120 dias), a aplicabilidade é bem-vinda.

A discussão fica por conta do julgamento do mérito pelo órgão *ad quem* no recurso em mandado de segurança (ROC ou RMS), decidido por tribunal superior. O Superior Tribunal de Justiça[169] (embora tenha admitido, pontualmente, a aplicação[170]) e o Supremo Tribunal Federal[171] (em decisão ainda sob a égide do CPC/1973, mas cujos fundamentos se mantêm intactos) não importam a teoria da causa madura para o referido recurso, entendendo inexistir previsão legal.

Por outro lado, em sede doutrinária cabe advogar a aplicação, por razões principiológicas (a teoria prestigia a celeridade, a duração razoável, a primazia do mérito), pela semelhança entre o ROC e a apelação, e pela expressa previsão do Código de Processo Civil de 2015 no sentido de aplicar a técnica ao recurso ordinário constitucional (art. 1.027, § 2º)[172].

7.1.5. Recursos extraordinário e especial

Os recursos extraordinários (extraordinário e especial) só são cabíveis em face de decisões proferidas em mandado de segurança em relação às quais não há a possibilidade de interposição do recurso ordinário (art. 102, II, *a*, e 105, II, *b*, da CF).

O STJ[173] tem se manifestado contrariamente à aplicação do princípio da fungibilidade dos recursos na presente hipótese, considerando erro grosseiro a interposição de recurso especial quando

---

[165] Acórdão relatado pelo Min. Celso de Mello, publicado na *Revista Trimestral de Jurisprudência*, **v. 132, p. 718**. Disponível em: <http://www.stf.jus.br/arquivo/cms/publicacaoRTJ/anexo/132_2.pdf>. Acesso em: 20 jan. 2020.

[166] "Art. 6º (...) § 5º Denega-se o mandado de segurança nos casos previstos pelo art. 267 da Lei n. 5.869, de 11 de janeiro de 1973 – Código de Processo Civil."

[167] "Art. 1.013. A apelação devolverá ao tribunal o conhecimento da matéria impugnada. (...) § 3º Se o processo estiver em condições de imediato julgamento, o tribunal deve decidir desde logo o mérito quando: I – reformar sentença fundada no art. 485; II – decretar a nulidade da sentença por não ser ela congruente com os limites do pedido ou da causa de pedir; III – constatar a omissão no exame de um dos pedidos, hipótese em que poderá julgá-lo; IV – decretar a nulidade de sentença por falta de fundamentação. (...) § 4º Quando reformar sentença que reconheça a decadência ou a prescrição, o tribunal, se possível, julgará o mérito, examinando as demais questões, sem determinar o retorno do processo ao juízo de primeiro grau."

[168] ARAÚJO, 2019a.

[169] AgInt no MS 23.248/CE, Corte Especial, Rel. Min. Mauro Campbell Marques, j. 7-3-2018, *DJe* 23-3-2018.

[170] RMS 15.720/SC, 6ª Turma, Rel. Min. Paulo Medina, j. 16-12-2004.

[171] RMS 26.959/DF, Tribunal Pleno, Rel. Min. Eros Grau, Rel. p/ acórdão Min. Menezes Direito, j. 26-3-2009, *DJe*-089, Divulg. 14-5-2009, Publ. 15-5-2009, *Ement.* vol-02360-01, p. 159, *RTJ* vol-00210-01, p. 259.

[172] No mesmo sentido: ARAÚJO, 2019a.

[173] AgInt no REsp 1.606.291/AL, 2ª Turma, Rel. Min. Mauro Campbell Marques, 8-11-2016.

a situação se amolda à previsão do art. 105, II, *b*, da Constituição Federal, assim como o STF[174], de acordo com a Súmula 272[175].

7.1.6. Embargos infringentes e técnica de julgamento ampliado

Diz o art. 25 da Lei n. 12.016[176] que, no procedimento do mandado de segurança, não cabe a interposição de embargos infringente.

Como sabido, trata-se de espécie recursal existente no Código de 1973 (arts. 530 a 534[177]), não repetida pelo diploma processual vigente, sob pretexto de diminuir os recursos e acelerar a tramitação dos processos. O comando específico da Lei do Mandado de Segurança permanece relevante porque, de acordo com o STJ (enunciados administrativos 2 e 3[178]), o regramento revogado permanece aplicável contra as decisões publicadas antes da vigência do Código de Processo Civil de 2015 (isto é, até 17-3-2016). Em casos tais, poderiam caber embargos infringentes, mas, se se tratar de mandado de segurança, extirpada está tal possibilidade.

No Código atual, porém, existe previsão da chamada técnica de julgamento ampliado, em seu art. 942, que substitui o referido meio recursal. Pode-se indagar se essa convocação de outros julgadores para que reanalisem o julgamento colegiado se estende ao mandado de segurança ou se a ideia é manter bem longe o fantasma dos embargos infringentes.

Parece-nos[179] que o não cabimento dos embargos não induz a não aplicação da técnica, já que, ao menos teoricamente, não leva a um retardamento significativo do julgamento, mas, antes, ao seu aperfeiçoamento, independentemente de apresentação de um recurso específico – com tudo o que daí advém (demora cartorária, apresentação de contrarrazões etc.).

7.2. Remessa necessária

A sentença que conceder a segurança terá que ser submetida ao reexame necessário (art. 14, § 1º).

Discute-se se as exceções à remessa necessária, inauguradas pela Lei n. 10.352/2001 no art. 475, § 2º, do Código de Processo Civil de 1973 – atualmente previstas no art. 496, §§ 3º e 4º, do Código de Processo Civil de 2015 – se aplicam à sentença concessiva da ordem no mandado de segurança. De acordo com o Superior Tribunal de Justiça, o princípio da especialidade indica que tais hipóteses não incidem no processo do mandado de segurança, impondo-se o duplo grau.

É questionável o acerto desse entendimento. Com razão, a exceção referente ao proveito econômico (art. 496, § 3º) não mereceria ser importada ao procedimento do remédio constitucional estudado, já que o teor financeiro é absolutamente acessório no *writ*, devendo prevalecer o interesse público na certeza do afastamento do ato praticado ilegalmente pela autoridade coatora.

---

[174] STF, ARE 673.726 AgR, 2ª Turma, Min. Teori Zavascki. Disponível em: <www.stf.jus.br>.

[175] Súmula 272: "Não se admite como ordinário recurso extraordinário de decisão denegatória de mandado de segurança".

[176] "Art. 25. Não cabem, no processo de mandado de segurança, a interposição de embargos infringentes e a condenação ao pagamento dos honorários advocatícios, sem prejuízo da aplicação de sanções no caso de litigância de má-fé."

[177] "Art. 530. Cabem embargos infringentes quando o acórdão não unânime houver reformado, em grau de apelação, a sentença de mérito, ou houver julgado procedente ação rescisória. Se o desacordo for parcial, os embargos serão restritos à matéria objeto da divergência."

[178] Enunciado administrativo 2: "Aos recursos interpostos com fundamento no CPC/1973 (relativos a decisões publicadas até 17 de março de 2016) devem ser exigidos os requisitos de admissibilidade na forma nele prevista, com as interpretações dadas, até então, pela jurisprudência do Superior Tribunal de Justiça". Enunciado administrativo 3: "Aos recursos interpostos com fundamento no CPC/2015 (relativos a decisões publicadas a partir de 18 de março de 2016) serão exigidos os requisitos de admissibilidade recursal na forma do novo CPC".

[179] MELLO PORTO, 2017, p. 164-165; NEVES, 2016b, p. 327.

No entanto, o diploma processual geral admite que certas decisões dos tribunais, tomadas após amplo debate jurídico e social (súmula de tribunal superior e teses fixadas em casos repetitivos ou em incidente de assunção de competência) e orientações administrativas vinculantes (art. 496, § 4º) sejam razão para dispensar a remessa ao segundo grau, ante o presumido acerto normativo da decisão. Nessa segunda possibilidade, inexiste argumento para afastá-la do reexame do mandado de segurança.

O duplo grau de jurisdição obrigatório usualmente vem impregnado de efeito suspensivo, de modo a obstacularizar a execução, mesmo provisória, da sentença proferida.

Contudo, em se tratando de uma garantia constitucional, como regra, a decisão poderá ser objeto de execução provisória, salvo nas hipóteses em que a lei veda a concessão da liminar, na forma dos arts. 5º, § 2º, e 7º da Lei n. 12.016/2009 (art. 14, § 3º[180]).

No mandado de segurança coletivo existe correta interpretação doutrinária no sentido do cabimento da remessa necessária prevista no art. 19 da Lei da Ação Popular, que prevê o reexame necessário inverso, não a favor da Fazenda Pública, mas da coletividade, quando o julgamento for terminativo ou a ordem for denegada[181].

7.3. Suspensão da liminar e da segurança

O fundamento do pedido de suspensão é evitar grave lesão à ordem, à saúde, à segurança e à economia públicas, por meio de requerimento dirigido ao presidente do respectivo tribunal, para que seja suspensa a execução ou o cumprimento da liminar, desobrigando a Fazenda Pública a cumprir a medida.

O crucial, de acordo com o Superior Tribunal de Justiça[182], é que o provimento jurisdicional a ser suspenso seja contrário à pretensão da Fazenda Pública. Ou seja, a ideia é retomar a situação fática existente *antes* da liminar ou da segurança concedida ao final do processo. Isso significa que, caso a Administração Pública seja a autora do mandado de segurança, o pedido é incabível, porque foi ela quem pleiteou a modificação do cenário anterior. Em casos tais, deve a Fazenda buscar a reforma da decisão pela via recursal, normalmente.

Ao examinar o pedido de suspensão, o presidente do tribunal não examina o mérito da demanda, mas deve verificar um mínimo de plausibilidade na tese da Fazenda Pública, que deverá evidenciar o *periculum in mora* inverso, caracterizado pela ofensa a um dos citados interesses públicos relevantes e, ainda, um mínimo de plausibilidade na tese da Fazenda Pública, acarretando um juízo de cognição sumária pelo presidente do Tribunal. Por isso, entende o STJ[183] que mera argumentação *jurídica* que busca a reforma da decisão não justifica a suspensão da ordem.

O pedido também pode ser formulado em demandas que caracterizem o efeito multiplicador, isto é, que sozinhas podem ser irrelevantes para afetar o interesse público, mas que, sendo milhares com o mesmo pedido e causa de pedir em tramitação, juntas, podem ocasionar lesão à ordem pública. De acordo com o STJ[184], deve ser comprovada, ao menos, a iminente proliferação de decisões de mesma natureza. Neste último caso, pode haver um único pedido para suspender várias liminares — em uma clara manifestação de tutela coletiva (art. 15, § 5º[185]).

---

[180] "Art. 14. (...) § 3º A sentença que conceder o mandado de segurança pode ser executada provisoriamente, salvo nos casos em que for vedada a concessão da medida liminar."

[181] NEVES, 2016b, p. 344.

[182] AgInt na SLS 2.358/MA, Corte Especial, Rel. Min. Laurita Vaz, j. 20-6-2018.

[183] AgRg na SS 2.702/DF, Corte Especial, Rel. Min. Felix Fischer, j. 6-8-2014.

[184] AgRg na SLS 1.828/SC, Corte Especial, Rel. Min. Felix Fischer, j. 19-2-2014.

[185] "Art. 15. (...) § 5º As liminares cujo objeto seja idêntico poderão ser suspensas em uma única decisão, podendo o presidente do tribunal estender os efeitos da suspensão a liminares supervenientes, mediante simples aditamento do pedido original."

Esse pedido não detém natureza recursal e consiste em um incidente processual que apenas retira sua executoriedade, servindo simplesmente para suspender a decisão, sem alterar sua existência.

Ademais, uma vez acolhido pelo presidente do tribunal, o pedido de suspensão não anulará, reformará ou desconstituirá a decisão, que pode ser guerreada pelo recurso próprio (art. 15, § 3º[186]). Assim, pode ser feito independentemente do manejo do recurso do agravo de instrumento e, ainda que interposto o recurso, caso o relator não atribua o efeito suspensivo, poderá a Fazenda Pública realizar, a partir do indeferimento de efeito suspensivo ao agravo de instrumento pelo relator, o pedido de suspensão ao STF ou ao STJ, e não ao próprio tribunal onde foi interposto o agravo. São instrumentos, portanto, complementares e distintos.

A legitimidade para o pedido de suspensão da liminar ou da segurança é conferida às pessoas jurídicas de direito público por leis extravagantes sempre que houver lesão a um dos interesses públicos relevantes.

O STJ entende que as pessoas jurídicas de direito privado podem possuir legitimidade para o pedido de suspensão de segurança/liminares, quando: (i) prestadoras de serviço público; ou (ii) no exercício de função delegada, desde que na defesa do interesse público primário (isto é, interesses da coletividade como um todo)[187]. As concessionárias de serviço público só podem se valer do serviço de suspensão se a decisão que pretenderem suspender ofender o interesse público. Se houver o mero interesse particular da concessionária, não haverá tal legitimidade.

O Ministério Público também tem legitimidade para realizar o pedido de suspensão junto ao presidente do Tribunal.

Entendemos, ainda, que a Defensoria Pública pode fazer esse requerimento. Com efeito, é bem possível que os impactos de uma liminar ou da decisão final do mandado de segurança alcancem, de maneira destacada, os mais necessitados, em qualquer das facetas da vulnerabilidade.

Não faz sentido que o ordenamento, com uma mão, outorgue à Defensoria a função de zelar por seus interesses[188] e, com outra, escolha pontuais meios que estarão fora do leque instrumental da instituição. A suspensão, de resto, é medida de cunho absolutamente peculiar e pragmático, sendo recomendável quando preenchidos os requisitos legais, que podem ser demonstrados, sem dificuldade, pela referida instituição.

Apesar disso, o Supremo Tribunal Federal possui decisões compreendendo que a Defensoria Pública apenas poderia propor o incidente de suspensão de segurança em defesa das prerrogativas institucionais, quando violadas[189], mas não em prol dos assistidos[190], no que tem sido seguido pelo Superior Tribunal de Justiça[191]

Em regra, o pedido de suspensão será apreciado pelo presidente do tribunal competente para apreciar o recurso em face da decisão (liminar ou final).

Já nos casos de ser competência do juízo estadual, mas a decisão atingir interesse da União, o pleito deve ser julgado pelo presidente do Tribunal de Justiça, que é o presidente do tribunal competente para julgar eventual recurso. Em sentido contrário, Marcelo Abelha Rodrigues[192] defende que,

---

[186] "Art. 15. (...) § 3º A interposição de agravo de instrumento contra liminar concedida nas ações movidas contra o poder público e seus agentes não prejudica nem condiciona o julgamento do pedido de suspensão a que se refere este artigo."

[187] AgInt na SLS 3.204-SP, Rel. Min. Pres. Maria Thereza de Assis Moura, Corte Especial, por maioria, j. 23-11-2023.

[188] Vejam-se, por todos, os arts. 134 da CF e 4º da LC n. 80/94.

[189] STA 800/RS-Extn-Quarta, Rel. Min. Ricardo Lewandowski.

[190] SS 5.049 MC/BA, Min. Dias Toffoli, 24-9-2019.

[191] EDcl no AgInt na SLS 3.156-AM, Rel. Min. Maria Thereza de Assis Moura, Corte Especial, por maioria, j. 7-2-2024, DJe 6-6-2024.

[192] RODRIGUES, 2010, p. 114-115.

mesmo sendo um pronunciamento de competência do juízo estadual, caso haja interesse da União, ela deverá formular o pedido de suspensão perante o Tribunal Regional Federal.

Em sendo o mandado de segurança de competência originária de tribunal, o pedido se dirigirá ao presidente do Supremo Tribunal Federal ou do Superior Tribunal de Justiça. Para se definir a competência do STJ ou do STF, deve-se avaliar qual a causa de pedir da demanda ou qual a matéria que restou prequestionada. Se for matéria infraconstitucional, será do STJ, se for matéria constitucional, será do STF. No caso de matéria que envolva as duas situações, a teor do art. 25 da Lei n. 8.038/90, o pedido deverá ser dirigido ao presidente do STF.

O pedido de suspensão é formulado a qualquer tempo, por meio de petição dirigida ao presidente do Tribunal. Não há requisitos formais, mas apenas o requerimento de um legitimado, com o teor da decisão de que se pretende a suspensão, a demonstração do interesse público e o pedido de suspensão.

Apresentada a petição de pedido de suspensão, o presidente do Tribunal poderá:

1) determinar a emenda ou a complementação da petição, com a juntada de algum documento essencial que não tenha sido trazido;
2) conceder, liminarmente, o pedido de sobrestamento do cumprimento da decisão (art. 15, § 4º[193]);
3) indeferir o pedido de suspensão, por não vislumbrar lesão a ordem, economia, saúde ou segurança pública;
4) determinar a intimação do Ministério Público, para que se pronuncie, em 72 horas.

Após a apresentação da petição, o requerente poderá, ainda, aditá-la para pedir a suspensão de mais liminares que envolvam o mesmo pedido e a mesma causa de pedir, sem a necessidade de formular novo pedido de suspensão.

Uma vez acolhido o pedido, a sustação da eficácia da decisão permanece até o trânsito em julgado da decisão final, salvo se a decisão que concedeu a suspensão tiver determinação diversa. Nesse sentido, aliás, é a Súmula 626 do STF[194]. Portanto, mesmo que, posteriormente, a ordem seja denegada, a suspensão permanece, de acordo com o Supremo Tribunal Federal[195] e o Superior Tribunal de Justiça[196].

Da decisão que suspende a liminar ou a segurança cabe agravo regimental[197], sem efeito suspensivo, no prazo de cinco dias.

8. COISA JULGADA

Denegada a segurança, por falta de direito líquido e certo, o processo será extinto sem resolução do mérito. Ainda que se utilize a expressão *denegação* nesse caso, apenas se constata a necessidade

---

[193] "Art. 15. (...) § 4º O presidente do tribunal poderá conferir ao pedido efeito suspensivo liminar se constatar, em juízo prévio, a plausibilidade do direito invocado e a urgência na concessão da medida."

[194] Súmula 626 do STF: "A suspensão da liminar em mandado de segurança, salvo determinação em contrário da decisão que a deferir, vigorará até o trânsito em julgado da decisão definitiva de concessão da segurança ou, havendo recurso, até a sua manutenção pelo Supremo Tribunal Federal, desde que o objeto da liminar deferida coincida, total ou parcialmente, com o da impetração".

[195] STF, SS 3.585 AgR-AgR, Tribunal Pleno, Rel. Min. Cármen Lúcia (Presidente), j. 7-4-2017.

[196] AgInt na SS 2.888/DF, Corte Especial, Rel. Min. João Otávio de Noronha, j. 11-12-2018.

[197] Não se trata de agravo interno, já que tal recurso ataca decisões de relatores (art. 1.021 do CPC), mas de agravo regimental, como comumente o reputa a jurisprudência.

de dilação probatória. Não há a formação da coisa julgada material propriamente dita: a coisa julgada se circunscreve aos limites do direito líquido e certo, não atingindo o fundo do direito[198].

Se o mérito do pedido não for apreciado (sendo, por exemplo, o tema imune ao mandado de segurança) ou for obstado só pela circunstância de não estar patenteada, no rito escolhido, sua liquidez e certeza, poderá ele ser renovado em ação própria (art. 19[199]).

O art. 22 da Lei traz regramento próprio para a coisa julgada formada em um mandado de segurança coletivo. Diz a lei que estará limitada aos membros do grupo ou categoria substituídos pelo impetrante.

A ideia do legislador é que, em se tratando de legitimação extraordinária por substituição processual, a coisa julgada abarcará aqueles cujos direitos foram tutelados pela atuação de um terceiro, o legitimado para a impetração coletiva.

Um primeiro questionamento a ser posto é se membros não vinculados à entidade de classe, à associação, ao sindicato ou ao partido político[200] podem se beneficiar. Parece-nos que sim, já que não se trata de representação processual, mas de substituição, a qual independe de prévia autorização do membro do legitimado.

Ademais, a maior efetividade da tutela coletiva depende da abrangência subjetiva que terá, sendo muito mais importante a similitude da situação jurídica individual com aquela situação-tipo tutelada que a formal vinculação (associação, filiação) com o ente processual legitimado. A isonomia só é verdadeiramente prestigiada se todas as pessoas na mesma posição jurídica obtiverem a mesma solução, até porque os direitos coletivos possuem natureza indivisível[201].

Importa sublinhar, nesse aspecto, que o Superior Tribunal de Justiça[202], com acerto, não aplica o art. 2º-A da Lei n. 9.494/97 ao mandado de segurança coletivo. O referido comando restringe a eficácia objetiva e subjetiva da sentença coletiva em ação movida por associação civil, que somente abarcará os associados que tenham autorizado o ajuizamento e que residam no âmbito da circunscrição territorial do órgão julgador. Trata-se de hipótese bastante diversa da do mandado de segurança coletivo, que (i) não é ação coletiva de rito ordinária e (ii) no qual não atuam as associações em representação processual, mas em substituição processual.

O título executivo, então, se relaciona aos limites geográficos da competência/atribuição da autoridade coatora, e não do domicílio dos substituídos[203]. Em outras palavras: importa o direito ofendido.

Em sentido contrário, encontram-se decisões anteriores do Supremo Tribunal Federal[204], que aduzem a aplicabilidade da restrição ao mandado de segurança coletivo, ainda que impetrado anteriormente ao advento da norma.

A segunda polêmica diz respeito à formação da coisa julgada no mandado de segurança coletivo: se se trata da tradicional coisa julgada *pro et contra* ou se há o benefício da coisa julgada *secundum eventum probationis* e *in utilibus*.

---

[198] ARAÚJO, 2019a; MENDES, 2014, p. 282.
[199] "Art. 19. A sentença ou o acórdão que denegar mandado de segurança, sem decidir o mérito, não impedirá que o requerente, por ação própria, pleiteie os seus direitos e os respectivos efeitos patrimoniais."
[200] Aliás, especialmente quanto aos partidos políticos, há a discussão quanto à restrição de sua atuação no mandado de segurança coletivo em relação às finalidades partidária.
[201] NEVES, 2016b, p. 369.
[202] REsp 1.746.416/PR, 2ª Turma, Rel. Min. Herman Benjamin, j. 16-8-2018.
[203] AgRg no AgRg no AgRg no REsp 1.366.615/CE, 2ª Turma, Rel. Min. Humberto Martins, j. 23-6-2015.
[204] Rcl 7.778 AgR, Tribunal Pleno, Rel. Min. Gilmar Mendes, j. 30-4-2014.

Na legislação específica (Lei n. 12.016/2009), inexiste previsão a respeito, o que já levou alguns autores[205] e, pontualmente, o Superior Tribunal de Justiça a concluir pela existência de um sistema de vinculação tácita e automática dos substituídos processuais, que estariam submetidos à coisa julgada mesmo no caso de denegação (coisa julgada *pro et contra*, portanto)[206].

Outra posição[207] nessa linha é a seguinte: havendo improcedência por insuficiência de provas, o que corresponde ao reconhecimento da ausência de direito líquido e certo, o processo se extingue sem resolução do mérito, sem impedir a repropositura; já quando existir julgamento sobre a questão de fundo do mandado de segurança, com aprofundamento probatório suficiente, a coisa julgada se operaria normalmente, afetando os membros do grupo ou os indivíduos.

Contudo, o mais correto, sob a ótica do microssistema de tutela coletiva pela via principal, é concluir pela aplicabilidade da regra geral, prevista no núcleo duro, ao mandado de segurança coletivo[208].

Assim, apenas serão efetivamente atingidos o grupo, a categoria ou a classe (direitos coletivos em sentido estrito) ou os indivíduos (direitos individuais homogêneos) que tiveram seus direitos tutelados se o resultado do remédio constitucional lhes for favorável (coisa julgada *secundum eventum litis in utilibus*). Caso contrário, fica aberta a vida do mandado de segurança individual, para além do manejo de ações pelo procedimento comum.

Além disso, a denegação da ordem calcada na falta de provas não deve impedir a repropositura da especial ação, mesmo pelo próprio legitimado que o fez anteriormente, em sobrevindo elemento não utilizado na primeira relação jurídica processual (coisa julgada *secundum eventum probationis*).

9. RELAÇÃO ENTRE MANDADO DE SEGURANÇA COLETIVO E MANDADO DE SEGURANÇA INDIVIDUAL

Pode acontecer que uma situação concreta ofenda direito líquido e certo de um conjunto de indivíduos que possuem direitos homogêneos, isto é, com um núcleo comum, ainda que com peculiaridades que os diferenciem, como a extensão do dano. Em casos tais, o indivíduo pode impetrar um mandado de segurança e um legitimado coletivo também, em paralelo.

A lei, seguindo o tratamento geral do microssistema, prevê que não há que se falar em litispendência entre a demanda coletiva e a individual. No entanto – e, aqui, a regra é distinta da geral para as ações coletivas –, se o indivíduo quiser se beneficiar da eventual ordem concedida no mandado de segurança coletivo, terá que *desistir* do seu remédio individual (art. 22, § 1º[209]). Como a lei fala em "ações individuais", entende-se que também outra eventual modalidade de ação estaria abarcada pela regra[210].

Facilmente, nota-se que o legislador deu tratamento peculiar ao mandado de segurança, em comparação com as ações coletivas em geral. Se, pendendo ação individual e ação civil pública que tutele direitos individuais homogêneos, o particular poderá se beneficiar da solução coletiva que lhe seja favorável se requerer a suspensão da demanda individual, no *writ* coletivo, a saída é outra, e mais radical.

---

[205] BUENO, 2010.

[206] RMS 34.270/MG, 1ª Turma, Rel. Min. Teori Albino Zavascki, j. 25-10-2011.

[207] MENDES, 2014, p. 281-282.

[208] NEVES, 2016b, p. 369; LEONEL, 2011, p. 455; GRINOVER, 2019, p. 1.002.

[209] "Art. 22. (...) § 1º O mandado de segurança coletivo não induz litispendência para as ações individuais, mas os efeitos da coisa julgada não beneficiarão o impetrante a título individual se não requerer a desistência de seu mandado de segurança no prazo de 30 (trinta) dias a contar da ciência comprovada da impetração da segurança coletiva."

[210] NEVES, 2016b, p. 259; REDONDO; OLIVEIRA; CRAMER, 2009, p. 114.

Possivelmente, a lei imaginou que, como o prazo decadencial para a impetração é algo exíguo (120 dias), dificilmente seria possível novo ajuizamento tempestivo. No entanto, a situação não é de todo impossível, o que torna a previsão específica bastante questionável.

Parcela considerável da doutrina a critica[211] e até a reputa inconstitucional, por sangrar a garantia constitucional que é o mandado de segurança[212] e a inafastabilidade da jurisdição[213], preferindo adotar a mesma saída do microssistema (que se satisfaz com a suspensão da ação individual, inclusive sendo aplicável o art. 313, V, *a*, do CPC[214]).

Não se pode esquecer que, seja qual for a posição adotada, há um prazo de 30 dias para que se faça a escolha. O termo inicial deve ser o da efetiva ciência, por parte do indivíduo, da impetração coletiva, o que pode ocorrer em cada ação individual, em manifestação de boa-fé processual do impetrado comum, ou de outras maneiras, como na ação coletiva ou extrajudicialmente, desde que se conclua pela efetividade da comunicação[215].

De qualquer forma, a normativa do Código de Defesa do Consumidor, que orienta as ações coletivas a respeito do tema, foi mitigada, em definitivo[216], pelo Superior Tribunal de Justiça, em julgamento de recurso especial repetitivo[217-218], no qual se fixou tese no sentido da obrigatoriedade de suspensão das ações individuais até o trânsito da demanda coletiva sobre idêntica matéria.

10. EXECUÇÃO

A execução da sentença está atada a seu aspecto mandamental: se dá no mesmo processo, corporificando-se numa ordem do juiz transmitida por ofício a pessoa jurídica, órgão ou entidade componente, à consecução da prestação pedida e tutelada.

Se o executado não cumpre a ordem judicial, para a maioria da doutrina, não é permitida a execução forçada, isto é, pela impossibilidade de o juiz substituir a atuação do executado satisfativamente.

Baseia-se a doutrina no fato de ser a competência, em termos de Administração Pública, de direito estrito e pautada no princípio da independência e separação de poderes que seria frustrado pela admissão da execução forçada. Também se manifesta a doutrina pela impossibilidade de o Estado substituir, por iniciativa sua, execução específica por reparatória.

Além disso, o descumprimento da ordem em sede de mandado de segurança pode ensejar desobediência, submetendo a autoridade coatora às penas administrativas e criminais correspondentes à desobediência (art. 26 da Lei n. 12.016).

Outra solução apresentada é a intervenção delineada nos arts. 34, VI, e 35, IV, da Constituição Federal, quando se tratar de insubmissão de autoridade estadual, municipal ou do Distrito Federal.

O Código de Processo Civil de 2015 dá um passo em direção à efetividade da jurisdição e abre, adicionalmente, um leque de medidas cabíveis em caso de descumprimento da ordem. A primeira delas é a multa cominatória, instrumento muito utilizado na prática, pressionando o responsável a cumprir o estabelecido em juízo, plenamente aplicável ao mandado de segurança.

---

[211] LEONEL, 2011, p. 454; MENDES, 2014, p. 280-281.
[212] DIDIER JR.; ZANETI JR., 2016b, p. 165.
[213] NEVES, 2016b, p. 259.
[214] "Art. 313. Suspende-se o processo: (...) V – quando a sentença de mérito: a) depender do julgamento de outra causa ou da declaração de existência ou de inexistência de relação jurídica que constitua o objeto principal de outro processo pendente."
[215] MENDES, 2014, p. 281.
[216] Isso porque o Supremo Tribunal Federal não reconheceu existir repercussão geral na questão (ARE 738.109 RG, Rel. Min. Teori Zavascki, j. 26-9-2013).
[217] REsp 1.110.549/RS, 2ª Seção, Rel. Min. Sidnei Beneti, j. 28-10-2009.
[218] No mesmo sentido, a tese firmada no Tema 923, no REsp 1.525.327/PR, Rel. Min. Luis Felipe Salomão, j. 12-12-2018.

José Henrique Mouta Araújo[219] apresenta, ainda, a possibilidade de uso, na fase executiva da ação mandamental, das medidas coercitivas atípicas (art. 139, IV)[220].

A peculiaridade existente no mandado de segurança é quem irá suportar tais medidas, típicas ou atípicas. Naturalmente, a resposta dependerá da corrente adotada para selecionar quem é a parte ré da ação. Contudo, a doutrina[221] e o STJ[222] admitem que, mesmo que se considere a pessoa jurídica como ré, também a autoridade coatora possa ser alvo de tais mandamentos judiciais, até porque, em muitos dos casos, é quem terá a real faculdade de praticar ou desfazer o ato necessário ao restabelecimento da normalidade.

No mandado de segurança coletivo, a restrição ao uso dos instrumentos persuasivos legais deve ser a menor possível, em homenagem ao princípio da máxima efetividade da tutela coletiva.

Embora a lei seja silente a respeito, aplica-se a sistemática do microssistema quanto à execução de sentenças coletivas à concessão da ordem no mandado de segurança coletivo.

Sobre a questão, já entendeu o Supremo Tribunal Federal[223] que o indivíduo pode executar a ordem, em autêntica execução individual da sentença coletiva – naturalmente, quando a tutela for de direitos individuais homogêneos.

Por fim, o STJ entendeu, em execução individual de sentença em mandado de segurança coletivo (onde há previsão, inclusive, de gratuidade na lei), ser devida a condenação em honorários, "quando a liquidação ostentar caráter litigioso", restringindo a gratuidade à fase de conhecimento[224].

11. PARTICIPAÇÃO DO MINISTÉRIO PÚBLICO

Atualmente, o art. 12 da Lei[225] regra a situação, trazendo a previsão de que, com ou sem parecer ministerial, os autos serão conclusos ao juiz, que deverá proferir decisão em 30 dias – o que parece esclarecer a desnecessidade da manifestação do *Parquet* em todos os atos processuais.

Além disso, a título de exceção à regra da participação ministerial, o Supremo Tribunal Federal entende que, se houver posicionamento sólido do tribunal sobre o tema, isto é, uma jurisprudência já firmada acerca da questão jurídica, é desnecessária a oitiva do Ministério Público[226].

12. PRIORIDADE DE TRAMITAÇÃO

Prevê a lei que o processo do mandado de segurança e os respectivos recursos terão prioridade sobre todos os atos judiciais, salvo os *habeas corpus*, que discutem direito mais delicado (art. 20[227]).

Como consequência, deve ser levado a julgamento na primeira sessão seguinte à data de conclusão ao relator e o prazo para a conclusão deve ser, no máximo, de cinco dias.

---

[219] ARAÚJO, 2018, p. 597-598.

[220] É a linha do enunciado 12 do FPPC, que sublinha a subsidiariedade dessas medidas (tema polêmico): "(arts. 139, IV, 523, 536 e 771) A aplicação das medidas atípicas sub-rogatórias e coercitivas é cabível em qualquer obrigação no cumprimento de sentença ou execução de título executivo extrajudicial. Essas medidas, contudo, serão aplicadas de forma subsidiária às medidas tipificadas, com observação do contraditório, ainda que diferido, e por meio de decisão à luz do art. 489, § 1º, I e II".

[221] Para Henrique Mouta, a multa em face do agente público é um salutar incentivo para que cumpra a ordem (ARAÚJO, 2018, p. 607).

[222] STJ, REsp 757.895/PR, 1ª Turma, Rel. Min. Denise Arruda, j. 2-4-2009.

[223] RE 601.914 AgR, 2ª Turma, Rel. Min. Celso de Mello, j. 6-3-2012.

[224] AgInt na ImpExe na ExeMS 15.254/DF, Rel. Min. Sérgio Kukina, 1ª Seção, j. 29-3-2022, *DJe* 1º-4-2022;

[225] "Art. 12. Findo o prazo a que se refere o inciso I do *caput* do art. 7º desta Lei, o juiz ouvirá o representante do Ministério Público, que opinará, dentro do prazo improrrogável de 10 (dez) dias. Parágrafo único. Com ou sem o parecer do Ministério Público, os autos serão conclusos ao juiz, para a decisão, a qual deverá ser necessariamente proferida em 30 (trinta) dias."

[226] RMS 32.482/DF, 2ª Turma, Rel. orig. Min. Teori Zavascki, Red. p/ acórdão Min. Edson Fachin, j. 21-8-2018 (Rcl-32482).

[227] "Art. 20. Os processos de mandado de segurança e os respectivos recursos terão prioridade sobre todos os atos judiciais, salvo *habeas corpus*. § 1º Na instância superior, deverão ser levados a julgamento na primeira sessão que se seguir à data em que forem conclusos ao relator. § 2º O prazo para a conclusão dos autos não poderá exceder de 5 (cinco) dias."

Capítulo 24
MANDADO DE INJUNÇÃO COLETIVO

1. DEFINIÇÃO E REQUISITOS

Como garantia fundamental, a Constituição Federal traz a possibilidade de impetração de mandado de injunção, sempre que a falta de regulamentação normativa inviabilizar o exercício de direitos, de liberdades constitucionais e (ou) de prerrogativas inerentes à nacionalidade, à soberania ou à cidadania (art. 5º, LXXI[1]).

Esse importante instrumento foi tratado pela Lei n. 13.300/2016, que explicitou requisitos e efeitos, outrora a cargo da jurisprudência.

Está-se diante de um remédio constitucional criado pelo constituinte de 1988, nascido para combater a falta de efetividade das normas constitucionais[2], relacionada às normas constitucionais de eficácia limitada, aplicabilidade mediata e reduzida – ou seja, aquelas que demandam posterior regulamentação, complementação, pelo legislador infraconstitucional, para produzirem efeitos.

Existe, portanto, uma omissão a ser combatida pelo Judiciário, no julgamento do mandado de injunção. Tal vazio pode ser total, quando a inércia estatal for absoluta (art. 2º), ou parcial, quando a norma editada pelo órgão competente for insuficiente (art. 2º, parágrafo único[3]).

A omissão parcial, em sede doutrinária, é estendida, de sorte a englobar os casos em que se modificam as circunstâncias fáticas e jurídicas (inconstitucionalidade superveniente) ou nos quais a concessão do benefício ofende o princípio da igualdade[4].

Especificamente a respeito da impetração coletiva, quis o legislador esclarecer que seus objetos serão direitos, liberdades e prerrogativas pertencentes (art. 12, parágrafo único[5]).

Deve-se ter em mente que a omissão é elemento essencial para a impetração, bem como para sua continuidade, já que, sobrevindo regulamentação no curso do processo, sucederá extinção sem resolução de seu mérito (art. 11, parágrafo único[6]).

---

[1] "Art. 5º (...) LXXI – conceder-se-á mandado de injunção sempre que a falta de norma regulamentadora torne inviável o exercício dos direitos e liberdades constitucionais e das prerrogativas inerentes à nacionalidade, à soberania e à cidadania."
[2] LENZA, 2018, p.1319.
[3] "Art. 2º Conceder-se-á mandado de injunção sempre que a falta total ou parcial de norma regulamentadora torne inviável o exercício dos direitos e liberdades constitucionais e das prerrogativas inerentes à nacionalidade, à soberania e à cidadania. Parágrafo único. Considera-se parcial a regulamentação quando forem insuficientes as normas editadas pelo órgão legislador competente."
[4] MENDES; BRANCO, 2018, p. 1.370.
[5] "Art. 12. (...) Parágrafo único. Os direitos, as liberdades e as prerrogativas protegidos por mandado de injunção coletivo são os pertencentes, indistintamente, a uma coletividade indeterminada de pessoas ou determinada por grupo, classe ou categoria."
[6] "Art. 11. (...) Parágrafo único. Estará prejudicada a impetração se a norma regulamentadora for editada antes da decisão, caso em que o processo será extinto sem resolução de mérito."

2. LEGITIMIDADE

2.1. Legitimidade ativa

Para o mandado de injunção individual, estão legitimadas as pessoas naturais ou jurídicas que têm seus direitos restritos por conta da ausência de regulamentação (art. 3º[7]).

Para o mandado de injunção coletivo, são legitimados o Ministério Público, a Defensoria Pública, os partidos políticos com representação no Congresso Nacional, os sindicatos, as entidades de classe ou as associações legalmente constituídas e em funcionamento há, pelo menos, um ano (art. 12[8]).

Há, a propósito, um saudável alargamento do rol de legitimados previsto para o mandado de segurança coletivo, com o acréscimo da Defensoria Pública e do Ministério Público.

A grande peculiaridade do tratamento legal do mandado coletivo é a explicitação da pertinência temática para cada um dos legitimados, o que não sucedeu em outras normas do microssistema, cabendo à jurisprudência, nas demais ações, estipular limites para sua atuação.

No mandado de injunção coletivo, os legitimados poderão ajuizar a demanda, nos limites previstos em lei. Na verdade, a previsão não é de todo inovadora, replicando a orientação do ordenamento – quanto ao Ministério Público e à Defensoria Pública, por exemplo, repete-se a função constitucional das instituições.

Nessa linha, a pertinência temática vem delineada nos seguintes termos:

1) para o Ministério Público, quando a tutela requerida for especialmente relevante para a defesa da ordem jurídica, do regime democrático ou dos interesses sociais ou individuais indisponíveis;

2) para a Defensoria Pública, quando a tutela requerida for especialmente relevante para a promoção dos direitos humanos e a defesa dos direitos individuais e coletivos dos necessitados, na forma do inciso LXXIV do art. 5º da Constituição Federal;

3) para o partido político com representação no Congresso Nacional, para assegurar o exercício de direitos, liberdades e prerrogativas de seus integrantes ou relacionados com a finalidade partidária;

4) para organização sindical, entidade de classe ou associação legalmente constituída e em funcionamento há pelo menos um ano, para assegurar o exercício de direitos, liberdades e prerrogativas em favor da totalidade ou de parte de seus membros ou associados, na forma de seus estatutos e desde que pertinentes a suas finalidades, dispensada, para tanto, autorização especial.

---

[7] "Art. 3º São legitimados para o mandado de injunção, como impetrantes, as pessoas naturais ou jurídicas que se afirmam titulares dos direitos, das liberdades ou das prerrogativas referidos no art. 2º e, como impetrado, o Poder, o órgão ou a autoridade com atribuição para editar a norma regulamentadora."

[8] "Art. 12. O mandado de injunção coletivo pode ser promovido: I – pelo Ministério Público, quando a tutela requerida for especialmente relevante para a defesa da ordem jurídica, do regime democrático ou dos interesses sociais ou individuais indisponíveis; II – por partido político com representação no Congresso Nacional, para assegurar o exercício de direitos, liberdades e prerrogativas de seus integrantes ou relacionados com a finalidade partidária; III – por organização sindical, entidade de classe ou associação legalmente constituída e em funcionamento há pelo menos 1 (um) ano, para assegurar o exercício de direitos, liberdades e prerrogativas em favor da totalidade ou de parte de seus membros ou associados, na forma de seus estatutos e desde que pertinentes a suas finalidades, dispensada, para tanto, autorização especial; IV – pela Defensoria Pública, quando a tutela requerida for especialmente relevante para a promoção dos direitos humanos e a defesa dos direitos individuais e coletivos dos necessitados, na forma do inciso LXXIV do art. 5º da Constituição Federal."

2.2. Legitimidade passiva

O polo passivo da demanda é composto pelo Poder, órgão ou autoridade com atribuição para a edição da norma faltante (art. 3º).

Quando se tratar de norma de iniciativa reservada, também o titular da iniciativa deverá figurar como réu, surgindo hipótese de litisconsórcio necessário[9].

Nesse tocante, o legislador exige que se indique, na inicial, a pessoa jurídica de que o impetrado faz parte (art. 4º[10]), o que faz com que, no mandado de injunção, não surja a tradicional controvérsia doutrinária acerca do efetivo réu, como ocorre no mandado de segurança.

3. COMPETÊNCIA

Enquanto remédio constitucional, a competência para julgamento do mandado de injunção vem estatuída na Constituição.

Assim, deve-se verificar a existência de Justiça especializada – como no caso do mandado denegado pelos Tribunais Regionais Eleitorais, devendo ser julgado pelo Tribunal Superior Eleitoral o recurso contrário à decisão local (art. 121, § 4º, V[11]).

Além disso, há de se atentar para as hipóteses de competência originária do Supremo Tribunal Federal (art. 102, I, q^{12}), do Superior Tribunal de Justiça (art. 105, I, *h*) e de tribunais estaduais (quando as Constituições Estaduais assim previrem).

Quanto ao Supremo Tribunal, cabe sublinhar a competência recursal ordinária quando o mandado de injunção for denegado, originalmente, por tribunal local (art. 102, II, a^{13}).

De resto, a impetração deve ser dirigida ao juízo de primeiro grau que as normas de organização judiciária previrem como competente.

4. PROCEDIMENTO

A lei específica traz pontuais elementos diferenciados em relação ao procedimento comum do diploma processual geral.

No tocante à petição inicial, para além da indicação da pessoa jurídica à qual pertence o impetrado, está prevista a dispensa de contrafé, no processo eletrônico (art. 4º e § 1º[14]).

É possível o requerimento, nesse momento, de exibição de prova documental por parte do réu, quando estiverem os elementos em repartição ou estabelecimento público, em poder da autoridade ou de terceiro, desde que haja certidão comprobatória da recusa (art. 4º, §§ 2º e 3º[15]).

---

[9] LENZA, 2018, p. 1322.

[10] "Art. 4º A petição inicial deverá preencher os requisitos estabelecidos pela lei processual e indicará, além do órgão impetrado, a pessoa jurídica que ele integra ou aquela a que está vinculado."

[11] "Art. 121. Lei complementar disporá sobre a organização e competência dos tribunais, dos juízes de direito e das juntas eleitorais. (...) § 4º Das decisões dos Tribunais Regionais Eleitorais somente caberá recurso quando: (...) V – denegarem *habeas corpus*, mandado de segurança, *habeas data* ou mandado de injunção."

[12] "Art. 102. Compete ao Supremo Tribunal Federal, precipuamente, a guarda da Constituição, cabendo-lhe: I – processar e julgar, originariamente: (...) q) o mandado de injunção, quando a elaboração da norma regulamentadora for atribuição do Presidente da República, do Congresso Nacional, da Câmara dos Deputados, do Senado Federal, das Mesas de uma dessas Casas Legislativas, do Tribunal de Contas da União, de um dos Tribunais Superiores, ou do próprio Supremo Tribunal Federal."

[13] "Art. 102. Compete ao Supremo Tribunal Federal, precipuamente, a guarda da Constituição, cabendo-lhe: (...) II – julgar, em recurso ordinário: a) o *habeas corpus*, o mandado de segurança, o *habeas data* e o mandado de injunção decididos em única instância pelos Tribunais Superiores, se denegatória a decisão."

[14] "Art. 4º A petição inicial deverá preencher os requisitos estabelecidos pela lei processual e indicará, além do órgão impetrado, a pessoa jurídica que ele integra ou aquela a que está vinculado. § 1º Quando não for transmitida por meio eletrônico, a petição inicial e os documentos que a instruem serão acompanhados de tantas vias quantos forem os impetrados."

[15] "Art. 4º (...) § 2º Quando o documento necessário à prova do alegado encontrar-se em repartição ou estabelecimento público, em poder de autoridade ou de terceiro, havendo recusa em fornecê-lo por certidão, no original, ou em cópia autêntica, será ordenada,

Recebida a inicial, será notificado (leia-se: citado) o impetrado e notificada (cientificada) e pessoa jurídica da qual faça parte, no órgão de representação judicial (art. 5º[16]).

Quanto a esta, a lei autoriza que, querendo, ingresse no feito. Trata-se de lacunosa permissão que não esclarece se aqui se aplicaria a previsão da intervenção móvel da Lei de Ação Popular. De todo modo, parece estranho que a pessoa jurídica que deixou, por meio de seu agente competente, de editar a norma passe a perseguir sua regulamentação na via judicial, quando poderia fazê-lo administrativamente.

Também está previsto o indeferimento liminar do pedido, quando manifestamente incabível ou improcedente. Se a decisão for do relator, será cabível agravo interno (art. 6º[17], que reitera o art. 1.021 do CPC).

Não sendo o caso, oportuniza-se a apresentação de informações pela autoridade coatora – com natureza próxima à de uma contestação, como sucede no mandado de segurança – e de parecer do Ministério Público, fiscal do ordenamento, quando não for o impetrante coletivo. Em seguida, passa-se à decisão final (art. 7º[18]).

Alguns aspectos processuais e procedimentais, contudo, não vêm tratados pela lei.

O primeiro deles é a viabilidade de concessão de tutela provisória, inclusive liminar. Apesar de alguma tendência jurisprudencial, mesmo no Supremo Tribunal Federal, inadmitindo a hipótese, entendemos que não pode haver restrição apriorística.

Isso porque existe expressa, apesar de desnecessária, remissão ao Código de Processo Civil e à Lei do Mandado de Segurança (art. 14[19]), ambos diplomas que tratam da antecipação de tutela, instituto, aliás, que é reflexo da inafastabilidade jurisdicional (art. 5º, XXXV, da CF).

Outro elemento não tratado são as verbas sucumbenciais. Novamente, entendemos que a melhor saída é a aplicação integrativa do microssistema de tutela coletiva, garantindo a gratuidade ao impetrante, e afastando-se a condenação em honorários. Afinal de contas, é crível que o sujeito prejudicado pela inércia estatal tenha empecilhos financeiros para demandar desse mesmo Estado a regulamentação de seus direitos.

Naturalmente, havendo litigância de má-fé, aplicáveis serão as exceções previstas para as demais ações coletivas.

5. EFEITOS DA DECISÃO

Em sendo verificada a existência de efetiva mora legislativa, será deferida a injunção (julgamento de procedência).

---

a pedido do impetrante, a exibição do documento no prazo de 10 (dez) dias, devendo, nesse caso, ser juntada cópia à segunda via da petição. § 3º Se a recusa em fornecer o documento for do impetrado, a ordem será feita no próprio instrumento da notificação."

[16] "Art. 5º Recebida a petição inicial, será ordenada: I – a notificação do impetrado sobre o conteúdo da petição inicial, devendo-lhe ser enviada a segunda via apresentada com as cópias dos documentos, a fim de que, no prazo de 10 (dez) dias, preste informações; II – a ciência do ajuizamento da ação ao órgão de representação judicial da pessoa jurídica interessada, devendo-lhe ser enviada cópia da petição inicial, para que, querendo, ingresse no feito."

[17] "Art. 6º A petição inicial será desde logo indeferida quando a impetração for manifestamente incabível ou manifestamente improcedente. Parágrafo único. Da decisão de relator que indeferir a petição inicial, caberá agravo, em 5 (cinco) dias, para o órgão colegiado competente para o julgamento da impetração."

[18] "Art. 7º Findo o prazo para apresentação das informações, será ouvido o Ministério Público, que opinará em 10 (dez) dias, após o que, com ou sem parecer, os autos serão conclusos para decisão."

[19] "Art. 14. Aplicam-se subsidiariamente ao mandado de injunção as normas do mandado de segurança, disciplinado pela Lei n. 12.016, de 7 de agosto de 2009, e do Código de Processo Civil, instituído pela Lei n. 5.869, de 11 de janeiro de 1973 , e pela Lei n. 13.105, de 16 de março de 2015, observado o disposto em seus arts. 1.045 e 1.046."

5.1. Eficácia subjetiva

Os efeitos dessa decisão atraem atenção especial desde o advento da Constituição Federal. Há três possíveis posições a serem adotadas:

1) concretista imediata ou direta: o Judiciário prontamente garante o direito, concretizando-o para toda a coletividade (concretista geral), para o grupo envolvido (concretista coletiva) ou para o sujeito que impetrou o mandado (concretista individual);
2) concretista intermediária ou indireta: o Judiciário fixa prazo para que o responsável pela edição da norma (impetrado) o faça e, após esse termo, prevalecendo a inércia, passa a produzir efeitos o direito, nos moldes concretizados pelo órgão julgador, para todos (geral), para o grupo (coletiva) ou para o impetrante (individual);
3) não concretista: o Judiciário apenas reconhece a mora na regulamentação, notificando a autoridade, mas não concretizando o direito.

Na jurisprudência do Supremo Tribunal Federal, prevaleceu, por longo tempo, a posição não concretista[20]. Contudo, em determinados casos, adotava-se a tese concretista intermediária individual[21].

Posteriormente, evoluiu o tribunal para a adoção da postura concretista direta individual[22], tendo adotado, pontualmente e em caráter excepcional, a posição concretista geral[23].

A edição da Lei n. 13.300/2016, por sua vez, acabou por representar novo episódio quanto à eficácia da decisão. O legislador optou por adotar, como regra, a posição concretista intermediária individual ou coletiva – a depender da espécie de mandado de injunção impetrado (art. 8º[24], art. 9º[25] e, na modalidade coletiva, art. 13[26]).

É interessante, ainda a respeito da regra, a previsão no sentido de que, após o trânsito em julgado, poderá haver extensão dos efeitos aos casos análogos, monocraticamente pelo relator (art. 9º, § 2º[27]), o que acaba por ampliar, indiretamente, o espectro subjetivo da decisão.

Existem, porém, algumas alternativas. A primeira exceção diz respeito à possibilidade de adoção da tese concretista direta, individual ou coletiva, quando tiver havido mandado de injunção anterior, no qual foi fixado prazo para a regulamentação, sem atendimento da ordem (art. 8º, parágrafo único[28]).

Além disso, autoriza-se a eficácia concretista geral (*ultra partes* ou *erga omnes*), quando inerente ou indispensável ao exercício do direito, liberdade ou prerrogativa que depende da regulamentação (art. 9º, § 1º[29]).

---

[20] MI 20, Tribunal Pleno, Rel. Min. Celso de Mello, j. 19-5-1994.
[21] MI 232, Tribunal Pleno, Rel. Min. Moreira Alves, j. 2-8-1991.
[22] MI 758, Tribunal Pleno, Rel. Min. Marco Aurélio, j. 1-7-2008.
[23] MI 712, Tribunal Pleno, Rel. Min. Eros Grau, j. 25-10-2007.
[24] "Art. 8º Reconhecido o estado de mora legislativa, será deferida a injunção para: I – determinar prazo razoável para que o impetrado promova a edição da norma regulamentadora; II – estabelecer as condições em que se dará o exercício dos direitos, das liberdades ou das prerrogativas reclamados ou, se for o caso, as condições em que poderá o interessado promover ação própria visando a exercê-los, caso não seja suprida a mora legislativa no prazo determinado."
[25] "Art. 9º A decisão terá eficácia subjetiva limitada às partes e produzirá efeitos até o advento da norma regulamentadora."
[26] "Art. 13. No mandado de injunção coletivo, a sentença fará coisa julgada limitadamente às pessoas integrantes da coletividade, do grupo, da classe ou da categoria substituídos pelo impetrante, sem prejuízo do disposto nos §§ 1º e 2º do art. 9º."
[27] "Art. 9º (...) § 2º Transitada em julgado a decisão, seus efeitos poderão ser estendidos aos casos análogos por decisão monocrática do relator."
[28] "Art. 8º (...) Parágrafo único. Será dispensada a determinação a que se refere o inciso I do *caput* quando comprovado que o impetrado deixou de atender, em mandado de injunção anterior, ao prazo estabelecido para a edição da norma."
[29] "Art. 9º (...) § 1º Poderá ser conferida eficácia *ultra partes* ou *erga omnes* à decisão, quando isso for inerente ou indispensável ao exercício do direito, da liberdade ou da prerrogativa objeto da impetração."

5.2. Eficácia temporal

Uma vez que passe a produzir efeitos a decisão judicial, ante a mora persistente do órgão competente para a regulamentação ou a adoção de posição concretista imediata, tais efeitos se alongarão pelo tempo.

Supervenientemente, pode surgir regulamentação por parte do real incumbido e a nova norma produzirá efeitos apenas *ex nunc*, não retroagindo quanto aos beneficiários da impetração anterior. A única exceção a esse cenário é a hipótese de o novel tratamento se revelar mais benéfico aos interessados (art. 11[30]).

6. RELAÇÃO ENTRE MANDADO DE INJUNÇÃO COLETIVO E MANDADO DE INJUNÇÃO INDIVIDUAL

Pode acontecer que uma omissão regulamentadora comprometa direitos de um conjunto de indivíduos. Em casos tais, o indivíduo pode impetrar um mandado de injunção e um legitimado coletivo também, em paralelo.

A lei, seguindo o tratamento geral do microssistema, prevê que não há que se falar em litispendência entre a demanda coletiva e a individual. No entanto, o legislador repetiu a regra do mandado de segurança coletivo, prevendo que, se o indivíduo quiser se beneficiar da eventual integração normativa coletiva, terá que desistir do seu remédio individual (art. 13, parágrafo único[31]).

Aplicam-se, aqui, as considerações a respeito do mandado de segurança coletivo, com as críticas próprias em razão da opção por saída tão brusca. No mandado de injunção, ao menos, não existe prazo para a impetração, o que retira, em alguma medida, a definitividade da opção. De todo modo, a suspensão da ação seria a melhor saída – o que pode ser alcançado pela integração principiológica do microssistema.

7. COISA JULGADA

7.1. Coisa julgada *secundum eventum probationis*

A primeira peculiaridade acerca da coisa julgada formada no mandado de injunção – mesmo no individual, já que a lei não faz distinção – é a possibilidade de nova impetração quando a primeira foi indeferida por insuficiência de provas (art. 9º, § 3º[32]).

7.2. Coisa julgada *rebus sic stantibus*

Em acréscimo, prevê a lei que a decisão final pode ser revista, quando sobrevierem relevantes modificações das circunstâncias fáticas ou jurídicas (art. 10[33]).

A legitimidade para essa autêntica ação de revisão[34] é de qualquer interessado, o que será presumivelmente mais amplo quando a impetração for coletiva.

Por fim, o procedimento revisional seguirá aquele previsto para a impetração originária.

---

[30] "Art. 11. A norma regulamentadora superveniente produzirá efeitos *ex nunc* em relação aos beneficiados por decisão transitada em julgado, salvo se a aplicação da norma editada lhes for mais favorável."

[31] "Art. 13. (...) Parágrafo único. O mandado de injunção coletivo não induz litispendência em relação aos individuais, mas os efeitos da coisa julgada não beneficiarão o impetrante que não requerer a desistência da demanda individual no prazo de 30 (trinta) dias a contar da ciência comprovada da impetração coletiva."

[32] "Art. 9º (...) § 3º O indeferimento do pedido por insuficiência de prova não impede a renovação da impetração fundada em outros elementos probatórios."

[33] "Art. 10. Sem prejuízo dos efeitos já produzidos, a decisão poderá ser revista, a pedido de qualquer interessado, quando sobrevierem relevantes modificações das circunstâncias de fato ou de direito. Parágrafo único. A ação de revisão observará, no que couber, o procedimento estabelecido nesta Lei."

[34] Comparando a ação de revisão àquela que sucede na revisão de alimentos: LENZA, 2018, p. 1.327.

Capítulo 25
PROCESSOS ESTRUTURAIS

Para a correta concepção do acesso à justiça atualmente, não se pode perder de vista a expansão dos tipos de relações processuais, muito além do clássico modelo individual e patrimonialista. Tal fato tem acarretado a expansão dos efeitos subjetivos do processo, bem como tem levado o Judiciário a cada vez mais interferir em políticas públicas[1] e na sua concretização, com o consequente crescimento da judicialização[2], revertendo sua tradicional postura de autocontenção ou autorrestrição, conforme as características destacadas por Richard Posner[3].

Além do próprio acesso à justiça, ultimamente, tem havido um movimento por diferentes setores da sociedade para exigir, em face do Estado brasileiro, todo o catálogo de direitos individuais, coletivos e sociais previstos na CF de 1988[4].

Como nos aponta a teoria geral dos direitos fundamentais, uma das funções desses direitos é a de mandamento de tutela. Diante disso, inexistindo proteção legal a direito fundamental, há uma omissão inconstitucional, passível de controle jurisdicional[5].

Nesse sentido, fala-se em judicialização da política. Isso porque são decididas questões relevantes de natureza política, social e moral, inerentes aos direitos fundamentais em caráter final pelo Poder Judiciário. Ocorre, principalmente, com a constante provocação ao STF para exercer sua jurisdição constitucional[6].

Caracteriza-se, assim, a chamada "judicialização da vida"[7] ou, em expressão de Nicola Picardi, a "vocação do nosso tempo para a jurisdição"[8], que há algum tempo temos visto no cenário nacional.

Nesse passo, jurisdição constitucional é a atividade de interpretação e aplicação da Constituição pelos órgãos judiciários, podendo ocorrer de dois jeitos. Diretamente, pela aplicação do texto constitucional em casos expressamente previstos pela própria Carta Magna. Acontece, ainda, indiretamente, quando, em controle de constitucionalidade, o Judiciário verifica a compatibilidade de determinada norma com a Lei Fundamental.

---

[1] BARROSO, 2016.
[2] FISS, 1982, p. 121/128.
[3] POSNER, 1999, p. 314.
[4] THEODORO JÚNIOR; NUNES; BAHIA, 2013, p. 121.
[5] "Tratando-se de insuficiência de previsão processual ou de inexistência de técnica processual adequada ao caso concreto, não bastará ao juiz demonstrar a imprescindibilidade de determinada técnica processual não prevista em lei, mas também será necessário a ele argumentar que a técnica processual identificada como capaz de dar efetividade à tutela do direito é a que traz a menor estrição possível à esfera jurídica do réu". MARINONI, 2013, p. 13.
[6] MENDONÇA, 2010, p. 13.
[7] BARROSO, 2008, p. 5.
[8] PICARDI, 2008, p. 21.

A problemática da judicialização traz consigo diversas controvérsias[9]. A primeira – talvez maior delas – é a questão do ativismo judicial[10]. A diferença entre os dois conceitos é que a judicialização se apresenta como consequência natural da organização da Justiça feita pela Constituição, enquanto o ativismo vai além, em uma atitude proativa de interpretação constitucional, geralmente quando existe uma significativa distância entre o Poder Legislativo e os anseios sociais[11].

Quando legitimamente exercido, o ativismo é apto a extrair o máximo das potencialidades do texto constitucional, superando as amarras da autocontenção, em que, por vezes, há uma excessiva deferência com os demais poderes constituídos em relação às suas condutas, comissivas ou omissivas.

Para Boaventura de Sousa Santos[12], há duas razões para o protagonismo dos tribunais. Primeiro, de uma mudança de natureza política, adotando-se um modelo de desenvolvimento pautado nas exigências do mercado, que necessita de um Judiciário rápido e eficaz. Segundo, do desmantelamento e precarização dos direitos econômicos e sociais.

Em relação especificamente ao Brasil, aduz Rodrigo Gismondi[13] que a Constituição de 1988 ampliou uma série de direitos, gerando expectativas de se verem efetivados os direitos e garantias ali dispostos. Ao ver as expectativas frustradas pelo Legislativo e/ou Executivo, a população passou a ver no Judiciário a solução para suas crises e necessidades[14].

Tanto é assim, que, atualmente, o Poder Judiciário se encontra com o desafiador encargo de decidir milhares de ações – individuais e coletivas – que buscam a tutela de um direito social, ensejando a intervenção do Judiciário na realização das dinâmicas e complexas políticas públicas que frequentemente possuem como pano de fundo um litígio estrutural a ser transposto[15].

---

[9] A respeito do fenômeno do ativismo judicial e sua definição "multidimensional", veja-se a obra de Carlos Alexandre de Azevedo Campos. Para o autor, podem ser identificadas as seguintes dimensões: (I) metodológica: interpretação e aplicação expansiva e inovadora das normas e dos direitos constitucionais; criação judicial do direito infraconstitucional por meio das técnicas de interpretação conforme a Constituição e de declaração de nulidade parcial sem redução do texto; controle das omissões legislativas inconstitucionais; decisões maximalistas; (II) processual: autoamplificação de jurisdição, da utilidade e da eficácia dos poderes processuais e de suas decisões. (III) estrutural ou horizontal: interferência rígida e incisiva sobre as decisões dos demais poderes, faltando-lhes com deferência legal ou epistemológica, ou ocupando espaços tradicionais de atuação dos mesmos. (IV) de direitos: o avanço de posições de liberdade, de dignidade e de igualdade social sobre os poderes públicos, reduzindo a margem de ação regulatória, fiscalizatória e punitiva do Estado, ou interferindo em medidas de tutela estatal e em escolhas de políticas públicas. (V) antidialógica: afirmação da posição do Supremo não apenas como último intérprete da Constituição, mas como exclusivo. CAMPOS, 2014, p. 275.

[10] Para que se tenha uma ideia da complexidade do tema, basta mencionar que William Marshall descreve sete formas diferentes de ativismo judicial. MARSHALL, 2002, p. 1.220.

[11] Com a precisão habitual, Luís Roberto Barroso distingue judicialização de ativismo: "A judicialização, como demonstrado acima, é um fato, uma circunstância do desenho institucional brasileiro. Já o ativismo é uma atitude, a escolha de um modo específico e proativo de interpretar a Constituição, expandindo o seu sentido e alcance. Normalmente, ele se instala – e este é o caso do Brasil – em situações de retração do Poder Legislativo, de um certo descolamento entre a classe política e a sociedade civil, impedindo que determinadas demandas sociais sejam atendidas de maneira efetiva. O oposto do ativismo é a autocontenção judicial, conduta pela qual o Judiciário procura reduzir sua interferência nas ações dos outros Poderes. A principal diferença metodológica entre as duas posições está em que, em princípio, o ativismo judicial legitimamente exercido procura extrair o máximo das potencialidades do texto constitucional, inclusive e especialmente construindo regras específicas de conduta a partir de enunciados vagos (princípios, conceitos jurídicos indeterminados). Por sua vez, a autocontenção se caracteriza justamente por abrir mais espaço à atuação dos Poderes políticos, tendo por nota fundamental a forte deferência em relação às ações e omissões desses últimos". BARROSO, 2014.

[12] SANTOS, 2007, pp.19-21.

[13] "A visão ativista possui conotação de atuação endereçada à obtenção de finalidades progressistas, evolutivas e reformadoras, conferindo às suas decisões sentido construtivo e modernizador, consagrando os valores essenciais fundamentais, podendo se dar não apenas de acordo com as regras de direito material como também com a forma de aplicação do regramento processual." GISMONDI, 2016, p 27.

[14] No mesmo sentido, para Roberto Berizonce há fatores concorrentes, intrinsecamente dinâmicos e mutáveis, responsáveis pela expansão da postura ativista do Judiciário. BERIZONCE, 2010, p. 35.

[15] COUTO E SILVA, 2024, p. 13.

É preciso, entretanto, especial cuidado para que o ativismo não seja instrumento de uma visão personalíssima do julgador, como pondera Marinoni[16].

Isso porque, em sociedades plurais e complexas, a visão de mundo do juiz pode não traduzir verdadeiramente as escolhas axiológicas fundamentais; inclusive, por vezes, inexiste, sobre alguns temas, qualquer consenso social. O "justo" e o "injusto", assim, não são imagens estáticas, e o juiz, em um Estado democrático de direito, não pode definir a justiça por meio de suas próprias predisposições[17].

Até mesmo porque a decisão judicial não é neutra. Como apontam o realismo e as teorias críticas, os provimentos emanados dos juízes são necessariamente escolhas políticas, calcados em valores, preferências e ideologias[18].

Nesse sentido, a atuação do magistrado, ao controlar as omissões legislativas inconstitucionais, deve-se à garantia inerente ao dever de proteção, pois avançar disso significaria a invasão da função legiferante.

Igualmente, se reputar inexistente técnica processual idônea a efetivar o direito em questão, deve motivar por que era imprescindível o uso do mecanismo de que se valeu, bem como limitar ao máximo o prejuízo às partes.

O ideal, então, é buscar um meio-termo entre o ativismo e a autorrestrição. Daniel Sarmento e Cláudio Pereira de Souza Neto[19] propõem determinados *standards*, a fim de se chegar a tal ponto.

Não se advoga por uma neutralidade da decisão judicial. Pelo contrário, tal postura, buscada pelas Revoluções Liberais, parece, contemporaneamente, totalmente inadequada de afastamento do Judiciário frente ao cidadão comum e à opinião pública[20].

---

[16] MARINONI, 2013, p. 14.

[17] ABBOUD; LUNELLI, 2015, p. 9.

[18] Forçoso concluir, na mesma direção de Luís Roberto Barroso: "Essa expansão da jurisdição e do discurso jurídico constitui uma mudança drástica no modo de se pensar e de se praticar o direito no mundo romano-germânico. Fruto da conjugação de circunstâncias diversas, o fenômeno é mundial, alcançando até mesmo países que tradicionalmente seguiram o modelo inglês – a chamada democracia ao estilo de Westminster –, com soberania parlamentar e ausência de controle de constitucionalidade". BARROSO, 2012, p. 6.

[19] "(1) O primeiro aspecto a ser considerado é o grau de legitimidade democrática do ato normativo. (...) quanto mais democrática tenha sido a elaboração do ato normativo, mais autocontido deve ser o Poder Judiciário no exame da sua constitucionalidade. (...). (2) A democracia também deve calibrar a autocontenção judicial num sentido inverso. O Poder Judiciário deve atuar de maneira mais ativa para proteger as condições de funcionamento da democracia, que podem ser ameaçadas pelos grupos detentores do poder político. (...). As restrições a esses direitos, bem como as tentativas dos grupos hegemônicos de alterar as regras do jogo político em favor dos próprios interesses devem merecer um escrutínio estrito do Poder Judiciário. Aqui, o ativismo não opera contra a democracia, mas em seu favor, assegurando os pressupostos mínimos necessários ao seu funcionamento. (3) Critério igualmente importante se relaciona à proteção de minorias estigmatizadas. O processo político majoritário, que tem lugar no Parlamento e no governo, pode não ser suficientemente atento em relação aos direitos e interesses dos integrantes de grupos vulneráveis. (...). Destaque-se que o critério para definição de "minoria" que deve orientar a aplicação desse parâmetro não é numérico, mas envolve a participação do grupo social no exercício do poder político, social e econômico. (...) (4) Outro critério diz respeito à relevância material do direito fundamental em jogo. Normas que restrinjam direitos básicos – mesmo aqueles que não são diretamente relacionados com a democracia – merecem um escrutínio mais rigoroso do Poder Judiciário, tendo a sua presunção de constitucionalidade relativizada. Os direitos fundamentais devem prevalecer, como "trunfos", sobre a vontade das maiorias, pois expressam exigências morais que se impõem à política. Isso vale para liberdades públicas e existenciais, e para direitos sociais ligados ao atendimento das necessidades básicas. (...). (5) Outro importante elemento a ser considerado é a comparação entre as capacidades institucionais do Poder Judiciário e do órgão que editou o ato normativo discutido. É recomendável uma postura de autocontenção judicial diante da falta de *expertise* do Judiciário para tomar decisões em áreas que demandem profundos conhecimentos técnicos fora do Direito, como ocorre, por exemplo, na seara da regulação das atividades econômicas. (...). (6) Finalmente, outro elemento a ser considerado é a época de edição do ato normativo. Normas editadas antes do advento da Constituição não desfrutam de presunção de constitucionalidade equiparada àquelas feitas posteriormente". SOUZA NETO, 2012, p. 460.

[20] BARROSO; MENDONÇA, 2012.

É imperioso que a função jurisdicional assuma e lide com a interação de suas decisões com o corpo social, até mesmo porque elas não podem abrir mão da necessária adesão e deferência da sociedade para serem efetivas[21]. Nada obstante, a jurisdição não pode se eximir de sua função contramajoritária, resguardando a democracia e os direitos fundamentais.

Nesse contexto, vem surgindo no Brasil, de inspiração estadunidense, a possibilidade da imposição das medidas estruturantes[22] pelos juízes, de modo a concretizar o acesso à justiça.

O instituto das medidas estruturantes, tradução utilizada na indispensável obra de Marco Jobim[23], teve início no direito norte-americano, com o nome de *structural reform*, a partir da teoria desenvolvida por Owen Fiss[24].

Primeiramente, observa-se de suma importância conceituar as *structural injunctions*[25].

Elas representam um fenômeno ligado à necessidade de desenvolvimento do direito constitucional. A Suprema Corte dos EUA notou que diversos direitos constitucionalmente assegurados apenas poderiam ser efetivados por uma supervisão judicial substancial. Como exemplo disso pode-se citar a verificação se os direitos humanos são respeitados em prisões ou hospitais para doentes mentais[26].

Como observa Chayes, nos processos que demandam medidas estruturantes, há características bem peculiares, que os diferenciam do clássico formato individual-privatista[27].

Como bem anota Rodrigo Gismondi[28], essa específica categoria de processos passou a ser nominada de diversas formas: litígios de interesse público[29], *public interest litigation*[30], processo de interesse público[31], litígio institucional[32] e litígio policêntrico[33]. No entanto, há divergência quanto ao alcance do instituto[34], podendo variar, ainda, quanto à origem do sistema legal de cada país.

Owen Fiss ainda lembra que a medida (ou em suas palavras: *injunction*) é o meio pelo qual as diretivas de reconstrução são transmitidas[35].

Já Sérgio Cruz Arenhart[36] aduz que são decisões com uma visão prospectiva, pensando globalmente na decisão judicial, de modo a evitar que ela se torne um problema maior do que o litígio que foi examinado.

Vitorelli[37] aponta que os litígios estruturais são definidos como litígios coletivos decorrentes do modo como uma estrutura burocrática, pública ou privada, de significativa penetração social.

---

[21] BARROSO, 2009, p. 3.
[22] PINHO; CÔRTES, 2014, p. 229-258.
[23] JOBIM, 2012, p. 9.
[24] FISS, 1978. p. 13.
[25] "A denominação estrutural das sentenças proferidas em tais processos é dada pelo fato de que, por seu intermédio, os tribunais de justiça interferem na gestão de estruturas burocráticas e assumem certo nível de supervisão sobre políticas e práticas institucionais de diversas índoles." VERBIC, 2015.
[26] STURM, 1990, p. 809.
[27] CHAYES, 1976, p. 1302.
[28] GISMONDI, 2016, p 48. O autor esclarece, ainda, que a expressão "interesse público" (*public interest*) significa interesse da coletividade como um todo, confundindo-se com a noção de interesses difusos, coletivos e até mesmo individuais indisponíveis.
[29] THEODORO JR; NUNES; BAHIA, 2013.
[30] FOWKES, 2012.
[31] SALLES, 2003, p. 39-77.
[32] EISENBERG; YEAZELL, 1980, p. 466.
[33] FULLER, 1978, p. 394-395.
[34] Mirjan Damaska reserva a expressão apenas para as hipóteses nas quais se discute a efetivação de políticas públicas. DAMASKA, 1986, p. 237-238.
[35] FISS, 1979, p. 2.
[36] ARENHART, 2013, p. 389.
[37] VITORELLI, 2018, p. 335.

De acordo com Didier Jr., Zaneti Jr. e Oliveira[38], o processo estrutural é aquele em que se veicula um litígio estrutural, pautado num problema estrutural, e em que se pretende alterar um estado de desconformidade, substituindo-o por um estado de coisas ideal.

Nesse contexto, o art. 139 do CPC/2015, no inciso IV, confere ao magistrado o poder-dever de determinar "todas as medidas indutivas, coercitivas, mandamentais ou sub-rogatórias necessárias para assegurar o cumprimento de ordem judicial".

O CPC, contudo, não regula expressamente as medidas estruturantes. No curso do processo legislativo, durante o trâmite da revisão na Câmara dos Deputados, chegou a se prever o instituto da "intervenção judicial" no § 1º do art. 536 do PL n. 8.046/2010. Todavia, na versão final do Senado Federal, a menção acabou suprimida, com a mudança da redação.

Não se pode perder de vista, entretanto, o disposto no art. 497 do CPC/2015, sobre tutela específica e providências que assegurem o resultado prático equivalente nas ações que tenham por objeto prestação de fazer ou de não fazer.

Como nos lembra Proto Pisani[39], a tutela específica permite ao jurisdicionado obter, em grau máximo, tudo a que ele tem direito no plano material.

Nas palavras de Marinoni, "o direito fundamental à tutela jurisdicional efetiva exige que o juiz tenha poder para determinar a medida executiva adequada, afastando o princípio da tipicidade e consagrando o princípio da concentração dos poderes de execução do juiz"[40].

Nesse sentido, inegável a primazia[41] da tutela específica das obrigações, com base no art. 5º, XXXV e LIV, da Constituição da República.

Da mesma forma, para Barbosa Moreira, "não há dúvida de que a tutela específica é superior e deve ser preferida, sempre que possível, a qualquer outra forma. O que o ordenamento quer é que os deveres e obrigações se cumpram tais quais são"[42].

Para tanto, a legislação se vale da técnica das cláusulas abertas[43].

Ainda, deve-se destacar a Lei n. 12.529/2011, que estrutura o Sistema Brasileiro de Defesa da Concorrência (SBDC) e dispõe sobre a prevenção e a repressão às infrações contra a ordem econômica. A lei supracitada prevê expressamente a possibilidade de intervenção judicial, que inclusive dá nome ao Capítulo II do Título VIII da referida norma. Em seus arts. 96 e 102, prevê o instituto quando necessário à execução específica.

A previsão do art. 102 da Lei n. 12.529/2011 não chega a ser inovadora em nosso ordenamento jurídico. A legislação anterior de proteção à concorrência, Lei n. 8.884/94, já positivava expressamente a intervenção judicial, como constava dos arts. 63 e 69 da lei revogada.

Portanto, o instituto das medidas estruturantes, trazido do direito processual norte-americano, é uma evolução no sentido de assegurar a execução e a implementação das decisões judiciais, permitindo amoldar a técnica processual com a realidade do caso concreto e, de forma geral, da realidade brasileira. Caso contrário, o provimento não produzirá qualquer eficácia prática, quando não sobrevier injustiça ao jurisdicionado[44].

---

[38] DIDIER JR.; ZANETI; OLIVEIRA, 2021, p. 429.
[39] PISANI, 1994, p. 645.
[40] MARINONI, 2005, p. 60.
[41] TALAMINI, 2003, p. 327.
[42] BARBOSA MOREIRA, 1980, p. 31.
[43] AMARAL, 2015, p. 1.401.
[44] Matheus Galdino defende que a não identificação dos casos como passíveis de tratamento por um processo estrutural, a não compreensão do seu funcionamento, utilizando-se decisões e técnicas inadequadas ao seu objeto, implica, muitas vezes, a negativa de tutela ao direito material (GALDINO, 2022, p. 31-35).

De fato, há que se criar uma nova espécie para acomodar toda a complexidade do processo estruturural[45]. Eles são mais amplos, mais diversos e mais complexos do que as ações coletivas, por exemplo. Por outro lado, não podem ser limitados a um rótulo de ação civil pública, até mesmo porque, como veremos a seguir, há diversas ações de natureza constitucional que assumem a forma estruturante.

Ademais, a primeira decisão de mérito, em regra, não esgota a matéria, visto que várias outras decisões terão que ser proferidas na sequência a fim de dar solução aos problemas decorrentes que vão surgindo com o tempo e como decorrência das decisões anteriores[46].

Para Vitorelli[47], o processo estrutural tem as seguintes fases de desenvolvimento:

1) o diagnóstico da situação da estrutura;
2) a elaboração de um plano de alteração do funcionamento da estrutura;
3) a implementação do plano, de modo compulsório ou negociado;
4) a avaliação dos resultados da implementação;
5) a reelaboração do plano, no intuito de abordar aspectos inicialmente não percebidos, ou minorar efeitos colaterais não previstos; e
6) a implementação do plano revisto, com a obtenção do resultado social que se afigure apropriado.

Contudo, as medidas estruturais trouxeram consigo algumas consequências indesejadas com a sua implementação no direito norte-americano.

Manifestando grande preocupação com o tema, o insuperável José Carlos Barbosa Moreira[48], ao comentar o precedente *Brown x Board of Education*, reconhece que podem existir inúmeras dificuldades práticas para se garantir o efetivo cumprimento das ordens estruturais.

Wendy Parker[49], professora da *Wake Forest University*, analisou 84 decisões, entre 1992 e 2002, que tratavam de segregação racial em escolas. Após minucioso estudo, concluiu que a ideia de intervenção pura e simples está superada e pode trazer diversas questões e complicações não previstas e indesejáveis. A autora aponta como alternativa a busca de uma solução consensual entre as partes.

De fato, essa proposta mostra-se adequada. Por ela, previamente à implementação de uma medida estruturante, cumpre ao magistrado ouvir a opinião dos interessados e de terceiros que possam

---

[45] Para Vitorelli, todo litígio estrutural é um litígio coletivo irradiado. Segundo sua proposta conceitual, os litígios coletivos podem ser classificados conforme o tipo de sociedade que abrangem. Desse modo, no litígio coletivo de difusão irradiada, a sociedade atingida é lesada de modos qualitativa e quantitativamente distintos entre os seus integrantes, dando origem a subgrupos que não compõem uma comunidade, não têm a mesma perspectiva social e não serão atingidos, da mesma forma e com a mesma intensidade, pelo resultado do litígio – acarretando que suas visões acerca da solução desejável sejam divergentes e, comumente, antagônicas. Tais eventos dão ensejo a litígios mutáveis e multipolares, opondo o grupo titular do direito não apenas ao réu, como também a si próprio. VITORELLI, 2022, p. 60.

[46] "Muitas vezes, à decisão principal seguem-se inúmeras outras que têm por objetivo resolver problemas decorrentes da efetivação das decisões anteriores de modo a permitir a efetiva concretização do resultado visado pela decisão principal – é o que Sérgio Cruz Arenhart chama de provimentos em cascata. Assim, por exemplo, é típico das medidas estruturais a prolação de uma primeira decisão, que se limitará a fixar em linhas gerais as diretrizes para a proteção do direito a ser tutelado, criando o núcleo da posição jurisdicional sobre o problema a ele levado. Após essa primeira decisão – normalmente mais genérica, abrangente e quase principiológica, no sentido de que terá como principal função estabelecer a primeira impressão sobre as necessidades da tutela jurisdicional – outras decisões serão exigidas, para a solução de problemas e questões pontuais, surgidas na implementação da decisão-núcleo, ou para a especificação de alguma prática indevida" (DIDIER JR.; ZANETI JR., 2020, p. 588).

[47] VITORELLI, 2022, p. 69.

[48] BARBOSA MOREIRA, 2008.

[49] PARKER, 2003.

trazer subsídios para a decisão judicial e para evitar que ela, mesmo não intencionalmente, acarrete consequências indesejáveis[50].

Indispensável, ainda, garantir-se elevado grau de participação popular nas deliberações de tais demandas. Uma vez mais nos referimos ao texto do CPC, que traz dispositivos tanto sobre o *amicus curiae*, quanto sobre a previsão de audiências públicas, sobretudo quando o Tribunal pretenda emitir ordem com forte impacto em estruturas públicas ou privadas.

De acordo com Ludmila Costa Reis[51], não obstante todos os esforços envidados, via de regra, a solução adjudicada (imposta) muitas vezes não alcança o melhor resultado, o que indica a conveniência da adoção de técnicas decisórias consensuais como efetiva medida de solução de conflitos de interesse público.

Nesse sentido, veja-se o Centro de Coordenação e Apoio às Demandas Estruturais e Litígios Complexos (Cadec), criado no âmbito do STF por meio da Resolução n. 775/2022, com o objetivo de "auxiliar o STF na resolução de processos voltados a reestruturar determinado estado de coisas em desconformidade com a Constituição Federal e que exijam, para a concretização de direitos, técnicas especiais de efetivação processual e intervenções jurisdicionais diferenciadas".

Em dezembro de 2022, o STF editou a Resolução n. 790, que criou o Centro de Soluções Alternativas de Litígios (Cesal) do Supremo Tribunal Federal, composto pelo acima referido Cadec, além do Centro de Mediação e Conciliação, criado pela Resolução n. 697/2020, e do Centro de Cooperação Judiciária, disciplinado pela Resolução n. 775/2022.

Na gestão do Ministro Luís Roberto Barroso, criou-se uma subdivisão administrativa e autônoma dentro da presidência do STF denominada "Assessoria de Apoio à Jurisdição" (AAJ), vinculada à Secretaria Geral da Presidência com três núcleos próprios:

(i) Núcleo de Análise de Dados e Estatística (NUADE);
(ii) Núcleo de Solução Consensual de Conflitos e Cooperação Judiciária (NUSOL); e
(iii) (Núcleo de Processos Estruturais e Complexos (NUPEC).

O NUPEC/STF – núcleo de caráter interdisciplinar – foi criado com o intuito de auxiliar o processamento e monitoramento de ações estruturais e complexas que, dentre as suas atribuições, pode monitorar o cumprimento das decisões estruturais. Atualmente, já estão sob o monitoramento do NUPEC/STF algumas demandas estruturantes, tais como as ADPFs 347, 709 e 635.

Em excelente texto, Trícia Navarro[52] afirma que existem diversas formas de participação, diálogo ou técnicas autocompositivas que podem ser utilizadas, adequando-se às especificidades da causa, como:

(i) participação: designação de consultas, audiências públicas, como *amicus curiae* e outras formas de participação direta;
(ii) técnicas autocompositivas: negociação, conciliação, mediação, convenção processual, cooperação judiciária, votos conjuntos;

---

[50] Chamando a atenção para as limitações procedimentais hoje existentes e para a necessidade de se criar um novo espaço para a efetivação das medidas estruturantes, Arenhart assim se manifesta: "Se outra mentalidade do juiz é exigida, também se exige outro tipo de processo para lidar com essas causas. Mesmo a estrutura das ações coletivas – como hoje prevista – é insuficiente para tanto. Impõe-se um processo em que efetivamente se possa permitir a participação social, o conhecimento a fundo do problema e a gestão adequada do litígio. Não sendo assim, corre-se o sério risco de atirar o magistrado em um campo de batalha, em que ele sequer terá condições de conhecer aquilo que está julgando, em suas múltiplas facetas e com seus vários desdobramentos. Isso será, é claro, a certeza do fracasso da atuação judicial e da inadequação da decisão aí proferida". ARENHART, 2013, p. 398.

[51] REIS, 2018.

[52] NAVARRO, 2024.

(iii) diálogos processuais ou interinstitucionais: reuniões técnicas e audiência de contextualização.

Prossegue a autora, anotando que, "diferentemente das audiências públicas, de instrução ou de conciliação e mediação, a audiência de contextualização configura um formato novo, capaz de trazer benefícios mais amplos e satisfatórios para o processo". Essa audiência de contextualização, de natureza multifuncional, tem como objetivos:

(i) colher informações para subsidiar a tomada de decisão;
(ii) alinhar expectativas dos envolvidos;
(iii) elucidar dúvidas e possibilitar esclarecimentos para todos;
(iv) identificar de forma mais precisa o alcance das determinações impostas nas decisões estruturais;
(v) auxiliar no monitoramento do cumprimento da decisão estrutural;
(vi) propiciar que o cumprimento da decisão seja mais compatível com a realidade fática e concreta e com as reais possibilidades de cumprimento;
(vii) viabilizar consensos acerca de pontos específicos; e
(viii) possibilitar uma atuação coordenada entre os entes envolvidos no cumprimento.

Caminhando para o final deste breve texto, apresentamos algumas ações constitucionais que se amoldam ao modelo estruturante, nas quais o STF teve oportunidade de visitar o tema da intervenção do Poder Judiciário em implementação de políticas públicas com o intuito de efetivar direitos fundamentais.

Em duas oportunidades ao longo do ano de 2023, o STF se debruçou sobre a temática da grave deficiência na prestação de serviço de saúde em hospital público e da população em situação de rua.

Na primeira, o Tribunal, ao apreciar o Tema 698 da repercussão geral, deu parcial provimento ao recurso extraordinário para anular o acórdão recorrido e determinar o retorno dos autos à origem para novo exame da matéria, de acordo com as circunstâncias fáticas atuais do Hospital Municipal Salgado Filho (Rio de Janeiro/RJ) e com os parâmetros fixados[53].

Na segunda, o Plenário, por unanimidade, referendou a cautelar anteriormente concedida para o fim de tornar obrigatória a observância, pelos estados, Distrito Federal e municípios, imediata e independentemente de adesão formal, das diretrizes contidas no Decreto Federal n. 7.053/2009, que institui a Política Nacional para a População em Situação de Rua[54].

Entre outras providências, foi determinada a formulação pelo Poder Executivo federal, no prazo de 120 dias, do Plano de Ação e Monitoramento para a Efetiva Implementação da Política Nacional para a População em Situação de Rua, com a participação, dentre outros órgãos, do Comitê Intersetorial de Acompanhamento e Monitoramento da Política Nacional para População em Situação de Rua (CIAMP-Rua), do Conselho Nacional de Direitos Humanos (CNDH), da Defensoria Pública da União (DPU) e do Movimento Nacional da População em Situação de Rua.

---

[53] Precedentes citados: RE 592.581 (Tema 220 RG); RE 1.008.166 (Tema 548 RG); ARE 1.230.668 AgR-EDv-AgR; ARE 1.408.531 AgR; ARE 1.289.323 AgR; e ACO 3.473 MC-Ref. Precedente citado: ADPF 347 MC. RE 684.612-RJ, Rel. Min. Ricardo Lewandowski, redator do acórdão Min. Luís Roberto Barroso, j. 30-6-2023, *Informativo STF*, n. 1.101

[54] ADPF 976 MC-Ref/DF, Rel. Min. Alexandre de Moraes, julgamento virtual finalizado em 21-8-2023 (segunda-feira), às 23:59. *Informativo* n. 1.105 do STF.

Podemos elencar, ainda, os seguintes exemplos de ações constitucionais estruturantes:

a) ADPF 347. Violação massiva de direitos fundamentais no sistema carcerário brasileiro. No julgamento foi fixada a seguinte tese: "1. Há um estado de coisas inconstitucional no sistema carcerário brasileiro, responsável pela violação massiva de direitos fundamentais dos presos. Tal estado de coisas demanda a atuação cooperativa das diversas autoridades, instituições e comunidade para a construção de uma solução satisfatória. 2. Diante disso, União, Estados e Distrito Federal, em conjunto com o Departamento de Monitoramento e Fiscalização do Conselho Nacional de Justiça (DMF/CNJ), deverão elaborar planos a serem submetidos à homologação do Supremo Tribunal Federal, nos prazos e observadas as diretrizes e finalidades expostas no presente voto, especialmente voltados para o controle da superlotação carcerária, da má qualidade das vagas existentes e da entrada e saída dos presos. 3. O CNJ realizará estudo e regulará a criação de número de varas de execução penal proporcional ao número de varas criminais e ao quantitativo de presos."

b) ADPF 635. Operações policiais em comunidades do Rio de Janeiro. O Tribunal, por maioria, referendou a medida cautelar deferida "para determinar: (i) que, sob pena de responsabilização civil e criminal, não se realizem operações policiais em comunidades do Rio de Janeiro durante a epidemia do COVID-19, salvo em hipóteses absolutamente excepcionais, que devem ser devidamente justificadas por escrito pela autoridade competente, com a comunicação imediata ao Ministério Público do Estado do Rio de Janeiro – responsável pelo controle externo da atividade policial; e (ii) que, nos casos extraordinários de realização dessas operações durante a pandemia, sejam adotados cuidados excepcionais, devidamente identificados por escrito pela autoridade competente, para não colocar em risco ainda maior a população, a prestação de serviços públicos sanitários e o desempenho de atividades de ajuda humanitária", nos termos do voto do Relator.

c) ADPF 709. O Tribunal, por unanimidade, ratificou a medida cautelar já concedida para determinar: (i) a suspensão imediata dos efeitos do Ofício Circular n. 18/2021/CGMT/DPT/FUNAI e o Parecer n. 00013/2021/COAF-CONS/PFE-FUNAI/PGF/AGU; e (ii) a implementação de atividade de proteção territorial nas terras indígenas pela FUNAI, independentemente de estarem homologadas. Em continuação, o Relator determinou sejam implementadas as seguintes providências: 1. SALA DE SITUAÇÃO: Que o governo federal instale Sala de Situação para gestão de ações de combate à pandemia quanto a povos indígenas em isolamento ou de contato recente, com participação das comunidades, por meio da APIB, da Procuradoria-Geral da República e da Defensoria Pública da União. Os membros deverão ser designados em 72 horas a partir da ciência da decisão, e a primeira reunião virtual deve ser convocada em 72 horas depois da indicação dos representantes; 2. BARREIRAS SANITÁRIAS: Que em 10 dias, a partir da ciência da decisão, o governo federal ouça a Sala de Situação e apresente um plano de criação de barreiras sanitárias em terras indígenas; 3. PLANO DE ENFRENTAMENTO DA COVID-19: Que o governo federal elabore em 30 dias, a partir da ciência da decisão, com a participação das comunidades e do Conselho Nacional de Direitos Humanos, um Plano de Enfrentamento da Covid-19 para os Povos Indígenas Brasileiros. Os representantes das comunidades devem ser definidos em 72 horas a partir da ciência da decisão; 4. CONTENÇÃO DE INVASORES: Que o governo federal inclua no Plano de Enfrentamento e Monitoramento da Covid-19 para os Povos Indígenas medida de contenção e isolamento de invasores em relação a terras indígenas. Destacou, ainda, que é dever do governo federal elaborar um plano de desintrusão e que, se nada for feito, voltará ao tema. 5. SUBSISTEMA INDÍGENA:

Que todos os indígenas em aldeias tenham acesso ao Subsistema Indígena de Saúde, independente da homologação das terras ou reservas; e que os não aldeados também acessem o subsistema na falta de disponibilidade do SUS geral.

d) ADPF 743. O Tribunal, por unanimidade, julgou parcialmente procedentes os pedidos formulados nas ADPFs n. 743, 746 e 857, observado o julgamento da ADPF n. 760 e da ADO n. 54, para que o Governo federal apresente, no prazo de 90 dias, um "plano de prevenção e combate aos incêndios no Pantanal e na Amazônia, que abarque medidas efetivas e concretas para controlar ou mitigar os incêndios que já estão ocorrendo e para prevenir que outras devastações dessa proporção não sejam mais vistas". O Relator determinou a realização de audiência de conciliação, sob sua condução direta, voltada ao cumprimento integral da decisão, com a presença dos representantes do Núcleo de Solução Consensual de Conflitos – NUSOL e do Núcleo de Processos Estruturais Complexos – NUPEC desta Corte.

e) PET 13.357-DF. Homologação do acordo. Atuação da Presidência do STF, por meio do NUSOL no processo de repactuação de acordo para reparação e compensação dos danos causados pelo rompimento da barragem de Fundão, em Mariana/MG. Admitida a continuidade do procedimento conciliatório perante o STF, as partes submetem o acordo celebrado em 25-10-2024, para fins de homologação. O fato data de 2015. O rompimento da barragem em Mariana, de propriedade da Samarco Mineração, causou o maior desastre ambiental do país, com profundos impactos socioambientais e econômicos. A tragédia resultou na morte de 19 pessoas e afetou mais de 40 municípios, três reservas indígenas e milhares de pessoas. Além disso, provocou ampla degradação ambiental na bacia do rio Doce e no oceano Atlântico, destruiu áreas de preservação e vegetação nativa de Mata Atlântica, ocasionou a perda da biodiversidade, abalou os modos de vida das comunidades e prejudicou atividades econômicas. O acordo destina R$ 170 bilhões para ações de reparação e compensação. Desse total, R$ 100 bilhões serão repassados aos entes públicos para aplicação em projetos ambientais e socioeconômicos, incluindo programas de transferência de renda, e R$ 32 bilhões serão direcionados pela Samarco para a execução de obrigações de fazer, como a recuperação de áreas degradadas, a remoção de sedimentos, o reassentamento de comunidades e o pagamento de indenizações às pessoas atingidas. Incluem-se R$ 8 bilhões para povos indígenas, quilombolas e tradicionais, com um modelo autônomo de governança compartilhada, a ser implementado após consulta a essas comunidades. O acordo analisado tem 1.352 páginas e é composto de 12 capítulos, 155 cláusulas e 23 anexos. Diante da sua complexidade e relevância, após a homologação, será exigido monitoramento do cumprimento do acordo, a fim de garantir sua concretização e efetividade. Fica o monitoramento da execução do acordo delegado à Coordenadoria Regional de Demandas Estruturais e Cooperação Judiciária, vinculada ao Tribunal Regional Federal da 6ª Região. Por outro lado, controvérsias que envolvam conflitos interfederativos ou de maior complexidade e que não sejam solucionadas por meio da autocomposição deverão ser submetidas ao Supremo Tribunal Federal, que mantém a jurisdição para supervisão do acordo.

Por fim, importante ressaltar que em setembro de 2024 foi concluído o Anteprojeto de Lei que visa disciplinar os processos estruturais no Brasil. Fruto de uma Comissão presidida pelo ex-Procurador-Geral da República Augusto Aras e pelo Min. Navarro Dantas e que contou com a relatoria do Des. Edilson Vitorelli.

Comentaremos, a seguir, as principais características da iniciativa normativa.

O art. 1º traduz a preocupação do legislador em apresentar um conceito para o instituto. Dessa forma, ficou definido o processo estrutural como aquele que "tem como objeto um conflito coletivo de significativa abrangência social, cuja resolução adequada depende de providências prospectivas, graduais e duradouras".

O dispositivo, ainda, estabelece a aplicação subsidiária da Lei n. 7.347/85, inclusive o uso do termo de ajustamento de conduta.

O art. 2º elenca as normas fundamentais, dentro das quais destacamos:

a) prevenção e resolução consensual e integral dos litígios estruturais, judicial ou extrajudicialmente;

b) efetivo diálogo entre o juiz, as partes e os demais sujeitos, públicos ou privados, potencialmente impactados pela decisão, para a construção de um contraditório efetivo na busca da solução plural e adequada;

c) flexibilidade do procedimento e das providências de reestruturação, observado o contraditório prévio e a proibição de decisões-surpresa;

d) ênfase em medidas prospectivas, mediante elaboração de planos com objeto, metas, indicadores e cronogramas bem definidos, com implementação em prazo razoável.

Nesse sentido, o caráter estrutural pode ser reconhecido por consenso entre as partes ou decidido pelo magistrado. Por outro lado, o acordo ou decisão judicial que atribui caráter estrutural ao processo especificará o objeto da atuação estrutural. Aqui, também, há a previsão de cabimento de agravo de instrumento.

O art. 4º, § 6º, prevê que, ao reconhecer o caráter estrutural do litígio, o juiz deve levar em consideração:

a) a abrangência social do conflito;

b) a natureza dos direitos envolvidos;

c) as informações técnicas disponíveis;

d) a potencial efetividade e os limites e dificuldades da solução estrutural; e

e) todos os fundamentos e argumentos apresentados pelas partes.

Da decisão do magistrado que rejeitar o caráter estrutural cabe agravo de instrumento.

O art. 6º estabelece uma série de providências a serem tomadas pelo magistrado a partir do estabelecimento do caráter estrutural, dentre as quais se destacam:

a) admissão de pessoas ou entidades representativas dos grupos impactados pelo litígio;

b) realização de audiências públicas, com definição de metodologia adequada às características do litígio;

c) designação de calendário de audiências para tratar de aspectos específicos da controvérsia;

d) comunicação aos juízos responsáveis por processos individuais e coletivos que tenham relação com o litígio estrutural; e

e) adoção de medidas de cooperação judiciária e interinstitucional com sujeitos que possam contribuir com a solução do litígio, bem como com a gestão dos demais processos individuais e coletivos pendentes, que sejam relacionados ao objeto da controvérsia.

De acordo com a Exposição de Motivos, as técnicas enumeradas no art. 6º podem ser agrupadas nos seguintes gêneros:

a) Técnicas participativas: referem-se a técnicas de expansão dos sujeitos que atuarão no processo;
b) Técnicas de gerenciamento processual: os incisos sugerem o investimento na oralidade e na consensualidade, com a realização de audiências de saneamento compartilhado, que também poderão funcionar como momentos oportunos para negócios processuais e materiais entre as partes;
c) Técnicas de transparência e publicidade: criação, se for o caso, e uso de plataformas de tecnologia, aplicações de redes sociais ou a rede mundial de computadores para prestação de informações sobre a natureza do conflito e o andamento do processo;
d) Técnicas de cooperação jurisdicional: objetivam: i) congregar esforços com outros juízos que possam contribuir para a solução do conflito; e ii) comunicar aos juízos que conduzam outros processos individuais ou coletivos que tenham relação com o litígio estrutural, para que avaliem se é o caso de suspendê-los, reuni-los ou centralizá-los, como autoriza o art. 69 do CPC e a Resolução n. 350/2020, do Conselho Nacional de Justiça.

A partir daí, o juiz dirigirá as partes para a elaboração de um plano de atuação estrutural, na forma do art. 7º, que deverá conter, entre outros elementos:

a) diagnóstico do litígio estrutural;
b) cronograma de implementação das medidas planejadas, contemplando marcos parciais e finais;
c) prazos, parâmetros ou indicadores que definirão o encerramento do processo.

Na sequência, o magistrado designará audiência para elaborar e homologar a versão final do plano, em conjunto com as partes, e decidirá as questões não alcançadas por acordo.

O art. 8º se dedica ao consenso, que deve ser sempre priorizado a partir da construção do diálogo entre as partes envolvidas. Nesse sentido, para a obtenção do consenso, o juiz, além de atuar pessoalmente, pode remeter as partes à mediação ou a outras formas de autocomposição, suspendendo o curso do processo por prazo razoável.

De acordo com o § 4º, as decisões judiciais e os acordos[55], no processo estrutural, são passíveis de revisão ou ajustes, mediante provocação de qualquer interessado, em razão de fatos supervenientes, bem como de novas avaliações acerca dos efeitos da implementação do plano, inclusive em fase de cumprimento ou execução, observado o contraditório prévio, a proibição de decisões-surpresa e o disposto no art. 23 do Decreto-Lei n. 4.657, de 4 de setembro de 1942.

---

[55] I Jornada Jurídica de Prevenção e Gerenciamento de Crises Ambientais. 25 e 26 de novembro de 2024. Brasília. DF. CJF/ENFAM. Id.: 8032 Enunciado Proposto: Nos processos de natureza estrutural em que sejam pleiteados provimentos jurisdicionais com o potencial de atingir um grande número de pessoas, como consequência de crises ambientais, a previsão do art. 334, *caput*, do Código de Processo Civil, pode ser aproveitada pelo juiz para a realização de consultas ou audiências públicas destinadas a colher informações de pessoas e entidades potencialmente atingidas pela decisão ou de especialistas na matéria, bem como para ensejar a celebração de acordos que podem abranger, de forma integral ou parcial, o objeto da demanda ou agilizar o atendimento de demandas específicas das vítimas, fazendo cessar ou mitigar a situação de vulnerabilidade.

Por fim, o art. 10 prevê que as técnicas processuais aqui previstas se aplicam, no que forem compatíveis e adequadas, aos processos que cuidem de questões de natureza similar. Assim, da mesma forma, as técnicas processuais previstas em outros procedimentos especiais aplicam-se ao processo estrutural. O § 2º estabelece, ainda, que a lei se aplica, no que couber, aos processos estruturais de natureza administrativa ou de controle.

Como se vê, o Brasil deu um grande passo na direção de sistematizar o estudo dos processos estruturais e consolidar as principais ideias doutrinárias acerca do tema. Agora resta aguardar o debate e o amadurecimento do tema.

Bibliografia

ABBOUD, Georges. *Discricionariedade administrativa e judicial*: o ato administrativo e a decisão judicial. São Paulo: Revista dos Tribunais, 2014.

ABBOUD, Georges; CAVALCANTI, Marcos. Inconstitucionalidades do incidente de resolução de demandas repetitivas e riscos ao sistema decisório. *Revista de Processo*, v. 240, fev. 2015.

ABBOUD, Georges; FERNANDES, Ricardo Yamin. Requisitos legais para a instauração do incidente de assunção de competência. *Revista de Processo*, v. 279, p. 339-356, maio 2018.

ABBOUD, Georges; LUNELLI, Guilherme. Ativismo judicial e instrumentalidade do processo: diálogos entre discricionariedade e democracia. *Revista de Processo*, v. 242, abr. 2015, p. 9.

ABREU, Rafael Sirangelo de. *Igualdade e processo*: posições processuais equilibradas e unidade do direito. São Paulo: Revista dos Tribunais, 2015.

ACKERMAN, Bruce. The new separation of powers. *Harvard Law Review*, v. 113, n. 3, p. 634-725, jan. 2000.

ADONIAS, Antonio. Situações jurídicas homogêneas: um conceito necessário para o processamento das demandas de massa. *Revista de Processo*, v. 186, ago. 2010.

AKAOUI, Fernando Reverendo Vidal. *Compromisso de ajustamento de conduta ambiental*. 2. ed. São Paulo: Revista dos Tribunais, 2008.

ALCALÁ-ZAMORA, Niceto y Castillo. *Estudios de teoría general del proceso*. México: Universidad Nacional Autónoma de México, 1992. Disponível em: <http://info5.juridicas.unam.mx/libros/libro.htm?l=1049>. Acesso em: 10 jan. 2020.

ALMEIDA, Diogo Assumpção Rezende de. *Das convenções processuais no processo civil*. Tese de Doutorado – Universidade Estadual do Rio de Janeiro – UERJ, Rio de Janeiro, 2014.

ALMEIDA, Gregório Assagra de. *Direito processual coletivo brasileiro*: um novo ramo do direito processual. São Paulo: Saraiva, 2003.

ALMEIDA, Gregório Assagra de. *Manual das ações constitucionais*. Belo Horizonte: Del Rey, 2007.

ALVES, Cleber Francisco; PIMENTA, Marília Gonçalves. *Acesso à Justiça em preto e branco*: retratos institucionais da Defensoria Pública. Rio de Janeiro: Lumen Juris, 2004.

ALVES, Francisco Glauber Pessoa. Fundamentação judicial no novo Código de Processo Civil. *Revista de Processo*, v. 253, mar. 2016.

ALVES, Rogério Pacheco Alves; GARCIA, Emerson. *Improbidade administrativa*. São Paulo: Saraiva, 2006.

ALVIM, Eduardo Arruda. *Mandado de segurança*. 2. ed. Rio de Janeiro: GZ, 2010.

ALVIM, José Eduardo Carreira. *Elementos de teoria geral do processo*. 7. ed. Rio de Janeiro: Forense, 2001.

ALVIM, José Manoel de Arruda. *Tratado de direito processual civil*. São Paulo: Revista dos Tribunais, 1996. v. 2.

AMARAL, Guilherme Rizzo. *Comentários às alterações do novo CPC*. São Paulo: Revista dos Tribunais, 2015.

AMARAL, Guilherme Rizzo. Do cumprimento de sentença que reconheça a exigibilidade de obrigação de fazer ou de não fazer. In: WAMBIER, Teresa Arruda Alvim et al. (coord). *Breves comentários ao novo Código de Processo Civil*. São Paulo: Revista dos Tribunais, 2015.

AMARAL, Guilherme Rizzo. Efetividade, segurança, massificação e a proposta de um "incidente de resolução de demandas repetitivas". *Revista de Processo*, v. 196, jun. 2011.

AMORIM FILHO, Agnelo. Critério científico para distinguir a prescrição da decadência e para identificar as ações imprescritíveis. *Revista dos Tribunais*, n. 744.

ANDRADE, Adriano; MASSON, Cleber; ANDRADE, Landolfo. *Interesses difusos e coletivos*. 7. ed. São Paulo: Método, 2017.

ARAÚJO FILHO, Luiz Paulo da Silva. *Ações coletivas*: a tutela jurisdicional dos direitos individuais homogêneos. Rio de Janeiro: Forense, 2000.

ARAÚJO, José Aurélio de. O litígio coletivo da posse dos artigos 554 e 565 do novo CPC e a natureza da atuação da Defensoria Pública. In: SOUSA, José Augusto Garcia de (org.). *Defensoria Pública*. Salvador: JusPodivm, 2015.

ARAÚJO, José Henrique Mouta de. A apelação no mandado de segurança e o cumprimento das ordens judiciais em casos repetitivos. *Empório do Direito*, 1º set. 2019b. Disponível em: <https://emporiododireito.com.br/leitura/a-apelacao-no-mandado-de-seguranca-e-o-cumprimento-das-ordens-judiciais-em-casos-repetitivos>. Acesso em: 10 jan. 2020.

ARAÚJO, José Henrique Mouta de. A primazia da resolução de mérito e seus reflexos no mandado de segurança. *Revista de Processo*, v. 287, p. 357-380, jan. 2019a.

ARAÚJO, José Henrique Mouta de. Multa e medidas atípicas no mandado de segurança: um tema com variações. In: TALAMINI, Eduardo; MINAMI, Marcos Youji (coords.). *Medidas executivas atípicas*. Salvador: JusPodivm, 2018.

ARENHART, Sérgio Cruz. Decisões estruturais no direito processual civil brasileiro. *Revista de Processo*, São Paulo: RT, v. 225, p. 389, nov. 2013.

ARENHART, Sérgio Cruz. Processos estruturais no direito brasileiro: reflexões a partir do caso da ACP do carvão. *Revista de Processo Comparado*, v. 2, 2015.

ARENHART, Sérgio Cruz; OSNA, Gustavo. *Curso de processo civil coletivo*. 2. ed. São Paulo: Revista dos Tribunais, 2020.

ARNAUD, André-Jean. O direito contemporâneo entre regulamentação e regulação: o exemplo do pluralismo jurídico. In: ARAGÃO, Alexandre Santos de (coord.). *O poder normativo das agências reguladoras*. 2. ed. Rio de Janeiro: Forense, 2011.

ASSIS, Araken de. *Manual dos recursos*. 8. ed. São Paulo: Revista dos Tribunais, 2016.

ÁVILA, Humberto. *Segurança jurídica*: entre permanência, mudança e realização no direito tributário. 2. ed. São Paulo: Malheiros, 2012.

AZEVEDO, Antonio Junqueira de. Por uma nova categoria de dano na responsabilidade civil: o dano social. In: FILOMENO, José Geraldo Brito; WAGNER JÚNIOR, Luiz Guilherme da Costa; GONÇALVES, Renato Afonso (coords.). *O Código Civil e sua interdisciplinaridade*. Belo Horizonte: Del Rey, 2004.

BAHIA, Alexandre Melo Franco de Moraes; HENRIQUES, Paula Valério. Recursos extraordinário e especial repetitivos no CPC/2015: uso e interpretação de acordo com o modelo constitucional de processo. *Revista de Processo*, v. 258, ago. 2016.

BARACHO, José Alfredo de Oliveira. *Direito processual constitucional*. Belo Horizonte: Fórum, 2006.

BARBOSA MOREIRA, José Carlos. A tutela específica do credor nas obrigações negativas. In: BARBOSA MOREIRA, José Carlos. *Temas de direito processual*: segunda série. São Paulo: Saraiva, 1980.

BARBOSA MOREIRA, José Carlos. A ação popular do direito brasileiro como instrumento de tutela jurisdicional dos chamados "interesses difusos". *Revista de Processo*, n. 28, out.-dez. 1982.

BARBOSA MOREIRA, José Carlos. A Constituição e as provas ilicitamente obtidas. In: BARBOSA MOREIRA, José Carlos. *Temas de direito processual*: sexta série. São Paulo: Saraiva, 1997a.

BARBOSA MOREIRA, José Carlos. A Emenda Constitucional n. 45 e o processo. *Revista Forense*, Rio de Janeiro, ano 102, v. 383, jan.-fev. 2006b.

BARBOSA MOREIRA, José Carlos. A Justiça no limiar do novo século. In: BARBOSA MOREIRA, José Carlos. *Temas de direito processual*: quarta série. São Paulo: Saraiva, 1994b.

BARBOSA MOREIRA, José Carlos. A nova definição de sentença: Lei 11.232/05. *Revista Dialética de Direito Processual*, São Paulo, n. 39, p. 7885, 2006c.

BARBOSA MOREIRA, José Carlos. A proteção jurídica dos interesses coletivos. In: BARBOSA MOREIRA, José Carlos. *Temas de direito processual*: terceira série. São Paulo: Saraiva, 1984a.

BARBOSA MOREIRA, José Carlos. Ação civil pública. *Revista Trimestral de Direito Público*, v. 3, 1993.

BARBOSA MOREIRA, José Carlos. Ações coletivas na Constituição Federal de 1988. *Revista de Processo*, v. 61, jan.-mar. 1991.

BARBOSA MOREIRA, José Carlos. Alguns problemas atuais da prova civil. In: BARBOSA MOREIRA, José Carlos. *Temas de direito processual civil*: quarta série. São Paulo: Saraiva, 1989a.

BARBOSA MOREIRA, José Carlos. Antecipação de tutela: algumas questões controvertidas. In: BARBOSA MOREIRA, José Carlos. *Temas de direito processual*: oitava série. São Paulo: Saraiva, 2004a.

BARBOSA MOREIRA, José Carlos. Apontamentos para um estudo sistemático da legitimação extraordinária. In: BARBOSA MOREIRA, José Carlos. *Direito processual civil (ensaios e pareceres)*. Rio de Janeiro: Borsoi, 1971.

BARBOSA MOREIRA, José Carlos. Breve noticia sobre la conciliación en el proceso civil brasileño. In: BARBOSA MOREIRA, José Carlos. *Temas de direito processual*: quinta série. São Paulo: Saraiva, 1994a.

BARBOSA MOREIRA, José Carlos. Breves observações sobre a execução de sentença estrangeira à luz das recentes reformas do CPC. *Revista IOB Direito Civil e Processual Civil*, São Paulo, ano VII, n. 42, p. 46-54, jul.-ago. 2006d.

BARBOSA MOREIRA, José Carlos. *Comentários ao Código de Processo Civil*. 14. ed. Rio de Janeiro: Forense, 2008. v. 5.

BARBOSA MOREIRA, José Carlos. *Comentários ao Código de Processo Civil*. 16. ed. Rio de Janeiro: Forense, 2011b.

BARBOSA MOREIRA, José Carlos. Considerações sobre a chamada "relativização" da coisa julgada material. In: BARBOSA MOREIRA, José Carlos. *Temas de direito processual*: nona série. São Paulo: Saraiva, 2007a.

BARBOSA MOREIRA, José Carlos. Efetividade do processo e técnica processual. In: BARBOSA MOREIRA, José Carlos. *Temas de direito processual*: sexta série. São Paulo: Saraiva, 1997b.

BARBOSA MOREIRA, José Carlos. La iniciativa en la defensa judicial de los intereses difusos colectivos (un aspecto de la experiencia brasileña). In: BARBOSA MOREIRA, José Carlos. *Temas de direito processual*: quinta série. São Paulo: Saraiva, 1994c.

BARBOSA MOREIRA, José Carlos. *Litisconsórcio unitário*. Rio de Janeiro: Forense, 1972.

BARBOSA MOREIRA, José Carlos. *O novo processo civil brasileiro*: exposição sistemática do procedimento. Rio de Janeiro: Forense, 2009.

BARBOSA MOREIRA, José Carlos. O poder da Suprema Corte norte-americana e suas limitações. *Revista de Processo*, v. 155, jan. 2008.

BARBOSA MOREIRA, José Carlos. O problema da "divisão do trabalho" entre juiz e partes: aspectos terminológicos. In: BARBOSA MOREIRA, José Carlos. *Temas de direito processual*: quarta série. São Paulo: Saraiva, 1989b.

BARBOSA MOREIRA, José Carlos. Os poderes do juiz na direção e na instrução do processo. In: BARBOSA MOREIRA, José Carlos. *Temas de direito processual*: quarta série. São Paulo: Saraiva, 1989c.

BARBOSA MOREIRA, José Carlos. Os poderes do juiz. In: MARINONI, Luiz Guilherme (org.). *O processo civil contemporâneo*. Curitiba: Juruá, 1994d.

BARBOSA MOREIRA, José Carlos. Por um processo socialmente efetivo. *Revista de Processo*, São Paulo, v. 27, n. 105, jan.-mar. 2002.

BARBOSA MOREIRA, José Carlos. Por um processo socialmente efetivo. In: BARBOSA MOREIRA, José Carlos. *Temas de direito processual civil*: oitava série. São Paulo: Saraiva, 2004b.

BARBOSA MOREIRA, José Carlos. Privatização do processo? In: BARBOSA MOREIRA, José Carlos. *Temas de direito processual*: sétima série. São Paulo: Saraiva, 2001.

BARBOSA MOREIRA, José Carlos. Sentença executiva. In: DIDIER JR., Fredie (org.). *Leituras complementares de processo civil*. Salvador: JusPodivm, 2006f.

BARBOSA MOREIRA, José Carlos. Sentença executiva? *Revista Síntese de Direito Civil e Processual Civil*, Porto Alegre, n. 27, p. 519, 2004d.

BARBOSA MOREIRA, José Carlos. Súmula, jurisprudência, precedente: uma escalada e seus riscos. In: BARBOSA MOREIRA, José Carlos. *Temas de direito processual*: nona série. São Paulo: Saraiva, 2007c.

BARBOSA MOREIRA, José Carlos. Tutela de urgência e efetividade do direito. In: BARBOSA MOREIRA, José Carlos. *Temas de direito processual*: oitava série. Rio de Janeiro: Forense, 2004c.

BARBOSA MOREIRA, José Carlos. Tutela de urgência e efetividade do direito. In: BARBOSA MOREIRA, José Carlos. *Temas de direito processual civil*: oitava série. São Paulo: Saraiva, 2004e.

BARBOSA MOREIRA, José Carlos. Tutela jurisdicional dos interesses coletivos ou difusos. *Revista de Processo*, v. 39, jul.-set. 1985.

BARBOSA, Andrea Carla; CANTOARIO, Diego Martinez Fervenza. O incidente de resolução de demandas repetitivas no projeto de Código de Processo Civil: apontamentos iniciais. In: FUX, Luiz (org.). *O novo Código de Processo Civil brasileiro*. Direito em expectativa (reflexões acerca do projeto do novo Código de Processo Civil). Rio de Janeiro: Forense, 2011.

BARCELLOS, Ana Paula de. Direito processual coletivo e o controle de políticas públicas: os desafios da colaboração e da informação. In: MENDES, Aluisio Gonçalves de Castro; DINAMARCO, Cândido Rangel; PINHO, Humberto Dalla Bernardina de; FUX, Luiz (coords.). *Estudos de direito processual em homenagem a Paulo Cezar Pinheiro Carneiro*. Rio de Janeiro: LMJ Mundo Jurídico, 2019.

BARRETO, Susana Cardore Nunes. Novo Código de Processo Civil e o microssistema de processos coletivos: uma análise do art. 18. In: ZANETI JR., Hermes (coord.). *Processo coletivo*. Salvador: JusPodivm, 2016. Coleção Repercussões do Novo CPC, v. 8.

BARROSO, Luís Roberto. *A americanização do direito constitucional e seus paradoxos: teoria e jurisprudência constitucional no mundo contemporâneo*. Disponível em: <http://www.luisrobertobarroso.com.br>. Acesso em: 10 jan. 2020.

BARROSO, Luís Roberto. Ação popular e ação civil pública: aspectos comuns e distintivos. *Cadernos de Direito Constitucional e Ciência Política*, v. 1, n. 4, jul.-set. 1993.

BARROSO, Luís Roberto. Constituição, democracia e supremacia judicial: direito e política no Brasil contemporâneo. *Revista de Direito do Estado*, n. 16, p. 3, 2009a. Disponível em: <http://webbib.no-ip.org:81/consulta/revista/revista96_completa_001.pdf>. Acesso em: 10 jan. 2020.

BARROSO, Luís Roberto. Constituição, democracia e supremacia judicial: direito e política no Brasil contemporâneo. *Revista da Faculdade de Direito RFD – UERJ*, v. 2, n. 21, p. 1-50, jan./jun. 2012.

BARROSO, Luís Roberto. *Cortes Constitucionais devem captar sentimento social sem ser populistas*. Palestra proferida no Seminário "Constitucionalismo Global", realizado na Universidade de Yale, em 22 de setembro de 2016. Disponível em: <http://www.migalhas.com.br>. Acesso em: 25 set. 2016.

BARROSO, Luís Roberto. *Curso de direito constitucional contemporâneo*. São Paulo: Saraiva, 2009b.

BARROSO, Luís Roberto. *Da falta de efetividade à judicialização excessiva: direito à saúde, fornecimento gratuito de medicamentos e parâmetros para atuação judicial*. Disponível em: <http://www.migalhas.com.br>. Acesso em: 23 jan. 2008.

BARROSO, Luís Roberto. Interpretação e aplicação da Constituição. 2. ed. São Paulo: Saraiva, 1998.

BARROSO, Luís Roberto. Judicialização, ativismo judicial e legitimidade democrática. RDE, Revista de Direito do Estado, v. 13, p. 77, 2009c.

BARROSO, Luís Roberto. Judicialização, ativismo judicial e legitimidade democrática. *Revista Eletrônica de Direito do Estado (REDE)*, Salvador, Instituto Brasileiro de Direito Público, n. 18, p. 1-22, 2008. Disponível em: <http://www.direitodoestado.com.br/rede.asp>. Acesso em: 6 set. 2014.

BARROSO, Luís Roberto. *Jurisdição Constitucional*: a tênue fronteira entre o direito e a política. Disponível em: <https://www.migalhas.com.br/depeso/194782/jurisdicao-constitucional-a-tenue-fronteira-entre-o-direito-e-a-politica>. Acesso em: 8 fev. 2014.

BARROSO, Luís Roberto; MENDONÇA, Eduardo Bastos Furtado de. *STF foi permeável à opinião pública, sem ser subserviente*. Disponível em: <http://www.conjur.com.br/2012-jan-03/retrospectiva-2011-stf-foi-permeavel-opiniao-publica-subserviente>. Acesso em: 15 jan. 2012.

BARROSO, Luís Roberto. Neoconstitucionalismo e constitucionalização do direito. O triunfo tardio do direito constitucional no Brasil. *Jus Navigandi*, Teresina, ano 9, n. 851, nov. 2005. Disponível em: <http://jus2.uol.com.br/doutrina/texto.asp?id=7547>. Acesso em: 22 nov. 2005.

BARROSO, Luís Roberto. *O controle de constitucionalidade no direito brasileiro*. 2. ed. São Paulo: Saraiva, 2006.

BARROSO, Luís Roberto. *O direito constitucional e a efetividade de suas normas*: limites e possibilidades da Constituição brasileira. 4. ed. Rio de Janeiro: Renovar, 2000.

BARROSO, Luís Roberto. *Transformações da interpretação constitucional nos países de tradição romano-germânica*. Disponível em: <http://www.migalhas.com.br/mostra_noticia.aspx?cod=102615>. Acesso em: 28 fev. 2010.

BASTOS, Antonio Adonias Aguiar. *O devido processo legal nas causas repetitivas*. Disponível em: <http://www.publicadireito.com.br/conpedi/manaus/arquivos/anais/salvador/antonio_adonias_aguiar_bastos.pdf>. Acesso em: 10 jan. 2020.

BASTOS, Fabrício. *Curso de processo coletivo*. Indaiatuba: Foco, 2018.

BAUERMANN, Desirê. *Cumprimento das obrigações de fazer ou não fazer: estudo comparado*: Brasil e Estados Unidos. Porto Alegre: Sergio Antonio Fabris, 2012.

BEDAQUE, José Roberto dos Santos. Cognição e decisões do juiz no processo executivo. In: WAMBIER, Teresa; FUX, Luiz; NERY JR., Nelson (coords.). *Processo e Constituição*: estudos em homenagem ao Professor José Carlos Barbosa Moreira. São Paulo: RT, 2006.

BEDAQUE, José Roberto dos Santos. *Direito e processo*: influência do direito material sobre o processo. 2. ed. São Paulo: Malheiros, 1995.

BELLINETTI, Luiz Fernando; BARBUGIANI, Fernando. A legitimidade democrática do Ministério Público Brasileiro. *Revista de Processo*, São Paulo: RT, v. 277, p. 377-404, mar. 2018.

BENETI, Ana Carolina. Relação entre demandas no processo coletivo – uma análise evolutiva até o novo Código de Processo Civil. *Revista de Processo*, v. 268, jun. 2017.

BENETI, Sidnei Agostinho. Assunção de competência e *fast-track* recursal. *Revista de Processo*, v. 171, p. 9-23, maio 2009.

BERIZONCE, Roberto Omar. Activismo judicial y participación en la construcción de las políticas públicas. *Revista de Processo*, São Paulo, v. 35, n. 190, p. 37-70, dez. 2010.

BONAVIDES, Paulo. *Curso de direito constitucional*. Rio de Janeiro: Forense, 2001.

BUENO, Cassio Scarpinella. *A nova Lei do Mandado de Segurança*: comentários sistemáticos à Lei n. 12.016, de 7-8-2009. São Paulo: Saraiva, 2009.

BUENO, Cassio Scarpinella. *A nova Lei do Mandado de Segurança*. 2. ed. São Paulo: Saraiva, 2010.

BUENO, Cassio Scarpinella. *Curso sistematizado de direito processual civil*: teoria geral do direito processual civil: parte geral do Código de Processo Civil. 9. ed. São Paulo: Saraiva, 2018. v. 1.

BUENO, Cassio Scarpinella. *Novo Código de Processo Civil anotado*. 2. ed. São Paulo: Saraiva, 2016.

BUENO, Cassio Scarpinella. *Processo civil interpretado*. 3. ed. São Paulo: Saraiva, 2008. v. 5.

BUZAID, Alfredo. *Considerações sobre o mandado de segurança coletivo*. São Paulo: Saraiva, 1992.

CÂMARA, Alexandre Freitas. *Levando os padrões decisórios a sério*. São Paulo: Atlas, 2018.

CÂMARA, Alexandre Freitas. *O novo processo civil brasileiro*. 2. ed. São Paulo: Atlas, 2016.

CÂMARA, Alexandre Freitas; RODRIGUES, Marco Antonio dos Santos. A reunião de execuções fiscais e o NCPC: por uma filtragem à luz das normas fundamentais. *Revista de Processo*, v. 263, ano 42, jan. 2017.

CAMARGO, Luiz Henrique Volpe. O incidente de resolução de demandas repetitivas no projeto de novo CPC: a comparação entre a versão do Senado Federal e a da Câmara dos Deputados. In: FREIRE, Alexandre *et al.* (orgs.). *Novas tendências do processo civil*. Salvador: JusPodivm, 2014. v. 3.

CAMBI, Eduardo; FOGAÇA, Mateus Varga. Incidente de resolução de demandas repetitivas no novo Código de Processo Civil. *Revista de Processo*, v. 243, maio 2015.

CAMBI, Eduardo; HAAS, Adriane. Legitimidade do Ministério Público para impetrar mandado de segurança coletivo. In: GRINOVER, Ada Pellegrini *et al.* (orgs.). *Processo coletivo*: do surgimento à atualidade. São Paulo: Revista dos Tribunais, 2014.

CAMPOS, Carlos Alexandre de Azevedo. *Dimensões do ativismo judicial do STF*. Rio de Janeiro: Gen Forense, 2014.

CANOTILHO, José Joaquim Gomes. *Direito constitucional*. 7. ed. Coimbra: Almedina, 2003.

CAPPELLETTI, Mauro. Formações sociais e interesses coletivos diante da Justiça civil. *Revista de Processo*, São Paulo, v. 5, p. 128-159, 1977.

CAPPELLETTI, Mauro. *Juízes legisladores?* Trad. Carlos Alberto Alvaro de Oliveira. Porto Alegre: Sergio Antonio Fabris, 1993.

CAPPELLETTI, Mauro; GARTH, Bryant. *Acesso à Justiça*. Trad. Ellen Gracie Northfleet. Porto Alegre: Sergio Antonio Fabris, 1988.

CAPPELLETTI, Mauro; TALLON, Denis. *Les garanties fondamentales des parties dans le procès civil*. Milão: Giuffrè, 1973.

CARNEIRO, Athos Gusmão. *Jurisdição e competência*. 5. ed. São Paulo: Saraiva, 1993.

CARNEIRO, Paulo Cezar Pinheiro. *Acesso à justiça*: Juizados Especiais Cíveis e ação civil pública: uma nova sistematização da teoria geral do processo. 2. ed. 3 tir. Rio de Janeiro: Forense, 2007.

CARNEIRO, Paulo Cezar Pinheiro. Breves notas sobre o incidente de resolução de demandas repetitivas. *Revista Eletrônica de Direito Processual*, v. XIV, ano 8, jul.-dez. 2014.

CARNEIRO, Paulo Cezar Pinheiro. Comentário ao artigo 15. In: WAMBIER, Teresa Arruda Alvim et al. (coords.). *Breves comentários ao novo Código de Processo Civil*. São Paulo: Revista dos Tribunais, 2015b. Acesso eletrônico.

CARNEIRO, Paulo Cezar Pinheiro. Comentário ao artigo 1º. In: WAMBIER, Teresa Arruda Alvim et al. (coords.). *Breves comentários ao novo Código de Processo Civil*. São Paulo: Revista dos Tribunais, 2015a. Acesso eletrônico.

CARNEIRO, Paulo Cezar Pinheiro. *O Ministério Público no processo civil e penal*. Rio de Janeiro: Forense, 1988.

CARNEIRO, Paulo Cezar Pinheiro; GRECO, Leonardo; PINHO, Humberto Dalla Bernardina de. *Inovações do Código de Processo Civil de 2015*. Rio de Janeiro: GZ, 2016.

CARNEIRO, Paulo Cezar Pinheiro; GRECO, Leonardo; PINHO, Humberto Dalla Bernardina de. *Direito intertemporal e o novo Código de Processo Civil*. Rio de Janeiro: GZ, 2017.

CARNEIRO, Paulo Cezar Pinheiro; PINHO, Humberto Dalla Bernardina de. *O novo Código de Processo Civil anotado e comparado*. Rio de Janeiro: Forense, 2015.

CARNELUTTI, Francesco. *Lezioni di diritto processuale civile*. Pádua: Cedam, 1986.

CARNELUTTI, Francesco. *Sistema de direito processual civil*. 2. ed. São Paulo: Lemos e Cruz, 2004. v. I.

CARVALHO FILHO, José dos Santos. *Ação civil pública*: comentários por artigo. 7. ed. Rio de Janeiro: Lumen Juris, 2009.

CASTRO, Carlos Roberto Siqueira. Função normativa regulatória e o novo princípio da legalidade. In: ARAGÃO, Alexandre Santos de (coord.). *O poder normativo das agências reguladoras*. 2. ed. Rio de Janeiro: Forense, 2011.

CAVACO, Bruno de Sá Barcelos. *Desjudicialização de conflitos e democracia processual*: um convite à participação procedimental e ao protagonismo do cidadão na pós-modernidade. Curitiba: Juruá, 2017.

CAVACO, Bruno de Sá Barcelos. O inquérito civil como instrumento efetivo e resolutivo na tutela dos interesses transindividuais – desjudicialização, contraditório e participação. *Revista de Processo*, v. 247, set. 2015.

CAVALCANTI, Marcos de Araújo. *Incidente de Resolução de Demandas Repetitivas (IRDR)*. São Paulo: Revista dos Tribunais, 2016.

CAVALCANTI, Marcos de Araújo. Mecanismos de resolução de demandas repetitivas no direito estrangeiro: um estudo sobre o procedimento-modelo alemão e as ordens de litígios em grupo inglesas. *Revista de Processo*, v. 238, dez. 2014.

CAVALIERI FILHO, Sérgio. *Programa de responsabilidade civil*. 11. ed. São Paulo: Atlas, 2014.

CHAYES, Abram. The role of the judge in public law litigation. *Harvard Law Review*, Cambridge, v. 89, n. 7, p. 1281-1316, maio 1976.

CHIARLONI, Sergio. Efficacia del precedente giudiziario e tipologia dei contrasti di giurisprudenza. *Revista de Processo*, v. 229, mar. 2014.

CHIOVENDA, Giuseppe. *Instituições de direito processual civil*. 3. ed. Campinas: Bookseller, 2002. v. 2.

CHIOVENDA, Giuseppe. *Instituições de direito processual civil*. Trad. J. Guimarães Menegale. São Paulo: Saraiva, 1943. v. 2.

CINTRA, Antonio Carlos de Araújo; GRINOVER, Ada Pellegrini; DINAMARCO, Cândido Rangel. *Teoria geral do processo*. 25. ed. São Paulo: Malheiros, 2009.

COMOGLIO, Luigi Paolo. Garanzie minime del "giusto processo" civile negli ordinamenti ispano--latinoamericani. *Revista de Processo*, São Paulo, v. 112, p. 159-176, out.-dez. 2003.

COMOGLIO, Luigi Paolo; FERRI, Corrado; TARUFFO Michele. *Lezioni sul processo civile*. 2. ed. Bolonha: Il Mulino, 1998.

CÔRTES, Osmar Mendes Paixão. A consolidação da "objetivação" no novo Código de Processo Civil. *Revista de Processo*, v. 265, mar. 2017a.

CÔRTES, Osmar Mendes Paixão. A reclamação no novo CPC – fim das limitações impostas pelos Tribunais Superiores ao cabimento? *Revista de Processo*, v. 244, jun. 2015a.

CÔRTES, Osmar Mendes Paixão. A reclamação para os tribunais superiores no novo CPC, com as alterações da Lei 13.256/2016. *Revista de Processo*, v. 257, jul. 2016.

CÔRTES, Osmar Mendes Paixão. *Natureza e efeitos da decisão em recurso repetitivo: uma tentativa de sistematizar a observância à tese firmada na decisão paradigma*. Monografia (Pós-doutoramento) – Faculdade de Direito da UERJ, Rio de Janeiro, 2017b.

COSTA NETO, José Wellington Bezerra da. O novo Código de Processo Civil e o fortalecimento dos poderes judiciais. *Revista de Processo*, v. 249, nov. 2015.

COSTA, Domingos Barroso; GODOY, Arion Escorsin de. *Educação em direitos e Defensoria Pública*. Curitiba: Juruá, 2014.

COSTA, Eduardo José Fonseca da. A "execução negociada" de políticas públicas em juízo. *Revista de Processo*, n. 212, 2012.

COSTA, Susana Henriques da. *O processo coletivo na tutela do patrimônio público e da moralidade administrativa*: ação de improbidade administrativa, ação civil pública e ação popular. São Paulo: Quartier Latin, 2008.

COSTA, Suzana Henriques da. Morte e vida da conversão da ação individual em coletiva. *O novo Código de Processo Civil:* questões controvertidas. São Paulo: Atlas, 2015.

COSTÓDIO FILHO, Ubirajara. A Emenda Constitucional 19/98 e o princípio da eficiência na administração pública. *Revista de Direito Constitucional e Internacional*, v. 27, abr.-jun. 1999.

COUTO E SILVA, Ana Carolina. *A contribuição dos meios Autocompositivos de resolução de conflitos na implementação de políticas públicas sob o enfoque do litígio estrutural*. Dissertação de Mestrado. Orientador: Humberto Dalla. PPGDUERJ, 2024. 103 p.

CRAMER, Ronaldo. Comentário ao artigo 45. In: STRECK, Lenio Luiz; NUNES, Dierle; CUNHA, Leonardo Carneiro da (orgs.). *Comentários ao Código de Processo Civil*. São Paulo: Saraiva, 2016.

CRETELLA JÚNIOR, José. Da arbitragem e seu conceito categorial. *Revista de Informação Legislativa*, Brasília, n. 98, p. 127-138, 1988.

CRUZ E TUCCI, José Rogério. Class action *e mandado de segurança coletivo*. São Paulo: Saraiva, 1990.

CRUZ E TUCCI, José Rogério. Um veto providencial ao novo Código de Processo Civil! *Consultor Jurídico*, 17 mar. 2015. Disponível em: <http://www.conjur.com.br/2015-mar-17/paradoxo-corte-veto-providencial-cpc>. Acesso em: 14 out. 2016.

CUEVA, Ricardo Villas Bôas. A previsão do princípio da eficiência no projeto do novo Código de Processo Civil brasileiro. *Revista de Processo*, v. 233, jul. 2014.

CUEVA, Ricardo Villas Bôas. Anotações sobre o incidente de resolução de demandas repetitivas previsto no projeto do novo Código de Processo Civil. *Revista de Processo*, v. 193, mar. 2011.

CUEVA, Ricardo Villas Bôas. O regime processual das causas repetitivas. *Revista de Processo*, v. 179, jan. 2010.

CUNHA JR., Dirley da. A intervenção de terceiros no processo de controle abstrato de constitucionalidade – a intervenção do particular, do colegitimado e do *amicus curiae* na ADIN, ADC e

ADPF. In: WAMBIER, Teresa Arruda Alvim *et al.* (coords.). *Aspectos polêmicos e atuais sobre os terceiros no processo civil e assuntos afins*. São Paulo: RT, 2004.

CUNHA, Alcides Munhoz da. Evolução das ações coletivas no Brasil. *Revista de Processo*, São Paulo, n. 77, p. 224-235, 1995.

CUNHA, Leonardo José Carneiro da. *A Fazenda Pública em juízo*. 8. ed. São Paulo: Dialética, 2010.

CUNHA, Leonardo José Carneiro da. *A Fazenda Pública em juízo*. São Paulo: Dialética, 2012.

CUNHA, Leonardo José Carneiro da. A previsão do princípio da eficiência no projeto do novo Código de Processo Civil brasileiro. *Revista de Processo*, v. 233, p. 66-67, jul. 2014.

CUNHA, Leonardo José Carneiro da. Anotações sobre o incidente de resolução de demandas repetitivas previsto no projeto do novo Código de Processo Civil. *Revista de Processo*, v. 193, mar. 2011.

CUNHA, Leonardo José Carneiro da. *Jurisdição e competência*. São Paulo: Revista dos Tribunais, 2008.

CUNHA, Luciana Gross; GABBAY, Daniela Monteiro (coords.). *Litigiosidade, morosidade e litigância repetitiva*: uma análise empírica. São Paulo: Saraiva, 2013.

DAMASKA, Mirjan R. *The faces of justice and state authority*: a comparative approach to the legal process. New Heaven; Londres: Yale University, 1986.

DANTAS, Bruno. *Teoria dos recursos repetitivos*: tutela pluri-individual nos recursos dirigidos ao STF e ao STJ (arts. 543-B e 543-C do CPC). São Paulo: Revista dos Tribunais, 2015c.

DELGADO, José Augusto. Interesses difusos e coletivos: evolução conceitual. *Revista Jurídica*, n. 260, jun. 1999.

DELLORE, Luiz. Comentário ao art. 121. In: DELLORE, Luiz; GAJARDONI, Fernando da Fonseca; ROQUE, André; DUARTE, Zulmar. *Teoria geral do processo* – comentários ao CPC de 2015: parte geral. São Paulo: Método, 2015.

DELLORE, Luiz; MARTINS, Ricardo Maffeis. Recurso especial repetitivo: escolha do recurso e (in)efetividade dos julgamentos. In: DIDIER JR., Fredie (coord.). *Processo nos tribunais e meios de impugnação às decisões judiciais*. Salvador: JusPodivm, 2016.

DI PIETRO, Maria Sylvia Zanella. *Direito administrativo*. 18. ed. São Paulo: Atlas, 2005.

DIDIER JR., Fredie. *Curso de direito processual civil*. Salvador: JusPodivm, 2015.

DIDIER JR., Fredie. Fonte normativa da legitimação extraordinária no novo Código de Processo Civil: a legitimação extraordinária de origem negocial. *Revista de Processo*, n. 232, 2014.

DIDIER JR., Fredie. Os três modelos de direito processual civil: inquisitivo, dispositivo e cooperativo. *Revista de Processo*, v. 196, ago. 2011.

DIDIER JR., Fredie; BRAGA, Paulo Sarno; OLIVEIRA, Rafael de. *Curso de direito processual civil*. 11. ed. Salvador: JusPodivm, 2016. v. 2.

DIDIER JR., Fredie; CUNHA, Leonardo Carneiro da. *Curso de direito processual civil*. 14. ed. Salvador: JusPodivm, 2017. v. 3.

DIDIER JR., Fredie; PEIXOTO, Ravi. O art. 489, § 1º, do CPC e a sua incidência na postulação dos sujeitos processuais – um precedente do STJ. In: ALVIM, Teresa Arruda *et al.* (coords.). *Novo CPC aplicado visto por processualistas*. São Paulo: Revista dos Tribunais, 2017.

DIDIER JR., Fredie; ZANETI JR., Hermes. Ações coletivas e o incidente de julgamento de casos repetitivos – espécies de processo coletivo no direito brasileiro: aproximações e distinções. *Revista de Processo*, v. 256, jun. 2016a.

DIDIER JR., Fredie; ZANETI JR., Hermes. Conceito de processo jurisdicional coletivo. *Revista de Processo*, v. 229, mar. 2014.

DIDIER JR., Fredie; ZANETI JR., Hermes. *Curso de direito processual civil: processo coletivo*. 14. ed. Salvador: JusPodivm, 2020.

DIDIER JR., Fredie; ZANETI JR., Hermes; OLIVEIRA, Rafael Alexandria de. Elementos para uma teoria do processo estrutural aplicada ao processo civil brasileiro. In: ARENHART, Sergio Cruz; JOBIM, Marco Félix (orgs.). *Processos estruturais*. 3. ed. rev. ampl. Salvador: JusPodivm, 2021.

DINAMARCO, Cândido Rangel. *A instrumentalidade do processo*. 10. ed. São Paulo: Malheiros, 2002.

DINAMARCO, Cândido Rangel. *Fundamentos do processo civil moderno*. 6. ed. São Paulo: Malheiros, 2010. t. 1.

DINAMARCO, Cândido Rangel. *Instituições de direito processual civil*. São Paulo: Malheiros, 2004. v. 4.

DINAMARCO, Cândido Rangel; LOPES, Bruno Vasconcelos Carrilho. *Teoria geral do novo processo civil*. 2. ed. São Paulo: Malheiros, 2017.

DINAMARCO, Pedro da Silva. *Ação civil pública*. São Paulo: Saraiva, 2001.

DINAMARCO, Pedro da Silva. Las acciones colectivas pasivas em el Código Modelo de procesos colectivos para Iberoamérica. In: GIDI, Antonio; MAC-GREGOR, Eduardo Ferrer (coords.). *La tutela de los derechos difusos, colectivos e individuales homogéneos:* hacia un *Código Modelo para* Iberoamérica. México: Porrúa, 2003.

DIREITO, Carlos Alberto Menezes. *Manual do mandado de segurança*. 3. ed. Rio de Janeiro: Renovar, 1999.

ECONOMIDES, Kim. Lendo as ondas do "Movimento de Acesso à Justiça": epistemologia *versus* metodologia? In: PANDOLFI, Dulce Chaves *et al.* (orgs.). *Cidadania, justiça e violência*. Rio de Janeiro: FGV, 2015.

EISENBERG, Theodore; YEAZELL, Stephen C. The ordinary and the extraordinary in institutional litigation. *Harvard Law Review*, Cambridge, v. 93, n. 3, p. 465-517, jan. 1980.

ESTEVES, Diogo; SILVA, Franklyn Roger Alves. A nova disciplina da legitimação extraordinária da Defensoria Pública no novo Código de Processo Civil. In: SOUSA, José Augusto Garcia de (org.). *Defensoria Pública*. Salvador: JusPodivm, 2015.

ESTEVES, Diogo; SILVA, Franklyn Roger Alves. *Princípios institucionais da Defensoria Pública*. 2. ed. Rio de Janeiro: Forense, 2017.

FARIA, Marcela Kohlbach de. O dever de garantir a publicidade dos precedentes: os cadastros do CNJ e dos tribunais. In: CARNEIRO, Paulo Cezar Pinheiro; GRECO, Leonardo; PINHO, Humberto Dalla Bernardina de (coords.). *Direito intertemporal e o novo Código de Processo Civil*. Rio de Janeiro: GZ, 2017.

FENSTERSEIFER, Tiago. *Defensoria Pública, direitos fundamentais e ação civil pública*. São Paulo: Saraiva, 2015.

FERRARESI, Eurico. *Ação popular, ação civil pública e mandado de segurança coletivo*. Rio de Janeiro: Forense, 2009.

FERRARESI, Eurico. *Inquérito civil*. Rio de Janeiro: Forense, 2010.

FERRAZ, Luciano. LINDB autoriza TAC em ações de improbidade administrativa. *Consultor Jurídico*, 9 ago. 2018. Disponível em: <https://www.conjur.com.br/2018-ago-09/interesse-publico--lindb-autoriza-tac-acoes-improbidade-administrativa>. Acesso em: 10 jan. 2020.

FINK, Daniel Roberto. Alternativa à ação civil pública ambiental (reflexões sobre as vantagens do termo de ajustamento de conduta). In: MILARÉ, Édis (coord.). *Ação civil pública – Lei 7.347/85 – 15 anos*. 2. ed. São Paulo: Revista dos Tribunais, 2002.

FIORILLO, Celso Antônio Pacheco; RODRIGUES, Marcelo Abelha; NERY, Rosa Maria Andrade. *Direito processual ambiental brasileiro*. Belo Horizonte: Del Rey, 1996.

FISS, Owen M. *The civil rights injunctions*. Bloomington: Indiana University Press, 1978.

FISS, Owen M. The forms of Justice. *Harvard Law Review*, n. 93, p. 2, nov. 1979.

FISS, Owen. The social and political foundations of adjudication. *Law and Human Behavior*, n. 2, v. 6, p. 121-128, 1982.

FOWKES, James. Civil procedure in public interest litigation: tradition, collaboration and the managerial judge. *Cambridge Journal of International and Comparative Law*, Cambridge, v. 1, n. 3, p. 235-253, 2012.

FREITAS, Vladimir Passos de. O magistrado e o meio ambiente. *Revista dos Tribunais*, n. 659/29, set. 1990.

FREIXO, Ana Carolina Valverde; ROCHA, Felippe Borring; MIGUEZ, Juliana Kozlowski; LOPES, Maysa Vargas; CABRAL, Thiago Dias Delfino. A reunião de ações coletivas. *Revista de Direito da Defensoria Pública*, v. 27, n. 28, 2018.

FULLER, Lon. The forms and limits of adjudication. *Harvard Law Review*, Cambridge, v. 92, n. 2, p. 353-409, dez. 1978.

FUX, Luiz (coord.). *O novo processo civil brasileiro:* direito em expectativa. Rio de Janeiro: Forense, 2011a.

FUX, Luiz. *A reforma do processo civil*. Niterói: Impetus, 2006.

FUX, Luiz. A tutela dos direitos evidentes. *Jurisprudência do Superior Tribunal de Justiça*, Brasília, ano 2, n. 16, p. 23-43, abr. 2000.

FUX, Luiz. Comentários aos artigos 113 a 118. In: WAMBIER, Teresa Arruda Alvim *et al*. *Breves comentários ao novo Código de Processo Civil*. São Paulo: RT, 2015.

FUX, Luiz. *Curso de direito processual civil*. 4. ed. Rio de Janeiro: Forense, 2008. v. 1.

FUX, Luiz. *Intervenção de terceiros (aspectos do instituto)*. Rio de Janeiro: Forense, 1998.

FUX, Luiz. *Manual dos Juizados Especiais Cíveis*. São Paulo: Destaque, 1998.

FUX, Luiz. O novo processo civil. In: FUX, Luiz (coord.). *O novo processo civil brasileiro:* direito em expectativa. Rio de Janeiro: Forense, 2011b.

FUX, Luiz. *O novo processo de execução:* o cumprimento de sentença e a execução extrajudicial. Rio de Janeiro: Forense, 2009.

FUX, Luiz. *Teoria geral do processo civil*. 2. ed. Rio de Janeiro: Forense, 2016.

FUX, Luiz. *Teoria geral do processo civil*. Rio de Janeiro: Forense, 2014.

FUX, Luiz. *Tutela de segurança e tutela de evidência*. São Paulo: Saraiva, 1996.

FUX, Luiz; BODART, Bruno. Notas sobre o princípio da motivação e a uniformização da jurisprudência no novo Código de Processo Civil à luz da análise econômica do Direito. *Revista de Processo*, v. 269, jul. 2017.

GABRIEL, Anderson de Paiva. *O contraditório participativo no processo penal*: uma análise da fase pré-processual à luz do Código de Processo Civil de 2015 e da Constituição. Rio de Janeiro: Gramma, 2017.

GAIO JÚNIOR, Antônio Pereira. Breves notas sobre aplicabilidade de IRDR nos juizados especiais. *Consultor Jurídico*, 26 fev. 2017. Disponível em: <https://www.conjur.com.br/2017-fev-26/breves-notas-aplicabilidade-irdr-juizados-especiais>. Acesso em: 10 jan. 2020.

GAJARDONI, Fernando da Fonseca. *Direitos difusos e coletivos*. São Paulo: Saraiva, 2012. v. I.

GAJARDONI, Fernando da Fonseca. O processo coletivo refém do individualismo. In: ZANETI JR., Hermes (coord.). *Processo coletivo*. Salvador: JusPodivm, 2016. Coleção Repercussões do Novo CPC, v. 8.

GALANTER, Marc. Why the "haves" come out ahead? Speculations on the limits of legal change. *Law and Society Review*, v. 9, n. 1, 1974.

GALDINO, Matheus Souza. *Processos estruturais*: identificação, funcionamento e finalidade. 2. ed. São Paulo: JusPodivm, 2022.

GAMBÔA, João Carlos Corsini. *As condições da ação coletiva para a defesa de direitos individuais homogêneos*. Dissertação (Mestrado) – Faculdade de Direito da Universidade de São Paulo, São Paulo, 1999.

GARCIA, Emerson. *Ministério Público*: organização, atribuições e regime jurídico. 2. ed. Rio de Janeiro: Lumen Juris, 2004.

GARCIA, Emerson. *Ministério Público*: organização, atribuições e regime jurídico. 6. ed. São Paulo: Saraiva, 2017.

GARCIA, Emerson; ALVES, Rodrigo Pacheco. *Improbidade administrativa*. 4. ed. Rio de Janeiro: Lumen Juris, 2008.

GARCIA, Emerson; ALVES, Rogério Pacheco. Improbidade administrativa. 9. ed. São Paulo: Saraiva, 2017.

GIDI, Antonio. *A class action como instrumento de tutela coletiva dos direitos*. São Paulo: Revista dos Tribunais, 2007.

GIDI, Antonio. Código de Processo Civil coletivo: um modelo para países de direitos escrito. *Revista de Processo*, v. 111, jul.-set. 2003a.

GIDI, Antonio. *Coisa julgada e litispendência em ações coletivas*. São Paulo: Saraiva, 1995.

GIDI, Antonio. Notas críticas al anteproyecto de Código Modelo de procesos colectivos del Instituto Iberoamericano de Derecho Procesal. In: GIDI, Antonio; MAC-GREGOR, Eduardo Ferrer (coords.). *La tutela de los derechos difusos, colectivos e individuales homogéneos:* hacia un *Código Modelo para* Iberoamérica. México: Porrúa, 2003b.

GISMONDI, Rodrigo Altenburg Odebrecht Curi. *Processo civil de interesse público e medidas estruturantes*: da execução negociada à intervenção judicial. Dissertação de mestrado, UERJ, fev. 2016.

GOMES JUNIOR, Luiz Manoel; FAVRETO, Rogério. Anotações sobre o projeto da nova Lei da Ação Civil Pública: análise histórica e as suas principais inovações. In: MOREIRA, Alberto Camina; ALVAREZ, Anselmo Pietro; BRUSCHI, Gilberto Gomes (coords.). *Panorama atual das tutelas individual e coletiva*. São Paulo: Saraiva, 2011.

GOMES JUNIOR, Luiz Manoel; FAVRETO, Rogério. Comentários aos artigos 21 e 22. In: CRUZ, Luana Pedrosa Figueiredo *et al*. *Comentários à nova Lei do Mandado de Segurança:* Lei 12.016, de 7 de agosto de 2009. São Paulo: Revista dos Tribunais, 2009.

GOMES JUNIOR, Luiz Manoel; SANTOS FILHO, Ronaldo Fenelon. Ação popular ambiental: aspectos relevantes. In: GOMES JUNIOR, Luiz Manoel; SANTOS FILHO, Ronaldo Fenelon. *Ação popular*: aspectos relevantes e controvertidos. São Paulo: RCS, 2006.

GRAU, Eros Roberto. Requisito da lesividade na ação popular. In: MELLO, Celso Antônio Bandeira de (coord.). *Estudos em homenagem a Geraldo Ataliba*: direito administrativo e constitucional. São Paulo: Malheiros, 1997.

GRECO, Leonardo. *Instituições de direito processual civil*. 5. ed. Rio de Janeiro: Forense, 2015.

GRECO, Leonardo. *Jurisdição voluntária moderna*. São Paulo: Dialética, 2003.

GRECO, Leonardo. Publicismo e privatismo no processo civil. *Revista de Processo*, v. 164, out. 2008.

GRINOVER, Ada Pellegrini. A ação civil pública e a defesa de interesses individuais homogêneos. *Revista de Direito do Consumidor*, n. 5, jan.-mar. 1993.

GRINOVER, Ada Pellegrini. A coletivização de ações individuais após o veto. In: CIANCI, Mirna; DELFINO, Lúcio; DANTAS, Bruno; DIDIER JR., Fredie; CUNHA, Leonardo Carneiro da;

CAMARGO, Luiz Henrique Volpe; REDONDO, Bruno Garcia (coords.) *Novo Código de Processo Civil:* impactos na legislação extravagante e interdisciplinar. São Paulo: Saraiva, 2016. v. 1.

GRINOVER, Ada Pellegrini. Ação civil pública em matéria ambiental e denunciação da lide. *Revista de Processo,* n. 106, abr.-jun. 2002a.

GRINOVER, Ada Pellegrini. Ações coletivas Ibero-americanas: novas questões sobre a legitimação e a coisa julgada. *Revista Forense,* v. 361, maio-jun. 2002b.

GRINOVER, Ada Pellegrini. Da *class action for damages* à ação de classe brasileira: os requisitos de admissibilidade. *Revista de Processo,* São Paulo, v. 101, p. 11-27, jan.-mar. 2001.

GRINOVER, Ada Pellegrini. Da coisa julgada (comentários aos arts. 103 e 104). In: GRINOVER, Ada Pellegrini et al. (org.). *Código Brasileiro de Defesa do Consumidor comentado pelos autores do anteprojeto.* 12. ed. Rio de Janeiro: Forense, 2019.

GRINOVER, Ada Pellegrini. Mandado de segurança coletivo: legitimação e objeto. *Revista de Processo,* v. 57, jan.-mar. 1990.

GRINOVER, Ada Pellegrini; BENJAMIN, Antonio Herman; WAMBIER, Teresa Arruda Alvim; VIGORITI, Vicenzo (orgs.). *Processo coletivo:* do surgimento à atualidade. São Paulo: Revista dos Tribunais, 2014.

GRINOVER, Ada Pellegrini; WATANABE, Kazuo et al. *Código brasileiro de Defesa do Consumidor*: comentado pelos autores do anteprojeto. 6. ed. Rio de Janeiro: Forense Universitária, 2000.

GUEDES, Jefferson Carús. Transigibilidade de interesses públicos: prevenção e abreviação de demandas da Fazenda Pública. In: GUEDES, Jefferson Carús; SOUZA, Luciane Moessa de (coord.). *Advocacia de Estado:* questões institucionais para a construção de um Estado de Justiça: estudos em homenagem a Diogo de Figueiredo Moreira Neto e José Antonio Dias Toffoli. Belo Horizonte: Fórum, 2009.

HARVARD UNIVERSITY. Class actions. *Harvard Law Review,* May 1976.

HILL, Flávia Pereira. Breves comentários às principais inovações quanto aos meios de impugnação das decisões judiciais no novo CPC. In: DIDIER JR., Fredie (coord.). *Processo nos tribunais e meios de impugnação às decisões judiciais.* Salvador: JusPodivm, 2016.

JEREISSATI, Régis Gurgel do Amaral. Incidentes nos tribunais. In: SILVA, Franklyn Roger Alves (org.). *CPC/15*: perspectiva da Defensoria Pública. Salvador: JusPodivm, 2016.

JOBIM, Marco Félix. As medidas estruturantes e a legitimidade democrática do Supremo Tribunal Federal para sua implementação. 2012. Tese (Doutorado em Teoria Geral da Jurisdição e Processo). Pontifícia Universidade Católica do Rio Grande do Sul, Rio Grande do Sul, 2012.

JOBIM, Marco Félix. *O direito fundamental à duração razoável do processo e a responsabilidade civil do Estado em decorrência da intempestividade processual.* 2. ed. rev. e ampl. Porto Alegre: Livraria do Advogado, 2012.

KIRCHNER, Felipe; KETTERMANN, Patrícia. A legitimidade da Defensoria Pública para o manejo de ação civil pública por ato de improbidade administrativa. *Revista dos Tribunais,* v. 929, mar. 2013.

KLONOFF, Robert H.; BILICH, Edward K. M. *Class actions and other multi- party litigation*: cases and materials. Minnesota: West Group, 2000.

KNIJNIK, Danilo. *O recurso especial e a revisão da questão de fato pelo Superior Tribunal de Justiça.* Rio de Janeiro: Forense, 2005.

KOEHLER, Frederico. O incidente de resolução de demandas repetitivas e os Juizados Especiais. *Revista de Processo,* v. 237, nov. 2014.

LAFER, Celso. *A reconstrução dos direitos humanos.* São Paulo: Companhia das Letras, 1998.

LALIGANT, Marcel. La notion d'intérêt pour agir et le juge administratif. *Revue du droit public et de la science politique en France et à l'étranger*, n. 87, 1971.

LEAL, André Cordeiro. *A instrumentalidade do processo em crise*. Belo Horizonte: Mandamentos, 2008.

LEAL, Márcio Flávio Mafra. *Ações coletivas*. São Paulo: Revista dos Tribunais, 2014.

LEAL, Márcio Flávio Mafra. *Ações coletivas*: história, teoria e prática. Porto Alegre: Sergio Antonio Fabris, 1998.

LEITE, Carlos Henrique Bezerra. *Princípios da jurisdição metaindividual*. São Paulo: LTr, 2004.

LEITE, José Rubens Morato. *Dano ambiental*: do individual ao coletivo extrapatrimonial. São Paulo: Revista dos Tribunais, 2000.

LENZA, Pedro. *Direito constitucional esquematizado*. 22. ed. São Paulo: Saraiva, 2018.

LENZA, Pedro. *Teoria geral da ação civil pública*. 3. ed. São Paulo: Revista dos Tribunais, 2008.

LEONEL, Ricardo de Barros. Intervenção do Ministério Público no incidente de resolução de demandas repetitivas. *Revista Jurídica da Escola Superior do Ministério Público de São Paulo*, v. 1, 2012.

LEONEL, Ricardo de Barros. *Manual do processo coletivo*. 2. ed. São Paulo: Revista dos Tribunais, 2011.

LEONEL, Ricardo de Barros. Ministério Público e despesas processuais no novo Código de Processo Civil. In: ZANETI JR., Hermes (coord.). *Processo coletivo*. Salvador: JusPodivm, 2016. Coleção Repercussões do Novo CPC, v. 8.

LIEBMAN, Enrico Tullio. *Eficácia e autoridade da sentença e outros escritos sobre a coisa julgada*. Tradução de Alfredo Buzaid e Benvindo Aires, tradução dos textos posteriores à edição de 1945 com notas relativas ao direito brasileiro vigente de Ada Pellegrini Grinover. 4. ed. Rio de Janeiro: Forense, 2007.

LIEBMAN, Enrico Tullio. *Manual de direito processual civil*. 3. ed. Trad. Cândido Rangel Dinamarco. São Paulo: Malheiros, 2005. v. 1.

LIEBMAN, Enrico Tullio. *Manual de direito processual civil*. Trad. e notas de Cândido Rangel Dinamarco. Rio de Janeiro: Forense, 1984. v. 1.

LIMA, Cláudio Vianna de. A arbitragem no tempo, o tempo na arbitragem. In: GARCEZ, José Maria Rossani. *A arbitragem na era da globalização*. 2. ed. Rio de Janeiro: Forense, 1999.

LISBOA, Roberto Senise. *Contratos difusos e coletivos*. São Paulo: RT, 1997.

LOPES, Bruno Vasconcelos Carrilho. *Honorários advocatícios no processo civil*. São Paulo: Saraiva, 2008.

MACÊDO, Lucas Buril de; PEIXOTO, Ravi de Medeiros. Negócio processual acerca da distribuição do ônus da prova. *Revista de Processo*, v. 241, 2015.

MADEIRA, Daniela Pereira. A força da jurisprudência. In: FUX, Luiz (coord.). *O novo processo civil brasileiro (direito em expectativa)*: reflexões acerca do projeto do novo Código de Processo Civil. Rio de Janeiro: Forense, 2011.

MAIA, Diogo Campos Medina. *Ação coletiva passiva*. Salvador: JusPodivm, 2009.

MAIA, Maurilio Casas. A intervenção de terceiro da Defensoria Pública nas ações possessórias multitudinárias do NCPC: colisão de interesses (art. 4º-A, V, LC n. 80/1994) e posições processuais dinâmicas. In: DIDIER JR., Fredie; MACÊDO, Lucas Buril de; PEIXOTO, Ravi; FREIRE, Alexandre (orgs.). *Parte geral*. 2. ed. Salvador: JusPodivm, 2016. Coleção Novo CPC – Doutrina Selecionada, v. I.

MAIA, Maurilio Casas. *Custos vulnerabilis* constitucional: o estado defensor entre o REsp n. 1.192.577-RS e a PEC n. 4/14. *Revista Jurídica Consulex*, Brasília, ano XVIII, n. 417, jun. 2014.

MAIA, Maurilio Casas. Expressão e instrumento do regime democrático? "Communitas", "vulnerabilis et plebis" – algumas dimensões da missão do Estado Defensor. *Empório do Direito*, 29 ago.

2015. Disponível em: <https://emporiododireito.com.br/leitura/expressao-e-instrumento--do-regime-democratico-communitas-vulnerabilis-et-plebis-algumas-dimensoes-da-missao--do-estado-defensor>. Acesso em: 10 jan. 2020.

MAIA, Maurilio Casas. Legitimidades institucionais no incidente de resolução de demandas repetitivas (IRDR) no direito do consumidor: Ministério Público e Defensoria Pública: similitudes & distinções, ordem & progresso. *Revista dos Tribunais*, v. 986, ano 106, p. 27-61, dez. 2017.

MANCUSO, Rodolfo de Camargo. *A resolução de conflitos e a função judicial no contemporâneo Estado de Direito*. São Paulo: RT, 2009.

MANCUSO, Rodolfo de Camargo. *Ação civil pública*: em defesa do meio ambiente, do patrimônio cultural e dos consumidores. 10. ed. São Paulo: Revista dos Tribunais, 2008a.

MANCUSO, Rodolfo de Camargo. *Ação popular*. 5. ed. São Paulo: Revista dos Tribunais, 2003a.

MANCUSO, Rodolfo de Camargo. Da jurisdição coletiva à tutela judicial plurindividual: evolução da experiência brasileira com as demandas seriais. *Revista de Processo*, v. 237, nov. 2014.

MANCUSO, Rodolfo de Camargo. *Incidente de resolução de demandas repetitivas*: a luta contra a dispersão jurisprudencial excessiva. São Paulo: Revista dos Tribunais, 2016.

MANCUSO, Rodolfo de Camargo. *Interesses difusos*: conceito e legitimação para agir. 8. ed. São Paulo: Revista dos Tribunais, 2013.

MANCUSO, Rodolfo de Camargo. *Jurisdição coletiva e coisa julgada*. 2. ed. São Paulo: Revista dos Tribunais, 2008b.

MANCUSO, Rodolfo de Camargo. *Jurisdição coletiva e coisa julgada*: teoria geral das ações coletivas. 2. ed. rev., atual. e ampl. São Paulo: RT, 2007.

MANCUSO, Rodolfo de Camargo. *Recurso extraordinário e recurso especial*. 8. ed. São Paulo: Revista dos Tribunais, 2003b.

MANCUSO, Rodolfo de Camargo. Sobre a legitimação do Ministério Público em matéria de interesses individuais homogêneos. In: MILARÉ, Édis (coord.). *Ação civil pública*: Lei 7.347/85 – reminiscências e reflexões após 10 anos de aplicação. São Paulo: RT, 1995.

MANCUSO, Rodolfo de Camargo. Tutela judicial do meio ambiente: reconhecimento de legitimidade para agir aos entes naturais? *Revista de Processo*, v. 52, out.-dez. 1988.

MARINONI, Luiz Guilherme. *A antecipação da tutela*. 4. ed. São Paulo: Malheiros, 1998.

MARINONI, Luiz Guilherme. *A ética dos precedentes*: justificativa do novo CPC. 2. ed. rev., atual e ampl. São Paulo: Revista dos Tribunais, 2016a.

MARINONI, Luiz Guilherme. A jurisdição no Estado contemporâneo. *Estudos de direito processual civil*. São Paulo: RT, 2005.

MARINONI, Luiz Guilherme. Coisa julgada sobre questão em favor de terceiros e precedentes obrigatórios. *Revista de Processo*, v. 284, p. 115-136, out. 2018.

MARINONI, Luiz Guilherme. Comentário ao artigo 928. In: WAMBIER, Teresa Arruda Alvim *et al.* (coords.). *Breves comentários ao novo Código de Processo Civil*. São Paulo: Revista dos Tribunais, 2015a.

MARINONI, Luiz Guilherme. Controle do poder executivo do juiz. *Revista de Processo*, São Paulo, v. 30, n. 127, p. 54-74, set. 2005.

MARINONI, Luiz Guilherme. Do controle da insuficiência de tutela normativa aos direitos fundamentais processuais. *Revista de Processo*, v. 226, p. 13, dez. 2013.

MARINONI, Luiz Guilherme. O problema do incidente de resolução de demandas repetitivas e dos recursos extraordinário e especial repetitivos. *Revista de Processo*, v. 249, p. 413, nov. 2015c.

MARINONI, Luiz Guilherme. *Precedentes obrigatórios*. 4. ed. São Paulo: Revista dos Tribunais, 2016c.

MARINONI, Luiz Guilherme; ARENHART, Sérgio Cruz; MITIDIERO, Daniel. *Novo curso de processo civil*. São Paulo: Revista dos Tribunais, 2015. v. 2.

MARINONI, Luiz Guilherme; MITIDIERO, Daniel. *O Projeto do CPC*: crítica e propostas. São Paulo: RT, 2010.

MARSAC, Silvestre Tandeau. Mediation et action de groupe. *Revista de Arbitragem e Mediação*, v. 46, p. 115-122, jul.-set. 2015.

MARSHALL, William P. Conservatives and the seven sins of judicial activism. *University of Colorado Law Review*, Colorado, v. 73, p. 1217-1256, set. 2002.

MARTINS JUNIOR, Wallace Paiva. *Probidade administrativa*. 2. ed. São Paulo: Saraiva, 2002.

MARTINS, Ives Gandra da Silva. Ministério Público: direitos individuais disponíveis e ação civil pública. *RF* 330, abr.-jun. 1995.

MAZZILI, Hugo Nigri. O processo coletivo e o CPC de 2015. In: DANTAS, Bruno et al. (coords.). *Novo Código de Processo Civil*: impactos na legislação extravagante interdisciplinar. São Paulo: Saraiva, 2016. v. 2.

MAZZILLI, Hugo Nigro. *A defesa dos interesses difusos em juízo*. 31. ed. São Paulo: Saraiva, 2019.

MAZZILLI, Hugo Nigro. O inquérito civil e o poder investigatório do Ministério Público. In: MILARÉ, Édis (coord.). *A ação civil pública após 20 anos*: efetividades e desafios. São Paulo: Revista dos Tribunais, 2005a.

MAZZILLI, Hugo Nigro. Pontos controvertidos sobre o inquérito civil. In: MILARÉ, Édis (coord.). *A ação civil pública após 20 anos*: efetividades e desafios. São Paulo: Revista dos Tribunais, 2005b.

MAZZOLA, Marcelo. Julgamento antecipado parcial de mérito e a "preclusão surpresa". *Jota*, 20 mar. 2018. Disponível em: <https://www.jota.info/opiniao-e-analise/artigos/julgamento-antecipado-parcial-do-merito-e-preclusao-surpresa-20032018>. Acesso em: 10 jan. 2020.

MAZZOLA, Marcelo. Qual a relação entre mediação extrajudicial, precedentes e negócios jurídicos processuais? *Migalhas*, 24 maio 2016. Disponível em: <http://www.migalhas.com.br/dePeso/16,MI239654,31047-Qual+a+relacao+entre+mediacao+extrajudicial+precedentes+e+negocios>. Acesso em: 10 jan. 2020.

MAZZOLA, Marcelo. STJ: processamento do IRDR pela sistemática do repetitivo. *Jota*, 5 ago. 2017a. Disponível em: <https://jota.info/artigos/stj-processamento-do-irdr-por-sistematica-do-repetitivo-05082017>. Acesso em: 10 jan. 2020.

MAZZOLA, Marcelo. *Tutela jurisdicional colaborativa*: a cooperação como fundamento autônomo de impugnação. Curitiba: CRV, 2017b.

MCGOVERN, Francis E. The whats and why of claims resolution facilities. *Stanford Law Review*, n. 57, 2005.

MEDINA, José Miguel Garcia. Integridade, estabilidade e coerência da jurisprudência no Estado Constitucional e Democrático de Direito: o papel do precedente, da jurisprudência e da súmula, à luz do CPC/2015. *Revista dos Tribunais*, v. 974, dez. 2016.

MEDINA, José Miguel Garcia. *Novo Código de Processo Civil comentado*. São Paulo: RT, 2015.

MEDINA, José Miguel Garcia. *Novo Código de Processo Civil comentado*. 5. ed. São Paulo: Revista dos Tribunais, 2017.

MEDINA, José Miguel Garcia. *Prequestionamento e repercussão geral e outras questões relativas aos recursos especial e extraordinário*. 6 ed. São Paulo: Revista dos Tribunais, 2012.

MEDINA, José Miguel Garcia; ARAÚJO, Fábio Caldas de. *Mandado de segurança individual e coletivo*: comentários à Lei 12.016, de 7 de agosto de 2009. São Paulo: RT, 2009.

MEIRELLES, Edilton. Reunião de processos, cooperação e conflito de competência. *Revista de Processo*, v. 294, ago. 2019.

MEIRELLES, Hely Lopes. *Mandado de segurança*. 25. ed. São Paulo: Malheiros, 2002.

MEIRELLES, Hely Lopes; WALD, Arnoldo; MENDES, Gilmar Ferreira. *Mandado de segurança e ações constitucionais*. 33. ed. São Paulo: Malheiros, 2010.

MELLO PORTO, José Roberto Sotero de. A ordem dos processos nos tribunais. In: SILVA, Franklyn Roger Alves (coord.). *CPC/2015*: perspectiva da Defensoria Pública. Salvador: JusPodivm, 2016a.

MELLO PORTO, José Roberto Sotero de. Conversão da ação individual em coletiva no novo CPC: um veto que não se sustenta. *Consultor Jurídico*, 19 abr. 2016b. Disponível em: <http://www.conjur.com.br/2016-abr-19/tribuna-defensoria-conversao-acao-individual-coletiva-cpc>. Acesso em: 10 jan. 2020.

MELLO PORTO, José Roberto Sotero de. *Estatutos da Juventude e da Primeira Infância*. Salvador: JusPodivm, 2017a.

MELLO PORTO, José Roberto Sotero de. Mediação prevista no novo CPC não pode se tornar mecanismo de procrastinação. *Consultor Jurídico*, 27 set. 2016c. Disponível em: <http://www.conjur.com.br/2016-set-27/tribuna-defensoria-mediacao-prevista-cpc-nao-tornar-mecanismo-procrastinacao>. Acesso em: 10 jan. 2020.

MELLO PORTO, José Roberto Sotero de. *Teoria geral dos casos repetitivos*. Rio de Janeiro: GZ, 2018.

MELLO PORTO, José Roberto Sotero de. Visão geral do impacto do novo Código de Processo Civil nas súmulas do STJ e do STF. In: CARNEIRO, Paulo Cezar Pinheiro; GRECO, Leonardo; PINHO, Humberto Dalla Bernardina de (orgs.). *Direito intertemporal e o novo Código de Processo Civil*. Rio de Janeiro: GZ, 2017b.

MELLO PORTO, José Roberto Sotero de; MAZZOLA, Marcelo. CPC 2015 justifica revisão de súmulas nos tribunais superiores. *Consultor Jurídico*, 10 out. 2017. Disponível em: <https://www.conjur.com.br/2017-out-10/opiniao-cpc-2015-justifica-revisao-sumulas-cortes-superiores>. Acesso em: 10 jan. 2020.

MELLO PORTO, José Roberto Sotero de; SCHENK, Leonardo Faria. Competência. In: GAIO JÚNIOR, Antônio Pereira; PINHO, Humberto Dalla Bernardina de. *Teoria geral do processo civil*: novos paradigmas frente ao CPC/2015. Rio de Janeiro: GZ, 2018.

MELLO, Celso Antônio Bandeira de. *O conteúdo jurídico do princípio da igualdade*. 3. ed. São Paulo: Malheiros, 2014.

MENDES, Aluisio Gonçalves de Castro. *Ações coletivas e meios de resolução coletiva de conflitos no direito comparado e nacional*. 4. ed. São Paulo: Revista dos Tribunais, 2014.

MENDES, Aluisio Gonçalves de Castro. *Incidente de resolução de demandas repetitivas*: sistematização, análise e interpretação do novo instituto processual. Rio de Janeiro: Forense, 2017.

MENDES, Aluisio Gonçalves de Castro; MELLO PORTO, José Roberto. *Incidente de assunção de competência*. Rio de Janeiro: GZ, 2020.

MENDES, Aluisio Gonçalves de Castro; ROMANO NETO, Odilon. Análise da relação entre o novo incidente de resolução de demandas repetitivas e o microssistema dos Juizados Especiais. *Revista de Processo*, v. 245, jul. 2015.

MENDES, Aluisio Gonçalves de Castro; SILVA, Larissa Clare Pochmann da. Ações coletivas e incidente de resolução de demandas repetitivas: algumas considerações sobre a solução coletiva de conflitos. In: ZANETI JR., Hermes (coord.). *Processo coletivo*. Salvador: JusPodivm, 2016a. Coleção Repercussões do Novo CPC, v. 8.

MENDES, Aluisio Gonçalves de Castro; SILVA, Larissa Clare Pochmann da. O julgamento liminar de improcedência do pedido: a previsão do CPC/2015 comparada à do CPC/1973. *Revista de Processo*, v. 261, nov. 2016b.

MENDES, Aluisio Gonçalves de Castro; TEMER, Sofia Orberg. Comentário ao artigo 976. In: STRECK, Lenio Luiz et al. (orgs.). *Comentários ao Código de Processo Civil*. São Paulo: Saraiva, 2016.

MENDES, Aluisio Gonçalves de Castro; TEMER, Sofia Orberg. O incidente de resolução de demandas repetitivas do novo Código de Processo Civil. *Revista de Processo*, v. 243, maio 2015.

MENDES, Gilmar Ferreira. Ação civil pública e controle de constitucionalidade. In: WALD, Arnoldo (org.). *Aspectos polêmicos da ação civil pública*. São Paulo: Saraiva, 2003.

MENDES, Gilmar Ferreira; BRANCO, Paulo Gustavo Gonet. *Curso de direito constitucional*. 13. ed. São Paulo: Saraiva, 2018.

MENDONÇA, Eduardo Bastos Furtado de. A constitucionalização da política: entre o inevitável e o excessivo. *Revista da Faculdade de Direito da UERJ*, v. 18, p. 13, 2010.

MESQUITA, José Ignácio Botelho de. Na ação do consumidor pode ser inútil a defesa do fornecedor. *Revista do Advogado*, n. 33, 1990.

MESQUITA, José Ignacio Botelho de; AMADEO, Rodolfo da Costa Manso; DELLORE, Luiz; MORETO, Mariana Capela Lombardi; TEIXEIRA, Guilherme Silveira; ZVEIBEL, Daniel Guimarães. A repercussão geral e os recursos repetitivos: economia, direito e política. *Revista de Processo*, v. 220, jun. 2013.

MILLER, Arthur R. On Frankenstein monsters and shining knights: myth, reality and the class action problem. *Harvard Law Review*, v. 92, n. 3, p. 664-694, jan. 1979.

MIRANDA, Marcos Paulo de Souza. A recomendação ministerial como instrumento extrajudicial de solução de conflitos ambientais. In: CHAVES, Cristiano; ALVES, Leonardo Barreto Moreira; ROSENVALD, Nelson (orgs.). *Temas atuais do Ministério Público*. Salvador: JusPodivm, 2016.

MITIDIERO, Daniel. *Colaboração no processo civil*: pressupostos sociais, lógicos e éticos. 2. ed. São Paulo: RT, 2011.

MITIDIERO, Daniel. *Cortes superiores e cortes supremas*: do controle à interpretação, da jurisprudência ao precedente. 2. ed. São Paulo: Revista dos Tribunais, 2015.

MNOOKIN, Robert. H. Why negotiations fail: an exploration of barriers to the resolution of conflict. *The Ohio State Journal on Dispute Resolution*, v. 8, n. 2, p. 235-249, 1993.

MOREIRA NETO, Diogo de Figueiredo. A Defensoria Pública na construção do Estado de Justiça. *Revista de Direito da Defensoria Pública*, Rio de Janeiro, ano 6, n. 7, 1995.

MORELLO, Augusto M. *Constitución y proceso:* la nueva edad de las garantías jurisdiccionales. La Plata/Buenos Aires: Abeledo-Perrot, 1998.

MOTTA, Otávio. Aspectos da justificação das decisões judiciais em perspectiva comparada. *Revista de Processo Comparado*, v. 2, jul.-dez. 2015.

NALINI, José Renato. O juiz e o acesso à justiça. São Paulo: RT, 1994.

NAVARRO, Trícia. *Audiência de contextualização: um novo formato de diálogo processual*. Disponível em: https://www.jota.info/artigos/audiencia-de-contextualizacao-um-novo-formato-de-dialogo--processual-27082024. Acesso em: 28 ago. 2024.

NERY JR., Nelson. Mandado de segurança coletivo. *Revista de Processo*, São Paulo: RT, v. 57, p. 54, jan.-mar. 1990.

NERY JR., Nelson. *Princípios do processo na Constituição Federal*. 12. ed. São Paulo: Revista dos Tribunais, 2016.

NERY JR., Nelson; NERY, Rosa Maria de Andrade. *Código de Processo Civil comentado e legislação extravagante*. 9. ed. São Paulo: Revista dos Tribunais, 2006.

NERY JR., Nelson; NERY, Rosa Maria de Andrade. *Código de Processo Civil:* Novo CPC – Lei 13.105/15. São Paulo: Revista dos Tribunais, 2015.

NERY, Ana Luiza. *Teoria geral do Termo de Ajustamento de Conduta*. 3. ed. São Paulo: RT, 2018.

NEVES, Daniel Amorim Assumpção. *Manual de direito processual civil*. 8. ed. Salvador: JusPodivm, 2016a.

NEVES, Daniel Amorim Assumpção. *Manual de processo coletivo*. 3. ed. Salvador: JusPodivm, 2016b.

NEVES, Daniel Amorim Assumpção. *Novo Código de Processo Civil: Lei 13.105/2015*. 2. ed. Rio de Janeiro: Forense, 2015.

NUNES, Dierle. Comentário aos artigos 1.036 a 1.041. In: WAMBIER, Teresa Arruda Alvim *et al.* (coords.). *Breves comentários ao novo Código de Processo Civil*. São Paulo: Revista dos Tribunais, 2015.

NUNES, Dierle. Comentários acerca da súmula impeditiva de recursos (Lei 11.276/2006) e do julgamento liminar de ações repetitivas (Lei 11.277/2006): duplo grau de jurisdição e do direito constitucional ao recurso (contraditório sucessivo) – aspectos normativos e pragmáticos. *Revista de Processo*, v. 137, jul. 2006.

NUNES, Dierle; BAHIA, Alexandre. Processo constitucional: uma abordagem a partir dos desafios do Estado Democrático de Direito. *Revista Eletrônica de Direito Processual*, v. 4, jul.-dez. 2009.

OLIVEIRA JÚNIOR, Waldemar Mariz de. Tutela jurisdicional dos interesses coletivos. In: GRINOVER, Ada Pellegrini (coord.). *A tutela dos interesses difusos*. São Paulo: Max Limonad, 1984.

OLIVEIRA, Bruno Silveira de. Comentário ao artigo 55 do NCPC. *Breves comentários ao novo Código de Processo Civil*. São Paulo: Revista dos Tribunais, 2015.

OLIVEIRA, Umberto Machado de. Possui a Defensoria Pública legitimidade para propor ação de improbidade? *Revista do Ministério Público do Estado de Goiás*, v. 34, 2017.

OSNA, Gustavo. *Direitos individuais homogêneos*: pressupostos, fundamentos e aplicação no processo civil. São Paulo: Revista dos Tribunais, 2014.

OSNA, Gustavo. *Multidistrict litigation* e coletivização parcial: uma real opção ao modelo de ações de classe? *Revista Eletrônica de Direito Processual*, v. XX, ano 13, maio-ago. 2019.

PAIVA, Caio. *Prática penal para a Defensoria Pública*. Rio de Janeiro: Forense, 2016.

PANTOJA, Fernanda Medina. Comentário ao art. 949. In: WAMBIER, Teresa Arruda Alvim *et al.* (coords.). *Breves comentários ao novo Código de Processo Civil*. São Paulo: Revista dos Tribunais, 2015.

PANTOJA, Fernanda Medina. *Protocolos pré-processuais: fundamentos para a construção de uma fase prévia ao processo no direito brasileiro*. 255f. Tese de Doutorado – UERJ, Rio de Janeiro, 2016.

PARKER, Wendy. The decline of judicial decision-making: school dessegregation and district court judges. *81 North Caroline Law Review*, may 2003.

PASTOR, Daniel R. *El plano razonable en el proceso del Estado de Derecho*: una investigación acerca del problema de la excesiva duración del proceso penal y sus posibles soluciones. Buenos Aires: Ad-Hoc, 2002.

PEIXOTO, Ravi. *Superação do precedente e segurança jurídica*. 2. ed. Salvador: JusPodivm, 2016.

PEREIRA, Helio do Valle. *O novo mandado de segurança*. Florianópolis: Conceito, 2010.

PICARDI, Nicola. *Jurisdição e processo*. Trad. e org. Carlos Alberto Alvaro de Oliveira. Rio de Janeiro: Forense, 2008, p. 21.

PICARDI, Nicola. *Jurisdição e processo*. Rio de Janeiro: Forense, 2008.

PINHO, Humberto Dalla Bernardina de Pinho. *A natureza jurídica do direito individual homogêneo e sua tutela pelo Ministério Público como forma de acesso à Justiça*. Rio de Janeiro: Forense, 2001.

PINHO, Humberto Dalla Bernardina de. Considerações sobre o incidente de conversão da ação individual em ação coletiva no projeto do novo CPC. *Revista Eletrônica de Direito Processual*, v. XIV, ano 8, jul.-dez. 2014.

PINHO, Humberto Dalla Bernardina de; CÔRTES, Victor Augusto Passos Villani. As medidas estruturantes e a efetividade das decisões judiciais no ordenamento jurídico brasileiro. *Revista Eletrônica de Direito Processual*, v. XIII, jan.-jun./2014, p. 229-258. Disponível em: http://www.e-publicacoes.uerj.br/index.php/redp/. Acesso em: 20 ago. 2014.

PINHO, Humberto Dalla Bernardina de. *Direito processual civil contemporâneo*. São Paulo, Saraiva, 2017a. v. 2.

PINHO, Humberto Dalla Bernardina de. *Direito processual civil contemporâneo*. 5. ed. São Paulo: Saraiva, 2018. v. 2.

PINHO, Humberto Dalla Bernardina de. *Jurisdição e pacificação*: limites e possibilidades do uso dos meios consensuais de resolução de conflitos na tutela dos direitos transindividuais e pluri-individuais. Curitiba: CRV, 2017b.

PINHO, Humberto Dalla Bernardina de. *Manual de direito processual civil contemporâneo*. 6. ed. São Paulo: Saraiva, 2024.

PINHO, Humberto Dalla Bernardina de; CÔRTES, Victor Augusto Passos Villani. As medidas estruturantes e a efetividade das decisões judiciais no ordenamento jurídico brasileiro. *Revista Eletrônica de Direito Processual*, v. XIII, jan.-jun. 2014.

PINHO, Humberto Dalla Bernardina de; MELLO PORTO, José Roberto Sotero de. Colaboração premiada: um negócio jurídico processual? *Revista Magister de Direito Penal e Processual Penal*, n. 73, ago.-set. 2016.

PINHO, Humberto Dalla Bernardina de. O acordo de não persecução cível na nova sistemática da lei de improbidade administrativa: exame das alterações impostas pela lei n. 14.230/21 à luz da jurisprudência do Supremo Tribunal Federal. *Revista Eletrônica de Direito Processual*, v. 24, p. 181-204, 2022.

PINHO, Humberto Dalla Bernardina de; HILL, Flavia Pereira. Desjudicialização e atos probatórios concertados entre as esferas judicial e extrajudicial: a cooperação interinstitucional online prevista na Resolução n. 350 do CNJ. *RJLB – Revista Jurídica Luso-Brasileira*, 2021. v. 5.

PINHO, Humberto Dalla Bernardina de; HILL, Flavia Pereira; THEODORO, Ana Claudia Rodrigues. *Desjudicialização*: atualidade e novas tendências. Londrina: Thoth, 2024.

PINHO, Humberto Dalla Bernardina de; PINTO, Adriano Moura da Fonseca; SPENGLER, Fabiana Marion. *Limites do consenso*: a expansão das fronteiras da tutela e a (in)disponibilidade dos direitos. Santa Cruz do Sul: Essere nel Mondo, 2023.

PISANI, Andrea Proto. *Lezioni di Diritto Processuale Civile*. Nápoles: Jovene, 1994.

PIZZOL, Patrícia Miranda. *Liquidação nas ações coletivas*. São Paulo: Lejus, 1998.

PONTES DE MIRANDA, Francisco Cavalcanti. *Instituições de direito civil*. 10. ed. Rio de Janeiro: Forense, 1998. v. 3.

POSNER, Richard A. *The federal courts*: challenge and reform. Cambridge: Harvard University Press, 1999.

PRADE, Péricles. *Conceito de interesses difusos*. São Paulo: Revista dos Tribunais, 1987.

PRADE, Péricles. Lesividade e ilegalidade como pressupostos da ação popular constitucional. *Revista de Processo*, v. 11, n. 42.

REALE, Miguel. *Noções preliminares de direito*. 27. ed. São Paulo: Saraiva, 2002.

REDONDO, Bruno; OLIVEIRA, Guilherme Peres de; CRAMER, Ronaldo. *Mandado de segurança*. São Paulo: Método, 2009.

REICHELT, Luiz Alberto. O direito fundamental à inafastabilidade do controle jurisdicional e sua densificação no novo CPC. *Revista de Processo*, São Paulo: RT, ano 41, v. 258, ago. 2016.

REIS, Ludmila Costa. *Processo coletivo extrajudicial: a construção de consensos em conflitos coletivos como instrumento de controle de políticas públicas*. 2018. Tese (Doutorado em Direito) – Universidade Federal de Minas Gerais, Belo Horizonte, 2018.

ROCHA, Cármen Lúcia Antunes da. As liminares no mandado de segurança. In: TEIXEIRA, Sálvio de Figueiredo (org.). *Mandados de segurança e de injunção*. São Paulo: Saraiva, 1990.

ROCHA, Felippe Borring. *Manual dos Juizados Especiais Cíveis*: teoria e prática. 9. ed. São Paulo: Atlas, 2017.

ROCHA, Henrique de Moraes Fleury da. Cabimento do agravo de instrumento segundo o Código de Processo Civil brasileiro de 2015: aspectos polêmicos. *Revista de Processo*, v. 282, p. 299-317, ago. 2018a.

ROCHA, Jorge Bheron. O RE 593.818, o defensor público natural e a atuação *custos vulnerabilis*. *Consultor Jurídico*, 10 abr. 2018b. Disponível em: <https://www.conjur.com.br/2018-abr-10/re-593818-defensor-publico-natural-atuacao-custos-vulnerabilis>. Acesso em: 10 jan. 2020.

RODRIGUES, Eduardo Azeredo. *O princípio da eficiência à luz da teoria dos princípios*: aspectos dogmáticos de sua interpretação e aplicação. Rio de Janeiro: Lumen Juris, 2012.

RODRIGUES, Geisa de Assis. Da ação popular. In: DIDIER JR., Fredie (org.). *Ações constitucionais*. Salvador: JusPodivm, 2006.

RODRIGUES, Marcelo Abelha. *Ação civil pública e meio ambiente*. 3. ed. Rio de Janeiro: Forense Universitária, 2009a.

RODRIGUES, Marcelo Abelha. *Comentários à tutela coletiva*. Rio de Janeiro: Lumen Juris, 2009b.

RODRIGUES, Marcelo Abelha. Ponderações sobre a *fluid recovery* do art. 100 do CDC. In: MAZZEI, Rodrigo; NOLASCO, Rita (coords.). *Processo civil coletivo*. São Paulo: Quartier Latin, 2005.

RODRIGUES, Marcelo Abelha. *Suspensão da segurança*. 3. ed. São Paulo: RT, 2010.

RODRIGUES, Marcelo Abelha. Técnicas individuais de repercussão coletiva *x* técnicas coletivas de repercussão individual. Por que estão extinguindo a ação civil pública para a defesa de direitos individuais homogêneos? In: DIDIER JR., Fredie; ZANETI JR., Hermes (coords.). *Repercussões do novo CPC*: processo coletivo. Salvador: JusPodivm, 2015. v. 8.

RODRIGUES, Marco Antonio dos Santos. *A Fazenda Pública no processo civil*. 2. ed. São Paulo: Atlas, 2016.

RODRIGUES, Marco Antonio dos Santos. *A modificação do pedido e da causa de pedir no processo civil*. Rio de Janeiro: Mundo Jurídico, 2014.

RODRIGUES, Marco Antonio dos Santos. *Manual dos recursos, ação rescisória e reclamação*. São Paulo: Atlas, 2017a.

RODRIGUES, Marco Antonio dos Santos. O julgamento liminar de improcedência no CPC de 2015. In: MELLO PORTO, José Roberto Sotero de; RODRIGUES, Roberto de Aragão Ribeiro. *Direito processual contemporâneo*: estudos em homenagem a Humberto Dalla Bernardina de Pinho. Rio de Janeiro: GZ, 2018.

RODRIGUES, Marco Antonio dos Santos; MELLO PORTO, José Roberto Sotero de. Princípio da eficiência processual e direito à boa jurisdição. *Revista de Processo*, v. 275, p. 89-118, 2018.

RODRIGUES, Roberto de Aragão Ribeiro. As ações-teste na Alemanha, Inglaterra e legislação brasileira projetada. *Revista Eletrônica de Direito Processual*, v. VIII, 2011.

RODRIGUES, Roberto de Aragão Ribeiro. *Precedente formado em casos repetitivos:* eficácia, *issue preclusion* e as teses jurídicas prejudiciais. Curitiba: Juruá, 2017b.

ROQUE, Andre Vasconcelos. As ações coletivas após o novo Código de Processo Civil: para onde vamos? In: ZANETI JR., Hermes (org.). *Processo coletivo.* Salvador: JusPodivm, 2016. Coleção Repercussões no Novo CPC, v. 8.

ROQUE, Andre Vasconcelos. *Class action. Ações coletivas nos Estados Unidos*: o que podemos aprender com eles? Salvador: JusPodivm, 2013.

ROQUE, Andre Vasconcelos. O cabimento do agravo de instrumento: ações coletivas. *Jota*, 15 jan. 2017. Disponível em: <https://www.jota.info/paywall?redirect_to=//www.jota.info/opiniao-e-analise/artigos/o-cabimento-agravo-de-instrumento-acoes-coletivas-15012017>. Acesso em: 10 jan. 2020.

ROQUE, Andre Vasconcelos; DUARTE, Francisco Carlos. Aspectos polêmicos do mandado de segurança coletivo: evolução ou retrocesso? In: GRINOVER, Ada Pellegrini *et al.* (orgs.). *Processo coletivo*: do surgimento à atualidade. São Paulo: Revista dos Tribunais, 2014.

RUDINIKI NETO, Rogério. A tutela antecipada requerida em caráter antecedente e sua estabilização no processo coletivo. *Revista de Processo*, São Paulo: RT, v. 285, p. 177-201, nov. 2018.

SALLES, Carlos Alberto de. *Execução judicial em matéria ambiental.* São Paulo: Revista dos Tribunais, 1999.

SALLES, Carlos Alberto de. Processo Civil de Interesse Público. In: SALLES, Carlos Alberto de (org.). *Processo Civil e Interesse Público*: o processo como instrumento de defesa social. São Paulo: Revista dos Tribunais, 2003.

SALOMÃO, Luis Felipe. *Roteiro dos Juizados Especiais Cíveis.* Rio de Janeiro: Destaque, 1997.

SANTANA FILHO, Edilson; MAIA, Maurilio Casas; GEHARD, Daniel. Defensoria: *amicus communitas* e a previsão contida no novo CPC. *Justificando*, 8 jul. 2015. Disponível em: <http://www.justificando.com/2015/07/08/defensoria-amicus-communitas-e-a-previsao-contida-no-novo-cpc>. Acesso em: 10 jan. 2020.

SANTOS, Boaventura de Sousa. *Para uma revolução democrática da Justiça.* São Paulo: Cortez, 2007.

SARLET, Ingo Wolfgang. A eficácia do direito fundamental à segurança jurídica: dignidade da pessoa humana, direitos fundamentais e proibição de retrocesso social no Direito Constitucional brasileiro. In: ROCHA, Cármen Lúcia Antunes (coord.). *Constituição e segurança jurídica*: direito adquirido, ato jurídico perfeito e coisa julgada. 2. ed. Belo Horizonte: Fórum, 2009.

SARLET, Ingo Wolfgang. *A eficácia dos direitos fundamentais*: uma teoria geral dos direitos fundamentais na perspectiva constitucional. 10. ed. rev., atual. e ampl. 3 tir. Porto Alegre: Livraria do Advogado, 2011.

SARLET, Ingo Wolfgang; FERNSTERSEIFER, Thiago. *Direito constitucional ambiental*: estudos sobre a Constituição, os direitos fundamentais e a proteção do ambiente. São Paulo: Revista dos Tribunais, 2011.

SHIMURA, Sérgio. *Efetivação da tutela coletiva ressarcitória.* Tese (Livre-docência) – Pontifícia Universidade Católica de São Paulo, São Paulo, 2004.

SHIMURA, Sérgio. *Tutela coletiva e sua efetividade.* São Paulo: Método, 2006.

SICA, Heitor Vitor Mendonça. Doze problemas e onze soluções quanto à chamada "estabilização da tutela antecipada". In: DIDIER JR., Fredie; MACÊDO, Lucas Buril de; PEIXOTO, Ravi; FREIRE, Alexandre (coords.). *Procedimentos especiais, tutela provisória e direito transitório.* Salvador: JusPodivm, 2015. Coleção Novo CPC – Doutrina Selecionada, v. 4.

SILVA, Bruno Freire e. A nova aplicação do processo civil ao processo do trabalho: os principais institutos, eficácia, início de vigência e respeito às situações jurídicas consolidadas. In: YARSHELL, Flávio Luiz et al. (coord.). *Direito intertemporal*. Salvador: JusPodivm, 2016a.

SILVA, Franklyn Roger Alves. A Lei 1.060/50 ainda tem utilidade no ordenamento jurídico? *Consultor Jurídico*, 22 nov. 2016b. Disponível em: <https://www.conjur.com.br/2016-nov-22/tribuna-defensoria-lei-10601950-ainda-utilidade-ordenamento-juridico>. Acesso em: 10 jan. 2020.

SILVA, Franklyn Roger Alves; ESTEVES, Diogo do Couto. A nova disciplina da legitimação extraordinária da Defensoria Pública no novo Código de Processo Civil. In: DIDIER JR., Fredie; SOUZA, José Augusto Garcia de (coords.). *Repercussões do novo CPC:* Defensoria Pública. Salvador: JusPodivm, 2015. v. 5.

SILVA, Geocarlos Augusto Cavalcante da. Interrupção da prescrição para propositura de ação individual através da ação civil pública. *Revista de Processo*, v. 263, jan. 2017.

SILVA, José Afonso da. *Ação popular constitucional*. São Paulo: Revista dos Tribunais, 1968.

SILVA, José Afonso da. *Ação popular*. 2. ed. São Paulo: Malheiros, 2007.

SILVA, José Afonso da. *Curso de direito constitucional positivo*. 11. ed. São Paulo: Malheiros, 1996.

SILVA, Larissa Clare Pochmann da. *A legitimidade do indivíduo nas ações coletivas*. Rio de Janeiro: GZ, 2013.

SILVA, Ricardo Perlingiero Mendes da. *Execução contra a Fazenda Pública*. São Paulo: Malheiros, 1999.

SOARES, Fábio Costa. Tutela dos interesses coletivos *lato sensu* dos necessitados. In: QUEIROZ, Raphael Augusto Sofiati de (org.). *Acesso à Justiça*. Rio de Janeiro: Lumen Juris, 2002.

SOUZA NETO, Cláudio Pereira de; SARMENTO, Daniel. *Direito constitucional*: teoria, história e métodos de trabalho. Belo Horizonte: Fórum, 2012.

SOUZA, Arthur César de. Conversão da demanda individual em demanda coletiva no novo CPC. *Revista de Processo*, v. 236, out. 2014.

SOUZA, Emerson Cortezia de; CHUERI, Miriam Fecchio. A remessa obrigatória e as ações coletivas em espécie: sistema processual coletivo de proteção ao interesse público. *Revista de Processo*, v. 36, n. 200, out. 2011.

SOUZA, Motauri Chiocchetti de. *Ação civil pública e inquérito civil*. 2. ed. São Paulo: Saraiva, 2005.

SPADONI, Joaquim Felipe. Assistência coletiva simples: a intervenção dos substituídos nas ações coletivas para defesa de direitos individuais homogêneos. In: DIDIER JR., Fredie; WAMBIER, Teresa Arruda Alvim. *Aspectos polêmicos e atuais sobre os terceiros no processo civil e assuntos afins*. São Paulo: Revista dos Tribunais, 2004.

STOCO, Rui. *Tratado de responsabilidade civil*: com comentários ao Código Civil de 2002. 6. ed. São Paulo: Revista dos Tribunais, 2004.

STRECK, Lenio Luiz; ABBOUD, Georges. *O que é isto:* o precedente judicial e as súmulas vinculantes? 3. ed. Porto Alegre: Livraria do Advogado, 2015.

STURM, Susan. Resolving the remedial dilemma: Strategies of judicial intervention in prisons. *University of Pennsylvania Law Review*, Pennsylvania, v. 138, p. 805-912, 1990.

TAHIM JR., Anastácio Nóbrega. Ação civil pública *ex delicto*. *Revista de Processo*, n. 115, 2004.

TAKAHASHI, Bruno. *Desequilíbrio de poder e conciliação*. Brasília: Gazeta Jurídica, 2016.

TALAMINI, Eduardo. Direitos individuais homogêneos e seu substrato coletivo: ação coletiva e os mecanismos previstos no Código de Processo Civil de 2015. *Revista de Processo*, v. 241, mar. 2015. Acesso eletrônico.

TALAMINI, Eduardo. *Tutela relativa aos deveres de fazer e de não fazer e a sua extensão aos deveres de entrega de coisa* (CPC, arts. 461 e 461-A; CDC, art. 84). 2. ed. rev., atual. e ampl. São Paulo: Revista dos Tribunais, 2003.

TARTUCE, Fernanda. *Igualdade e vulnerabilidade no processo civil*. Rio de Janeiro: Forense, 2012.

TARTUCE, Fernanda. *Vulnerabilidade processual no novo CPC*. Disponível em: <https://www.academia.edu/25885818/Vulnerabilidade_processual_no_Novo_CPC>. Acesso em: 5 jun. 2016.

TARTUCE, Flávio. *Manual de direito civil*. 4. ed. São Paulo: Método, 2014.

TARUFFO, Michele. Apuntes sobre las funciones de la motivación. *Revista Iberoamericana de Derecho Procesal*, v. 4, jul.-dez. 2016.

TARUFFO, Michele. *Giudizio*: processo, decisione. Sui Confini: Scritti sulla giustizia civile. Bolonha: Il Mulino, 2002.

TARUFFO, Michele. *La corte di cassazione e la legge*. Il vertice ambiguo: Saggi sulla cassazione civile. Bolonha: Il Mulino, 1991.

TEIXEIRA, Guilherme Freire de Barros. Natureza jurídica do prazo para impetração do mandado de segurança. *Revista de Processo*, v. 149, p. 15, jul. 2007.

TEMER, Michel. *Elementos de direito constitucional*. 14. ed. São Paulo: Malheiros, 1998.

TEPEDINO, Gustavo José Mendes. A questão ambiental, o Ministério Público e as ações civis públicas. In: TEPEDINO, Gustavo José Mendes. *Temas de direito civil*. Rio de Janeiro: Renovar, 1999.

TESHEINER, José Maria Rosa. *Precedentes, jurisdinormação e fundamentação da sentença*. Disponível em: <https://www.academia.edu/28266388/Precedentes_jurisdinorma%C3%A7%C3%A3o_e_fundamenta%C3%A7%C3%A3o_da_senten%C3%A7a>. Acesso em: 10 jan. 2020.

TESHEINER, José Maria Rosa. Sobre o assim chamado incidente de resolução de demandas repetitivas. *Revista Páginas de Direito*, Porto Alegre, ano 16, n. 1327, 10 ago. 2016. Disponível em: <http://www.tex.pro.br/index.php/artigos/340-artigos-ago-2016/7699-sobre-o-assim--chamado-incidente-de-resolucao-de-demandas-repetitivas>. Acesso em: 10 jan. 2020.

THAMAY, Rennan Faria Kruger. *Manual de direito processual civil*. 2. ed. São Paulo: Saraiva, 2019.

THEODORO JR., Humberto. Breves considerações sobre a politização do Judiciário e sobre o panorama de aplicação no direito brasileiro: – análise da convergência entre o *civil law* e o *common law* e dos problemas da padronização decisória. *Revista de Processo*, v. 189, nov. 2010.

THEODORO JR., Humberto. *Curso de direito processual civil*. 47. ed. Rio de Janeiro: Forense, 2016a. v. 3.

THEODORO JR., Humberto. *Curso de direito processual civil*. Rio de Janeiro: Forense, 2017. v. 1.

THEODORO JR., Humberto. *O mandado de segurança segundo a Lei n. 12.016 de 7 de agosto de 2009*. Rio de Janeiro: Forense, 2009.

THEODORO JR., Humberto; NUNES, Dierle; BAHIA, Alexandre Melo Franco; PEDRON, Flávio Quinaud. *Novo CPC:* fundamentos e sistematização. 3. ed. Rio de Janeiro: Forense, 2016.

THEODORO JR., Humberto; NUNES, Dierle; BAHIA, Alexandre Melo Franco. Litigância de interesse público e execução comparticipada de políticas públicas. *Revista de Processo*, São Paulo, ano 38, v. 224, p. 121-153, out. 2013.

TROCKER, Nicolò. *Processo civile e costituzione*. Milão: Giuffrè, 1974.

TSHEINER, José Maria Rosa. Ação popular, substituição processual e tutela do direito objetivo. *Revista de Processo*, v. 34, jan. 2009.

TUCCI, José Rogério Cruz e. *Class action e mandado de segurança coletivo*. São Paulo: Saraiva, 1990.

TUCCI, José Rogério Cruz e. *Devido processo legal e tutela jurisdicional*. São Paulo: Revista dos Tribunais, 1993.

TUCCI, José Rogério Cruz e. Garantia da prestação jurisdicional sem dilações indevidas como corolário do devido processo legal. *Revista de Processo*, v. 66, abr.-jun. 1992.

TUCCI, José Rogério Cruz e. Garantias constitucionais da publicidade dos atos processuais e da motivação das decisões no Projeto do CPC: análise e proposta. *Revista de Processo*, v. 190, dez. 2010.

TUCCI, José Rogério Cruz e. O tema das ações coletivas num acórdão que enaltece o TJ-SP. *Consultor Jurídico*, 2 jul. 2019. Disponível em: <https://www.conjur.com.br/2019-jul-02/paradoxo-corte-tema-acoes-coletivas-num-acordao-enaltece-tj-sp>. Acesso em: 10 jan. 2020.

TUCCI, José Rogério Cruz e. *Precedente judicial como fonte do direito*. São Paulo: Revista dos Tribunais, 2004.

TUCCI, José Rogério Cruz e. Um veto providencial ao novo Código de Processo Civil! *Consultor Jurídico*, 17 mar. 2015. Disponível em: <http://www.conjur.com.br/2015-mar-17/paradoxo-corte-veto-providencial-cpc>. Acesso em: 14 out. 2016.

TUCCI, José Rogério Cruz e; AZEVEDO, Luiz Carlos de. *Lições de história do processo civil romano*. 2. ed. São Paulo: Revista dos Tribunais, 2013.

TUCCI, Rogério Lauria. Ação civil pública: falta de legitimidade e de interesse do Ministério Público. *Revista dos Tribunais*, v. 745, p. 75-100, nov. 1997.

VELLOSO, Carlos Mario da Silva. *Temas de direito público*. Belo Horizonte: Del Rey, 1997.

VENTURI, Elton. *Execução da tutela coletiva*. São Paulo: Malheiros, 2000.

VENTURI, Elton. *Processo civil coletivo*. São Paulo: Malheiros, 2007.

VENTURI, Elton. Sobre a intervenção individual nas ações coletivas. In: DIDIER JR., Fredie; WAMBIER, Teresa Arruda Alvim. *Aspectos polêmicos e atuais sobre os terceiros no processo civil e assuntos afins*. São Paulo: Revista dos Tribunais, 2004.

VENTURI, Elton. Transação de direitos indisponíveis? *Revista de Processo*, São Paulo: RT, v. 251, p. 391-426, jan. 2016.

VERBIC, Francisco. Ejecución de sentencias en litigios de reforma estructural en la República Argentina – dificuldades políticas y procedimentales que inciden sobre la eficácia de estas decisiones. *Processos Coletivos*, Porto Alegre, v. 6, n. 2, p. 1-7, abr./jun. 2015.

VIGLIAR, José Marcelo Menezes. Defendant class action *brasileira*: limites propostos para o Código de Processos Coletivos. São Paulo: Atlas, 2006.

VIGLIAR, José Marcelo Menezes. *Tutela jurisdicional coletiva*. São Paulo: Atlas, 1998.

VIGORITI, Vincenzo. *Interessi collettivi e processo*: la legitimazione ad agire. Milão: Giuffrè, 1979.

VITORELLI, Edilson. Ações coletivas passivas. Por que elas não existem nem deveriam existir? *Revista de Processo*, São Paulo: RT, v. 278, p. 297-335, abr. 2018a.

VITORELLI, Edilson. Acordo coletivo dos planos econômicos e por que ele não deveria ser homologado: representatividade (in)adequada. *Jota*, 15 jan. 2018b. Disponível em: <https://www.jota.info/opiniao-e-analise/artigos/acordo-coletivo-dos-planos-economicos-e-por-que-ele-nao-deveria-ser-homologado-15012018>. Acesso em: 10 jan. 2020.

VITORELLI, Edilson. Consolidação das Leis do Processo Coletivo. *Revista de Processo*, São Paulo: RT, v. 290, p. 305-337, abr. 2019.

VITORELLI, Edilson. *Execução coletiva pecuniária*: uma análise da (não) reparação da coletividade no Brasil. Dissertação (Mestrado) – Faculdade de Direito da Universidade Federal de Minas Gerais, Belo Horizonte, 2011.

VITORELLI, Edilson. Levando os conceitos a sério: processo estrutural, processo coletivo, processo estratégico e suas diferenças. *Revista de Processo*, n. 284, 2018c.

VITORELLI, Edilson. *O devido processo legal coletivo*: dos direitos aos litígios coletivos. São Paulo: Revista dos Tribunais, 2016.

VITORELLI, Edilson. *Processo Civil Estrutural*: teoria e prática. 3. ed. São Paulo: JusPodivm, 2022.

VITTA, Heraldo Garcia. *O meio ambiente e a ação popular*. São Paulo: Saraiva, 2000.

WAMBIER, Luiz Rodrigues; TALAMINI, Eduardo. *Curso avançado de processo civil*. 16. ed. São Paulo: Revista dos Tribunais, 2016. v. 2.

WAMBIER, Teresa Arruda Alvim et al. (coords.). *Breves comentários ao novo Código de Processo Civil*. São Paulo: Revista dos Tribunais, 2015.

WAMBIER, Teresa Arruda Alvim. *Omissão judicial e embargos de declaração*. São Paulo: Revista dos Tribunais, 2005.

WAMBIER, Teresa Arruda Alvim; CONCEIÇÃO, Maria Lúcia Lins; RIBEIRO, Leonardo Ferres da Silva; MELLO, Rogério Licastro Torres de. *Primeiros comentários ao novo Código de Processo Civil – artigo por artigo*. São Paulo: Revista dos Tribunais, 2015.

WAMBIER, Teresa Arruda Alvim; DANTAS, Bruno. *Recurso especial, recurso extraordinário e a nova função dos tribunais superiores no direito brasileiro*. 3. ed. São Paulo: Revista dos Tribunais, 2016.

WATANABE, Kazuo. Comentários sobre a defesa do consumidor em juízo. In: GRINOVER, Ada Pellegrini et al. *Código Brasileiro de Defesa do Consumidor comentado pelos autores do anteprojeto*. 12. ed. Rio de Janeiro: Forense, 2019.

WATANABE, Kazuo. *Da cognição no processo civil*. 2. ed. São Paulo: CEBEPEJ, 1999.

WATANABE, Kazuo. Processo civil de interesse público: introdução. In: SALLES, Carlos Alberto de (org.). *Processo civil e interesse público*. São Paulo: Revista dos Tribunais, 2003.

WATANABE, Kazuo. Relação entre demanda coletiva e demandas individuais. In: GRINOVER, Ada Pellegrini et al. (coords.). *Direito processual coletivo e o anteprojeto de Código Brasileiro de Processos Coletivos*. São Paulo: Revista dos Tribunais, 2007.

WATANABE, Kazuo. Relação entre demanda coletiva e demandas individuais. In: GRINOVER, Ada Pellegrini; BENJAMIN, Antonio Herman; WAMBIER, Teresa Arruda Alvim; VIGORITI, Vicenzo (coords.). *Processo coletivo: do surgimento à atualidade*. São Paulo: RT, 2014.

WATANABE, Kazuo. Tutela jurisdicional dos interesses difusos: a legitimação para agir. *Revista de Processo*, v. 34, abr.-jun. 1984.

WOLKMER, Antonio Carlos; LEITE, José Rubens Morato. *Os novos direitos no Brasil*: natureza e perspectivas. São Paulo: Saraiva, 2003.

WOOLF, Lord. *Access to Justice Interim Report; Access to Justice Final Report*. Disponíveis em: <www.dca.gov.uk>. Acesso em: 27 abr. 2013.

YARSHELL, Flávio Luiz. Competência no Estatuto do Idoso. Lei n. 10.741/2003. *Jus Navigandi*, Teresina, ano 9, n. 179, 1º jan. 2004. Disponível em: <http://jus.uol.com.br/revista/texto/4644>. Acesso em: 10 jan. 2020.

YARSHELL, Flávio Luiz. Incidente de resolução de demandas repetitivas nos tribunais superiores? *Carta Forense*, 1º jun. 2017. Disponível em: <http://www.cartaforense.com.br/conteudo/colunas/incidente-de-resolucao-de-demandas-repetitivas-nos-tribunais-superiores/17629>. Acesso em: 10 jan. 2020.

ZACLIS, Lionel. *Proteção coletiva dos investidores no mercado de capitais*. São Paulo: Revista dos Tribunais, 2007.

ZANETI JR., Hermes. A legitimação conglobante nas ações coletivas: a substituição processual decorrente do ordenamento jurídico. Homenagem ao Prof. Dr. José Manuel de Arruda Alvim. *Videre*, ano 2, n. 3, jan.-jun. 2010.

ZANETI JR., Hermes. *O "novo" mandado de segurança coletivo*. Salvador: JusPodivm, 2013.

ZANETI JR., Hermes. *O valor vinculante dos precedentes*: teoria dos precedentes normativos formalmente vinculantes. 2. ed. Salvador: JusPodivm, 2016.

ZANETI JR., Hermes; CARDOSO, Juliana Provedel; LUCENA, Tamyres Tavares de. Comentários aos enunciados do FPPC sobre direito processual coletivo. In: PEIXOTO, Ravi (org.). *Enunciados do Fórum Permanente de Processualistas Civis organizados por assunto, anotados e comentados*. Salvador: JusPodivm, 2018.

ZANETI JR., Hermes; GARCIA, Leonardo de Medeiros. *Direitos difusos e coletivos*. 8. ed. Salvador: JusPodivm, 2017.

ZAVASCKI, Teori Albino. Direitos fundamentais de terceira geração. *Revista da Faculdade de Direito da UFRGS*, Porto Alegre, v. 15, p. 227-232, 1998.

ZAVASCKI, Teori Albino. *Eficácia das sentenças na jurisdição constitucional*. 4. ed. São Paulo: Revista dos Tribunais, 2017a.

ZAVASCKI, Teori Albino. *Processo coletivo*: tutela de direitos coletivos e tutela coletiva de direitos. 7. ed. São Paulo: Revista dos Tribunais, 2017b.

ZUCKERMAN, Adrian A. S. Litigation management under the CPR: a poorly-used management infrastructure. In: DWYER, Déirdre. *The civil procedure rules ten years on*. Oxford: Oxford University Press, 2009.

ZUFELATO, Camilo. Ação coletiva passiva no direito brasileiro: necessidade de regulamentação legal. In: CALMON, Petrônio; CIANCI, Mirna; GOZZOLI, Maria Clara; QUARTIERI, Rita (orgs.). *Em defesa de um novo sistema de processos coletivos*: estudos em homenagem a Ada Pellegrini Grinover. São Paulo: Saraiva, 2010, v. 1.

ZUFELATO, Camilo. Da legitimidade ativa *ope legis* da Defensoria Pública para o mandado de segurança coletivo – uma análise a partir do microssistema de direito processual coletivo brasileiro e o diálogo das fontes. *Revista de Processo*, v. 203, p. 321-343, jan. 2012.

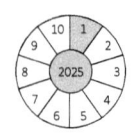